História da Filosofia

6
De Nietzsche à Escola de Frankfurt

Coleção **HISTÓRIA DA FILOSOFIA**

- *História da filosofia – vol. 1 – Filosofia pagã antiga*, Giovanni Reale; Dario Antiseri
- *História da filosofia – vol. 2 – Patrística e escolástica*, idem
- *História da filosofia – vol. 3 – Do humanismo a Descartes*, idem
- *História da filosofia – vol. 4 – De Spinoza a Kant*, idem
- *História da filosofia – vol. 5 – Do Romantismo ao empiriocriticismo*, idem
- *História da filosofia – vol. 6 – De Nietzsche à Escola de Frankfurt*, idem
- *História da filosofia – vol. 7 – De Freud à atualidade*, idem

G. Reale – D. Antiseri

HISTÓRIA DA FILOSOFIA

6 De Nietzsche
à Escola de Frankfurt

PAULUS

Dados Internacionais de Catalogação na Publicação (CIP)
(Câmara Brasileira do Livro, SP, Brasil)

Reale, G.
　　História da filosofia, 6: de Nietzsche à Escola de Frankfurt / G. Reale, D. Antiseri; [tradução Ivo Storniolo]. — São Paulo: Paulus, 2005. — Coleção História da filosofia; 6.

　　Título original: *Storia della filosofia, volume III*.

　　ISBN 978-85-349-2431-3

　　1. Filosofia – História I. Antiseri, D. II. Título. III. Série.

05-6197　　　　　　　　　　　　　　　　　　　　　　　　　　　　　　　　　　　CDD-109

Índice para catálogo sistemático:
1. Filosofia: História 109

Título original
Storia della filosofia – Volume III: Dal Romanticismo ai giorni nostri
© Editrice LA SCUOLA, Brescia, Itália, 1997
ISBN 88-350-9273-6

Tradução
Ivo Storniolo

Revisão
Zolferino Tonon

Impressão e acabamento
PAULUS

Seja um leitor preferencial **PAULUS**.
Cadastre-se e receba informações sobre nossos lançamentos
e nossas promoções: **paulus.com.br/cadastro**
Televendas: **(11) 3789-4000 / 0800 016 40 11**

1ª edição, 2006
3ª reimpressão, 2020

© PAULUS – 2006

Rua Francisco Cruz, 229 • 04117-091 – São Paulo (Brasil)
Tel.: (11) 5087-3700
paulus.com.br • editorial@paulus.com.br

ISBN 978-85-349-2431-3

Apresentação

Existem teorias, argumentações e disputas filosóficas pelo fato de existirem problemas filosóficos. Assim como na pesquisa científica idéias e teorias científicas são respostas a problemas científicos, da mesma forma, analogicamente, na pesquisa filosófica as teorias filosóficas são tentativas de solução dos problemas filosóficos.

Os problemas filosóficos, portanto, existem, são inevitáveis e irreprimíveis; envolvem cada homem particular que não renuncie a pensar. A maioria desses problemas não deixa em paz: Deus existe, ou existiríamos apenas nós, perdidos neste imenso universo? O mundo é um cosmo ou um caos? A história humana tem sentido? E se tem, qual é? Ou, então, tudo – a glória e a miséria, as grandes conquistas e os sofrimentos inocentes, vítimas e carnífices – tudo acabará no absurdo, desprovido de qualquer sentido? E o homem: é livre e responsável ou é um simples fragmento insignificante do universo, determinado em suas ações por rígidas leis naturais? A ciência pode nos dar certezas? O que é a verdade? Quais são as relações entre razão científica e fé religiosa? Quando podemos dizer que um Estado é democrático? E quais são os fundamentos da democracia? É possível obter uma justificação racional dos valores mais elevados? E quando é que somos racionais?

Eis, portanto, alguns dos problemas filosóficos de fundo, que dizem respeito às escolhas e ao destino de todo homem, e com os quais se aventuraram as mentes mais elevadas da humanidade, deixando-nos como herança um verdadeiro patrimônio de idéias, que constitui a identidade e a grande riqueza do Ocidente.

* * *

A história da filosofia é a história dos problemas *filosóficos*, das teorias *filosóficas* e das argumentações *filosóficas*. É a história das disputas *entre* filósofos e dos erros *dos* filósofos. É sempre a história de novas tentativas de versar sobre questões inevitáveis, na esperança de conhecer sempre melhor a nós mesmos e de encontrar orientações para nossa vida e motivações menos frágeis para nossas escolhas.

A história da filosofia ocidental é a história das idéias que informaram, ou seja, que deram forma à história do Ocidente. É um patrimônio para não ser dissipado, uma riqueza que não se deve perder. E exatamente para tal fim os problemas, as teorias, as argumentações e as disputas filosóficas são analiticamente explicados, expostos com a maior clareza possível.

* * *

Uma explicação que pretenda ser clara e detalhada, a mais compreensível na medida do possível, e que ao mesmo tempo ofereça explicações exaustivas comporta, todavia, um "efeito perverso", pelo fato de que pode não raramente constituir um obstáculo à "memorização" do complexo pensamento dos filósofos.

Esta é a razão pela qual os autores pensaram, seguindo o paradigma clássico do Üeberweg, antepor à exposição analítica dos problemas e das idéias dos diferentes filósofos uma síntese de tais problemas e idéias, concebida como instrumento didático e auxiliar para a memorização.

* * *

Afirmou-se com justeza que, em linha geral, um grande filósofo é o gênio de uma grande idéia: Platão e o mundo das idéias, Aristóteles e o conceito de Ser, Plotino e a concepção do Uno, Agostinho e a "terceira navegação" sobre o lenho da cruz, Descartes e o "cogito", Leibniz e as "mônadas", Kant e o transcendental, Hegel e a dialética, Marx e a alienação do trabalho, Kierkegaard e o "singular", Bergson e a "duração", Wittgenstein e os "jogos de linguagem", Popper e a "falsificabilidade" das teorias científicas, e assim por diante.

Pois bem, os dois autores desta obra propõem um léxico filosófico, um dicionário dos conceitos fundamentais dos diversos filósofos, apresentados de maneira didática totalmente nova. Se as sínteses iniciais são o instrumento didático da memorização, o léxico foi idealizado e construído como instrumento da conceitualização; e, juntos, uma espécie de chave que permita entrar nos escritos dos filósofos e deles apresentar interpretações que encontrem pontos de apoio mais sólidos nos próprios textos.

* * *

Sínteses, análises, léxico ligam-se, portanto, à ampla e meditada escolha dos textos, pois os dois autores da presente obra estão profundamente convencidos do fato de que a compreensão de um filósofo se alcança de modo adequado não só recebendo aquilo que o autor diz, mas lançando sondas intelectuais também nos modos e nos jargões específicos dos textos filosóficos.

* * *

Ao executar este complexo traçado, os autores se inspiraram em cânones psicopedagógicos precisos, a fim de agilizar a memorização das idéias filosóficas, que são as mais difíceis de assimilar: seguiram o método da repetição de alguns conceitos-chave, assim como em círculos cada vez mais amplos, que vão justamente da síntese à análise e aos textos. Tais repetições, repetidas e amplificadas de modo oportuno, ajudam, de modo extremamente eficaz, a fixar na atenção e na memória os nexos fundantes e as estruturas que sustentam o pensamento ocidental.

* * *

Buscou-se também oferecer ao jovem, atualmente educado para o pensamento visual, tabelas que representam sinoticamente mapas conceituais.

Além disso, julgou-se oportuno enriquecer o texto com vasta e seleta série de imagens, que apresentam, além do rosto dos filósofos, textos e momentos típicos da discussão filosófica.

* * *

Apresentamos, portanto, um texto científica e didaticamente construído, com a intenção de oferecer instrumentos adequados para introduzir nossos jovens a olhar para a história dos problemas e das idéias filosóficas como para a história grande, fascinante e difícil dos esforços intelectuais que os mais elevados intelectos do Ocidente nos deixaram como dom, mas também como empenho.

Giovanni Reale – Dario Antiseri

Índice geral

Índice de nomes, XVII
Índice de conceitos fundamentais, XXI

Primeira parte
A FILOSOFIA DO SÉCULO XIX AO SÉCULO XX

Capítulo primeiro
Friedrich Nietzsche. Fidelidade à terra e transmutação de todos os valores 3

1. A vida e a obra, 5; 2. O "dionisíaco", o "apolíneo" e o "problema Sócrates", 6; 3. Os "fatos" são estúpidos e a "saturação de história" é um perigo, 8; 4. O afastamento em relação a Schopenhauer e Wagner, 8; 5. O anúncio da "morte de Deus", 10; 6. O Anticristo, ou o cristianismo como "vício", 10; 7. A genealogia da moral, 12; 8. Niilismo, eterno retorno e "amor fati", 13; 9. O super-homem é o sentido da terra, 15.

MAPA CONCEITUAL – *Do dionisíaco ao super-homem*, 16.

TEXTOS – F. Nietzsche: 1. *A sublime ilusão metafísica de Sócrates*, 17; 2. *O anúncio da morte de Deus*, 18; 3. *A "moral dos senhores" e a "moral dos escravos"*, 19.

Capítulo segundo
O neocriticismo. A Escola de Marburgo e a Escola de Baden 21

I. Gênese, finalidade e centros de elaboração do neocriticismo 21

1. O nascimento do neocriticismo, 22; 2. A Escola de Marburgo, 23; 2.1. Hermann Cohen: a filosofia crítica como metodologia da ciência, 23; 2.2. Paul Natorp: "o método é tudo", 24; 3. A Escola de Baden, 24; 3.1. Wilhelm Windelband e a filosofia como teoria dos valores, 24; 3.2. Heinrich Rickert: conhecer é julgar com base no valor de verdade, 24.

II. Ernst Cassirer e a filosofia das formas simbólicas 26

1. Substância e função, 26; 2. A filosofia das formas simbólicas, 28; 3. "Animal rationale" e "animal symbolicum", 28.

TEXTOS – E. Cassirer: 1. *O homem é um "animal simbólico"*, 30.

Capítulo terceiro
O historicismo alemão, de Wilhelm Dilthey a Friedrich Meinecke 33

I. Gênese, problemas, teorias e expoentes do historicismo alemão 33

1. Os grandes historiadores e as grandes obras históricas do século XIX, 34; 2. O nascimento do historicismo, 34; 3. Idéias e problemas fundamentais do historicismo, 35.

II. Wilhelm Dilthey e a "crítica da razão histórica" 36

1. Rumo à crítica da razão histórica, 37; 2. A fundamentação das ciências do espírito, 38; 3. A historicidade constitutiva do mundo humano, 38.

III. O historicismo alemão entre Wilhelm Dilthey e Max Weber 40

1. Windelband e a distinção entre ciências nomotéticas e ciências idiográficas, 41; 2. Rickert: a relação com os valores e a autonomia do conhecimento histórico, 42; 3. Simmel: os valores do historiador e o relativismo dos fatos, 42; 4. Spengler e o "o caso do Ocidente", 42; 5. Troeltsch e o caráter absoluto dos valores religiosos, 44; 6. Meinecke e a busca do eterno no instante, 44.

Textos – W. Dilthey: 1. *"Reviver" para "compreender"*, 46; 2. *As ciências do espírito entendem o sentido de um mundo humano histórico e objetivado*, 47; W. Windelband: 3. *Ciências nomotéticas e ciências idiográficas*, 48; H. Rickert: 4. *Aprendizado generalizante e aprendizado individualizante*, 50; G. Simmel: 5. *O "terceiro reino" dos produtos culturais*, 51; F. Meinecke: 6. *Distinção entre civilização e cultura*, 53.

Capítulo quarto
Max Weber:
o desencantamento do mundo
e a metodologia
das ciências histórico-sociais — 55

1. Vida e obras, 57; 2. A questão da "referência aos valores", 58; 3. A teoria do "tipo ideal", 59; 4. O peso das diferentes causas na realização dos eventos, 60; 5. A polêmica sobre a "não-avaliabilidade", 61; 6. A ética protestante e o espírito do capitalismo, 61; 7. Weber e Marx, 62; 8. O desencantamento do mundo, 63; 9. A fé como "sacrifício do intelecto", 64.

Mapa conceitual – *Metodologia das ciências histórico-sociais*, 65.

Textos – M. Weber: 1. *A objetividade cognoscitiva das ciências sociais*, 66; 2. *Ética da convicção e ética da responsabilidade*, 67; 3. *Possibilidade objetiva e causação adequada*, 69; 4. *A política não combina com a cátedra*, 70; 5. *Em busca de uma definição de "capitalismo"*, 72; 6. *A ética protestante e o espírito do capitalismo*, 74; 7. *O desencantamento do mundo*, 75; 8. *A ciência se fundamenta sobre uma escolha ética*, 77.

Capítulo quinto
O pragmatismo — 79

I. O pragmatismo lógico
    de Charles S. Peirce — 79

1. O pragmatismo é a forma que o empirismo assumiu nos Estados Unidos, 80; 2. Os procedimentos para fixar as "crenças", 80; 3. Dedução, indução, abdução, 81; 4. Como tornar claras nossas idéias: a regra pragmática, 82.

II. O empirismo radical
    de William James — 84

1. O pragmatismo é apenas um método, 85; 2. A verdade de uma idéia se reduz à sua capacidade de "operar", 85; 3. Os princípios da psicologia e a mente como instrumento da adaptação, 86; 4. A questão moral: como escolher entre ideais contrastantes?, 86; 5. A variedade da experiência religiosa e o universo pluralista, 87.

III. Desenvolvimentos
     do pragmatismo — 88

1. Mead: continuidade entre o homem e o universo, 88; 2. Schiller: o pragmatismo como humanismo, 89; 3. Vaihinger e a filosofia do "como-se", 89; 4. Calderoni: distinção entre juízos de fato e de valor, 89; 5. Vailati: o pragmatismo como método, 90.

Textos – Ch. S. Peirce: 1. *Abdução, dedução, indução*, 91; 2. *A regra pragmática*, 92; W. James: 3. *"O pragmatismo é apenas um método"*, 93; G. Vailati: 4. *Crítica do materialismo histórico*, 93.

Capítulo sexto
O instrumentalismo
de John Dewey — 95

1. A experiência não se reduz à consciência nem ao conhecimento, 96; 2. Precariedade e risco da existência, 97; 3. A teoria da pesquisa, 98; 4. Senso comum e pesquisa científica: as idéias como instrumentos, 99; 5. A teoria dos valores, 100; 6. A teoria da democracia, 101.

Mapa conceitual – *Método científico: Ética, política, pedagogia*, 103.

Textos – J. Dewey: 1. *A experiência não é consciência, mas história*, 104; 2. *Não há nada mais prático do que uma boa teoria*, 105; 3. *A relação entre passado e presente na pesquisa histórica*, 106; 4. *A ciência e o progresso social*, 108.

Capítulo sétimo
O neo-idealismo italiano,
Croce e Gentile,
e o idealismo anglo-americano — 109

I. O idealismo na Itália
    antes de Croce e Gentile — 109

1. Augusto Vera, 109; 2. Bertrando Spaventa, 109; 3. Outros expoentes italianos do hegelianismo, 110.

II. Benedetto Croce
   e neo-idealismo como
   "historicismo absoluto" _____ 111

1. Vida e obras, 112; 2. "Aquilo que está vivo e aquilo que está morto na filosofia de Hegel", 114; 3. A dialética como relação dos distintos e síntese dos opostos, 115; 4. A estética croceana e o conceito de arte, 116; 4.1. A arte é "aquilo que todos sabem o que seja", 116; 4.2. A arte como conhecimento intuitivo, 117; 4.3. A arte como expressão da intuição, 117; 4.4. A intuição estética como sentimento, 117; 4.5. A relação entre intuição e expressão artística é uma "síntese estética a priori", 118; 4.6. O caráter de universalidade e cosmicidade da arte, 119; 4.7. O que a arte não é, 119; 4.8. Alguns corolários da estética croceana, 119; 5. A lógica croceana, 120; 5.1. A lógica como ciência dos conceitos puros, 120; 5.2. Os pseudoconceitos e seu valor de caráter utilitarista (econômico), 121; 5.3. Coincidência de conceito, juízo e silogismo, 122; 5.4. Identificação entre juízo definitório e juízo individual, e suas conseqüências, 122; 6. A atividade prática, econômica e ética, 122; 7. A história como pensamento e como ação, 123.

MAPA CONCEITUAL – *As formas do espírito*, 125.

III. Giovanni Gentile
   e o neo-idealismo
   como atualismo _____ 126

1. Vida e obras, 127; 2. A reforma gentiliana da dialética hegeliana, 127; 3. O pensamento como "autoconceito" e "forma absoluta", 129; 4. O "mal" e o "erro", 129; 5. A "natureza" como objeto do "autoconceito", 130; 6. Os três momentos do "autoconceito", 130; 7. Natureza do atualismo gentiliano, 131.

MAPA CONCEITUAL – *O pensamento como "autoconceito" e "forma absoluta"*, 133.

IV. O neo-idealismo na Inglaterra
    e na América _____ 134

1. Os precedentes: Carlyle e Emerson, 134; 2. Bradley e o neo-idealismo inglês, 135; 3. Royce e o neo-idealismo na América, 136.

TEXTOS – B. Croce: 1. *O que é a arte*, 137; 2. *A concepção da história*, 144; G. Gentile: 3. *Os problemas essenciais do atualismo e suas implicações*, 147.

Segunda parte

O CONTRIBUTO DA ESPANHA À FILOSOFIA DO SÉCULO XX

Capítulo oitavo
**Miguel de Unamuno
e o sentimento trágico da vida** _____ 157

1. A vida e as obras, 158; 2. A essência da Espanha, 159; 3. Para libertar-se do "domínio dos fidalgos da razão", 159; 4. A vida "não aceita fórmulas", 160; 5. Unamuno: um "Pascal espanhol" encontra o "irmão" Kierkegaard, 161.

TEXTOS – M. de Unamuno: 1. *A vida vai além da "razão"*, 162.

Capítulo nono
**José Ortega y Gasset
e o diagnóstico filosófico
da civilização ocidental** _____ 165

1. A vida e as obras, 166; 2. O indivíduo e sua "circunstância", 167; 3. Gerações cumulativas, gerações polêmicas e gerações decisivas, 167; 4. A diferença entre "idéias-invenções" e "idéias-crenças", 168; 5. O tesouro dos erros, 168; 6. O controle sem fim das teorias científicas, 169; 7. O "homem-massa", 169.

TEXTOS – J. Ortega y Gasset: 1. *Como distinguir as "crenças" das "idéias-invenções"*, 171.

Terceira parte

FENOMENOLOGIA EXISTENCIALISMO HERMENÊUTICA

Capítulo décimo
**Edmund Husserl
e o movimento fenomenológico** _ 175

I. Gênese e natureza
   da fenomenologia _____ 175

1. A fenomenologia: um método para "voltar às próprias coisas", 176; 2. A fenomenologia é descrição das essências eidéticas, 176; 3. Direção idealista e direção realista da fenomenologia, 177; 4. Às origens da fenomenologia, 177; 4.1. Bolzano e o valor lógico-objetivo das "proposições", 177; 4.2. Brentano e a intencionalidade da consciência, 178.

II. Edmund Husserl — 179

1. Vida e obras, 180; 2. A intuição eidética, 181; 3. Ontologias regionais e ontologia formal, 181; 4. A intencionalidade da consciência, 182; 5. *"Epoché"* ou redução fenomenológica, 183; 6. A crise das ciências européias e o "mundo da vida", 184.

III. Max Scheler — 185

1. Contra o formalismo kantiano, 186; 2. Valores "materiais" e sua hierarquia, 187; 3. A pessoa, 187; 4. A simpatia, o amor e a fé, 188; 5. Sociologia do saber, 188.

IV. Desenvolvimentos da fenomenologia — 190

1. Nicolai Hartmann e a análise fenomenológica dirigida ao "ser enquanto tal", 191; 1.1. A concepção da ética, 191; 1.2. A problemática ontológica, 191; 2. Rudolf Otto e a fenomenologia da religião, 191; 3. Edith Stein: o problema da empatia e a tarefa de uma filosofia cristã, 192; 3.1. A vida e as obras, 192; 3.2. Teoria fenomenológica da empatia, 193; 3.3. A tarefa de uma filosofia cristã, 194.

TEXTOS – E. Husserl: 1. *A intencionalidade do conhecimento*, 195; 2. *A epoché fenomenológica*, 196; 3. *"As meras ciências de fatos criam simplesmente homens de fato"*, 198; M. Scheler: 4. *Quando uma idéia religiosa torna possível a ciência*, 200.

Capítulo décimo primeiro
**Martin Heidegger:
da fenomenologia
ao existencialismo** — 201

1. Vida e obras, 202; 2. Da fenomenologia ao existencialismo, 203; 3. O Ser-aí e a analítica existencial, 203; 4. O ser-no-mundo, 205; 5. O ser-com-os-outros, 205; 6. O ser-para-a-morte, existência inautêntica e existência autêntica, 206; 7. A coragem diante da angústia, 207; 8. O tempo, 207; 9. A metafísica ocidental como "esquecimento do ser", 208; 10. A linguagem da poesia como linguagem do ser, 209; 11. A técnica e o mundo ocidental, 210.

TEXTOS – M. Heidegger: 1. *A morte é "uma iminência ameaçadora específica"*, 211; 2. *"No tempo da noite do mundo o poeta canta o sagrado"*, 213.

Capítulo décimo segundo
**Traços essenciais
e desenvolvimentos
do existencialismo** — 215

I. Perspectivas gerais — 215

1. A existência é "poder-ser", isto é, "incerteza, risco e decisão", 215; 2. Pressupostos remotos e próximos do existencialismo, 216; 3. Os pensadores mais representativos do existencialismo, 217.

II. Karl Jaspers e o naufrágio da existência — 218

1. Vida e obras, 218; 2. A ciência como orientação no mundo, 219; 3. O ser como "oniabrangente", 219; 4. A não-objetividade da existência, 220; 5. O naufrágio da existência e os "sinais" da transcendência, 220; 6. Existência e comunicação, 221.

III. Hannah Arendt: uma defesa inflexível da dignidade e da liberdade do indivíduo — 223

1. Hannah Arendt: a vida, 223; 2. As obras: uma filosofia em defesa da liberdade, 224; 3. Anti-semitismo, imperialismo e totalitarismo, 224; 4. A ação como atividade política por excelência, 225.

IV. Jean-Paul Sartre: da liberdade absoluta e inútil à liberdade histórica — 226

1. Vida e obras, 227; 2. A náusea diante da gratuidade das coisas, 227; 3. O "em-si" e o "para-si", o "ser" e o "nada", 228; 4. O "ser-para-outros", 228; 5. O existencialismo é um humanismo, 229; 6. Crítica da razão dialética, 231.

V. Maurice Merleau-Ponty: entre existencialismo e fenomenologia — 232

1. A relação entre a "consciência" e o "corpo", e entre o "homem" e o "mundo", 232; 2. A liberdade "condicionada", 233.

VI. Gabriel Marcel
e o neo-socratismo
cristão _____ 234

1. A defesa do concreto, 235; 2. A assimetria entre crer e verificar, 235; 3. Problema e metaproblema, 236; 4. Ser e ter, 236.

Textos – K. Jaspers: 1. *Os limites da ciência*, 238; H. Arendt: 2. *A dignidade humana contra toda forma de totalitarismo e racismo*, 239; J.-P. Sartre: 3. *O homem "é condenado em todo momento a inventar o homem"*, 242; 4. *O homem é responsável por aquilo que pertence a todos os homens*, 243; M. Merleau-Ponty: 5. *Para que servem os filósofos?*, 244; G. Marcel: 6. *Problema e metaproblema*, 245.

Capítulo décimo terceiro
Hans Georg Gadamer e a teoria da hermenêutica ____ 249

I. Estrutura da hermenêutica ___ 250

1. Origens e objeto da hermenêutica, 250; 2. O que é o "círculo hermenêutico", 250; 3. O procedimento hermenêutico como ato interpretativo e seu esquema de fundo, 251; 4. A interpretação como tarefa possível, mas infinita, 252; 5. Estrutura e função dos pré-conceitos e da pré-compreensão do intérprete, 253; 6. A "alteridade" do texto, 253.

II. Interpretação
e "história dos efeitos" _____ 254

1. Valência hermenêutica da história dos efeitos de um texto, 254; 2. Eficácia da distância temporal para a compreensão de um texto, 255.

III. "Preconceito",
"razão" e "tradição" _____ 256

1. Os "idola" de Bacon como "preconceitos", 256; 2. A superação de todos os preconceitos propugnada pelos iluministas é um "preconceito" típico, 256; 3. O conceito romântico de "tradição", 256; 4. Relação estrutural entre "razão" e "tradição", 257.

Textos – H. G. Gadamer: 1. *O que é o "círculo hermenêutico"*, 258; 2. *"Preconceito" de modo nenhum significa juízo falso*, 260; 3. *A idéia de "história dos efeitos"*, 260; 4. *Teoria da tradição*, 262.

Capítulo décimo quarto
Desenvolvimentos recentes da teoria da hermenêutica ____ 265

I. Emílio Betti
e a hermenêutica
como método geral
das ciências do espírito _____ 265

1. A vida e as obras, 266; 2. Interpretar é entender, 266; 3. A distinção entre "interpretação do sentido" e "atribuição de sentido", 266; 4. Uma hermenêutica garante dos direitos do objeto, 267; 5. Os quatro cânones do procedimento hermenêutico, 267.

II. Paul Ricoeur:
a falibilidade humana
e o conflito
das interpretações _____ 268

1. A vida e as obras, 269; 2. "Eu suporto este corpo que governo", 270; 3. Uma vontade humana que erra e que peca, 271; 4. A simbólica do mal, 271; 5. A "escola da suspeita", 271; 6. O conflito das interpretações, 272; 7. A realidade do símbolo entre o vetor "arqueológico" e o "teleológico", 272; 8. A reconquista da pessoa, 273.

III. Luís Pareyson
e a pessoa
como órgão da verdade _____ 274

1. A vida e as obras, 275; 2. Condicionalidade histórica, caráter pessoal e validade especulativa da filosofia, 276; 3. A filosofia é "também" expressão do tempo; e é "também" interpretação pessoal, 277; 4. A unidade da filosofia é a "confilosofia", 277; 5. Pluralidade de vozes que comunicam discutindo, 278; 6. O homem é um ser interpretante e, enquanto tal, órgão da verdade, 278; 7. A ontologia do inesgotável contra o misticismo do inefável, 278; 8. O Deus dos filósofos e o Deus da experiência religiosa, 279; 9. A linguagem reveladora do mito, 279.

IV. Gianni Vattimo:
hermenêutica,
pensamento débil,
pós-modernidade _____ 280

1. A vida e as obras, 281; 2. O "pensamento débil", 281; 3. O pressuposto hermenêutico do pensamento débil, 281; 4. O que significa "pensar"; o que significa "ser", 282; 5. Moderno e pós-moderno, 283; 6. Metamorfoses da idéia de racionalidade, 283.

Textos – E. Beti: 1. *O sentido de um texto deve ser tirado do próprio texto*, 284; P. Ricoeur: 2. *A escola da suspeita: Marx, Nietzsche e Freud*, 284; L. Pareyson: 3. *Como falar de Deus*, 286; G. Vattimo: 4. *O "pensamento débil" como pensamento antifundacional*, 289.

Quarta parte
BERTRAND RUSSELL, LUDWIG WITTGENSTEIN E A FILOSOFIA DA LINGUAGEM

Capítulo décimo quinto
Bertrand Russell e Alfred North Whitehead _____ 295

I. Bertrand Russell: da rejeição do idealismo à crítica da filosofia analítica _ 295

1. A formação cultural e o encontro com G. E. Moore, 296; 2. O atomismo lógico e o encontro com Peano, 296; 3. A teoria das descrições, 298; 4. Russell contra o "segundo" Wittgenstein e a filosofia analítica, 299; 5. Russell: a moral e o cristianismo, 300.

II. Alfred North Whitehead: processo e realidade _____ 301

1. A inter-relação entre ciência e filosofia, 301; 2. O universo como "processo", 301.

Textos – B. Russell: 1. *O que significa "ser racionais"*, 303; 2. *O "segundo" Wittgenstein "cansou-se de pensar seriamente"*, 304; 3. *"Ideais" para a política*, 305.

Capítulo décimo sexto
Ludwig Wittgenstein: do *Tractatus logico-philosophicus* às pesquisas filosóficas _____ 307

I. A vida _____ 308

1. Professor de escola elementar e grande filósofo, 308.

II. O *Tractatus logico-philosophicus* _____ 309

1. As teses fundamentais, 309; 2. Realidade e linguagem, 309; 3. A parte "mística" do *Tractatus*, 310; 4. A interpretação não-neopositivista do *Tractatus*, 311.

III. As *Pesquisas filosóficas* _____ 312

1. A volta à filosofia, 312; 2. A teoria dos "jogos de língua", 312; 3. O princípio de uso e a filosofia como terapia lingüística, 313.

Textos – L. Wittgenstein: 1. *A linguagem representa projetivamente o mundo*, 315; 2. *A parte "mística" do Tractatus*, 317; 3. *O sentido do* Tractatus logico-philosophicus *"é um sentido ético"*, 318; 4. *A teoria dos jogos-de-língua*, 318.

Capítulo décimo sétimo
A filosofia da linguagem. O movimento analítico de Cambridge e Oxford _____ 321

I. A filosofia analítica em Cambridge _____ 321

1. Os filósofos de Cambridge: Russell, Moore e Wittgenstein, 322; 2. A revista "Analysis", 323; 3. John Wisdom e as afirmações metafísicas como "paradoxos de exploração", 323; 4. A análise filosófica como "terapia lingüística", 323.

II. A filosofia analítica em Oxford _____ 324

1. G. Ryle: o trabalho do filósofo como correção dos "erros categoriais", 325; 2. J. L. Austin: a linguagem comum não é a última palavra em filosofia, 325; 3. A filosofia de Oxford e a análise da linguagem ético-jurídica, 327; 4. P. F. Strawson e a metafísica descritiva, 327; 5. S. Hampshire e A. J. Ayer: um desacordo sobre a volta a Kant, 327; 6. F. Waismann: a filosofia não pode ter apenas uma tarefa terapêutica, 328.

III. A filosofia analítica e a "redescoberta" do significado da linguagem metafísica _____ 329

1. Grandes problemas que os filósofos analíticos procuraram resolver, 329; 2. Nova atitude em relação à metafísica, 329; 3. Os resultados mais significativos na reflexão sobre a metafísica, 330.

Textos – P. F. Strawson: 1. *O que começa como metafísica pode terminar como ciência*, 331; H. P. Grice, Pears, Strawson: 2. *O metafísico "re-projeta todo o mapa do pen-*

samento", 331: F. Waismann: 3. *"É um nonsense dizer que a metafísica carece de sentido"*, 332.

Quinta parte
ESPIRITUALISMO, NOVAS TEOLOGIAS E NEO-ESCOLÁSTICA

Capítulo décimo oitavo
O espiritualismo como fenômeno europeu _____ 335

I. O espiritualismo: gênese, características e expoentes _____ 335

1. A reação ao "reducionismo" positivista, 335; 2. As idéias básicas do espiritualismo, 336.

II. As diversas manifestações do espiritualismo na Europa _____ 337

1. O espiritualismo na Inglaterra, 338; 2. O espiritualismo na Alemanha, 338; 3. O espiritualismo na Itália, 339; 4. O espiritualismo na França e o contingentismo de Boutroux, 339.

III. Maurice Blondel e a "filosofia da ação" _____ 341

1. Os precedentes da filosofia da ação, 342; 2. A dialética da vontade, 343; 3. O método da imanência, 343; 4. A filosofia da ação e suas relações com o modernismo, 344.

TEXTOS – M. Blondel: 1. *O homem: um ser finito que tende "naturalmente" ao "absoluto"*, 345.

Capítulo décimo nono
Henri Bergson e a evolução criadora _____ 347

1. A originalidade do espiritualismo de Bergson, 348; 2. O tempo espacializado e o tempo como duração, 350; 3. Por que a duração funda a liberdade, 350; 4. Matéria e memória, 351; 5. Impulso vital e evolução criadora, 352; 6. Instinto, inteligência, intuição, 354; 7. A intuição como órgão da metafísica, 354; 8. Sociedade fechada e sociedade aberta, 355; 9. Religião estática e religião dinâmica, 356.

TEXTOS – H. Bergson: 1. *Em que consiste a duração real*, 358; 2. *O grande problema da união entre alma e corpo*, 359; 3. *Impulso vital e adaptação ao ambiente*, 360.

Capítulo vigésimo
A renovação do pensamento teológico no século XX _____ 363

I. A renovação da teologia protestante _____ 363

1. Karl Barth: a "teologia dialética" contra a "teologia liberal", 364; 2. Paul Tillich e o "princípio da correlação", 365; 3. Rudolf Bultmann: o método "histórico-morfológico" e a "demitização", 366; 4. Dietrich Bonhoeffer e o mundo saído da "tutela de Deus", 366.

II. A renovação da teologia católica _____ 368

1. Karl Rahner e as "condições a priori" da possibilidade da Revelação, 368; 2. Hans Urs von Balthasar e a estética teológica, 369.

III. A "teologia da morte de Deus" e sua "superação" _____ 370

1. Pode-se continuar a crer em Cristo, mas não em Deus, 370; 2. A superação da tipologia da morte de Deus, 371.

IV. A teologia da esperança _____ 373

1. Moltmann e a contradição entre "esperança" e "experiência", 374; 2. Pannenberg: "a prioridade pertence à fé, mas o primado à esperança", 374; 3. Metz: a teologia da esperança como teologia política, 375; 4. Schillebeeckx: "Deus é aquele que virá", 375.

TEXTOS – K. Barth: 1. *"Nós pedimos fé, nada mais e nada menos"*, 377; Bonhoeffer: 2. *"Quem está ligado a Cristo encontra-se seriamente sob a cruz"*, 378; K. Rahner: 3. *Tarefa e compromissos da teologia do futuro*, 379; 4. *A missão da Igreja: indicar a salvação ao mundo inteiro*, 381; J. Moltmann: 5. *A fé é escopo e não meio*, 383.

Capítulo vigésimo primeiro
A neo-escolástica, a Universidade de Louvain, a Universidade Católica de Milão e o pensamento de Jacques Maritain _____ 385

I. Origens e significado
da filosofia neo-escolástica ___ 385

1. As razões do renascimento do pensamento escolástico, 386; 2. As encíclicas "Aeterni Patris" e "Pascendi", 387; 3. O Concílio Vaticano II e o pós-concílio, 387; 4. O cardeal Mercier e a neo-escolástica em Louvain, 387; 5. A neo-escolástica na Universidade Católica de Milão, 389.

II. O pensamento
de Jacques Maritain
e a neo-escolástica
na França ___ 390

1. Jacques Maritain: os "graus do saber" e o "humanismo integral", 391; 1.1. A grande escolha: viver segundo a verdade, 391; 1.2. O eixo central do pensamento de Maritain: "distinguir para unir", 391; 1.3. A concepção da educação e seus fundamentos, 392; 1.4. A concepção da arte, 392; 1.5. Humanismo integral e concepção da política, 393; 2. Étienne Gilson: por que não se pode eliminar o tomismo, 393.

Textos – J. Maritain: 1. *Assim como a medicina, a educação é uma* ars cooperativa naturae, 395.

Sexta parte
O PERSONALISMO

Capítulo vigésimo segundo
**O personalismo:
Emmanuel Mounier
e Simone Weil** ___ 399

I. O personalismo:
uma filosofia,
mas não um sistema ___ 399

1. Características da "pessoa", 399; 2. O contexto histórico em que surgiu o personalismo, 400; 3. As regras e as estratégias do personalismo, 400; 4. Os representantes do pensamento personalista, 401.

II. Emmanuel Mounier
e "a revolução personalista
e comunitária" ___ 402

1. Vida e obra, 402; 2. As dimensões da "pessoa", 403; 3. O personalismo contra o moralismo, o individualismo, o capitalismo e o marxismo, 405; 4. Em direção à nova sociedade, 405; 5. O cristianismo deve romper com todas as desordens estabelecidas, 406.

III. Simone Weil:
entre ação revolucionária
e experiência mística ___ 407

1. A vida e as obras, 407; 2. Gabriel Marcel e Charles De Gaulle julgam Simone Weil, 408; 3. Escravidão em nome da força e escravidão em nome da riqueza, 408; 4. O que significa ser revolucionários, 409; 5. Fomos colocados aos pés da cruz, 409; 6. Cristo é o contrário da força: é um Deus que morre na cruz, 410; 7. A presença de Cristo, 410.

Textos – E. Mounier: 1. *Para uma teoria da "pessoa humana"*, 412; S. Weil: 2. *Deus vem a nós despojado de seu poder e de seu esplendor*, 413.

Sétima parte
LIBERDADE DO INDIVÍDUO E TRANSCENDÊNCIA DIVINA NA REFLEXÃO FILOSÓFICA HEBRAICA CONTEMPORÂNEA

Capítulo vigésimo terceiro
**Martin Buber
e o princípio dialógico** ___ 417

1. A vida e as obras, 417; 2. O Eu fala das coisas mas dialoga com o Tu, 419; 3. A diferença entre a relação "Eu-Esse" e a relação "Eu-Tu", 420; 4. É o Tu que me torna Eu, 420; 5. Pode-se falar com Deus, não se pode falar de Deus, 420.

Textos – M. Buber: 1. *A Jesus cabe um grande lugar na história da fé de Israel*, 421.

Capítulo vigésimo quarto
**Emmanuel Lévinas
e a fenomenologia
da face do Outro** ___ 423

1. A vida e as obras, 423; 2. Onde nasce o existente, 423; 3. A face do Outro nos vem ao encontro e nos diz: "Tu não matarás", 424; 4. O Outro me olha e se refere a mim, 425; 5. Quando o Eu é refém do Outro, 425.

TEXTOS – F. Lévinas: 1. *O Outro não pode nos deixar indiferentes*, 426.

Oitava parte
O MARXISMO DEPOIS DE MARX E A ESCOLA DE FRANKFURT

Capítulo vigésimo quinto
O marxismo depois de Marx ___ 429

I. O "revisionismo" do "reformista" Eduard Bernstein ___ 429

1. A Primeira, a Segunda e a Terceira Internacional, 430; 2. Eduard Bernstein e as razões da falência do marxismo, 431; 3. Contra a "revolução" e a "ditadura do proletariado", 431; 4. A democracia como "alta escola do compromisso", 432.

II. O debate sobre o "reformismo" ___ 433

1. Karl Kautsky e a "ortodoxia", 433; 2. Rosa de Luxemburgo: "a vitória do socialismo não cai do céu", 434.

III. O austromarxismo ___ 435

1. Gênese e características do austromarxismo, 435; 2. Max Adler e o marxismo como "programa científico", 436; 3. O neokantismo dos austromarxistas e a fundamentação dos valores do socialismo, 437.

IV. O marxismo na União Soviética ___ 438

1. Plekanov e a difusão da "ortodoxia", 438; 2. Lênin, 439; 2.1. O partido como vanguarda armada do proletariado, 439; 2.2. Estado, revolução, ditadura do proletariado e moral comunista, 440.

V. O "marxismo ocidental" de Lukács, Korsch e Bloch ___ 441

1. György Lukács, 442; 1.1. Totalidade e dialética, 442; 1.2. Classe e consciência de classe, 443; 1.3. A estética marxista e o "realismo", 444; 2. Karl Korsch entre "dialética" e "ciência", 445; 3. Ernst Bloch, 446, 3.1. A vida de um "utopista", 446; 3.2. "O que importa é aprender a esperar", 446; 3.3. "O marxismo deve ser fielmente ampliado", 448; 3.4. "Onde há esperança, há religião", 448.

VI. O neomarxismo na França ___ 449

1. Roger Garaudy, 449; 1.1. Os erros do sistema soviético, 449; 1.2. A alternativa, 450; 1.3. Marxismo e cristianismo, 450; 2. Louis Althusser, 451; 2.1. A "ruptura epistemológica" do Marx de 1845, 451; 2.2. Por que o marxismo é "anti-humanismo" e "anti-historicismo", 451.

VII. O neomarxismo na Itália ___ 453

1. Antônio Labriola, 454; 1.1. "O marxismo não é positivismo nem naturalismo", 454; 1.2. A concepção materialista da história, 454; 2. Antônio Gramsci, 455; 2.1. A vida e a obra, 455; 2.2. A "filosofia da práxis" contra a "filosofia especulativa" de Croce, 456; 2.3. O "método dialético", 456; 2.4. A teoria da hegemonia, 456; 2.5. Sociedade política e sociedade civil, 457; 2.6. O intelectual "orgânico", e o partido como "príncipe moderno", 457.

TEXTOS – E. Bernstein: 1. *"A democracia é a arte elevada do compromisso"*, 459; Adler: 2. *Onde Marx se assemelha a Kant*, 461; Lênin: 3. *O ideal ético dos comunistas*, 463; G. Lukács: 4. *A sociedade não pode ser compreendida com o método das ciências naturais*, 464; 5. *O papel do "tipo" na estética realista*, 464; R. Garaudy: 6. *Refutação do stalinismo*, 465; A. Gramsci: 7. *As razões da crítica a Croce*, 466; 8. *A função dos intelectuais*, 467.

Capítulo vigésimo sexto
A Escola de Frankfurt ___ 469

I. Gênese, desenvolvimentos e programa da Escola de Frankfurt ___ 469

1. Totalidade e dialética como categorias fundamentais da pesquisa social, 469; 2. Da Alemanha para os Estados Unidos, 471.

II. Theodor Wiesengrund Adorno ___ 472

1. A "dialética negativa", 472; 2. Adorno e sua colaboração com Horkheimer: a dialética do Iluminismo, 473; 3. A indústria cultural, 474.

III. Max Horkheimer: o eclipse da razão _____ 476

1. O "lucro" e o "planejamento" como geradores de repressão, 476; 2. A razão instrumental, 476; 3. A filosofia como denúncia da razão instrumental, 477; 4. A nostalgia do "totalmente Outro", 477.

IV. Herbert Marcuse e a "grande recusa" _____ 479

1. É impossível uma "civilização não-repressiva"?, 479; 2. "Eros" libertado, 480; 3. O homem de uma dimensão, 481.

V. Erich Fromm e a "cidade do ser" _____ 482

1. A desobediência é de fato um vício?, 482; 2. Ter ou ser?, 483.

TEXTOS – T. W. Adorno: 1. *A filosofia não pode se reduzir a ciência*, 484; M. Horkheimer; 2. *A nostalgia do "totalmente Outro"*, 485; M. Horkheimer – Adorno: 3. *É necessário frear a corrida para o mundo da organização*, 486; H. Marcuse: 4. *Para "outra" e "mais humana" sociedade*, 487; 5. *A categoria das "falsas necessidades"*, 488.

Índice de nomes*

A

ABBAGNANO N., 23, 205, 215, 217
ABELARDO P., 394,
ADAMSON R., 23
ADLER F., 436
ADLER M., 435, **436-437**, *461-463*
ADORNO T. W., 469, 470, 417, 472, **473-475**, *484-486*
AGAZZI E., 389
AGOSTINHO DE HIPONA, 336, 348, 382, 385, 386
ALAIN E. A., 245
Albérès R. M., 160
Afonso XIII, 158
Alighieri D., 120, 138, 142, 394
ALTHUSSER L., 449, **451-452**
ALTIZER T. J. J., 370
ANAXIMANDRO, 91, 202, 208, 210
ARENDT H., **223-226**, *239-242*
Ariosto L., 142
ARISTÓTELES, 7, 27, 83, 91, 93, 147, 148, 149, 178, 189, 202, 208, 281, 289, 290, 325, 331, 394
ARNIM, H. VON, 34
ARON R., 223, 402
AUSTIN J. L., 324, **325-327**
AYER A. J., **327-328**

B

BACHELARD G., 451
BACON F., 80, 256, 487
BALFOUR A. J., 338
BALTHASAR, H. U. VON, 368, 369
Balzac, H. de, 444
BANFI A., 23
BARTH K., 216, 363, **364-365**, 369, 371, 377, 386
BARZELLOTTI T., 21, 23
BAUER O., 435, 436
BEAUVOIR, S. DE, 217
BECKER O., 177
BELOCH K. J., 33, 34
BENJAMIN W., 471
BERDJAEV N., 217, 399, 401, 402, 403
BERGSON H., 95, 97, 333, 334, 338, 340, 344, **347-357**, *358-361*, 391
BERKELEY G., 80, 93
BERLIN I., 327
BERNSTEIN E., **429-432**, 433, 434, 439, *459-460*
BETTI E., 173, **265-268**, *284*
BIOT R., 401
BIRAN, M. DE, 339, 349, 401
Bismarck, O. von, 60, 460
Black D. W., 300
BLANCHOT M., 423
BLOCH E., 374, 375, 427, 441, 442, **446-448**
BLONDEL M., 337, 338, 339, **341-344**, *345-346*
BLOY L., 391
Blumenfeld K., 240
BOAVENTURA, são, 394
Bocchini A., 121
BÖHM-BAWERK, E. VON, 435
BOLTZMANN L., 311
BOLZANO B., 175, **177**
BONAIUTI E., 341, 344
BONHOEFFER D., 333, 364, **366-367**, *378-379*
BONTADINI G., 386, 389
BOPP F., 34
Bórgia C., 11
BORKENAU F., 471
Botticelli S., 323
BOUTROUX E., 337, 338, 339, 340, 349
BOWNE B. P., 401
BRADLEY F. H., 134, **135-136**, 295, 296, 338

Breda, H. van, 180
BRENTANO F., 175, 176, 177, **178**, 179, 180, 195, 196
Breznev L., 449, 465
BRIDGMAN P. W., 83
BRIGHTMAN E. S., 399, 401
BROAD C. D., 323
BROUWER L. E., 312
Bruegel P., 323
BRUNO G., 148, 152
BRUNSCHVICG L., 21, 23
BUBER M., 401, 415, 416, **417-420**, 421, 446
Buber S., 417
Bülow, C. von, 5
BULTMANN R., 223, 265, 266, 267, 271, 363, **366**
Burckhardt J., 3, 5, 33, 34
BUREN, P. M. VAN, 370, 371, 372
Buzzoni M., 272

C

CAIRD E., 135
CALDERONI M., 80, 88, **89**
CAMPANELLA T., 148
CAMUS A., 166, 215, 217, 408
CANTONI C., 21, 23
CARABELLESE P., 339, 340
Carducci G., 113
Carlini A., 399, 401
CARLYLE T., 134, 135
CASSIRER E., 1, 21, 23, **26-29**, *30-31*
Castro F., 227
Catarina de Sena, santa, 348, 357
CHESTOV L., 217
Child E. B., 101
Chiodi P., 216
CLAUDEL P., 369, 485
COATES J. B., 399, 401
COHEN H., 21, 23, 24, 26, 165, 166, 435, 436

---

* Neste índice:
– reportam-se em versalete os nomes dos filósofos e dos homens de cultura ligados ao desenvolvimento do pensamento ocidental, para os quais indicam-se em negrito as páginas em que o autor é tratado de acordo com o tema, e em itálico as páginas dos textos;
– reportam-se em itálico os nomes dos críticos;
– reportam-se em redondo todos os nomes não pertencentes aos agrupamentos precedentes.

Coleridge S. T., 134
Colombo C., 323
COMTE A., 4, 8, 91, 167, 189, 198, 340
CONRAD-MARTIUS E., 177, 192
Corneille P., 142
COUSIN V., 144, 336
COX H., 370, 371
CREIGHTON J., 136
CROCE B., 109, 110, **111-124**, 126, 127, 128, 131, *137-146*, 147, 148, 453, 455, 456, 458, 466, 467

D

DARWIN C. R., 254
De Gaulle C., 408
DE SANCTIS F., 109, 110, 113
DÉLÈAGE A., 401
DESCARTES R., 48, 180, 184, 197, 244, 245, 272, 283, 284, 285, 290, 304, 330, 332, 336, 349, 352, 388, 401
DEWEY J., 80, 88, **95-102**, *104-108*
DICKINSON, 296
DIELS H., 34
DILTHEY W., 1, 22, 25, 33, 34, **36-39**, 40, 41, 45, *46-48*, 59, 250, 267, 274, 276, 290, 417, 470
Dostoiewski F. M., 6, 216, 242, 323, 423, 442
DOYLE, 75
DRAY W., 324
DROYSEN G., 33, 34
DUNCAN-JONES A., 323
Dürer A., 47
DUVEAU G., 401

E

ECKHART (MESTRE) J., 482, 483
ECKSTEIN G., 436
EINSTEIN A., 29, 198, 274, 300
Eliezer, I. ben, 418
Eliot T. S., 372
EMERSON R. W., 134, 135, 136
ENGELMANN P., 307, 311, 318
ENGELS F., 231, 429, 431, 435, 436, 437, 439, 443, 446, 454, 461, 462
EPICTETO, 28, 30
EUCKEN R., 337, 338
EUCLIDES, *296*, *395*
Eurípides, 3, 7

F

FEUERBACH L., 4, 8, 216, 274, 275, 370, 448
FICHTE H., 337, 338
FICHTE J. G., 22, 68, 146, 150, 337, 338
Ficker, L. von, 311, 318
FINCK E., 177
FIORENTINO F., 21, 23
FLEW A., 324
FOGAZZARO A., 341, 344
Francisco de Assis, são, 68, 348, 357
Frederico o Grande, 60
FREGE G., 297, 298, 308
FREUD S., 269, 271, 272, 273, 274, 276, 284, 285, 286, 291, 323, 479, 480
FRIES J. F., 22
FROMM E., 469, 471, **482-483**

G

GADAMER H. G., 173, 174, **249-257**, *258-263*, 265, 266, 267, 280, 281
GALILEI G., 29, 180, 184, 244, 245
GALLUPPI P., 110, 148
GARAUDY R., **449-450**, *465-466*
GARDINER P., 324
Gaus, 239, 240, 241
GEIGER M., 177
GEMELLI A., 386, 389
GENTILE G., 109, 110, 111, 114, **126-132**, *147-154*, 458
GILSON E., 390, **393-394**
GIOBERTI V., 110, 148
GOETHE J. W., 50, 124, 134, 168
Gogol N., 423
GOLDMANN L., 450
GRAMSCI A., 453, 454, **455-458**, *466-468*
GREEN T. H., 135, 338
GRICE H. P., *331*
Grimm H., 261
GRIMM J., 34
GROSSMANN H., 471
GUARDINI R., 446
Guarini B., 142
Guerrera Brezzi F., 270, 271
Guevara C., 227
Gumnior, 485, 486
Gundolf F., 261
GUZZO A., 274, 275

H

HABERMAS J., 471
HAMELIN O., 21, 23
HAMILTON W., 370
HAMPSHIRE S., 324, **327-328**
HARE R. M., 293, 324, 327, 330
Harich W., 446
HARNACK, A. VON, 363, 364
Harris W. T., 136
Hart H. L. A., 327
HARTMANN N., 177, 190, **191**
HARTMANN, E. VON, 377, 338
HEGEL G. W. F., 22, 34, 35, 36, 38, 48, 95, 97, 109, 110, 111, 113, 114, 115, 116, 122, 123, 126, 128, 134, 138, 139, 144, 147, 148, 150, 151, 167, 202, 208, 217, 231, 244, 250, 262, 274, 275, 276, 295, 296, 330, 343, 364, 430, 436, 438, 441, 442, 443, 446, 449, 451, 454, 462, 470, 472
HEIDEGGER M., 174, 176, 177, 179, **201-210**, *211-214*, 215, 217, 218, 221, 223, 228, 235, 236, 243, 250, 258, 259, 260, 265, 266, 267, 271, 278, 280, 281, 285, 290, 291, 368, 423, 424
HELMHOLTZ, H., 21, 22, 29
HEMPEL C. G., 299
HERÁCLITO, 95, 97, 132, 202, 208, 210
HERBART J. F., 22, 113, 454
Hertwig M., 446
HERTZ H. R., 311
Herzl T., 417, 418
Hess M., 418
HICK J., 324
HICKS G. D., 21, 23
HILFERDING R., 435, 436
Hitler A., 223, 225, 469, 471
Hobbes, 94
HOCKING W. E., 399, 401
HODGSON S. H., 21, 23, 93
HÖLDERLIN F., 210, 213, 214
Homero, 254
HORKHEIMER M., 427, 469, 470, 471, 472, 473, 474, 475, **476-478**, *485-487*
HOWISON G. H., 136, 399, 401
HUMBOLDT, W. VON, 119
HUME D., 80, 93, 368
HUSSERL E., 173, 174, 175, 176, 177, 178, **179-184**, 185, 186, 190, 192, 193, *195-200*, 201, 202, 205, 223, 226, 227, 262, 268, 270, 271, 325, 389, 423, 424, 449, 451, 470
HYPPOLITE J., 217, 270

I

Infantino, L., 166
IZARD G., 399, 401

J

Jacini S., 142
Jaegerschmid A., 193
JAIA D., 109, 110, 126, 127
JAMES H., 349
JAMES W., 79, 80, **84-87**, 88, 89, 90, *93*, 99, 104, 134, 349, 352
JANIK A., 311
Jarczyk G., 381
JASPERS K., 173, 215, 217, **218-222**, 223, *238-239*, 242, 243, 269, 275, 446

Índice de nomes

Jesi F., 418
Joana d'Arc, santa, 348, 357
João da Cruz, são, 194
João Paulo II, papa, 190, 192, 193, 385, 387
JOHNSON M. E., 323
JOLIOT-CURIE I., 298

K

Kafka F., 216
KANT I., 21, 22, 23, 35, 40, 42, 76, 88, 89, 109, 129, 147, 148, 185, 186, 187, 256, 281, 289, 290, 296, 327, 328, 332, 338, 339, 368, 369, 386, 388, 395, 401, 436, 461, 462, 474, 486
KAUTSKY K., 429, 430, 431, **433-434**, 445
Kegan P., 309
KELSEN H., 435, 436
Kennedy J., 300
KEYNES J. M., 312
KIERKEGAARD S., 157, 161, 215, 216, 220, 231, 273, 274, 275, 311, 364, 377, 401, 417, 442
KOJÈVE A., 217, 223
KORSCH K., 441, 442, **445-446**
KOYRÉ A., 223
KRIES, J. VON, 69, 70
Kruschev N., 227, 300
KÜLPE O., 446
Kun B., 442

L

LABERTHONNIÈRE L., 341, 343, 344
LABRIOLA A., 111, 113, 453, **454-455**
LACHIÈZE-REY P., 401
LACROIX J., 399, 401
LANDGREBE L., 177
LANDSBERG P., 401
LANGE F. A., 23, 89
Laterza G., 142
LAVELLE L., 336, 338
LAZEROWITZ M., 323
Leão XIII, papa, 385, 387, 388
LE ROY E., 344
LE SENNE E. R., 401, 407
LEFEBVRE H., 450
LEFRANCQ M., 401
LEIBNIZ G. W., 304, 332, 338, 401
LÊNIN N., 300, 433, 434, 435, 438, **439-440**, 445, 453, 455, 456, *463*
LEQUIER J., 337, 339
LESSING, G. E., 17, 141
LÉVINAS E., 415, 416, **423-425**, *426*
LIEBKNECHT K., 429, 430, 433, 434
LIEBMANN O., 21, 22
LOBATCHEVSKI N. I., 274
LOCKE J., 49, 80, 93, 304
LOISY A., 341, 344
London, 465

Lope de Vega F., 142
LOTZE R. H., 337, 338, 339
LÖWENTHAL L., 469, 471
LOYOLA, I. DE, 157, 160
LUBAC, H. DE, 369
LUKÁCS G., 76, 441, **442-444**, 445, 446, *464-465*, 470
LUTERO M., 12, 46, 47
LUXEMBURGO, R. DE, 429, 430, 433, **434-435**

M

MACE C. A., 323
MACH E., 90, 121, 435, 436
MADINIER G., 401
MALCOLM N., 309, 323
MALEBRANCHE N., 332
Malka S., 424, 425
Manet E., 323
MAQUIAVEL N., 122, 383, 384, 455
MARCEL G., 173, 177, 215, 217, **234-237**, 243, *245-247*, 268, 270, 402, 403, 408, 446
MARCUSE H., 427, 469, 470, 471, **479-481**, *487-488*
MARÉCHAL J., 386, 388
Marìas J., 166
MARITAIN J., 334, 385, **390-393**, *395-396*, 399, 401, 402
MARITAIN R., 391
MARTINETTI P., 337, 339, 340
MARX K., 45, 110, 111, 167, 169, 231, 269, 272, 274, 276, 284, 285, 286, 291, 330, 409, 428, 429, 430, 431, 433, 435, 436, 437, 438, 439, 440, 441, 442, 443, 445, 448, 449, 451, 455, 461, 462, 478, 481, 482, 483
MASNOVO A., 386, 389
MATHIEU V., 337, 351
Matteotti G., 114, 127
MATURI S., 109, 110
MAUTHNER, 316
MAXWELL J. C., 29
MEAD G. H., 80, **88-89**
MEINECKE F., 33, 34, 35, 41, **44**, 45, *53*
MEINONG A., 298, 325
MENGER C., 435, 436
MERCIER D., 386, **387-388**
MERLEAU-PONTY M., 173, 177, 215, 217, 227, **232-234**, *244-245*
METZ B., 373, **375**
MEYER E., 60, 69, 70
MICHELET J., 144
MILL J. S., 71, 105
MISES, L. VON, 435
MITCHELL B., 324
MOLTMANN J., 333, 373, **374**, *383-384*
MOMMSEN T., 33, 34
MONTAIGNE, M. DE, 245
MONTEFIORE A., 327
MOORE G. E., 295, 296, 308, 309, 321, **322**, 323, 332
Mouchot L. H., 336

MOUNIER E., 268, 269, 270, 385, 386, 397, 398, 399, 400, 401, **402-406**, *412-413*
MURRI R., 341, 344

N

NABERT, 401
NATORP P., 21, 23, 24, 26, 165, 166
NÉDONCELLE M., 399, 401, 405
NEGT O., 471
NEUMANN F., 471
Neumann O., 60
NEURATH O., 295, 299
NEWMAN J. H., 342
NEWTON I., 29, 198, 330, 332
NIEBUHR B. G., 33, 34
NIETZSCHE F., 1, **3-15**, *17-20*, 34, 166, 202, 208, 216, 220, 262, 269, 272, 274, 276, 280, 281, 283, 284, 285, 286, 290, 291, 375, 417
NOWELL-SMITH P., 327
NYS D., 386, 388

O

OCKHAM, G. D', 83
OLGIATI F., 386, 389
OLLÉ-LAPRUNE L., 342, 349
ORTEGA Y GASSET J., 155, 156, 159, **165-170**, *171-172*
OTTO R., 179, 182, 190, *191-192*

P

PACI E., 180, 184
PADOVANI U. A., 389
PANNENBERG W., 373, **374-375**
PAPINI G., 80, 88, 89
PAREYSON L., **274-280**, 281, *286-289*
PARMÊNIDES, 202, 208, 210, 389
PASCAL B., 157, 161, 185, 187, 305, 336, 349, 395, 401, 417
PASTEUR L., 323
PAUL G. A., 323
Paul J., 116
Paulo de Tarso, 11, 348, 357
Paulo VI, papa, 396
PEANO G., 90, 296, 297
Pears D. F., 327, *331*
PEIFFER SRTA., 423
PEIRCE C. S., 1, 79, **80-83**, 85, 88, 89, 90, *91-92*
Pellicani L., 167, 170
Perrin J. M., 407, 408, 410
Pestalozzi, 395
Pétain H.-P.-O., 403
PFÄNDER A., 177
PHILIP A., 401
Pio X, papa, 341, 344, 385, 387
Pio XII, papa, 387
PIRRO, 183
PLANCK M., 29, 198

PLATÃO, 4, 7, 53, 91, 148, 189, 202, 208, 210, 302, 324, 325, 332, 339, 395
PLEKANOV G. V., **438-439**
PLOTINO, 335, 336
POINCARÉ H., 339
POLLOCK F., 469, 471
Pôncio Pilatos, 11
POPPER K. R., 45, 83, 330, 331
PREZZOLINI G., 80, 88, 89
Primo de Rivera M., 158, 159
PRINGLE-PATTISON A. S., 338
PROTÁGORAS, 15, 88
Proust M., 323
PRZYWARA E., 369
Puskin S., 423

R

RAEYMAEKER, L. DE, 386, 388
RAHNER K., **368-369**, 375, *379-383*, 386
Rajk, 465
Rakosi M., 449, 465
RAMSEY F. P., 312, 323
RANKE L., 33, 34
RAVAISSON F., 337, 338, 339, 349
Ravasi G., 209
REINACH A., 177
RENNER K., 435, 436
RENOUVIER C., 21, 23, 400
Ricci Sindoni P., 418, 420
RICKERT H., 21, 22, 23, 24, 25, 33, 34, 35, 40, 41, **42**, 45, *50-51*, 59, 202, 435, 436
RICOEUR P., **268-273**, *284-286*, 399, 401
RIEHL A., 23
Rilke R. M., 332
RITSCHL A., 363, 364
ROBINSON J. A. T., 370
ROHDE E., 8, 34
Rosenberg J., 300
ROSENZWEIG F., 418
ROSMINI A., 110, 148
ROUSSEAU J.-J., 30, 169, 384, 395
ROVATTI P. A., 281
ROYCE J., 134, **136**
RUSSELL B., 293, 294, **295-300**, 301, *303-304*, 307, 308, 309, 310, 311, 316, 321, 322, 323
RYLE G., 323, 324, **325**, 327

S

Sachs H., 47
SARTRE J.-P., 173, 177, 215, 217, 223, **226-231**, 232, 234, 235, *242-244*, 375, 450
Savignano A., 167
SAVIGNY, F. C. VON, 34
SCHELER M., 175, 177, 179, 182, **185-189**, 190, 191, *200*, 401
SCHELLING F. W., 22, 48, 134, 138, 139

SCHILLEBEECKX E., 270, 373, **375-376**
SCHILLER F. C. S., 80, 88, **89**
SCHLEGEL F., 250
SCHLEIERMACHER F., 192, 250, 267, 364, 384
SCHLICK M., 311, 312, 328
SCHMIDT A., 471
SCHOPENHAUER A., 3, 4, 5, 6, 7, 8, 9, 22, 216, 339
Secretan P., 271
SEVERINO E., 389
Shakespeare W., 120, 138
SIDGWICK H., 295, 296
SILVE SRTA., 403
SIMMEL G., 33, 34, 40, 41, **42**, *51-52*, 417, 446, 470
Siniavski A. D., 449
Sobell M., 300
SÓCRATES, 3, 4, 6, 7, 8, 17, 18, 93, 297, 355, 401
SOMBART W., 57
Sossi F., 276
SPAVENTA B., **109-110**, 111, 113, 126, 127, 453, 454
SPENCER H., 97, 347, 350
SPENGLER O., 33, 34, 40, 41, **42-43**, 45
SPINOZA B., 48, 109, 332, 339
SPIR A., 337, 338, 339
Stalin J., 223, 225, 449, 465
STEBBING L. S., 323
STEFANINI L., 399, 401
STEIN E., 177, 179, 190, **192-194**
Stein R., 193
STIRLING J. H., 134, 135
STRAUSS D. F., 4, 8, 364
STRAWSON P. F., 324, **327**, 329, 330, *331*

T

TAGGART, J. MC, 135, 295, 296
TALES, 91
Tasso T., 142
TELÉSIO B., 148
Teresa d'Ávila, santa, 348, 357
Thibon G., 408
TILLICH P., 363, **365-366**, 368, 446
TOCCO F., 21, 23
Toller E., 58
Tolstoi L., 64, 75, 77, 305, 311, 323
TOMÁS DE AQUINO, 190, 194, 368, 369, 383, 385, 387, 394, 395
Touchard P. A., 401
TOULMIN S. E., 311, 327
TRAN DUC TAO, 177
TREVELYAN G. M., 295, 296
Treves R., 165, 166
TROELTSCH E., 33, 34, 41, **44**, 45, 53
TROTSKI L., 410
TYRRELL G., 341, 344

U

UEXKÜLL, J. VON, 30
UNAMUNO, M. DE, 80, 155, 156, **157-161**, *162-163*, 166
USENER H., 34

V

VAHANIAN G., 370
VAIHINGER H., 80, 88, **89**
VAILATI G., 1, 80, 88, 89, **90**, *93-94*
VANNI ROVIGHI S., 386, 389
VARISCO B., 339, 340
VATTIMO G., 204, 206, 275, **280-283**, *289-291*
VERA A., **109**
VERITÉ P., 401
Vermeer J., 423
VICO G. B., 110, 113, 116, 127, 148

W

Wagner R., 3, 4, 5, 8, 9, 141
WAHL J., 217
WAISMANN F., 293, 312, 324, **328**, 329, *332*
WARD J., 337, 338
WARNOCK G. J., 324, 327
WEBB C. C. J., 337, 338
Weber Marianne, 64
WEBER MAX, 1, 25, 33, 34, 40, 41, 45, **55-65**, *66-78*, 218, 290, 442, 446, 470
WEIL S., 397, 398, 399, **407-411**, *413-414*
WHITEHEAD A. N., 87, 294, 295, **301-302**
WILAMOWITZ-MÖLLENDORFF, U. VON, 8, 34
WILSON C., 325
WINDELBAND W., 21, 22, 23, 24, 33, 34, 35, 40, 41, 42, 45, *48-50*, 435, 436
WISDOM J., 321, 322, **323**
WITTFOGEL K. A., 469, 471
WITTGENSTEIN L., 271, 293, 294, 295, 296, 297, 299, **304-305**, **307-314**, *315-320*, 321, 322, 323, 325, 327, 328, 329, 330, 332, 370, 372, 484
Wordsworth W., 134
WULF, M. DE, 386, 388
Wust P., 192

Z

ZAMBONI G., 389
Zehm G., 446
ZELLER E., 33, 34

Índice de conceitos fundamentais

A

abdução, 83
amor fati, 13
angústia, 207
autoconceito (*conceptus sui*), 129

C

círculo hermenêutico, 251
conhecimento intuitivo, 117

D

dejeção, 205
demitização, 366
dialética, 128
desencantamento do mundo, 63
duração, 351

E

epoché, 183
escatologia, 374
existentivo – existencial, 204

F

falibilismo, 83
filosofia das formas simbólicas, 29

H

hassidismo, 418
hegemonia (teoria da hegemonia), 457
história, 124
história dos efeitos (*Wirkungsgeschichte*), 254
historicismo, 45
homem-massa, 169

I

instrumentalismo, 99

M

método da imanência, 343

N

neocriticismo (ou neokantismo), 23

O

ôntico – ontológico, 206

P

personalismo, 400
proposição atômica, 310

R

regra pragmática, 83
ressentimento, 11

S

sionismo, 418
super-homem (*Übermensch*), 14

T

teoria crítica da sociedade, 470
tipo ideal, 60

U

universal concreto, 120

DE NIETZSCHE
À ESCOLA DE FRANKFURT

SEXTO VOLUME

A FILOSOFIA DO SÉCULO XIX AO SÉCULO XX

PRIMEIRA PARTE

"Sócrates foi um equívoco: toda a moral do perfeccionismo, até mesmo a cristã, foi um equívoco [...]".

Friedrich Nietzsche

"Estamos abertos à possibilidade de que o sentido e o significado surjam apenas no homem e em sua história. Mas não no homem individual, e sim no homem histórico. Porque o homem é um ser histórico".

Wilhelm Dilthey

"Sermos superados no plano científico é [...] não só nosso destino, de todos nós, mas também nosso escopo".

Max Weber

"O homem não vive mais em um universo simbólico. A linguagem, o mito, a arte e a religião são parte deste universo, são os fios que constituem o tecido simbólico, a emaranhada trama da experiência humana. Todo progresso no campo do pensamento e da experiência reforça e aperfeiçoa esta rede".

Ernst Cassirer

"Uma hipótese está, para a mente científica, sempre em prova".

Charles S. Peirce

"Todo erro nos indica um caminho a evitar, ao passo que nem toda descoberta nos indica um caminho a seguir".

Giovanni Vailati

Capítulo primeiro
Friedrich Nietzsche.
Fidelidade à terra e transmutação de todos os valores — 3

Capítulo segundo
O neocriticismo.
A Escola de Marburgo e a Escola de Baden — 21

Capítulo terceiro
O historicismo alemão
de Wilhelm Dilthey a Friedrich Meinecke — 33

Capítulo quarto
Max Weber:
o desencantamento do mundo
e a metodologia das ciências histórico-sociais — 55

Capítulo quinto
O pragmatismo — 79

Capítulo sexto
O instrumentalismo de John Dewey — 95

Capítulo sétimo
O neo-idealismo italiano, Croce e Gentile
e o idealismo anglo-americano — 109

Capítulo primeiro

Friedrich Nietzsche.
Fidelidade à terra
e transmutação de todos os valores

• Crítico impiedoso do passado e profeta "inatual" do futuro, dessacralizador dos valores tradicionais e propugnador do homem que ainda está por vir, Friedrich Nietzsche (1844-1900) é um pensador cuja obra deixou marca decisiva. Aos vinte e quatro anos, professor de filologia na Universidade de Basiléia, Nietzsche estreita amizade com o famoso historiador Jakob Burckhardt. Nesse período encontra Richard Wagner, em cuja obra musical Nietzsche via o instrumento apto para renovar a cultura contemporânea. Logo, porém, ele se afastará de Wagner e de Schopenhauer, cujo *Mundo como vontade e representação* ele havia lido alguns anos antes.

Dessacralizador dos valores tradicionais e profeta do homem novo
→ § 1

Em 1879 Nietzsche deixa a Universidade por motivos de saúde – mas também porque a filologia não era seu "destino" – e inicia sua peregrinação de pensão em pensão, entre a Suíça, a Itália e a França meridional. Em 1882 conhece Lou Salomé, jovem russa de 24 anos; enamora-se, e pretende desposá-la; ela, porém, o rejeita e se casa com Paul Rée, amigo e discípulo de Nietzsche. Em 1883, em Rapallo, Nietzsche concebe sua obra mais importante: *Assim falou Zaratustra*, trabalho que terminou, entre Roma e Nice, dois anos depois. Acredita ter encontrado morada satisfatória em Turim. Mas, no dia 3 de janeiro de 1889 torna-se presa da loucura, lançando-se ao pescoço de um cavalo cujo dono estava espancando diante de sua casa. Entregue primeiro aos cuidados da mãe e depois aos da irmã, Nietzsche morre dia 25 de agosto de 1900, sem poder ficar inteirado do sucesso que estavam tendo os livros que ele havia impresso à própria custa.

• Fascinado pela leitura de Schopenhauer, Nietzsche vê a vida como irracionalidade cruel e cega, destruição e dor. E pensa que apenas a arte possa oferecer ao indivíduo força e capacidade para enfrentar a dor da vida, fazendo-o dizer sim à vida. De 1872 é *O nascimento da tragédia*: aí Nietzsche afirma que a civilização grega pré-socrática explodiu em uma aceitação vigorosa da vida, em uma exaltação corajosa dos valores vitais. E individua o segredo desse mundo grego no *espírito de Dioniso*: Dioniso é o símbolo da força instintiva e da saúde, de uma humanidade em pleno acordo com a natureza. A arte grega, todavia, deve seu desenvolvimento não só ao instinto dionisíaco, mas também ao *apolíneo*: visão de sonho, senso da medida e de límpido equilíbrio. E se o apolíneo se exprime nas artes figurativas, o dionisíaco explode na música. Os dois instintos caminham um ao lado do outro, "no mais das vezes em aberta discórdia", até quando, "por causa de um milagre metafísico da 'vontade' helênica", aparecem acoplados, gerando a obra de arte, igualmente dionisíaca e apolínea, que é a *tragédia ática*.

É a tragédia ática que une espírito dionisíaco e espírito apolíneo
→ § 2

• Eis, porém, que chega Eurípedes, que procura eliminar da tragédia o elemento dionisíaco em favor dos elementos morais e intelectualistas. E surge Sócrates,

Sócrates e Platão são "pseudogregos" e "antigregos" → § 2

com sua louca presunção de dominar a vida com a razão. Estamos em plena decadência. Sócrates e Platão são "sintomas de decadência, os instrumentos da dissolução grega, os pseudogregos, os antigregos". Sócrates – continua Nietzsche – "foi apenas alguém longamente enfermo". Foi hostil à vida. Destruiu o fascínio dionisíaco. A racionalidade a todo custo é uma doença.

• Contra a exaltação da ciência e da história, Nietzsche, entre 1873 e 1876, escreve as *Considerações inatuais*: Strauss, Feuerbach e Comte são medíocres filisteus; Strauss, mais precisamente, é "autor de um evangelho de cervejaria".

História demasiada torna "hesitantes e inseguros" → § 3

Nietzsche combate a *saturação de história* e a *idolatria do fato* (os fatos "são estúpidos"; apenas as teorias que os interpretam podem ser inteligentes), e afirma que quem crê no "poder da história" será hesitante e inseguro, "não pode crer em si mesmo", e será então súcubo do existente, "seja ele um governo, uma opinião pública, ou a maioria numérica".

Nietzsche rejeita a *história monumental* (de quem procura no passado modelos e mestres) e a *história antiquária* (a que busca os valores sobre os quais a vida presente se enraíza) e torna-se partidário da *história crítica*: esta é a história de quem julga o passado, procurando abater os obstáculos que proíbem a realização dos próprios ideais.

• Nietzsche havia dedicado a Wagner o *Nascimento da tragédia*, vendo em Wagner "seu insigne precursor no campo de batalha". No entanto, porém, ele vinha amadurecendo sua separação tanto de Wagner como de Schopenhauer, como é testemunhado por obras como *Humano, demasiadamente humano* (1878), *Aurora* (1881) e *A gaia ciência* (1882). Schopenhauer "não é outra coisa que o herdeiro da tradição cristã"; o seu é "o pessimismo dos que renunciam, dos falidos e dos vencidos"; é, justamente, o pessimismo resignado do romantismo, fuga da vida. E, por outro lado, Wagner – deve admitir Nietzsche – não é de fato o instrumento da regeneração da música; ele – escreve Nietzsche em *O caso Wagner* (1888) – "lisonjeia todo instinto niilista (-budista) e o camufla com a música, bajulando toda cristandade [...]". Wagner é uma doença: "*est une névrose*".

Schopenhauer foge da vida e Wagner "est une névrose" → § 4

• O afastamento de seus dois "mestres" comporta (ou caminha paralelamente com) o afastamento de Nietzsche em relação ao idealismo (que cria um "antimundo"), ao positivismo (com sua louca pretensão de dominar a vida com pobres redes teóricas), aos redentores socialistas, e ao evolucionismo ("mais afirmado que provado"). O desmascaramento, porém, não termina aqui. E justamente em nome do instinto dionisíaco, em nome do homem grego sadio do século VI a.C., que "ama a vida", Nietzsche anuncia a "morte de Deus" e desfere um ataque decisivo contra o cristianismo.

Somos os assassinos de Deus → § 5

Deus está morto: "*Nós o matamos*; eu e vós. Somos seus assassinos!". Eliminamos Deus de nossa vida; e, ao mesmo tempo, eliminamos aqueles valores que eram o fundamento de nossa vida; perdemos os pontos de referência. Isso equivale a dizer que desapareceu o *homem velho*, mesmo que o homem novo ainda não tenha aparecido. Zaratustra anuncia a morte de Deus; e sobre suas cinzas exalta a idéia do super-homem, repleto do ideal dionisíaco, que "ama a vida e que, esquecendo o 'céu', volta à sanidade da 'terra' ".

• O anúncio da morte de Deus caminha lado a lado com a "*maldição do cristianismo*". É verdade que Nietzsche sente-se fascinado pela figura de Cristo: "Cristo é o homem mais nobre". Mas o cristianismo não é Cristo. O cristianismo

Capítulo primeiro – Nietzsche. Fidelidade à terra e transmutação de todos os valores

– lemos no *Anticristo* – é uma conjuração "contra a saúde, a beleza, a constituição bem-sucedida, a vontade de espírito, a *bondade* da alma, *contra a própria vida*". Eis a razão pela qual é preciso a *transmutação de todos os valores*, dos valores que "dominaram até hoje".

Esses temas são difusamente tratados por Nietzsche em *Além do bem e do mal* (1886) e em *Genealogia da moral* (1887). A moral da tradição é a *moral dos escravos*, dos fracos e mal-sucedidos que, não podendo dar maus exemplos, dão bons conselhos. E esses bons conselhos, a moral, são fruto do ressentimento: é o ressentimento contra a força, a saúde, o amor pela vida que faz com que se tornem dever e virtude comportamentos como o sacrifício de si ou a submissão. E o todo justifica-se por metafísicas que, apresentando-se como objetivas, inventam "mundos superiores" para poder "caluniar e emporcalhar este mundo", voluntariamente reduzido a aparência.

Transmutação de todos os valores → § 6-7

• Com a morte de Deus e o desmascaramento da metafísica e dos valores que até agora nos sustentavam, o que resta é *nada*: nós nos precipitamos no abismo do *nada*. Em tudo o que acontece não há um *sentido*, não existem *totalidades racionais* que se mantenham de pé, nem existem *fins* consistentes. Caem "as mentiras de vários milênios" e o homem permanece sozinho e espantado. Permanece um mundo dominado pela vontade de aceitar a si próprio e de repetir-se. Esta é a doutrina do *eterno retorno*: o mundo que aceita a si mesmo e que se repete. E a essa doutrina – que Nietzsche retoma da Grécia e do Oriente – ele liga sua outra doutrina do *amor fati*: amar o necessário, aceitar este mundo e amá-lo. O *amor fati* é aceitação do *eterno retorno* e da *vida* e, ao mesmo tempo, anúncio do *super-homem*. O *super-homem* é o homem novo que, rompidas as antigas cadeias, cria um *sentido novo* da terra; é o homem que vai *além do homem*, o homem que ama a terra e cujos valores são a saúde, a vontade forte, o amor, a embriaguez dionisíaca. Esse é o anúncio de (Nietzsche) *Zaratustra*.

O anúncio do super-homem → § 8-9

1. A vida e a obra

Friedrich Nietzsche nasceu em 15 de outubro de 1844, em Röcken, nas proximidades de Lutzen. Estudou filologia clássica em Bonn e em Leipzig. Em Leipzig leu *O mundo como vontade e representação*, de Schopenhauer, leitura destinada a deixar marca decisiva no pensamento de Nietzsche. Com vinte e cinco anos apenas, Nietzsche foi chamado, em 1869, a ocupar a cátedra de filologia clássica na Universidade de Basiléia, onde estreitou amizade com o famoso historiador Jakob Burckhardt.

É desse período seu encontro com Richard Wagner, que naqueles dias vivia com Cosima von Bülow em Triebschen, no lago dos Quatro Cantões. Nietzsche se converteu à causa de Wagner, que sentiu como "seu insigne precursor no campo de batalha", passando a colaborar com ele na organização do teatro de Bayreuth.

Em 1872, saiu *O nascimento da tragédia*. Entre 1873 e 1876 Nietzsche escreveu as quatro *Considerações inatuais*. Nesse meio tempo, por motivos pessoais e por razões teóricas rompeu sua amizade com Wagner. O testemunho desse rompimento pode ser encontrado em *Humano, muito humano* (1878), onde o autor também toma distância da filosofia de Schopenhauer.

No ano seguinte, em 1879, por razões de saúde, mas também por motivos mais profundos (a filologia não era seu "destino"), Nietzsche demitiu-se do ensino e iniciou sua irrequieta peregrinação de pensão a pensão pela Suíça, a Itália e o sul da França.

Em 1881 publicou a *Aurora*, onde já tomam corpo as teses fundamentais de seu pensamento. A *Gaia ciência* é de 1882: aqui, o filósofo prometeu novo destino para a humanidade. Escreveu esses dois livros em Gênova, onde também teve oportunidade de ouvir a *Carmen*, de Bizet, que o entusiasmou.

Ainda em 1882 Nietzsche conhece Lou Salomé, jovem russa de vinte e quatro anos. Acreditando nela, queria desposá-la. Mas Lou Salomé o rejeitou e se uniu a Paul Rée, amigo e discípulo de Nietzsche.

Em 1883, em Rapallo, ele concebe sua obra-prima: *Assim falou Zaratustra*, obra que foi concluída entre Roma e Nice, dois anos depois. Em 1886, publicou *Além do bem e do mal*. A *Genealogia da moral* é de 1887. No ano seguinte, Nietzsche escreve: "*O caso Wagner, O crepúsculo dos ídolos, O Anticristo, Ecce homo*. Do mesmo período é também o escrito *Nietzsche contra Wagner*.

Nesse período, ainda, lê Dostoiewski. Entrementes, parece-lhe ter encontrado lugar satisfatório em Turim, "a cidade que se revelou como a *minha cidade*". É em Turim que ele trabalha em sua última obra, a *Vontade de poder*, que, no entanto, não conseguiu concluir. Com efeito, em 3 de janeiro de 1889 cai vítima da loucura, lançando-se ao pescoço de um cavalo que o dono estava espancando diante de sua casa em Turim.

Inicialmente, foi confiado a sua mãe e, quando esta faleceu, à irmã. Morreu em Weimar, imerso nas trevas da loucura, em 25 de agosto de 1900, sem poder se dar conta do sucesso que estavam tendo os livros que mandara publicar à própria custa.

2 O "dionisíaco", o "apolíneo" e o "problema Sócrates"

Em Leipzig, conforme salientamos, Nietzsche leu *O mundo como vontade e representação*, de Schopenhauer, e ficou fascinado, a ponto de mais tarde o julgar

Friedrich Nietzsche aos vinte anos. Nietzsche (1844-1900) foi um crítico impiedoso do passado e profeta "inatual" de nossos dias.

Capítulo primeiro - Nietzsche. Fidelidade à terra e transmutação de todos os valores

como "um espelho, no qual vi [...] o mundo, a vida e meu próprio espírito".

A vida, pensa Nietzsche nas pegadas de Schopenhauer, é cruel e cega irracionalidade, dor e destruição. Só a arte pode oferecer ao indivíduo a força e a capacidade de enfrentar a dor da vida, dizendo sim à vida.

E em O *nascimento da tragédia,* que é de 1872, Nietzsche procura mostrar como a civilização grega pré-socrática explodiu em vigoroso sentido trágico, que é aceitação extasiada da vida, coragem diante do destino e exaltação dos valores vitais. A arte trágica é corajoso e sublime sim à vida.

Com isso Nietzsche subverte a imagem romântica da civilização grega. Entretanto, a Grécia de que fala Nietzsche não é a Grécia da escultura clássica e da filosofia de Sócrates, Platão e Aristóteles, e sim a Grécia dos pré-socráticos (séc. VI a.C.), a Grécia da tragédia antiga, na qual o coro era a parte essencial, senão talvez tudo.

De fato, Nietzsche identifica o segredo desse mundo grego no *espírito de Dioniso.* Dioniso é a imagem da força instintiva e da saúde, é embriaguez criativa e paixão sensual, é o símbolo de uma humanidade em plena harmonia com a natureza.

Ao lado do dionisíaco, diz Nietzsche, o desenvolvimento da arte grega também está ligado ao *apolíneo,* que é visão de sonho e tentativa de expressar o sentido das coisas na medida e na moderação, explicitando-se em figuras equilibradas e límpidas. "O desenvolvimento da arte está ligado à dicotomia do apolíneo e do dionisíaco, do mesmo modo como a geração provém da dualidade dos sentidos, em contínuo conflito entre si e em reconciliação meramente periódica [...]. Em suas [dos gregos] duas divindades artísticas, Apolo e Dioniso, baseia-se nossa teoria de que no mundo grego existe enorme contraste, enorme pela origem e pelo fim, entre a arte figurativa, a de Apolo, e a arte não figurativa da música, que é especificamente a de Dioniso. Os dois instintos, tão diferentes entre si, caminham um ao lado do outro, no mais das vezes em aberta discórdia [...], até que, em virtude de um milagre metafísico da 'vontade' helênica, apresentam-se por fim acoplados um ao outro. E nesse acoplamento final gera-se a obra de arte, tão dionisíaca quanto apolínea, que é a tragédia ática".

Entretanto, quando, com Eurípides, tenta-se eliminar da tragédia o elemento dionisíaco em favor dos elementos morais e intelectualistas, então a luminosidade clara em relação à vida se transforma em superficialidade silogística: surge então Sócrates, com sua louca presunção de compreender e dominar a vida com a razão e, com isso, temos a verdadeira decadência.

Sócrates e Platão são "sintomas de decadência, os instrumentos da dissolução grega, os pseudogregos, os antigregos". "Sócrates — escreve Nietzsche — foi um equívoco: toda a moral do aperfeiçoamento, inclusive a cristã, foi um equívoco [...]. A mais crua luz diurna, a racionalidade a qualquer custo, a vida clara, prudente, consciente e sem instintos, em contraste com os instintos, isso era apenas doença diferente — e de modo nenhum retorno à 'virtude', à 'saúde', à felicidade". "Sócrates apenas esteve longamente doente". Disse não à vida; abriu uma época de decadência que esmaga também a nós. Ele combateu e destruiu o fascínio dionisíaco que liga homem a homem e homem a natureza, e desvela o mistério do uno primigênio. Texto 1

Frontispício da obra
O nascimento da tragédia,
de Nietzsche (Leipzig, 1872).

3 Os "fatos" são estúpidos e a "saturação de história" é um perigo

O *Nascimento da tragédia* foi escrito sob a influência das idéias de Schopenhauer, mas também sob a das idéias de Wagner. Com efeito, Nietzsche vislumbrava em Wagner o protótipo do "artista trágico" destinado a renovar a cultura contemporânea. E dedicou a Wagner o *Nascimento da tragédia*, assim escrevendo no fim da dedicatória: "Considero a arte como a tarefa suprema e como a atividade metafísica própria de nossa vida, segundo o pensamento do homem ao qual pretendo dedicar esta obra como a meu insigne precursor no campo de batalha".

Logo que saiu, embora defendida pelo próprio Wagner e por Erwin Rohde, a obra de Nietzsche foi violentamente atacada, em nome da *seriedade da ciência filológica*, pelo grande filólogo Ulrich von Wilamowitz-Möllendorff, o qual escreveu que "com o Nietzsche apóstolo e metafísico não pretendo ter nada a ver", e o acusou de "ignorância e escasso amor pela verdade".

Mas, entre 1873 e 1876, contra a exaltação da ciência e da história, Nietzsche escreve as *Considerações inatuais*. Aqui o velho hegeliano D. F. Strauss, juntamente com Feuerbach e Comte, passa pela encarnação do filisteísmo e da mediocridade: "autor de um evangelho de cervejaria", ele é o homem desejado e inventado por Sócrates. Ao mesmo tempo, Schopenhauer é exaltado como precursor da nova cultura "dionisíaca".

Aqui Nietzsche também combate o que ele chama de *saturação de história*. Não que negue a importância da história: ele combate mais a *idolatria do fato*, por um lado, e as *ilusões historicistas*, por outro, com as implicações políticas que elas comportam. Antes de mais nada, na opinião de Nietzsche, os fatos são sempre estúpidos: eles necessitam de intérprete. Por isso, só as teorias são inteligentes. Em segundo lugar, quem crê "no poder da história" torna-se "hesitante e inseguro, não podendo crer em si mesmo". E, em terceiro lugar, não crendo em si mesmo, ele será dominado pelo existente, "seja ele um governo, uma opinião pública, ou ainda uma maioria numérica". Na realidade, "se todo sucesso contém em si uma necessidade racional, se todo acontecimento é a vitória do 'lógico' ou da 'idéia', que nos ajoelhemos logo, então, e percorramos ajoelhados a escada dos sucessos".

São três as atitudes que Nietzsche distingue diante da história.

a) Existe a *história monumental*, que é a história de quem procura no passado modelos e mestres em condições de satisfazer suas aspirações.

b) Existe a *história antiquária*, que é a história de quem compreende o passado de sua própria cidade (as muralhas, as festas, os decretos municipais etc.) como fundamento da vida presente; a história antiquária procura e conserva os valores constitutivos estáveis nos quais se radica a vida presente.

c) E, por fim, existe a *história crítica*, que é a história de quem olha para o passado com as intenções do juiz que condena e abate todos os elementos que constituem obstáculos para a realização de seus próprios valores. Esta última foi a atitude de Nietzsche diante da história.

E essa é a razão pela qual ele combate o excesso ou "saturação de história": "Os instintos do povo são perturbados por esse excesso e o indivíduo, não menos que a totalidade, é impedido de amadurecer".

4 O afastamento em relação a Schopenhauer e Wagner

Nesse meio tempo, porém, Nietzsche vinha amadurecendo seu afastamento de Schopenhauer e mais ainda de Wagner. Esse distanciamento é testemunhado por obras como *Humano, muito humano*, a *Aurora* e *Gaia ciência*. São dois os tipos de pessimismo:

a) o primeiro é o romântico, ou seja, "o pessimismo dos renunciantes, dos falidos e dos vencidos";

b) o outro é o de quem aceita a vida, embora reconhecendo sua dolorosa tragicidade.

Pois bem, em nome deste último pessimismo Nietzsche rejeita o primeiro, o de Schopenhauer, que por toda parte cheira a resignação e renúncia, e que é mais fuga da vida do que "vontade de tragicidade". Schopenhauer "nada mais é do que o herdeiro da interpretação cristã".

Capítulo primeiro - Nietzsche. Fidelidade à terra e transmutação de todos os valores

Friedrich Nietzsche fotografado na companhia da mãe.

Por outro lado, o afastamento em relação a Wagner foi um acontecimento ainda mais significativo e doloroso para Nietzsche. Ele vira na arte de Wagner o instrumento da regeneração, mas logo teve de admitir que estava iludido. Em *O caso Wagner*, podemos ler: Wagner "lisonjeia todo instinto niilista (-budista) e o camufla com a música, brandindo toda cristandade, toda forma de expressão religiosa da *décadence*". Wagner é uma doença; "ele adoece tudo o que toca — *ele adoeceu a música*". Wagner é "um gênio histriônico", ele *"est une névrose"*.

O afastamento de Nietzsche em relação a seus dois grandes mestres significou o afastamento e distanciamento crítico em relação ao romantismo, com seu falso pessimismo, a resignação e a ascese quase cristã de Schopenhauer, com a retórica daquele "romantismo desesperado que murchou", que era Wagner. Significou distanciamento e crítica daquelas pseudojustificações e camuflagens metafísicas do homem e de sua história que são:

1) o idealismo (que cria um "antimundo");

2) o positivismo (cuja pretensão de enjaular solidamente a vasta realidade em suas pobres malhas teóricas é ridícula e absurda);

3) os redentorismos socialistas das massas ou através das massas;

4) e também o evolucionismo (aliás, "mais afirmado do que provado").

Desse modo, Nietzsche parece basear suas reflexões em raízes iluministas. E, com efeito, é o que acontece. A desconfiança em relação às metafísicas, a abertura a respeito das possíveis interpretações "infinitas" do mundo e da história e, portanto, a eliminação da atitude dogmática, o reconhecimento do limite e da finitude humana, e a crítica à religião são elementos que fazem Nietzsche dizer em *Humano, muito humano*: "Podemos levar novamente adiante a bandeira do Iluminismo".

Frontispício da primeira edição (1878) da obra Humano, demasiadamente humano.

5 O anúncio da "morte de Deus"

A crítica ao idealismo, ao evolucionismo, ao positivismo e ao romantismo não cessa. Essas teorias são coisas "humanas, muito humanas", que se apresentam como verdades eternas e absolutas que é preciso desmascarar.

Mas as coisas não ficam nisso, uma vez que Nietzsche, precisamente em nome do instinto dionisíaco, em nome daquele homem grego sadio do século VI a.C., que "ama a vida" e que é totalmente terreno, por um lado anuncia a "morte de Deus" e por outro realiza profundo ataque contra o cristianismo, cuja vitória sobre o mundo antigo e sobre a concepção grega do homem envenenou a humanidade. E, por outro lado ainda, vai às raízes da moral tradicional, examina sua genealogia, e descobre que ela é a moral dos escravos, dos fracos e dos vencidos ressentidos contra tudo o que é nobre, belo e aristocrático.

Na *Gaia ciência*, o homem louco anuncia aos homens que Deus está morto: "O que houve com Deus? Eu vos direi. *Nós o matamos* — eu e vós. Nós somos os assassinos dele!" Pouco a pouco, por diversas razões, a civilização ocidental foi se afastando de Deus: foi assim que o matou. Mas, "matando" Deus, eliminam-se todos os valores que serviram de fundamento para nossa vida e, conseqüentemente, perde-se qualquer ponto de referência.

Por conseguinte, com Deus desapareceu também o homem *velho*, mas o homem novo ainda não apareceu. Diz o louco em *Gaia ciência*: "Venho cedo demais, ainda não é meu tempo. Esse acontecimento monstruoso ainda está em curso e não chegou aos ouvidos dos homens".

A morte de Deus é fato que não tem paralelos. É acontecimento que divide a história da humanidade. Não é o nascimento de Cristo, e sim a morte de Deus, que divide a história da humanidade.

E esse acontecimento, a morte de Deus, anuncia antes de mais nada Zaratustra, que, depois, sobre as cinzas de Deus, erguerá a idéia do super-homem, do homem novo, impregnado do ideal dionisíaco que "ama a vida" e que, voltando as costas para as quimeras do "céu", voltará à "sanidade da terra". **Texto 2**

6 O Anticristo, ou o cristianismo como "vício"

A morte de Deus é um evento cósmico, pelo qual os homens são responsáveis, e que os liberta das cadeias do sobrenatural que eles próprios haviam criado. Falando sobre os padres, Zaratustra afirma: "Tenho pena desses padres [...], para mim eles são prisioneiros e marcados. Aquele que eles chamam de redentor os carregou de grilhões de falsos valores e de palavras loucas! Ah, se alguém pudesse redimi-los de seu redentor!"

Esse, precisamente, é o objetivo que Nietzsche quer alcançar com o *Anticristo*, que é uma *"maldição do cristianismo"*. Para ele, um animal, uma espécie ou um indivíduo é pervertido "quando perde seus instintos, quando escolhe e quando *prefere* o que lhe é nocivo".

Capítulo primeiro – Nietzsche. Fidelidade à terra e transmutação de todos os valores

Frontispício da primeira edição (1883) da obra Assim falou Zaratustra.

Todavia, pergunta-se Nietzsche, o que fez o cristianismo senão defender tudo o que é *nocivo* ao homem? O cristianismo considerou pecado tudo o que é valor e prazer na terra. Ele *"tomou partido de tudo o que é fraco, abjeto e arruinado; fez um ideal da contradição contra os instintos de conservação da vida forte"*. O cristianismo é a religião da *compaixão*. "Mas a pessoa perde força quando tem compaixão [...]; a compaixão bloqueia maciçamente a lei do desenvolvimento, que é a lei da *seleção*". Nietzsche vislumbra no Deus cristão "a divindade dos doentes [...]; um Deus degenerado a ponto de *contradizer* a vida, ao invés de ser a transfiguração e o eterno sim dela [...]. Em Deus, está divinizado o nada, está consagrada a vontade do nada!"

Apesar de tudo isso, Nietzsche é cativado pela figura de Cristo ("Cristo é o homem mais nobre"; "o símbolo da cruz é o símbolo mais sublime que jamais existiu") e faz distinção entre Jesus e o cristianismo. Cristo morreu para mostrar como se deve viver. Cristo foi um "espírito livre", mas com Cristo morreu o Evangelho: também o Evangelho ficou "suspenso na cruz", ou melhor, transformou-se em Igreja, em cristianismo, isto é, em ódio e ressentimento contra tudo o que é nobre e aristocrático: "Paulo foi o maior de todos os apóstolos da vingança".

No *Novo Testamento* Nietzsche encontra apenas um personagem digno de ser elogiado, Pôncio Pilatos, em virtude de seu sarcasmo em relação à "verdade". Mais tarde, na história de nossa civilização, a Renascença tentou a *transvalorização dos valores cristãos*, procurou levar à vitória os valores aristocráticos, os nobres instintos terrenos. Feito papa, César Bórgia teria sido grande esperança para a humanidade. Mas o que aconteceu? Ocorreu que "um monge

---

■ **Ressentimento.** O conceito de ressentimento, na reflexão moral, encontra-se na *Genealogia da moral*. Para Nietzsche o ressentimento está na base da *moral dos escravos*, isto é, dos fracos e mal-sucedidos impotentes que traduzem – travestem – em "ideais morais" seu ódio contra tudo aquilo que é alegria, beleza, força, saúde, contra aquilo que não são ou que não têm.

A moral dos ressentidos configura-se como um instrumento de domínio dos fracos sobre os fortes; é vontade de aniquilação da *moral dos senhores*, isto é, da moral cujos valores são a força, a alegria, a saúde.

A moral cristã, para Nietzsche, é a típica moral dos escravos: humildade, piedade, compaixão, são valores antivitais, prédicas de quem, não podendo dar maus exemplos, dá bons conselhos. É do ódio dos mal-sucedidos que surge sua moral, a moral dos escravos, isto é, dos ressentidos.

Trabalhando na *química das idéias*, Nietzsche chega à conclusão de que também valores éticos propostos como sacrossantos são apenas máscaras do ódio, da inveja e do ressentimento. Na *Genealogia da moral*, ele escreve: "A revolta dos escravos, na ética contemporânea, começa quando o próprio ressentimento se torna criador e gera valores; o ressentimento dos indivíduos aos quais é negada a verdadeira reação, aquela ação e que, portanto, só encontram compensação em uma vingança imaginária".

alemão, Lutero, veio a Roma. Trazendo dentro do peito todos os instintos de vingança de padre frustrado, esse monge, em Roma, indignou-se *contra* a Renascença [...]. Lutero viu a corrupção do papado, quando se podia tocar com a mão justamente o contrário: na cadeira papal *não* estava mais a antiga corrupção, o *peccatum originale*, o cristianismo! Que boa é a vida! Que bom o triunfo da vida! Que bom o grande sim a tudo o que é elevado, belo e temerário! [...] E Lutero *restaurou novamente a Igreja* [...] Ah, esses alemães, quanto nos custaram!"

São dessa natureza, portanto, as razões que levam Nietzsche a condenar o cristianismo: "A Igreja cristã não deixou nada intacto em sua perversão; ela fez de cada valor um desvalor, de cada verdade uma mentira, de toda honestidade uma abjeção da alma". O além é a negação de toda realidade e a cruz é uma conjuração "contra a saúde, a beleza, a constituição bem-sucedida, a valentia de espírito, a *bondade* da alma, *contra a própria vida*".

Assim, o que devemos esperar senão que este seja o último dia do cristianismo? É "a partir de hoje? A partir de hoje, *transvalorização de todos os valores*", responde Nietzsche.

7 A genealogia da moral

Juntamente com o cristianismo, aliás, condenando o cristianismo, Nietzsche também submete a moral a cerrada crítica. Essa é a "grande guerra" que Nietzsche trava em nome da "transformação dos valores que dominaram até hoje". E essa revolta contra "o sentimento habitual dos valores" ele a explicita especialmente em dois livros: *Além do bem e do mal* e *Genealogia da moral*. Escreve Nietzsche: "Até hoje, não se teve sequer a mínima dúvida ou a menor hesitação em estabelecer o 'bom' como superior, em valor, ao 'mau' [...]. Como? E se a verdade fosse o contrário? Como? E se no bem estivesse inserido também um sistema de retrocesso ou então um perigo, uma sedução, um veneno?"

Essa é a questão proposta pela *Genealogia da moral*. E é aí que Nietzsche começa a indagar os mecanismos psicológicos que iluminam a gênese dos valores: a compreensão da gênese psicológica dos valores, em si mesma, será suficiente para pôr em dúvida sua pretensa absolutez e indubitabilidade.

Nietzsche quando adulto.

Capítulo primeiro – Nietzsche. Fidelidade à terra e transmutação de todos os valores

Antes de mais nada, a moral é máquina construída para dominar os outros e, em segundo lugar, devemos logo distinguir entre a *moral aristocrática dos fortes* e a *moral dos escravos*. Estes são os fracos, os mal-sucedidos. E, como diz o provérbio, os que não podem dar maus exemplos dão bons conselhos. É assim que os constitutivamente fracos agem para subjugar os fortes. E Nietzsche prossegue: "Enquanto toda moral aristocrática nasce da afirmação triunfal de si, a moral dos escravos opõe desde o começo um *não* àquilo que não pertence a ela mesma, àquilo que é diferente dela e constitui o seu não-eu — este é seu ato criador. Essa subversão […] pertence propriamente ao ressentimento". É o ressentimento contra a força, a saúde e o amor à vida que torna dever e virtude e eleva à categoria de bons comportamentos o desinteresse, o sacrifício de si mesmo, a submissão.

E essa moral dos escravos é legitimada por metafísicas que a sustentam com bases presumidamente "objetivas", sem que se perceba que tais metafísicas nada mais são do que "mundos superiores" inventados para poder "caluniar e sujar este mundo", que elas querem reduzir a mera aparência. **Texto 3**

> ■ ***Amor fati.*** Esta expressão é usada por Nietzsche para indicar a atitude do super-homem que, com espírito dionisíaco, aceita a vida entusiasticamente em todos os seus aspectos, até nos cruéis. O super-homem não apenas suporta aquilo que é necessário, mas o aceita e o ama. O *amor fati* é aceitação da vida e do *eterno retorno*.

8. Niilismo, eterno retorno e "amor fati"

O niilismo, diz Nietzsche, é "a conseqüência necessária do cristianismo, da moral e do conceito de verdade da filosofia". Quando as ilusões perdem a máscara, então o que resta é nada: o abismo do nada.

Retrato de Nietzsche nos últimos anos de sua vida. A interpretação que tenta fazer de Nietzsche um "profeta do nazismo" é, à luz de uma historiografia correta, carente de fundamentos.

"Como *estado psicológico*, o niilismo torna-se necessário, *em primeiro lugar*, quando procuramos em todo acontecimento um 'sentido' que ele não tem, até que, por fim, começa a faltar coragem a quem procura". Aquele "sentido" podia ser a realização ou o fortalecimento de um valor moral (amor, harmonia de relações, felicidade etc.). Mas o que devemos constatar é que a desilusão quanto a esse pretenso fim é "uma causa do niilismo".

Em segundo lugar, "postulou-se uma *totalidade*, uma *sistematização* e até uma *organização* em todo o acontecer e em sua base". Entretanto, o que se viu é que esse *universal*, que o homem construíra *para poder crer no seu próprio valor, não existe!* No fundo, o que aconteceu? "Alcançou-se o sentimento da *falta de valor* quando se compreendeu que não é lícito interpretar o caráter geral da existência nem com o conceito de '*fim*', nem com o conceito de '*unidade*', nem com o conceito de '*verdade*'."

Caem assim "as mentiras de vários milênios" e o homem permanece sem os enganos das ilusões, mas permanece só. Não há valores absolutos; aliás, os valores são desvalores; não existe nenhuma estrutura racional e universal que possa sustentar o esforço do homem; não há nenhuma providência, nenhuma ordem cósmica.

Não há uma ordem, não há um sentido. Mas há uma *necessidade*: o mundo tem em si a necessidade da *vontade*. Desde a eternidade, o mundo é dominado pela vontade de aceitar a si próprio e de *repetir-se*.

É essa a doutrina do *eterno retorno* que Nietzsche retoma da Grécia e do Oriente. O mundo não procede de modo retilíneo em direção a um fim (como acredita o cristianismo), nem seu devir é progresso (como pretende o historicismo hegeliano e pós-hegeliano), mas "todas as coisas retornam eternamente e nós com elas; nós já existimos eternas vezes e todas as coisas conosco".

Toda dor e todo prazer, todo pensamento e todo suspiro, toda coisa indizivelmente pequena e grande retornarão: "Voltarão até essa teia de aranha e este raio de lua entre as árvores, até este idêntico momento e eu mesmo".

O mundo que aceita a si próprio e que se repete: é esta a doutrina cosmológica de Nietzsche. E a ela Nietzsche vincula sua outra doutrina, a do *amor fati*: amar o necessário, aceitar este mundo e amá-lo.

■ **Super-homem** *(Übermensch)*. Com este termo Nietzsche designa sua mensagem a respeito do homem novo que deve vir, que quebrará as velhas cadeias e *criará* um sentido novo da terra. O homem deve inventar o *homem novo*, exatamente o *super-homem*, o homem que vai *além do homem*, um homem que – voltando as costas para as quimeras do "céu" – voltará para a sanidade da terra, um homem cujos valores são a saúde, a vontade forte, o amor, a embriaguez dionisíaca e um novo orgulho.

"Um novo orgulho – diz Zaratustra – me ensinou o meu Eu, e eu o ensino aos homens: não mais escondam a cabeça na areia das coisas celestes, mas levem-na livremente: uma cabeça terrestre, que cria ela própria o sentido da terra". O super-homem enfrenta a vida aceitando-a com *amor fati*, anuncia a morte de Deus e a transmutação de todos os valores de que a tradição nos carregou. O super-homem é o homem que reconquistou o espírito de Dioniso.

Houve intérpretes que viram no super-homem de Nietzsche o fulcro da idéia nazista da superioridade da raça ariana e, em Nietzsche, portanto, um profeta do nazismo, mas tais interpretações são erradas. Foi a irmã de Nietzsche, Elisabeth Förster-Nietzsche, curadora dos escritos do irmão e fautora da idéia de uma palingenesia universal a ser confiada à nação alemã, que interveio pesadamente sobre as páginas manuscritas de *A vontade de poder* (obra que Nietzsche não conseguiu levar a termo), fazendo aparecer o irmão como negador do humanitarismo e da democracia.

Eis dois pensamentos de Nietzsche sobre o Estado: " 'Estado' se chama o mais frio de todos os monstros". O Estado é um ídolo que cheira mal: "Seu ídolo cheira mal – o monstro frio – e todos estes adoradores do ídolo cheiram mal [...]. Apenas onde o Estado deixa de existir começa o homem não inútil". Nietzsche faz Zaratustra dizer essas coisas. E no *Crepúsculo dos ídolos* (1888) temos: "A cultura e o Estado são antagonistas".

9. O super-homem é o sentido da terra

O *amor fati* é aceitação do *eterno retorno*, é aceitação da vida. Mas não se deve ver nele a aceitação do *homem*. A mensagem fundamental de Zaratustra, com efeito, está em pregar o *super-homem*.

É o homem, o homem novo, que deve *criar* um novo sentido da terra, abandonar as velhas cadeias e cortar os antigos troncos. O homem deve inventar o *homem novo*, isto é, o *super-homem*, o homem que vai *além do homem* e que é o homem que ama a terra e cujos valores são a saúde, a vontade forte, o amor, a embriaguez dionisíaca e um novo orgulho. Diz Zaratustra: "Um novo orgulho ensinou-me o meu Eu, e eu o ensino aos homens: não deveis mais esconder a cabeça na areia das coisas celestes, mas mantê-la livremente: uma cabeça terrena, que cria ela própria o sentido da terra".

O super-homem substitui os velhos deveres pela vontade própria. "O homem é uma corda estendida, estendida entre o bruto e o super-homem, uma corda estendida sobre um abismo". Ele deve procurar novos valores: "O mundo gira em torno dos inventores de novos valores".

Assim como para Protágoras, também para Nietzsche o homem deve ser a medida de todas as coisas, deve criar novos valores e pô-los em prática. O homem embrutecido tem a espinha curvada diante das ilusões cruéis do sobrenatural.

O super-homem "ama a vida" e "cria o sentido da terra", e é fiel a isso.

Aí está sua *vontade de poder*.

NIETZSCHE
DO DIONISÍACO AO SUPER-HOMEM

A **vida** é irracionalidade cruel e cega, dor e destruição.
Seus dois instintos fundamentais são

O DIONISÍACO:
imagem da força instintiva e da saúde,
embriaguez criativa e paixão sensual:
Dioniso é o símbolo da humanidade
que "diz sim à vida", em pleno acordo com a natureza

O APOLÍNEO:
visão de sonho, tentativa de expressar o sentido
das coisas com medida e moderação:
Apolo é o símbolo da humanidade que se explicita
em figuras equilibradas e límpidas

Dois tipos de *pessimismo*:
ROMÂNTICO
o pessimismo
dos que renunciam,
dos falidos e dos vencidos
(como *Schopenhauer*
e *Wagner*,
em um primeiro tempo
considerados por Nietzsche
como artífices
do renascimento
do dionisíaco
na modernidade);

TRÁGICO
o pessimismo
de quem aceita a vida,
embora conhecendo
sua dolorosa tragicidade:
este leva adiante a bandeira
de um novo Iluminismo

Considerando a história sob o perfil *crítico*,
o dionisíaco e o apolíneo "milagrosamente"
se ligam apenas na época da Grécia pré-socrática,
na TRAGÉDIA ÁTICA:
a arte trágica foi um corajoso e sublime "dizer sim à vida",
expressão do autêntico *pessimismo trágico*

Mas com SÓCRATES o apolíneo prevaleceu:
com a louca presunção socrática
de entender e dominar a vida com a razão
começou a verdadeira *decadência da humanidade*

O CRISTIANISMO contribuiu
para, posteriormente, envenenar a humanidade:
considerou pecado todos os valores e os prazeres da terra,
fazendo de Cristo, verdadeiro "espírito livre",
um símbolo de ressentimento contra tudo aquilo que é nobre

São três os pontos de vista
sobre a *história*:
MONUMENTAL
de quem procura no passado
modelos e mestres;

ANTIQUÁRIO
de quem entende o passado
como fundamento
da vida presente,
conservando seus valores
constitutivos;

CRÍTICO
de quem olha o passado
sob o ponto de vista
do juiz que abate
e condena todos
os elementos
que obstaculizam
a realização
dos próprios valores

A *moral dos escravos*
opõe
desde o princípio
um *não* àquilo
que é diferente de si:
é o ressentimento
contra a força, a saúde,
o amor pela vida

Daqui a imposição, sobre a *moral aristocrática dos fortes*,
da *moral dos escravos*, legitimada pela METAFÍSICA,
que pretendeu dar-lhe uma presumida base "objetiva",
inventando um "mundo superior" para reduzir
a mera aparência "este mundo", o único que existe

A MORAL
é em geral
máquina construída
para dominar
os outros.
A *moral aristocrática
dos fortes*
nasce de uma triunfal
afirmação de si

A decadência da civilização ocidental culmina
com a MORTE DE DEUS,
com a eliminação de todos os valores que foram
fundamento da humanidade: evento cósmico
pelo qual os homens são responsáveis,
esta morte os liberta das cadeias daquele sobrenatural
que eles próprios haviam criado,
mas os deixa sem outros pontos de referência

Conseqüência necessária é
O NIILISMO:
não há valores absolutos, não há nenhuma
providência, nenhuma ordem cósmica:
resta apenas o abismo do nada (*nihil*):
o ETERNO RETORNO do universo e da vida

ZARATUSTRA é o profeta do *amor fati* como
aceitação do eterno retorno das coisas
e *transvaloração de todos os valores*, e anuncia

o advento do SUPER-HOMEM,
que ama a vida e cria o sentido da terra:
nele reemerge o dionisíaco como *vontade de poder*

Capítulo primeiro - Nietzsche. Fidelidade à terra e transmutação de todos os valores

Nietzsche

1 A sublime ilusão metafísica de Sócrates

> *Contra Sócrates, "o mistagogo da ciência": a fé socrática em uma razão capaz de penetrar "nos mais profundos abismos do ser" é "uma profunda ilusão".*

Para demonstrar também para Sócrates a dignidade de tal posição diretiva, basta reconhecer nele o tipo de uma forma de existência antes dele inaudita, o tipo do *homem teórico*, do qual é nossa tarefa imediata chegar a entender a significação e o objetivo. [...] Lessing, o mais honesto dos homens teóricos, ousou declarar que a ele importava mais a pesquisa da verdade do que a própria verdade: com isso foi descoberto o segredo fundamental da ciência, para espanto, ou melhor, a despeito dos cientistas. Ora, ao lado desse reconhecimento isolado, como excesso de honestidade ou mesmo de presunção, está sem dúvida uma profunda *ilusão*, a qual veio pela primeira vez ao mundo na pessoa de Sócrates — a fé inabalável de que o pensamento, seguindo o fio condutor da causalidade, alcance até os mais profundos abismos do ser, e de que o pensamento esteja em grau não só de reconhecer, mas até de *corrigir* o ser. Esta sublime ilusão metafísica é dada como instinto à ciência e a remete sempre e sempre a seus limites, sobre os quais ela deve se converter em arte: *à qual propriamente se mira com esse mecanismo*.

Olhemos agora Sócrates, com a tocha deste pensamento: ele nos aparece como o primeiro, que soube com a guia do instinto da ciência não só viver, mas também — e isso é muito mais — morrer; e por isso a imagem do *Sócrates moribundo*, como do homem subtraído pelo saber e pelos raciocínios ao medo da morte, é o brasão que sobre a porta de entrada da ciência recorda a cada um a destinação dela, ou seja, a de mostrar a existência inteligível e, portanto, justificada: a cujo objetivo certamente, se os raciocínios não atingem, deve por fim servir também o *mito*, que eu pouco antes designei até como conseqüência necessária, ou melhor, como objetivo da ciência.

Quem percebe claramente, como depois de Sócrates, o mistagogo da ciência, as escolas filosóficas se sucederam uma à outra como onda atrás de onda; como uma universalidade jamais suposta da ânsia de saber no domínio mais amplo do mundo culto e como missão verdadeira e própria para cada um dos melhores dotados levou a ciência ao alto-mar, do qual não pôde mais a seguir ser completamente removida; como por esta universalidade foi estendida pela primeira vez uma rede comum do pensamento sobre o globo terrestre inteiro, com perspectivas até sobre a legislação de um sistema solar todo; quem se lembra de tudo isso, juntamente com a pirâmide prodigiosamente alta do saber atual, não pode se abster de ver em Sócrates o único eixo e fundamento da história universal. Pois se alguém imaginasse toda essa indecifrável soma de força que foi empregada para aquela tendência universal, não a serviço do conhecimento, mas reduzida a fins práticos, isto é, egoístas, dos indivíduos e dos povos, o prazer instintivo da vida estaria provavelmente tão enfraquecido em lutas generalizadas de extermínio e em contínuas migrações de povos, que, com o hábito do suicídio, o indivíduo deveria talvez sentir o último avanço do sentimento do dever ao estrangular, como o habitante das ilhas Fidgi, como filho os próprios pais e como amigo o próprio amigo: pessimismo prático, que poderia gerar também uma ética cruel do massacre dos povos por piedade, o que de resto existe e existiu em todo lugar no mundo, onde não apareceu a arte em uma forma qualquer, especialmente como religião e como ciência, como remédio e defesa contra aquele sopro pestilencial.

Diante deste pessimismo prático Sócrates é o protótipo do otimista teórico, que na própria fé na perscrutabilidade da natureza das coisas em si atribui ao saber e ao conhecimento a força de um remédio universal, e no erro vê o mal em si. Penetrar nesses fundamentos e separar o verdadeiro conhecimento da aparência e do erro pareceu ao homem socrático a mais nobre, ou melhor, a única vocação verdadeiramente humana: assim como o mecanismo de conceitos, juízos e argumentações de Sócrates para frente foi considerado a afirmação suprema e o dom mais maravilhoso da natureza, acima de todas as outras faculdades. Até as ações morais mais sublimes, os movimentos da compaixão, do sacrifício, do heroísmo e a serenidade da alma semelhante à serenidade do mar, tão difícil de atingir e que o grego apolíneo chamou de *sofrosine*, desde Sócrates e dos sucessores e seguidores até a época presente derivaram da dialética do saber e, por conseguinte foram designados como possíveis de aprender. Quem provou em si o prazer de um conhecimento socrático e intui como este procure abraçar o mundo inteiro dos fenômenos, não sentirá nenhum estímulo, capaz de impelir à existência, mais violentamente do que aquele que não sinta o anseio de realizar tal conquista e de tecer a rede inpenetravelmente fechada. A quem está em tal disposição de espírito o Sócrates platônico aparece então como o mestre de uma forma totalmente nova da "serenidade grega" e da beatitude da existência, forma que procura efundir-se em ações e encontrará esta efusão mais em influências maiêuticas e educativas exercidas sobre jovens nobres, com o objetivo de por fim suscitar o gênio.

Todavia, incitada por sua potente ilusão, a ciência corre agora sem trégua até seus limites, onde seu otimismo oculto na essência da lógica se encalha. Uma vez que a periferia do círculo da ciência tem infinitos pontos, e enquanto não se pode ainda de fato ver de que modo o círculo poderia ser completamente medido, também o homem nobre e de talento ainda antes de chegar ao meio de sua existência toca inevitavelmente tais pontos de limite da periferia, onde se enrijece, fixando o olhar no inexplicável. Quando neste ponto vê com espanto como a lógica nesses confins se enrola sobre si mesma e por fim morde sua própria cauda, então prorrompe a nova forma de conhecimento, o *conhecimento trágico*, o qual, para poder ser apenas tolerado, tem necessidade da arte como proteção e como remédio.

F. Nietzsche,

2 O anúncio da morte de Deus

> "Deus está morto! [...] E nós o matamos! [...] Jamais houve uma ação maior: todos aqueles que virão depois de nós pertencerão, por causa desta ação, a uma história mais elevada do que o foram todas as histórias até hoje!"

Ouvistes falar daquele homem louco que acendeu uma lanterna à luz clara da manhã, correu ao mercado e se pôs a gritar sem parar: "Procuro Deus! Procuro Deus!" E como justamente lá se encontravam reunidos muitos daqueles que não acreditavam em Deus, provocou grande riso: "Perdeu-se, talvez?", disse um deles. "Perdeu-se como uma criança?", disse outro. "Ou estaria bem escondido? Tem medo de nós? Teria embarcado? Emigrou?" –, gritavam e riam em grande confusão. O homem louco pulou no meio deles e os fulminou com seus olhares: "Para onde foi Deus?, gritou. Quero dizer-lhes! *Fomos nós que o matamos*; vós e eu! Todos nós somos seus assassinos! Mas como fizemos isso? Como podemos esvaziar o mar bebendo-o até a última gota? Quem nos deu a esponja para dissipar todo o horizonte? Que faremos para desamarrar esta terra da corrente de seu sol? Onde é que se move agora? Onde é que nos movemos? Fora, totalmente sozinhos? O nosso não é um eterno precipitar? E para trás, pelos lados, na frente, de todos os lados? Existe ainda um alto e um baixo? Não estamos talvez vagando como através de um nada infinito? Não sopra sobre nós um espaço vazio? Não se tornou mais frio? Não continua a vir noite, sempre mais noite? Não devemos acender lanternas de manhã? Não ouvimos nada do estrépito dos coveiros, enquanto sepultam Deus? Não farejamos ainda o cheiro da divina putrefação? Também os deuses se decompõem! Deus está morto! Deus continua morto! E nós o matamos! Como nos consolaremos, nós, os assassinos de todos os assassinos? Tudo o que de mais sagrado e de mais poderoso o mundo possuía até hoje se esvaiu em sangue sob nossos punhais; quem limpará de nós este sangue? Com qual água poderemos nos lavar? Quais ritos expiatórios, quais jogos sagrados deveremos inventar? Não é demasiado grande, para nós, a grandeza desta ação? Não devemos nós mesmos nos tornar deuses, para parecer ao menos dignos dela? Jamais houve uma ação maior: todos aqueles que virão depois de nós pertencerão, por causa desta ação, a uma história mais elevada do que o foram todas as histórias até hoje!"

Nesse momento o homem louco calou-se e de novo dirigiu o olhar sobre seus ouvintes: também eles calavam-se e o olhavam, espantados. Finalmente atirou no chão sua lanterna, que se despedaçou e se apagou. "Venho muito cedo – continuou – ainda não é meu tempo. Este enorme acontecimento ainda está a caminho e fazendo seu caminho: ainda não chegou até os ouvidos dos homens. Raio e trovão requerem tempo, a luz das constelações requer tempo, as ações requerem tempo, mesmo depois de terem sido realizadas, para que sejam vistas e ouvidas. Esta ação ainda está sempre mais distante dos homens do que as mais distantes constelações: *todavia, foram eles que a realizaram!*" Conta-se também que o homem louco tenha irrompido, naquele mesmo dia, em diversas igrejas e aí tenha entoado

Capítulo primeiro - Nietzsche. Fidelidade à terra e transmutação de todos os valores

seu *Réquiem aeternam Deo*. Tendo delas sido expulso e interrogado, dizem que limitou-se a responder invariavelmente deste modo: "O que mais são estas igrejas, senão as covas e os sepulcros de Deus?"

F. Nietzsche,
A gaia ciência.

3 A "moral dos senhores" e a "moral dos escravos"

> *"A moral aristocrática dos senhores é a de todos os que dizem sim à força, à alegria, à saúde. A moral dos escravos é, ao contrário, a moral dos fracos e dos mal-sucedidos, dos ressentidos contra a saúde, a beleza, o amor aos valores vitais.*

Existe uma *moral dos senhores* e uma *moral dos escravos* [...]. As diferenciações morais de valor surgiram ou em meio a uma estirpe dominante, que com um senso de bem-estar adquiria consciência da própria distinção em relação à dominada, ou então em meio aos dominados, os escravos e os subordinados de todo grau.

No primeiro caso, quando são os dominadores que determinam a noção de "bom", são os estados de elevação e de altivez de alma que são percebidos como traço distintivo e qualificador da hierarquia. O homem nobre separa de si os indivíduos nos quais se exprime o contrário de tais estados de elevação e de altivez: ele os despreza. Note-se logo que neste primeiro tipo de moral o contraste "bem" e "mal" tem o mesmo significado de "nobre" e "desprezível"; o contraste entre "bom" e "mau" tem outra origem. É desprezado o vil, o medroso, o mesquinho, aquele que pensa em sua estreita utilidade; da mesma forma o desanimado, com seu olhar servil, aquele que se torna abjeto, a espécie canina de homens que se deixa maltratar, o mendicante adulador e principalmente o mentiroso: é convicção fundamental de todos os aristocratas que o populacho seja mendaz. "Nós, os verdadeiros" – assim os nobres denominavam-se na antiga Grécia. É fato evidente que as designações morais de valor sempre foram em todo lugar primeiramente atribuídas a *homens*, e apenas de modo derivado e sucessivo a *ações*: motivo pelo qual é erro grave que os historiadores da moral tomem como pontos de partida problemas como "por que foi louvada a ação piedosa?" O homem de tipo nobre sente a *si mesmo* como aquele que determina o valor, não tem necessidade de receber aprovação; seu julgamento é "aquilo que é prejudicial a mim, é prejudicial em si mesmo", conhece a si mesmo unicamente como aquele que confere dignidade às coisas, ele é *criador de valores*. Honram tudo aquilo que sabem que pertence a si: tal moral é autoglorificação. Em primeiro plano encontra-se o sentido da plenitude, do poder que quer transbordar, a felicidade da máxima tensão, a consciência de uma riqueza que gostaria de dar e conceder: também o homem nobre presta socorro ao desventurado, mas não ou quase não por piedade, e sim muito mais por impulso gerado pela superabundância de poder. O homem nobre honra em si mesmo aquele que possui, e também aquele que sabe falar e calar, que exerce com gosto severidade e dureza contra si mesmo e nutre veneração por tudo o que é severo e duro. "Um duro coração Wotan colocou em meu peito", se diz em uma antiga saga escandinava: deste modo a alma de um soberbo viquingue encontrou sua exata expressão poética. Tal tipo de homens é soberbo justamente pelo fato de não ser feito para a piedade, razão pela qual o herói da saga acrescenta, em tom de advertência: "quem não tem duro coração desde jovem, não o terá jamais". Nobres e valorosos que pensam deste modo estão muito distantes daquela moral que vê precisamente na piedade ou no agir altruísta ou no *désintéressement* o elemento próprio daquilo que é moral; a fé em si mesmos, o orgulho de si, uma inimizade radical e ironia para com o "desinteresse", estão compreendidos na moral aristocrática, exatamente do mesmo modo com que competem a ela um leve desprezo e um senso de reserva diante dos sentimentos de simpatia e de "calor do coração". São os poderosos aqueles que *sabem* atribuir honra, esta é a arte deles, seu domínio inventivo. A profunda veneração pela idade avançada e pela tradição – todo o direito repousa sobre esta dupla veneração –, a fé e a opinião preconcebida em favor dos antepassados e em desfavor pelos pósteros são um elemento típico na moral dos poderosos; e se, no oposto, os homens das "idéias modernas" crêem, quase por instinto, no "progresso" e no "futuro", e sempre estão privados de respeito pela idade vetusta, tudo isso já é um indício suficiente da origem não nobre daquelas "idéias". Mas principalmente uma moral dos dominadores é estranha ao gosto dos contemporâneos e para eles desagradável pelo rigor de seu princípio, que há deveres unicamente para com os próprios semelhantes; que em relação aos indivíduos de posição inferior e de todos os estranhos seja lícito agir por própria conta ou "como quer o coração", e em todo caso "além do bem e do mal": é sob este último aspecto que podem ter seu lugar a compaixão ou outras coisas do gênero. A capacidade e a obrigação de uma longa gratidão e de uma longa vingança – as duas coisas estão dentro da esfera dos próprios semelhantes –, a sutileza na represália, o refinamento da idéia de amizade, certa necessidade de ter inimigos (como canal de defluxo, por assim dizer, para as paixões da inveja, do litígio, da insolência; no fundo, para ser *bons* amigos): todas estas são características típicas da moral aristocrática, a qual, conforme acenei, não é a moral das "idéias modernas", e é por isso que hoje se torna difícil senti-la ainda, como também desenterrá-la ou descobri-la.

As coisas são diferentes no que se refere ao segundo tipo de moral, a *moral dos escravos*. Uma vez que os oprimidos, os desprezados, os sofredores, os não livres, os inseguros e cansados de si próprios fazem moral, qual será o elemento homogêneo em suas estimativas de valor? Provavelmente encontrará expressão uma suspeita pessimista para com toda a condição humana, talvez uma condenação do homem, juntamente com sua condição. O escravo não vê com bons olhos as virtudes dos poderosos: é céptico e desconfiado, tem a *fineza* da desconfiança de tudo o que de "bom" seja tido em honra no meio deles, gostaria de estar persuadido de que entre eles a própria felicidade não é genuína. No oposto, são evidenciadas e inundadas de luz as qualidades que servem para aliviar a existência dos sofredores: são, neste caso, a piedade, a mão que se compraz e socorre, o calor do coração, a paciência, a operosidade, a humildade, a gentileza que são colocados em honra, uma vez que são estas, agora, as qualidades mais úteis e quase os únicos meios para suportar o peso da existência. A moral dos escravos é essencialmente moral utilitária. Eis o lar em que nasceu o famoso contraste entre "bom" e "mau": no íntimo do mal percebem-se o poder e a periculosidade, certa terribilidade, fineza e força, que sufocam o desprezo nas raízes. Conforme a moral dos escravos, o "mau" suscita portanto temor; segundo a moral dos senhores é precisamente o bom que suscita e quer suscitar temor, enquanto o homem "mau" é sentido como desprezível. O contraste atinge seu ponto culminante quando, considerando as implicações da moral dos escravos, também sobre os "bons" desta moral acaba por cair uma sombra desse desprezo – por mais leve e benévolo que possa ser –, uma vez que o bom, no campo do modo de pensar dos escravos, deve ser em todo caso o homem *inócuo*: este é bonachão, facilmente enganável, um pouco estúpido talvez, um ingênua. Em todo lugar em que a moral dos escravos se imponha, a língua revela certa tendência de aproximar uma da outra as palavras "bom" e "estúpido". Uma última diferença fundamental: o desejo de *liberdade*, o instinto dirigido à felicidade e às finezas do senso de liberdade pertencem tão necessariamente à moral e à moralidade dos escravos, quanto a arte e o entusiasmo da veneração, da dedicação, são o indício normal de um modo aristocrático de pensar e de avaliar. A partir disso é sem dúvida compreensível a razão de o amor *como paixão* – é a nossa especialidade européia – ser absolutamente de origem nobre: sabe-se que sua descoberta cabe aos poetas cavaleiros provençais, àqueles esplêndidos engenhosos homens do "gaio saber" ao qual a Europa deve tantas coisas, e quase que totalmente a si mesma.

F. Nietzsche,
Para além do bem e do mal.

Capítulo segundo

O neocriticismo. A Escola de Marburgo e a Escola de Baden

I. Gênese, finalidade e centros de elaboração do neocriticismo

• Uma retomada sistemática da filosofia de Kant teve lugar na Alemanha a partir da segunda metade do século XIX. Tal retomada partiu e se desenvolveu como reflexão sobre os métodos, os fundamentos e os limites da ciência, para depois se estender a outras atividades humanas como a moral, o mito, a religião, a arte e a linguagem. Distante da metafísica, tanto a espiritualista como a idealista, crítico do fetichismo positivista do "fato" e do cientismo, o neocriticismo pretendeu repropor uma filosofia em termos rigorosamente kantianos, ou seja, como análise das condições de validade da ciência e de outros produtos humanos (a moral, a arte e a religião).

Neocriticismo: análise das condições de validade da ciência, da moral, da arte e da religião
→ § 1

• Trabalhos de inspiração kantiana foram os de Otto Liebmann (1840-1912) e os do grande pesquisador Hermann Helmholtz (1821-1894). Neokantianos aparecerão na Inglaterra (Shadworth H. Hodgson, George D. Hicks), na Itália (Carlos Cantoni, Félix Tocco, Francisco Fiorentino e Tiago Barzellotti) e na França (Charles Renouvier, Otávio Hamelin e Léon Brunschvicg). Todavia, os centros mais importantes de elaboração do neocriticismo foram de um lado Marburgo, com Hermann Cohen, Paul Natorp e seu discípulo Ernst Cassirer (do qual falaremos à parte); e, do outro, Heidelberg e Friburgo – duas cidades situadas na região do Baden (e daí a Escola de Baden) –, com Wilhelm Windelband e Heinrich Rickert.

O neokantismo: fenômeno europeu
→ § 1

• Hermann Cohen (1842-1918), contrário à concepção positivista, afirma em *A teoria de Kant da experiência pura* (1871) que a ciência não é um acúmulo de sensações ou de fatos observados, que o fundamento da objetividade da ciência está no *a priori*, e que a filosofia tem como tarefa a pesquisa dos elementos puros, isto é, *a priori*, do conhecimento científico.

Cohen e a filosofia como análise dos elementos a priori da ciência
→ § 2.1

• Em *Os fundamentos lógicos das ciências exatas* (1910) Paul Natorp (1854-1924), estudando não tanto a atividade psíquica do cognoscente e sim mais os conteúdos do conhecimento, afirma que o conhecimento é síntese que deve ser submetida a contínua análise, onde se revêem e corrigem os conhecimentos precedentes, de modo a aperfeiçoar sempre mais as determinações dos objetos. O objeto, no conhecimento científico, não é um dado, não é um ponto de partida, mas um ponto de chegada que sempre se

Natorp: o objeto do conhecimento é um ponto de chegada que sempre se desloca
→ § 2.2

desloca. O *obiectum* é um *proiectum*: é conhecimento sempre mais determinado que se projeta sobre a realidade.

> *Windelband e a filosofia como análise dos princípios a priori necessários e universais da pesquisa, da moral e da arte*
> → § 3.1
>
> • A "volta a Kant" significa para Wilhelm Windelband (1848-1915) que a filosofia é análise dos princípios *a priori*; contudo, na sua opinião, tal tipo de análise se estende também à moralidade e à arte, e tais princípios *a priori* devem ser tipificados como *valores universais e necessários*, de natureza normativa: é com o valor da verdade que se confrontam os juízos científicos, é o valor do bem aquilo com que se avalia se o agir humano tem validade universal e necessária, é o valor da beleza aquilo com que julgamos se uma obra de arte possui ou não validade universal e necessária. Os dois volumes dos *Prelúdios* são de 1884; *História da filosofia moderna*, também em dois volumes, é dos anos 1878-1880.
>
> *Rickert: o sujeito cognoscente é o "sujeito transcendental"*
> → § 3.2
>
> • Por sua vez, Heinrich Rickert (1863-1936) é da opinião que conhecer é julgar, isto é, aceitar ou rejeitar, o que pressupõe o reconhecimento de um *valor*, de um *dever ser* que aparece como fundamento do conhecimento. Sem esta norma, isto é, sem este valor ou dever ser, estaríamos na impossibilidade de formular qualquer juízo, até o juízo que nega. Rickert aqui está falando do valor da verdade. Quando se julga, "o juízo que eu formulo, embora verse sobre representações que vêm e vão, tem um valor duradouro, pois não poderia ser diverso daquilo que é". No momento em que se julga, pressupõe-se algo que vale eternamente. Eis, portanto, que enquanto para Dilthey o sujeito que conhece é um ser histórico, para Rickert o que deve ser julgado é o sujeito transcendental, a consciência em geral. E esta "consciência em geral" não é apenas *lógica*, mas também *ética* e *estética*.

1. O nascimento do neocriticismo

A partir da metade do século XIX assistiu-se, sobretudo na Alemanha, à retomada sistemática da filosofia kantiana, no sentido preciso de reflexão sobre os fundamentos, os métodos e os limites da ciência. E, posteriormente, essa retomada levaria à ampliação dos âmbitos de exercício da reflexão crítica, que não se limitariam mais ao campo da ciência, mas abrangeriam também outros produtos da atividade humana, como a história e a moral e, depois, a arte, o mito, a religião, a linguagem.

Da mesma forma que o espiritualismo, o criticismo pretende combater o fetichismo positivista do "fato" e a idéia da ciência metafisicamente absoluta. Entretanto, o neocriticismo é contrário a qualquer metafísica, tanto de tipo espiritualista como idealista. E, igualmente, é avesso a toda redução da filosofia à ciência empírica (trate-se da fisiologia ou da psicologia), à teologia ou à metafísica.

Para o neocriticismo a filosofia deve voltar a ser o que era com Kant: *análise das condições de validade da ciência e dos outros produtos humanos, como a moral, a arte ou a religião*. Disso torna-se clara a razão pela qual os neokantianos propõem uma filosofia dominada por problemas gnosiológicos ao invés de problemas empírico-factuais ou metafísicos.

Na verdade, inclusive no período de hegemonia do idealismo, a tradição kantiana nunca havia desaparecido inteiramente na Alemanha. Entretanto, em 1865, Otto Liebmann (1840-1912) publicou um livro, *Kant e os epígonos*, onde examinava as quatro orientações da filosofia alemã pós-kantiana (o idealismo de Fichte, Schelling e Hegel; o realismo de Herbart; o empirismo de Fries; as concepções de Schopenhauer) e, ao término da análise de cada uma dessas orientações, concluía com o lema: "*Devemos, portanto, retornar a Kant*".

Por sua própria conta, já retornara a Kant o grande cientista Hermann Helmholtz (1821-1894), que, com base em estudos de fisiologia e de física (*Sobre a vista humana,*

Capítulo segundo – O neocriticismo. A Escola de Marburgo e a Escola de Baden

> ■ **Neocriticismo (ou neokantismo).**
> Com neocriticismo ou neokantismo entende-se "a volta a Kant" da filosofia alemã – e não apenas alemã – por volta da metade do século XIX. Tal "volta a Kant" implica uma crítica decisiva tanto do positivismo como do idealismo e uma reabilitação da tarefa da filosofia já fixada por Kant, tarefa que consiste na *análise das condições de validade da ciência e dos outros produtos humanos como a moral, a arte, a religião*.
> O neokantismo é um movimento de pensamento que se orientou em mais de uma direção. Eis como Nicola Abbagnano delineia os traços comuns das correntes do neocriticismo:
> "1. A negação da metafísica e a redução da filosofia a uma reflexão sobre a ciência, isto é, a uma teoria do conhecimento;
> 2. a distinção entre o aspecto psicológico e o aspecto lógico-objetivo do conhecimento [...];
> 3. a tentativa de remontar das estruturas da ciência, tanto a da natureza como a do espírito, para as estruturas do sujeito que a tornariam possível".

1855; *Doutrina das sensações sonoras*, 1863; *Os fatos da percepção*, 1879), chegara à tese segundo a qual nossa estrutura fisiopsíquica é uma espécie de *a priori* kantiano.

Também chegaram autonomamente ao criticismo Friedrich Albert Lange (1828-1875), autor de *História do materialismo* (1866), e Alois Riehl (1844-1924), autor de *O criticismo filosófico e seu significado para a ciência positiva* (1876-1887).

Os dois centros de elaboração do neocriticismo foram Marburgo, com Cohen e Natorp, aos quais se liga Cassirer, e Heidelberg, com Windelband e Rickert.

Entretanto, embora tenha alcançado na Alemanha seus resultados mais significativos, o neocriticismo não foi uma filosofia apenas alemã.

Na Inglaterra o neokantismo foi desenvolvido por S. H. Hodgson (1832-1912), Robert Adamson (1852-1902) e George D. Hicks (1862-1941).

Na Itália foi Antônio Banfi (1886-1957) quem adotou as teses do neocriticismo, juntamente com outras instâncias (como a da filosofia de Simmel e, depois, do marxismo). Mas, antes de Banfi, já haviam retornado a Kant também Carlos Cantoni (1840-1906) e Félix Tocco (1845-1911), além de Francisco Fiorentino (1834-1884) e Tiago Barzellotti (1844-1917).

Foi notável e influente a presença do neocriticismo na França. Aqui basta mencionar Carlos Renouvier (1815-1903), para quem o único fim da filosofia está no estabelecimento de leis gerais e dos limites do conhecimento; Otávio Hamelin (1856-1907); e Léon Brunschvicg (1869-1941), que, na obra *O idealismo contemporâneo* (1905), fez questão de sustentar que não cabe à filosofia aumentar a quantidade do saber, já que a filosofia nada mais faz do que refletir sobre a qualidade do saber. E como o saber humano está em contínuo desenvolvimento histórico, então, afirma Brunschvicg, a história do saber humano é "o laboratório da filosofia".

2 A Escola de Marburgo

2.1 Hermann Cohen: a filosofia crítica como metodologia da ciência

O fundador reconhecido da Escola de Marburgo foi Hermann Cohen (1842-1918), professor em Marburgo e autor, entre outros, dos seguintes trabalhos: *A teoria de Kant da experiência pura* (1871), *O fundamento da ética kantiana* (1871), *A influência de Kant sobre a cultura alemã* (1883) e *O fundamento da estética kantiana* (1889).

A ciência e, mais precisamente, a física matemática, assume papel de máxima importância na concepção de Cohen. Cohen aceita a ciência como válida e concebe a filosofia exatamente como o estudo das condições de validade da ciência.

Ora, o positivismo tinha visto o valor da ciência no fato sagrado, absoluto e intocável; para o positivista, em suma, objetivo é o fato, objetiva é a sensação, isto é, o *a posteriori*. Cohen retorna a Kant, invertendo a concepção positivista. Como escreve ele em *A teoria de Kant da experiência pura*, o fundamento da objetividade da ciência está no *a priori*. Com efeito, a ciência não é e não se desenvolveu como caos de percepções, nem é acúmulo de sensações ou de fatos observados.

A realidade é que a ciência não se constituiu tanto pela acumulação de fatos, e sim muito mais pela unificação dos fatos por meio de e sob hipóteses, leis e teorias. Mas nós não extraímos leis e teorias dos fatos, e sim as impomos aos fatos: a teoria é o *a priori*. E a filosofia indaga exatamente os elementos "puros", ou seja, os elementos *a priori*, do conhecimento científico. A filosofia, portanto, deve ser metodologia da ciência.

2.2 Paul Natorp: "o método é tudo"

O outro prestigioso representante da Escola de Marburgo é Paul Natorp (1854-1924), estudioso de amplos interesses, autor de *A doutrina platônica das idéias* (1903), de *Os fundamentos lógicos das ciências exatas* (1910) e também de escritos de pedagogia, psicologia e política, como *Guerra e paz* (1916) e *A missão mundial dos alemães* (1918).

A exemplo de Cohen, Natorp afirma que a filosofia não é ciência das coisas; das coisas falam precisamente as ciências, ao passo que a filosofia é *teoria do conhecimento*.

Entretanto, a filosofia não estuda o pensamento subjetivo, ou seja, ela não indaga sobre a atividade cognoscente, sobre uma atividade psíquica, e sim sobre conteúdos. E estes são determinações progressivas do objeto. Em *Os fundamentos lógicos das ciências exatas*, podemos ler que o conhecimento é síntese e a análise consiste no controle das sínteses já efetuadas. Sínteses que devem ser submetidas a reelaboração contínua, de modo a aperfeiçoar sempre mais as determinações dos objetos. Por isso, o objeto não é um dado, não é um ponto de partida, mas um ponto de chegada que sempre se desloca.

Em suma, o *obiectum* é um *proiectum*: é conhecimento sempre mais determinado que se projeta sobre a realidade. E não há termo para essa determinação; portanto, o objeto está sempre *in fieri*, é tarefa infinita.

3 A Escola de Baden

3.1 Wilhelm Windelband e a filosofia como teoria dos valores

Os representantes mais prestigiosos da Escola de Baden (assim chamada porque teve seus pontos centrais em Heidelberg e Friburgo, cidades situadas na região de Baden) foram Wilhelm Windelband (1848-1915) e Heinrich Rickert (1863-1936), de quem falaremos também no capítulo sobre o historicismo, no que se refere às suas reflexões sobre a fundação da historiografia como ciência. Aqui, falaremos a propósito de sua *filosofia dos valores*, que, embora os tornando expoentes de primeiro plano do neocriticismo, os diferencia, porém, da Escola de Marburgo.

Em seu "retorno a Kant", Windelband certamente atribui à filosofia a função de buscar os princípios *a priori* que garantem a validade do conhecimento. Entretanto, são duas as coisas novas que ele introduz nessa questão:

a) por um lado, esses princípios são interpretados como *valores necessários e universais*, tipificados pelo caráter *normativo* independente de sua realização efetiva;

b) por outro lado, diferentemente da Escola de Marburgo, Windelband se liberta da referência privilegiada ao âmbito do conhecimento para considerar a atividade humana também nos campos da moralidade e da arte.

Portanto, a filosofia não tem por objeto os juízos de fato, mas *Beurteilungen*, isto é, *juízos valorativos* do tipo "esta coisa é verdadeira", "esta coisa é boa", "esta coisa é bela". E é assim que os valores — que têm precisamente validade *normativa* — distinguem-se das leis naturais: a validade das leis naturais é a validade do *Müssen*, a validade empírica de *não poder ser de outro modo*; a validade das normas ou valores é a do *Sollen*, isto é, do *dever ser*. Concluindo, deve-se dizer, portanto, que, para Windelband, a filosofia consiste na teoria de valores; que a função da filosofia, mais especificamente, está em estabelecer quais são os valores que estão na base do conhecimento, da moralidade e da arte; que a teoria do conhecimento, para além da concepção de alguns neokantianos de Marburgo, é apenas *uma parte* da teoria dos valores.

3.2 Heinrich Rickert: conhecer é julgar com base no valor de verdade

Rickert retoma de Windelband a concepção da filosofia como teoria dos valores e, ao mesmo tempo, os resultados mais válidos de sua investigação metodológica. Entretanto, ele tenta sistematizar resultados semelhantes em concepção orgânica da teoria do conhecimento e procura *fundar* (ao invés de, mais ou menos simplesmente, registrar) *a autonomia do conhecimento histórico*.

Conhecer quer dizer julgar, isto é, aceitar ou rejeitar, aprovar ou reprovar, o que implica o reconhecimento de um *dever ser* que está na base do conhecimento. Negar o dever ser, isto é, a norma, equivaleria a ratificar a impossibilidade de qualquer juízo, inclusive daquele que nega.

Um juízo não é verdadeiro porque expressa aquilo que é; pode-se afirmar, ao invés, que algo é somente se o juízo que o expressa é *verdadeiro* por força do seu *dever ser*. E o dever ser, isto é, os valores, ou seja, as normas, são transcendentes em relação a cada simples consciência empírica. Para Dilthey, o sujeito do conhecer é o homem como ser histórico. Já para Rickert é o sujeito transcendental, para além de qualquer condicionamento de espaço e de tempo; é a consciência em geral (*Bewusstsein überhaupt*); e essa "consciência em geral" não é somente *lógica*, mas também *ética* e *estética*.

Desse modo, sendo os valores transcendentes as consciências individuais e sendo o sujeito do conhecimento entendido como sujeito transcendental, é óbvio que as investigações de Rickert, diferentemente das de Max Weber, se colocam em um plano que abstrai completamente as condições e os problemas efetivos dos processos de pesquisa, sejam estes científicos ou históricos. Segundo Rickert, a filosofia não tem em absoluto a função de se interessar por tais problemas; ela deve muito mais cumprir a função de estabelecer de que modo as ciências generalizantes e as individualizantes encontram a garantia de sua validade universal e necessária, tendo em vista os valores que constituem seus princípios *a priori* e o fundamento.

Vista de Heidelberg, em uma estampa do século XIX. Esta cidade, junto com Friburgo, foi centro cultural de primeiríssimo plano e sede da Escola do Baden.

II. Ernst Cassirer
e a filosofia das formas simbólicas

As ciências buscam relações funcionais e não substâncias
→ § 1

• Discípulo de Cohen e Natorp em Marburgo, Ernst Cassirer (1874-1945) primeiro foi professor em Berlim e depois em Marburgo. Obrigado a emigrar em 1933, foi primeiro para a Inglaterra, depois para a Suécia e por fim para os Estados Unidos, onde ensinou na Universidade de Yale e a seguir na Universidade de Colúmbia. É autor de famosas obras históricas (entre as quais *O problema do conhecimento na filosofia e na ciência da era moderna*, em quatro volumes) e teóricas (entre as quais *A filosofia das formas simbólicas*, em três volumes: 1923, 1925, 1929; e o *Ensaio sobre o homem*, 1944).

Em 1910 Cassirer publicou *O conceito de substância e o conceito de função*, onde, com rara competência, ele mostra que o desenvolvimento do pensamento científico nos obriga a passar do conceito de *substância* para o conceito de *função*: as ciências progrediram justamente porque deixaram de buscar substâncias e se dirigiram à pesquisa de *leis*, de *relações funcionais*.

As "formas simbólicas" são formas da compreensão do mundo
→ § 2

• Cassirer submeteu à análise filosófica não só a ciência, mas também as formas fundamentais da compreensão do mundo, que são "formações simbólicas", como o mito, a arte, a linguagem. Estas formas simbólicas "dão forma e sentido", ou seja, organizam a experiência, constituem modos de ver o mundo, criam mundos de significados. A aparição do *sistema simbólico* transformou toda a situação existencial do homem: o homem doravante vive não só em uma realidade mais vasta, mas até em "uma *nova* dimensão da realidade".

Definir o homem como animal rationale equivale a trocar a parte pelo todo
→ § 3

• O homem, com efeito, com sua atividade simbólica "superou os limites da vida orgânica". Os animais têm sinais; o homem produz símbolos. Ele "não vive mais em um universo apenas físico, mas em um universo simbólico. A linguagem, o mito, a arte e a religião são parte deste universo". É um dado de fato que "o homem não se encontra mais diretamente diante da realidade; por assim dizer, ele não pode mais vê-la face a face. A realidade física parece retroceder à medida que a atividade simbólica do homem avança". Eis, então, que o homem deve ser definido não mais como *animal rationale* e sim como *animal symbolicum*. Sem dúvida, esclarece Cassirer, a definição de homem como *animal rationale* "mantém seu valor"; contudo, ela pretende trocar a parte pelo todo. Em poucas palavras: a "razão" é um termo pouco adequado "se quisermos abraçar em toda a sua riqueza e variedade as formas da vida cultural do homem".

1. Substância e função

Ernst Cassirer (1874-1945) nasceu em Breslau, de família judaica de boas condições. Estudou filosofia sob a guia de Cohen e Natorp. De 1906 a 1919 ensinou em Berlim como livre-docente e, depois, em Hamburgo. Em 1933, forçado a emigrar, vai primeiro para a Inglaterra, depois para a Suécia, e finalmente para os Estados Unidos, onde ensinou na Universidade Yale e, em seguida, na Universidade de Colúmbia. Interessado pela história das idéias filosóficas, que vê en-

Capítulo segundo – O neocriticismo. A Escola de Marburgo e a Escola de Baden

trelaçadas com as idéias científicas, Cassirer é autor de obras famosas, como *O problema do conhecimento na filosofia e na ciência da época moderna* (vols. I e II, 1906-1907; vol. III, 1920; vol. IV, 1940, publicado postumamente), *Indivíduo e cosmo da Renascença* (1927), *A filosofia do Iluminismo* (1932). E a consciência histórica acompanhará sempre até as obras mais caracteristicamente teóricas de Cassirer: "O uso [...] de pôr [...] no vazio os próprios pensamentos, sem pesquisar sua relação e sua conexão com o trabalho de conjunto das ciências filosóficas, nunca me pareceu oportuno e fecundo". Entre as obras de natureza teórica de Cassirer, podemos recordar: *O conceito de substância e o conceito de função* (1910); *A filosofia das formas simbólicas* (3 vols., 1923-1925-1929); *A teoria einsteniana da relatividade* (1921); *Determinismo e indeterminismo na física moderna* (1937); *Ensaio sobre o homem* (1944).

Em 1910, portanto, Cassirer publica *O conceito de substância e o conceito de função*. Nesse trabalho, através de seguro domínio da história da ciência, ele realiza uma investigação sobre o conhecimento matemático, geométrico, físico e químico, a fim de mostrar que esses conhecimentos não buscam a *substância,* e sim a lei, a relação, isto é, a *função*. Relações e funções instituem os entes matemáticos e constituem as expressões geométricas. No conhecimento científico e também no conhecimento comum encontramos muito mais do que dados sensíveis. Olhamos as coisas através de pontos de vista, teorias, leis, isto é, relações. Em suma, o desenvolvimento do pensamento científico nos leva a passar do conceito de *substância* ao de *função*. A metafísica de Aristóteles falava de um mundo de coisas das quais era preciso abstrair as características comuns, a essência. Mas, por um lado, enquanto esse método levou a toda uma massa de resultados estéreis (entre outras coisas, não há garantia alguma de que o *comum* seja o *essencial),* por outro lado, viu-se que as ciências progrediram porque se matematizaram (na matemática não entra o conceito de substância, mas o de função); progrediram porque deixaram de buscar substâncias e voltaram-se para a busca de *relações funcionais* entre os objetos. E assim como as funções matemáticas não se obtêm por abstração, mas são construídas pelo pensamento, da mesma forma também os pontos de vista, as teorias ou relações funcionais que instituem e vinculam os objetos do conhecimento científico (e do conhecimento comum) são produtos do pensamento, que tornam "possível *a priori*" o conhecimento, estabelecendo suas condições de possibilidade. E o fato de que a ciência consiste em teorias ou relações construídas pelo homem e que os objetos da ciência sejam instituídos por esses pontos de vista, por essas teorias, não significa de modo algum cair no subjetivismo. Escreve Cassirer: "Nós não conhecemos os objetos, como se eles fossem dados e determinados como objetos, antes e independentemente de nosso conhecimento. Ao contrário, nós conhecemos objetivamente, já que, no transcorrer uniforme dos conteúdos da experiência, criamos determinadas delimitações e estabelecemos determinados elementos duráveis e determinadas ligações entre eles".

Ernst Cassirer (1874-1945)
é um dos mais representativos pensadores
do neokantismo, historiador penetrante
do pensamento moderno,
autor justamente famoso
de A filosofia das formas simbólicas.
É dele a definição do homem
como animal symbolicum.

2 A filosofia das formas simbólicas

Cassirer não submeteu à análise filosófica somente as ciências. Indo além dos marcos das "duas culturas", ele também pretendeu, com *A filosofia das formas simbólicas*, "delimitar as diversas formas fundamentais da 'compreensão' do mundo umas em relação às outras, e captar cada uma delas o mais claramente possível em sua tendência peculiar e em sua forma espiritual peculiar".

Essas formas fundamentais de "compreensão" do mundo são "formações simbólicas" como o *mito*, a *arte*, a *linguagem* ou também o *conhecimento*. Somos nós que plasmamos o mundo com nossa atividade simbólica, criando e fazendo mundos de experiências: "o mito e a arte, a linguagem e a ciência são [...] sinais que tendem a realizar o ser", direções da vida humana, formas típicas da ação humana. E uma filosofia do homem, escreve Cassirer, deveria ser "filosofia que faça conhecer a fundo a estrutura fundamental de cada uma dessas atividades humanas e que, nesse meio tempo, faça por onde entendê-las como um todo orgânico". As formas simbólicas — isto é, a linguagem, a arte, o mito e a ciência — "dão forma e sentido", vale dizer, estruturam o modo de ver o mundo, criam mundos de significados, organizam a experiência. Com efeito, "inserido entre o sistema receptivo e o sistema relativo (encontráveis em todas as espécies animais), existe no homem um terceiro sistema, que se pode chamar de *sistema simbólico*, cujo aparecimento transforma toda a sua situação existencial. Confrontado com os animais, observa-se que o homem não somente vive em uma realidade mais vasta, mas também, por assim dizer, em uma nova *dimensão* da realidade". O homem é animal cultural, diriam os etólogos. E Cassirer o chama de "*animal symbolicum*". Os animais têm sinais, o homem produz *símbolos*. "A diferença entre *linguagem proposicional* e *linguagem emotiva* constitui o verdadeiro limite entre o mundo humano e o mundo animal". É o nascimento da linguagem descritiva ou proposicional que desencadeia o desenvolvimento da "cultura", isto é, da "civilização". Com efeito, escreve Cassirer, "é inegável que o pensamento e o comportamento simbólicos são os aspectos mais característicos da vida humana e que todo o progresso da cultura baseou-se neles".

O homem é *animal symbolicum*. Com a sua atividade simbólica, ele superou "os limites da vida orgânica". E agora "não se pode fazer nada contra essa subversão da ordem natural. O homem não pode se subtrair às condições de existência que ele próprio criou: deve se conformar a elas. Não vive mais em um universo apenas físico, e sim em um universo simbólico. A linguagem, o mito, a arte e a religião são partes integrantes desse universo, são os fios que constituem o tecido simbólico, a intricada trama da experiência humana. Todo progresso no campo do pensamento e da experiência fortalece e refina essa rede". De fato, afirma Cassirer, está fora de qualquer dúvida que "o homem não se encontra mais diretamente diante da realidade; por assim dizer, ele não pode mais vê-la face a face. A realidade física parece retroceder à medida que a atividade simbólica do homem avança. Ao invés de se defrontar com as próprias coisas, em certo sentido o homem está continuamente em colóquio consigo mesmo. Cercou-se de formas lingüísticas, de imagens artísticas, de símbolos míticos e de ritos religiosos a tal ponto que não pode mais ver e conhecer nada senão por meio dessa mediação artificial". E a situação é a mesma no campo teórico e no campo prático. Também no campo prático o homem não vive em um mundo de puros fatos; ele vive muito mais "entre emoções suscitadas pela imaginação, entre medos e esperanças, entre ilusões e desilusões, entre fantasias e sonhos. Como disse Epicteto, 'aquilo que perturba e agita o homem não são as coisas, e sim suas opiniões e fantasias em torno das coisas' ".

3 "Animal rationale" e "animal symbolicum"

Chegando a esse ponto, Cassirer é da opinião de que se pode e se deve corrigir a definição tradicional de homem. Naturalmente, a definição de homem como *animal rationale* "mantém seu valor", não obstante pretenda ela trocar a parte pelo todo, "pois, além da linguagem conceitual, existe uma linguagem do sentimento e das emoções; além da linguagem lógica e científica, existe a linguagem da imaginação poética. A linguagem não expressa somente pensamentos e idéias, mas, em primeiro lugar, sentimentos e afetos". Os filósofos que definiram o homem como *animal rationale* não eram empiristas, observa Cassirer, e não pretenderam "dar explicação empírica da natureza humana. Com essa definição, eles propuseram muito mais um imperativo moral". Em suma, a razão é termo pouco adequado se quisermos abraçar em toda a sua riqueza e variedade as formas da vida cultural do homem. "Essas formas são essencialmente formas simbólicas. Ao invés de definir o homem como *animal rationale*, dever-se-ia, portanto, defini-lo como *animal symbolicum*. Desse modo, indicar-se-á o que verdadeiramente o caracteriza e o que o diferencia em relação a todas as outras espécies, podendo-se entender o caminho especial que o homem tomou: o caminho para a civilização". Nesse caminho, na opinião de Cassirer, a ciência corresponde à última fase do desenvolvimento intelectual do homem, "podendo ser considerada como a mais elevada e significativa conquista da cultura. É produto muito raro e refinado, que só pôde tomar forma em condições especiais". O trabalho científico de Galileu e Newton, de Maxwell e Helmholtz, de Planck e Einstein, não consistiu em simples coleta de fatos: "foi trabalho teórico, mas construtivo", fruto daquela "espontaneidade e produtividade que estão verdadeiramente no centro de todas as atividades humanas". Com a linguagem, a religião e a ciência, o homem construiu o *próprio universo*, universo simbólico que o põe em condições de compreender e interpretar, de articular e organizar, de sintetizar e universalizar sua experiência. E desse modo, na cultura tomada em seu conjunto, "pode-se observar o processo da autolibertação progressiva do homem. A linguagem, a arte, a religião e a ciência são fases desse processo. Em todas elas, o homem descobre e demonstra novo poder, o poder de construir um mundo próprio, um mundo 'ideal' ". Sem esconder a multiplicidade, a variedade e a peculiaridade estrutural de cada forma simbólica, a filosofia, diz Cassirer, não pode renunciar à busca da unidade fundamental desse mundo ideal. "Todas as funções se completam e se integram mutuamente. Cada uma descerra novo horizonte e mostra novo aspecto da humanidade. O dissonante está em harmonia consigo mesmo; os contrários não se excluem reciprocamente, mas dependem um do outro; é a 'harmonia no contraste, como no plectro e na lira' ". Texto 1

■ **Filosofia das formas simbólicas.**
Eis como Cassirer, no *Ensaio sobre o homem*, esclarece a tarefa de uma filosofia das formas simbólicas.
"A característica principal do homem, aquilo que o distingue, não é sua natureza física ou metafísica, e sim sua obra. É essa obra, isto é, o sistema das atividades humanas, que decifra e determina a esfera da humanidade". A linguagem, o mito, a religião, a arte e a história são os elementos constitutivos dessa esfera, os setores que ela compreende. Assim, uma "filosofia do homem" deveria ser uma filosofia que faça conhecer a fundo a estrutura fundamental de cada uma destas atividades humanas e que ao mesmo tempo "forneça o modo de entendê-las como um todo orgânico".
Nas formas simbólicas – linguagem, arte, religião, ciência – "o homem descobre e demonstra um novo poder, o poder de construir um mundo próprio, um mundo 'ideal' ".
Nas formas simbólicas a análise filosófica é chamada a descobrir o homem: "pelos seus produtos o reconhecereis".

CASSIRER

1 O homem é um "animal simbólico"

> *"Em vez de definir o homem como um* animal rationale *dever-se-ia [...] defini-lo como um* animal symbolicum*".*

Para ele [o biólogo Johannes von Uexküll] a vida é perfeita em todo lugar; é a mesma tanto no pequeno como no grande. Todo organismo, compreendendo aqueles que se encontram na extremidade inferior da escala biológica, não só é, em senso lato, adaptado (*angepasst*) a seu ambiente, mas encontra-se também organicamente nele inserido (*eingepasst*). Conforme sua estrutura anatômica particular ele possui um *Merknetz* e um *Wirknetz*, ou seja, um sistema receptivo e certo sistema que lhe permite agir. Sem o acordo e a cooperação destes dois sistemas o organismo não poderia sobreviver. Em todo caso, em dada espécie biológica o sistema receptivo que transmite os estímulos externos e o sistema que permite reagir a tais estímulos estão intimamente ligados. São anéis de uma única cadeia que Uexküll chama de *círculo funcional* (o *Funktionskreis*) do animal em questão.

Aqui não é o caso de discutir as concepções biológicas de Uexküll. Referimo-nos a elas e à terminologia correspondente apenas para delinear um problema de caráter geral. É possível usar o esquema proposto por esse autor para uma descrição e uma caracterização do *mundo humano*? Obviamente, este mundo não constitui uma exceção, é dirigido pelas mesmas leis biológicas em ação em todos os outros organismos. Todavia, no mundo humano encontramos também algo de característico que o distingue do de qualquer outra forma de vida. Não só o círculo funcional do homem é quantitativamente mais amplo, mas ele apresenta também uma diferença qualitativa. Por assim dizer, o homem descobriu um modo novo de adaptar-se ao ambiente. Inserido entre o sistema receptivo e o reativo (encontráveis em todas as espécies animais), no homem há um terceiro sistema que se pode chamar de *sistema simbólico*, cuja aparição transforma toda a sua situação existencial. Fazendo um confronto com os animais percebe-se que o homem não só vive em uma realidade mais vasta, mas também, por assim dizer, em uma nova *dimensão* da realidade. Existe uma diferença evidente entre as reações orgânicas e as respostas humanas. No primeiro caso o estímulo externo provoca uma resposta direta e imediata, no segundo caso a resposta é deferida. Ela é retida e retardada depois de lento e complexo processo mental. À primeira vista esta dilação das reações poderia parecer uma vantagem bastante discutível. Com efeito, muitos filósofos aconselharam o homem a desconfiar de tal pretenso progresso: "*O homem que medita* – disse Rousseau – *é um homem depravado*"; a superação dos limites da vida orgânica levaria não à melhoria, e sim à deterioração da natureza humana.

Todavia, não se pode fazer nada contra esta inversão da ordem natural. O homem não pode mais se subtrair às condições de existência que ele próprio criou para si; deve se conformar a elas. Não vive mais em um universo apenas físico, mas em um universo simbólico. A linguagem, o mito, a arte e a religião são parte deste universo, são os fios que constituem o tecido simbólico, a emaranhada trama da experiência humana. Todo progresso no campo do pensamento e da experiência reforça e refina essa rede. O homem não se encontra mais diretamente diante da realidade; por assim dizer, ele não pode mais vê-la face a face. A realidade física parece retroceder à medida que a atividade simbólica do homem avança. Em vez de ter o que fazer com as próprias coisas, em certo sentido o homem está continuamente em diálogo consigo mesmo. Circundou-se de formas linguísticas, de imagens artísticas, de símbolos míticos e de ritos religiosos a um ponto tal de não poder ver e conhecer mais nada a não ser por meio dessa mediação artificial. A situação é a mesma no campo teórico e no prático. Também no campo prático o homem não vive em um mundo de fatos puros segundo suas necessidades e seus desejos mais imediatos. Vive muito mais entre emoções suscitadas pela imaginação, entre medos e esperanças, ilusões e desilusões, entre fantasias e sonhos. "Aquilo que perturba e agita o homem – disse Epicteto – não são as coisas, mas suas opiniões e suas fantasias a respeito das coisas".

A este ponto pode-se corrigir e ampliar a definição clássica do homem [...]. Os grandes pensadores que definiram o homem como *animal rationale* não eram empiristas e não pretendiam dar uma explicação empírica da natureza humana. Com tal definição eles puseram muito mais um imperativo moral. A razão é um termo pouco adequado, se quisermos abraçar em toda a sua riqueza e variedade as

Capítulo segundo – O neocriticismo. A Escola de Marburgo e a Escola de Baden

formas da vida cultural do homem. Estas formas são essencialmente formas simbólicas. Em vez de definir o homem como um *animal rationale* dever-se-ia, portanto, defini-lo como um *animal symbolicum*. Para tal objetivo indicar-se-á aquilo que verdadeiramente o caracteriza e que o diferencia em relação a todas as outras espécies, e se poderá compreender o caminho especial que o homem tomou: o caminho para a civilização.

E. Cassirer,
Ensaio sobre o homem.

Capítulo terceiro

O historicismo alemão, de Wilhelm Dilthey a Friedrich Meinecke

I. Gênese, problemas, teorias e expoentes do historicismo alemão

• As histórias da política e da economia, da religião e da arte, da filosofia e da filologia têm no século XIX alemão, chamado o "século da história", seu século de ouro. Aqui bastará relembrar apenas os nomes de Barthold Niebuhr (1776-1831), Leopold Ranke (1795-1886), Gustav Droysen (1808-1884), Eduard Zeller (1814-1908), Theodor Mommsen (1817-1903), Jakob Burckhardt (1818-1897) e de Karl Julius Beloch (1854-1929).

O século XIX alemão: "o século da história" → § 1

• Pois bem, diante deste desenvolvimento portentoso de saber histórico constitui-se o diversificado movimento filosófico conhecido sob o nome de *historicismo*, cuja intenção de fundo consiste na pesquisa – de tipo substancialmente kantiano – das condições de possibilidade, isto é, de autonomia e de validade cognitiva das ciências históricas. Que tipo de saber é o histórico? Qual é seu método? Estes são não só alguns dos problemas enfrentados pelos historicistas alemães (Dilthey, Simmel, Weber etc.) ou por filósofos muito próximos a eles como os neokantianos Windelband e Rickert. Outras questões se referirão à concepção das civilizações (Spengler) e à corrida a reparos para conter o relativismo transbordante (Troeltsch e Meinecke).

Gênese e expoentes do historicismo alemão → § 2

• Traços essenciais do historicismo alemão são:
a) a idéia de que a história é obra dos homens, de suas ações e relações situadas em contextos precisos, e não o resultado de leis inelutáveis;
b) com os positivistas os historicistas têm em comum a exigência de que a pesquisa verse sobre fatos empíricos concretos;
c) os historicistas estendem a crítica kantiana ("como é possível a ciência?") para além das ciências físico-naturais, isto é, para as ciências histórico-sociais;
d) para os historicistas o pesquisador não é o sujeito transcendental com categorias *a priori*, fixadas para a eternidade, mas é um homem concreto, historicamente condicionado.

Perspectivas teóricas do historicismo alemão → § 3

1 Os grandes historiadores e as grandes obras históricas do século XIX

O século XIX foi o século dos grandes historiadores alemães. É útil lembrar os nomes mais significativos.

1) Barthold Niebuhr (1776-1831) escreveu uma famosa *História romana*.

2) Leopold Ranke (1795-1886) foi autor de uma *História dos papas nos séculos XVI e XVII* e de uma *História da Alemanha nos tempos da Reforma*.

3) Gustav Droysen (1808-1884), autor de uma *História do helenismo*.

4) Eduard Zeller (1814-1908), cuja *Filosofia dos gregos em seu desenvolvimento histórico* continua ainda hoje, ao menos sob alguns aspectos, um ponto de referência.

5) Theodor Mommsen (1817-1903), autor de monumental *História romana*.

6) Jakob Burckardt (1818-1897) escreveu a obra justamente famosa *A civilização da Renascença na Itália*.

7) Karl Julius Beloch (1854-1929) escreveu uma importante *História grega*.

As histórias da política e da economia, da religião e da arte, da filosofia e da filologia encontram no século XIX alemão seu século de ouro, que foi chamado de "o século da história". Erwin Rohde (1845-1898) e Ulrich Wilamowitz-Möllendorff (1848-1931), dois grandes filólogos, foram protagonistas de um debate sobre as teorias que Nietzsche havia proposto a propósito do mundo grego.

Não devemos esquecer que é nesse período que se realiza o paciente trabalho de coleta sistemática e recuperação dos textos literários e papíricos relativos aos epicuristas (Hermann Usener), aos estóicos (Hans von Arnim) e aos pré-socráticos (Hermann Diels).

O século XIX também assistiu a um portentoso desenvolvimento da lingüística histórica e da lingüística comparada (falamos de Franz Bopp e de Jacob Grimm).

Além disso, foi intenso o interesse pela história do direito na "escola histórica" de Karl Friedrich von Savigny (1779-1861), que quis mostrar como as instituições jurídicas não são fixadas para a eternidade, e sim produtos de processos evolutivos freqüentemente não programados.

Nesse interesse pela história certamente descobre-se a influência do romantismo, de seu sentido da tradição, de seu culto pela consciência coletiva dos povos, de sua tentativa de reviver o passado em sua própria posição histórica. E, por outro lado, justamente com a abstração de sua filosofia da história, Hegel ensinara a ver a história não como um amontoado de fatos separados uns dos outros, e sim como totalidade em desenvolvimento dialético. E isso constitui um de seus contributos mais importantes.

2 O nascimento do historicismo

Com base nesses elementos, não é difícil compreender a gênese e o desenvolvimento do movimento filosófico conhecido com o nome de *historicismo* e cujos representantes mais conhecidos, além de Max Weber (do qual falaremos à parte, dada a relevância, a complexidade e a válida e grande influência de sua obra), são Wilhelm Dilthey (1833-1911), Georg Simmel (1858-1918), Oswald Spengler (1880-1936), Ernst Troeltsch (1865-1923) e Friedrich Meinecke (1862-1954). A esses, costuma-se acrescentar os nomes de Wilhelm Windelband (1848-1915) e de Heinrich Rickert (1863-1936), que es-

Retrato de Barthold G. Niebuhr, autor de uma conhecidíssima História humana.

tão ligados mais propriamente à "filosofia dos valores" dentro do neocriticismo, mas dos quais não se pode deixar de falar, por razões que explicitaremos, em uma exposição sobre o historicismo.

O historicismo surge nos últimos dois decênios do século XIX e se desenvolve até a vigília da Segunda Guerra Mundial.

3. Idéias e problemas fundamentais do historicismo

O historicismo alemão não é uma filosofia compacta. Entretanto, entre suas várias expressões, é possível detectar certo "ar de família", identificável nos seguintes pontos:

1) Como diz Meinecke, "o primeiro princípio do historicismo consiste em substituir a consideração generalizante e abstrata das forças histórico-humanas pela consideração de seu caráter individual".

2) Para o historicismo, a história não é a realização de um princípio espiritual infinito (Hegel) ou, como querem os românticos, uma série de manifestações individuais da ação do "espírito do mundo" que se encarna em cada "espírito dos povos". Para os historicistas alemães contemporâneos, *a história é obra dos homens*, ou seja, de suas relações recíprocas, condicionadas pela sua pertença a um processo temporal.

3) Do positivismo, os historicistas rejeitam a filosofia comtiana da história e a pretensão de reduzir as ciências históricas ao modelo das ciências naturais, apesar de os historicistas concordarem com os positivistas na exigência de pesquisa concreta dos fatos empíricos.

4) Com o neocriticismo, os historicistas vêem a função da filosofia como função crítica, voltada para a determinação das condições de possibilidade, isto é, o fundamento, do conhecimento e das atividades humanas. O historicismo estende o âmbito da crítica kantiana a todo aquele conjunto de ciências que Kant não considera, ou seja, as ciências histórico-sociais. É por isso que uma exposição sobre o historicismo não pode excluir Windelband e Rickert, ou seja, os neocriticistas, que haviam proposto a si mesmos e nos mesmos termos o problema das ciências histórico-sociais.

5) É fundamental para o historicismo a distinção entre *história* e *natureza,* como também o é o pressuposto de que os objetos do conhecimento histórico são específicos, no sentido de serem diferentes dos objetos do conhecimento natural.

6) O problema cardeal em torno do qual gira o pensamento historicista alemão é o de encontrar as razões da distinção das ciências histórico-sociais em relação às ciências naturais, e investigar os motivos que fundamentam as ciências histórico-sociais como conjuntos de conhecimentos válidos, isto é, objetivos.

7) O objeto do conhecimento histórico é visto pelos historicistas como residindo na *individualidade* dos produtos da cultura humana (mitos, leis, costumes, valores, obras de arte, filosofias etc.), individualidade oposta ao caráter uniforme e repetível dos objetos das ciências naturais.

8) Se o instrumento do conhecimento natural é a explicação causal (o *Erklären*), o instrumento do conhecimento histórico, segundo os historicistas, é o compreender (o *Verstehen)*.

9) As ações humanas são ações que tendem a fins, e os acontecimentos humanos são sempre vistos e julgados na perspectiva de valores precisos. Por isso, mais ou menos elaborada, sempre há uma teoria dos valores no pensamento dos historicistas.

10) Por fim, deve-se recordar que, se o problema cardeal dos historicistas é um problema de natureza kantiana, no entanto, para os historicistas, o sujeito do conhecimento não é o sujeito transcendental, com suas funções *a priori*, e sim homens concretos, históricos, com poderes cognoscitivos condicionados pelo horizonte e pelo contexto histórico em que vivem e atuam.

II. Wilhelm Dilthey e a "crítica da razão histórica"

O problema de Dilthey: como fundamentar a autonomia das ciências do espírito
→ § 1

• Historiador das idéias e filósofo, Wilhelm Dilthey (1833-1911) teve, em sua vida de estudioso, uma preocupação constante: a da fundamentação da autonomia e da validade das *ciências do espírito*.

Tal preocupação é testemunhada por escritos como: *Introdução às ciências do espírito* (1883); *Idéias para uma psicologia descritiva e analítica* (1894); *Contribuições para o estudo da individualidade* (1895-1896); *Estudos para a fundamentação das ciências do espírito* (1905); *A construção do mundo histórico nas ciências do espírito* (1910). A contribuição principal de Dilthey consistiu, de fato, em uma "crítica da razão histórica".

A diversidade dos objetos tratados como base da primeira distinção entre ciências da natureza e ciências do espírito
→ § 1

• Tal crítica da razão histórica encontra seus inícios na *Introdução às ciências do espírito*.

Nessa obra Dilthey distingue as ciências do espírito das ciências da natureza com base na diversidade dos objetos por elas tomados respectivamente em consideração: os fatos das ciências do espírito se apresentam à consciência "originalmente a partir do interior, enquanto os das ciências da natureza se apresentam à consciência, ao contrário, a partir do exterior".

• A seguir Dilthey põe a psicologia analítica como fundamento das ciências do espírito; afirma que estas estudam tanto as uniformidades como os fatos individuais, e que o "tipo" tem a função de ligar estas duas realidades opostas do mundo humano; e salienta, sempre sobre o tema da compreensão dos outros, o papel fundamental do *entender* (*Verstehen*), que consiste no "reviver" e no "reproduzir".

Em todo caso, na opinião de Dilthey, a solução mais adequada do problema referente à autonomia e à fundamentação das ciências do espírito pode ser encontrada nos *Estudos para a fundamentação das ciências do espírito* e em *A construção do mundo histórico nas ciências do espírito*.

A relação entre Erleben (expressão) e Verstehen (entender) como fundamento das ciências do espírito
→ § 2-3

O que caracteriza os fenômenos do mundo humano e que reúne as ciências do espírito e fundamenta sua autonomia é a relação – que não se dá no interior do mundo da natureza e das ciências de caráter natural – entre *Erleben* (*expressão*) e *Verstehen* (*entender*): a vida dos indivíduos torna-se espírito objetivo, se exprime e se objetiva em eventos e instituições (Estados, Igrejas, movimentos religiosos, textos filosóficos, teorias científicas, sistemas éticos etc.) que o cientista social procura entender captando seu *lado interno*; isso é bem possível, uma vez que entender é "um reencontro do eu no tu". E tal entender é um compreender obras e instituições de *homens históricos*, que produzem valores e realizam objetivos, e cujas obras não são, portanto, como em Hegel, espírito objetivo, fruto de uma razão absoluta.

1. Rumo à crítica da razão histórica

A obra de Wilhelm Dilthey (1833-1911) representa uma articulada e tenaz tentativa de construção de "crítica da razão histórica". Em outros termos, a intenção de Dilthey é a de fundamentar a validade das ciências do espírito (*Geisteswissenschaften*). E não devemos de modo nenhum esquecer que ele próprio foi historiador, como atestam seus trabalhos *Vida de Schleiermacher* (1867-1870), *A intuição da vida na Renascença e na Reforma* (1891-1900), *A história do jovem Hegel* (1905-1906), *Experiência vivida e poesia* (sobre o romantismo, 1905) e *As três épocas da estética moderna* (1892).

Já na *Introdução às ciências do espírito* (que é de 1883), Dilthey sustentava que as ciências da natureza e as ciências do espírito se diferenciam, antes de mais nada, por seu *objeto*. O objeto das ciências da natureza é constituído pelos fenômenos externos ao homem, ao passo que as ciências do espírito estudam o mundo das relações entre os indivíduos, mundo do qual o homem tem consciência imediata.

A diferença dos objetos de estudo implica uma diferença gnosiológica: é a observação externa que nos dá os dados das ciências naturais, ao passo que é a observação interna, isto é, o *Erlebnis* ("experiência vivida"), que nos dá os dados das ciências do espírito.

E também são diferentes as categorias ou conceitos de que se servem as ciências do espírito: as categorias de significado, objetivo, valor e assim por diante não pertencem às ciências da natureza, mas ao mundo humano, que tem seu centro no indivíduo

Fotografia do ainda jovem Wilhelm Dilthey (1833-1911).

e se configura — através das relações dos indivíduos — em sistemas de cultura e de organizações sociais que possuem existência histórica. A estrutura do mundo humano, portanto, é uma estrutura *histórica*.

Em *Idéias para uma psicologia descritiva e analítica* (1894) e nas *Contribuições ao estudo da individualidade* (1895-1896), Dilthey enfrenta respectivamente o problema da psicologia analítica (diferente da psicologia explicativa de tipo positivista) como fundamento das outras ciências do espírito, e o problema da relação entre uniformidade e identificação histórica: as ciências do espírito estudam tanto as leis e a uniformidade dos fenômenos como os acontecimentos em sua singularidade, e o "tipo" tem a função de ligar esses dois opostos. Por outro lado, neste último escrito, Dilthey parece persuadido de que o *Erlebnis* não pode ser considerado como fundamento exclusivo das ciências do espírito: a experiência interna deve ser integrada com o *Verstehen* (entender), que é reviver (*Nacherleben*) e *reproduzir* (*Nachbilden*), porque só assim se terá a compreensão dos outros indivíduos.

2 A fundamentação das ciências do espírito

Como se vê, à medida que avança, o pensamento de Dilthey amplia seus horizontes e os problemas se multiplicam, ligando-se uns aos outros. Entretanto, o núcleo para o qual todos esses problemas convergem e do qual partem é sempre o da *fundamentação das ciências do espírito*. Dilthey pergunta-se nos *Estudos para a fundamentação das ciências do espírito* (1905): "De que modo as ciências do espírito podem ser delimitadas pelas ciências da natureza?" Onde estão a essência da história e sua diferença em relação às outras disciplinas? Pode-se alcançar um saber histórico objetivo? Na obra citada e em outra, intitulada *A construção do mundo histórico nas ciências do espírito* (1910), ele apresenta em forma definitiva seu projeto de fundamentação das ciências do espírito.

Operando uma distinção entre *Erlebnis* e *Erleben* (o *Erlebnis* é uma etapa do *Erleben*, isto é, da vida), Dilthey sustenta que aquilo que é comum às ciências do espírito, ou seja, o que constitui seu domínio, é isto: "Os estados de consciência se expressam continuamente em sons, em gestos do rosto, em palavras, e têm sua objetividade em instituições, Estados, Igrejas e institutos científicos: precisamente nessas conexões é que se move a história".

É o nexo entre *Erleben*, ("expressão") e *Verstehen* ("entender") que institui a peculiaridade do mundo humano e fundamenta a autonomia das ciências do espírito. Esse nexo não pode ser encontrado na natureza nem nas ciências naturais. A vida, o *Erleben*, torna-se espírito objetivo, isto é, se objetiva em instituições (Estados; Igrejas; sistemas jurídicos; movimentos religiosos, filosóficos, literários e artísticos; sistemas éticos etc.). E o entender, na referência retrospectiva, dá origem às *ciências do espírito*, que têm como objeto "a realidade histórico-social do homem". Realidade que tem, de fato, um lado externo investigável pelas ciências naturais, mas cujo lado interno — o significado ou essência — só pode ser alcançado pelas ciências do espírito. E pode ser alcançado porque, através do entender — que é "um encontro do eu no tu" —, o homem pode compreender as obras e as instituições dos homens. Em suma, o entender é possível porque "a alma anda pelos caminhos habituais, nos quais já gozou e sofreu, sofreu e agiu em situações de vida semelhantes". Através de uma "transferência interior", que implica um "com sentimento" *(Mitfühlen)* e uma "penetração simpatética", o homem pode reviver várias outras existências.

3 A historicidade constitutiva do mundo humano

A *objetivação da vida* é a primeira característica da estrutura do mundo histórico, devendo-se atentar para o fato de que o *espírito objetivo* de Dilthey não é, como para Hegel, a manifestação de uma razão absoluta, mas é o produto da atividade de homens históricos. Tudo saiu da atividade espiritual dos homens e, portanto, diz Dilthey, tudo é histórico.

A segunda característica fundamental do mundo humano é a que Dilthey chama de "conexão dinâmica", que se distingue da conexão causal da natureza enquanto produz *valores* e realiza *objetivos*. O indivíduo, as instituições, as civilizações e as épocas históricas são conexões dinâmicas. E, assim como o indivíduo, da mesma forma todo

Capítulo terceiro – O historicismo alemão, de Wilhelm Dilthey a Meinecke

A obra de Dilthey (aqui em uma fotografia nos anos da maturidade) é tentativa articulada e tenaz de construir uma "crítica da razão histórica".

sistema de cultura e toda comunidade tem seu próprio centro em si. E essa "autocentralidade", intrínseca a toda unidade histórica, faz com que essas unidades históricas (os sistemas de cultura, os sistemas de organização social, as épocas históricas) se caracterizem por um *horizonte fechado*, que torna as diversas histórias irredutíveis, tornando-as singularmente compreensíveis apenas com a condição de que possamos compreender os valores e os objetivos particulares que as tipificam.

O homem, conclui Dilthey, é um ser histórico. E históricos são todos os seus produtos culturais, inclusive a filosofia e, portanto, também a metafísica.

Uma função do filósofo consciente é a de dar vida a uma "filosofia da filosofia", entendida como exame crítico das possibilidades e dos limites da filosofia. E é assim que a razão histórica se transforma em crítica "histórica" da razão. Não existem filosofias que valham *sub specie aeternitatis*.

Textos 1 2

III. O historicismo alemão entre Wilhelm Dilthey e Max Weber

> *Windelband: as ciências distinguem-se sobre base metodológica* → § 1

• Contrapor a "natureza" ao "espírito", como fez Dilthey, é simplesmente um erro: é o que afirma o neokantiano Wilhelm Windelband (1848-1915) em *História e ciência natural* (1894). Tal distinção é uma insustentável tese metafísica; e à distinção das ciências operada por Dilthey sobre uma base *objetiva* (mundo humano, mundo da natureza), Windelband contrapõe uma distinção sobre base metodológica e distingue as ciências em *ciências nomotéticas* (as que buscam determinar a regularidade dos fenômenos) e *ciências idiográficas* (atentas à especificidade dos fenômenos particulares). E *qualquer* evento – pertinente ao mundo da natureza ou ao mundo humano – pode ser estudado ou como caso particular de uma uniformidade ou então para compreender seu caráter único e irrepetível.

> *Rickert: o papel de referência aos valores no trabalho do historiador* → § 2

• Para Heinrich Rickert (1863-1936), a *mesma realidade* torna-se natureza quando "a consideramos em relação ao geral, e se torna história quando, ao contrário, a consideramos em relação ao particular". Esta é a tese sustentada por Rickert em *Os limites da formação dos conceitos científicos* (1896-1902). E uma posterior e importante idéia de Rickert, que veremos também em Weber, é que no oceano sem fim dos eventos e das instituições humanas o historiador escolhe como objeto de estudo os fatos e os acontecimentos investidos e, portanto, tornados "interessantes" pelos valores da civilização à qual ele pertence. Trata-se, justamente, da "relação aos valores".

> *Simmel: "Um fato é importante porque interessa a quem o considera"* → § 3

• Georg Simmel (1858-1918) é um estudioso de grande fôlego e são múltiplas as temáticas por ele tratadas. Pois bem, no que se refere à historiografia, ele põe o problema em termos kantianos: como é possível a história? Quais são as condições que tornam possíveis e fundamentam autonomia e validade das ciências histórico-sociais? A tal interrogação Simmel responde, diversamente de Kant e dos neokantianos, que as categorias da pesquisa histórica não são *a priori* válidas para a eternidade, pois elas próprias são produtos históricos de homens históricos, produtos que mudam com a história. Por conseguinte, não tem nenhum sentido falar de fatos históricos "*objetivamente*" importantes. "Um fato – escreve Simmel – é importante porque interessa a quem o considera".

> *Spengler: as civilizações são como os organismos: nascem, crescem e depois morrem* → § 4

• "*As civilizações são organismos*; a história universal é sua biografia complexiva": lemos isso no *Ocaso do Ocidente*, a obra que tornou famoso Oswald Spengler (1880-1936). Toda civilização é um organismo; e, como os organismos, as civilizações "aparecem, amadurecem, fenecem e não voltam mais". Toda civilização – acrescenta Spengler – é um mundo fechado: com sua moral, sua filosofia e seu direito próprios. E as civilizações, como os organismos, estão destinadas ao ocaso. Uma vez realizado seu ciclo, "a civilização *se enrijece* repentinamente, dirige-se para a morte, seu sangue se coagula, suas forças faltam e ela torna-se uma *civilização em declínio*". E este era o caso, aos olhos de Spengler, da civilização ocidental, doravante em seu ocaso por causa da prevalência da democracia e do socialismo, e da veneração, na democracia, do dinheiro e do poder.

Capítulo terceiro – O historicismo alemão, de Wilhelm Dilthey a Meinecke

> • Um dos problemas fundamentais da especulação filosófica de Ernst Troeltsch (1865-1923) consistiu na tentativa de conciliar o condicionamento histórico de toda forma de religião com a pretensão de toda religião de possuir uma validade universal. Ele chegou à conclusão, em *A absolutez do cristianismo e a história das religiões* (1902), de que a historicidade de uma religião não a priva de modo algum do valor universal e de sua relação com a transcendência. E ainda, em *O historicismo e sua superação* (1928), Troeltsch afirma que os critérios absolutos que são a norma moral e a Revelação cristã não se dissolvem em suas múltiplas e diversificadas manifestações históricas.
>
> **Troeltsch: como conciliar historicidade e universalidade dos valores religiosos** → § 5
>
> • Um dique contra o relativismo expansível gerado pelo historicismo pretende ser também a filosofia de Friedrich Meinecke (1862-1954). Contrário ao "veneno corrosivo" do relativismo, Meinecke – autor de *Razão de Estado na história moderna* (1924) e de *A origem do historicismo* (1936) – rejeita as soluções que se movem em direção horizontal (*absolutizar* o passado, como o fazem os românticos; ou *absolutizar* o futuro, como fazem os sacerdotes do progresso); ele sustenta que o caminho para neutralizar o veneno do historicismo é o *caminho vertical*. É preciso sair da corrente para olhar a história a partir do alto, como desejada por Deus. Toda época, embora historicizada, "está em relação imediata com Deus".
>
> **Meinecke: o "relativo", visto como desejado por Deus, torna-se como que "absoluto"** → § 6

1. Windelband e a distinção entre ciências nomotéticas e ciências idiográficas

Depois de Dilthey, a *crítica da razão histórica* daria passos substanciais adiante — que ainda causam impacto por sua originalidade e validade — com Max Weber. Mas, entre Dilthey e Weber, situa-se um grupo de pensadores que, movendo-se em torno dos problemas levantados e discutidos por Dilthey, introduzem algumas novidades metodológicas (como é o caso de Windelband e de Rickert), ou então levam às últimas conseqüências o relativismo de Dilthey (o que fazem Simmel e Spengler), ou ainda reagem a esse relativismo propondo valores absolutos (caminho trilhado sobretudo por Troeltsch e Meinecke, mas também pelo último Windelband e por Rickert).

Wilhelm Windelband (1848-1915) — representante da Escola de Baden juntamente com Rickert, como já sabemos — enfrenta o problema do conhecimento histórico como *neocriticista*: para ele "a ciência histórica constitui o problema da crítica, a exemplo da pesquisa natural". Em 1894, no escrito *História e ciência natural*, ele faz questão de precisar que a filosofia não podia permanecer estranha ao desenvolvimento portentoso das ciências históricas, sob pena de correr o risco de se defasar em relação a efetivas aquisições científicas. Mas podem-se considerar satisfatórios os resultados conseguidos por Dilthey em seu trabalho? Sobre quais bases sólidas Dilthey apoiava a distinção entre ciências da natureza e ciências do espírito?

Windelband rejeita com firmeza tal distinção, por se tratar de distinção *metafísica* infundada que contrapõe a "natureza" ao "espírito". Conseqüentemente, Windelband contrapõe à distinção de *base objetual* (natureza e mundo humano) de Dilthey uma *distinção de método*.

Windelband distingue as disciplinas científicas em *ciências nomotéticas* e *ciências idiográficas*. As primeiras são as que procuram determinar as leis gerais que expressam a regularidade dos fenômenos; as segundas, ao invés, são as ciências que voltam sua atenção para o fenômeno singular, visando compreender sua especificidade e individualidade. E *qualquer* evento — pertença ele ao mundo da natureza ou ao mundo humano, isto é, ao mundo do espírito — só pode ser pesquisado como um caso particular de uma lei geral, de uma regularidade, ou então para compreender seu caráter único, peculiar, irrepetível. **Texto 3**

2. Rickert: a relação com os valores e a autonomia do conhecimento histórico

A autonomia do conhecimento histórico é o problema de fundo de Heinrich Rickert (1863-1936). Rickert retoma de Windelband a distinção entre ciências nomotéticas e ciências idiográficas, assim escrevendo em *Os limites da formação dos conceitos científicos* (1896-1902): "*A mesma realidade* torna-se natureza quando a consideramos em referência ao geral, e torna-se história quando a consideramos em referência ao particular".

Nesse ponto, porém, surge um problema posterior: nem todos os acontecimentos individuais suscitam o interesse do historiador, mas apenas os que têm particular importância ou significado. O historiador deve escolher. Todavia, com base em qual critério ele pode operar suas escolhas?

Para Rickert, o critério de escolha está na *relação* dos fatos individuais com o valor. É a relação com os valores que constitui a base da elaboração conceitual da história. O historiador descura tudo o que não tem valor.

Isso não significa que o historiador deve pronunciar juízos de valor sobre o que pesquisa, e sim que ele reconstrói um acontecimento somente porque este tem valor. "O conceito de individualidade histórica é constituído pelos valores captados e tornados próprios pela civilização à qual ele pertence. O procedimento histórico é referência contínua ao valor". Em suma, o conhecimento histórico encontra o seu fundamento na relação com os valores. Por isso, o objeto do conhecimento histórico é definido como *Kultur* (cultura), e os valores aos quais ele se refere são definidos como *Kulturwerte* (valores culturais). São esses os valores que o homem realiza no devir histórico. **Texto 4**

3. Simmel: os valores do historiador e o relativismo dos fatos

O resultado final da filosofia de Georg Simmel (1858-1918) é o relativismo. Todavia, no início, concordando com os neocriticistas da Escola de Baden, ele havia, por exemplo, atribuído ao *dever ser* a independência em relação às situações históricas. E nos *Problemas fundamentais de filosofia* (1910), além do sujeito e do objeto, Simmel propõe um *terceiro reino* das idéias, e um *quarto reino* do *dever ser*.

Simmel põe a questão da história, em termos kantianos, como o problema das condições que tornam possível e fundamentam as ciências histórico-sociais em sua autonomia e validade. Mas, contra Kant e os neokantianos, Simmel afirma que os elementos do conhecimento se encontram na experiência. Em suma, a possibilidade da história não reside em condições *a priori* independentes da experiência. As categorias da pesquisa histórica são produto de homens históricos, e elas próprias mudam com a história. Desse modo, a realidade histórica pode ser interpretada à luz de diversas categorias. Não há sentido, portanto, em falar de *fatos históricos "objetivamente" importantes*. Escreve Simmel: "Um fato é importante porque interessa a quem o considera".

Portanto, também para Simmel é a relação com o valor que atua como critério de escolha dos fatos históricos, só que esses valores não são inerentes aos fatos, e sim são os valores do historiador. **Texto 5**

4. Spengler e o "ocaso do Ocidente"

Decadência do Ocidente foi a obra que tornou famoso Oswald Spengler (1880-1936). Nela, a ruína da Alemanha tornou-se o "ocaso da civilização ocidental". Spengler torna metafísica a distinção entre *natureza* e *história*. A natureza é dominada por uma necessidade mecânica, a história por uma necessidade orgânica. E é precisamente por isso que a história pode ser entendida através da experiência vivida ou *Erlebnis*, vista como a penetração intuitiva das formas assumidas pelo desenvolvimento da história. Diz Spengler: "A humanidade não tem nenhum fim, nenhuma idéia, nenhum plano, do mesmo modo como não têm um fim a espécie das borboletas ou a das orquídeas. A 'humanidade' é conceito zoológico ou então é uma palavra desprovida de sentido".

Em lugar "daquele desolado quadro da história universal como desenvolvimento linear", Spengler vê "o espetáculo de uma pluralidade de civilizações poderosas que florescem com força primigênia do útero da terra materna". *"As civilizações são organismos; a história universal é sua biografia total"*.

Toda civilização, portanto, é um organismo. E, assim como os organismos, as civilizações "aparecem, amadurecem, decaem e não voltam mais". E toda civilização tem um sentido fechado em si mesmo: uma moral, uma ciência, uma filosofia e um direito têm sentido absoluto dentro da própria civilização, mas, fora dela, não têm nenhum. Diz Spengler: "Há tantas morais quantas são as civilizações, nem mais nem menos". Toda civilização cria seus próprios valores, que são inteiramente diversos dos valores das outras civilizações.

Nisso consiste o *absolutismo relativo* dos valores defendidos por Spengler: os valores são absolutos no interior de uma civilização, mas referem-se apenas a essa civilização. E as civilizações, como os organismos, destinam-se à decadência: "Quando o fim é alcançado e a plenitude das possibilidades interiores chega a se realizar completamente em direção ao exterior, a civilização *se enrijece* repentinamente, encaminha-se para a morte, seu sangue se coagula, suas forças lhe faltam e ela se torna *civilização em declínio*".

Aos olhos de Spengler parecia em declínio a civilização ocidental, em virtude da crise da moral e da religião, pela prevalência da democracia e do socialismo e devido à equiparação, na democracia, entre dinheiro e poder político.

Oswald Spengler (1880-1936) em um desenho de Grossmann. Spengler alcançou notoriedade repentina com a publicação do livro Ocaso do Ocidente, *no qual a queda da Alemanha é identificada com o ocaso de toda a civilização ocidental.*

5. Troeltsch e o caráter absoluto dos valores religiosos

No quadro do historicismo foram Ernst Troeltsch e Friedrich Meinecke que enfrentaram a temática complexa das relações entre o devir histórico e os valores eternos da religião.

Substancialmente, a questão fundamental de Troeltsch (1865-1923) é a que brota, por um lado, da consciência histórica que nos mostra o condicionamento de toda forma de religião e, por outro lado, da pretensão da religião de possuir uma validade absoluta. Troeltsch rejeita tanto a solução positivista, que fazia da religião o estágio primitivo da humanidade, como a solução romântico-idealista, que via nas diversas religiões a realização de uma essência universal.

Para Troeltsch, as religiões são fatos históricos individuais, inclusive o cristianismo. Mas, como ele observa em *O caráter absoluto do cristianismo e a história das religiões* (1902), a condicionabilidade de um fenômeno histórico não o priva de validade. A religião é historicamente condicionada e, apesar de tudo, ela, na opinião de Troeltsch, mostra — por meio de fenômenos como o surgimento do cristianismo e da Reforma — uma *causalidade* autônoma.

Essa independência da religião em relação à causalidade natural é interpretada por Troeltsch como a presença de Deus no finito. E, segundo ele, o cristianismo é superior às outras religiões precisamente pelo seu reconhecimento explícito da ação de Deus na história.

6. Meinecke e a busca do eterno no instante

Friedrich Meinecke (1862-1954) não está muito distante da posição de Troeltsch. Historiador da Alemanha moderna, Meinecke, mediante importante estudo sobre a *Razão de Estado na história moderna* (1924), defronta o problema do historicismo. E o problema do historicismo é que ele suscitou um relativismo que considera toda formação histórica individual, toda instituição, toda idéia e toda ideologia somente como momento transitório no curso infinito do devir. Para o historicismo, portanto, todas as coisas, sem exceção, só têm valor *relativo*.

No historicismo, portanto, "há veneno corrosivo". Na opinião de Meinecke, há apenas três caminhos para neutralizar esse veneno.

a) O primeiro é a fuga romântica no passado.

b) O segundo é a fuga para o futuro. O caminho romântico absolutiza uma época do passado (a época de ouro), ao passo que o outro expressa o otimismo do progresso. Mas ambos os caminhos estão na corrente da história, diz Meinecke. Tanto indo contra a corrente como indo no rumo da corrente, sempre se está procedendo em direção *horizontal*, sempre *dentro* da corrente.

c) Na opinião de Meinecke, porém, há um terceiro caminho para neutralizar o veneno do historicismo: é o caminho *vertical*. É preciso sair da corrente para olhá-la de cima. O "relativo", visto como desejado por Deus, apresenta-se como "absoluto".

Texto 6

Capítulo terceiro – O historicismo alemão, de Wilhelm Dilthey a Meinecke

■ **Historicismo.** A primeira acepção atribuída a este termo é a de que a realidade é história e esta história é guiada por alguma lei necessitante. Uma doutrina desse tipo encontra-se em Hegel: é o *historicismo absoluto*. Com a teoria dialética invertida, Marx propôs um *historicismo materialista*.

A história é desenvolvimento de eventos; e existe uma lei que determina seu curso. Entendendo o historicismo nessa acepção – isto é, como a pretensão de ter captado as leis que determinam o desenvolvimento da história humana em sua totalidade –, Karl Popper o tornou objeto de suas devastadoras críticas, enquanto prova que é impossível a previsão do futuro e que, portanto, é ilusório crer ter chegado à posse de leis inelutáveis do curso da história humana.

Há também um *historicismo fideístico*, como o proposto, entre outros, por Meinecke e por Troeltsch, para os quais na história agem valores transcendentais aí inseridos por Deus. Este é um historicismo metafísico ou, melhor, *teológico*.

Friedrich Meinecke

Como metafísico, embora em uma direção completamente diversa, o *historicismo relativo* é defendido – como se viu nas páginas precedentes – por Oswald Spengler, para o qual toda civilização é um organismo, uma configuração compacta e fechada, com sua moral, sua filosofia e seu direito próprios: "Há tantas morais – afirma Spengler – quantas são as civilizações, nem mais nem menos".

Diferentes dos agora acenados são os problemas discutidos pela corrente de pensamento denominada *historicismo crítico*, problemas que se referem, kantianamente, às condições de possibilidade, autonomia e validade das ciências histórico-sociais.

Dilthey discute sobre a diferença entre ciências da natureza e ciências do espírito, e no fim encontra na relação entre *Erleben*, expressão, e *Verstehen*, entender, a característica essencial do mundo humano e ao mesmo tempo o fundamento das ciências do espírito.

Windelband, e com ele Rickert, traça a importante distinção entre ciências nomotéticas e ciências idiográficas.

Weber delineia a teoria do "tipo ideal", discute sobre o peso das diversas causas particulares de um evento, intervém com extrema clareza sobre o problema da "avaliabilidade" nas ciências histórico-sociais, des-dogmatiza o materialismo histórico.

E problemas que atravessam o historicismo crítico são o da referência aos valores, o do *Verstehen* (compreender) em oposição ao *Erklären* (explicar causalmente), o da empatia (e de suas críticas), e outros ainda. Mas o que foi dito é suficiente para estabelecer a diversidade específica do *historicismo crítico* de outros tipos de historicismo, com os quais, por outro lado, pouco a pouco ele entrou em contato.

Heinrich Rickert

DILTHEY

1 "Reviver" para "compreender"

> O "reviver" equivale à "nossa possibilidade de nos apropriarmos do mundo espiritual". "Diante dos limites impostos pelas circunstâncias se abrem a ele [ao homem] outras belezas do mundo e outras regiões da vida, que ele jamais pode alcançar".

Sobre a base desta transferência interior, desta transposição, apresenta-se agora a forma mais elevada em que a totalidade da vida psíquica age no entender: a reprodução ou o reviver. O entender é em si uma operação inversa ao curso dinâmico: uma penetração completa está ligada ao fato de que a compreensão proceda sobre a mesma linha do devir. Ela avança, procedendo continuamente, com o curso da vida, e assim se alarga o processo de transferência interior, de transposição. O reviver é o mover-se sobre a linha do devir. Dessa forma seguimos a história, ou um acontecimento em uma terra longínqua ou alguma coisa que ocorre no espírito de um homem que esteja próximo de nós. Sua completude é atingida quando o acontecimento é animado pela consciência do poeta, do artista ou do historiador, e está presente em forma durável diante de nós, fixado em uma obra.

A poesia lírica torna assim possível, na sucessão de seus versos, reviver uma conexão de *Erlebnisse*: não a real que anima o poeta, mas a que, sobre sua base, o poeta põe na boca de uma pessoa ideal. A sucessão das cenas em uma obra teatral torna possível reviver suas partes com base no curso da vida das pessoas que aí se apresentam. A narração do romancista ou do historiador, que segue o curso histórico, suscita em nós um reviver: o triunfo do reviver acontece quando nele os fragmentos de um curso de vida são completados de modo tal que acreditamos ter diante de nós uma continuidade.

Todavia, sobre o que se apóia este reviver? O processo nos interessa aqui apenas em sua função, e não deve ser dada uma explicação psicológica dele. Por isso não ilustramos sequer a relação deste conceito com os de consentimento e de penetração simpatética, embora seja evidente sua conexão pelo fato de que o consentimento reforça a energia do reviver. Nós olhamos para a importante função desse reviver pela nossa possibilidade de nos apropriarmos do mundo espiritual. Ela repousa sobre dois momentos. Todo pressentimento vivo de um ambiente e de uma situação externa suscita em nós o reviver, e a fantasia pode reforçar ou diminuir o peso das formas de comportamento, das forças, dos sentimentos, das tendências, das direções ideais contidas em nossa ligação de vida, reproduzindo assim toda vida psíquica de outrem. [...]

E nesse reviver está uma parte importante da aquisição de coisas espirituais, das quais somos devedores ao historiador e ao poeta. O curso da vida produz em todo homem uma constante determinação em que são limitadas as possibilidades que aí estão contidas. A formação de seu ser determina sempre todo seu desenvolvimento posterior. Em poucas palavras, ele experimenta sempre, ele pode tomar em exame o modo em que está constituída sua situação ou a forma de sua ligação adquirida, de modo que o âmbito de novos olhares sobre a vida, e sobre as modificações externas de sua existência pessoal, é limitado. O entender abre-lhe amplo campo de possibilidades, as quais não existiam na determinação de sua vida real. A possibilidade de viver imediatamente, em minha existência, estados religiosos é para mim como para a maior parte dos homens de hoje bastante restrita. Mas quando folheio as cartas e os escritos de Lutero, os relatos de seus contemporâneos, as atas das conferências religiosas e dos concílios, assim como de sua narração oficial, eu vivo um processo religioso de tal força eruptiva, de tal energia, que na vida e na morte isso está além de toda possibilidade de *Erlebnis* para qualquer homem de nossos dias. Mas posso, porém, revivê-lo. Eu me transfiro em tais circunstâncias, e tudo nele impele a um desenvolvimento extraordinário da vida religiosa do espírito. Vejo nos claustros uma técnica de contato com o mundo invisível, que dá às almas dos monges uma constante orientação para as coisas transcendentes: as controvérsias teológicas se tornam aqui questões de existência interior. Vejo como no mundo leigo se prepara em inumeráveis canais — púlpitos, confessionários, cátedras, escritos — aquilo que se elabora nos claustros; e observo como concílios e movimentos religiosos tenham aberto, em todo lugar, o caminho para a doutrina da igreja invisível e do sacerdócio universal, como ela está em relação com a libertação da personalidade na vida mundana;

e como tudo isso se afirme na solidão das celas e nas lutas das forças agora descritas diante dos estímulos da Igreja. O cristianismo como força capaz de incidir sobre a própria vida da família, na profissão, nas relações políticas: esta é uma potência nova que se apresenta ao espírito da época nas cidades ou em todo lugar em que se realize um trabalho superior, em Hans Sachs ou em Dürer.[1] Enquanto Lutero pertence ao ápice desse movimento, podemos viver imediatamente seu desenvolvimento com base em uma conexão que remonta daquilo que é geralmente humano para a esfera religiosa e desta, por meio de suas determinações históricas, até sua individualidade. E assim esse processo nos desvela um mundo religioso que está presente nele e em seus companheiros dos primeiros tempos da Reforma, ampliando nosso horizonte por meio de possibilidades de vida que apenas de tal modo se tornam acessíveis a nós. O homem determinado pelo interior pode, portanto, viver na imaginação várias outras existências: diante dos limites impostos pelas circunstâncias abrem-se para ele outras belezas do mundo e outras regiões da vida, que ele jamais pode alcançar. Em termos gerais, o homem ligado e determinado pela realidade da vida liberta-se não só por meio da arte – o que aconteceu com muita freqüência – mas também mediante a compreensão daquilo que é histórico.

W. Dilthey,
Novos estudos sobre as ciências do espírito.

2 As ciências do espírito entendem o sentido de um mundo humano histórico e objetivado

Objetivação do mundo da vida e ciência do espírito: "Tudo aqui surgiu pela atividade espiritual [...]. Da repartição das árvores em um parque, da ordem das casas em uma rua, do instrumento do trabalhador manual até a sentença no tribunal, tudo ao nosso redor, em todo momento, aconteceu historicamente". *E este mundo da vida objetivado é o mundo que as ciências do espírito procuram compreender:* "Seu âmbito se estende como o entender, e o entender tem seu objeto unitário na objetivação da vida".

O indivíduo, as comunidades e as obras em que se transpuseram a vida e o espírito, constituem o domínio externo do espírito. Essas manifestações da vida, assim como aparecem no mundo externo diante da compreensão, estão quase inseridas na ligação da natureza. Sempre nos circunda esta grande realidade externa do espírito, a qual é uma realização do espírito no mundo sensível, da fugaz expressão até o domínio secular de uma constituição ou de um texto jurídico. Toda manifestação particular da vida representa, no campo de tal espírito objetivo, um elemento comum. Toda palavra, toda proposição, todo gesto e toda fórmula de cortesia, toda obra de arte e todo fato histórico são compreensíveis apenas enquanto uma comunhão une quem neles se exprime com quem os entende; o indivíduo vive, pensa e age continuamente em uma esfera de comunhão, e apenas nela pode penetrar. Tudo aquilo que é entendido traz consigo, por assim dizer, a marca de sua cognoscibilidade sobre a base de tal comunhão: vivemos nessa atmosfera, que nos circunda constantemente, e nela estamos imersos. Em todo lugar estamos em casa neste mundo histórico a ser entendido, penetramos seu sentido e seu significado, estamos nessas mesmas relações comuns.

A mutação das manifestações da vida, que agem sobre nós, nos impele continuamente a uma nova compreensão; mas ela tem, ao mesmo tempo, lugar também no entender, pois toda manifestação da vida e sua compreensão estão ligadas a outras, dando lugar a um movimento que acontece segundo as relações de afinidade dos indivíduos dados com o todo. E, crescendo as relações entre aquilo que é afim, aumentam ao mesmo tempo as possibilidades de generalização já encerradas na comunhão como determinação daquilo que é entendido.

No entender está presente também uma qualidade posterior da objetivação da vida, que determina tanto a articulação conforme a afinidade como a tendência da generalização. A objetivação da vida contém em si uma *multiplicidade de relações articuladas.* Da distinção das raças até a diversidade das formas de expressão e dos costumes em um tronco de povo, aliás em uma cidade, há uma articulação de diferenças espirituais condicionada naturalmente. Diferenças de outro tipo se apresentam nos sistemas de cultura, e outras separam as épocas entre si: em poucas palavras, muitas

---
[1] Hans Sachs (1494-1576), poeta e mestre cantor em Nuremberga, a cidade em que viveu o grande pintor Albrecht Dürer (1471-1528).

linhas que delimitam a partir de algum ponto de vista âmbitos de vida afins atravessam o mundo do espírito objetivo e nele se entrecruzam. A plenitude da vida se manifesta em inumeráveis nuanças e é compreendida por meio do recurso a tais diferenças.

Por meio da idéia de objetivação da vida chegamos pela primeira vez a lançar um olhar na essência daquilo que é histórico. Tudo aqui surgiu da atividade espiritual e traz, portanto, o caráter de historicidade, inserindo-se, como produto da história, no próprio mundo sensível. Da repartição das árvores em um parque, da ordem das casas em uma rua, do instrumento do trabalhador manual até a sentença no tribunal, tudo ao nosso redor, em todo momento, aconteceu historicamente. Aquilo que o espírito insere hoje de seu caráter na própria manifestação de vida, amanhã, quando está diante, é história. Enquanto o tempo procede, estamos cercados pelas ruínas de Roma, pelas catedrais, pelos castelos independentes. A história não é nada de separado da vida, nada de distinto do presente por sua distância temporal.

Olhemos o resultado: as ciências do espírito têm, como seu dado complexivo, a objetivação da vida. Mas, enquanto a objetivação da vida se torna para nós algo de entendido, ela encerra sempre, enquanto tal, a relação do exterior com o interior. Por isso tal objetivação está em todo lugar ligada no entender ao *Erleben*, em que a unidade da vida se dá a própria forma e pode ser distinta de todas as outras. A partir do momento que aqui se encontra o dado das ciências do espírito, verifica-se também que tudo aquilo que é estável e estranho, em relação às imagens do mundo físico, deve ser pensado como algo de dado nesse campo. Todo o dado aqui brotou fora e, portanto, é histórico; é entendido e, portanto, contém em si um elemento comum; é conhecido enquanto é entendido, e contém em si uma reunião do múltiplo, pois já a interpretação da manifestação da vida no entender superior apóia-se sobre ele. Também o procedimento de classificação de tais manifestações está, portanto, já encerrado dentro dos dados das ciências do espírito.

É aqui se completa o *conceito das ciências do espírito*. Seu âmbito estende-se como o entender, e o entender tem seu objeto unitário na objetivação da vida. Assim, o conceito de disciplina espiritual é determinado, conforme o âmbito dos fenômenos que caem sob ela, por meio da objetivação da vida no mundo externo. Apenas aquilo que o espírito criou, ele o entende. A natureza, isto é, o objeto do conhecimento natural, encerra a realidade produzida independentemente da atividade do espírito. Tudo aquilo em que o homem, operando, imprimiu sua marca, constitui o objeto das ciências do espírito.

É também a expressão "ciência do espírito" recebe neste ponto sua justificação. Estamos no discurso passado do espírito das leis, do direito, da constituição: agora podemos dizer *que tudo aquilo em que o espírito se objetivou* entra no âmbito das *ciências do espírito*.

W. Dilthey,
*A construção do mundo histórico
nas ciências do espírito*,
em *Crítica da razão histórica*.

WINDELBAND

3 Ciências nomotéticas e ciências idiográficas

A divisão das ciências, com base na diversidade dos objetos pesquisados, em ciências da natureza e ciências do espírito não se mantém. A psicologia é ciência da natureza ou ciência do espírito? Fundada e válida é, ao contrário, a divisão das ciências com base metodológica em ciências nomotéticas *e ciências* idiográficas: "umas são ciências da lei, as outras ciências do acontecimento; aquelas ensinam aquilo que sempre existe, estas aquilo que uma vez existiu.*

Quanto à divisão destas disciplinas dirigidas ao conhecimento do real, hoje é familiar a todos a distinção entre ciências naturais e ciências do espírito: eu não a considero, nesta forma, feliz. Natureza e espírito é uma antítese objetiva que prevaleceu no ocaso do pensamento antigo e nos primórdios do medieval, e que em toda a sua aspereza foi conservada na metafísica recente desde Descartes e Spinoza até Schelling e Hegel. Porém, se interpreto justamente a atitude da filosofia moderna e as conseqüências da crítica teórica, esta separação, embora tendo permanecido no modo geral de pensar e de se exprimir, não seria agora mais admitida com tão tranqüila segurança de modo a poder constituir sem mais a base de uma classificação. Além disso, a esta antítese dos objetos não corresponde uma igual antítese dos modos do conhecimento.

Com efeito, também Locke levou o dualismo *cartesiano* para a fórmula subjetiva que contrapõe a percepção externa à percepção interior – *sensation* e *réflection* – como dois órgãos distintos para o conhecimento, de um lado do mundo físico exterior, da natureza, do outro do mundo interno do espírito; ora, a crítica do conhecimento faz vacilar temerosamente esta concepção e põe em dúvida que se possa admitir uma "percepção interna" como modo de conhecimento particular, e muito menos que unicamente sobre ela se fundem as assim chamadas ciências do espírito. Mas a incongruência da divisão objetiva e formal é evidente, principalmente por outro motivo. Acontece, com efeito, que uma ciência empírica de primeiro plano, como a psicologia, não possa ser ligada nem às ciências da natureza nem às ciências do espírito: em relação a seu objeto deveria ser caracterizada apenas como ciência do espírito, e em certo sentido muito mais como a base de todas as outras, enquanto, ao contrário, seu procedimento e método inteiro é de cima a baixo o próprio das ciências naturais. Por isso a psicologia foi chamada de "ciência natural do sentimento interno", ou até "ciência natural do espírito". [...]

Por outro lado, a maioria das doutrinas empíricas que ainda são definidas como ciências do espírito tende decisivamente a poder descrever de modo verdadeiramente completo e exaustivo um acontecimento, mais ou menos extenso, da realidade particular limitada no tempo. Também aqui os objetos e os artifícios particulares usados para assegurar sua compreensão são extremamente múltiplos. Trata-se ou de um acontecimento singular ou de uma série de ações e de vicissitudes, da índole e da vida de um homem individual ou de todo um povo, das características e do desenvolvimento de uma língua, de uma religião, de um direito, de um produto da literatura, da arte ou da ciência, e cada um destes objetos requer uma tratação correspondente à própria índole. Mas o fim científico é sempre o de reproduzir e de entender em sua própria realidade um fenômeno da vida humana que se apresentou exatamente com fisionomia única.

Agora nos encontramos, portanto, diante do problema de construir uma subdivisão das ciências empíricas puramente metodológica sobre conceitos lógicos certos. Princípio da subdivisão é o caráter formal de seus fins científicos: umas procuram leis gerais; as outras, fatos históricos particulares. Para usar a linguagem da lógica formal: a meta de umas é o juízo geral apodítico; a das outras, a proposição geral assertiva. [...]

Assim podemos dizer: as ciências empíricas procuram no conhecimento do real ou o geral na forma da lei de natureza, ou o particular em sua figura historicamente determinada; ora consideram a forma estável, ora o conteúdo particular, determinado em si mesmo, do acontecer real. Umas são ciências da lei, as outras são ciências do acontecimento; aquelas ensinam o que sempre existe, estas aquilo que uma vez existiu. O pensamento científico é – se posso compor uma expressão nova – no primeiro caso *nomotético*; no segundo, *idiográfico*. Se preferirmos, ao contrário, servirmo-nos de expressões familiares, podemos falar do contraste entre as ciências naturais e as disciplinas históricas, porém sempre tendo presente que se classifica a psicologia, sempre do ponto de vista do método, sem nenhuma dúvida entre as ciências naturais.

Mas o contraste metodológico define apenas a tratação e não o conteúdo do saber. Permanece possível, ou acontece efetivamente, que as mesmas coisas possam ser objeto de uma pesquisa nomotética e ao mesmo tempo também de uma pesquisa idiográfica. Isso se verifica porque o contraste entre o imutável e o particular é, em certo sentido, relativo. Aquilo que por longo espaço de tempo não sofre nenhuma mudança imediatamente sensível, e pode por isso ser tratado nomoteticamente por suas formas invariáveis, a um olhar mais circular pode parecer válido apenas por um período de tempo limitado, pode parecer algo de particular. Assim, uma língua segue sempre em todas as suas estruturas as próprias leis formais que, embora os termos possam mudar, permanecem as mesmas, mas de outro lado esta mesma língua toda particular, com seu sistema de leis formais igualmente particular, é também apenas um fenômeno particular, um fenômeno passageiro na história das línguas humanas. A mesma coisa se pode dizer da fisiologia, da geologia, em certo sentido até da astronomia. E eis então que o princípio histórico se introduz no campo das ciências naturais. [...]

Pergunta-se o que seria mais útil para o objetivo de conhecer: descobrir as leis ou individuar os acontecimentos? Compreender o ser universal sem tempo, ou os fenômenos particulares no tempo? E desde o princípio é claro que se pode responder a esta pergunta apenas tendo presente as metas últimas da pesquisa científica. [...]

Sem dúvida há também diferenças positivas, e todavia puramente teóricas, no valor das coisas em relação ao fim do conhecimento, mas não há outra medida a não ser o grau em que contribuem para o conhecimento total. A coisa particular permanece objeto de curiosidades ociosas, caso não possa servir de pedra na construção da estrutura geral. Em sentido científico, portanto, o "fato" já é um conceito teleológico. Nem todo ente real é um fato para a ciência, mas apenas aquele do qual a ciência pode, para usar palavras pobres, aprender alguma coisa. Observem a história. Muitas coisas acontecem sem constituir um fato histórico. Que Goethe no ano 1770 tenha mandado fabricar uma campainha de portão e uma chave, e no dia 22 de fevereiro uma caixa para bilhetes, é documentado por um conto de ferreiro artesão absolutamente autêntico e, portanto, é coisa veríssima e certa, mas não é um fato histórico e não interessa nem para a história da literatura nem para a sua biografia. É preciso, portanto, refletir que dentro de certos limites é impossível dizer de início se a coisa particular que se oferece à observação e se presta a ser transmitida tenha ou não o valor de "fato". Por isso a ciência deve fazer como Goethe em idade avançada: armazenar, acumular tudo aquilo de que se pode apoderar, alegre por não descurar nada daquilo que poderia ser-lhe útil um dia, e da confiança de que o trabalho das gerações futuras, não sendo prejudicado pelas circunstâncias externas da transmissão, como um grande crivo conservará o utilizável e deixará cair o inútil.

Por outro lado, porém, as ciências idiográficas têm necessidade a cada passo das proposições gerais que apenas as disciplinas nomotéticas podem lhes dar em uma forma absolutamente correta. Toda explicação causal de um evento histórico qualquer pressupõe necessariamente idéias gerais sobre o curso do real, e quando se querem aduzir provas históricas em forma puramente lógica se põem sempre como suas premissas supremas as leis naturais do acontecer, e principalmente do acontecer espiritual. Quem não tivesse a mínima idéia de como os homens pensam, sentem e querem, faliria não apenas na tentativa de reunir juntos os diversos acontecimentos para conhecer a vicissitude complexa, mas já na tentativa de estabelecer criticamente os fatos particulares. Sem dúvida, é muito estranho como são no fundo débeis as premissas psicológicas da ciência histórica. Como se sabe, as leis da vida espiritual foram formuladas até agora com extrema imperfeição, mas isso jamais criou obstáculos para os historiadores: graças ao seu conhecimento natural dos homens, à sua sensibilidade e por intuição eles souberam captar freqüentemente no sinal, e compreender em profundidade seus heróis e as ações por eles realizadas.

W. Windelband,
Prelúdio.

RICKERT

4 Aprendizado generalizante e aprendizado individualizante

> *A lógica da ciência histórica nos impõe distinguir:*
> *– entre aprendizado generalizante (por meio do qual chegamos a olhar os objetos do mundo sob as categorias da identidade e da repetição, articulando assim "a multiplicidade e a policromia da realidade", e tornando desse modo possível nela nos orientarmos);*
> *– e aprendizado individualizante (que leva ao conhecimento da individualidade de um objeto; tal conhecimento, todavia, não é cópia do objeto, no sentido de conhecimento de "toda a multiplicidade de seu conteúdo", mas é escolha de "um conjunto de elementos que, nessa composição particular, pertence apenas àquele único objeto determinado").*

Se dessas determinações gerais da tarefa de uma lógica das ciências particulares nos voltamos para os conceitos fundamentais que a lógica da ciência histórica deve desenvolver de modo particular, será necessário em primeiro lugar trazer à consciência a máxima antítese formal presente em nossa concepção da realidade empírica, ou seja, perguntar o que significa logicamente essa antítese e indicar qual termo da antítese é determinante para a representação histórica da realidade. Que haja dois tipos substancialmente diversos de aprendizado da realidade, pode-se talvez compreender de modo melhor olhando os conhecimentos précientíficos que possuímos de uma parte mais ou menos grande do mundo. Seria ilusório crer ter aqui uma cópia da realidade tal qual ela é. Antes que a ciência se disponha a seu trabalho já surgiu sempre alguma espécie de elaboração conceitual, e a ciência encontra como material próprio os produtos dessa *elaboração conceitual pré-científica*, não a realidade livre de interpretações. A máxima distinção formal nessa elaboração conceitual pré-científica é, porém, a seguinte. A maior parte das coisas e dos eventos nos interessa apenas por aquilo que têm em comum com outros e, portanto, damos a atenção a esse elemento comum, mesmo que de fato toda parte da realidade seja individualmente diferente de toda outra, e nada no mundo se repete exatamente. Uma vez que a individualidade da maior parte dos objetos nos é totalmente indiferente, nós não a conhecemos; para nós esses objetos não são mais que exemplares de um conceito de gênero, que podem ser substituídos por outros exemplares do mesmo conceito: mesmo que nunca sejam idênticos, nós os vemos como tais e, portanto, os designamos apenas com nomes de gênero. Esta delimitação, conhecida de todos, do interesse por aquilo que é geral (no sentido daquilo que é comum a um grupo de objetos), ou *aprendizado generalizante*, sobre cuja base consideramos erradamente que no mundo existe algo como a identidade e a repetição, é para nós ao mesmo tempo de grande valor prático. Ele articula de um modo determinado a multiplicidade e a policromia da realidade, e nos torna possível nela nos orientarmos.

Por outro lado o aprendizado generalizante não esgota de nenhum modo aquilo que nos interessa em nosso ambiente e, portanto, aquilo que dele conhecemos. Este ou aquele objeto é mais tomado em consideração justamente por aquilo que lhe é peculiar, e que o distingue de todos os outros objetos. Nosso interesse e nosso conhecimento se referem, portanto, justamente à sua individualidade, àquilo que o torna insubstituível, e mesmo que saibamos que ele se deixa captar, como os outros objetos, como exemplar de um conceito de gênero, todavia não queremos considerá-lo idêntico a outras coisas, mas queremos extraí-lo expressamente de seu grupo; isso encontra sua expressão lingüística na designação com um nome próprio em vez de um substantivo de gênero. Também este tipo de articulação, ou *aprendizado individualizante* da realidade, é tão corrente que não requer uma análise posterior. Mas uma coisa é importante e deve ser salientada: o conhecimento da individualidade de um objeto não constitui de modo nenhum uma cópia no sentido de que conhecemos toda a multiplicidade de seu conteúdo, mas também aqui se realiza um complexo de elementos que, nesta particular composição, pertence apenas àquele único objeto determinado. Devemos, portanto, distinguir a individualidade que diz respeito a qualquer coisa ou evento – cujo conteúdo coincide com sua realidade, e cujo conhecimento não pode ser alcançado nem merece ser objeto de aspiração – da individualidade para nós significativa, e que consiste em elementos determinados; e devemos ter claro que essa individualidade em senso estrito (a única a que de costume se alude) não constitui uma realidade, como o conceito de gênero, mas é apenas um produto de nosso aprendizado da realidade, de nossa elaboração conceitual pré-científica.

H. Rickert,
A lógica da ciência histórica.

SIMMEL

5 O "terceiro reino" dos produtos culturais

> *Todos os conteúdos religiosos e jurídicos, científicos ou tradicionais, éticos ou artísticos existem. São "espírito objetivo" e determinam "toda a evolução histórica da humanidade".*

Na história do gênero humano foi desenvolvida uma longa série de criações que, surgidas pela genialidade ou pelo trabalho psicológico subjetivo, adquirem uma típica e objetiva existência espiritual, acima das consciências particulares que originariamente as produziram e que novamente as reproduzem. A estas criações pertencem as proposições do direito, as prescrições morais, as tradições em todos os campos, a língua, as produções da arte e da ciência, a religião. Sem dúvida, elas encontram-se ligadas a alguma forma exterior, à palavra ou à escritura, a dados dos sentidos ou do sentimento. Mas esta base material ou pessoal não esgota, em sua condicionalidade temporal, a objetividade dos fatos espirituais e a forma particular de sua existência. O espírito que está incorporado em um livro está sem dúvida nele, pois dele pode ser extraído; também pode estar apenas enquanto tal livro acolhe em si o espírito do autor, o conteúdo de seus processos psíquicos. Mas o autor morreu, seu espírito não pode subsistir como processo psíquico originário, mas apenas para o leitor, cuja dinâmica espiritual, a partir de traços e sinais sobre o papel, reconstrói o espírito. Tal processo, porém, tem como condição a existência do livro e, de um modo totalmente diverso e mais imediato do que ele não tenha, o fato de que o sujeito que reproduz respira e sabe ler. O conteúdo, ao qual o leitor dá em si a forma de processo vivo, está no livro de modo objetivo, e o leitor o "apreende". Mas, se também ele não o apreende, o livro não perde esse conteúdo, e sua verdade ou falsidade, sua nobreza ou vulgaridade não dependem evidentemente do fato de que o significado do livro tenha sido recriado em espíritos subjetivos com maior ou menor freqüência e compreensão. Uma forma igual de existência têm todos os conteúdos religiosos ou jurídicos, científicos ou tradicionais, éticos ou artísticos. Eles afloram historicamente e são, ao longo da história, vez por outra reproduzidos, mas, entre estas duas realizações psíquicas, eles têm uma existência de forma diversa, mostrando assim que, também nessas formas subjetivas de realidade, subsistem como algo que nelas não se esgota e é por si mesmo significativo, sem dúvida, como espírito que, enquanto espírito objetivo, cujo significado concreto permanece intacto acima de sua vitalidade subjetiva nesta ou naquela consciência, não tem realmente nada a fazer com seus pontos de apoio sensíveis. Esta categoria que permite conservar o supermaterial no material e o supersubjetivo no subjetivo determina toda a evolução histórica da humanidade; este espírito objetivo permite que o trabalho da humanidade conserve seus resultados acima das pessoas individuais e das reproduções individuais. [...]

Levanta(-se), sobre as realidades opostas do mundo, sujeito e objeto, um reino de *conteúdos* ideais, que não é nem subjetivo nem objetivo. Esses conteúdos têm valor e significado apenas em si e por si, mas, justamente por isso, podem formar como que a matéria comum que entra, de um lado, na forma da subjetividade e, do outro, na da objetividade, e assim medeia a relação entre os dois e representa sua unidade. Poder-se-ia, portanto, indicar essa teoria como a do "terceiro reino", em que entra aquilo que expus, traçando as linhas essenciais do pensamento hegeliano, sobre a doutrina do espírito objetivo. O que importa é, de um lado, o pensamento que, no conhecimento, não só se realiza em nós um processo psicológico, e é experimentado interiormente um estado de consciência, mas esse processo e essa consciência têm um conteúdo que vale também independentemente de sua própria manifestação. O conteúdo do pensamento é verdadeiro, tanto se ele for ou não pensado, como na centralidade de ser falso, se ele for ou não pensado. A isso corresponde, do outro lado, o princípio essencial, ou seja, que esse conteúdo não é de modo nenhum a cópia naturalista do objeto, pelo que ele vale. O pensamento idealista da discrepância entre a representação e o ser em si da coisa permanece aqui fora de discussão: que os objetos não possam passar em nossa consciência pode ser exato, mas, para o ponto de vista presente, o problema é a priori outro. Pois aqui uma realidade que não é imediatamente constatável como dado dos sentidos, nem pode ser compreendida em seu ser por nenhum processo de pensamento, é oposta ao conhecer, o qual, por sua vez, não a reproduz como uma cópia de gesso reproduz o original, mas se movimenta em formas absolutamente diferentes, vive por assim dizer uma vida diferente em relação à da realidade. O ser real dos elementos químicos coexistentes sem relações recíprocas nada tem a ver com a lei das proporções múltiplas ou com o sistema de Mendeleieff; os movimentos das estrelas não contêm absolutamente nada da lei de gravitação. Essas fórmulas, aliás, transportam na realidade uma língua que não encontra nela correspondência nem sequer de uma voz. Portanto, se aquele terceiro reino do qual as "leis naturais" podem servir como o exemplo mais simples, ou talvez como o símbolo, é sem dúvida distinto do processo representativo que o traduz na forma da psiquidade, ele é também distinto das substâncias e dos movimentos que o traduzem na forma da realidade. Para o surgimento da polaridade de sujeito e de objeto, o ser divide-se em dois reinos, cujas qualidades ou funções são sem dúvida incomparáveis. Sua relação, porém, que chamamos de conhecimento, torna-se possível porque realiza-se na forma de um como do outro o mesmo conteúdo, o qual, em si e por si, transcende essa oposição. Tal concepção da unidade de sujeito e de objeto é, em seu princípio, muito diferente da spinoziana, segundo a qual os dois termos, por seu próprio ser, se perdem na unidade da substância absoluta, exprimindo apenas as duas formas em que se realiza sua real existência metafísica. Aqui, ao contrário, sujeito e objeto permanecem em sua essência também mais separados, mas o *cosmo* ideal dos *conteúdos* que se realizam sob uma ou sob a outra destas categorias, edifica, sobre a diferenciação destes sistemas reais, a unidade daquilo que justamente neles se realiza, e assegura assim a possibilidade da *verdade*. A descoberta deste terceiro reino, embora confusamente formulada e privada de fundamento gnosiológico, é a grande obra de Platão, que em sua teoria das idéias expôs uma das soluções típicas do problema sujeito-objeto.

G. Simmel,
Os problemas fundamentais da filosofia.

MEINECKE

6 Distinção entre civilização e cultura

> A Zivilisation (civilização) é a reorganização da natureza efetuada por um intelecto (com suas invenções) "impelido pela vontade de vida, orientado para o útil". A Kultur (cultura) se tem onde o homem "cria ou procura alguma coisa de bom e de belo por si mesmo, ou então procura o verdadeiro por si mesmo".

Nós distinguimos, com Troeltsch, dos valores de vida inferiores, puramente animais, que para o historiador podem ser considerados apenas os superiores, valores espirituais de vida ou valores culturais, que formam a esfera de interesses própria do historiador, cuja compreensão constitui sua meta mais elevada. Não compreendemos sob o termo espírito simplesmente o psíquico, e sim, no sentido antigo, a vida psíquica superiormente desenvolvida, exatamente aquilo que distingue, escolhe e julga, e por meio da qual brota a cultura. Cultura é, portanto, manifestação e irrupção de um elemento espiritual dentro da conexão causal universal. Entre a vida humana de tipo cultural e a de tipo natural encontra-se um âmbito intermediário que participa de ambos, que indicamos com o nome que está se tornando sempre mais geral de civilização (*Zivilisation*), e o distinguimos do mais elevado de *Kultur* espiritual, no sentido mais completo do termo, enquanto um uso lingüístico muito incerto, mas também muito difundido, mistura os dois termos um com o outro. A *Zivilisation* levanta-se além da pura natureza: esta é reorganizada pelo intelecto impelido pela vontade de vida, orientado para o útil. O âmbito inteiro das invenções técnicas pertence em primeiro lugar a isso. Como invenções, como produções de um cérebro espiritualmente produtivo e original elas são também produções culturais. Todavia pode-se explicá-las também biologicamente, com base naquilo que se chama de "adaptação". O próprio ato das invenções tem, portanto, uma componente biológica e uma de tipo cultural. E uma vez produzidas, aplicadas e difundidas, elas ameaçam, quando uma vida espiritual independente não as sustenta, recair na pura naturalidade, porque uma espécie de técnica aplicada encontra-se também junto aos animais. Tentei representar esse âmbito intermediário do utilitário em um exemplo, a razão de Estado. O historiador terá de ocupar-se continuamente disso, não só porque a maior parte das causalidades, que ele deve pesquisar, pertencem a ele, mas também porque os desenvolvimentos de fatos nele podem, com freqüência de modo imperceptível, se tornar produções culturais. Deve – sim, não temos outra palavra – fazer a alma vibrar, para que o puro útil se torne algo de belo ou de bom. De outra forma ele permanece pura produção intelectual, sem alma, sem espírito, pura *Zivilisation* e não cultura. A cultura entra apenas onde o homem, com toda a sua interioridade, não apenas com o querer e o intelecto, empreende a luta com a natureza; onde ele age avaliando, no sentido mais elevado do termo; onde ele cria ou procura algo de bom ou de belo em si mesmo, ou então procura o verdadeiro em si mesmo. Tudo aquilo que ele, neste sentido, faz, avaliando, torna-se precioso também para o historiador, atesta-lhe a continuidade e a fertilidade do elemento espiritual na história, mostra-lhe o caminho que o desdobramento daquele mesmo elemento tomou até ele. Mas, para compreendê-lo totalmente, ele deve, como dizíamos, pesquisar também todo o âmbito do desenvolvimento causal dos fatos, que, em grande parte, não têm nada a ver com a cultura. Em sua representação, se esta procede retamente, aquilo que está ligado aos valores e é provido de valor brilhará apenas vez ou outra, exatamente como na vida, como uma flor rara naquilo que cresce comumente.

F. Meinecke,
Páginas de historiografia e de filosofia da história.

Capítulo quarto

Max Weber:
o desencantamento do mundo
e a metodologia
das ciências histórico-sociais

• Historiador, sociólogo, metodólogo, economista e político, Max Weber (1864-1920) é um dos pensadores de maior relevo na passagem entre o século XIX e o século XX: a influência de suas idéias até hoje está bem presente sobre todo o arco dos estudos sociais, além da metodologia. Sua produção científica é muito vasta.

De seus trabalhos, lembramos: *A ética protestante e o espírito do capitalismo* (1904-1905); *A objetividade "cognoscitiva" da ciência social e da política social* (1904); *O trabalho intelectual como profissão* (1919); *Escritos de sociologia da religião* (3 volumes, 1920-1921); *Economia e sociedade* (1922).

Weber e a enorme influência de suas teorias → § 1

• Para Weber há uma só ciência, uma vez que único é o critério para estabelecer a *cientificidade* das diversas disciplinas: temos o conhecimento científico – tanto nas ciências naturais como nas histórico-sociais – quando conseguimos produzir explicações causais: *scire est scire per causas*. Ora, porém, a realidade apresenta aspectos infinitos, pode ser estudada dos mais disparatados *pontos de vista*, ou seja, a partir das mais diversas perspectivas.

O sociólogo ou o historiador da realidade sem limites que se apresenta diante deles operam *seleções*, escolhem tratar um argumento ao invés de outro, um aspecto de um evento ao invés de outro: por exemplo, um historiador decide interessar-se pela Revolução Francesa mais do que pelas expedições de Xerxes e escolhe o estudo das relações entre Revolução e Igreja católica, de preferência, apenas para exemplificar, a realizar pesquisas sobre o funcionamento dos tribunais.

O cientista social não glorifica e não condena, mas para ele é indispensável a "referência aos valores" → § 2

Como é que, portanto, acontece tudo isso? Com quais critérios o sociólogo ou o historiador fazem as escolhas dos argumentos a tratar ou decidem quais aspectos e problemas enfrentar? Pois bem, tais escolhas e decisões ocorrem – afirma Weber – com base na *referência aos valores*. É o valor da *justiça* que guia a escolha do estudo dos tribunais no período da Revolução Francesa; é o valor da *eficiência* que impele a pôr a atenção sobre a máquina burocrática; e assim por diante. A referência aos valores é um princípio de escolha; ele serve para estabelecer quais serão os problemas, os aspectos dos fenômenos, isto é, o campo de pesquisa dentro do qual a investigação procederá depois de modo cientificamente objetivo com a finalidade de chegar a explicações causais dos próprios fenômenos.

• O cientista social trabalha com conceitos como "economia citadina", "capitalismo", "seita", "igreja" etc. A fim de introduzir rigor na pesquisa histórico-social, Weber propõe a teoria do "tipo ideal"; o tipo ideal é uma construção intelectual com objetivos heurísticos.

"Tipos ideais" como instrumentos heurísticos → § 3

Acentuam-se, por exemplo, alguns traços da "economia citadina", do "padre católico" etc., traços "difusos e discretos, existentes aqui em maior medida e ali em menor, e por vezes também ausentes", e assim fazendo surge um *modelo*, um *tipo-ideal* ou *modelo ideal-típico* da economia citadina, ou do padre católico etc.; e tal tipo ideal serve para ver o quanto a realidade efetiva se afasta ou se aproxima do tipo ideal. *O "tipo ideal" é um instrumento heurístico.*

Como determinar o peso específico das causas particulares de um evento social
→ § 4

• Instrumento heurístico é também a outra idéia de Weber sobre a *possibilidade objetiva*. Um fato histórico-social explica-se em geral por meio de uma *constelação de causas*; e justamente a fim de determinar o maior ou menor peso de uma causa particular, o historiador imagina um possível desenvolvimento do evento, excluindo justamente tal causa, e se pergunta o que teria acontecido se essa causa não tivesse existido.

Por exemplo: os fuzilamentos que na noite de março de 1848, em Berlim, iniciaram a revolução foram determinantes, ou a revolução teria igualmente acontecido? Em poucas palavras: constroem-se *possibilidades objetivas*, ou seja, juízos sobre como as coisas *podiam* acontecer, para compreender melhor como aconteceram.

• A referência aos valores não equivale nem implica minimamente que o homem de ciência, enquanto cientista, deva emitir juízos de valor: o juízo que glorifica ou condena não tem lugar na ciência. A ciência explica e não avalia. Weber distingue claramente entre *juízos de fato* e *juízos de valor*, entre "aquilo que é" e "aquilo que deve ser".

Juízos de fato e juízos de valor; a "avaliabilidade" das ciências histórico-sociais
→ § 5

E em base a tal distinção ele toma posição sobre o problema da *avaliabilidade* nas ciências sociais. É uma tomada de posição que, dentro de seu trabalho, assume dois significados:
- um *significado-epistemológico*, que consiste na *liberdade* da ciência em relação a avaliações ético-políticas e religiosas;
- e outro significado *ético-pedagógico*, que consiste na defesa da ciência em relação às incursões dos assim chamados "socialistas de cátedra", que subordinavam a cátedra a ideais políticos, a verdade à política. Não é a ciência que deverá dizer-nos *o que devemos fazer*. O médico poderá cuidar de nós e também curar-nos; mas não lhe cabe, enquanto médico, estabelecer se vale ou não vale a pena viver.

• De 1904-1905 é *A ética protestante e o espírito do capitalismo*. O problema da predestinação é grande problema para os calvinistas. Estes viram o sinal da certeza da salvação no sucesso mundano em sua profissão, sobretudo no sucesso econômico.

Quando uma concepção religiosa produz um fenômeno econômico
→ § 6

Para vencer a angústia da predestinação, o indivíduo é, portanto, impelido a trabalhar, ao sucesso e – portanto – a economizar o tempo e a racionalizar os métodos de trabalho. A ética protestante, além disso, impõe ao crente praticar uma conduta ascética, não dissipar o lucro, mas reinvesti-lo. Estamos, assim, dentro do espírito do capitalismo.

• Eis, então, invertida a tese do materialismo histórico de Marx, segundo o qual seria a estrutura econômica o fator determinante da superestrutura das idéias. Weber *desdogmatiza* a posição de Marx, mostrando sua injustificada unilateralidade. Ele – no ensaio *A objetividade "cognoscitiva" da ciência social e da política social* (1904) – distingue entre:

Weber inverte a tese do materialismo histórico
→ § 7

– *fenômenos econômicos verdadeiros e próprios* (um banco, por exemplo);
– *fenômenos economicamente importantes* (por exemplo, os processos da vida religiosa);

> – e *fenômenos condicionados economicamente* (por exemplo, os fenômenos artísticos).
> A concepção marxista a respeito da relação unidirecional da estrutura econômica que determinaria o mundo das idéias, a superestrutura, é uma teoria que – escreve Weber – "sobrevive hoje apenas nas cabeças carentes de competências científicas e de diletantes".
>
> • O mundo, assim como Weber o vê, é um *mundo desencantado*: não é preciso mais agradar os espíritos para resolver os problemas; bastam razão e meios técnicos. Isso, mesmo que seja necessário admitir que a própria ciência funda-se sobre uma escolha irracional da razão. Mas, em todo caso, Weber é da opinião que a decisão por uma fé religiosa equivaleria, neste nosso mundo desencantado, ao "sacrifício do intelecto".
>
> | *Razão, ciência e técnica "desencantam o mundo"* → § 8

1. Vida e obras

Max Weber nasceu em Erfurt, em 21 de abril de 1864. Por meio do pai, que foi deputado do Partido Nacional Liberal, Weber teve oportunidade de entrar bem cedo em contato com ilustres historiadores, filósofos e juristas da época. Estudou história, economia e direito nas universidades de Heidelberg e Berlim. Laureou-se em Göttingen, em 1889, com uma tese de história econômica sobre a *História das sociedades comerciais na Idade Média*.

Em 1892 conseguiu a livre-docência com *A história agrária romana em seu significado para o direito público e privado*. Em 1894 tornou-se professor de economia política na Universidade de Friburgo. Em 1896 passou a ensinar em Heildelberg.

De 1897 a 1903 sua atividade científica e didática ficou bloqueada por causa de grave doença nervosa. Nesse meio tempo, em 1902, juntamente com Werner Sombart, tornara-se co-diretor da prestigiosa revista "Archiv für Sozialwissenschaft und Sozialpolitik" ("Arquivo de ciência social e de política social"). Em 1904 realizou uma viagem aos Estados Unidos.

Durante a Primeira Guerra Mundial, defendeu as "razões ideais" da "guerra alemã" e prestou serviço como diretor de um hospital militar. Acompanhou com preocupação angustiada a ruína moral e cultural da Alemanha, jogada pelo imperador e por seus ministros no beco sem saída da pura política de poder. Depois da guerra participou da redação da Constituição da República de Weimar. Morreu em Munique, para onde fora chamado, a fim de ensinar economia política, em 14 de junho de 1920.

A obra de Max Weber, complexa e profunda, constitui um monumento da compreensão dos fenômenos históricos e sociais e, ao mesmo tempo, da reflexão sobre o método das ciências histórico-sociais. Os trabalhos de Weber podem ser classificados em quatro grupos:

1) Estudos históricos:
a) *Sobre as sociedades mercantis da Idade Média* (1889);
b) *História agrária romana em seu significado para o direito público e privado* (1891);
c) *As condições dos camponeses na Alemanha oriental do Elba* (1892);
d) *As relações agrárias na antigüidade* (1909).

2) Estudos de sociologia da religião:
a) *A ética protestante e o espírito do capitalismo* (1904-1905);
b) *Escritos de sociologia da religião* (3 vols., 1920-1921).

3) Tratado de sociologia geral: *Economia e sociedade* (1922).

4) Escritos de metodologia das ciências histórico-sociais:
a) *A "objetividade" cognoscitiva da ciência social e da política social* (1904);
b) *Estudos críticos acerca da lógica das ciências sociais* (1906);
c) *Algumas categorias da sociologia abrangente* (1913);
d) *O significado da "avaliabilidade" das ciências sociológicas e econômicas* (1917);
e) *O trabalho intelectual como profissão* (1919).

Historiador, sociólogo, economista e político, Weber trata dos problemas metodológicos com a consciência das dificuldades que emergem do trabalho efetivo do historiador e do sociólogo, mas principalmente com a competência do historiador, do sociólogo e do economista.

2 A questão da "referência aos valores"

Para Weber temos uma "só" ciência porque é "único" o *critério de cientificidade* das diversas ciências: tanto nas ciências naturais como nas ciências histórico-sociais, temos conhecimento científico quando conseguimos produzir *explicações causais*.

Entretanto, não é difícil ver que toda explicação causal é somente uma visão fragmentária e parcial da realidade investigada (por exemplo, as causas *econômicas* da Primeira Guerra Mundial). E como, além disso, a realidade é infinita, tanto extensiva como intensivamente, é óbvio que a regressão causal deveria ir até o infinito: para o conhecimento exaustivo do objeto, os efeitos seriam estabelecidos "desde a eternidade".

Todavia, nós nos contentamos com certos aspectos do devir, estudamos fenômenos precisos e não todos os fenômenos, em suma realizamos uma seleção, tanto dos fenôme-

Max Weber (1864-1920) foi sociólogo, economista e teórico do método das ciências histórico-sociais. Nesta fotografia de 1919 vemo-lo com barba e chapéu, enquanto discute com o dramaturgo e pacifista comunista Ernst Toller.

nos a estudar como dos pontos de vista a partir dos quais os estudamos e, conseqüentemente, das causas de tais fenômenos. Não pode haver dúvidas sobre tudo isso.

Mas como se realiza, ou melhor, como funciona essa *seleção*? Com uma expressão tomada de Rickert, Weber responde a essa pergunta dizendo que *a seleção se realiza tendo como referência os valores*.

E aqui é preciso que nos entendamos com muita clareza. Antes de mais nada, a referência aos valores (*Wertbeziehung*) não tem nada a ver com o juízo de valor ou com a apreciação de natureza ética. Weber é explícito: o juízo que glorifica ou condena, que aprova ou desaprova, não tem lugar na ciência, precisamente pela razão de que ele é subjetivo. Por outro lado, a referência aos valores, em Weber, não tem nada a dividir com um sistema objetivo e universal qualquer de valores, um sistema em condições de expressar uma hierarquia de valores unívoca, definitiva e válida *sub specie aeternitatis*. Dilthey já constatara a moderna "anarquia de valores"; e Weber aceita esse relativismo.

A referência aos valores, portanto, não equivale a pronunciar juízos de valor ("isto é bom", "aquilo é justo", "isto é sagrado"), nem implica o reconhecimento de valores absolutos e incondicionais. Então, o que pretende Weber quando questiona a "referência aos valores"? Para sermos breves, devemos dizer que *a referência aos valores é um princípio de escolha; ele serve para estabelecer quais os problemas e os aspectos dos fenômenos, isto é, o campo de pesquisa no qual posteriormente a investigação se realizará de modo cientificamente objetivo, tendo em vista a explicação causal dos fenômenos*.

A realidade é ilimitada, aliás, infinita, e o sociólogo e o historiador só acham *interessantes* certos fenômenos e aspectos desses fenômenos. E estes são *interessantes* não por uma qualidade intrínseca deles, mas apenas em referência aos valores do pesquisador.

Segue-se daí que ao historiador cabe exclusivamente a explicação de elementos e aspectos do acontecimento enquadrável em determinado ponto de vista (ou teoria). E os pontos de vista não são dados de uma vez por todas: a variação dos valores condiciona a variação dos pontos de vista, suscita novos problemas, propõe considerações inéditas, descobre novos aspectos. É o feixe do maior número de pontos de vista definidos e comprovados que nos permite ter a idéia mais exata possível de um problema. Tudo isso, mais uma vez, mostra o absurdo da pretensão de que as ciências da cultura poderiam e deveriam elaborar um sistema fechado de conceitos definitivos. Textos 1 2

3 A teoria do "tipo ideal"

Na opinião de Weber, com freqüência a linguagem do historiador ou do sociólogo, diferentemente da linguagem das ciências naturais, funciona mais por sugestão do que por exatidão. E precisamente com o objetivo de dar rigor suficiente a toda uma gama de conceitos utilizados nas investigações histórico-sociais, Weber propôs a teoria do "tipo ideal". Escreve ele: "O tipo ideal obtém-se pela *acentuação* unilateral de *um* ou de *alguns* pontos de vista pela conexão de certa quantidade de fenômenos difusos e discretos, existentes aqui em maior e lá em menor medida, por vezes até ausentes, correspondentes àqueles pontos de vista unilateralmente evidenciados, em um quadro conceitual em si unitário. Em sua pureza conceitual, esse quadro nunca poderá ser encontrado empiricamente na realidade; ele é uma *utopia*, e ao trabalho histórico se apresenta a tarefa de verificar, em cada caso individual, a maior ou menor distância da realidade daquele quadro ideal, estabelecendo, por exemplo, em que medida o caráter econômico das relações de determinada cidade pode ser qualificado conceitualmente como próprio da economia urbana".

Pode-se ver, portanto, que o "tipo ideal" é instrumento metodológico ou, se assim se preferir, expediente heurístico ou de pesquisa. Com ele, construímos um quadro ideal (por exemplo, de cristianismo, de economia urbana, de capitalismo, de Igreja, de seita etc.), para depois com ele medir ou *comparar* a realidade efetiva, controlando a aproximação (*Annäherung*) ou o desvio em relação ao modelo.

Brevemente, pode-se dizer que:
1) a tipicidade ideal não se identifica com a realidade autêntica, não a reflete nem a expressa;
2) ao contrário, em sua "idealidade", a tipicidade ideal afasta-se da realidade efetiva para afirmar melhor seus vários aspectos;
3) a tipicidade ideal não deve ser confundida com a avaliação ou com o valor, "este filho da dor de nossa disciplina";
4) o tipo ideal, repetindo, pretende ser instrumento metodológico ou instrumento

heurístico: os conceitos ideais-típicos são *uniformidades limites*.

4 O peso das diferentes causas na realização dos eventos

A pesquisa histórica é individualizante, isto é, diz respeito às individualidades históricas (a política agrária romana, o direito comercial na Idade Média, o nascimento do capitalismo, as condições dos camponeses na Alemanha oriental do Elba etc.). O historiador quer descrever e dar conta dessas individualidades. Mas dar conta delas significa explicá-las. E, para explicá-las, necessita-se de conceitos e de regularidades gerais pertencentes às ciências nomológicas. Entre elas, vistas como instrumentos de explicação histórica, Weber considerou especialmente a sociologia. Em outros termos, para explicar os fatos históricos precisa-se de leis, que o historiador vai buscar principalmente na sociologia, que descobre "conexões e regularidades" nos comportamentos humanos.

Deve-se notar, porém, que, quando o historiador explica um fato, geralmente o faz referindo-se a uma *constelação de causas*. Mas, a seus olhos, nem todas as causas têm igual peso. Eis, portanto, a questão: *como pode o historiador determinar o peso de uma causa na ocorrência de um acontecimento?* Para bem compreender a questão, Weber se remete a algumas opiniões do historiador Eduard Meyer, para quem o desencadeamento da segunda guerra púnica foi conseqüência de uma decisão voluntária de Aníbal, assim como a explosão da guerra dos sete anos ou da guerra de 1866 foram, respectivamente, conseqüências de uma decisão de Frederico, o Grande, e de Bismarck. Meyer também afirmara que a batalha de Maratona foi de grande importância histórica para a sobrevivência da cultura grega e, por outro lado, que os fuzilamentos que, na noite de março de 1848, deram início à revolução em Berlim não foram determinantes, pelo fato de que, dada a situação na capital prussiana, *qualquer* incidente teria podido fazer explodir a luta.

Opiniões desse tipo atribuem a certas causas importância maior que a outras. E essa desigualdade de significado entre os vários antecedentes do fenômeno pode ser detectada, diz Weber, já que, com base nos conhecimentos e nas fontes à disposição, o

> ■ **Tipo ideal.** No contexto das reflexões metodológicas de Max Weber, a do *tipo ideal* é uma idéia destinada a funcionar como instrumento heurístico, com a finalidade de uma determinação e maior rigorização dos conceitos utilizados nas pesquisas histórico-sociais – conceitos como: seita, capitalismo, ética protestante, cristianismo, cidade comercial na Idade Média etc.
>
> Pois bem, o cientista social metodologicamente hábil constrói *modelos ideais-típicos* dos fenômenos aos quais estes conceitos se referem, utilizando traços efetivamente existentes de tais fenômenos, acentuando outros também eles existentes, introduzindo traços talvez inexistentes; construído de tal modo um quadro unitário do fenômeno, ele se aproxima do fenômeno histórico concreto para ver como e quanto a realidade efetiva se aproxima ou se desvia do modelo ideal-típico.

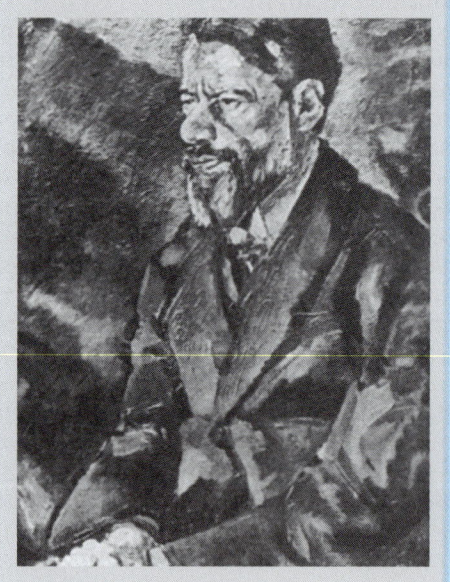

Max Weber retratado por Otto Neumann.

historiador constrói ou imagina um desenvolvimento *possível*, excluindo uma causa para determinar seu peso e sua importância no devir efetivo da história. Assim, em relação aos exemplos anteriores, o historiador se propõe, pelo menos implicitamente, a pergunta: o que teria acontecido se os persas houvessem vencido, se Bismarck não houvesse tomado aquela decisão e se não houvesse ocorrido o fuzilamento em Berlim? Da mesma forma que um penalista, o historiador isola mentalmente uma causa (por exemplo, a vitória de Maratona ou o fuzilamento nas ruas de Berlim), excluindo-a da constelação de antecedentes, para depois se perguntar se, sem ela, o curso dos acontecimentos teria sido igual ou diferente.

Desse modo, constroem-se *possibilidades* objetivas, isto é, opiniões (baseadas no saber à disposição) sobre como as coisas *podiam* ocorrer, para se compreender melhor como elas ocorreram. Prosseguindo no exemplo, se os persas houvessem vencido, então é *verossímil* (ainda que não *necessário*, pois Weber não é determinista) que eles houvessem imposto na Grécia, como fizeram em toda parte onde venceram, uma cultura teocrático-religiosa baseada nos mistérios e nos oráculos. Esta é uma possibilidade objetiva e não gratuita, para que compreendamos que a vitória de Maratona é causa muito importante para o desenvolvimento posterior da Grécia e da Europa. Já os fuzilamentos diante do castelo de Berlim, em 1848, pertencem à ordem das causas acidentais, pelo fato de que a revolução teria explodido de qualquer forma. Texto 3

5. A polêmica sobre a "não-avaliabilidade"

Weber distingue claramente entre conhecer e avaliar, entre juízos de fato e juízos de valor, entre "o que é" e "o que deve ser". Para ele a ciência social é não-valorativa, no sentido de que procura a verdade, ou seja, procura apurar como ocorreram os fatos e por que ocorreram assim e não diferentemente. A ciência explica, não avalia.

Dentro do trabalho de Weber, tal tomada de posição tem dois significados:

a) um, epistemológico, consiste na defesa da *liberdade* da ciência em relação a avaliações ético-político-religiosas (uma teoria científica não é católica nem protestante, não é liberal nem marxista);

b) o outro significado, ético-pedagógico, consiste na defesa da ciência em relação às deformações demagógicas dos chamados "socialistas de cátedra", que subordinavam o valor da verdade a valores ético-políticos, isto é, subordinam a cátedra a ideais políticos.

Com base nisso, é oportuno fixar em alguns breves pontos as considerações de Weber sobre a questão da avaliabilidade:

1) O professor deve ter claro quando faz ciência e, ao contrário, quando faz política.

2) Se o professor, durante uma aula, não pudesse se abster de produzir avaliações, então deveria ter a coragem e a probidade de indicar aos alunos aquilo que é puro raciocínio lógico ou explicação empírica, e aquilo que se refere a apreços pessoais e convicções subjetivas.

3) O professor não deve *aproveitar* de sua posição de professor para fazer propaganda de seus valores; os deveres do professor são dois:

a) de ser cientista e de ensinar os outros a se tornarem também;

b) de ter a coragem de pôr em discussão seus valores pessoais e de pô-los em discussão no ponto em que se pode *efetivamente* discuti-los, e não onde se pode *facilmente* contrabandeá-los.

4) A ciência é distinta dos valores, mas não está separada deles: uma vez fixado o objetivo, a ciência pode nos dar os meios mais apropriados para alcançá-lo, pode prever quais serão as conseqüências prováveis do empreendimento, pode nos dizer qual é ou será o "custo" da realização do fim a que nos propomos, pode nos mostrar que, dada uma situação de fato, certos fins são irrealizáveis ou momentaneamente irrealizáveis, e pode nos dizer também que o fim desejado choca-se com outros valores.

Em todo caso, a ciência nunca nos dirá o que *devemos fazer*, e como *devemos viver*. Se propusermos essas interrogações à ciência, nunca teremos resposta, porque teremos batido à porta errada. Cada um de nós deve buscar a resposta em si mesmo, seguindo sua inspiração ou sua fraqueza. O médico pode até nos curar, mas, enquanto médico, não está em condições de estabelecer se vale ou não vale a pena viver. Texto 4

6. A ética protestante e o espírito do capitalismo

Tanto em seu grande tratado *Economia e sociedade* (ver o capítulo: "Tipos de comunidade religiosa") como nos *Escritos de sociologia da religião*, Weber estudou a importância social das formas religiosas de vida. O ponto de partida da história religiosa da humanidade é um mundo repleto de sagrado e, em nossa época, o ponto de chegada é aquilo que Weber chama de *desencanto do mundo*: "A ciência nos faz ver na realidade externa unicamente forças cegas, que podemos dispor a nosso serviço, mas não pode fazer sobreviver nada dos mitos e da divindade com que o pensamento dos primitivos povoava o universo. Nesse mundo desprovido de encantos, as sociedades humanas evoluem para uma organização mais racional e sempre mais burocrática".

Não podemos nos deter aqui nos interessantíssimos problemas levantados no grande tratado *Economia e sociedade*. Entretanto, é obrigatório pelo menos acenar ao famoso livro de Weber *A ética protestante e o espírito do capitalismo,* de 1904-1905.

Weber está persuadido de que o capitalismo moderno deve sua força propulsora à ética calvinista. A concepção calvinista em questão é a que se pode encontrar no texto da *Confissão de Westminster* de 1647, resumida por Weber nos cinco pontos seguintes:

1) existe um Deus absoluto e transcendente, que criou o mundo e o governa, mas que o espírito finito dos homens não pode captar;

2) esse Deus, onipotente e misterioso, predestinou cada um de nós à salvação ou à danação, sem que, com nossas obras, possamos modificar um decreto divino já estabelecido;

3) Deus criou o mundo para sua glória;

4) esteja destinado à salvação ou à danação, o homem tem o dever de trabalhar para a glória de Deus e criar o reino de Deus sobre esta terra;

5) as coisas terrenas, a natureza humana, a carne, pertencem ao mundo do pecado e da morte; a salvação para o homem é tão-somente um dom totalmente gratuito da graça divina.

Esses diferentes elementos podem-se encontrar dispersos em outras concepções religiosas, mas a combinação de tais elementos, precisa Weber, é original e única, com conseqüências verdadeiramente de grande importância. Antes de mais nada, encontra aqui sua conclusão aquele grande processo histórico-religioso de eliminação do *elemento mágico do mundo*, processo que se iniciou com as profecias judaicas e prosseguiu com o pensamento grego. Não há comunicação entre o espírito finito e o espírito infinito de Deus. Em segundo lugar, a ética calvinista está ligada a uma concepção anti-ritualista que leva a consciência ao reconhecimento de uma ordem natural, que a ciência pode e deve explorar.

Além disso, há o problema da predestinação. Os calvinistas viram no sucesso mundano na própria profissão o sinal da certeza da salvação. Em substância, as seitas calvinistas acabaram por encontrar no sucesso temporal, sobretudo no sucesso econômico, a prova da eleição divina. Em outros termos, o indivíduo é impelido a trabalhar para superar a angústia em que é mantido pela incerteza de sua salvação.

Há mais, porém: a ética protestante ordena ao crente desconfiar dos bens deste mundo e praticar conduta ascética. A essa altura, está claro que trabalhar racionalmente em função do lucro e não gastar o lucro, mas reinvesti-lo continuamente, constitui comportamento inteiramente necessário ao desenvolvimento do capitalismo. Textos 5 6

7 Weber e Marx

Do materialismo histórico Weber rejeita o pressuposto marxista de uma direção determinada de condicionamento que vai *da*

Frontispício dos Escritos de sociologia da religião *(Tübingen, 1920).*

estrutura para a superestrutura e que tenha o caráter de interpretação geral da história. E, contrariamente à posição marxista do inelutável condicionamento do momento econômico sobre qualquer outro estado pessoal ou social, material ou imaterial, Weber propõe, no escrito A *"objetividade" cognoscitiva da ciência social e da política social*, uma divisão dos fenômenos sociais com base em sua relação com a economia (para esse propósito fala-se de *fenômenos econômicos* verdadeiros e próprios, de *fenômenos economicamente importantes*, por exemplo, os processos da vida religiosa, e de *fenômenos condicionados economicamente*, como, por exemplo, os *fenômenos artísticos*).

Como bem se pode ver, Weber procura *ampliar* e *desdogmatizar* a posição marxista, mostrando sua unilateralidade intencional e dogmática.

Weber, portanto, aceita de bom grado uma explicação em termos econômicos da história. O que ele rejeita é a metafisicização e a dogmatização de tal perspectiva. A propósito disso, escreve: "A concepção materialista da história do velho sentido genialmente primitivo, que se apresenta, por exemplo, no *Manifesto* comunista, hoje só sobrevive na cabeça de pessoas privadas de competência específica e de diletantes. Entre essa gente, ainda se pode encontrar de forma extensa o fato de que sua necessidade causal de explicação de um fenômeno histórico não encontra satisfação enquanto não se mostram (ou não aparecem) em jogo, de algum modo ou em algum lugar, causas econômicas. Todavia, precisamente nesses casos eles se contentam com hipóteses de malhas mais amplas e formulações mais gerais, enquanto sua necessidade dogmática é satisfeita ao considerar que as *forças instintivas* econômicas são as forças *próprias*, as únicas *verdadeiras* e, em última instância, as forças sempre decisivas".

Para concluir, podemos dizer que Weber:

a) aceita a perspectiva marxista nos limites em que ela, vez por outra, é adotada como conjunto de hipóteses explicativas a serem comprovadas caso por caso;

b) rejeita a perspectiva marxista quando se transforma em dogma metafísico e, simultaneamente, apresenta-se como concepção científica do mundo;

c) não é intenção de Weber, como escreve em A *ética protestante e o espírito do capitalismo*, a de "substituir" uma interpretação causal da civilização e da história, abstratamente materialista, por outra espiritualidade, igualmente abstrata: "Ambas são possíveis, mas ambas igualmente são de pouca serventia para a verdade histórica, caso se pretendam não uma preparação, mas uma conclusão da investigação".

8. O desencantamento do mundo

No escrito A *ciência como profissão*, depois de afirmar que "ser superados no plano científico é [...] não somente nosso destino, de todos nós, mas também nosso escopo", Max Weber se propõe o *problema do significado da ciência*.

Trata-se do problema do significado de uma atividade que "não alcança e jamais poderá alcançar seu fim". Em todo caso, para Weber "o progresso científico é uma fração, sem dúvida a mais importante, daquele processo de intelectualização ao qual estamos sujeitos há séculos".

O significado profundo dessa intelectualização e racionalização progressivas, segundo Weber, está "na *consciência* ou na *fé* de que basta *querer* para *poder*; em princípio, qualquer coisa pode ser dominada pela *razão*. O que significa o desencantamento do

■ **Desencantamento do mundo.** O desencantamento do mundo é, para Max Weber, o resultado do "processo de intelectualização ao qual estivemos submetidos há séculos".
O significado profundo desta progressiva intelectualização e racionalização consiste, na opinião de Weber, "na *consciência* ou na *fé* que basta apenas *querer* para *poder*; toda coisa, em linha de princípio, pode ser dominada pela *razão*. O que significa o desencantamento do mundo. Não é preciso mais recorrer à magia para dominar ou para agradar os espíritos, como faz o selvagem, para o qual existem tais poderes. A isso suprem a *razão* e os meios técnicos".
Em um mundo assim desencantado, "a tensão entre a esfera dos valores da 'ciência' e a da salvação religiosa é incurável".

mundo. Não é mais preciso recorrer à magia para dominar ou para obter as graças dos espíritos, como faz o selvagem para quem tais potências existem. Isso é suprido pela *razão* e pelos meios técnicos. É sobretudo esse o significado da intelectualização como tal".

Todavia, admitido esse desencantamento do mundo, Weber então se pergunta qual será o significado da "ciência como vocação". E escreve que a resposta mais simples a essa interpretação é oferecida por Tolstoi: a ciência "é absurda, porque não responde à única pergunta importante para nós: o que devemos fazer, como devemos viver?"

Além de pressupor a validade das normas da lógica e do método, a ciência também deve pressupor que "o resultado do trabalho científico é importante no sentido de ser 'digno de ser conhecido' ".

Mas é evidente que, por seu turno, "esse pressuposto não pode ser demonstrado com os meios da ciência" e "menos ainda se pode demonstrar se o mundo por elas (as ciências) descrito é digno de existir: se tenha um 'significado', ou se haja sentido existir nele". Com isso as ciências naturais "não se preocupam". Apenas para exemplificar, a "ciência médica não se propõe a questão se, e quando, a vida vale a pena ser vivida. Todas as ciências naturais dão resposta a esta pergunta: o que devemos fazer se quisermos dominar *tecnicamente* a vida? Mas se queremos e devemos dominá-la tecnicamente, e se isso, em última instância, tem verdadeiramente um significado, elas o deixam inteiramente suspenso ou então o pressupõem para seus fins". Da mesma forma, as ciências históricas "nos ensinam a entender os fenômenos da civilização — políticos, artísticos, literários ou sociais — nas condições de seu surgimento. Elas pressupõem que haja interesse em participar, através de tal procedimento, na comunidade dos 'homens civis'. Mas elas não estão em condições de demonstrar 'cientificamente' que as coisas são assim, e o fato de elas o pressuporem não demonstra de modo nenhum que isso seja evidente. E, com efeito, não o é em absoluto".

Essencialmente, a ciência pressupõe a escolha da razão científica. E essa escolha não pode ser justificada cientificamente. A afirmação de que "a verdade científica é um bem" não é uma afirmação científica.

Nem pode sê-lo, já que a ciência, embora pressupondo valores, não pode fundamentar os valores, e não pode igualmente rejeitá-los.

9 A fé como "sacrifício do intelecto"

Então, a qual dos valores em luta devemos servir? Bem, é preciso dizer, sentencia Weber, que a resposta a essa pergunta "cabe a um profeta ou a um redentor". Mas, neste nosso mundo desencantado, *não existe* o invocado profeta ou redentor. E "os falsos profetas das cátedras", com seus sucedâneos, não bastam para cancelar o fato fundamental que o destino nos impõe de viver em época sem Deus e sem profetas. Para quem não está em condições de enfrentar virilmente esse destino da nossa época, Weber aconselha que volte em silêncio, sem a costumeira conversão publicitária, mas sim pura e simplesmente, aos braços das antigas igrejas, ampla e misericordiosamente abertas. Elas não dificultam seu caminho. "Em todo caso, é preciso realizar — é inevitável — o 'sacrifício do intelecto', de um modo ou de outro. Se ele for realmente capaz disso, não o censuraremos".

Em toda teologia "positiva", o crente chega a um ponto em que é válida a máxima famosa: "Credo non quod, sed *quia* absurdum". Para Weber, aí está o "sacrifício do intelecto": isso "leva o discípulo ao profeta e o crente à igreja". E, sendo assim, Weber sustenta que "está claro que [...] a tensão entre a esfera dos valores da 'ciência' e a esfera da salvação religiosa é incurável".

Max Weber e sua esposa Marianne (cerca de 1892).

WEBER
METODOLOGIA DAS CIÊNCIAS HISTÓRICO-SOCIAIS

O objetivo da **CIÊNCIA** é a verdade
e único é o *critério de cientificidade* das várias ciências
(tanto naturais, como histórico-sociais):
chegar a produzir *explicações causais* dos fenômenos

↓

Como a regressão causal vai ao infinito,
é preciso realizar sobre os fenômenos
e sobre as teorias mediante as quais os estudamos
uma seleção em relação aos valores

↓

A REFERÊNCIA AOS VALORES
é um princípio de escolha que serve para estabelecer o campo de pesquisa
em que sucessivamente a pesquisa procederá de modo cientificamente
objetivo, em vista da explicação causal dos fenômenos

A variação dos valores condiciona
a variação dos pontos de vista,
suscita novos problemas,
descobre novos aspectos:
garante, portanto,
o progresso científico

A ciência, portanto,
explica, não avalia:
exprime juízos de fato,
não pronuncia
juízos de valor

Instrumento metodológico
fundamental
é o **TIPO IDEAL**:
modelo de realidade obtido
com a *acentuação* unilateral
de um ou de alguns pontos de vista,
e mediante a conexão
de uma quantidade
de fenômenos particulares
correspondentes
àqueles pontos de vista em um quadro
conceitual unitário em si

a **AVALIABILIDADE DAS CIÊNCIAS**
garante a *liberdade* da ciência
em relação às avaliações ético-político-religiosas

O DESENCANTAMENTO DO MUNDO

O ponto de partida da humanidade é um mundo povoado pelo sagrado,
pelo ELEMENTO MÁGICO desenvolvido por meio
das profecias judaicas e continuado pelo pensamento grego.
Por meio

do progresso científico

e da ÉTICA CALVINISTA
que produz de modo não intencional
o espírito do capitalismo

o ponto de chegada em nossa época é o
DESENCANTAMENTO DO MUNDO:
a *fé* de que toda coisa, em linha de princípio, pode ser dominada pela *razão*;
mas essa "fé" não pode ser justificada cientificamente.
O destino nos impõe viver em uma época sem Deus e sem profetas,
e a fé religiosa se configura apenas como SACRIFÍCIO DO INTELECTO:
"a tensão entre a esfera dos valores da ciência e a da salvação religiosa é incurável"

WEBER

1 A objetividade cognoscitiva das ciências sociais

> *Scire est scire per causas. E, assim como há conhecimento dos fatos da natureza, também há conhecimento objetivo dos fatos históricos e dos eventos sociais; fatos e eventos evidenciados pelos valores do pesquisador e explicados por meio de "leis sociais".*

A capacidade de realizar a distinção entre o conhecer e o avaliar, ou seja, entre a realização do dever científico de ver a verdade dos fatos e a realização do dever prático de defender os ideais próprios, este é o programa ao qual pretendemos nos manter firmemente fiéis.

Em toda época há e sempre permanecerá – isto é o que nos toca – uma diferença intransponível entre uma argumentação que se dirige ao nosso sentimento e à nossa capacidade de nos entusiasmarmos por fins práticos concretos ou para formas e conteúdos culturais, ou então também para nossa consciência – no caso em que esteja em questão a validade das normas éticas – e uma argumentação que se dirige ao contrário a nosso poder e à nossa necessidade de ordenar conceitualmente a realidade empírica de modo tal a pretender uma validade de verdade empírica. É esta proposição permanece correta apesar de que os "valores" supremos que estão na base do interesse prático sejam e permaneçam sempre de importância decisiva, como ainda se esclarecerá, por causa da direção que a atividade ordenadora do pensamento assume a cada momento no campo das ciências da cultura. É e permanece verdadeiro, com efeito, que uma demonstração científica correta no campo das ciências sociais, conduzida de forma metódica, deve ser reconhecida como justa, quando ela tiver realmente atingido seu próprio objetivo, mesmo por um chinês. O que quer dizer, mais precisamente, que ela deve em todo caso aspirar a esse fim, embora talvez não plenamente atuável por causa da insuficiência do material, e que a análise lógica de um ideal, considerado em seu conteúdo e em seus axiomas últimos, e também a indicação das conseqüências que lógica e praticamente derivam de sua realização, deve ser válida para qualquer um, também para um chinês, uma vez admitido que tenha tido êxito. E isso enquanto a ele pode faltar a "sensibilidade" para com nossos imperativos éticos, e enquanto ele pode rejeitar e certamente rejeitará freqüentemente o ideal e as avaliações concretas que dele derivam, sem incidir de tal modo sobre o valor científico de qualquer análise conceitual. [...]

Do que foi dito até agora resulta, portanto, que é carente de sentido uma tratação "objetiva" dos processos culturais, para a qual deva valer como objetivo ideal do trabalho científico a redução daquilo que é empírico a "leis". Ela não está carente de sentido, como muitas vezes se considerou, porque os processos culturais ou também os processos espirituais se comportam "objetivamente" de modo menos legal, e sim pelos seguintes motivos: 1) porque o conhecimento das leis sociais não é conhecimento da realidade social, mas é conhecimento apenas de um dos diversos instrumentos de que nosso pensamento tem necessidade para tal objetivo; 2) porque não se pode conceber um conhecimento de processos culturais a não ser sobre o fundamento do significado que tem para nós a realidade da vida, sempre individualmente atuada, em determinadas relações particulares. Em que sentido e em quais relações isso acontece, não nos é desvelado por nenhuma lei, uma vez que isso é decidido pelas idéias de valor em base às quais consideramos no caso particular a "cultura". A "cultura" é uma secção finita da infinidade carente de sentido do devir do mundo, à qual atribui-se sentido e significado do ponto de vista do homem. Ela é tal também para os homens que se contrapõem a uma cultura concreta como a um inimigo mortal, e que aspiram a uma "volta à natureza". Pois eles podem chegar a esta tomada de posição apenas enquanto referem a cultura concreta a suas idéias de valor, e acham-na "demasiadamente leviana". É esse fato puramente lógico-formal que se tem presente quando aqui se fala da conexão logicamente necessária de todos os indivíduos históricos com "idéias de valor". Pressuposto transcendental de toda ciência da cultura não é tanto que consideremos como provida de valor uma determinada, ou também em geral uma "cultura" qualquer, mas que nos tornemos seres culturais, dotados da capacidade e da vontade de assumir conscientemente posição nas relações com o mundo e de atribuir-lhe um sentido. [...]

A validade objetiva de todo saber empírico se apóia sobre o fato, e apenas sobre o fato de que a realidade dada ordena-se segundo categorias que são subjetivas em um sentido específico, ou seja, enquanto representam o pressuposto de nosso conhecimento, e que estão vinculadas ao pressuposto do valor daquela verdade que apenas o saber empírico nos pode dar. Àquele que não considere provida de valor esta verdade – e a fé no valor da verdade científica é, de fato, produto de determinadas culturas, e não tanto algo dado naturalmente – não temos nada a oferecer com os meios de nossa ciência. Em vão ele andará em busca de outra verdade que possa substituir a ciência naquilo que apenas ela pode fornecer: conceitos e juízos que não são a realidade empírica, e que também não a reproduzem, mas que permitem ordená-la conceitualmente de modo válido. No campo das ciências sociais empíricas da cultura, como vimos, a possibilidade de um conhecimento provido de sentido daquilo que para nós é essencial na quantidade infinita do devir aparece vinculada ao emprego constante de pontos de vista de caráter específico, os quais, por sua vez, podem ser empiricamente constatados e vividos como elementos de todo agir humano provido de sentido, mas não tanto fundados validamente em base ao material empírico. A "objetividade" do conhecimento da ciência social depende muito mais de que o dado empírico está continuamente dirigido em vista das idéias de valor que, sozinhas, lhe fornecem um valor cognoscitivo, e entende-se em seu significado sobre a base delas, mas todavia não se torna jamais um pedestal para a prova, empiricamente impossível, de sua validade.

M. Weber,
O método das ciências histórico-sociais.

2. Ética da convicção e ética da responsabilidade

Nestas páginas célebres, tiradas de O trabalho intelectual como profissão, *Max Weber traça a distinção entre ética da convicção e ética da responsabilidade. A ética da convicção é a ética absoluta que não se preocupa com as conseqüências (fiat iustitia, pereat mundus). A ética da responsabilidade é, ao contrário, a ética daquele que, atento às conseqüências de suas ações, rejeita os meios perigosos do ponto de vista ético (fiat iustitia ne pereat mundus). "Nenhuma ética do mundo pode prescindir do fato de que o alcance dos fins 'bons' é o mais das vezes acompanhado pelo uso de meios suspeitos ou pelo menos perigosos, e pela possibilidade ou também pela probabilidade do concurso de outras conseqüências más [...]".*

Todavia, qual é a relação real entre a ética e a política? São talvez elas, como por vezes se disse, de fato estranhas uma para a outra? Ou, vice-versa, é verdadeiro que a "mesma" ética vale para a ação política assim como para todas as outras? Por vezes considerou-se que entre estas duas afirmações se pusesse uma alternativa: justa seria uma ou outra. Mas seria verdadeiro então que uma ética qualquer poderia estabelecer normas de conteúdo idêntico para todo tipo de relações, eróticas e de negócios, familiares e de trabalho, para a mulher e para o feirante, o filho e o concorrente, o amigo e o adversário? Para as exigências da ética em relação à política seria de fato tão indiferente o fato de que esta opera com um meio bem específico como o poder, por trás do qual esconde-se a violência? Não vemos talvez que os ideólogos bolchevistas, justamente enquanto aplicam à política este meio, chegam exatamente aos mesmos resultados de um ditador militar qualquer? Em que, a não ser justamente na pessoa de quem detém o poder e em seu diletantismo, o domínio dos conselhos dos operários e dos soldados se distingue do de um senhor absoluto do antigo regime? E em que se distingue a polêmica de qualquer outro demagogo daquela que contra seus adversários desencadeiam a maior parte dos representantes da presumida nova ética? Ela se distingue pela nobreza da intenção! Assim se responde. Bem. Mas aqui fala-se dos meios, e quanto à nobreza dos fins últimos, também os odiados adversários pretendem tê-la de seu lado e, subjetivamente, em perfeita boa-fé. "Quem com a espada fere, pela espada perece", e a luta é sempre luta. E a ética do Sermão da Montanha? Em relação a esta – e entendemos com ela a ética absoluta do Evangelho – a coisa é mais séria do que crêem aqueles que hoje citam com prazer seus preceitos. Não é brincadeira. Vale para ela aquilo que foi dito a propósito da causalidade na ciência: não é uma carruagem de praça de que se possa dispor para nela montar ou dela descer ao bel-prazer. Ao contrário, seu significado é ou tudo ou nada, se dela se quiser tirar algo a mais do que simples banalidades. Assim, por exemplo, a parábola do jovem rico, "o qual se afastou tristemente, porque possuía muitas riquezas". O preceito evangélico é incondicionado e preciso: entrega aquilo que possuis, tudo, absolutamente. O político observará: "Uma pretensão socialmente absurda, enquanto não for atuada por todos". E, portanto, taxações, expropriações, confiscos, em uma palavra, ordens e coerções para todos. Mas a lei moral não exige nada de tudo isso, e nisso reside sua essência. Ou então, tomemos a ordem: "Dá a outra face": incondicionadamente, sem perguntar qual direito tem o outro de bater. Uma ética da falta de dignidade, a menos que se trate de um santo. Este é o fato: é preciso ser um santo em tudo, ao menos na intenção; é preciso viver como Jesus, como os apóstolos, como são Francisco e seus confrades, e apenas então essa ética tem um sentido e uma dignidade. De outra forma, não. Com efeito, onde, como conseqüência da ética do amor, se ordena: "Não resistir ao mal com a violência", o preceito que vale vice-versa para o político é o seguinte: "Deves resistir ao mal com a violência, de outro modo serás responsável se ele prevalece". Quem quiser agir segundo a ética do Evangelho, abstenha-se das greves – pois elas constituem uma coerção – e se inscreva nos sindicatos pelegos. Mas, principalmente, não fale de "revolução", uma vez que essa ética não ensinará sem dúvida que seja exatamente a guerra civil a única guerra legítima. O pacifista que age segundo o Evangelho recusará pegar em armas ou então as jogará fora, como era recomendado na Alemanha, considerando isso um dever moral, com o objetivo de pôr fim à guerra e com isso a toda guerra. [...] E finalmente: o dever da verdade. Para a ética absoluta trata-se de um dever incondicionado. [...] A ética absoluta não se preocupa com as conseqüências. Este é o ponto decisivo. Devemos perceber claramente que todo agir orientado em sentido ético pode oscilar entre duas máximas radicalmente diversas e inconciliavelmente opostas, ou seja, pode ser orientado segundo a "ética da convicção" [gesinnungsethisch], ou então segundo a "ética da responsabilidade" [verantwortungsethisch]. Não que a ética da convicção coincida com a falta de responsabilidade e a ética da responsabilidade com a falta de convicção. Não se quer certamente dizer isso. Mas há uma diferença intransponível entre o agir segundo a máxima da ética da convicção, a qual – em termos religiosos – soa: "O cristão age como justo e entrega o resultado nas mãos de Deus", e agir segundo a máxima da ética da responsabilidade, segundo a qual é preciso responder pelas conseqüências (previsíveis) das próprias ações. A um convicto sindicalista que se regule conforme a ética da convicção podereis expor com a máxima força de persuasão que sua ação terá como conseqüência aumentar as esperanças da reação, agravar a opressão de sua classe e impedir sua ascensão: isso não o deixará minimamente impressionado. Se as conseqüências de uma ação determinada por uma convicção pura são más, delas será responsável, segundo este, não o agente, e sim o mundo ou a estupidez de outrem, ou a vontade divina que os criou tais. Quem, ao contrário, raciocina segundo a ética da responsabilidade leva justamente em conta os defeitos presentes na média dos homens; ele não tem nenhum direito – como justamente disse Fichte – de neles pressupor bondade e perfeição, não sente-se autorizado a atribuir a outros as conseqüências de sua própria ação, até onde podia prevê-la. Este dirá: "estas conseqüências serão imputadas ao que eu fiz". O homem moral segundo a ética da convicção se sente "responsável" apenas quanto ao dever de manter acesa a chama da convicção pura, por exemplo, a do protesto contra a injustiça da ordem social. Reavivá-la continuamente, é este o objetivo de suas ações absolutamente irracionais – julgando por seu possível resultado –, as quais podem e devem ter um valor apenas de exemplo.

Todavia, nem sequer com isso o problema esgota-se. Nenhuma ética do mundo pode prescindir do fato de que o alcance de fins "bons" é o mais das vezes acompanhado pelo uso de meios suspeitos ou pelo menos perigosos, e pela possibilidade ou também pela probabilidade do concurso de outras conseqüências más, e nenhuma ética pode determinar quando e em que medida o objetivo moralmente bom "justifica" os meios e as outras conseqüências igualmente perigosas. [...] Aqui, sobre este problema da justificação dos meios mediante o fim, também a ética da convicção em geral parece destinada a falir. E, com efeito, ela não tem logicamente outro caminho a não ser o de recusar toda ação que opere com meios perigosos do ponto de vista ético. Logicamente. Sem dúvida, no mundo da realidade fazemos continuamente a experiência que o fautor da ética da convicção transforma-se repentinamente no profeta milenarista, e que, por exemplo, aqueles que pouco antes pregaram opor "o amor à força", um instante depois apelam à força, à força última, a qual deveria levar à abolição de toda força possível, assim como nossos chefes militares a cada nova ofensiva diziam aos soldados: "Esta é a última, nos levará à vitória e, portanto, à paz".

M. Weber,
O trabalho intelectual como profissão.

3. Possibilidade objetiva e causação adequada

> A idéia de "possibilidade objetiva" é um instrumento heurístico, um expediente de pesquisa, apto a descobrir a "causação adequada" de um evento.
>
> O mecanismo funciona assim: da constelação das condições de um evento tira-se uma de tais condições e se estabelece, portanto, "qual efeito" se deveria esperar, em base a "regras de experiência", permanecendo as outras condições. É desse modo que o cientista social faz uso de "experimentos mentais".

A teoria da assim chamada "possibilidade objetiva", de que pretendemos tratar aqui, apóia-se sobre os trabalhos do insigne fisiólogo J. von Kries. Na metodologia das ciências sociais as noções de von Kries foram até agora adotadas apenas pela estatística. Que exatamente os juristas, e em primeiro lugar os criminalistas, tenham enfrentado o problema, é coisa natural, pois a questão da culpa penal, implicando o problema da determinação das circunstâncias sob as quais pode-se afirmar que alguém "causou" por meio de seu agir certa conseqüência externa, é pura questão de causalidade, e obviamente reveste a mesma estrutura lógica da causalidade histórica. [...]

Mas a imputação causal realiza-se na forma de um processo conceitual, que implica uma série de abstrações. A primeira, e decisiva, é justamente a que realizamos pensando uma ou algumas das componentes causais objetivas do processo mudadas em determinada direção, e perguntando-nos se, nas condições assim mudadas do evento, seria "de se esperar" a mesma conseqüência (nos pontos "essenciais"), ou então qual outra. Tomemos um exemplo da práxis historiográfica de Eduard Meyer. Ninguém como ele ilustrou prática e claramente o "porte" histórico-universal das guerras persas para o desenvolvimento cultural do Ocidente. Mas como aconteceu isto, considerado logicamente? Essencialmente enquanto foi desenvolvida a tese de que houve uma "decisão" entre duas "possibilidades" – de um lado o desenvolvimento de uma cultura religiosa-teocrática, cujos princípios residem nos mistérios e nos oráculos, sob a égide do protetorado persa que em todo lugar utilizava o mais possível a religião nacional, como entre os judeus, como meio de domínio, e do outro a vitória do livre mundo espiritual helênico, orientado para este mundo, o qual nos deu os valores culturais de que ainda hoje nos alimentamos; e que essa "decisão" aconteceu por meio de um combate de reduzidas dimensões como a "batalha" de Maratona que, por sua vez, representou a indispensável "condição preliminar" do surgimento da frota ateniense e, portanto, do curso sucessivo da luta pela liberdade, da salvação da autonomia da cultura helênica, do estímulo positivo levado ao início da específica historiografia ocidental, do pleno desenvolvimento do drama e de toda a singular vida espiritual que se desdobrou naquela tribuna – se medida apenas quantitativamente – da história universal.

E que tal batalha tenha trazido consigo, ou tenha influenciado de modo essencial a "decisão" entre as "possibilidades", é obviamente apenas o fundamento sobre o qual nosso interesse histórico – nós, que não somos atenienses – refere-se em geral a ela. Sem a avaliação de tais "possibilidades" e dos insubstituíveis valores culturais que são "legados", como resulta de nossa análise retrospectiva, àquela decisão, seria impossível determinar o "significado". [...]

O que quer dizer, porém, quando falamos de mais "possibilidades"? [...]

Se considerarmos [...] de modo ainda mais preciso estes "juízos de possibilidade" – isto é, as asserções sobre aquilo que "teria" acontecido no caso de uma exclusão ou de uma mudança de certas condições – e se nos perguntarmos em primeiro lugar como nós propriamente chegamos a eles, não poderá restar nenhuma dúvida de que se trata sem exceções de procedimentos de isolamento e de generalização; isso quer dizer que decompomos o "dado" em "elementos", até que cada um destes possa ser inserido em uma "regra da experiência" e se possa, portanto, estabelecer qual efeito se "teria esperado" da parte de cada um deles, subsistindo os outros como "condições", conforme uma regra da experiência. [...]

O "saber" sobre o qual fundamenta-se tal juízo para a justificação do "significado" da batalha de Maratona é, segundo todas as considerações precedentes, de um lado um saber relativo a determinados "fatos" verificáveis em base às fontes, e pertinentes à "situação histórica" (saber "ontológico"), do outro – conforme vimos – um saber relativo a determinadas regras da experiência já conhecidas, em particular ao modo em que os homens costumam reagir a dadas situações (saber "nomológico"). [...]

A consideração do significado causal de um fato histórico começará em primeiro lugar com a seguinte questão: se, excluindo-o do complexo dos fatores considerados como condicionantes, ou então mudando-o em determinado sentido, o curso dos acontecimentos teria *podido*, em base a regras gerais da experiência, assumir uma direção *de algum modo* diversamente configurada nos pontos *decisivos* para o nosso interesse. Pois a nós interessa apenas o modo com que aqueles "aspectos" do fenômeno, que nos interessam, são tocados por seus elementos condicionantes particulares. E, certamente, se deste delineamento substancialmente negativo *não* se chega a um correspondente "juízo de possibilidade negativa", ou seja, se em base à situação de nosso saber, excluindo ou mudando aquele fato, o curso da história devia "ser esperado" segundo as regras gerais da experiência *exatamente assim* como se desenvolveu, em seus pontos "historicamente importantes", ou seja, interessantes para nós, *então* aquele fato resulta causalmente privado de significado, e não pertence, portanto, à cadeia que o regresso causal da história quer, e deve, estabelecer. [...]

Queremos, em relação ao uso lingüístico da teoria da causalidade jurídica estabelecido depois dos trabalhos de Kries, designar estes casos de relação entre determinados complexos de "condições", reunidos em unidade e considerados isoladamente pela análise histórica e o "efeito" que se apresenta, com o nome de causação "*adequada*" (dos elementos do efeito por parte daquelas condições); e como o faz também Meyer — o qual, porém, não formula claramente o conceito —, falamos de causação "*acidental*" onde, sobre os elementos do efeito, que caem sob a consideração histórica, atuaram fatos que produziram uma conseqüência que *não* era neste sentido "adequada" a um complexo de condições pensadas como reunidas em unidade.

Para voltar, portanto, aos exemplos antes aduzidos, o "significado" da batalha de Maratona deveria ser logicamente determinado, conforme o parecer de Meyer, *não tanto* dizendo que uma vitória persa *devia* ter como conseqüência um desenvolvimento totalmente diferente da cultura helênica e da mundial — um juízo desse tipo seria simplesmente impossível — *e sim* dizendo que aquele desenvolvimento diferente "teria" sido a conseqüência "*adequada*" de tal acontecimento. [...] Esta antítese jamais constitui diferenças de causalidade "objetiva" do curso dos processos históricos e de suas relações causais; trata-se, porém, simplesmente do fato de que isolamos abstratamente uma parte das "condições" encontradas na "matéria" do acontecer e as tornamos objeto de "juízos de possibilidade", de modo a penetrar com o auxílio de regras empíricas o "significado" causal dos elementos singulares do acontecer. Para compreender as conexões causais reais, *construímos irreais*.

Max Weber,
O método das ciências histórico-culturais.

4 A política não combina com a cátedra

"A cátedra não é para os profetas e os demagogos"; "a cátedra nos é conferida apenas como mestres".

Afirma-se – e eu assino isso – que a política não combina com a cátedra. Não combina por parte dos estudantes. Eu deploro, por exemplo, que na sala de aula de meu antigo colega Dietrich Schäfer em Berlim, os estudantes pacifistas se amontoassem ao redor da cátedra e fizessem um barulho parecido àquele que devem ter encenado os estudantes antipacifistas diante do professor Foerster, de cujas opiniões as minhas divergem radicalmente em muitos pontos. Mas nem sequer por parte dos mestres a política combina com a sala de aula. Mais ainda quando o mestre se ocupa de política do ponto de vista científico. Já que a atitude política na prática e a análise científica de formações e partidos políticos são duas coisas diferentes. Quando alguém fala sobre a democracia em uma reunião popular, não faz mistério sobre a própria atitude pessoal; ao contrário, é esta a danada obrigação e dever, tomar partido de modo claramente reconhecível. As palavras de que nos servimos não são neste caso meios para a análise científica, e sim de propaganda para atrair os outros para o nosso lado. Aquelas palavras não são um vomitar para fecundar o terreno do pensamento contemplativo, e sim espadas contra os adversários, instrumentos de luta. Mas em uma palestra ou em uma sala de aula tal uso da palavra seria sacrílego. Se aí se falar de "democracia", deverão ser observadas as diversas formas, delas se analisará o modo em que elas funcionam, se estabelecerá quais sejam as conseqüências particulares de uma ou de outra na vida prática, e depois a elas se contraporão as outras formas não democráticas da organização política, e se procurará chegar até o ponto em que o ouvinte esteja em grau de poder tomar posição segundo os *próprios*

Capítulo quarto - Max Weber e as ciências histórico-sociais

ideais supremos. Mas o verdadeiro mestre evitará impeli-lo, do alto da cátedra, a tomar uma atitude qualquer, tanto de modo explícito como por sugestão: uma vez que é o método mais desleal, o de "fazer os fatos falarem".

Todavia, por qual razão, precisamente, devemos nos abster disso? Adianto que diversos entre meus estimadíssimos colegas são do parecer de que tal discrição não seja exeqüível e que, mesmo que o fosse, seria loucura pretendê-la. Ora, a ninguém pode-se demonstrar cientificamente qual seja seu dever de professor universitário. Dele pode-se pretender apenas a probidade intelectual, por meio da qual saiba compreender como a verificação dos fatos, das relações matemáticas ou lógicas e da estrutura interna das criações do espírito de um lado, e do outro a resposta à questão a respeito do valor da civilização e de seus conteúdos particulares – e, portanto, a respeito do modo com o qual se *deva* agir no âmbito da comunidade civil (*Kulturgemeinschaft*) e das sociedades políticas – sejam dois problemas absolutamente heterogêneos. Se depois ele pergunta por que não deva tratá-los ambos na universidade, eis a resposta: porque a cátedra não é para os profetas e os demagogos. Ao profeta e ao demagogo foi dito: "Sai pelas ruas e fala publicamente". Fala, isto é, onde é possível a crítica. Na aula, onde se está sentado diante dos próprios ouvintes, a estes cabe calar-se e ao mestre falar, e reputo uma falta de sentido de responsabilidade aproveitar tal circunstância – por meio da qual os estudantes são obrigados pelo programa de estudos a freqüentar o curso de um professor onde ninguém pode intervir para contestá-lo – para inculcar nos ouvintes as próprias opiniões políticas ao invés de trazer-lhes subsídios, como o dever impõe, com os próprios conhecimentos e as próprias experiências científicas. Pode certamente ocorrer que o indivíduo consiga apenas imperfeitamente esconder suas próprias simpatias subjetivas. Então ele se expõe à crítica mais impiedosa diante do tribunal de sua consciência. E isso por outro lado não prova nada, uma vez que também outros erros puramente de fato são possíveis, e não podem contrastar o dever de procurar a verdade. Eu me recuso a admiti-lo também e precisamente pelo interesse puramente científico. Estou disposto a provar sobre as obras de nossos historiadores que, toda vez que o homem de ciência adianta seu próprio juízo de valor, cessa a inteligência perfeita do fato. Todavia, isso extrapola o tema deste discurso e exigiria longa explicação. [...]

Até agora falei apenas dos motivos práticos que aconselham evitar a imposição de uma atitude pessoal. Mas isso não é tudo. A impossibilidade de apresentar "cientificamente" uma atitude prática – exceto o caso da discussão sobre os meios para um objetivo que se pressupõe já dado – deriva de razões bem mais profundas. Semelhante empreendimento é substancialmente absurdo, enquanto entre os diversos valores que presidem a ordem do mundo o contraste é inconciliável. O velho Mill, cuja filosofia não pretendo por outro lado louvar, mas que sobre este ponto tem razão, diz em certo lugar: partindo da pura experiência chega-se ao politeísmo. [...] Mudado sob o aspecto, acontece como no mundo antigo, ainda sob o encanto de seus deuses e de seus demônios: como os gregos sacrificavam ora a Afrodite e ora a Apolo, e cada um em particular aos deuses de sua própria cidade, assim é ainda hoje, sem a magia e o revestimento daquela transfiguração plástica, mítica, mas intimamente verdadeira. Sobre estes deuses e sobre suas lutas domina o destino, e sem dúvida não a "ciência". É possível somente entender o que seja o divino em um ou no outro caso, ou então em uma ordem ou na outra. Mas com isso a questão está absolutamente fechada a qualquer discussão em uma sala de aula pela boca de um mestre, ainda que de fato naturalmente não esteja de modo nenhum fechado o enorme problema de vida que nela está contido. Aqui, porém, a palavra cabe a outras forças e não às cátedras universitárias. Quem desejará tentar "refutar cientificamente" a ética do Sermão da Montanha, por exemplo, a máxima: "não fazer resistência ao mal", ou então a imagem de dar a outra face? Apesar disso é claro que, de um ponto de vista mundano, aí se prega uma ética da falta de dignidade: é preciso escolher entre a dignidade religiosa, que é o fundamento desta ética, e a dignidade viril, que prega algo bem diverso: "Deves fazer resistência ao mal, de outra forma és também responsável se este prevalecer". Depende da própria atitude em relação ao fim último que um seja o diabo e o outro o deus, e cabe ao indivíduo decidir qual seja para ele o deus e qual o diabo. E assim ocorre para todos os ordenamentos da vida. [...]

Mas o destino de nossa civilização é justamente este, de nos termos tornado hoje novamente e mais claramente conscientes daquilo que um milênio de orientação – que se presume ou se afirma exclusiva – para o grandioso *pathos* da ética cristã havia ocultado a nossos olhos.

Todavia, basta agora desses problemas que nos levam demasiado longe. Pois, quando uma parte de nossos jovens quisesse dar a tudo isso esta resposta: "Sem dúvida, mas viemos à aula para encontrar uma experiência que não consista apenas em análises e constatações de fato", eles incorreriam no erro de procurar no professor algo de diverso daquilo que está diante deles, ou seja, um *chefe* e não um *mestre*. A cátedra nos é conferida apenas como mestres. Trata-se de duas coisas bem diferentes, e disso é fácil nos convencermos. Permitam-me conduzi-los mais uma vez à América, onde estas coisas podem ser vistas freqüentemente em sua mais crua originalidade. O jovem americano aprende incomparavelmente menos que o nosso. Apesar de uma incrível quantidade de exames, o sentido de sua vida de escola ainda não se tornou tal para fazê-lo passar por um "tipo de exames" (*Examessmensch*), como acontece com o jovem alemão. Isso porque lá se está apenas nos inícios da burocracia, que exige o diploma de exame como bilhete de ingresso no reino dos ganhos burocráticos. O jovem americano não respeita nada nem ninguém, nenhuma tradição e nenhuma profissão, além de sua obra diretamente pessoal: tal é para o americano a "democracia". Por mais disforme que seja da realidade, este é seu modo de pensar e aqui devemos levar isso em conta. Do mestre que está diante dele, o jovem americano tem esta opinião: ele me vende suas noções e seus métodos em troca do dinheiro de meu pai, assim como o feirante vende couve para minha mãe. Com isso, tudo está dito. Todavia, se o mestre é por acaso um campeão de futebol, nesse campo ele é também um chefe. Mas se não for tal (ou algo de semelhante em outros esportes), ele é simplesmente um mestre e nada mais, e a nenhum jovem americano ocorrerá que ele lhe venda "concepções do mundo" (*Weltanschauungen*) ou normas de conduta.

M. Weber,
O trabalho intelectual como profissão.

5 Em busca de uma definição de "capitalismo"

> O que é o "capitalismo"? "A ânsia desmedida de ganho não é de fato idêntica ao capitalismo, e muito menos corresponde ao 'espírito' dele. O capitalismo pode aliás se identificar com uma disciplina, ou pelo menos com um tempero racional de tal impulso irracional. Em todo caso, o capitalismo é idêntico à tendência de ganho em uma racional e contínua empresa capitalista, ao ganho sempre renovado, isto é, à rentabilidade".

> E ainda: "Um ato econômico capitalista significa para nós um ato que se baseia sobre a expectativa de ganho, que deriva do desfrutar habilmente as conjunturas da troca e, portanto, das probabilidades de ganho formalmente pacíficas".

Apenas o Ocidente produziu os parlamentos de "representantes do povo", eleitos periodicamente, os demagogos, e o domínio dos chefes de partido na veste de ministros parlamentarmente responsáveis, embora, naturalmente, em todo o mundo tenham assistido partidos para a conquista do poder político. E o Estado, sobretudo, com o significado de um instituto político, com uma Constituição racionalmente promulgada, com um direito racionalmente constituído, com uma administração dirigida por empregados especializados segundo regras racionalmente enunciadas, apenas o Ocidente moderno o conhece nessa combinação, para nós importante, das várias características determinantes, fora de todas as tentativas em tal sentido de outros tempos e de outros países.

E assim acontece com a maior força de nossa vida moderna: o capitalismo.

A sede de lucro, a aspiração a ganhar dinheiro o mais possível, não tem em si mesma nada em comum com o capitalismo. Esta aspiração encontra-se nos camareiros, médicos, cocheiros, artistas, coristas, empregados corruptíveis, soldados, bandidos, nos cruzados, nos freqüentadores de casas de jogo, nos mendigos; pode-se dizer em *all sorts and conditions of men*, em todas as épocas de todos os países da terra, onde havia e há a possibilidade objetiva.

Deveria já entrar nos mais rudimentares elementos da educação histórica o abandono de uma vez para sempre dessa ingênua definição do conceito de capitalismo.

A ânsia desmedida de ganho não é de modo nenhum idêntica ao capitalismo, e muito menos corresponde ao "espírito" deste.

O capitalismo pode aliás se identificar com uma disciplina, ou pelo menos com um tempero racional de tal impulso irracional. Em todo caso, o capitalismo é idêntico com a tendência ao ganho em uma empresa capitalista racional e contínua, ao ganho sempre renovado, ou seja, à rentabilidade. E assim ele deve ser. Em uma ordem capitalista de toda a economia, um empreendimento capitalista particular, que não se orientasse segundo a eventualidade de alcançar a "rentabilidade", seria condenado a perecer. Definamo-lo mais exatamente do que geralmente se faz.

Capítulo quarto - Max Weber e as ciências histórico-sociais

Um ato econômico capitalista significa para nós um ato que se baseia sobre a expectativa de ganho que deriva do desfrutar habilmente as conjunturas da troca, portanto, de probabilidades de ganho formalmente pacíficas. A aquisição violenta (formal e atual) segue suas leis particulares, e não é útil – mesmo que não se possa proibir de fazê-lo – colocá-la sob a mesma categoria da atividade orientada segundo as probabilidades de ganho na troca. Quando se tende de modo racional ao ganho capitalista, a ação correspondente orienta-se conforme o cálculo do capital.

Isso quer dizer que ela ordena-se segundo um emprego preestabelecido de prestações reais ou pessoais como meios para conseguir um proveito, de modo tal que a consistência patrimonial estimada em dinheiro no encerramento das contas supere o capital, ou seja, o valor estimado, posto na balança, dos bens instrumentais reais empregados na aquisição por meio da troca. No caso de uma empresa contínua a consistência patrimonial em dinheiro calculada periodicamente na balança deve periodicamente superar o capital. Tanto se se tratar de um complexo de mercadorias in natura entregues em consignação a um mercador viajante cujo proveito final pode consistir em outras mercadorias in natura, como de uma fábrica cujas instalações particulares, edifícios, máquinas, reservas de dinheiro, matérias-primas, produtos acabados e semitrabalhados representam exigências às quais correspondem compromissos: o importante é que seja feito um cálculo do capital expresso em dinheiro, tanto de modo moderno, com livros regulares, como também de modo primitivo e superficial.

É no início da empresa tem lugar um balanço inicial, como antes de todo ato comercial particular um cálculo para o controle e um ensaio da correspondência do ato com o objetivo prefixado e, no encerramento, para verificar aquilo que se ganhou, tem-se um cálculo retrospectivo: o balanço de encerramento. O balanço inicial de uma consignação é, por exemplo, o acerto de valor expresso em dinheiro que devem ter as mercadorias para as partes contraentes, caso sejam elas ainda não em si mesmas dinheiro; o balanço de encerramento é a estimativa final que é fundamento da repartição do ganho e da perda. Um cálculo está como fundamento de todo ato particular do consignatário, desde que este aja racionalmente. Que não se tenham um cálculo e uma estimativa realmente exatos; que se proceda a modo de estimativa ou então tradicional e convencionalmente, são coisas que acontecem ainda hoje em toda forma de empresa capitalista, sempre que as circunstâncias não obriguem a um cálculo preciso. Mas estes são elementos que se referem apenas ao grau da racionalidade do proveito capitalista.

Para o conceito, importa apenas que o confronto entre o resultado calculado em dinheiro e a entrada calculada em dinheiro, em qualquer forma, por mais primitiva que seja, determine o ato econômico. Neste sentido houve "capitalismo" e "empresas capitalistas" também com certa racionalidade no cálculo do capital em todos os países civilizados do mundo; pelo menos até onde remontam os documentos econômicos que possuímos. Na China, na Índia, na Babilônia, no Egito, na antiguidade mediterrânea, na Idade Média e na era moderna. Existiram não só empresas isoladas, mas também complexos econômicos que se baseavam sobre empresas capitalistas particulares sempre novas, e também empresas contínuas; embora o comércio por longo tempo não tivesse o caráter de nossas empresas continuativas, mas muito mais o de uma série de atos singulares e apenas lentamente, na atividade dos grandes comerciantes, penetrasse uma ligação íntima, com a instituição de várias seções. Em todo modo, a empresa e o empreendedor capitalista, não só de ocasião mas também com atividade contínua, são antiquíssimos e se difundiram em todo lugar. Mas o Ocidente tem um grau de importância que não se encontra alhures. E desta importância dão a razão as espécies e formas e direções do capitalismo que não surgiram em outros lugares. Em todo o mundo houve estados mercantes dedicados ao comércio por atacado e por varejo, local e em países distantes, houve empréstimos de toda espécie, eram muito difundidos bancos com funções bastante diversas, mas pelo menos semelhantes em substância às dos bancos de nosso século XVI; empréstimos marítimos, negócios e sociedades em comodato, consignações, eram profissionalmente muito difundidas. Sempre, onde houve finanças em base monetária dos entes públicos, esteve presente o banqueiro; na Babilônia, na Grécia, na Índia, na China e em Roma; para o financiamento em primeiro lugar das guerras e da pirataria, para provisões e trabalhos de todo tipo, na política colonial como colonizadores, plantadores ou portadores de concessões a escravos ou com trabalhadores forçados de várias formas; para a concessão de empreitada de propriedades, de profissões, e principalmente de impostos, para o financiamento de chefes-de-partido para as eleições e de chefes de mercenários para a guerra civil; em suma, como especuladores sobre probabilidades de todo tipo avaliáveis em dinheiro. Esta espécie de empreendedores, os aventureiros capitalistas, existiu em todo o mundo.

Suas possibilidades eram – com exceção do comércio e dos negócios de crédito e de banco – ou de caráter puramente irracional, especulativo, ou eram orientadas para a aquisição pela violência, para a predação, tanto como butim ocasional de guerra ou butim crônico e fiscal, ou seja, a espoliação dos súditos. O capitalismo colonial dos grandes especuladores, e o capitalismo financeiro moderno do tempo de paz, mas principalmente e de modo específico o capitalismo de guerra, levam também hoje no Ocidente essa marca; e alguns ramos – mas apenas alguns – do comércio internacional, tanto hoje como em qualquer tempo, os seguem de perto.

Mas o Ocidente conhece na época moderna uma espécie de capitalismo bem diferente, e que por outro lado jamais se desenvolveu: a organização racional do trabalho formalmente livre. A mesma organização do trabalho não livre chegou a certo grau de racionalidade apenas nas plantações e, em medida muito limitada, nas colônias penais da antiguidade; e teve um grau de racionalidade ainda menor nas curtes e fábricas e indústrias domésticas das grandes propriedades agrícolas com o trabalho dos escravos e dos servos da gleba no princípio da era moderna. Para o trabalho livre estão documentadas, fora do Ocidente, verdadeiras e próprias "indústrias domésticas" apenas em casos isolados, e o emprego de assalariados diaristas que naturalmente se encontra em todo lugar, fora exceções muito raras e particularíssimas, todavia bem distantes das organizações industriais modernas (tratava-se especialmente de monopólios de Estado), não produziu jamais grandes manufaturas e nem sequer uma organização racional de profissão de tipo patronal no modelo da de nossa Idade Média. A organização racional da indústria orientada conforme as conjunturas do mercado e não conforme probabilidades políticas ou irracionalmente especulativas não é, porém, o único fenômeno particular do capitalismo ocidental. A organização racional moderna da atividade capitalista não teria sido possível sem outros dois importantes elementos de seu desenvolvimento: a separação da administração doméstica da empresa, que doravante domina a vida econômica hodierna; e, estreitamente ligada a esta, a capacidade racional dos livros. [...]

O capitalismo especificamente ocidental foi, evidentemente, determinado em grande medida também pelo desenvolvimento das possibilidades técnicas. Sua racionalidade é hoje fortemente condicionada pela calculabilidade dos fatores técnicos decisivos; em suma, pelo fundamento de um cálculo exato; o que, na realidade, significa o caráter particular da ciência européia, especialmente das ciências naturais com fundamento racional, experimental e matemático. O desenvolvimento dessas ciências e da técnica que sobre elas se baseia recebeu, por sua vez, e recebe até agora, impulsos decisivos das probabilidades de rendimento capitalista, que se ligam à sua aplicação econômica como "prêmios".

M. Weber,
*A ética protestante
e o espírito do capitalismo.*

6 A ética protestante e o espírito do capitalismo

> "A valoração religiosa do trabalho profissional leigo, incansável, contínuo, sistemático, como do mais alto meio ascético, e ao mesmo tempo como da mais alta, segura e visível confirmação do homem regenerado e da sinceridade de sua fé, devia ser o fermento mais poderoso que se pudesse pensar para a expansão daquela concepção de vida, que definimos como 'espírito do capitalismo' ".

Quanto maior se torna a propriedade, tanto mais grave se torna – se a disposição ascética supera a prova – o sentimento da responsabilidade para mantê-la intacta para a glória de Deus e de aumentá-la com um trabalho sem trégua. Também a gênese deste estilo da vida remonta com tais raízes, como tantos elementos do espírito capitalista moderno, à Idade Média, mas apenas na ética do protestantismo ascético encontrou seu conseqüente fundamento moral. Sua importância para o desenvolvimento do capitalismo é evidente.

A ascese leiga protestante – assim podemos resumir aquilo que dissemos até aqui – agiu com grande violência contra o gozo desmedido da propriedade, e restringiu o consumo, principalmente o consumo de luxo. Por outro lado liberou, em seus efeitos psicológicos, a aquisição de bens dos obstáculos da ética tradicionalista, enquanto não só a legalizou, mas até, no sentido que expomos, a viu como desejada por Deus. A luta contra os prazeres da carne e o apego aos bens exteriores não era, como atesta expressamente, com os puritanos, também o grande apologeta dos Quakers,

Barclay, uma luta contra o ganho racional, e sim contra o emprego irracional da propriedade. E isso consistia no alto apreço, condenado como idolatria, das formas ostensivas do luxo que eram tão próximas do modo de sentir feudal, em vez do emprego desejado por Deus, racional e utilitário, para os fins da vida do indivíduo e da coletividade. Não se queria impor ao proprietário a maceração, mas o uso de sua riqueza para coisas necessárias e de utilidade prática.

O conceito de *comfort* alarga de modo característico o círculo dos fins, moralmente lícitos, em que a riqueza pode ser empregada, e naturalmente não é um acaso que se tenha observado justamente entre os mais conseqüentes seguidores de toda esta concepção, os Quakers, um desenvolvimento mais precoce e mais manifesto do estilo de vida, que se remete a esse conceito. Contra as brilhantes aparências da pompa cavalheiresca, que, apoiando-se sobre bases econômicas pouco sólidas, prefere uma exígua elegância na simplicidade modesta, eles opõem como ideal a limpa e sólida comodidade do *home* burguês.

No campo da produção da riqueza privada, a ascese combatia contra a desonestidade e contra a avidez puramente impulsiva que condenava como *covetousness* e "mamonismo"; ou seja, o esforço tenso para a riqueza, pelo único escopo final de ser rico. Mas a ascese era a força "que quer continuamente o bem e continuamente o mal", isto é, cria aquilo que, segundo sua própria interpretação, é mal: a riqueza e suas tentações.

Pois ela não somente via, com o Antigo Testamento e em plena analogia com o apreço ético das "obras boas", no esforço para a riqueza como fim a si mesma, uma coisa reprovável em máximo grau, e na conquista, ao contrário, da riqueza, como fruto do trabalho profissional, a bênção de Deus. Mas, coisa ainda mais importante: a avaliação religiosa do trabalho profissional leigo, incansável, contínuo, sistemático, como o mais elevado meio ascético, e ao mesmo tempo como a mais elevada, segura e visível confirmação e prova do homem regenerado e da sinceridade de sua fé, devia ser a alavanca mais poderosa que se pudesse pensar para a expansão daquela concepção da vida, que definimos como "espírito do capitalismo". E se ligarmos a limitação do consumo com este desencadeamento do esforço dirigido ao ganho, o resultado exterior é evidente: formação do capital por meio de uma constrição ascética à poupança. Os obstáculos que se opunham ao consumo daquilo que se tinha adquirido deviam aumentar seu emprego produtivo como capital de investimento. Naturalmente foge a uma exata determinação em cifras quão forte tenha sido esse efeito. Na Nova Inglaterra a ligação aparece tão evidente, que naturalmente não fugiu ao olho de um historiador excelente como Doyle. Mas também na Holanda, que foi dominada pelo calvinismo rigoroso apenas por sete anos, a maior simplicidade da vida que dominava nos grupos religiosamente mais sérios, ligada às enormes riquezas, levou a uma ansiedade excessiva de acumular capitais.

M. Weber,
*A ética protestante
e o espírito do capitalismo.*

7 O desencantamento do mundo

> *É destino de nossa época, "com sua característica racionalização e intelectualização, e sobretudo com seu desencantamento do mundo", o de ser uma época sem Deus e sem profetas. E isso impõe a cada um fazer com coragem as próprias escolhas e seguir "o demônio que segura os fios de sua vida".*

Que a ciência hoje seja uma "profissão" *especializada*, posta a serviço da consciência de si e do conhecimento de situações de fato, e não uma graça de visionários e profetas, dispensadora de meios de salvação e de revelações, ou um elemento da meditação de sábios e filósofos sobre o significado do mundo, é certamente um dado de fato, inseparável de nossa situação histórica, à qual, se quisermos permanecer fiéis a nós mesmos, não podemos escapar. E se novamente surge em vós o Tolstoi que pergunta: "Se, portanto, não é a ciência que o faz, quem responde então à pergunta: o que devemos fazer? E como devemos regular nossa vida?", ou então, na linguagem que há pouco usamos: "A qual dos deuses em luta devemos servir? Ou talvez algum outro, e, nesse caso, quem?", é preciso dizer que a resposta cabe a um profeta ou a um redentor. Se este não se encontra entre nós, ou se o anúncio dele não é mais crido, sem dúvida não adiantará fazê-lo descer sobre esta terra em que milhares de professores tentam roubar-lhe o papel em suas aulas, como pequenos profetas privilegiados ou pagos pelo Estado. Isso servirá apenas para esconder toda a enorme importância e o significado do fato decisivo, ou seja, que o profeta, que tantos de nossa mais jovem geração invocam, *não existe*. O interesse interior de um homem de fato "musical" em sentido religioso nunca e jamais estará satisfeito, creio, com o expediente pelo qual se procura esconder-lhe com um sucedâneo, como são todos estes falsos profetas na cátedra, o fato fundamental de que o destino lhe impõe viver em uma época sem Deus e sem profetas. A seriedade de seu sentimento religioso deveria, parece-me, rebelar-se diante disso. Ora, sereis induzidos a perguntar: mas como nos comportamos diante do fato da existência da "teologia" e de suas pretensões a se apresentar como "ciência"? Não nos atormentemos para encontrar uma resposta. "Teologia" e "dogmas" sem dúvida não se encontram sempre e em todo lugar, mas nem sequer exclusivamente no cristianismo. Nós os encontramos (olhando para trás, no passado) em formas muito desenvolvidas também no Islã, no maniqueísmo, na gnose, no orfismo, no parsismo, no budismo, nas seitas hindus, no taoísmo, nos upanixades e, naturalmente, também no judaísmo. Como é natural, desenvolveram-se sistematicamente em medida bastante diversa. E não é por acaso que não só o cristianismo ocidental os tenha construído, ou tenda a construí-los de modo mais sistemático – diversamente daquilo que a teologia é, por exemplo, para o judaísmo – mas também que seu desenvolvimento tenha tido aqui um significado histórico muitíssimo mais importante. Este é um produto do espírito grego, do qual deriva toda a teologia do Ocidente, assim como (evidentemente) toda a teologia oriental deriva do pensamento indiano. Toda a teologia consiste na racionalização intelectual do *patrimonium salutis*. Nenhuma ciência é absolutamente privada de pressupostos, e nenhuma pode estabelecer o fundamento do próprio valor para quem rejeite tais pressupostos. Contudo, toda teologia introduz alguns pressupostos específicos relativamente à própria atividade e, portanto, à justificação da própria existência. Em vários sentidos e com diferente alcance. Para toda teologia, por exemplo, também para a induísta, vige este pressuposto: o mundo deve ter um significado; e a questão a ser resolvida é a seguinte: como é preciso interpretá-lo, para que isso possa ser pensado? De modo totalmente semelhante à teoria do conhecimento de Kant, que partia do pressuposto de que há um conhecimento científico e este é válido, e, portanto, se perguntava: em virtude de quais condições do pensamento isso é possível (para que tenha um significado)? Ou então, como os estetas modernos que (explicitamente – como, por exemplo, G. von Lukács – ou então de fato) partem do pressuposto: "Há obras de arte", e se perguntam: como isso é possível (para que

tenha um significado)? Todavia, as teologias não se contentam em geral com esse pressuposto (pertinente essencialmente à filosofia da religião). Ao contrário, elas partem em geral do prossuposto ainda mais remoto pelo qual determinadas "revelações" devem ser absolutamente cridas enquanto fatos que revestem uma importância para a salvação – como tais, ou seja, que por si conferem um pleno significado à conduta na vida – e pelo fato de que determinados modos de ser e de agir possuem a qualidade da santidade, ou seja, constituem uma conduta de vida de significado plenamente religioso ou são os elementos desta. A pergunta que a teologia se faz é, portanto, a seguinte: como podem ser interpretados, no âmbito de uma imagem complexiva do cosmo (*Gesamtweltbild*), esses pressupostos que devem ser aceitos de modo absoluto? Tais pressupostos encontram-se, portanto, para a teologia, além daquilo que é "ciência". Eles não são um "saber" no sentido corrente, e sim um "possuir". Não podem ser substituídos – a fé ou os outros estados de graça – por nenhuma teologia, para quem não os "possua". Muito menos ainda, portanto, por outra ciência. Ou melhor, em toda teologia "positiva" o crente chega ao ponto onde é válida a máxima agostiniana: "Credo non quod, sed *quia absurdum est*". A capacidade de realizar esse extremo "sacrifício do intelecto" constitui o caráter decisivo do homem que pertence a uma religião positiva. E, assim estando as coisas, é claro que, para desonra (ou melhor, como conseqüência) da teologia (que desvela esse estado de coisas), a tensão entre a esfera dos valores da "ciência" e a da salvação religiosa é insanável.

O "sacrifício do intelecto" leva, como é natural, o discípulo ao profeta e o crente à igreja. Mas ainda não surgiu uma nova profecia simplesmente pelo fato de que muitos intelectuais modernos (retomo aqui de propósito esta imagem que provocou muitas suscetibilidades) tenham sentido a necessidade de decorar, por assim dizer, sua alma com objetos antigos garantidos como originais, e se tenham lembrado nessa ocasião que entre estes há também a religião, que eles certamente não possuem, mas que substituem com uma espécie de capela privada enfeitada como de brincadeira com imagens sacras de todos os países, ou então com todo tipo de experiências de vida às quais conferem a dignidade de um meio místico de salvação e que vão vender na praça. Em tudo isso trata-se simplesmente de charlatanice ou de auto-ilusão. Mas não é de fato uma charlatanice, e sim algo muito sério e sincero – embora não ausente, por vezes, de um mal-entendido

Capítulo quarto - Max Weber e as ciências histórico-sociais

a respeito de seu próprio significado – o fato de que muitas dessas associações de jovens, surgidas no silêncio destes últimos anos, dêem às suas relações comuns, humanas, o sentido de uma ligação religiosa, cósmica ou mística. Se for verdade que todo ato de genuína irmandade pode se ligar com a consciência de que com isso é de algum modo acumulado em um domínio ultrapessoal algo que não será perdido, ainda assim me parece duvidoso que a dignidade das relações propriamente humanas entre os membros de uma comunidade se torne elevada por meio de tais interpretações religiosas. Todavia, isso também não combina com nosso tema.

É o destino de nossa época, com sua característica racionalização e intelectualização, e principalmente com seu desencantamento do mundo, que exatamente os valores supremos e sublimes se tenham tornado estranhos ao grande público, para refugiar-se no reino extramundano da vida mística ou na fraternidade das relações imediatas e diretas entre os indivíduos. Não é por acaso que nossa melhor arte seja íntima e não monumental, e que hoje apenas, no seio das mais restritas comunidades, na relação de homem para homem, no *pianissimo*, palpite aquele indefinível que há um tempo penetrava e fortificava como um sopro profético e uma chama impetuosa as grandes comunidades. Provemos forçar e "suscitar" um sentido monumental da arte, e eis nascer um aborto lamentável como o de numerosos monumentos comemorativos dos últimos vinte anos. Algo de semelhante se reproduz na esfera interior, com efeitos ainda mais deletérios, caso se procure cogitar novas formas religiosas sem uma nova e genuína profecia. E a profecia formulada pela cátedra poderá talvez dar vida a seitas fanáticas, mas nunca a uma comunidade autêntica. A quem não esteja em grau de enfrentar virilmente esse destino de nossa época é preciso aconselhar que volte em silêncio, sem a costumeira conversão publicitária, e sim franca e simplesmente, para os braços das antigas igrejas, larga e misericordiosamente abertas. Elas não lhe tornam difícil a passagem. Em todo caso, é preciso realizar – é inevitável – o "sacrifício do intelecto", de um ou de outro modo. Não o reprovaremos, caso seja realmente capaz disso. Pois semelhante sacrifício do intelecto em favor de uma incondicionada entrega religiosa é sempre algo de moralmente diferente daquele modo de evitar a simples probidade intelectual que se verifica quando, não tendo a coragem de perceber claramente a própria posição última, se alivia esse dever por meio do refúgio no relativo. E o considero também mais respeitável do que aquela profecia que se proclama da cátedra sem ter compreendido que entre as paredes da sala de aula uma só virtude tem valor: a simples probidade intelectual. Ela nos impõe colocar às claras que hoje todos aqueles que vivem na espera de novos profetas e novos redentores se encontram na mesma situação descrita no belíssimo canto da escolta iduméia durante o período do exílio, que se lê no oráculo de Isaías: "Uma voz chama de Seir em Edom: Sentinela! Quanto durará ainda a noite? E a sentinela responde: Virá a manhã, mas ainda é noite. Se quiserdes perguntar, voltai outra vez". O povo, ao qual era dada essa resposta, perguntou e esperou bem mais de dois milênios, e sabemos de seu trágico destino. Disso desejamos extrair a advertência de que anelar e esperar não basta, e nos comportaremos de outra maneira: realizaremos nosso trabalho e cumpriremos a "tarefa quotidiana" – em nossa qualidade de homens e em nossa atividade profissional. Isso é simples e fácil, quando cada um tiver encontrado e seguir o demônio que segura os fios de sua vida.

M. Weber,
O trabalho intelectual como profissão.

8 A ciência se fundamenta sobre uma escolha ética

> *A ciência não pode responder à única pergunta importante para nós: "O que devemos fazer? Como devemos viver?" E, além do mais, a própria ciência é o resultado de uma escolha – da escolha que seus resultados sejam para nós "dignos de serem conhecidos". Mas "este pressuposto não pode ser por sua vez demonstrado com os meios da ciência".*

Voltemos ao ponto de partida. Dados estes pressupostos intrínsecos, vejamos qual é o significado da ciência como vocação, a partir do momento em que naufragaram todas as ilusões precedentes: "meio para o alcance do verdadeiro ser", "da verdadeira arte", "da verdadeira natureza", "do verdadeiro Deus", "da verdadeira felicidade". A resposta mais simples foi dada por Tolstoi com estas palavras: "É absurda, porque não responde à única pergunta importante para nós: o que devemos fazer? como devemos viver?" O fato de que não responda a isso é absolutamente incontestável. Trata-se apenas de perguntar-se em que sentido não dê "nenhuma resposta", e se em lugar desta ela não puder por acaso dar qualquer auxílio a quem se colocar a questão em seus termos exatos. Hoje se quer freqüentemente falar de ciência "sem pressupostos". Existirá alguma? Depende daquilo que se queira entender. Pressuposto de qualquer trabalho científico é sempre a validade das regras da lógica e do método: fundamentos gerais de nossa orientação no mundo. Ora, tais pressupostos, ao menos quanto à nossa questão particular, não são minimamente problemáticos. Pressupõe-se, além disso, que o resultado do trabalho científico seja importante no sentido que seja "digno de ser conhecido" (*wissenswert*). E aqui evidentemente têm sua raiz todos os nossos problemas. Uma vez que este pressuposto não pode ser por sua vez demonstrado com os meios da ciência. Pode ser apenas *explicado* em vista de seu significado último, que será preciso acolher ou rejeitar conforme a posição pessoal última assumida diante da vida.

Bem diverso, além disso, é o tipo de relação do trabalho científico com estes seus pressupostos, conforme sua estrutura. As ciências naturais como a física, a astronomia, a química, pressupõem como evidente em si que as leis últimas do acontecer cósmico – construtíveis, até onde chega a ciência – sejam dignas de ser conhecidas. Não só porque com estas noções se podem atingir sucessos técnicos, mas – se devem ser "vocação" – "por si mesmas". Este pressuposto, por sua vez, não é absolutamente demonstrável; e muito menos se pode demonstrar se o mundo por elas descrito seja digno de existir: se tenha um "significado", e se haja um sentido nele existir. Com isso as ciências não se preocupam. Ou então tomai uma tecnologia prática tão desenvolvida cientificamente como a medicina moderna. O "pressuposto" geral desta atividade é – em palavras pobres – que seja considerada positiva, unicamente como tal, a tarefa da conservação da vida e da redução da dor ao mínimo. E isso é problemático. O médico procura com todos os meios conservar a vida do moribundo, mesmo que este implore ser liberto da vida, mesmo que sua morte é e deva ser desejada – mais ou menos conscientemente – por seus familiares, para os quais sua vida não tem mais valor enquanto insuportáveis são os ônus para conservá-la, e eles lhe auguram a libertação das dores (trata-se, digamos, do caso de um pobre louco). Mas os pressupostos da medicina e o código penal impedem que o médico desista. A ciência médica não se pergunta se e quando a vida valha a pena ser vivida. Todas as ciências naturais dão uma resposta a esta pergunta: o que devemos fazer se quisermos dominar *tecnicamente* a vida? Mas se queremos e devemos dominá-la tecnicamente, e se isso, definitivamente, tiver de fato um significado, elas o deixam totalmente em suspenso ou então o pressupõem por seus fins. Tomemos, se quiserdes, uma disciplina como a crítica da arte. O fato de que haja obras de arte constitui, para a estética, um pressuposto. Ela procura estabelecer em quais condições isso se verifique. Mas não se põe a pergunta se o domínio da arte não seria por acaso um reino de magnificência diabólica, um reino deste mundo, e por isso intimamente oposto ao divino e, por seu caráter intrinsecamente aristocrático, ao espírito de fraternidade. Ela, portanto, não se pergunta se *devam* existir obras de arte. Ou então, tomemos a jurisprudência: ela estabelece aquilo que é válido segundo as regras do pensamento jurídico, em parte imperativamente lógico e em parte vinculado por esquemas convencionais; em outras palavras, estabelece se são reconhecidas como obrigatórias determinadas regras jurídicas e determinados métodos para sua interpretação. Não decide se deva haver o direito e se devam ser formuladas exatamente aquelas regras; ela pode indicar apenas isto: caso se queira atingir um resultado, o meio para alcançá-lo nos é dado por esta regra jurídica, conforme as normas de nosso pensamento jurídico. Ou tomai ainda as ciências históricas (*historischen Kulturwissenschaften*). Elas nos ensinam a entender os fenômenos da civilização (*Kulturerscheinungen*) – políticos, artísticos, literários ou sociais – nas condições de seu surgimento. Mas não respondem em si à pergunta a respeito do valor positivo destes fenômenos, e nem à outra questão, se valha a pena conhecê-los. Elas pressupõem que haja interesse em participar, por meio de tal procedimento, da comunidade dos "homens civis" (*Kulturmenschen*). Mas que assim estejam as coisas, a ninguém elas estão em grau de demonstrar "cientificamente", e que elas o pressuponham não demonstra de fato que isso seja evidente. E, com efeito, de modo nenhum o é.

M. Weber,
*O trabalho intelectual
como profissão.*

Capítulo quinto

O pragmatismo

I. O pragmatismo lógico de Charles S. Peirce

• O pragmatismo é a forma que o empirismo tradicional assumiu nos Estados Unidos. E enquanto o empirismo tradicional viu na *experiência* a progressiva acumulação e sistematização dos dados sensíveis e das observações passadas ou presentes, no pragmatismo a experiência é abertura para o futuro, previsão e projeção, regra de ação.

O pragmatismo → § 1

• Menos conhecido que William James, Charles Sanders Peirce (1839-1914) exerceu sobre as pesquisas semiológicas e metodológicas sucessivas uma influência muito mais incisiva e durável do que as já notáveis de James.

Peirce foi estudioso de lógica e semiólogo sofisticado ("todo pensamento é um signo e participa essencialmente da natureza da linguagem"; "não é possível pensar sem signos"; "todo pensamento é signo"); ele afirma que o conhecimento é pesquisa; que a pesquisa parte da dúvida: é a irritação da dúvida que causa a luta para obter o estado de *crença*. E são quatro, na opinião de Peirce, os métodos para fixar a crença:
1) o método da *tenacidade*;
2) o método da *autoridade* (de quem procura impor suas próprias idéias com a ignorância ou o terror);
3) o método do *a priori* (este é o método de diversas metafísicas, e "não difere de modo essencial do método da autoridade");
4) o método *científico*.

Os três primeiros métodos – escreve Peirce no ensaio *A fixação da crença* (1877) – não funcionam. Apenas o método científico é o método correto se quisermos alcançar crenças válidas.

Peirce: o método correto para fixar as "crenças" é apenas o científico → § 2

• Na ciência temos três modos diferentes de raciocínio: *dedução*, *indução* e, diz Peirce, *abdução*.

A *dedução* é o raciocínio que de premissas verdadeiras não pode levar a conseqüências falsas.

A *indução* é o raciocínio que, sobre a base de certos membros de uma classe com certas propriedades, conclui que todos os membros daquela classe terão as mesmas propriedades.

A *abdução* é o raciocínio que nos diz que, para encontrar a solução de um *fato surpreendente*, devemos inventar uma *hipótese* da qual *deduzir* as conseqüências, que devem ser *controladas* empiricamente, isto é, *indutivamente*.

A abdução: um raciocínio para explicar os fatos → § 3

• Não nos é lícito pensar que uma hipótese bem verificada seja segura para sempre: "uma hipótese é, para a mente científica, sempre *in prova*". Nossos co-

> **Uma regra para estabelecer o significado dos conceitos → § 4**
>
> nhecimentos continuam desmentíveis, "falíveis", escreve Peirce. E se o método válido para fixar as crenças é o científico, a regra para estabelecer o significado dos conceitos, ou seja, para *tornar claras nossas idéias*, é a regra pragmática: *um conceito se reduz a seus efeitos experimentais concebíveis*. Eu sei o que quer dizer "leão", isto é, conheço o significado do termo "leão", quando sei comportar-me diante do animal designado pelo termo "leão"; da mesma forma, conheço o significado de "vinho" quando sei o que fazer com o objeto designado pelo conceito "vinho".

1 O pragmatismo é a forma que o empirismo assumiu nos Estados Unidos

O pragmatismo nasceu nos Estados Unidos nas últimas décadas do século passado, e sua força de expressão, tanto na América quanto na Europa, chegou a seu ponto máximo nos primeiros quinze anos de nosso século. Do ponto de vista sociológico, o pragmatismo representa a filosofia de uma nação voltada com confiança para o futuro, enquanto do ponto de vista da história das idéias ele se configura como a contribuição mais significativa dos Estados Unidos à filosofia ocidental. O pragmatismo é a forma que o empirismo tradicional assumiu nos Estados Unidos. Com efeito, enquanto o empirismo tradicional, de Bacon a Locke, de Berkeley a Hume, considerava válido o conhecimento baseado na *experiência* e a ela redutível — concebendo a experiência como a acumulação e organização progressiva de dados sensíveis passados ou presentes —, para o pragmatismo *a experiência é abertura para o futuro, é previsão, é norma de ação*.

Os representantes mais prestigiosos do movimento pragmatista foram: Charles Peirce, William James, George Herbert Mead e John Dewey nos Estados Unidos; Ferdinand Schiller na Inglaterra (Schiller, porém, concluiu seus estudos em Los Angeles, nos Estados Unidos); Giovanni Papini, Giuseppe Prezzolini, Giovanni Vailati e Mario Calderoni na Itália; Hans Vaihinger na Alemanha e Miguel de Unamuno na Espanha.

A simples relação desses pensadores já mostra quão complexo e variado foi o movimento pragmatista de pensamento. Na realidade, em 1908, Arthur O. Lovejoy já classificava nada menos que treze tipos diversos de pragmatismo, que, vez por outra, se diferenciavam na teoria do conhecimento, na teoria da verdade, na teoria do significado, na teoria dos valores. Desse modo, a gama de significados do conceito de pragmatismo se estende do "pragmatismo lógico" de Peirce e Vailati até a formas de voluntarismo e de vitalismo irracionalistas e incontroláveis.

2 Os procedimentos para fixar as "crenças"

Se o pragmatismo de William James teve mais sucesso na época, no entanto o pragmatismo de Charles S. Peirce (Cambridge, Massachussets, 1839-Milford, 1914) exerceu e ainda em nossos dias exerce influência decididamente mais importante sobre as pesquisas metodológicas e semiológicas.

Para Peirce, *o conhecimento é pesquisa*. E a pesquisa se inicia com a *dúvida*. É a irritação da dúvida que causa a luta para se obter o estado de *crença*, que é um estado de calma e satisfação. E nós procuramos obter crenças, já que são esses hábitos que determinam as nossas ações.

Pois bem, por quais caminhos ou procedimentos se passa da dúvida à crença? No ensaio de 1877 *The Fixation of Belief* (*A fixação da crença*), Peirce sustenta que os métodos para fixar a crença são substancialmente redutíveis a quatro:

1) o método da *tenacidade*;
2) o método da *autoridade*;
3) o método do *a priori*;
4) por fim, o método *científico*.

1) O *método da tenacidade* é o comportamento do avestruz, que esconde a cabeça na areia quando se aproxima o perigo; é o caminho de quem está seguro somente na aparência, ao passo que, em seu interior, está

espantosamente inseguro. E tal insegurança emerge quando ele se defronta com outras crenças, reputadas igualmente boas por outros. O impulso social, escreve Peirce, é contra esse método.

2) O *método da autoridade* é o de quem, com a ignorância, o terror e a inquisição, quer alcançar a concordância de quem não pensa igual ou não pensa em harmonia com o grupo ao qual pertence. Este é um método que tem "incomensurável superioridade mental e moral sobre o método da tenacidade", e seu sucesso tem sido grande e "de fato sempre apresentou os mais majestosos resultados"; este é o método das fés organizadas. Mas nenhuma de tais fés organizadas permaneceu eterna; na opinião de Peirce, a crítica as corroeu e a história as redimensionou e, de qualquer forma, as particularizou.

3) O *método do "a-priori"* é o de quem considera que suas próprias proposições fundamentais *estão de acordo com a razão*. Entretanto, observa Peirce, a razão de um filósofo não é a razão de outro filósofo, como o demonstra a história das idéias metafísicas. O método *a priori* leva ao insucesso, porque "faz da pesquisa algo semelhante ao desenvolvimento do gosto", visto ser método que "não difere de modo essencial do método da autoridade".

4) Assim, por um ou outro motivo, os três métodos precedentes (da tenacidade, da autoridade e do *a priori*) não se sustentam. Se quisermos estabelecer validamente as nossas crenças, segundo Peirce, o método correto é o *método científico*.

3 Dedução, indução, abdução

Ora, na ciência, temos três diferentes modos fundamentais de raciocínio:

Charles Sanders Peirce (1839-1914), representante maior do pragmatismo lógico, deu contributos que ainda são de grande atualidade para a lógica, a semiótica e a filosofia da ciência.

a) a *dedução*;
b) a *indução*;
e aquela que Peirce chama de *c) abdução*.

a) A *dedução* é o raciocínio que não pode levar de premissas verdadeiras a conclusões falsas.

b) A *indução* é "argumentação que, a partir do conhecimento de que certos membros de uma classe, escolhidos ao acaso, possuem certas propriedades, conclui que todos os membros da mesma classe igualmente as terão". A indução, diz Peirce, move-se na linha de fatos homogêneos; classifica e não explica.

c) O salto da linha dos fatos para a das suas razões, ao contrário, temos com o tipo de raciocínio que Peirce chama de *abdução*, cujo esquema é o seguinte:

1. Observa-se C, um fato surpreendente.
2. Mas, se A fosse verdadeiro, então C seria natural.
3. Portanto, há razões para suspeitar que A seja verdadeiro.

Esse tipo de argumentação nos diz que, para encontrar a explicação de um *fato problemático*, devemos inventar uma *hipótese* ou conjectura, da qual se *deduzam* conseqüências, que, por seu turno, possam ser verificadas *indutivamente,* isto é, experimentalmente. Esse é o modo pelo qual a abdução mostra-se intimamente relacionada com a dedução e a indução.

Por outro lado, a abdução mostra que as crenças científicas são sempre *falíveis,* já que as provas experimentais sempre poderão desmentir as conseqüências de nossas conjecturas: "Para a mente científica, a hipótese está sempre *in prova*". **Texto 1**

4 Como tornar claras nossas idéias: a regra pragmática

O método válido para fixar as crenças, portanto, é o método científico, que consiste em formular hipóteses e submetê-las a verificação, com base em suas conseqüências. Por outro lado, a regra válida para a teoria do significado — assim como Peirce a apresenta também em *Como tornar claras nossas idéias* (1878) —, isto é, a regra adequada para estabelecer o significado de um conceito, é a *regra pragmática*, segundo a qual um *conceito* se reduz a seus *efeitos experimentais concebíveis*; estes efeitos experimentais se reduzem, por sua vez, a *ações possíveis* (ou seja, a ações efetuáveis no momento em que se apresentar a ocasião); e a ação se refere exclusivamente a aquilo que atinge os *sentidos*.

Do que foi dito torna-se evidente que o pragmatismo de Peirce não reduz de modo algum a verdade à utilidade, mas se estrutura muito mais como uma lógica da pesquisa ou uma norma metodológica que vê a verdade como por fazer, no sentido de considerar verdadeiras as idéias cujos efeitos concebíveis são comprovados pelo sucesso prático, sucesso jamais definitivo e absoluto. A verdade, escreve Peirce, jaz no futuro. **Texto 2**

■ **Abdução.** Na antiguidade Aristóteles indicava com abdução – *apagoghé* – o tipo de silogismo no qual a premissa maior é certa, a premissa menor é incerta e, portanto, a conclusão tem uma certeza ou inferior ou igual à da premissa menor.
Em Peirce a *abdução* é usada para um tipo de raciocínio onde, a fim de encontrar uma explicação de um fato *surpreendente* – isto é, de um fato *problemático*, de um *problema* – inventa-se uma hipótese como tentativa de solução, de cuja idéia ou hipótese se *deduzem as conseqüências* que devem ser submetidas ao controle empírico ou indutivo dos fatos. Peirce esquematiza do seguinte modo o raciocínio abdutivo.
1) Observamos C, um fato surpreendente.
2) Mas, se A fosse verdadeiro, C seria natural.
3) Há, portanto, razão de suspeitar que A seja verdadeiro.
O raciocínio abdutivo liga dentro de si a *dedução* e a *indução*:
- a *dedução* é utilizada para forçar as conseqüências da hipótese A proposta como tentativa de solução do "fato surpreendente" C;
- a *indução* funciona como verificação experimental do conteúdo da hipótese A, isto é, como controle factual de suas conseqüências.
Digno de nota é que aquilo que Peirce chama de "fato surpreendente" é o problema. Um fato é "surpreendente" quando se choca contra alguma nossa idéia ou teoria ou expectativa precedente, criando assim o *problema*.

■ **Falibilismo.** Este é um termo que freqüentemente se usa para indicar a concepção da ciência de Peirce. É o próprio Popper – o teórico por excelência do falibilismo em nosso século – que afirma: "Esta expressão ('falibilismo'), pelo que eu saiba, encontra-se pela primeira vez em Charles Sanders Peirce".
E Peirce diz: "O falibilismo é a doutrina segundo a qual nosso conhecimento jamais é absoluto, mas nada sempre, por assim dizer, em um *continuum* de incerteza e de indeterminação". "Não podemos estar absolutamente certos de nada". "Há três coisas que jamais podemos esperar obter por meio do raciocínio, isto é, a certeza absoluta, a exatidão absoluta, a universalidade absoluta".
É interessante notar que, bem antes de Popper, Peirce usou não só o termo "falibilismo" e o conceito de refutação, mas também o termo-conceito de *falsificação* como oposto de verificação: "A proposição hipotética pode, portanto, ser *falsificada* por um estado de coisas particular".

■ **Regra pragmática.** Proposta por Peirce, a regra pragmática representa uma rigorosa navalha de Ockam para estabelecer o significado de um conceito.
Escreve Peirce: "Um *conceito*, isto é, o significado racional de uma palavra ou de outra expressão, consiste exclusivamente em seus reflexos concebíveis sobre a conduta de vida; de modo que, a partir do momento que obviamente nada daquilo que pode não resultar do experimento possa ter um reflexo direto qualquer sobre a conduta, se alguém pode acuradamente definir todos os fenômenos experimentais concebíveis que a afirmação ou a negação de um conceito podem implicar, terá, por conseguinte, uma definição completa do conceito, e *nele não há absolutamente outra coisa*".
O significado de um conceito define-se em termos de *efeitos concebíveis*; estes equivalem à *ação possível*: uma crença é uma regra de ação, implica um *hábito*. Com efeito, "nossa ação refere-se exclusivamente àquilo que atinge nossos sentidos, nosso hábito tem o mesmo alcance que a ação, a crença tem o mesmo que o hábito e o conceito o mesmo que a crença".
Com toda clareza, é "impossível que tenhamos uma idéia em nossa mente que se refira a outra coisa a não ser aos concebíveis efeitos sensíveis das coisas. Nossa idéia de uma coisa é a idéia de seus efeitos sensíveis, e se imaginamos ter outra, enganamos a nós mesmos".
A regra pragmática liga o pensamento de Peirce ao neopositivismo e, sobretudo, ao operacionismo de Bridgman.

II. O empirismo radical de William James

• Foi William James (1842-1910) que, no fim do século XIX, tornou conhecido ao mundo o pragmatismo como nova filosofia. "O pragmatismo, afirma James, é apenas um método". É antes de tudo um convite a afastar o olhar das "coisas primeiras" (princípios, "categorias", pretensas necessidades) para dirigir a atenção sobre as "coisas últimas" (os fatos). Em segundo lugar é um método para obter a clareza das idéias; método que nos ordena considerar os efeitos práticos concebíveis implicados por esta ou aquela idéia, "quais sensações devemos esperar e quais reações devemos preparar". E uma idéia é verdadeira, na opinião de James, "até quando nos permite ir à frente e levar-nos de uma parte para outra de nossa experiência, ligando as coisas de modo satisfatório, operando com segurança, simplificando, economizando a fadiga".

O pragmatismo como método e a concepção instrumental da verdade → § 1-2

A abraçada por James é uma concepção *instrumental* da verdade: a verdade – que é um processo e não uma posse – identifica-se com sua capacidade de operar, com sua utilidade para melhorar ou para tornar menos dificultosa e menos precária a vida dos indivíduos.

• Os *Princípios de psicologia* são de 1890. James é contrário à velha psicologia racional para a qual a alma era uma substância separada do corpo e auto-suficiente; critica o associacionismo e sua pretensão de reduzir a vida psíquica à combinação de sensações elementares. É contrário aos materialistas que crêem poder identificar os fenômenos psíquicos com movimentos da matéria cerebral. Para James a mente é um instrumento dinâmico e funcional para a adaptação ao ambiente. Concepção que o leva a falar não só da percepção e das atividades intelectivas, mas também de fenômenos como o hipnotismo e o subconsciente, ou ainda dos condicionamentos sociais.

A mente é o instrumento da adaptação ao ambiente → § 3

• Daí a atenção ao problema ético, tratado por James em *O filósofo moral e a vida moral* (1891) e em *A vontade de crer* (1897): o bem e o mal não são fatos; não nos dizem como estão as coisas, mas como estas deveriam estar. Os problemas éticos implicam escolhas por parte dos homens; e, segundo James, devem ser preferidos os ideais que comportem, se realizados, a destruição do menor número de outros ideais e, ao mesmo tempo, favoreçam o universo mais rico de possibilidades.

Um critério para escolher os valores → § 4

• E a concentração da riqueza da experiência humana leva James – diversamente dos positivistas – a tomar em séria consideração e a avaliar de modo positivo a experiência religiosa: esta põe os homens em contato com o sagrado e muda sua existência. James chega a defender da filosofia a experiência mística, uma experiência que potencia e alarga o campo perceptivo e que abre para possibilidades desconhecidas no exercício da racionalidade. A influente obra de James *A variedade da experiência religiosa* é de 1902.

Avaliação positiva da experiência religiosa → § 5

1. O pragmatismo é apenas um método

Se com Peirce temos a versão lógica do pragmatismo, com James temos a versão moral e religiosa, apesar de James ser laureado em medicina e ter ensinado fisiologia e anatomia em Harvard.

Foi James (Nova Iorque, 1842 — Chocorua, New Hampshire, 1910) — quem lançou o pragmatismo como filosofia em 1898. Foi sob a sua liderança que o pragmatismo tornou-se conhecido no mundo. O pragmatismo de fato foi recebido e conhecido pelo público mais amplo nas concepções propostas por James.

Afirma James: "O pragmatismo é apenas método" que se configura, em primeiro lugar, como uma atitude de pesquisa, como "a disposição de afastar o olhar das coisas primeiras, dos princípios, das 'categorias', das pretensas necessidades e, ao contrário, voltar os olhos para as coisas últimas, os resultados, as conseqüências, os fatos".

O pragmatismo é método para alcançar a clareza das idéias que temos dos objetos. E esse método nos impõe "considerar quais efeitos práticos concebíveis essa [idéia] pode implicar, quais sensações podemos esperar e quais reações devemos preparar. Nossa concepção desses efeitos, tanto imediata como remota, é então toda a concepção que temos do objeto, enquanto ela tiver significado positivo". Texto 3

William James (1842-1910) representa a versão psicológica, moral e religiosa do pragmatismo.

2. A verdade de uma idéia se reduz à sua capacidade de "operar"

A este ponto, parece que as idéias de James sobre o pragmatismo (expostas no ensaio *Pragmatismo*, de 1907) não diferem das de Peirce. No entanto, as coisas não são bem assim: para James, "as idéias (que são parte da nossa experiência) tornam-se verdadeiras à medida que nos ajudam a obter relação satisfatória com as outras partes de nossa experiência, e a resumi-las por meio de esquemas conceituais [...]. Uma idéia é verdadeira quando nos permite andar adiante e leva-nos de uma parte a outra de nossa experiência, ligando as coisas de modo satisfatório, operando com segurança, simplificando, economizando esforços".

Esta, diz ainda James, "é a concepção 'instrumental' da verdade, ensinada com tanto sucesso em Chicago, a concepção tão brilhantemente difundida em Oxford: a veracidade de nossas idéias significa sua capacidade de 'operar'". Desse modo, a veracidade das idéias era identificada com sua capacidade de operar, com sua *utilidade*, tendo em vista a melhoria ou a tornar menos precária a condição vital do indivíduo.

Além disso, para James "a verdade de uma idéia não está em sua estagnante propriedade". Há um processo de verificação que torna verdadeira uma idéia. "Uma idéia *torna-se* verdadeira, é *tornada* verdadeira pelos acontecimentos. Sua veracidade é de fato acontecimento, processo: mais exatamente, o processo de seu verificar-se, sua verificação". As idéias verdadeiras, segundo James, "são as que podemos assimilar, ratificar, confirmar e verificar. E falsas são aquelas em relação às quais não podemos fazer o mesmo".

As idéias ou teorias verdadeiras, para James, são aproximações melhores do que as idéias anteriores, resolvendo os problemas de modo mais satisfatório. E "a posse da verdade, longe de ser fim, é apenas meio para outras satisfações vitais".

3. Os princípios da psicologia e a mente como instrumento da adaptação

Em 1890, James publicou os dois volumes que constituem os *Princípios de psicologia*. James considera que uma fórmula que prestou amplos serviços à psicologia foi a fórmula spenceriana, segundo a qual "a essência da vida mental e a essência da vida corporal são idênticas, ou seja, 'a adaptação das relações internas às externas'". Essa fórmula pode ser considerada a encarnação da generalidade — comenta James —, mas, "como considera o fato de que as mentes vivem em ambientes que agem sobre elas e sobre as quais elas por seu turno reagem, já que, em suma, ela põe a mente no concreto de suas relações, tal fórmula é imensamente mais fértil do que a velha 'psicologia racional', que considerava a alma como coisa separada e auto-suficiente, e pretendia estudar somente sua natureza e prioridade".

Na realidade, James faz da mente um instrumento dinâmico e funcional para a adaptação ambiental. A vida psíquica caracteriza-se por finalismo que se expressa como energia seletiva já no ato elementar da sensação.

Por isso tudo, a velha noção de alma já não servia para James. Mas ele também criticava os associacionistas, que reduziam a vida psíquica à combinação das sensações elementares, e criticava os materialistas, com sua pretensão de identificar os fenômenos psíquicos com os movimentos da matéria cerebral.

A consciência se apresenta para James como corrente contínua: ele fala de uma *stream of thought* (uma corrente de pensamento). E a única unidade que se pode detectar na *stream of consciousness* é aquela pela qual o pensamento "difere em cada momento do momento anterior, apropriando-o juntamente com tudo o que este último chama de seu". A "experiência pura" aparece para ele como "o imenso fluxo vital que fornece o material para a nossa reflexão ulterior". Para James, a relação sujeito-objeto é derivada.

Conceber a mente como instrumento de adaptação ao ambiente foi a idéia que levou James à ampliação do objeto de estudo da psicologia: esse objeto não diria mais respeito somente aos fenômenos perceptivos e intelectivos, e sim também aos condicionamentos sociais ou fenômenos como os concernentes ao hipnotismo, à dissociação ou ao subconsciente. James não apenas realizou análises refinadas e críticas agudas sobre esses temas, mas também prenunciou muitas doutrinas que depois seriam desenvolvidas pelo comportamentalismo, pela psicologia da Gestalt e pela psicanálise.

4. A questão moral: como escolher entre ideais contrastantes?

Presente em diversos escritos de James, a questão ética é enfrentada explicitamente em dois escritos fundamentais para sua

Frontispício da edição italiana dos Ensaios pragmáticos *de William James, publicada por Carabba em 1919 com um prefácio e uma bibliografia de Giovanni Papini.*

concepção pragmática: *O filósofo moral e a vida moral*, de 1891, e *A vontade de crer*, de 1897. Neste último ensaio, James levanta questões como a dos valores, que não podem ser decididas recorrendo às experiências sensíveis: "As questões morais, antes de tudo, não são tais que sua solução possa esperar prova sensível. Com efeito, uma questão moral não é uma questão do que existe, mas daquilo que é bom ou seria bom que existisse".

A ciência pode nos dizer o que existe ou não existe. Mas, para as questões mais urgentes, devemos consultar as "razões do coração". Há decisões que todo homem não pode deixar de tomar: dizem respeito ao sentido último da vida, ao problema da liberdade humana ou de sua falta, da dependência ou não no mundo em relação a uma inteligência ordenadora e regente, da unidade monística ou não do mundo, todas questões teoricamente insolúveis, que só se podem enfrentar mediante escolha pragmática.

Voltemos, porém, aos valores. Os fatos físicos existem ou não existem e, enquanto tais, não são bons nem maus: "O ser melhor não é relação física". A realidade é que o bem e o mal só existem em referência ao fato de que satisfazem ou não as exigências dos indivíduos. Refletindo variedade enorme de necessidades e impulsos diversos, essas exigências geram um universo de valores freqüentemente em contraste.

Então, como unificar e hierarquizar tais ideais, variados e muitas vezes contrastantes? A resposta de James a essa pergunta crucial é que se devem preferir os ideais que, se realizados, impliquem a destruição do menor número de outros ideais e o universo mais rico de possibilidades. Naturalmente, tal universo não é dado de fato, não é absolutamente garantido, e se propõe como simples norma que caracteriza a vontade moral enquanto tal.

5 A variedade da experiência religiosa e o universo pluralista

Outra grande obra de William James, de 1902, é *A variedade da experiência religiosa*, onde o autor propõe antes de mais nada uma rica fenomenologia da experiência religiosa. James é contrário aos positivistas, que ligavam a religião a fenômenos degenerativos. O empirista radical James não quer que a identificação das riquezas das experiências humanas seja bloqueada por um juízo de valor qualquer. A vida religiosa é inconfundível; ela põe os homens em contato com uma ordem invisível e muda sua existência.

Segundo James, o estado místico é o momento mais intenso da vida religiosa e age como se ampliasse o campo perceptivo, abrindo-nos possibilidades desconhecidas ao controle racional. E a atitude mística não pode se tornar garantia de uma determinada teologia. Aliás, para James, a experiência mística deve ser defendida pela filosofia. Aqui podemos ver como James passa da descrição à avaliação da experiência mística, considerada como acesso privilegiado, inacessível pelos meios comuns, ao Deus que potencializa nossas ações e que é "a alma e a razão interior do universo", de um *universo pluralista*, onde Deus (que não é o mal nem o responsável pelo mal) é concebido como pessoa espiritual que nos transcende e nos convoca a colaborar com ele.

Um universo pluralista (1909) é uma das últimas obras de James, onde ele tenta libertar a experiência religiosa da angústia do pecado — angústia arraigada na tradição puritana da Nova Inglaterra — e onde, precisamente, Deus é concebido como ser finito. Para James, Deus não é o todo; usando a imagem de Whitehead, ele é um Deus-companheiro.

III. Desenvolvimentos do pragmatismo

Mead e Schiller nos Estados Unidos → § 1-2

• Os Estados Unidos, além da obra de Peirce e de James, podem se orgulhar também da de George Herbert Mead (1863-1931), o qual – colega de Dewey na Universidade de Chicago – trabalhou com ele sobre temas comuns. Mead concebe um universo não dividido e uma continuidade entre o universo e o homem, cujas experiências, por outro lado, têm todas um caráter social. Os trabalhos de maior relevo que Mead nos deixou são: *A filosofia do presente* (1932); *Espírito, eu e sociedade* (1934).

Na América, e precisamente na Universidade de Los Angeles, ensinou – depois de ter sido professor em Oxford – também Ferdinand Cunning Scott Schiller (1864-1937), para o qual uma "razão pura", desligada dos requisitos da ação, é mutação destinada a ser eliminada; e, igualmente, encontram um filtro na mais ampla sociedade gostos e avaliações do indivíduo particular.

Vaihinger na Alemanha → § 3

• Na Alemanha uma concepção próxima do pragmatismo é a proposta pela filosofia do *como-se* de Hans Vaihinger (1852-1933), estudioso de Kant e sustentador – justamente, na *Filosofia do como-se*, 1911 – da tese segundo a qual conceitos, princípios e teoria do saber comum, da ciência e da filosofia nos servem para padronizar a realidade (entendida, por sua vez, como conjunto de representações): são "ficções" úteis, e sua utilidade faz com que as consideremos como verdadeiras.

Papini, Prezzolini, Calderoni e Vailati na Itália → § 4-5

• Giovanni Papini (1881-1956) e Giuseppe Prezzolini (1882-1982) propuseram um pragmatismo que exaltava a vontade de crer, por meio da revista "O Leonardo" (1903-1907), que serviu, junto com "Voz" (1908) e "Lacerba" (1913-1915), para rejuvenescer a cultura italiana.

Bem diferente é, ao contrário, o pragmatismo defendido por Mario Calderoni (1879-1982) e Giovanni Vailati (1863-1909), cujas concepções se inspiraram substancialmente nas propostas teóricas de Peirce.

Para Vailati o pragmatismo possui um caráter utilitário enquanto – por meio da regra pragmática – leva a descartar toda uma série de questões *inúteis*. Convicto da extrema utilidade cultural, científica e didática da história da ciência, Vailati esclareceu a função do erro dentro da pesquisa científica: "Todo erro nos indica um escolho a evitar, enquanto nem toda verdade nos indica um caminho a seguir".

1 Mead: continuidade entre o homem e o universo

Ao lado de Peirce e James, outro prestigioso pragmatista norte-americano foi George Herbert Mead (1863-1931), colega de Dewey na Universidade de Chicago, onde colaborou com ele em torno de núcleos problemáticos comuns. Para Mead, a função da filosofia é a de mostrar um universo não cindido, do qual emerja a continuidade entre o universo e o homem. Aspecto fundamental no pensamento de Mead é que existe relação de condicionalidade recíproca entre *condicionante* e *condicionado*: assim, por exemplo, o presente é condicionado pelo passado, mas, por seu turno, o presente "reescreve o seu passado". Outro tema de fundo da filosofia de

Mead é o de caráter social de todo aspecto da experiência humana. Mead é autor de muitos escritos, reunidos em três volumes depois de sua morte: *A filosofia do presente* (1932), *Espírito, eu e sociedade* (1934) e *A filosofia do ato* (1938).

2 Schiller: o pragmatismo como humanismo

Ferdinand Cunning Scott Schiller (1864-1937) foi inicialmente professor em Oxford e depois, na América, na Universidade de Los Angeles. O pragmatismo de Schiller apresenta-se como *humanismo*. Para ele, todo conhecimento postula um aspecto emocional e toda argumentação encerra uma urgência prática: na opinião de Schiller, o procedimento efetivo da ciência obedece ao critério da utilidade. Uma lei natural seria uma fórmula econômica e uma função conveniente para descrever o comportamento de séries de acontecimentos. Para ele, uma "razão pura" afastada das exigências da ação é mutação destinada a ser eliminada.

Persuadido, com Protágoras, de que o homem é a medida de todas as coisas, Schiller sustenta que os gostos e as apreciações de cada indivíduo encontram na sociedade um filtro seletivo: também neste caso são a utilidade e a eficiência que determinam sua aceitabilidade. A filosofia de Schiller pode ser qualificada como espécie de relativismo radical.

Entre as obras mais notáveis de Schiller, devem-se destacar: *Os enigmas da Esfinge* (1891 — trata-se de estudo sobre a filosofia da evolução), *Estudos sobre o humanismo* (1907), *Problemas da crença* (1924), *Lógica para o uso: introdução à teoria voluntarista do conhecimento* (1930), *Devem os filósofos divergir? e outros ensaios* (1934), e *As nossas verdades humanas* (1939).

3 Vaihinger e a filosofia do "como-se"

Na Alemanha, uma concepção filosófica análoga ao pragmatismo foi a filosofia do *como-se*, de Hans Vaihinger. Iniciando como estudioso de Kant e do neocriticista Friedrich Albert Lange, Vaihinger, na *Filosofia do como-se* (1911), tenta mostrar que todos os conceitos, princípios e hipóteses que constituem o saber comum, as ciências e a filosofia são ficções, que não possuem validade teórica nenhuma, mas que são aceitos e defendidos somente porque são úteis, embora freqüentemente sejam até contraditórios.

Para Vaihinger, o objetivo do conhecimento é a vida. E ele leva até a exasperação o contraste entre valor teórico e valor vital da ficção. Nesse sentido, também são ficções as teorias filosóficas que não podem nos propor a elaboração de visões *verdadeiras* do mundo, e sim muito mais concepções capazes de tornar a vida mais digna e mais intensa.

4 Calderoni: distinção entre juízos de fato e de valor

O pragmatismo italiano surgiu com o "Leonardo" (1903-1907), famosa revista com a qual colaboraram, além de Giovanni Papini (1881-1956), Giuseppe Prezzolini (1882-1982), Giovanni Vailati e Mário Calderoni, e também James, Schiller e Peirce. Enquanto Papini e Prezzolini exaltavam (com James) a vontade de crer, Mário Calderoni (Ferrara, 1879 — Ímola, 1914) e Giovanni Vailati (Crema, 1863 — Roma, 1909) mostravam-se mais próximos de Peirce.

Convicto defensor da distinção entre juízos de fato e juízos de valor, Calderoni afirmou que a filosofia moral "pode modificar poderosamente o conjunto de crenças e previsões que se misturam continuamente — e freqüentemente sem que tenhamos consciência disso — com nossas apreciações, acrescentando novas crenças e previsões às *conseqüências* de nossos atos; pode nos mostrar a incompatibilidade prática de certos ideais com outros ideais que consideramos superiores, de certos sentimentos com outros 'melhores', de certas tendências nossas com outras mais 'fortes'; e, assim, influir consideravelmente sobre nossa conduta".

5. Vailati: o pragmatismo como método

Laureado em matemática (1884) e em engenharia (1886) em Turim (onde também foi assistente de Peano), desde o início Vailati esteve do lado de Peirce, muito mais do que de James, e logo compreendeu o valor *metodológico* exato da norma pragmática. Escrevia Vailati: "A norma metódica enunciada por Peirce, longe de estar voltada para tornar mais 'arbitrária', mais 'subjetiva' e mais dependente do parecer e do sentimento individual a distinção entre opiniões verdadeiras e opiniões falsas, ao contrário, tem objetivo perfeitamente oposto. Essencialmente, ela nada mais é do que um convite a traduzir nossas afirmações em uma forma na qual possam ser mais direta e facilmente aplicáveis a elas precisamente aqueles critérios de veracidade e de falsidade que são mais 'objetivos', isto é, menos dependentes de qualquer impressão ou preferência individuais". Substancialmente, para Vailati, a norma pragmática constitui uma linha de demarcação entre questões sensatas e questões sem sentido: "A questão de determinar *o que queremos dizer* quando enunciamos dada proposição não é apenas uma questão completamente diferente da questão de decidir *se essa proposição é verdadeira ou falsa*: é questão que, de um ou de outro modo, precisa ser decidida antes que se possa sequer começar a tratar da outra". Desse modo, o pragmatismo tem caráter *utilitário*, "enquanto leva a descartar certo número de questões *inúteis*: inúteis, porém, pela simples razão de que são apenas questões aparentes ou, mais precisamente, não são questões de modo nenhum". Assim, por exemplo, as intermináveis discussões sobre o tempo, sobre a substância, sobre o infinito etc., que ocupam tanto espaço em certas discussões filosóficas, "fornecem numerosos e característicos exemplos das várias espécies de 'questões fictícias'", questões que se assemelham à da criança que perguntava ao pai *onde está o vento quando não está soprando*.

Portanto, análise da linguagem e terapia lingüística. Voltando-nos para a parte construtiva do pensamento de Vailati, devemos recordar que ele examinou grande número de problemas, apresentando válidas contribuições clarificadoras. Análise de questões algébricas, geométricas e lógicas; estudos de metodologia científica; análise dos conceitos de causa e efeito aplicados às ciências históricas; exame do problema dos termos teóricos nas ciências empíricas e das relações entre linguagem comum e linguajar técnico, e assim por diante.

E ainda outro ponto importante. Vailati nos deixou estupendos ensaios de história da ciência. De acordo com Mach, Vailati escreveu o seguinte sobre a importância dessa disciplina: "Sejam verdadeiras, sejam falsas, as opiniões são *fatos* apesar de tudo e, como tais, merecem e exigem ser tomadas como objetos de investigação, verificação, confronto, interpretação e explicação, precisamente como qualquer outra ordem de fatos e com o mesmo objetivo [...]". Eis, pois, a enorme importância do *mundo de papel*. "Eu diria que a história das teorias científicas sobre determinado tema não deve ser concebida como a história de uma série de tentativas sucessivas, todas sem sucesso, exceto a última [...]. Ao contrário, a história nos apresenta uma série de acontecimentos, em que cada qual supera e eclipsa o anterior, assim como o anterior, por sua vez, superara e eclipsara os que o haviam precedido [...]. Encontramo-nos sempre ou quase sempre diante de um processo de aproximações sucessivas, comparáveis a uma série de explorações em região desconhecida, cada uma das quais corrige ou precisa melhor os resultados das explorações anteriores e torna sempre mais fácil, para as explorações que se seguem, a consecução do objetivo que todas tiveram em vista". Desse modo, Vailati precisava também a função do *erro* na história da pesquisa científica: "Uma afirmação errônea ou um raciocínio inconcludente de um cientista de tempos passados podem ser tão dignos de consideração quanto uma descoberta ou uma intuição genial, se também serviram para lançar luz sobre as causas que aceleraram ou retardaram o progresso dos conhecimentos humanos, ou para evidenciar o modo de agir de nossas faculdades intelectuais. Cada erro nos indica um escolho a evitar, ao passo que nem toda descoberta nos aponta um caminho a seguir". Texto 4

Peirce

1 Abdução, dedução, indução

> *Peirce chama de abdução o "passo inferencial" que leva um pesquisador a adotar uma hipótese como tentativa de solução de um "fato surpreendente"; uma vez que a hipótese tenha sido formulada, dela se deduzem as consequências; consequências que serão indutivamente controladas sobre os fatos.*

A abdução

Se aceitarmos a conclusão de que uma explicação é necessária quando surgem fatos contrários àquilo que havíamos esperado, segue-se daí que a explicação deve ser uma proposição em grau de prever os fatos observados como consequências necessárias ou pelo menos prováveis naquelas circunstâncias. A este ponto deve-se adotar uma hipótese, que seja em si verossímil e torne verossímeis os fatos. O passo de adoção de uma hipótese enquanto sugerida pelos fatos é aquilo que defino como *abdução*. Considero-a uma forma de inferência, por mais problemática que seja a hipótese adotada. Quais são as regras lógicas a seguir para realizar esta adoção? Não seria racional impor regras e dizer que *devem* ser seguidas até que não esteja claro que o objetivo da hipótese as requeira. Analogamente, parece que os primeiros cientistas, Tales, Anaximandro e os outros, considerassem esgotada a tarefa da ciência, uma vez que fosse sugerida uma hipótese verossímil. Com isto homenageio seu sólido instinto lógico pela hipótese. Também Platão, no *Timeu* e em outros lugares, não hesita em afirmar claramente a verdade de tudo aquilo que parece tornar razoável o mundo, e este mesmo procedimento, ainda que em forma modificada, está na base da moderna crítica histórica. Tudo caminhou bem até que não se percebeu que tal procedimento pode interferir na utilidade da hipótese. Aristóteles afasta-se em parte desse método. Suas hipóteses sobre a natureza são igualmente infundadas, mas a elas acrescenta sempre um "talvez". Isto, a meu ver, acontecia porque Aristóteles era conhecedor profundo dos outros filósofos, e fora atingido pelo fato de que há diversos modos incompatíveis entre si para explicar os mesmos fatos. Por fim, a circunstância que uma hipótese, embora possa fazer-nos prever corretamente certos fatos, possa no futuro levar-nos a expectativas errôneas em relação a outros fatos – esta mesma circunstância, que não podemos negar uma vez que nos tenha saltado aos olhos, impressionou de tal forma os cientistas, primeiro na astronomia e depois nas outras ciências, que se tornou indiscutível que uma hipótese adotada por abdução deve ser adotada apenas provisoriamente, e deve ser experimentada.

A dedução

Quando tudo isso for reconhecido como se deve, a primeira coisa a fazer, uma vez adotada uma hipótese, será extrair dela as prováveis consequências experimentais. Este passo é a *dedução*. Notarei de passagem uma regra de abdução sobre a qual Auguste Comte insiste muito, ou seja, que toda hipótese metafísica deveria ser excluída; e por hipótese metafísica entende uma hipótese que não tem consequências experimentais. [...]

A indução

Ora, tendo tirado por dedução de uma hipótese as previsões dos resultados de um experimento, procedamos a saborear uma hipótese executando o experimento e confrontando as previsões com os resultados efetivos dele. O experimento é uma empresa muito custosa em dinheiro, tempo e pensamento, de modo que será uma poupança de despesa iniciar com as previsões positivas da hipótese verossimilmente menos passíveis de confirmação. Isto porque, se um experimento particular pode refutar definitivamente a mais válida das hipóteses, uma hipótese fixada por um só experimento seria verdadeiramente de escasso valor. Quando, por fim, vemos que uma hipótese verifica-se experimentalmente, previsão depois de previsão, apesar de se ter dado precedência à prova das previsões menos plausíveis, sem nenhuma modificação ou com modificações puramente quantitativas, então começamos a atribuir-lhe dignidade entre os resultados científicos. Este tipo de inferência por experimentos que provam as previsões baseadas sobre uma hipótese é o único que pode de fato ser definido como *indução*.

Ch. S. Peirce,
História e abdução.

2. A regra pragmática

> *O significado de um conceito denominado por uma palavra se reduz — para Peirce — ao conjunto de nossas ações práticas concebíveis com ou em presença do objeto ao qual o conceito se refere. "Nossa idéia de algo é a idéia de seus efeitos sensíveis".*

Vimos que a ação do pensamento (*the action of thought*) é estimulada pela irritação da dúvida e cessa quando a crença é alcançada; de modo que a produção da crença é a única função do pensamento. [...] A alma e o significado do pensamento, purificados dos outros elementos que os acompanham, embora possam ser voluntariamente frustrados, jamais poderão se orientar para nenhuma outra coisa a não ser a produção da crença. O pensamento em ação (*thought in action*) tem como seu único motivo possível alcançar o pensamento em repouso (*thought at rest*); e qualquer outra coisa que não se refira à crença não faz parte do próprio pensamento.

É o que é, então, a crença? É a meia cadência que encerra uma frase musical na sinfonia de nossa vida intelectual. Vemos que tem três propriedades: 1) é algo de que somos conscientes; 2) aplaca a irritação da dúvida; 3) implica a fixação, em nossa natureza, de uma regra de ação, ou, em poucas palavras, de um hábito (*habit*). Quando ela aplaca a irritação da dúvida, que é o móvel do pensar, o pensamento se relaxa, e pára um momento, quando se alcança a crença. Mas, como a crença é uma regra para a ação (*belief is a rule for action*), cuja aplicação implica ulteriores dúvidas e ulteriores pensamentos, ao mesmo tempo em que ela é um ponto de chegada, é também um ponto de partida para o pensamento. E é por tal razão que me permiti chamá-la de pensamento em repouso, embora o pensamento seja essencialmente uma atividade. O resultado *final* do pensar é o exercício da volição, e o pensamento não faz mais parte disso; mas a crença é apenas um estágio da ação mental, um efeito do pensamento sobre nossa natureza, efeito tal que influirá sobre o pensamento futuro.

A essência da crença é a fixação de um hábito (*the establishment of a habit*) e crenças diferentes se distinguem pelos diversos modos de ação a que dão origem. Se as crenças não diferem deste ponto de vista, se aplacam a mesma dúvida produzindo as mesmas regras de ação, então simples diferenças dos modos com os quais se percebem não as tornam crenças diferentes, assim como tocar um trecho de música em chaves diversas não produz peças diferentes. [...] Para entender o significado de uma coisa, devemos, portanto, unicamente determinar quais hábitos ela produz, pois aquilo que uma coisa significa é simplesmente o hábito por ela implicado. E a identidade de um hábito depende de quais ações nos levará a realizar, não somente nas circunstâncias que provavelmente se apresentarão, mas também naquelas que, com escassa probabilidade, surgirão. O que é um hábito depende, em outras palavras, do *quando* e do *como* nos levará a agir. Naquilo que se refere ao *quando*, todo estímulo à ação deriva da percepção; e naquilo que se refere ao *como*, todo objetivo da ação é o de produzir algum resultado sensível. Assim, descemos ao tangível e ao prático, ou seja, descemos à raiz de toda verdadeira distinção de pensamento, por mais que esta possa ser sutil; e não há distinção de significado tão refinada que não consista senão em uma possível diferença de atividade prática. [...] Nossa idéia de algo é a idéia de seus efeitos sensíveis, e se imaginarmos ter dela uma outra, nós enganaremos a nós mesmos e confundiremos a simples sensação que acompanha o pensamento com uma parte do próprio pensamento.

Parece, portanto, que a regra para alcançar o terceiro grau de clareza de apreensão é assim formulável: consideramos quais efeitos, que podem ter concebivelmente conseqüências práticas, pensamos que o objeto de nossa concepção tenha. Então, a concepção destes efeitos é toda a nossa concepção do objeto.

Ch. S. Peirce,
Como tornar claras nossas idéias.

JAMES

3 "O pragmatismo é apenas um método"

> *O pragmatismo é um método que consiste, segundo James, na "disposição de tirar o olhar das coisas primeiras, dos princípios, das 'categorias', das pretensas necessidades, e olhar ao contrário para as coisas últimas, para os resultados, conseqüências, fatos".*

Não há absolutamente nada de novo no método pragmático. Sócrates aderia a ele. Aristóteles o praticava. Locke, Berkeley e Hume trouxeram, por meio dele, importantes contribuições à verdade. Shadworth Hodgson afirma que as realidades são como se conhecem. Mas estes precursores do pragmatismo o empregaram fragmentariamente, limitando-se a introduzi-lo. Apenas hoje ele se generalizou e tornou-se consciente de uma missão universal, e se dirige a um destino como conquistador. Eu creio nesse destino e espero podê-lo levar a cabo inspirando-vos com minha fé.

O pragmatismo representa uma atitude totalmente familiar em filosofia, a empirista, mas a representa a meu ver de forma mais radical e menos criticável do que no passado. Um pragmático volta resolutamente as costas, de uma vez por todas, a um grande número de posições caras aos filósofos de profissão. Ele foge da abstração, das soluções verbais, das más razões a *priori*, dos princípios fixos, dos sistemas fechados, dos falsos absolutos. Ele se dirige à concretude e à adequação, aos fatos, à ação e à força. Isso significa fazer prevalecer uma atitude empirista sobre a racionalista, a liberdade e a possibilidade contra o dogma, o artifício e a pretensão de uma verdade definitiva. O pragmatismo também não toma posição por algum resultado particular. É apenas um método. Mas seu triunfo comportaria mudança enorme naquilo que chamei de "temperamento" da filosofia. [...]

Nenhuma doutrina particular, em suma, mas apenas uma atitude de pesquisa: eis o que significa o método pragmático. A disposição de tirar o olhar das coisas primeiras, dos princípios, das "categorias", das pretensas necessidades, e a olhar ao contrário para as coisas últimas, para os resultados, conseqüências, fatos. E basta isso para o método pragmático! Podereis objetar que elogiei mais do que expliquei, mas agora eu o exporei abundantemente, mostrando-o em ação em tais problemas familiares. Entrementes a palavra "pragmatismo" foi usada em sentido mais vasto, de modo a indicar certa teoria da verdade.

W. James,
Pragmatism.

VAILATI

4 Crítica do materialismo histórico

> *A concepção materialista da história errava ao considerar determinante o fator econômico para a gênese e o desenvolvimento dos eventos históricos e sociais. A realidade – precisa Vailati com um espírito rigorosamente científico – é que "mais do que uma relação de causa e efeito trata-se aqui [...] de uma relação de mútua dependência, análoga à que existiria, por exemplo, entre as posições de duas esferas pesadas, sustentadas por uma superfície côncava [...]".*

A concepção materialista da história [...] consiste para muitos em considerar as condições econômicas como os únicos fatores eficazes do desenvolvimento e das transformações sociais, e em qualificar todas as outras manifestações da vida coletiva, e particularmente as mais elevadas, como simples superestruturas ou reflexos ideológicos daquelas, privadas em si próprias de qualquer eficácia ou impulso diretivo.

Também contra os mantenedores desta teoria se poderia observar, como no caso precedente, que admitir a influência preponderante de relações econômicas, na formação e no desenvolvimento das espécies particulares de atividade às quais dá lugar a convivência humana, não implica que estas últimas não possam por sua vez agir como causas modificadoras da estrutura e da própria vida econômica da sociedade em que se manifestam. Mais que de uma relação de causa e efeito, trata-se aqui, como é mérito principalmente dos economistas da escola matemática ter feito salientar, de uma relação de mútua dependência, análoga a que existiria, por exemplo, entre as posições de duas esferas pesadas sustentadas por uma superfície côncava, cada uma das quais pode ser qualificada como causa da posição que a outra ocupa, no sentido de que cada uma delas obriga a outra a assumir uma posição diferente da que assumiria se estivesse sozinha.

Há, todavia, razões que podem, dentro de certos limites, justificar nossa tendência a aplicar mais a um do que a outro de dois fatos mutuamente dependentes a qualificação de *causas*. Tais razões são precisamente as mesmas pelas quais, quando nos encontramos diante de um complexo de condições que juntas concorrem para a produção de um dado efeito, somos induzidos a escolher uma parte apenas delas para aplicar-lhes, excluindo as restantes, o nome de "causas".

Com efeito, nem todas as condições de cujo concurso depende a verificação de um dado fato apresentam para nós o mesmo interesse, e também aqui o exemplo das ciências físicas é útil para esclarecer os motivos e os critérios pelos quais determina-se tal diferença de interesse.

A distinção entre causa e efeito, e isso é verdade ainda mais para as ciências sociais e históricas do que para as ciências físicas, é uma distinção essencialmente de origem prática, e que se relaciona, em um grau mais ou menos direto, à representação que fazemos do mundo e da ordem em que deveremos ou quereremos proceder para modificar o andamento dos fatos de que se trata, e adaptá-los a nossos fins e a nossos desejos.

É por isso que, como observa Hobbes, "*quaeruntur causae non eorum quae sunt, sed eorum quae esse possunt*". E esta é também a razão pela qual nas ciências históricas e sociais a pesquisa das causas é apta freqüentemente a levar a conseqüências de fato diversas, conforme sentimentos ou preocupações políticas e morais do pesquisador.

Este se deixa induzir, mais ou menos conscientemente, a limitar sua atenção e a qualificar como causas apenas as que, entre as condições de um dado fato, para cuja modificação ele crê que seria necessário ou útil prover caso se quisesse provocar ou impedir o fato em questão ou outros de índole análoga, ou modificá-los no modo por ele desejado.

Nem esta espécie de parcialidade deve ser considerada como ilegítima, ou confundida com a que consiste em permitir às nossas paixões e aos nossos interesses influir sobre a avaliação das provas dos fatos e das teorias. Enquanto esta segunda espécie de parcialidade é radicalmente incompatível com o caráter científico de qualquer espécie de pesquisa, a outra é perfeitamente legítima, nas ciências históricas da mesma forma que nas ciências naturais. E, deste ponto de vista, ouvir falar, por exemplo, de um volume de história socialista, em contraste com outro, por exemplo, de história conservadora, não deveria parecer mais estranho que ouvir falar de um manual de química para os tintureiros, completamente diferente de um tratado de química para os farmacêuticos e para os agrônomos.

A *verdade* é uma só, mas as *verdades* são muitas, e muitos são os objetivos para cujo alcance nossos conhecimentos podem eventualmente ser aplicados. E preocupar-se com um mais do que do outro de tais objetivos é, também nas ciências históricas como em qualquer ramo de pesquisa, de fato compatível com a mais serena imparcialidade na avaliação das provas e dos testemunhos.

G. Vailati,
Sobre a aplicabilidade dos conceitos de causa e efeito.

Capítulo sexto

O instrumentalismo de John Dewey

• John Dewey (1859-1952) – o mais significativo filósofo americano do século XX – chamou de *instrumentalismo* sua própria filosofia. E nessa filosofia é fundamental um conceito de *experiência* diferente do típico do empirismo.

No empirismo a experiência é simplificada e ordenada, é consciência clara e distinta. Para Dewey, ao contrário, "a experiência não é consciência, mas história". Ele escreve isso em *Experiência e natureza*, de 1925. E acrescenta que a experiência não se reduz sequer ao conhecimento; com efeito, ela inclui também "os sonhos, a loucura, a doença, a morte, a guerra, a confusão, a ambigüidade, a mentira e o horror; inclui os sistemas transcendentais e também os empíricos, a magia e a superstição, da mesma forma que a ciência. Inclui a inclinação que impede de aprender da experiência, como a habilidade que tira partido de seus mais fracos indícios".

A experiência não é consciência, mas história → § 1

• A experiência é, portanto, história: história dirigida ao futuro em um mundo precário, instável e cheio de perigos. Primeiro o homem tentou enfrentar este mundo adverso apelando a forças mágicas e construindo mitos; sucessivamente filósofos como Heráclito, Hegel ou Bergson pensaram ter captado as leis necessárias e universais da mudança, crendo assim exorcizar o medo. A verdade, nota Dewey, é que essas filosofias não conseguiram seu intento. São apenas "filosofia do medo", super-simplificadoras e desresponsabilizadoras:

super-simplificadoras, porque voluntariamente ignoram toda uma grande quantidade de fatos e eventos que elas não conseguem explicar;

desresponsabilizadoras, porque apresentam como progresso indiscutível aquilo que pode ao contrário ser apenas o resultado do empenho humano lúcido e tenaz.

Críticas das filosofias da história super-simplificadoras e desresponsabilizadoras → § 2

• São necessários instrumentos bem diferentes para enfrentar um mundo e uma existência tão difíceis e precários. Aqui entra em jogo o *instrumentalismo* de John Dewey: dentro de uma concepção evolutiva, ele considera o pensamento, isto é, o processo de *pesquisa* que produz conhecimento, como um *instrumento* ou uma forma de adaptação ao ambiente, instrumento para a solução dos problemas que o ambiente – entendido no sentido mais amplo – nos impõe enfrentar.

A função do pensamento reflexivo – escreve Dewey em *Lógica: teoria da pesquisa* (1938) – é "a de transformar uma situação na qual se tenham experiências caracterizadas por obscuridade, dúvida, conflito, perturbações, em suma, em uma situação que seja clara, coerente, ordenada, harmoniosa". As dúvidas se desfazem e volta a luz se nossas hipóteses, adiantadas como tentativas de solução de "situações perturbadas", encontram confirmação nos fatos, na prática, nos *experimentos*. A inteligência é constitutivamente operativa; é uma força ativa

O conhecimento como instrumento da adaptação ao ambiente → § 3-4

apta a transformar o mundo. E o conhecimento científico é a busca do conhecimento engastado no senso comum. A verdade de uma idéia se identifica com "o comprovado poder de guia" de tal idéia. Mesmo que seja necessário notar que, no decorrer da evolução humana, o conhecimento se afasta sempre mais das necessidades imediatas. Não ganhamos muito, com efeito, se mantivermos o próprio pensamento preso ao tronco do uso com uma corrente demasiadamente curta.

• Assim como as idéias e teorias científicas, também as idéias éticas e as propostas políticas deverão mostrar seu valor sobre suas conseqüências práticas; e serão aceitas, rejeitadas ou corrigidas exatamente com base nessas conseqüências.

Para uma sociedade "que se planifica constantemente" → § 5-6

E a proposta política que Dewey torna própria e que defendeu com rigor por toda a vida é a da *sociedade democrática*. Longe de impor um fim único da vida, a democracia permite e estimula a discussão sobre todo fim; a democracia é debate sem fim; é colaboração; é participação "na formação dos valores que regulam a vida dos homens associados". O oposto da democracia é a sociedade totalitária, caracterizada pela planificação centralizada, manobrada a partir de cima.

E eis como Dewey traça a diferença entre uma sociedade planificada e uma sociedade democrática, ou seja, uma sociedade que se planifica constantemente: "A primeira requer objetivos finais impostos a partir de cima e que, portanto, se entregam à força, física e psicológica, para obter que as pessoas a eles se conformem. A segunda significa libertar a inteligência por meio da forma mais vasta de intercâmbio cooperativo".

A contribuição de Dewey para os problemas da educação

• Finalmente, não devemos esquecer os contributos de Dewey ao problema pedagógico. Poucos filósofos dedicaram tanta atenção a isso. Basta aqui mencionar trabalhos como: *Escola e sociedade* (1899); *Democracia e educação* (1916); *Experiência e educação* (1938); *Problemas de todos* (1946). O ideal educativo de Dewey tende a "libertar e liberalizar a ação", em contínua atenção para com a natureza *ativa* da aprendizagem e para com a finalidade social de toda a educação.

1 A experiência não se reduz à consciência nem ao conhecimento

A filosofia de John Dewey (Burlington, Vermont, 1859 — New York, 1952), que foi o mais significativo filósofo americano de nosso século, foi definida como "naturalismo". É uma filosofia que se move no leito do pragmatismo e se situa no quadro da tradição empirista.

Entretanto, Dewey optou por chamar sua filosofia de *instrumentalismo*, que, em primeiro lugar, se diferencia do empirismo clássico quanto ao conceito fundamental de *experiência*. A experiência dos empiristas clássicos é simplificada, ordenada e purificada de todos os elementos de desordem e erro, reduzida a estados de consciência claros e distintos.

Dewey, em *Experiência e natureza* (1925), sustenta que "a experiência não é consciência, e sim história"; ou seja, ela não se reduz a um estado de consciência claro e distinto. A experiência não se reduz tampouco ao conhecimento, ainda que o próprio conhecimento seja parte da experiência, seja uma experiência. Ela, de fato, inclui "os sonhos, a loucura, a doença, a morte, a guerra, a confusão, a ambigüidade, a mentira e o horror; inclui os sistemas transcendentais, e também os sistemas empíricos; inclui tanto a magia e a superstição como a ciência. Inclui tanto a inclinação que impede de aprender da experiência como a habilidade que tira partido de seus mais fracos acenos".

Dewey propõe substancialmente a idéia de experiência capaz de dar a mesma atenção que se tem para aquilo que é "nobre, honroso e verdadeiro" também para o que, na vida humana, existe de "desfavorável, precário, incerto, irracional e odioso". Afirma ele: "Considerando o papel que a antecipação e a memória da morte desempenharam na vida humana, da religião às companhias de seguro, o que se pode dizer de uma teoria que define a experiência de tal modo a ponto de fazer seguir-se logicamente que a morte nunca seja matéria de experiência?"

Há mais, já que a não identificação entre experiência e conhecimento permite a Dewey realizar a tentativa de solução do problema gnosiológico: com efeito, "há duas dimensões das coisas experimentadas; uma é a de tê-las, outra é a de conhecê-las para tê-las de modo mais significativo e seguro". Na realidade, não é fácil conhecer as coisas que *temos* ou *somos*, sejam elas o sonho, o sarampo, a virtude, uma pena, o vermelho. O problema do conhecimento é "o problema de como encontrar o que é necessário encontrar em torno dessas coisas para garantir, retificar ou evitar o fato de tê-las ou o de sê-las". Desse modo, escreve Dewey, enquanto o ceticismo pode verificar-se (a fim de nos tornar curiosos e indagadores) em qualquer momento em relação a qualquer crença ou conclusão intelectual, no entanto ele é impossível acerca das coisas que nós *temos* e *somos*. "Um homem pode duvidar se está com sarampo, porque o sarampo é termo intelectual, classificação, mas não pode duvidar do que tem empiricamente — não, como se diz, porque está imediatamente certo dele, mas porque não é matéria de conhecimento, não é de modo algum questão intelectual, não é caso de verdade ou falsidade, de certeza ou de dúvida, mas somente de existência". **Texto 1**

2 Precariedade e risco da existência

A experiência é história, história voltada para o futuro, prenhe de futuro. E a filosofia, diferentemente da antropologia cultural, "tem a função do desmembramento analítico e da reconstrução sintética da experiência". Os fenômenos da cultura, apresentados pelo antropólogo, constituem o material para o trabalho do filósofo.

Pois bem, "uma característica da existência que os fenômenos culturais põem em relevo é o seu caráter precário e arriscado". Diz Dewey: "O homem vive em mundo aleatório; para dizê-lo cruamente, sua existência implica o acaso. O mundo é o palco do risco: é incerto, instável, terrivelmente instável". Claro, seria fácil e confortante insistir na boa sorte e nas alegrias inesperadas. A comédia é tão genuína quanto a tragédia. Mas, observa Dewey, é sabido que "a comédia atinge uma nota mais superficial que a tragédia". E o homem teme porque vive em um mundo temível, em um mundo que dá medo. O próprio mundo é precário e perigoso: "Não foi o temor em relação aos deuses que criou os deuses".

O homem vive *neste* mundo: a natureza não existe sem homem, nem o homem existe sem a natureza. O homem está imerso na natureza. E, no entanto, ele é uma natureza capaz de, e destinada a, mudar a própria natureza e dar-lhe significado.

E precisamente para se garantir contra a instabilidade e a precariedade da existência o homem, primeiro, recorreu a forças mágicas e construiu mitos que, depois de terem caído, logo procurou substituir por outras idéias tranqüilizadoras, como a imutabilidade do ser, o processo universal, a racionalidade inerente ao universo, o universo regido por leis necessárias e universais.

"De Heráclito a Bergson, há muitas filosofias ou metafísicas do universo. Somos gratos a essas filosofias, que mantiveram vivo aquilo que as filosofias clássicas e ortodoxas deixaram de lado. Mas as filosofias do fluxo normal também indicam a intensidade com que se deseja o que é seguro e estável. Elas deificaram a mudança, tornando-a universal, regular e segura [...]. Considerai o modo completamente laudatório com o qual Hegel, Bergson e os filósofos evolucionistas do devir consideraram a mudança. Para Hegel, o devir é processo racional que define uma lógica, mesmo nova e estranha, e um absoluto, também este novo e estranho, Deus. Para Spencer, a evolução é somente um processo transitório para obter o equilíbrio estável e universal de ajustamento harmonioso. Para Bergson, a mudança é a operação criadora de Deus ou é o próprio Deus".

Para Dewey, essas filosofias são filosofias do medo, hiper-simplificadoras e des-responsabilizadoras. Elas transformam um elemento da realidade na realidade em seu todo, confinando assim na *aparência* (no secundário, epifenômico, errôneo, ilusório etc.) tudo o que não se revela compatível com seu respectivo esquema de imutabilidade, ordem, racionalidade, necessidade ou perfeição do ser ou da realidade. Além disso, são des-responsabilizadoras, já que presumem garantir metafisicamente a ordem, o progresso ou a racionalidade, que, ao contrário, constituem a tarefa fundamental da condução inteligente da vida humana.

Em suma, para Dewey, é preciso ter a coragem de denunciar a *falácia filosófica* de metafísicas consoladoras e ilusórias, que iludem precisamente a respeito da permanência estável de bens e valores, posse exclusiva de uma camada privilegiada. São metafísicas que aparentemente repelem a irracionalidade, a desordem, o mal, o erro, coisas que não são aparências, e sim realidades que precisamos dominar e controlar, embora com a consciência de que a existência permanece, sempre e de qualquer modo, precária e cheia de riscos.

3 A teoria da pesquisa

A luta para enfrentar o mundo e a existência tão difíceis exige comportamentos e operações humanas inteligentes e responsáveis. É aí que se inserem o *instrumentalismo* de Dewey e sua *teoria da pesquisa*.

Segundo a maior parte dos sistemas filosóficos tradicionais, a *verdade* é estática e definitiva, absoluta e eterna. Dewey, porém, não pensa assim. Dado seu interesse pela biologia, ele vê o pensamento como processo de evolução; segundo Dewey, o conhecimento é processo chamado *pesquisa,* que, no fundo, consiste em uma forma de adaptação ao ambiente. O conhecimento é prática que tem êxito. Êxito no sentido de que resolve os problemas postos pelo ambiente (entendendo este no sentido mais amplo).

Em sua grande obra *Lógica: teoria da investigação* (1938) Dewey sustenta que "a

John Dewey (1859-1952) foi o teórico do instrumentalismo, uma filosofia que surgiu no interior do pragmatismo americano.

> ■ **Instrumentalismo.** Com este termo John Dewey quis distinguir seu pragmatismo do de James.
> Para Dewey a "lógica" é teoria da pesquisa; e toda pesquisa tem como resultado um instrumento para a ação. Os conhecimentos levam, com efeito, a modificações das condições de fato e, portanto, são planos de operações sobre a realidade, instrumentos teóricos de aspecto prático: não há nada mais prático do que uma boa teoria. As idéias que têm sucesso são instrumentos de solução dos problemas ("teóricos" e "práticos").
> Em *A busca da certeza* (1930) Dewey escreve: "A essência do instrumentalismo pragmático está em conceber tanto o conhecimento como a prática como meios para tornar seguros, na existência experimentada, os bens, isto é, as coisas excelentes de qualquer espécie". Toda pesquisa é a proposta de idéias e projetos para passar de uma situação de dúvida para uma situação "coerente, ordenada, harmoniosa". A inteligência é constitutivamente operativa, uma máquina que cria sem cessar instrumentos para nos adaptarmos aos problemas que continuamente emergem de um "ambiente" mutável.

tentativa de solução, ainda que vaga, já que caso contrário se teria o caos, e de que seja possível intelectualizar essa vaga sugestão, formulando o problema dentro de uma idéia que consista em antecipação ou previsões do que pode acontecer.

A idéia proposta desenvolve-se em seus significados pelo raciocínio, que identifica as conseqüências da idéia, pondo-a em relação com o sistema das outras idéias e esclarecendo-a assim em seus aspectos mais diversos. A solução do problema, inserida e antecipada na idéia que depois foi desenvolvida pelo raciocínio, dirige e articula o *experimento*. E será precisamente o experimento que dirá se a solução proposta deve ser aceita ou rejeitada ou, ainda, corrigida, a fim de dar conta dos fatos problemáticos.

A propósito dos *fatos*, diferentemente do antigo empirismo, Dewey observa que eles não são *puros dados*, "pois não existem dados em si. Nada constitui um *dado* senão em relação com uma idéia ou com um plano operativo que possa ser formulado em termos simbólicos, desde os da linguagem comum até os mais precisos e específicos da matemática", da física ou da química.

Em suma, Dewey é da opinião de que tanto as idéias como os fatos são de natureza *operacional*. As idéias são operacionais porque não são mais que propostas e planos de operação e intervenção sobre as condições existentes; e os fatos são operacionais no sentido de que são resultados de operações de organização e de escolha.

função do pensamento reflexivo é [...] a de transformar uma situação na qual se tem experiências caracterizadas por obscuridade, dúvida, conflito, em suma, experiências perturbadas, em uma situação que seja clara, coerente, ordenada e harmoniosa". Em poucas palavras, a investigação parte dos *problemas, isto é,* de situações que implicam incerteza, perturbação, dúvida e obscuridade. E Dewey se declarava desconcertado diante do fato de que "pessoas sistematicamente empenhadas nas investigações sobre questões e problemas (como certamente são os filósofos) sejam tão pouco curiosas acerca da existência e da natureza dos problemas".

Situações desse tipo, isto é, de dúvida e obscuridade, tornam-se problemáticas quando se tornam objeto de pesquisa, no sentido de que seja possível *avançar* alguma

4 Senso comum e pesquisa científica: as idéias como instrumentos

A inteligência, portanto, é constitutivamente operativa. A razão não é meramente contemplativa: é força ativa chamada a transformar o mundo em conformidade com objetivos humanos.

A contemplação, sem dúvida, é ela própria uma experiência, mas, para Dewey, ela constitui a parte final, na qual o homem desfruta do espetáculo de seus processos. O processo cognoscitivo não é contemplação, e sim participação nas vicissitudes de um mundo que deve ser mudado e reorganizado sem descanso.

Dewey comenta que o método experimental é novo como recurso científico ou como meio sistematizado de criar o conhecimento e de garantir que *seja* conhecimento; entretanto, "como expediente prático, ele é tão antigo quanto a própria vida". E é precisamente por essa razão que Dewey insiste na continuidade entre conhecimento comum e conhecimento científico.

No escrito *A unidade da ciência como problema social* (1938), ele diz que "a ciência, em sentido especializado, é a elaboração de operações cotidianas, ainda que essa elaboração assuma freqüentemente caráter muito técnico". E, ainda na *Lógica,* Dewey reafirma o fato de que "a ciência tem seu ponto de partida necessário nos objetos qualitativos, nos processos e nos instrumentos do senso comum, que é o mundo do uso, da fruição e dos sofrimentos concretos". Depois, porém, "pouco a pouco, através de processos mais ou menos tortuosos e inicialmente desprovidos de uma linha diretriz, formam-se e são transmitidos determinados procedimentos e instrumentos técnicos. Vão sendo reunidas informações sobre as coisas, sobre suas propriedades e seus comportamentos, *independentemente de cada aplicação imediata particular*. Vamo-nos afastando sempre mais das situações originárias de uso e fruição imediatos [...]".

Não se ganha muito mantendo o próprio pensamento ligado ao tronco do uso com uma corrente muito curta, sentencia Dewey. O importante é que, como quer que seja, o pensamento, isto é, as idéias, estejam ligadas à *prática,* porque as idéias — tanto lógicas como científicas — estão sempre em função de problemas reais, ainda que abstratos, e porque é sempre a prática que decide do valor de uma idéia.

E as idéias são exatamente *instrumentos* em nossa investigação: são *instrumentos* para resolver os problemas e para enfrentar um mundo ameaçador e uma existência precária. E, por serem instrumentos, há muito pouco sentido em pregar a veracidade ou a falsidade deles. As idéias são instrumentos que podem ser eficazes, relevantes ou não, danosos ou econômicos, mas não verdadeiros ou falsos. E o juízo final que se dá em todo processo de pesquisa nada mais é do que uma "afirmação garantida".

Eis, portanto, o significado genuíno do *instrumentalismo* de Dewey: a verdade não é mais adequação do pensamento ao ser, mas se identifica muito mais com "o poder comprovado de guia" de uma idéia e, em última análise, com "o corpo sempre crescente das afirmações garantidas", devendo-se ter em vista que essa garantia não é absoluta nem eterna, já que os resultados da pesquisa científica, bem como de toda operação humana, são continuamente corrigíveis e aperfeiçoáveis em relação às novas e cambiantes situações em que o homem virá a se encontrar em sua história. **Texto 2**

5 A teoria dos valores

Se as idéias comprovam seu valor na luta com os problemas reais, e se cada indivíduo tem o direito-dever de dar sua contribuição à elaboração de idéias capazes de guiar positivamente a ação humana, então está claro que as idéias morais, os dogmas políticos ou os preconceitos do costume também não se revestem de autoridade especial: também eles devem ser submetidos à verificação de suas conseqüências na prática e devem ser responsavelmente aceitos, rejeitados ou mudados com base na análise de seus efeitos.

Dewey é relativista, não considera possível fundamentar valores absolutos. Os valores são históricos e a tarefa do filósofo é a de examinar as "condições generativas" (isto é, as instituições e os costumes ligados a estes valores) e de avaliar sua funcionalidade na perspectiva de uma renovação, em relação às necessidades que pouco a pouco irrompem da vida associada dos homens. Com efeito, existem *valores de fato,* isto é, bens imediatamente desejados, e *valores de direito,* isto é, bens razoavelmente desejáveis. É precisamente função da filosofia e da ética promover a contínua revisão crítica, voltada para a conservação e o enriquecimento dos *valores de direito*. E está claro que, na perspectiva de Dewey, sequer estes últimos podem ter a pretensão de dignidade meta-histórica, já que todo sistema ético é relativo ao meio em que se formou e se tornou funcional.

A ética de Dewey é histórica e social: como na teoria da pesquisa, nela também desponta aquele sentido de interdependência e de unidade inter-relativa dos fenômenos, que se explicitará no conceito de *interação* entre indivíduo e meio físico e social. Assim, os valores também são fatos tipicamente humanos: são planos de ação, tentativas de resolver problemas que brotam da vida associada dos homens. E constitui objetivo da filosofia educar os homens "a refletir sobre os valores humanos mais elevados, da mesma forma como eles aprenderam a refletir sobre aquelas questões que se inserem no âmbito da técnica".

Há, sem dúvida, o problema da determinação dos fins. Escreveu Dewey: "A ciência é indiferente ao fato de suas descobertas serem utilizadas para curar as doenças ou difundi-las, para acrescer os meios para a promoção da vida ou para fabricar material bélico a fim de aniquilá-la".

Por vezes, Dewey parece indicar como fim último da vida dos homens um reino de Deus visto como justiça, amor e verdade. Entretanto, é preciso insistir em um ponto de capital importância no pensamento de Dewey: trata-se da não possibilidade de distinguir entre meios e fins.

Para Dewey todo fim é também meio e todo meio para atingir um fim é desfrutado ou percebido também como fim. A atividade que produz meios e a atividade que inventa e consuma os fins estão intimamente ligadas uma à outra. O fim alcançado é meio para outros fins. E a avaliação dos meios é fundamental para todo fim real e genuíno, que não queira ser vã fantasia, ainda que nobre e sugestiva. E as coisas que parecem fins são, com efeito, unicamente previsões ou antecipações do que pode ser levado à existência em determinadas condições. Por isso, em *Teoria da avaliação* (1939), Dewey escreve que não existe problema de avaliação fora da relação entre meios e fins, o que vale não somente na ética, mas também na arte, onde a criação dos valores estéticos (a arte é natureza transformada e não existe distinção entre belas-artes e artes úteis) requer a utilização de meios adequados. **Texto 3**

6. A teoria da democracia

Dewey é um relativista pelo fato de que, em sua opinião, não existem métodos racionais para a determinação dos fins últimos. Por isso Dewey é decididamente contrário aos filósofos utópicos que, projetando suas visões ideais, não se preocuparam em dedicar uma investigação acurada aos meios

Retrato de John Dewey feito por E. B. Child.

necessários para sua realização, e sequer em avaliar atentamente sua desejabilidade moral efetiva. A utopia gera normalmente o ceticismo ou o fanatismo. O que é necessário, segundo Dewey, é propor metas concretas e descer dos fins remotos para os mais próximos, realizáveis em condições históricas efetivas. Portanto, Dewey projeta o operar contínuo tendo em vista maior consciência e maior liberdade, no sentido de que a liberdade conquistada hoje cria situações graças às quais haverá mais liberdade amanhã, e no sentido de que minha liberdade faz crescer a dos outros.

Conseqüentemente, Dewey é avesso à sociedade totalitária e convicto defensor da sociedade democrática. Para ele, a pressuposição de um fim absoluto trunca a discussão, ao passo que a democracia representa discussão inteiramente livre, é método que permite discutir toda finalidade, é debate sem fim, é colaboração, é participação em finalidades conjuntas. A democracia é aquele modo de vida em que "todas as pessoas maduras participam da formação dos valores que regem a vida dos homens associados", modo de vida que "é necessário tanto do ponto de vista do bem social como da ótica do desenvolvimento pleno dos seres humanos como indivíduos". Em *Liberalismo e ação social* (1935), Dewey afirma que "o problema da democracia [...] torna-se o problema daquela forma de organização social que se estende a todo campo e a todo caminho da vida, pelo qual *as forças individuais não deveriam ser simplesmente libertadas de constrições mecânicas externas, mas deveriam ser alimentadas, sustentadas e dirigidas*".

Com base nisso tudo, pode-se compreender a aversão de Dewey pela sociedade planejada. O que ele almeja e defende é a sociedade que se planeja constantemente a partir de seu interior, atenta, portanto, ao controle social mais amplo e articulado dos resultados. A diferença existente entre a *sociedade planejada* (*a planned society*), e a *sociedade que se planeja constantemente* (*a continuously planning society*) é definida por Dewey nos termos seguintes: "A primeira requer desígnios finais impostos de cima e que, portanto, se baseiam na força, física e psicológica, para fazer com que nos conformemos a eles. A segunda significa libertar a inteligência mediante a forma mais vasta de intercâmbio cooperativo".

Ligada à teoria da investigação, à teoria dos valores e à teoria da democracia de Dewey encontra-se sua teoria da educação, entendida como reconstrução e reorganização contínua da experiência, visando a aumentar a consciência dos vínculos entre as atividades presentes, passadas e futuras, nossas e alheias, e aumentar a capacidade dos indivíduos para dirigir o curso da experiência futura. Texto 4

DEWEY
MÉTODO CIENTÍFICO

A EXPERIÊNCIA é *história voltada para o futuro*:
não é consciência, nem conhecimento, mas existência,
cujas características fundamentais são:
a precariedade, a periculosidade, a adaptação ao ambiente

↓

a PESQUISA parte de *problemas*, formula *hipóteses* (idéias) de solução e, por meio do *raciocínio*, dirige e articula o *experimento*, que dirá se a solução proposta deve ser aceita ou rejeitada

Para enfrentar a instabilidade e o acaso do mundo e da existência
é preciso desmascarar os sistemas metafísicos, consoladores e ilusórios, e
PROMOVER O CONHECIMENTO não como contemplação,
mas como processo de *pesquisa*,
a qual é uma forma de adaptação ao ambiente

↓

INSTRUMENTALISMO:
as idéias são *instrumentos* de nossa pesquisa para resolver os problemas
e é sempre a prática que decide seu valor

↓

A VERDADE é o "comprovado poder de guia" de uma idéia:
sua garantia não é absoluta nem eterna, porque os resultados da pesquisa humana
sempre são corrigíveis e aperfeiçoáveis em relação às novas situações em que o homem
vem a encontrar-se em sua história

ÉTICA, POLÍTICA, PEDAGOGIA

Todo SISTEMA ÉTICO
é relativo ao ambiente
em que se formou e foi funcional

Como também as idéias morais
devem ser submetidas ao controle
de suas conseqüências sobre a prática,
a filosofia deve promover uma contínua revisão crítica
dirigida ao enriquecimento
dos *valores de direito*

↓

NÃO EXISTEM FINS ÚLTIMOS:
TODO FIM ALCANÇADO
É UM MEIO PARA OUTROS FINS

VALORES DE FATO:
os bens que são imediatamente desejados

VALORES DE DIREITO:
os bens que são razoavelmente desejáveis
em determinada situação

↓

É preciso constituir uma DEMOCRACIA como *sociedade que se planifica constantemente*,
em que a inteligência se liberte em um intercâmbio cooperativo que trabalhe sobre metas concretas,
realizáveis nas condições históricas efetivas, e em que se atue

↓

a EDUCAÇÃO como reconstrução e reorganização contínua da experiência,
em grau de aumentar a consciência dos vínculos entre as nossas atividades e as dos outros,
e de aumentar a capacidade dos indivíduos de dirigir o curso da experiência futura

Dewey

1. A experiência não é consciência, mas história

> "A ignorância, o hábito, o radicar-se fatal no passado, são justamente as coisas que o chamado empirismo, com sua redução da experiência a estados de consciência, nega à experiência".

A via de acesso que parte daquilo que está mais à mão, em vez de dos produtos bem acabados da ciência, nem por isso começa com os resultados da ciência psicológica mais do que dos da ciência física. Com efeito, o material psicológico está mais distante da experiência direta do que o da física. Essa via implica que se comece mais para trás de qualquer ciência, com a experiência em seus traços toscos e macroscópicos. A ciência então interessará como uma das fases da experiência humana, mas não mais que a magia, o mito, a política, a pintura, a poesia e os penitenciários. O domínio sobre os homens exercido pela rêverie e pelo desejo pertence à teoria filosófica da natureza não menos do que a física matemática; a imaginação não deve ser considerada menos que a observação refinada. É um fato da *experiência* que alguns homens, como Santayana observou a respeito de Shelley, são imunes em relação à "experiência" porque conservam intacta a atitude da infância. E para um empirista radical, a mais transcendente das filosofias é um fenômeno empírico. Ela não pode demonstrar intelectualmente aquilo que seu autor supõe que ela demonstre, mas mostra algo a respeito da experiência, talvez algo de valor imenso para uma interpretação sucessiva da natureza à luz da experiência.

A experiência é, portanto, algo de completamente diferente da "consciência", que é aquilo que aparece qualitativamente e focalmente em um momento particular. O homem comum não tem necessidade que se lhe recorde que a ignorância é um dos principais aspectos da experiência; e que tais são os hábitos aos quais nos entregamos sem consciência, tanto que eles agem de modo hábil e seguro. Todavia, a ignorância, o hábito, o radicar-se fatal no passado, são justamente as coisas que o assim chamado empirismo, com sua redução da experiência a estados de consciência, nega à experiência. É importante para uma teoria da experiência saber que em certas circunstâncias o homem tem em estima aquilo que é distinto e claramente evidente. Mas não é menos importante saber que, em outras circunstâncias, floresce aquilo que é crepuscular, vago, obscuro e misterioso. Que crimes intelectuais tenham sido cometidos em nome do subconsciente, não é uma razão para recusar admitir que aquilo que não está explicitamente presente constitui uma parte muito mais vasta da experiência do que aquele campo da consciência ao qual os pensadores foram tão devotos.

Quando a doença, a religião, o amor ou o próprio conhecimento são experimentados, estão envolvidas forças e conseqüências potenciais que não estão diretamente presentes nem diretamente implicadas. Elas estão "na" experiência tão verdadeiramente como estão presentes mal-estares e exaltações. Considerando a parte que a antecipação e a memória da morte exerceram na vida humana, da religião às companhias de seguros, o que se pode dizer de uma teoria que define a experiência de modo tal que dela faz logicamente seguir que a morte jamais é matéria de experiência? A experiência não é uma corrente, mesmo que a corrente dos sentimentos e das idéias que corre em sua superfície seja a parte que os filósofos gostam de atravessar. A experiência inclui as margens duradouras da constituição natural e dos hábitos adquiridos, além da corrente. O momento fugaz é sustentado por uma atmosfera que não escapa, mesmo quando mais vibra.

Quando dizemos que a experiência é um ponto de acesso à explicação do mundo no qual vivemos, entendemos por experiência algo que seja vasto, profundo e pleno ao menos tanto quanto toda a história sobre esta terra; uma história que (pois a história não acontece no vazio) inclui a terra e os correlatos físicos do homem. Quando assimilamos a experiência à história mais que à fisiologia das sensações, indicamos que a história denota ao mesmo tempo as condições objetivas, as forças, os eventos, e o registro e a avaliação desses eventos feitos pelo homem. A experiência denota tudo aquilo que é experimentado, tudo aquilo que se sofre e se prova, e também os processos do experimentar. Como é próprio da história ter significados ditos subjetivos e objetivos, assim ocorre com a experiência. Conforme disse William James, ela é um fato "com face dupla". Sem o sol, a lua, as estrelas, as montanhas e os rios, as floretas e as minas, o solo, a chuva e o vento, a história não existiria. Estas coisas não são condições externas da história e da experiência, mas fazem integralmente parte delas. Mas do outro lado, sem as atitudes e os interesses humanos, sem o registro e a interpretação, estas coisas não seriam história.

J. Dewey,
Experiência e natureza.

2 Não há nada mais prático do que uma boa teoria

> *O método científico-experimental consiste em "saborear idéias". "No mais, seu significado se considera confinado a certos problemas técnicos e unicamente físicos. Sem dúvida será preciso muito tempo para que se compreenda que ele vale igualmente para a formação e a verificação das idéias no campo dos problemas sociais e morais".*

O desenvolvimento do método experimental enquanto método de obter o conhecimento e de assegurar que seja conhecimento, e não só opinião, – método tanto de descoberta quanto de confirmação, – é a grande força que permanece para provocar uma transformação na teoria do conhecimento. O método experimental tem dois lados. De uma parte, significa que não temos nenhum direito de chamar algo de conhecimento a não ser onde nossa atividade realmente produziu certas mudanças físicas nas coisas, que entrem em acordo com a concepção que delas se tinha, e a confirmem. Fora dessas mudanças específicas, nossas crenças não são mais que hipóteses, teorias, sugestões, e é preciso considerá-las como incertas e utilizá-las como indicações de experimentos a serem tentados. Por outro lado, o método experimental do pensamento significa que o pensamento é útil; que é útil justamente à medida que a previsão das conseqüências futuras é feita em base a uma completa observação das condições atuais. A experimentação, em outras palavras, não equivale à reação cega. Tal atividade suplementar – suplementar em relação àquilo que foi observado e agora é previsto – é verdadeiramente um fator inevitável em toda a nossa conduta, mas não é experimento a não ser enquanto são notadas as conseqüências, e enquanto são usadas para fazer predições e projetos para situações semelhantes no futuro. Quanto mais se colhe o significado do método experimental, mais a nossa prova de certo modo de tratar os recursos e os obstáculos materiais que se nos apresentam compreende um uso precedente da inteligência. Aquilo que chamamos de magia era sob muitos aspectos o método experimental do selvagem; mas, para ele, tentar significava tentar sua sorte, e não suas idéias. O método científico experimental é, ao contrário, um saborear idéias; por isso, mesmo que entre em falência na prática, ou imediatamente, é intelectualmente fecundo, pois aprendemos de nossos insucessos quando nossos esforços são seriamente reflexivos.

O método experimental é novo como recurso científico ou como meio sistematizado de criar o conhecimento, embora como expediente prático seja tão velho como a própria vida. Por isso não é de se maravilhar se os homens não reconheceram todo o seu raio de ação. No mais, seu significado se considera confinado a certos problemas técnicos e unicamente físicos. Sem dúvida será preciso muito tempo para que se compreenda que ele vale igualmente para a formação e a verificação das idéias no campo dos problemas sociais e morais. Os homens querem ainda a marca do dogma, das crenças estabelecidas por via de autoridade, para ficarem livres tanto da fadiga de pensar como da responsabilidade de dirigir sua atividade com o pensamento. Eles tendem a confinar seu pensamento à pergunta sobre qual sistema dogmático, entre aqueles que se contendem no campo, eles devem aceitar. Por isso as escolas estão mais aparelhadas para fazer discípulos do que pesquisadores, como disse John Stuart Mill. Mas, quanto mais o método experimental vê crescer sua influência, ele contribuirá certamente para destronar os métodos literários, dialéticos e autoritários na formação das crenças, que dirigiram as escolas do passado, e a transferir seu prestígio para métodos que promovam um interesse ativo pelas coisas e pelas pessoas, dirigidos por objetivos de porte temporal maior, e que desenvolvam maior riqueza de coisas no espaço. Com o tempo a teoria do conhecimento deverá ser derivada da prática que mais consegue criar conhecimento; e então tal teoria será empregada para melhorar os métodos menos rentáveis.

J. Dewey,
Democracia e educação.

3. A relação entre passado e presente na pesquisa histórica

> *A história e a vida social atual:* "O verdadeiro ponto de partida da história é sempre alguma situação atual com seus problemas".

A segregação que mata a vitalidade da história é a separação dos modos e dos interesses atuais da vida social. O passado, apenas como passado, não mais nos diz respeito. Se verdadeiramente estivesse acabado e morto haveria uma só atitude razoável para com ele. Deixai que os mortos enterrem seus mortos. Mas o conhecimento do passado é a chave para compreender o presente. A história pesquisa o passado, mas este passado é a história do presente. Um estudo inteligente da descoberta, da exploração e da colonização da América, do movimento dos pioneiros para o oeste, da imaginação etc., seria um estudo dos Estados Unidos assim como são hoje; do país no qual hoje vivemos. Estudá-lo no processo de sua formação torna de fácil compreensão muito do que seria demasiadamente complicado para ser apreendido diretamente. O método genético foi talvez a principal conquista científica da última metade do século XVIII. Seu princípio é que o modo de penetrar qualquer produto complexo é o de seguir o processo de seu fazer-se, e de seguir os estágios sucessivos de seu crescimento. Aplicar este método à história apenas no significado grosseiro de que o estado social atual não pode ser separado de seu passado seria unilateral. Significa também que os acontecimentos passados não podem ser separados do presente vivo sem perder seu significado. O verdadeiro ponto de partida da história é sempre alguma situação atual com seus problemas.

Este princípio geral pode ser brevemente aplicado a uma consideração de sua relação com um grande número de pontos. Recomenda-se geralmente o método biográfico como sistema de aproximação natural para o estudo histórico. As vidas dos grandes homens, dos heróis e dos pioneiros, tornam concretos e vitais episódios históricos que seriam de outro modo abstratos e incompreensíveis. Eles condensam, em imagens vivas, séries de acontecimentos complicados e intrincados tão extensos no espaço e no tempo que apenas uma mente muito treinada poderia segui-los e destrinçá-los. Não há dúvida de que este princípio seja psicologicamente sólido. Mas dele se abusa, quando é empregado para dar um relevo exagerado às ações de alguns indivíduos sem referência às situações sociais que representam. Quando se faz uma biografia consistir apenas em um relatório das ações de um homem, isoladas das condições que o promoveram e às quais suas atividades foram uma resposta, não temos um estudo de história, pois não temos um estudo de vida social, a qual é um problema de indivíduos associados. Não temos mais que um incentivo falaz para ingerir fragmentos de informação.

Prestou-se muita atenção recentemente à vida primitiva como introdução à aprendizagem da história. Também aqui há um modo justo e um errado de considerar seu valor. O caráter aparentemente já formado e a complexidade das condições atuais são um obstáculo quase insuperável para lançar luz sobre sua natureza. Recorrendo aos primitivos se podem obter os elementos fundamentais da situação presente em uma forma infinitamente simplificada. É como se se desenrolasse uma tela de tecido tão complicada e tão próxima dos olhos que não se pode ver seu desenho, até que apareçam os primeiros traços mais grosseiros e maiores. Não podemos simplificar as situações atuais com um experimento deliberado, mas o recurso à vida primitiva nos oferece o tipo de resultados que desejaríamos de um experimento. As relações sociais e os métodos de ação organizada reduziram-se a seus termos mais elementares. Se, porém, se descuida deste objetivo social, o estudo da vida primitiva torna-se simplesmente uma evocação dos aspectos sensacionais e excitantes da vida selvagem.

A história primitiva dá elementos para entender a história da produção. Pois uma das razões principais de recorrer a condições mais primitivas para resolver o presente em fatores mais facilmente perceptíveis é que possamos compreender como foram enfrentados os problemas fundamentais de providenciar o alimento, o abrigo e a proteção; vendo como esses problemas foram resolvidos nos primeiros tempos da raça humana, podemos formar uma idéia do longo caminho que se teve de percorrer, e das sucessivas invenções com as quais a raça progrediu na civilização. Não temos necessidade de entrar em discussão a respeito da interpretação econômica da história para compreender que a história industrial da humanidade lança uma luz sobre duas fases importantes da vida social, como não o pode fazer nenhum outro período da história. Ela nos faz conhecer as invenções sucessivas por meio das quais a ciência teórica foi aplicada ao controle da natureza, no interesse da segurança e da prosperidade da vida social. Desta forma, ela revela as causas sucessivas do progresso social. Outro serviço nos prestou, o de mostrar-nos as coisas que interessam fundamentalmente a todos os homens em geral; as ocupações e os valores ligados com o ganho da vida. A história econômica pesquisa as atividades, a carreira e os destinos do homem comum como nenhum outro ramo da história. A única coisa que todo indivíduo *deve* fazer é viver; a única coisa que *deve* fazer a sociedade é obter de cada indivíduo sua justa contribuição ao bem-estar geral, e providenciar para que lhe seja dada uma compensação justa.

A história econômica é mais humana, mais democrática, e por isso mais libertadora do que a história política. Não considera o surgimento e a decadência dos principados e das potências, mas o desenvolvimento das liberdades reais do homem graças ao seu domínio sobre a natureza comum para a qual existem as potências e os principados.

A história industrial oferece também um caminho mais direto para nos aproximarmos da compreensão do nexo íntimo que liga à natureza lutas, sucessos e falências do homem, mais do que a história política o faça, para não falar da história militar, na qual transborda tão facilmente a política quando reduzida ao nível da compreensão dos meninos. Pois a história industrial é essencialmente uma narração do modo com que o homem aprendeu a utilizar a energia natural, desde o tempo em que os homens desfrutaram mais plenamente as energias musculares de outros homens, até o tempo em que, como promessa ou como atuação, os recursos da natureza vieram a estar assim ao comando do homem de modo a lhe permitir estender seu domínio sobre ela. Quando não se leva em conta a história do trabalho, das condições do uso do solo, das florestas, das minas, do cultivo e da criação das sementes e dos animais, da fabricação e distribuição, a história tende a se tornar apenas literária: romance sistematizado de uma humanidade mítica que vive sobre si própria em vez de sobre a terra.

Talvez o ramo mais descurado da história na educação geral é a história intelectual. Começamos apenas agora a perceber que os grandes heróis que fizeram progredir o destino humano não são os homens políticos, os generais e os diplomatas, mas os descobridores científicos e os inventores, que puseram na mão do homem os instrumentos de uma experiência controlada e em desenvolvimento, e os artistas e os poetas que celebraram suas lutas, seus triunfos, suas derrotas em uma língua que, seja ela pictórica, plástica ou escrita, tornou sua compreensão universalmente acessível aos outros. Uma das vantagens da história industrial, como história da adaptação progressiva que o homem fez das forças naturais aos usos sociais, é a ocasião que oferece à consideração do progresso dos métodos e dos resultados do conhecimento. Hoje os homens estão habituados a louvar a inteligência e a razão em termos gerais; insiste-se sobre sua fundamental importância. Mas os alunos freqüentemente saem do estudo convencional da história pensando que o intelecto humano é uma quantidade estática que não progride com a invenção de métodos melhores, ou que a inteligência é um fator histórico descurável, ou então exibição de astúcia pessoal. Certamente o melhor modo de instilar um sentido genuíno da parte que a mente deve ter na vida é o estudo da história que torna claro como todo o progresso da humanidade, do estado selvagem para cima, até à civilização, remonta às descobertas e às invenções intelectuais, e torna claro até que ponto as coisas que geralmente chamam mais a atenção nos escritos históricos não foram mais que coisas secundárias, ou até obstáculos que a inteligência teve de superar.

Se a história se fizesse deste modo, ela exerceria naturalmente grande eficácia ética no ensino. Uma penetração inteligente das formas atuais da vida associada é necessária para um caráter cuja moralidade não se limita a uma inocência sem cor. O conhecimento histórico ajuda a providenciar esta penetração. É um órgão para analisar a urdidura e a trama do tecido social atual, e para tornar conhecidas as forças que teceram o desenho. O uso da história para cultivar uma inteligência socializada constitui seu significado moral. É possível empregá-la como espécie de reservatório de anedotas do qual extrair para inculcar lições morais especiais a respeito desta virtude ou daquele vício. Mas tal ensino não é tanto um uso ético da história quanto um esforço de criar impressões morais por meio de um material mais ou menos autêntico. Na melhor das hipóteses produz um fogo emotivo temporário; na pior, uma indiferença insensível à moral. O auxílio que a história pode dar para uma compreensão mais inteligente e interessada das situações sociais do presente, do qual participam os indivíduos, é uma vantagem moral permanente e construtiva.

J. Dewey,
Democracia e educação.

4 A ciência e o progresso social

> "O problema do uso educativo da ciência é [...] o de criar uma inteligência que esteja plenamente convencida da possibilidade de dirigir com ela os assuntos humanos".

Assumindo que o desenvolvimento do conhecimento direto conquistado no decorrer de ocupações de interesse social seja levado a uma forma lógica aperfeiçoada, surge a questão a respeito de seu lugar na experiência. Em geral, a resposta é que a ciência atesta a emancipação da mente da entrega a objetivos habituais, e torna possível a busca sistemática de novos fins. É o agente do progresso em ação. O progresso é algumas vezes considerado como consistindo no aproximar-se de fins já procurados. Mas esta é uma forma menor de progresso, pois requer apenas a melhoria dos meios de ação ou o avanço técnico. Os modos mais importantes de progresso consistem em enriquecer os objetivos precedentes e em formar novos. Os desejos não são uma quantidade fixa, nem o progresso significa apenas quantidade maior de satisfação. Com o aumento da cultura e com o novo domínio sobre a natureza nascem novos desejos, exigências de novas qualidades a satisfazer, pois a inteligência percebe novas possibilidades de ação. Este projeto de novas possibilidades leva à busca de novos meios de execução e se realiza no progresso, enquanto a descoberta de objetos que ainda não são usados leva à sugestão de novos fins.

Que a ciência seja o meio principal de aperfeiçoar o controle dos meios de ação é demonstrado pela grande quantidade de invenções que se seguiram ao domínio intelectual sobre os segredos da natureza. A transformação maravilhosa da produção e da distribuição conhecida sob o nome de revolução industrial é o fruto da ciência experimental. A ferrovia, a navegação a vapor, os motores elétricos, o telefone e o telégrafo, os automóveis, os aeroplanos e os dirigíveis são provas evidentes da aplicação da ciência à vida. Mas nenhum deles teria importância sem as milhares de invenções menos sensacionais [...] a serviço de nossa vida quotidiana.

É preciso admitir que em grande parte o progresso assim obtido foi apenas técnico; proporcionou meios mais eficazes de satisfazer desejos preexistentes, mais do que modificar a qualidade dos propósitos humanos. Não há, por exemplo, uma civilização moderna que possa igualar a cultura grega, sob todos os aspectos. A ciência é ainda demasiadamente recente para ter sido transformada em disposição imaginativa e emotiva. Os homens se movem mais rapidamente e com mais segurança para a realização de seus fins, mas seus fins permanecem mais ou menos aqueles que eram antes da instrução científica. Este fato confere à educação a responsabilidade de usar a ciência de modo a modificar a atitude habitual da imaginação e do sentimento, e de não deixá-la como simples extensão de nosso ser físico.

O progresso da ciência já modificou os pensamentos dos homens sobre os objetivos e sobre os bens da vida de modo bastante vasto para dar uma idéia da natureza desta responsabilidade e dos modos de enfrentá-la. A ciência, com seus efeitos sobre a atividade humana, abateu as barreiras materiais que antes separavam os homens, alargou imensamente a área das relações entre os homens, criou uma interdependência de interesses sobre vastíssima escala. Trouxe consigo uma convicção firme da possibilidade de controlar a natureza para os interesses da humanidade, e assim induziu os homens a olhar para o futuro em vez de para o passado. A coincidência do ideal do progresso com o desenvolvimento científico não é apenas uma coincidência. Antes deste desenvolvimento os homens tinham posto a era de ouro em uma antiguidade remota. Agora eles enfrentam o futuro com a firme convicção de que a inteligência usada eficazmente pode eliminar males que outrora eram considerados inevitáveis. Subjugar uma doença devastadora não é mais apenas um sonho, a esperança de abolir a pobreza não é uma utopia. A ciência familiarizou os homens com a idéia do desenvolvimento, que se realiza praticamente com a melhoria gradual e contínua do estado da humanidade comum.

J. Dewey, *Democracia e educação*.

Capítulo sétimo

O neo-idealismo italiano, Croce e Gentile, e o idealismo anglo-americano

I. O idealismo na Itália antes de Croce e Gentile

• Nápoles foi a cidade que em certo sentido constituiu o berço do idealismo italiano. Na Universidade de Nápoles, de fato, ensinaram Augusto Vera (1813-1885) e Bertrando Spaventa (1817-1883), que foram os protagonistas da difusão do hegelianismo na Itália.

Importante é principalmente a contribuição teórica de Spaventa, que repensou Hegel com o objetivo de operar uma simplificação e uma rigorização de sua filosofia.

Muitos homens de cultura na Itália, na segunda metade do século XIX, foram atraídos pelo hegelianismo, e entre estes sobressai Francisco De Sanctis (1817-1883) que, ao traçar o plano geral de sua história literária da Itália, se inspira no conceito hegeliano de espírito.

A Spaventa ligam-se Donato Jaia (1839-1914), Sebastião Maturi (1843-1917) e, sobretudo, Giovanni Gentile. Croce, que chegou tarde ao hegelianismo, inspirou-se, ao contrário, em De Sanctis.

O idealismo na Itália antes de Croce e Gentile → § 1-3

1. Augusto Vera

Nápoles foi, em certo sentido, o berço do idealismo italiano. Com efeito, foi na Universidade de Nápoles que ensinaram Augusto Vera (1813-1885) e Bertrando Spaventa (1817-1883), os protagonistas da difusão do verbo hegeliano na Itália.

Augusto Vera seguiu as posições da direita hegeliana, destacando-se pela sua preparação filosófica e pelo conhecimento preciso dos textos hegelianos. Entre suas obras, podemos recordar: *Introduction à la philosophie de Hegel*, Paris, 1855; *Logique de Hegel*, Paris, 1859, e *Essai de philosophie hegelienne*, Paris, 1864.

2. Bertrando Spaventa

O pensamento de Bertrando Spaventa, que tentou fatigosamente a reforma do hegelianismo, apresenta fisionomia mais teórica e vigorosa. Spaventa se formara em seminário, mas uma crise religiosa o afastara dramaticamente da fé na transcendência. Entretanto, manteve certo tom teologizante em sua problemática.

Seus escritos mais interessantes são *Preâmbulo e introdução às lições de filosofia na Universidade de Nápoles*, de 1862, e os *Princípios de filosofia*, de 1867. Esses e muitos outros escritos de Spaventa foram depois republicados ou editados pela primeira vez por Gentile, que, como veremos, a ele se remete. Deve-se recordar ainda o até há pouco inédito, intitulado *Sobre o problema da cognição e em geral do espírito*, de 1858, muito interessante e claro.

Spaventa estava convicto de que a filosofia moderna nascera na Itália, com os pensadores da Renascença, mas que os frutos desse pensamento amadureceram fora da Itália, com Spinoza, Kant e Hegel. Depois de um período de perplexidade, no qual pareceu-lhe que nada de bom houvesse acontecido na Itália depois da Renascença, mudou de opinião e convenceu-se de que, ainda que de modo imperfeito e parcial, Vico podia ser considerado como o precursor da "filosofia da mente", Galluppi foi um pensador do qual se pode reconhecer o mérito de haver tratado de modo novo "o problema do conhecer", Rosmini chegou a debater a questão do conhecer em sentido kantiano, e Gioberti em sentido hegeliano.

Portanto, já desencadeara na Itália uma "circulação" do pensamento europeu e, agora, era preciso levá-la adequadamente a seu termo. A contribuição teórica de Spaventa consiste em ter empreendido o repensamento de Hegel, com o objetivo de realizar a simplificação e a rigorização do mesmo. Visto que distinguia idéia-natureza-espírito, Hegel mostrava que ainda não havia conquistado completamente a perfeita identidade e mediação entre Eu e Não-eu, e que ainda não havia "mentalizado" perfeitamente o real, ou seja, que ainda não o havia perfeitamente reduzido à consciência. No inédito de 1858, que citamos acima, Spaventa assim resume sua concepção do Absoluto como autocriação *ex nihilo*: "Pode-se dizer verdadeiramente que a criação seja *ex nihilo;* ela é tal enquanto o último, *o ato do pensar,* o espírito, o criador é o verdadeiro primeiro, ao passo que o primeiro é o último. E o primeiro na produção é o ser = nada [alusão aos dois momentos da primeira tríade dialética da *Lógica* de Hegel]. E a criação é *livre,* porque é o pressuposto de que o pensar, o espírito, faz-se a si próprio; é amor, amor a si mesmo, bem etc." No espírito, "a criação é sua própria criação". Esse "ato de pensar" que, ao se autocriar, cria também o ser, constituiria o ponto de partida para o desenvolvimento da filosofia de Gentile.

da Itália, que tem como fundo a convicção de que a poesia seria o espírito universal que se realiza no particular, adquirindo desse modo consciência de si. Sua *História da literatura italiana* (1870-1872) e seus ensaios sobre literatura italiana constituem obras-primas, que se impõem e merecem ser lidas ainda hoje, inclusive por causa da elevada consciência social, moral e política de De Sanctis.

Remetem-se a Spaventa Donato Jaia (1839-1914) e Sebastião Maturi (1843-1917). Jaia tornou-se célebre por ter sido professor de Gentile em Pisa.

Assim, o atualismo de Gentile derivou do hegelianismo de Spaventa. Benedetto Croce, ao contrário, fez outro trajeto. Ao invés de aproximá-lo de Hegel, a leitura de Spaventa (ao qual, entre outras coisas, como veremos, era ligado por laço de parentesco) afastou-o dele, pelo menos em um primeiro momento. A primeira nutrição espiritual de Croce veio de De Sanctis (que ele considerava seu mestre). Croce chegou ao Hegel filósofo só mais tarde, meditando sobre Marx e o marxismo, pela necessidade de remontar às fontes, como logo veremos.

3 Outros expoentes italianos do hegelianismo

Na segunda metade do século XIX muitos homens de cultura na Itália foram atraídos pelo hegelianismo. Entre eles destaca-se Francisco De Sanctis (1817-1883), que se inspirou no conceito hegeliano de espírito para traçar o esboço geral de sua grandiosa reconstrução da história literária

Francisco De Sanctis
quando era Ministro da Educação (1861).

II. Benedetto Croce
e neo-idealismo como "historicismo absoluto"

• Benedetto Croce nasceu em Pescasseroli (L'Aquila) em 1866, de uma rica família de proprietários de terras, e freqüentou as escolas secundárias em Nápoles em um colégio mantido por religiosos. Em 1883, depois do terremoto na ilha de Ísquia em que se encontrava de férias, perdeu o pai, a mãe e a irmã. Foi acolhido em Roma pelo tio Sílvio Spaventa, irmão de Bertrando, e aí conheceu o marxista Labriola. Em 1886 voltou a Nápoles: ocupou-se dos negócios de família, viajou e leu muito, mas não quis obter títulos acadêmicos. De 1895 a 1899 ocupou-se de Marx, criticando seus pontos fracos e, depois de ter fundado em 1903 com Giovanni Gentile a revista "A crítica", a partir de 1905 começou o repensamento sistemático de Hegel. Foi senador em 1910 e Ministro da Educação em 1920-1921. Antifascista, rompeu com Gentile, e depois da queda do fascismo foi presidente do partido liberal e membro da Assembléia Constituinte. Morreu em 1952.

Croce e suas obras → § 1

Entre suas obras, são fundamentais: *Estética como ciência da expressão e lingüística geral* (1902); *Lógica como ciência do conceito puro* (1905); *Teoria e história da historiografia* (1917); *A história como pensamento e como ação* (1938).

• Segundo Croce, Hegel descobriu a autêntica dimensão do pensamento filosófico, o qual é *conceito universal concreto*, ou seja, conceito universal como *síntese de opostos*; Hegel, porém, depois usou desatinadamente sua dialética, cometendo toda uma série de erros que dependem de um só: de não ter entendido que a realidade não é feita apenas de *opostos* (que se sintetizam), mas também de *distintos*. A nova dialética deve, portanto, ser *relação de distintos*, além de *síntese de opostos*.

A realidade do espírito é compreendida apenas atentando para a relação particular de unidade-distinção, que é uma implicância recíproca na diferenciação. Em particular, o espírito tem *duas* atividades fundamentais, *cognoscitiva* e *volitiva*, que, conforme se dirijam ao particular ou ao universal, dão origem a *quatro* "distintos" (ou categorias), em cada um dos quais, depois, ocorre a oposição:

A crítica a Hegel e a dialética como relação dos distintos e síntese dos opostos → § 2-3

1) *fantasia* (= oposição belo/feio; objeto da *Estética*);
2) *intelecto* (= oposição verdadeiro/falso; objeto da *Lógica*);
3) *atividade econômica* (= oposição útil/nocivo; objeto da *Economia*);
4) *atividade moral* (= oposição bem/mal; objeto da *Ética*).

Os quatro graus são inseparáveis e *implicam-se reciprocamente*, e nesse distinguir-se-implicando-se e implicar-se-distinguindo-se está a vida do espírito, uma história que é como um *círculo* em que nenhum dos momentos é início *absoluto*, porque todos têm igual função no âmbito do espírito.

• Segundo Croce, todos os homens têm uma espécie de compreensão das verdades de fundo, porque é sempre o mesmo espírito que pensa e age no homem comum e no filósofo. Isso, portanto, também vale para a *arte*, e a definição de Croce de "arte" mostra justamente aspectos que no fundo todos os homens pressupõem quando falam de arte. As teses fundamentais da estética de Croce são:

a) *a arte é conhecimento intuitivo*, e como tal é *autônoma*, porque a *intuição* é uma *categoria* irredutível a outras;
b) toda intuição estética é sempre, ao mesmo tempo, também "expressão"; a atividade intuitiva *tanto intui quanto exprime*, e pertence a todos os homens;

A concepção da arte como manifestação do espírito → § 4

c) *a intuição estética é caracterizada pelo "sentimento"*, que é um "estado de espírito" e é *liricidade*;

d) *a arte tem um caráter de "universalidade" e de "cosmicidade"*; na representação artística, o indivíduo palpita da vida do todo, e o todo está na vida do indivíduo.

• Para Croce a lógica é *ciência do conceito puro*, isto é, do "universal concreto", o qual, do ponto de vista formal, é único, enquanto a multiplicidade dos conceitos se refere simplesmente à variedade dos objetos que são pensados segundo tal forma única. Além disso, o conceito tem o caráter de *expressividade*, é obra *expressa e falada do espírito*; a clareza da expressão é o espelho exato da clareza do pensamento. O conceito puro não deve ser confundido com as representações empíricas (por exemplo: "cão") nem com os conceitos abstratos empregados nas ciências ("triângulo" etc.); eles são *pseudoconceitos*, porque não correspondem a nada de verdadeiramente universal e real; todavia, não devem ser eliminados, porque servem para coordenar nossas experiências e agilizar a memória.

A lógica como ciência do conceito puro → § 5

Além da coincidência entre o conceito único, o juízo e o silogismo, a tese típica da lógica de Croce é a *identificação* do "juízo definitório" e do "juízo individual", no sentido de que o juízo definitório, na realidade, não é mais que o predicado do juízo individual: por conseguinte, *a filosofia e a história vêm a coincidir*, porque o pensamento, criando a si próprio, qualifica a intuição e cria a história.

• A forma da atividade prática do espírito é produtora não de conhecimentos, mas de *ações* dirigidas a um fim. As duas esferas da atividade prática são:

A atividade prática → § 6

1) a *atividade econômica*, a qual deseja e atua aquilo que é correspondente apenas às condições de fato em que o indivíduo se encontra; os fins da economia (em cuja esfera Croce faz entrar também o direito e as leis, a atividade política e a própria vida do Estado) são *individuais*;

2) a *atividade ética*, que quer e atua aquilo que, embora sendo correspondente às condições de fato em que o indivíduo se encontra, refere-se ao mesmo tempo a algo que o transcende; o homem moral se dirige ao espírito, à realidade real, à vida verdadeira, à liberdade.

• Dado que para Croce o *juízo filosófico* coincide com o *juízo histórico*, então, seja qual for a época à qual nos referimos no conhecer histórico, ela se torna sempre *atual*: toda história é sempre "história contemporânea", porque revive e se atua no presente do espírito. A história, portanto, é *o verdadeiro conhecimento do real*, do universal concreto, e o conhecimento histórico é *todo o conhecimento*.

O "historicismo absoluto" → § 7

Este é o "historicismo absoluto", segundo o qual a história e o juízo histórico são *necessários*, no sentido da *racionalidade imanente*. O tribunal da história não condena nem absolve, não zomba nem elogia, mas *conhece e compreende*; e o conhecimento histórico é *catártico*, é estimulador de ação e, ao mesmo tempo, estimulado pela ação: é uma relação de "pensamento" e "ação" que se explica de modo circular como o espírito.

1 Vida e obras

Benedetto Croce nasceu em Pescasseroli (na região de L'Aquila) em 1866, em rica família de proprietários de terras, de sadios princípios morais, mas muito conservadora e de visão político-social estreita, ainda ligada aos Bourbons. Freqüentou a escola secundária em Nápoles, em um colégio de religiosos, pouco aberto culturalmente. Mas desde então já começaram suas leituras de De Sanctis e Carducci, destinados a se tornarem para ele dois firmes pontos de referência. Em 1883, por causa do terremoto que destruiu Casamicciola (na ilha de Ísquia), onde passava férias, perdeu o pai, a mãe e a irmã. Ele próprio, como nos relata, permaneceu "sepultado por várias horas debaixo dos escombros, com várias partes do corpo quebradas".

O tio Sílvio Spaventa, irmão de Bertrando, tornou-se seu tutor e o acolheu em sua casa em Roma, superando com nobre gesto os dissabores que tivera com os Croce (que se haviam afastado dele, censurando-o por ter abraçado o liberalismo que detestavam, assim como se haviam afastado de Bertrando por ser apóstata). Na casa de Sílvio Spaventa, Croce conheceu políticos destacados, encontrou Labriola (então herbartiano) e começou a freqüentar suas aulas com bastante proveito. Os livros de Bertrando Spaventa que havia na casa, como sabemos, não só não o interessaram, mas o aterrorizaram por sua dificuldade, criando-lhe a idéia de que Hegel devia ser algo quase incompreensível.

Em 1886 voltou a Nápoles, onde, deixando para trás a "politiqueira sociedade romana, acre de paixões", encontrou uma sociedade mais bem composta e freqüentou sábios e eruditos, amantes da pesquisa e investigação. Ocupou-se dos assuntos domésticos somente o mínimo indispensável. Viajou e leu muito. Não quis obter títulos acadêmicos.

Uma reviravolta importante em sua trajetória foi constituída pelo interesse repentino que se acendeu nele pelas idéias do marxismo, que Labriola (que, nesse meio tempo, havia abandonado a filosofia de Herbart) deu-lhe a conhecer em 1895. Mas foi um amor que durou pouco tempo. Croce estudou a fundo os ensaios de Labriola, de que falaremos mais adiante, leu livros de economia, revistas e jornais italianos e alemães de inspiração socialista, e assim surgiu nele a paixão política que duraria para sempre, ainda que em outra dimensão. Mas Croce logo descobriu os pontos fracos do marxismo e, entre 1895 e 1899, expressou sua crítica a eles, "crítica tanto mais grave", escreveu, "porque queria ser a defesa e a retificação" do próprio marxismo.

Esses ensaios foram reunidos sob o título *Materialismo histórico e economia marxista*. Essa fase de interesse pelo marxismo enriqueceu notavelmente o patrimônio

Benedetto Croce (1866-1952), sobre o fundo de um hegelianismo repensado em sentido historicista, formulou uma doutrina estética entre as mais sugestivas do século XX, que exerceu grande influência tanto na Itália como em outros países.

espiritual e os conhecimentos de Croce e, como já observamos, em conseqüência dessas experiências, ele sentiu necessidade de remontar a Hegel. Na *Contribuição à crítica de mim mesmo*, escreve nosso filósofo: "O fermento do hegelianismo chegou a meu pensamento bastante tarde: *da primeira vez, através do marxismo e do materialismo histórico*, que, como haviam aproximado meu mestre, Labriola, a Hegel e à dialética, também me fizeram perceber quanta concretude histórica havia, embora em meio a tantos arbítrios e artifícios, na filosofia hegeliana".

Mas para ele ainda não estavam maduros os tempos para o repensamento sistemático de Hegel, que ocorreu em 1905 (e cujos frutos se encontram em *Aquilo que está vivo e aquilo que está morto na filosofia de Hegel*, de 1906, agora incluído no *Ensaio sobre Hegel*) e que, posteriormente, o levou à redescoberta de Vico e à sua revalorização em nova ótica. Entrementes, houve a longa gestação da *Estética*, obra que saiu em 1902 e que impôs Croce na Itália e no mundo inteiro, permanecendo como sua obra-prima.

No verão de 1902, Croce amadureceu o projeto da revista "A Crítica" (que começou a ser publicada em 1903), juntamente com Giovanni Gentile, que ele conhecera quando este ainda era estudante em Pisa e com o qual colaborou até que sua amizade se rompeu e se transformou em inimizade, por causa da adesão de Gentile ao fascismo. Croce foi senador em 1910 e Ministro da Educação em 1920-1921. Projetou uma reforma escolar, que, no entanto, não levou a termo, precisamente porque não quis aderir ao fascismo, mas que Gentile retomou e realizou.

Depois do caso Matteotti, Croce assumiu firme posição antifascista e reuniu muitos dissidentes em torno de si. Depois da queda do fascismo, foi presidente do Partido Liberal e membro da Assembléia Constituinte. Em 1947, fundou o Instituto de Estudos Históricos. Morreu em 1952.

Recordemos ainda seus méritos no campo cultural que se explicam por meio das atividades editoriais da editora Laterza, principalmente com a publicação de muitos clássicos da filosofia, alguns dos quais inéditos na Itália.

Croce foi escritor muito fecundo e incansável. Suas obras filosóficas foram ordenadas e sistematizadas por ele mesmo, do seguinte modo:

I) Filosofia do espírito:
1) *A estética como ciência da expressão e lingüística geral*, 1902;
2) *A lógica como ciência do conceito puro*, 1905;
3) *Filosofia da prática. Econômica e ética*, 1909;
4) *Teoria e história da historiografia* (1917).

II) Ensaios filosóficos (todos reeditados várias vezes):
1) *Materialismo histórico e economia marxista* (1900);
2) *Problemas de estética* (1910);
3) *A filosofia de Giambattista Vico* (1911);
4) *Ensaio sobre Hegel* (1912);
5) *Novos ensaios de estética* (1920);
6) *A poesia* (1936);
7) *A história como pensamento e como ação* (1938);
8) *O caráter da filosofia moderna* (1941);
9) *Discursos de filosofia* (1945);
10) *Filosofia e historiografia* (1949).

A esses escritos filosóficos, que se estendem por todo o arco de sua vida, acrescentam-se 54 volumes de "Escritos de história literária e política" e outros 12 volumes de "Escritos diversos".

2 "Aquilo que está vivo e aquilo que está morto na filosofia de Hegel"

A reforma que Croce promoveu no idealismo e suas motivações estão contidas no ensaio *Aquilo que está vivo e aquilo que está morto na filosofia de Hegel,* que constitui verdadeira jóia, modelo de discurso filosófico, em que o autor esclarece de modo exemplar sua posição.

Croce já se encontrava "no meio do caminho da nossa vida", podendo assim esclarecer a si e aos outros sua própria identidade filosófica de modo plenamente consciente.

Segundo Croce, Hegel descobriu a dimensão autêntica e a estatura verdadeira do pensamento filosófico. Essa descoberta pode ser resumida na fórmula segundo a qual esse pensamento é a) *conceito,* b) *universal* e c) *concreto*.

a) É "conceito" e não intuição, sentimento ou algo de imediato;

b) é "universal" e não simples *generalidade,* como a que é própria das noções das ciências empíricas;

c) é "concreto", enquanto capta a realidade em sua própria linfa vital e em toda a sua riqueza. Essa fórmula equivale a esta outra: o universal concreto é *síntese de opostos*.

Com essas teses Hegel superava tanto a posição daqueles que reduziam os opostos a uma *coincidentia oppositorum,* enfraquecendo-os e anulando-os, como a posição daqueles que, dualisticamente, os cindiam, contrapondo-os como irredutíveis. Eis, então, o sentido da descoberta hegeliana: "Como todas as afirmações verdadeiras, a dialética de Hegel não toma o lugar das verdades anteriores, mas as confirma e enriquece. O universal concreto, unidade na distinção e na oposição, é o princípio verdadeiro e completo de identidade, que não deixa subsistir separadamente, nem como seu companheiro nem como seu rival, o princípio das velhas doutrinas, porque o resolveu em si, transformando-o em seu próprio sumo e sangue".

3. A dialética como relação dos distintos e síntese dos opostos

Hegel, entretanto, utilizou despropositadamente sua dialética, até o limite do inverossímil, cometendo uma série de erros. Segundo Croce, *todos* esses erros *dependem* de um só, que está em sua base.

Esse erro consiste em não ter compreendido que a realidade não é feita só de *opostos* (que se sintetizam), mas é feita também de *distintos*, que Hegel desconheceu inteiramente e tratou como se fossem opostos.

Assim, por exemplo, *fantasia* e *intelecto* são distintos e *não* opostos. Analogamente, *atividade econômica* e *atividade moral* são distintos e não opostos. Em suma, no espírito existem "categorias" que se *distinguem*, não sendo lícito por nenhuma razão tratá-las como *opostos*.

Ora, segundo Croce, a nova dialética deverá ser *"relação de distintos"*, além de *"síntese de opostos"*. Aliás, para ele, *só se compreende propriamente a realidade do espírito atentando para esse nexo particular de unidade-distinção, que é uma recíproca implicação-na-diferenciação*.

Eis um esquema que servirá para esclarecer esses distintos e seus nexos, bem como sua posição em relação aos opostos: ▼

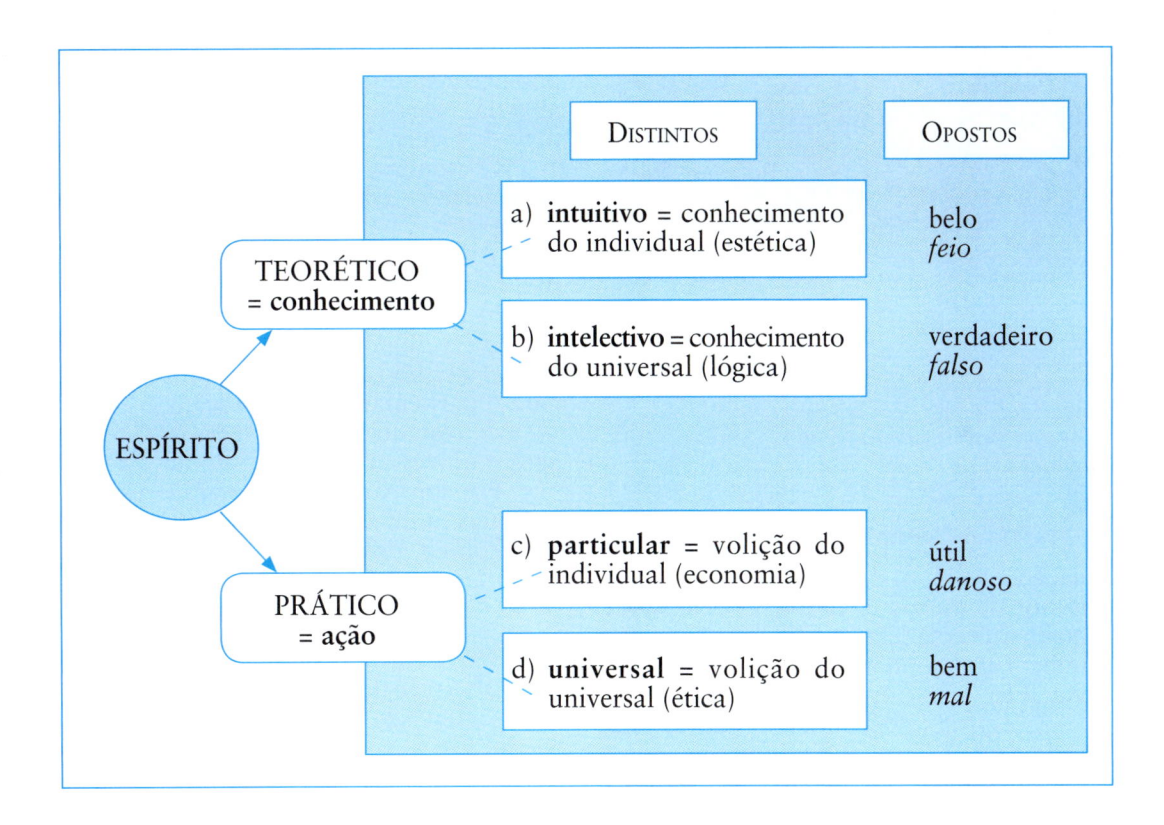

	DISTINTOS	OPOSTOS
ESPÍRITO → TEORÉTICO = conhecimento	a) **intuitivo** = conhecimento do individual (estética)	belo / *feio*
	b) **intelectivo** = conhecimento do universal (lógica)	verdadeiro / *falso*
ESPÍRITO → PRÁTICO = ação	c) **particular** = volição do individual (economia)	útil / *danoso*
	d) **universal** = volição do universal (ética)	bem / *mal*

Assim, fica clara a dedução do quadro dos distintos. O espírito tem *duas* atividades fundamentais, a cognoscitiva e a volitiva, que, enquanto se dirigem ao particular ou ao universal, dão origem a *quatro* "distintos" (ou categorias):
1) *fantasia*;
2) *intelecto*;
3) *atividade econômica*;
4) *atividade moral*.

Atividades cognoscitiva e prática não são opostas e não são dialetizáveis como tais; conseqüentemente, também não são opostos fantasia e intelecto, atividade econômica e ética ou qualquer desses membros em relação aos outros. A oposição, ao contrário, se dá *no interior* de cada distinto. Conseqüentemente, cada um dos membros que constituem opostos no interior de cada distinto *não* pode constituir um oposto em

Este livro de Benedetto Croce sobre Hegel, que é de 1907, é um verdadeiro "manifesto" do neo-idealismo italiano. Também do ponto de vista estilístico e comunicativo aparece no ápice da produção de Croce.

relação a nenhum dos termos que estão no interior de outros distintos. O belo *não* é oposto ao verdadeiro e nem ao falso, como também ao útil ou ao inútil, ao bom ou ao mau; o feio não é oposto ao verdadeiro etc.

O espírito, portanto, tem duas formas fundamentais, que se ritmam em quatro "graus" inseparáveis, também na distinção, porque se *implicam reciprocamente*, já que um não pode existir sem o outro. E nesse distinguir-se-implicando-se e implicar-se-distinguindo-se está a vida do espírito, que pode ser chamada, com termo que Croce toma de Vico, "história ideal e eterna", com suas "idas e vindas" eternas: história que é como um *círculo*, em que nenhum dos momentos é começo *absoluto*, porque todos têm igual função no âmbito do espírito.

Um esclarecimento ainda se torna indispensável sobre os opostos. No esquema acima traçado, *grifamos* o oposto negativo por uma razão muito importante, ou seja, porque, para Croce, o oposto negativo, tomado em si mesmo, não tem autonomia, mas acompanha o outro companheiro "como a sombra acompanha a luz". E, assim, a recíproca também é verdadeira. O que significa que "o oposto não é distinto de seu oposto", e sim uma abstração da verdadeira realidade. E, depois, significa que cada uma das categorias ou dos distintos, enquanto determina a realidade ou é momento da realidade, concretiza-se como realidade que supera uma oposição, um negativo, tornando-o verdadeiro em um positivo. E esta é a vida: o caminhar (diz Croce com o poeta romântico Jean Paul) é "contínuo cair": o termo positivo desapareceria sem o negativo.

Esta, portanto, é a nova dialética, a dialética da relação dos distintos, que torna possível a síntese dos opostos em sua justa medida, resgatando-a dos erros e dos arbítrios de Hegel.

O esquema que traçamos acima também esclarece a divisão da filosofia croceana do espírito:

a) o estudo do momento teórico-intuitivo é a *Estética*;

b) o estudo do momento teórico-intelectivo é a *Lógica*;

c) o estudo da atividade prática voltada para o particular é a *Economia*;

d) o estudo da atividade prática voltada para o universal é a *Ética*.

Por fim, Croce examinará o espírito em seu conjunto, que é pensamento-e-ação, em *Teoria e história da historiografia* e na *História como pensamento e como ação*.

4. A estética croceana e o conceito de arte

4.1 A arte é "aquilo que todos sabem o que seja"

No início do *Breviário de estética* (inclusive nos *Novos ensaios de estética*), Croce tem uma afirmação intencionalmente provocatória: "À pergunta 'o que é a arte?' poder-se-ia responder, gracejando (mas não seria gracejo tolo), que a arte é aquilo que todos sabem o que seja. E, verdadeiramente, se de algum modo não se soubesse o que é, não se poderia sequer propor aquela pergunta, porque toda pergunta importa certa informação sobre a coisa da qual se pergunta, designada na pergunta e, portanto, qualificada e conhecida".

Essa afirmação provocatória não é simples brincadeira, visto que Croce está profundamente convencido de que o homem tem uma espécie de compreensão (ou pré-compreensão) das verdades de fundo, e que a filosofia, quando é autêntica filosofia, na realidade nada mais faz do que levar à clareza crítica aquelas vagas compreensões.

Com efeito, é o mesmo espírito que pensa e age no homem comum e no filósofo. E o filósofo nada mais faz do que propor as perguntas e dar as respostas "com maior intensidade".

Eis então a resposta croceana, que se apresenta precisamente como a resposta que deveria dizer "com maior intensidade" o que, no fundo, todos entendem quando falam de arte.

4.2 A arte como conhecimento intuitivo

A proposição fundamental da estética croceana é a seguinte: a arte é "conhecimento intuitivo". Croce destaca o fato de que, no mais das vezes, pensava-se que a intuição fosse alguma coisa cega e que o intelecto deveria lhe prestar socorro. Mas este é um erro grave, já que *o conhecimento intuitivo é perfeitamente autônomo*.

Só se compreende bem essa posição tendo-se presente a dialética croceana dos distintos, na qual a intuição é uma *categoria* irredutível a outras.

Na arte, que é, portanto, intuição, qualquer outro elemento presente (máximas filosóficas nas tragédias, sentenças postas na boca das personagens nos romances etc.) *é assumido no elemento intuitivo geral*, como sua parte integrante, *vindo assim a ser parte dele*. Essa intuição não deve ser confundida com a *percepção*, que é a apreensão de fatos ou acontecimentos reais, ao passo que, na arte, a realidade ou irrealidade das coisas não tem relevância (na arte, tudo é real e tudo é irreal). É importante observar ainda que aquilo que intuímos na arte tem sempre "caráter ou fisionomia *individual*".

4.3 A arte como expressão da intuição

A segunda proposição fundamental da estética de Croce é que toda intuição estética é sempre, ao mesmo tempo, também "expressão".

Tanto se intui *quanto*, ao mesmo tempo, se expressa: a *expressão* surge espontaneamente a partir da intuição (e não se acrescenta *extrinsecamente*), porque uma e outra são a mesma coisa.

Quem diz, por exemplo, "tenho dentro de mim intuições de certas coisas, mas não sei expressá-las", está, na realidade, dizendo uma tolice; na verdade, não sabe se expressar porque *não* tem aquela intuição que pensa ter.

Portanto, tanto se intui como se expressa.

Todavia, esse paradoxo, que encerra efetivamente uma verdade profunda, é perfeitamente inteligível em seu significado, mas apenas quando ligado ao paradoxo, em certo sentido oposto, que o esclarece e integra. Com efeito, Croce considera que a intuição artística *não* é uma prerrogativa exclusiva dos grandes artistas, dos gênios, *e sim que pertence a todos os homens*: a diferença entre um homem comum e um gênio é apenas de *quantidade* e não de qualidade; caso contrário, o gênio não seria homem e os homens não o entenderiam.

Por isso, cada um de nós é um pequeno poeta, pequeno músico, pequeno pintor etc., que não sabe criar, mas que certamente sabe recriar e desfrutar, na mesma dimensão do gênio, da dimensão da criação do gênio.

4.4 A intuição estética como sentimento

No *Breviário de estética,* Croce precisa que (além dos dois pontos destacados na

---

■ **Conhecimento intuitivo.** É o conhecimento do individual e é objeto da estética de Croce. O conhecimento intuitivo é perfeitamente autônomo, não redutível às outras três categorias do espírito (lógica, econômica, ética), e é constitutivo da arte.
A arte, portanto, é intuição em que todo outro elemento presente é *subssumido no elemento intuitivo* geral como parte integrante. A atividade intuitiva, além disso, é essencialmente e necessariamente *expressão*.

grande *Estética,* já expostos) o que caracteriza a intuição estética é o "sentimento" (que é um "estado de espírito"): "A intuição é verdadeiramente tal porque representa um sentimento e só pode surgir dele ou sobre ele. Não é a idéia, mas o sentimento aquilo que confere à arte a leveza aérea do símbolo: uma aspiração encerrada no círculo de uma representação, eis a arte; e, nela, a aspiração significa apenas a representação, e a representação apenas a aspiração".

O sentimento é *liricidade.*

E dizer que a "intuição é lírica" não significa qualificar a intuição com um adjetivo predicativo, e sim expressar a mesma coisa, como uma hendíadis, pois *liricidade* é sinônimo de *intuição.*

4.5 A relação entre intuição e expressão artística é uma "síntese estética a priori"

Ainda no *Breviário,* Croce acrescenta aos princípios já expostos um esclarecimento decisivo.

A relação entre intuição e expressão, que, como vimos, é estruturalmente indissolúvel, é representada de modo correspondente à kantiana "síntese a priori", mais precisamente como "síntese estética a priori".

A arte não é arte pelo seu conteúdo *ou* pela sua forma, mas apenas por sua *síntese.*

Eis a passagem que se tornou um dos pontos básicos das análises estéticas posteriores: "Porque a verdade é precisamente esta: o conteúdo e a forma devem ser bem distinguidos na arte, mas não podem, separadamente, ser qualificados como artísticos, precisamente por ser artística somente a relação deles, isto é, sua unidade, entendida não como unidade abstrata e morta, mas como a unidade concreta e viva própria da síntese a priori; e *a arte é verdadeira síntese estética a priori de sentimento e imagem na intuição,* da qual se pode repetir que *o sentimento sem a imagem é cego, e a imagem sem o sentimento é vazia.* Fora da síntese estética, o sentimento e a imagem não existem para o espírito artístico: terão existência,

Frontispícios da primeira edição da obra Estética como ciência da expressão e lingüística geral *(Sandron, 1902) e do primeiro fascículo da revista "A crítica" (20 de janeiro de 1903).*

diversamente colocados, em outros campos do espírito; então, o sentimento será o aspecto prático do espírito que ama e odeia, deseja e repugna, e a imagem será o resíduo inanimado da arte, a folha seca à mercê do vento da imaginação e dos caprichos da sorte. Mas isso não atinge o artista nem o esteta, porque a arte não é o vão fantasiar, nem a passionalidade tumultuada, e sim a superação desse ato através de outro ato ou, se assim se preferir, a substituição desse tumulto por outro tumulto, com o anseio da formação e da contemplação, com as angústias e as alegrias da criação artística. Por isso é indiferente ou é questão de mera oportunidade terminológica apresentar a arte como *conteúdo* ou como *forma*, desde que se entenda sempre que *o conteúdo é formado e a forma é preenchida, que o sentimento é sentimento figurado e a figura é figura sentida*".

4.6 O caráter de universalidade e cosmicidade da arte

Por tudo o que se disse, torna-se clara então a conseqüência importantíssima de que a arte tem caráter de *universalidade* e de *cosmicidade*.

Com efeito, o sentimento artístico "não é um conteúdo particular, mas todo o universo visto *sub specie intuitionis*". Conceito, esse, reafirmado no escrito *O caráter de totalidade da expressão artística* (inserido nos *Novos ensaios de estética*), do qual esta passagem é o mais eloqüente exemplo: "No que se refere ao caráter universal ou cósmico que é justamente reconhecido à representação artística (e talvez ninguém o tenha evidenciado tão bem quanto Wilhelm Humboldt no ensaio sobre *Hermann und Dorothee*), sua demonstração está naquele mesmo princípio, considerado com atenção. Pois o que será um sentimento ou um estado de espírito? Será algo que possa ser separado do universo e desenvolver-se por si mesmo? Será que a parte e o todo, o indivíduo e o cosmo, o finito e o infinito têm realidade um longe do outro, um fora do outro? Haverá quem esteja disposto a consentir que todo distanciamento e todo isolamento dos dois termos da relação nada mais poderiam ser do que obra da abstração, para a qual existe somente a individualidade abstrata, o finito abstrato, a unidade abstrata e o infinito abstrato. Mas a intuição pura ou representação artística repugna com todo o seu ser à abstração; aliás, nem ao menos repugna, porque a ignora, precisamente por seu caráter cognoscitivo ingênuo, que chamamos de 'auroral'. *Nela, o singular palpita na vida do todo, e o todo está na vida do singular. E toda clara representação artística é ela própria e o universo, o universo naquela forma individual, e aquela forma individual como o universo*. Em cada verso de poeta e em cada criatura de sua fantasia *estão todo o destino humano, todas as esperanças, as ilusões, as dores e alegrias, as grandezas e misérias humanas, o drama inteiro do real, que se torna e cresce perpetuamente sobre si mesmo, sofrendo e alegrando-se*".

4.7 O que a arte não é

Além de definições positivas, para tornar seu conceito de arte mais bem entendido, Croce também procedeu com base em *determinações negativas*, visando a dissipar as muitas confusões de que está cheia a história da estética.

Então, o que *não* é a arte?

Mais uma vez, a resposta revela-se muito simples se retornarmos ao esquema traçado das categorias e dos graus do espírito. As muitas páginas que Croce dedica a esse tema podem ser resumidas dizendo que a arte *não é tudo o que as outras categorias implicam* e que elas contêm. "A arte não expõe conceitos ou doutrinas, dado que esta é a função da lógica, inserindo-se, portanto, no segundo grau do espírito (quem sustenta o contrário, peca por intelectualismo). A arte não é atividade prática e, portanto, não tem finalidades econômicas ou morais. Em suma, a arte é independente, tanto da ciência como da economia e da ética, e tem fim em si mesma, teoria que se resume na fórmula 'a arte pela arte' ".

4.8 Alguns corolários da estética croceana

Por fim, recordemos alguns corolários úteis para completar o quadro da estética croceana:

a) Para Croce, *não* existem "gêneros literários". A arte é sempre única em todas as manifestações. As distinções do tipo "gênero cômico", "gênero épico", "gênero lírico" etc., são simplesmente esquemas comodistas que o intelecto introduz para fazer uma classificação que, enquanto tal, é estranha à arte. Trata-se, portanto, de uma intromissão indébita da categoria lógica na categoria estética. E, se nos obstinarmos a considerar os gêneros literários como esteticamente relevantes, caímos no erro do intelectualismo.

b) Não existe beleza física (beleza da natureza, das coisas etc.), porque o belo pertence *apenas* à atividade do espírito já descrita. As coisas naturais que chamamos "belas" são como o material, que somente no crisol da criação artística pode receber a verdadeira marca da beleza.

c) Não se deve confundir a *expressão* da arte com a sua *extrinsecação*. Diz Croce: "Nós, como artistas, não podemos deixar de querer nossa visão estética: naturalmente, podemos querer ou não exteriorizá-la, ou melhor, conservar e transmitir ou não aos outros a exteriorização produzida". Assim, as "técnicas artísticas" pertencem a essa *extrinsecação* e não à *expressão artística enquanto tal*, que é o todo unido à intuição. Desse modo, as técnicas artísticas não pertencem à atividade estética enquanto tal, mas à atividade prática (extrinsecação, fixação, comunicação).

d) Para Croce, o poeta como personalidade (ou melhor, como pessoa) desaparece: "o poeta nada mais é do que sua poesia"; Dante e Shakespeare são "sua obra poética". Isso só pode ser compreendido com base no conceito idealista segundo o qual é o espírito que age através do homem.

e) Por fim, Croce sustentou a identidade entre *lingüística* e *estética*. Com efeito, a linguagem é essencialmente *expressão*, precisamente como a arte. Em outros termos, a *linguagem é criação estética*. A forma lógica da linguagem e as distinções gramaticais são necessariamente introduzidas pelo intelecto, que intervém naquele organismo vivo que é a língua com as suas análises e suas sistematizações. Texto 1

5. A lógica croceana

5.1 A lógica como ciência dos conceitos puros

O objeto da lógica croceana é constituído pela segunda categoria do espírito e, mais em geral, pelo estudo da estrutura geral do espírito. Em ampla medida, portanto, já a expusemos acima, onde explicamos a reforma do hegelianismo e as novidades trazidas por Croce. Mas ainda restam alguns pontos muito importantes a completar e algumas doutrinas a integrar.

A lógica é "ciência do conceito puro". E o conceito puro, como vimos, é o *universal concreto* no sentido já definido. Croce o chama também de *transcendental*. Do ponto de vista lógico, "o conceito não dá lugar a distinções, porque não existem muitas formas no conceito, mas uma só forma", enquanto uma só é a forma teórica universal do espírito (vide o esquema já traçado). Portanto, o conceito é único quanto à forma, e "a multiplicidade dos conceitos só pode ser referida à variedade dos objetos que são pensados naquela forma". Por exemplo, posso pensar conceitualmente (ou

■ **Universal concreto.** O *universal concreto* é o objeto da lógica de Croce, é o *conceito puro*, cujos elementos são:
a) a *racionalidade*, e não a intuição, o sentimento ou em todo caso algo de imediato;
b) a *universalidade*, que é engastada no particular e não é simples *generalidade* como a das noções das ciências empíricas;
c) a *concretude*, enquanto ele capta a realidade em sua própria linfa vital e em toda a sua riqueza.
O universal concreto é *síntese de opostos* e, do ponto de vista formal, é único, enquanto a multiplicidade dos conceitos se refere simplesmente à variedade dos objetos que são pensados segundo a forma única; além disso, ele tem o caráter da *expressividade*, é obra *expressa e falada do espírito*.
O conceito puro não deve ser confundido com as representações empíricas (por exemplo, "cão") nem com os conceitos abstratos empregados nas ciências ("triângulo" etc.), que são *pseudoconceitos*, porque não correspondem a nada de verdadeiramente universal e real, e todavia não devem ser eliminados, porque servem para ordenar nossas experiências e agilizar a memória.

seja, na forma do conceito) o bem, o útil, o verdadeiro etc. Isso é possível, diz Croce, em virtude do fato de que, estruturalmente, o espírito é unidade-e-distinção, e o conceito se move exatamente segundo esse esquema, de modo que o conceito abrange toda a área da filosofia do espírito, pensando todas as distinções que lhe são próprias.

Além disso, o conceito tem o caráter de *expressividade*, o que significa que ele é "obra cognoscitiva" e, como tal (assim como a arte), é obra *expressa e falada* e não *ato mudo* do espírito, como o são as atividades práticas da economia e da ética. Também no caso do conceito (analogamente ao que dissera sobre a intuição estética), Croce assevera que, sendo o *pensar* também um *falar,* "quem não expressa ou não sabe expressar um conceito, não o possui".

A clareza da expressão é o espelho exato da clareza do pensamento.

5.2 Os pseudoconceitos e seu valor de caráter utilitarista (econômico)

O conceito puro não deve ser confundido com as representações empíricas, por exemplo, de "cão" ou de "rosa", e tampouco com todos os conceitos abstratos de que fazem uso as ciências, inclusive as matemáticas.

Estes são "pseudoconceitos", porque não correspondem a nada de verdadeiramente universal e real. Quando digo "gato", erijo um grupo de características que extraio de um grupo de gatos como símbolo que representa todos os gatos. O mesmo se dá quando digo "rosa". Trata-se de um esquema cômodo, mas, obviamente, inadequado. Analogamente, quando digo "triângulo" ou "movimento livre", penso em algo, mas o que penso e assim como o penso não tem realidade correspondente, porque "um triângulo geométrico jamais existe na realidade", assim como "não existe na realidade um movimento livre, pois todo movimento real realiza-se em condições determinadas e necessariamente entre obstáculos".

Entretanto, esses pseudoconceitos, que Croce divide em *empíricos* ("gato", "rosa" etc.) e *puros* ("triângulo", "movimento" etc.), não devem ser eliminados.

O valor deles não é de caráter lógico, e sim de *mera utilidade* e, portanto, de *caráter econômico* (ou seja, eles se inserem na terceira categoria do espírito). Eles servem para ordenar nossas experiências e facilitar a memória. Para Croce, portanto, todas as ciências empíricas e matemáticas são destituídas de valor teórico e pertencem à atividade prática do espírito, à econômica.

Com essa teoria (que lembra, em parte, idéias defendidas por Mach), Croce afasta-se da tese dos românticos alemães, para quem os que ele chama de "pseudoconceitos" eram obra do intelecto, ao passo que os conceitos puros eram obra da razão. Os idealistas alemães não haviam compreendido que, na realidade, os conceitos empíricos e abstratos não são obra do intelecto, mas de *uma faculdade não teórica*. Por conseguinte, deve-se

Um despacho, assinado pelo chefe da polícia fascista, Bocchini, solicita que o alto comissário de polícia de Nápoles intensifique a vigilância em relação a Benedetto Croce.

dar ao intelecto toda a sua dignidade e deve ser considerado como sinônimo de razão.

5.3 Coincidência de conceito, juízo e silogismo

Croce retoma de Hegel a idéia de que o juízo não deve ser entendido como o era tradicionalmente, porque, na realidade, é "o próprio conceito em sua efetividade" (enquanto é o universal concreto).

Aliás, visto que, como vimos, pensar um conceito quer dizer "pensá-lo em suas distinções, pô-lo em relação com os outros conceitos e unificá-lo com eles no conceito único" (na única forma conceitual), temos então uma *silogização*. Portanto, conceito, juízo e silogismo coincidem.

Esta é uma doutrina que deriva da concepção do conceito como *atividade dinâmica* em sentido idealista e que retoma a teoria da "proposição especulativa" que já vimos em Hegel. É evidente que ela só tem sentido no contexto do espírito como processo, e só deve ser interpretada e julgada segundo essa ótica.

5.4 Identificação entre juízo definitório e juízo individual, e suas conseqüências

Mas a tese talvez mais típica da lógica croceana é a identificação do "juízo definitório" (exemplo: *"a arte é intuição lírica"*) e do "juízo individual" (exemplo: *"o Orlando furioso é uma obra de arte"*).

E isso também pode ser bem compreendido no contexto croceano: com efeito, é precisamente o juízo individual que concretamente nos faz conhecer e possuir o mundo. À medida que um juízo de fato atribui um predicado a um objeto, *dá-lhe valor, declarando-o partícipe da universalidade*.

Pode-se também dizer que o juízo definitório, na realidade, nada mais é do que o predicado do juízo individual. (Quando digo que o *Orlando* é uma obra de arte, digo que ele, precisamente, é aquilo que se definiu como obra de arte, dando um juízo definitório, ou seja, que é intuição lírica.)

Assim, o ato lógico de julgar é síntese lógica a priori, pelos motivos explicados.

A conseqüência importantíssima que daí brota é que *a filosofia e a história acabam por coincidir*, como escreve expressamente Croce: "Filosofia e história já não são duas formas, e sim uma só forma, e não se condicionam reciprocamente, *mas até se identificam*. A síntese a priori, que é a concretude do juízo individual e da definição, é ao mesmo tempo a concretude da filosofia e da história. E o pensamento, criando-se a si mesmo, qualifica a intuição e cria a história. Nem a história precede a filosofia, nem a filosofia precede a história: uma e outra nascem do mesmo parto".

6 A atividade prática, econômica e ética

Antes de passar à doutrina croceana da história, devemos falar brevemente da filosofia prática, que, porém, constitui talvez a parte mais fraca do pensamento de nosso filósofo.

A forma da atividade prática do espírito é a atividade que se diferencia da mera contemplação teórica, não sendo produtora de conhecimentos, e sim de *ações*. A atividade prática coincide com a *vontade*: agir é querer; não há volição sem ação, nem ação sem volição.

Ora, quando se quer, se quer um fim. Se o fim é individual, temos a atividade econômica; se o fim, ao contrário, é universal, temos a atividade ética. Eis a definição de Croce: "Atividade econômica é aquela que quer e concretiza aquilo que corresponde *somente às condições de fato em que o indivíduo se encontra*. Atividade ética é aquela que quer e concretiza aquilo que, embora correspondendo àquelas condições, *refere-se ao mesmo tempo a algo que as transcende*. À primeira, correspondem aqueles que chamamos fins *individuais*; à segunda, os fins *universais* — em uma, fundamenta-se o juízo sobre a maior ou menor coerência da ação, tomada em si mesma; na outra, fundamenta-se o juízo sobre a maior ou menor coerência da ação em relação ao fim universal, que transcende o indivíduo".

Na esfera da economia, como já vimos, inserem-se todos os *pseudoconceitos* e todas as *ciências* particulares. Mas Croce atribui a essa esfera também o *direito* e as *leis*, a *atividade política* e a *própria vida do Estado*. O Estado, portanto, não tem estatura ética, mas utilitária, econômica (essa é a posição que Maquiavel, por exemplo, já assumira).

E a ética? Já vimos que, para Croce, é a volição do universal. Mas o que é esse universal? Eis a resposta: o universal é o próprio espírito, "a realidade enquanto verdadeiramente real como unidade de pensamento e querer; é a vida, colhida em sua profundidade como aquela mesma unidade; é a liberdade, se uma realidade assim concebida é perpétuo desenvolvimento, criação, progresso. [...] E, no querer universal, ou seja, aquilo que o transcende enquanto indivíduo, o homem moral volta-se para o espírito, para a realidade real, para a vida verdadeira, para a liberdade". Como icasticamente diz ainda Croce, é "um negar-se e superar-se enquanto indivíduo isolado, e servir a Deus".

Esta é uma resposta que o próprio Hegel teria podido subscrever plenamente.

7 A história como pensamento e como ação

Se, como vimos acima, o juízo *filosófico* coincide com o juízo *histórico*, então, seja qual for o período a que nos referirmos no conhecer histórico, ele se torna *atual*. Com efeito, nós operamos o juízo histórico por uma necessidade prática, para responder às necessidades da *situação presente*. Assim, o juízo histórico que damos (seu significado) torna-se "presente". Neste sentido toda história é sempre "história contemporânea", uma história que "vive em nós".

O homem — diz Croce — é um microcosmo, não em sentido naturalista, mas em sentido histórico, *compêndio da história universal*".

A história, portanto, *é o verdadeiro conhecimento do real*, isto é, aquela "síntese a priori" de que falamos anteriormente, entre intuição e categoria. A história é o verdadeiro conhecimento do universal concreto. E não somente todo juízo histórico é conhecimento, mas o conhecimento histórico "é todo o conhecimento". Isso é o "historicismo absoluto".

A história e o juízo histórico são, portanto, *necessários*. Mas não o são no sentido mecanicista em que os materialistas entendiam a "necessidade", e tampouco no sentido de força transcendente que, de fora, mova a história (a Providência de Deus-fora-do-mundo), mas no sentido da *racionalidade imanente*.

O "se" histórico é ridículo. É ridículo, por exemplo, dizer "*se* Napoleão não

Benedetto Croce em idade avançada.

houvesse cometido o erro de ir à Rússia", porque isso suporia a impotência do espírito, negando o nexo lógico e racional íntimo do universal concreto, que é a substância da história. Por isso, referindo-se ao indivíduo, o "se" histórico é um contra-senso. Não se pode dizer "se não tivesse cometido aquele erro". Com efeito, tu és o que és precisamente porque cometeste aquele erro, e podes dizer o que dizes porque o cometeste e, cometendo-o, conheceste o verdadeiro e superaste o momento do erro.

Todavia, em história também não tem sentido o juízo de louvor e de censura, porque louvor e censura cabem aos indivíduos *no momento em que agem*; mas, uma vez tornados acontecimentos históricos, não podem mais ser julgados uma segunda vez. O tribunal da história não condena nem absolve, não censura nem louva: *o tribunal da história conhece e compreende*.

Além disso, o conhecimento histórico é *catártico*. Com efeito, nós somos produzidos pelo passado e podemos nos *resgatar* do passado, precisamente *conhecendo-o historicamente*. Escrever história, como já dizia Goethe, é um modo de tirar das costas o passado e de libertar-se dele.

Assim como o espírito é teórico e prático na unidade-distinção, do mesmo modo o conhecimento histórico é estimulador de ação e, ao mesmo tempo, é estimulado pela ação, é ligação de "pensamento" e "ação" que se exerce de modo circular, precisamente como o espírito. Texto 2

■ **História.** A história não é crônica, nem arte, nem retórica, mas é *o verdadeiro conhecimento do real*, ou seja, a síntese a priori entre intuição e categoria, e "a síntese a priori, que é a concretude do juízo individual e da definição, é ao mesmo tempo a concretude da filosofia e da história".
Para Croce, portanto, filosofia e história coincidem: a história é *o verdadeiro conhecimento do universal concreto*, e não só todo juízo histórico é conhecimento, mas o conhecimento histórico "é todo o conhecimento".
As características fundamentais da história são:
a) a *atualidade*, razão pela qual toda história é história contemporânea, juízo histórico que revive e se atua no presente do espírito;
b) a *necessidade*, mas não em sentido mecanicista nem em sentido transcendente, e sim como *racionalidade imanente*;
c) o *efeito catártico*, porque conhecer historicamente o passado significa *resgatar-se e libertar-se* dele;
d) a *relação de pensamento e ação*, porque o conhecimento histórico é, ao mesmo tempo, estimulador de ação e estimulado pela ação.

Capítulo sétimo – O neo-idealismo italiano e o idealismo anglo-americano

CROCE
AS FORMAS DO ESPÍRITO

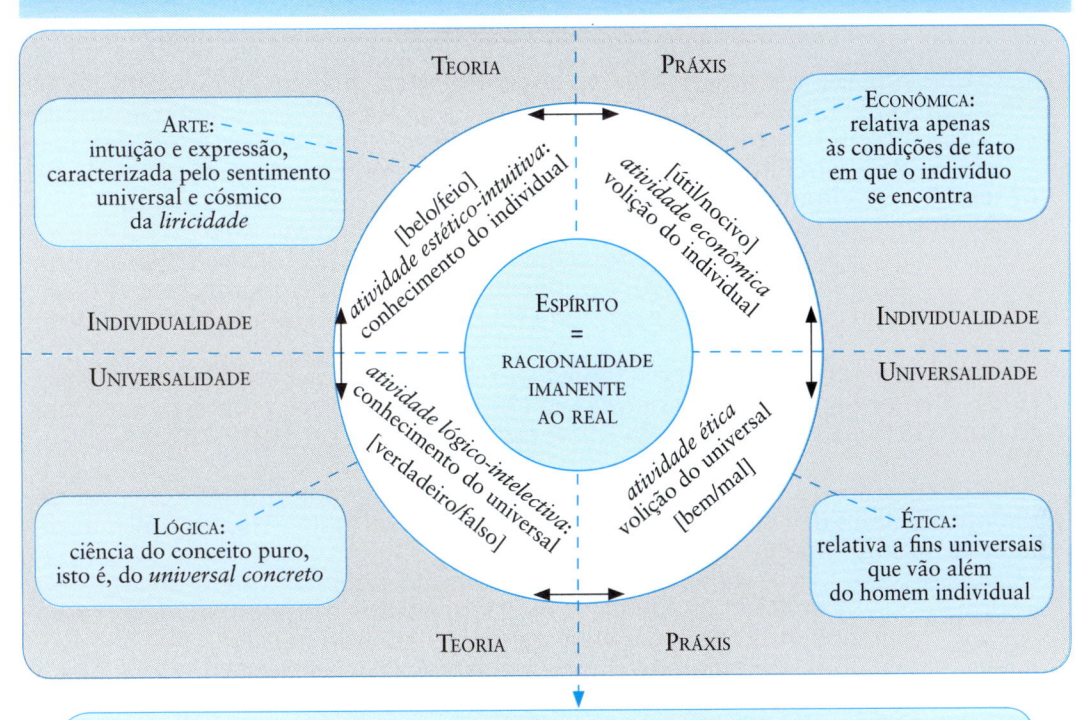

TEORIA — **PRÁXIS**

- **ARTE:** intuição e expressão, caracterizada pelo sentimento universal e cósmico da *liricidade*
- **ECONÔMICA:** relativa apenas às condições de fato em que o indivíduo se encontra
- **LÓGICA:** ciência do conceito puro, isto é, do *universal concreto*
- **ÉTICA:** relativa a fins universais que vão além do homem individual

INDIVIDUALIDADE — **UNIVERSALIDADE**

Círculo central: **ESPÍRITO = RACIONALIDADE IMANENTE AO REAL**

- [belo/feio] *atividade estético-intuitiva*: conhecimento do individual
- [útil/nocivo] *atividade econômica*: volição do individual
- *atividade lógico-intelectiva*: conhecimento do universal [verdadeiro/falso]
- *atividade ética*: volição do universal [bem/mal]

O FIM DO REAL CONSISTE NA TOTALIDADE CIRCULAR DESTAS QUATRO FORMAS, OU SEJA, APENAS O ESPÍRITO É O FIM DO ESPÍRITO

O HISTORICISMO ABSOLUTO

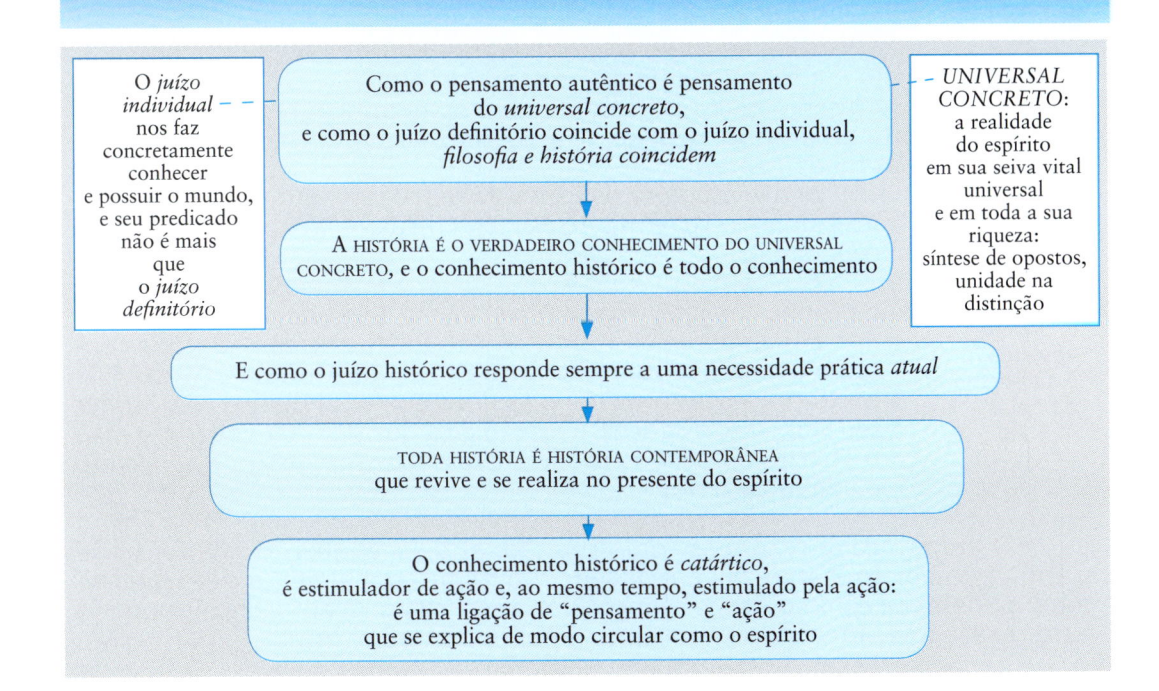

O *juízo individual* nos faz concretamente conhecer e possuir o mundo, e seu predicado não é mais que o *juízo definitório*

Como o pensamento autêntico é pensamento do *universal concreto*, e como o juízo definitório coincide com o juízo individual, *filosofia e história coincidem*

UNIVERSAL CONCRETO: a realidade do espírito em sua seiva vital universal e em toda a sua riqueza: síntese de opostos, unidade na distinção

A HISTÓRIA É O VERDADEIRO CONHECIMENTO DO UNIVERSAL CONCRETO, E O CONHECIMENTO HISTÓRICO É TODO O CONHECIMENTO

E como o juízo histórico responde sempre a uma necessidade prática *atual*

TODA HISTÓRIA É HISTÓRIA CONTEMPORÂNEA que revive e se realiza no presente do espírito

O conhecimento histórico é *catártico*, é estimulador de ação e, ao mesmo tempo, estimulado pela ação: é uma ligação de "pensamento" e "ação" que se explica de modo circular como o espírito

MAPA CONCEITUAL

III. Giovanni Gentile
e o neo-idealismo como atualismo

Gentile e suas obras
→ § 1

• Giovanni Gentile nasceu em Castelvetrano, na Sicília, em 1875. Discípulo de Donato Jaia em Pisa, apreciou o pensamento de Spaventa. Depois de ter ensinado nos liceus, tornou-se professor na Universidade de Palermo; em 1914 sucedeu Jaia em Pisa e a partir de 1917 se transferiu para a Universidade de Roma. Aderiu ao fascismo, e isso foi causa de sua ruptura com Croce. Em 1922 foi eleito senador e, como Ministro da Educação, levou a termo a reforma escolar. Em 1925 tornou-se diretor do Instituto Treccani e publicou a famosa *Enciclopédia*. Não se desligou do fascismo nem em 1943, e em 1944 foi morto por um desconhecido, diante de sua casa em Florença.

Suas obras teóricas mais importantes são: *O ato do pensamento como ato puro* (1912); *A reforma da dialética hegeliana* (1913); *A teoria geral do espírito como ato puro* (1916); *Sistema de lógica como teoria do conhecer* (1917-1922).

A dialética segundo Gentile
→ § 2

• O coração do sistema de Gentile está no repensamento do conceito de "dialética", definida como "ciência das relações conceituais". Há duas formas de dialética, *absolutamente inconciliáveis*:

    a) a dialética antiga, de tipo platônico, que é *dialética do pensado* ("dialética da morte"), porque considera as idéias como objetos que são diferentes em relação ao pensamento;

    b) a dialética moderna, nascida da reforma kantiana, que é *dialética do pensar* ("dialética da vida"), isto é, da própria atividade do pensamento que pensa.

A dialética moderna, que em Hegel encontra sua expressão mais madura, não chegou ainda à sua perfeição, porque nela permanecem resíduos da velha dialética. A reforma da dialética hegeliana consistirá então em eliminar todo resíduo da dialética do pensado e em rigorizar a dialética, tornando-a uma dialética do puro pensar. Há um só e único conceito, e este é *ato puro, autoconceito*, e nele toda a realidade se resolve. Nasce assim o atualismo.

O pensamento como "autoconceito" e "forma absoluta", e a necessidade do "mal"
→ § 3-4

• O atualismo é a forma de idealismo segundo o qual o espírito, enquanto ato, põe seu objeto como multiplicidade de objetos, e em si os reabsorve como o próprio momento do próprio fazer-se. O atualismo, sustenta Gentile, se resume em duas posições fundamentais:

    a) o verdadeiro conceito da realidade múltipla, o conceito do sujeito centro de todas as coisas, é *autoconceito* (*conceptus sui*);

    b) no ato espiritual, *toda a matéria* é absorvida inteiramente na forma como *atividade* (*formalismo absoluto*).

Em última análise, as duas posições coincidem, porque conceber o pensamento como *forma absoluta* equivale a concebê-lo como *conceptus sui*. Ora, o espírito encontra diante de si, como seu momento essencial, negação de si que deve ser negada, o *mal*: o espírito é bem e verdade exatamente superando e vencendo o inimigo interior.

• O autoconceito realiza-se como posição: *a)* de si enquanto sujeito; *b)* de si enquanto objeto (natureza); a realidade espiritual, com efeito, é desdobrar-se como si mesma e como outro, e reencontrar-se no outro. O autoconceito que se auto-realiza e se autoconhece, portanto, implica *três* momentos:

Capítulo sétimo - O neo-idealismo italiano e o idealismo anglo-americano

> 1) a realidade do sujeito, puro sujeito;
> 2) a realidade do objeto, puro objeto;
> 3) a realidade do espírito, como unidade ou processo do pensamento, e a imanência do sujeito e do objeto no espírito.
>
> A verdadeira realidade, portanto, é a do pensamento, ou seja, do *espírito*, síntese vivente eterna, *monotríade* justamente enquanto se desenvolve em três momentos. A história do mundo, ou seja, o caminho da humanidade através do espaço e do tempo, é a representação empírica e exterior da vitória eterna imanente do espírito sobre a natureza; é, diz Gentile com fórmula de Vico, "história ideal eterna".
>
> *A natureza e a realização do "autoconceito" mediante seus três momentos*
> → § 5-7

1 Vida e obras

Giovanni Gentile nasceu em Castelvetrano (na Sicília) em 1875. Foi aluno de Donato Jaia na Escola Normal de Pisa, que o fez conhecer e amar o pensamento de Spaventa, que seria o ponto de partida de seu atualismo. Depois de alguns anos de ensino em liceus, tornou-se professor na Universidade de Palermo; em 1914, sucedeu a Jaia em Pisa e, a partir de 1917, transferiu-se para a Universidade de Roma. Da colaboração com Croce e do rompimento posterior, já falamos. Em 1922 tornou-se senador e, como Ministro da Educação, levou a cabo a reforma escolar iniciada por Croce e que se demonstraria sólida durante décadas. Sua adesão ao fascismo sobreviveu ao delito Matteotti, ainda que Gentile tenha procurado tomar a devida distância em relação ao caso. Em 1925 tornou-se diretor do Instituto fundado pelo senador Treccani e projetou, elaborou e publicou uma *Enciclopédia* que, durante muitos anos, constituiu ponto de referência para todos os italianos, sendo ainda hoje de útil consulta. Em 1943 Gentile não se afastou do fascismo, e aderiu ao chamado "governo fantoche". Este, sem dúvida, foi ato de fidelidade àquele regime do qual fora o líder cultural e, em última análise, um ato de coerência moral. Em 1944 foi assassinado por mão desconhecida diante de sua casa, em Florença.

São numerosas as obras de Gentile. A "Fondazione Gentile" preparou uma edição completa de suas obras, em cinqüenta e cinco volumes, divididos em:

a) obras sistemáticas (vols. 1-9);
b) obras históricas (vols. 10-35);
c) obras diversas (vols. 36-45);
d) fragmentos (vols. 46-55);
e) um epistolário em vários tomos.

Suas obras teóricas mais importantes são: *O ato do pensamento como ato puro* (1912); *A reforma da dialética hegeliana* (1913); *Sumário de pedagogia como ciência filosófica* (1913-1914); *A teoria geral do espírito como ato puro* (1916); *Sistema de lógica como teoria do conhecer* (1917-1922); *Discursos de religião* (1920) e *Filosofia da arte* (1931).

Sua obra que teve mais sucesso foi *A teoria geral do espírito como ato puro*, mas a que, ao contrário, os estudiosos consideram como a mais profunda é o *Sistema de lógica*.

2 A reforma gentiliana da dialética hegeliana

O cerne do sistema gentiliano está, sem dúvida, no repensamento do conceito de dialética e em ter levado a cabo o processo de sua "mentalização", que Bertrando Spaventa preconizara.

A essência da dialética, diz Gentile, está na *relação* que liga os conceitos, de modo que a dialética pode ser definida como "ciência das relações". Ora, existem duas formas de dialética: *a)* a antiga, de tipo platônico, e *b)* a moderna, nascida da reforma kantiana.

a) A dialética antiga é *dialética do pensado*, porque considera as idéias precisamente como objetos diferentes do pensamento e o condicionam;

b) a dialética moderna, pelo contrário, é a *dialética do pensar*, ou seja, da própria atividade do pensamento que pensa.

As duas dialéticas são absolutamente *inconciliáveis*, pois existe um abismo entre elas: o abismo que divide o idealismo moderno do antigo.

Mas a dialética moderna, que encontra em Hegel sua expressão mais madura, ainda não alcançou sua perfeição. Com efeito, em Hegel permanecem alguns *resíduos da velha dialética*. De fato, Hegel distinguia a fenomenologia da lógica pura e, além disso, introduzia a tripartição entre *lógica, filosofia da natureza* e *filosofia do espírito* também na esfera da ciência pura, contradizendo-se manifestamente, ou seja, como que recaindo em um platonismo (embora parcial), enquanto o "pensamento" estudado na lógica e a "natureza" constituem momentos *anteriores* (ainda que idealmente) ao espírito e, portanto, mantendo ainda uma espécie de *dialética do pensado*.

A reforma da dialética hegeliana consistiria, então, em eliminar todo resíduo da dialética do pensado e em rigorizar a dialética, tornando-a uma *dialética do puro pensar*.

Pode-se objetar, porém: Croce já não trabalhara nessa direção? Ele já não reduzira *toda* a dialética a dialética do espírito? Sem dúvida, Croce já se movera nesse sentido, mas introduzira, com seus "distintos", um sistema de categorias (os quatro graus do espírito), que Gentile não aceita. *A categoria é uma só*: a do espírito. Existe um só e único conceito, e este é propriamente *ato puro, autoconceito*, e nele resume-se toda a realidade. Assim nasce o atualismo.

■ **Dialética.** A dialética é definida por Gentile como "ciência das relações conceituais". Há duas formas de dialética, *absolutamente inconciliáveis*:
a) a dialética antiga, de tipo platônico, que é *dialética do pensado*, porque considera as idéias como objetos que são diferentes em relação ao pensamento e o condicionam;
b) a dialética moderna, nascida da reforma kantiana, que é *dialética do pensar*, isto é, da própria atividade do pensamento que pensa.
E enquanto a dialética antiga é "dialética da morte", porque a realidade aí se encontra como determinada para a eternidade, a dialética moderna, que encontra em Hegel sua expressão mais madura mas ainda não perfeita, é a "dialética da vida", porque constitui o processo do real "e *o processo do real não é mais concebível a não ser como a história do pensamento*". Para Gentile a dialética é a dialética do autoconceito.

Giovanni Gentile (1875-1944) repensou o hegelianismo, reformando sua dialética de modo radical, e criando o atualismo que constitui a forma extrema assumida pelo idealismo ocidental.

3. O pensamento como "autoconceito" e "forma absoluta"

O atualismo é a forma de idealismo que afirma que o espírito como ato põe seu objeto como multiplicidade de objetos, e os reabsorve em si como momento do próprio fazer-se. O espírito se autopõe, pondo dialeticamente o objeto e resumindo-o plenamente em si: "O pensamento não conhece a não ser realizando-se a si mesmo, e o que conhece nada mais é do que essa mesma realidade que se realiza".

Como diz Gentile na *Teoria geral do espírito como ato puro,* o atualismo baseia-se e resume-se em dois conceitos, que constituem *a)* o "princípio primeiro" e *b)* o "termo último" da doutrina.

a) Não existem *muitos* conceitos (como já observamos), mas apenas *um só*, porque não há *muitas* realidades a compreender, mas *uma só*, embora em multiplicidade de momentos. Portanto, "o verdadeiro conceito da realidade múltipla não deve consistir em uma multiplicidade de conceitos, e sim em conceito único, que é intrinsecamente determinado, mediato, desenvolvido em toda a multiplicidade de seus momentos positivos. Por conseguinte, como a unidade é do sujeito que concebe o conceito, a multiplicidade dos conceitos das coisas não pode ser senão a casca superficial de um núcleo que é um só conceito: o conceito de sujeito como centro de todas as coisas. De modo que o verdadeiro conceito, que existe propriamente, é autoconceito (*conceptus sui*)".

b) O segundo ponto é o do *formalismo absoluto*. Se por matéria e forma se entende o que Kant assim denominou, então deve-se dizer que *toda* a matéria é inteiramente absorvida na forma: "A matéria (da experiência) é posta e resumida na forma. De modo que a única matéria que pode existir no ato espiritual é a própria forma como *atividade*. Não o positivo enquanto posto [...], mas o positivo enquanto se põe, a própria forma".

Em última análise, esses dois conceitos coincidem, porque conceber o pensamento como *forma absoluta* equivale a concebê-lo como *conceptus sui*. O espírito é o pôr-se (o autopor-se) enquanto pensar, e tudo se resume na dialética do pensar.

■ **Autoconceito (*conceptus sui*).** É o verdadeiro único conceito da realidade múltipla, o conceito do sujeito centro de todas as coisas, enquanto "a multiplicidade dos conceitos das coisas não pode ser senão o esboço superficial de um núcleo que é um conceito só".
O *autoconceito* é atividade, entendida como *formalismo absoluto*, que absorve inteiramente toda a matéria; em sua auto-realização e autoconhecimento implica *três* momentos dialéticos:
1) a realidade do sujeito, puro sujeito;
2) a realidade do objeto, puro objeto;
3) a realidade do espírito, como unidade ou processo do pensamento, e a imanência do sujeito e do objeto no espírito.

4. O "mal" e o "erro"

Segundo Gentile, o atualismo explica o que sempre repugnou ao espírito humano: o *mal* e o *erro*.

O mal é aquilo que o espírito encontra diante de si como negação de si. Mas o espírito nega essa negação — e sua vida é precisamente esse negar a negação. Portanto, o mal assim entendido é como "a mola interna pela qual o espírito progride — e ele vive com a condição de progredir".

O mesmo vale para o *erro*. O conceito não é o "já posto", mas "o positivo que se autopõe"; como diz Gentile, é "um processo de autóctese (= posição de si mesmo) que tem como seu momento essencial a própria negação, o erro contra o verdadeiro". O erro é apenas um momento do verdadeiro; aliás, só é reconhecido como erro ao ser referido ao verdadeiro. E o que vale para o erro teórico vale também para o erro prático-moral.

Em suma, diz Gentile, mal e erro são como que o "combustível" de que a chama do espírito necessita para queimar: o fogo alimenta-se do combustível, mas o queima.

E, assim, o espírito é bem e verdade, precisamente superando e vencendo o inimigo interior e *consumindo-o*.

5 A "natureza" como objeto do "autoconceito"

Conforme Gentile, o atualismo explica também *a natureza* como *objeto do autoconceito*. Com efeito, o *autoconceito* se realiza como posição de si mesmo como sujeito e de si mesmo como objeto. Escreve Gentile: "Isto é o Eu, a realidade espiritual: identidade de si consigo mesmo, não como identidade imediatamente posta, mas como identidade que se põe, como reflexão: duplicar-se como si mesmo e como outro — e encontrar-se no outro. O Si-mesmo que fosse 'si' sem ser o outro evidentemente não seria nem si mesmo, porque só o é enquanto é o outro. Nem o outro também seria o outro se não fosse ele mesmo, porque o outro não é pensável a não ser como idêntico ao sujeito, ou seja, como o mesmo sujeito como este encontrar-se diante de si mesmo, pondo-se realmente".

6 Os três momentos do "autoconceito"

Ora, com base nessa estrutura dialética, o autoconceito que se auto-realiza e se autoconhece implica *três* momentos:
1) a realidade do sujeito, puro sujeito;
2) a realidade do objeto, puro objeto;
3) a realidade do espírito, como unidade ou processo do pensamento, e a imanência do sujeito e do objeto no espírito.

Mas note-se bem: o *sujeito* deve existir, porque, do contrário, não existiria quem pensa; o *objeto* deve existir, porque, do contrário, o pensamento não seria nada. Mas a verdadeira realidade é a do pensamento, isto é, do espírito, pois nele e por ele existem sujeito e objeto: "nada é real fora do pensamento". O primeiro e o segundo momento só têm realidade no terceiro, que é a síntese viva eterna. No *Sistema de lógica*, Gentile denominou essa unidade que se desenvolve em três momentos usando o termo "monotríade".

Frontispício do primeiro fascículo da revista "Jornal crítico da filosofia italiana" (janeiro de 1920).

Conseqüentemente, observa Gentile na *Teoria geral do espírito*, a história do mundo, ou seja, o caminho da humanidade através do espaço e do tempo, "nada mais é do que a representação empírica e exterior da vitória eterna imanente (plena e absoluta vitória) do espírito sobre a natureza, da resolução imanente da natureza no espírito". Como diz Gentile com fórmula viquiana, é "história ideal eterna". E assim, analogamente, também a natureza, vista exteriormente, é "como que o eterno passado de nosso eterno presente". Nessa ótica, natureza e história coincidem.

Uma última observação, para completar o quadro. Aos três momentos acima distinguidos na categoria única do espírito, Gentile faz corresponder, respectivamente:
1) ao primeiro (o da subjetividade), a *arte*;
2) ao segundo (o da objetividade), a *religião*;
3) ao terceiro (o da síntese), a *filosofia*.

7. Natureza do atualismo gentiliano

Nas páginas conclusivas de sua obra maior, o *Sistema de lógica*, Gentile toma posição contra algumas tentativas polêmicas de determinar a natureza de sua filosofia. E o faz de modo muito esclarecedor.

Croce lhe objetara que seu atualismo era uma "mística". Gentile respondeu que, da mística, o atualismo mantém o positivo, porque só considera real o absoluto e só julga a Deus como realidade verdadeira. Mas, ao mesmo tempo, elimina o defeito do misticismo, porque *não cancela as distinções*, mas as considera não menos necessárias que a identidade.

Alguns consideraram o atualismo como árido "panlogismo", que resolve todas as diferenças na unidade de um pensamento abstrato. Mas, diz Gentile, *pensar a unidade mediante as diferenças* é próprio de todas as filosofias: com efeito, foram os eleáticos que começaram a "unicizar" e, de vários modos, todos os filósofos prosseguiram nesse caminho. Nesse sentido, pode-se dizer que "todo homem, saiba ou não, é panlogista".

Outros, por seu turno, consideraram o atualismo como "panteísmo". Gentile rejeita vivamente essa qualificação, sustentando que o panteísmo concebe Deus como natureza, ao passo que o atualismo diz o contrário, sendo "a crítica peremptória de todo panteísmo". Na verdade, porém, Gentile entende aqui o panteísmo no sentido spinoziano restrito. Mas, se por panteísmo se entende a negação da transcendência e *a redução do mundo a Deus*, ainda que em termos dialéticos, então Gentile é panteísta, dado que ele afirma claramente que "a coisa finita (e, portanto, o mundo) é sempre a realidade de Deus".

*Giovanni Gentile
fotografado durante uma conferência na década de 1920.*

Giovanni Gentile no cargo de Ministro da Educação discute com Severi, seu chefe de gabinete.

Outros acusaram o atualismo de ser uma "filosofia teologizante". Gentile responde que aceita essa qualificação por aquilo que ela tem de verdadeiro. E o que ela tem de verdadeiro resume-se do seguinte modo no trecho que encerra sua obra maior: "Filosofia teologizante, portanto? E por que não? Só que a teologia dos teólogos nunca falou propriamente de Deus, já que os teólogos nunca conheceram Deus, *tendo-o sempre pressuposto, confundindo-o com sua sombra*. Pois, se teologizar significar de qualquer modo falar com Deus, não haverá mal nisso, considerando que, mais do que o pensamento dos teólogos, Deus é também e principalmente o pensamento constante de todo homem que não se compraz em jogos de inteligência, mas vive seriamente sua vida em que está envolvido o universo e que, por isso, lhe faz sentir o peso de uma responsabilidade divina. Além disso, o que importam os nomes, as etiquetas, as características? O importante é pensar: 'o pensar é a maior virtude', já dizia Heráclito".

E, algumas páginas antes, Gentile escrevera: "Pensar é viver a vida imortal". Texto 3

GENTILE
O PENSAMENTO COMO "AUTOCONCEITO" E "FORMA ABSOLUTA"

O espírito é **autoconceito**, verdadeiro único conceito da realidade múltipla

↓

Toda a matéria é absorvida totalmente na **forma absoluta**, que é ato espiritual, é o positivo que põe a si próprio (*autóctise*)

↓

O autoconceito se auto-realiza e se autoconhece segundo uma dialética triádica (*monotríade*):
1. realidade do sujeito
2. realidade do objeto
3. realidade do espírito

— — — DIALÉTICA: ciência das relações

a *dialética antiga* era dialética do *pensado*

a *dialética moderna* é dialética do *pensar*

↓

A verdadeira realidade é a realidade do pensamento que se autopensa, ou seja, do espírito:
bem e verdade,
síntese viva eterna,
que tem como seu momento essencial
a própria negação (a natureza),
o erro contra o verdadeiro,
o mal contra o bem

↓

A *história do mundo* é a representação empírica e exterior da imanente vitória eterna do espírito sobre a natureza, da imanente resolução da natureza no espírito

↓

A VERDADEIRA HISTÓRIA É HISTÓRIA IDEAL ETERNA que se reúne no eterno ato do pensar

MAPA CONCEITUAL

IV. O neo-idealismo na Inglaterra e na América

Predecessores do neoidealismo anglo-americano → § 1

• O neo-idealismo surgiu na Inglaterra e na América como reação ao predomínio do empirismo e, portanto, foi um fenômeno inesperado, ainda que tivesse encontrado nos literatos filósofos Carlyle e Emerson – respectivamente na Inglaterra e na América – precedentes significativos.

O neoidealismo inglês → § 2

• O neo-idealismo inglês encontra seu representante máximo em F. H. Bradley, que se empenhou em uma demonstração sistemática dos múltiplos aspectos contraditórios da experiência e demonstrou a necessidade de uma referência a uma realidade absoluta, em alguma medida imanente em cada homem.

O neoidealismo americano → § 3

• A problemática de Bradley da relação entre o homem e o absoluto encontrou um eco consistente no americano J. Royce, que repropôs – em chave filosófico-idealista – o conceito paulino de corpo místico.

1 Os precedentes: Carlyle e Emerson

Contra a tradição empirista e psicologista, desenvolve-se na segunda metade do século XIX e nas primeiras duas décadas do século XX, tanto na Inglaterra como na América, um forte movimento neo-idealista. Tratava-se de um movimento que pretendia contrastar longa e bem arraigada tradição. Por isso, além dos apoios e de críticas inevitáveis, também não deixou de suscitar surpresa. A propósito dele escreveu William James: "É um estranho acontecimento essa ressurreição de Hegel na Inglaterra e aqui (nos Estados Unidos) depois de seus funerais na Alemanha. Penso que sua filosofia terá influência importante sobre o desenvolvimento de nossa forma liberal de cristianismo. Tal filosofia apresenta aquela ossatura quase metafísica de que essa teologia sempre teve necessidade". E se olharmos a obra de Jacob Hutchinson Stirling (1820-1909), que é *O segredo de Hegel* (1865), devemos dizer que James não estava de modo nenhum errado. Stirling foi o primeiro a apresentar a filosofia de Hegel na Grã-Bretanha "de forma relativamente inteligível e coerente" (J. Passmore).

A bem da verdade, deve-se recordar que, antes ainda que aparecessem as obras dos neo-hegelianos ingleses e norte-americanos, tanto na Inglaterra como na América alguns influentes "literatos filósofos", como os dois poetas Samuel Taylor Coleridge (1772-1834) e William Wordsworth (1770-1850) e, depois, Thomas Carlyle (1795-1881) na Inglaterra e Ralph Waldo Emerson (1803-1882) na América, haviam preparado o terreno e o clima propício para o aparecimento e também para o sucesso do neo-hegelianismo anglo-americano. O pensamento de Schelling foi o inspirador dos ensaios literários e de muitas poesias de Coleridge e Wordsworth. Por seu turno, Carlyle tornou conhecida na Inglaterra a literatura romântica alemã. Além disso, de 1837 é seu trabalho histórico sobre *A Revolução Francesa*, onde encontramos admirada exaltação das grandes personagens da Revolução. E em *Os heróis* (1841), Carlyle delineia uma concepção da história vista como resultado e expressão da ação dos heróis. Na trilha de Goethe, escreve Carlyle em *Sartor Resartus* (1834) que o universo é "a roupagem de Deus", um "tempo místico do espírito", um símbolo daquele poder divino que se torna patente na personalidade dos "heróis". Simultaneamente, Carlyle mostra-se muito afastado em relação à ciência, que considera inútil para a solução dos problemas filosóficos.

No mesmo período em que Carlyle atuava na Inglaterra, Ralph Waldo Emer-

Capítulo sétimo – O neo-idealismo italiano e o idealismo anglo-americano

Ralph Waldo Emerson (1803-1882) foi o promotor do idealismo panteísta na América.

son, nos Estados Unidos, fazia-se paladino de um idealismo panteísta que vê uma "superalma" como força encarnada em toda a realidade. Tudo procede do mesmo espírito: os homens e o mundo. E enquanto o corpo humano é guiado por uma vontade, o mundo é "uma encarnação de Deus mais baixa e mais distante": o mundo é "uma projeção de Deus no inconsciente". A ordem do mundo, testemunha do espírito divino, não pode ser violada pelo homem. E quando enveredamos pelo caminho que nos leva a infringir a ordem da natureza, não é difícil perceber que "nos tornamos estranhos na natureza". O afastamento em relação à natureza é alienação em relação a Deus. A exemplo de Carlyle, Emerson também é da idéia de que a história é feita e plasmada por grandes homens. Seu trabalho *Homens representativos* é de 1850.

2 Bradley e o neo-idealismo inglês

Depois de Stirling, os representantes destacados do idealismo inglês foram, sem dúvida, Thomas Hill Green (1836-1882), Edward Caird (1835-1908) e John Mc Taggart (1866-1925); todavia, a figura de maior destaque é certamente a de Francis Herbert Bradley (1846-1924), cuja obra principal, *Aparência e realidade*, é de 1893.

Para Bradley, o mundo de nossa experiência é contraditório e incompreensível. Da forma como nos aparece, o mundo se despedaça sob as bordoadas da análise filosófica.

Com efeito, se olharmos para a distinção antiga entre qualidades primárias e qualidades secundárias, podemos ver, escreve Bradley, que "o raciocínio que demonstra que as qualidades secundárias não são reais possui a mesma força quando o aplicamos às qualidades primárias", que também "nos vêm unicamente da relação com um órgão do sentido".

Não é válido distinguir as coisas das qualidades, já que "não podemos descobrir nenhuma unidade real existente independentemente das qualidades".

O mundo de nossa experiência está cheio de contradições, é inconsistente. *Ele é apenas aparência*. "A realidade definitiva é aquela que não deve se contradizer". Não há um só aspecto do mundo finito que se salve da contradição e que possa, portanto, ser considerado real. Conseqüentemente, a realidade absoluta transcende toda tentativa humana de alcançá-la. Por outro lado, o homem finito, que não consegue chegar à realidade absoluta, mas que distingue a aparência da realidade, possui essa realidade absoluta como imanente, de modo que "todo ato de experiência, toda esfera ou grau do mundo é fator necessário do absoluto".

No absoluto nada se perde, mas tudo se transforma. "O absoluto não tem história, embora contenha inumeráveis histórias".

3 Royce e o neo-idealismo na América

Depois de Emerson, o neo-idealismo foi significativamente defendido na América por William Torrey Harris (1835-1909), G. H. Howison (1834-1916) e James Creighton (1861-1924). Mas o filósofo americano neo-idealista mais influente e conhecido é Josiah Royce (1855-1916). Autor muito fecundo, Royce registrou os melhores frutos de seu pensamento em O *mundo e o indivíduo* (2 vols., 1900-1902) e em O *problema do cristianismo* (1913).

Antes de mais nada, Royce sustenta que não é possível nos acomodarmos em nossos conhecimentos, sempre limitados e parciais. Exigimos verdade absoluta, um juiz infinito, que esteja em condições de julgar, de uma vez por todas, para toda a eternidade, o erro e o mal.

Em suma, o homem finito postula uma consciência absoluta. E essa consciência absoluta é Deus, no qual se integra o que é fragmentário, e no qual encontram lugar e sentido até os erros, as derrotas, os defeitos e todos os esforços das consciências finitas.

A partir dessas premissas, no que se refere à sociabilidade, Royce deduz uma doutrina que guarda analogias estreitas com a doutrina cristã do corpo místico. Escreve ele: "Nós somos apenas pó, se a ordem social não nos dá a vida. Se considerarmos a ordem social como um instrumento nosso e nos preocuparmos unicamente com nossas sortes privadas, então ela se torna desprezível para nós [...]; mas, se modificarmos nossa atitude e servirmos a ordem social, mais do que só a nós mesmos, então perceberemos que aquilo que servimos é simplesmente nosso mais elevado destino espiritual em forma corpórea".

Este é o ideal que Royce proclama diante de uma sociedade que impele as pessoas ao individualismo e diante de Igrejas que, em sua opinião, afastaram-se sempre mais do ideal paulino do corpo místico. Royce, portanto, sustenta que a sociedade que pode fazer o indivíduo sair de sua finitude não é tanto uma sociedade real, e sim muito mais uma sociedade ideal, que está na base de todas as comunidades históricas.

Capítulo sétimo - O neo-idealismo italiano e o idealismo anglo-americano

CROCE

1 O que é a arte

A concepção crociana da arte foi a que impôs o filósofo em âmbito nacional e internacional, e que difundiu seu pensamento também nos círculos dos literatos e dos artistas em geral.

A arte é conhecimento intuitivo que implica um sentimento que se exprime justamente por imagens. A arte é uma espécie de síntese a priori estética de sentimento e imagem na intuição.

A arte enquanto tal não tem necessidade de modo nenhum de que o intelecto lhe preste socorros, nem da economia nem da ética.

A arte é, em resumo, o primeiro dos "distintos" do espírito, e nesta óptica deve ser entendida.

Nas páginas seguintes, além de passos que indicam justamente a determinação precisa da arte em relação aos outros três "distintos", há também trechos em que emergem alguns corolários importantes da estética crociana: a negação dos gêneros literários e do belo natural, e a afirmação da indentidade entre lingüística e estética.

1. A arte é intuição

A arte é *visão* ou *intuição*. O artista produz uma imagem ou fantasma; e aquele que saboreia a arte dirige o olho ao ponto que o artista lhe indicou, olha pela espiral que o artista lhe abriu e reproduz em si a imagem. "Intuição", "visão", "contemplação", "imaginação", "fantasia", "figuração", "representação", e daí por diante, são palavras que voltam continuamente como sinônimos no discorrer em torno da arte, e todas elevam nossa mente ao mesmo conceito ou à mesma esfera de conceitos, indício de consenso universal.

Mas esta minha resposta, que a arte seja intuição, atinge ao mesmo tempo significado e força a partir de tudo aquilo que ela implicitamente nega e de que distingue a arte. Quais negações estão aí compreendidas? Indicarei as principais, ou pelo menos aquelas que para nós, em nosso momento cultural, são mais importantes.

2. A arte não é um fato físico

Ela nega em primeiro lugar que a arte seja um *fato físico*; por exemplo, certas cores determinadas ou relações de cores, certas formas determinadas de corpos, certos sons determinados ou relações de sons, certos fenômenos de calor ou de eletricidade, em suma, qualquer coisa que se designe como "física". Já no pensamento comum se tem o pretexto para este erro de fisicizar a arte, e, como as crianças que tocam a bolha de sabão e gostariam de tocar o arco-íris, o espírito humano, admirando as coisas belas, dirige-se espontaneamente para rastrear seus motivos na natureza externa, e experimenta pensar ou crê ter de pensar como belas certas cores e feias certas outras, belas certas formas de corpos e feias certas outras. Mas de propósito, e com método, esta tentativa foi depois executada mais vezes na história do pensamento: dos "cânones" que os artistas e teóricos gregos e da Renascença fixaram para a beleza dos corpos, das especulações sobre relações geométricas e numéricas determináveis nas figuras e nos sons, até as pesquisas dos estetas do século XIX [...] e as "comunicações", que nos congressos de filosofia, de psicologia e de ciências naturais de nossos dias os inexperientes costumam apresentar a respeito das relações dos fenômenos físicos com a arte. E caso perguntemos por qual razão a arte não pode ser um fato físico, é preciso em primeiro lugar responder que os fatos físicos não têm realidade, e que a arte, à qual tantos consagram sua vida inteira e que a todos enche de divina alegria, *é sumamente real*; de modo que ela não pode ser um fato físico, que é algo de irreal.

3. A arte não é um ato utilitário

Outra negação está implícita na definição da arte como intuição: ou seja, que, se ela é intuição, e se intuição vale como *teoria* no sentido originário de contemplação, a arte não pode ser um ato utilitário; e, como um ato utilitário visa sempre a alcançar um prazer e por isso a afastar uma dor, a arte, considerada em sua própria natureza, não tem nada a ver com o *útil*, e com *prazer* e com a *dor*, enquanto tais. Conceder-se-á, de fato, sem demasiada resistência, que um prazer como prazer, um prazer qualquer, não é em si artístico: não é artístico o prazer de uma bebida de água que dessedenta, de um passeio ao ar livre que desentorpece nossos membros e faz nosso sangue circular mais levemente, do alcançar um lugar de trabalho suspirado que põe em ordem nossa vida prática, e daí por diante. Até nas relações que se desenvolvem entre nós e as obras da arte, salta aos olhos a diferença entre o prazer e a arte, porque a figura representada pode ser cara para nós e despertar as mais deleitáveis recordações, e, todavia, o quadro pode ser feio; ou, ao contrário, o quadro pode ser belo e a figura representada odiosa ao nosso coração: ou o próprio quadro, que aprovamos como belo, despertar raiva ou inveja porque obra de um nosso inimigo ou rival, ao qual trará vantagem e conferirá nova força: nossos interesses práticos, com os correlativos prazeres e dores, se misturam, por vezes se confundem, perturbam-no, mas nunca se juntam com nosso interesse estético. Além do mais, para sustentar mais validamente a definição da arte como o agradável, se afirmará que ela não é o agradável em geral, e sim uma forma *particular* de agradável. Mas esta restrição não é mais uma defesa e é aliás um verdadeiro abandono naquela tese, porque, uma vez que a arte seja uma forma particular de prazer, seu caráter distintivo seria dado não pelo agradável, mas por aquilo que distingue aquele agradável dos outros agradáveis, e a esse elemento distintivo – mais que agradável ou diferente do agradável – conviria dirigir a pesquisa.

4. A arte não é um ato moral

Uma terceira negação que se realiza graças à teoria da arte como intuição é que a arte seja um *ato moral*; ou seja, a forma de ato prático que, embora se unindo necessariamente com o útil e com prazer e dor, não é imediatamente utilitária e hedonista e se move em uma esfera espiritual superior. Mas a intuição, enquanto ato teórico, é oposta a qualquer prática, e, na verdade, a arte, conforme observação antiquíssima, não nasce por obra de vontade: a boa vontade, que define o homem honesto, não define o artista. E, como não nasce por obra de vontade, ela se subtrai igualmente a toda discriminação moral, não porque lhe seja permitido um privilégio de isenção, mas simplesmente porque a discriminação moral não encontra o modo de a ela se aplicar. Uma imagem artística retratará um ato moralmente louvável ou reprovável; mas a própria imagem, enquanto imagem, não é nem louvável nem reprovável moralmente. Não só não há código penal que possa condenar à prisão ou à morte uma imagem, mas nenhum juízo moral, dado por uma pessoa razoável, pode fazê-la seu objeto: tanto valeria julgar imoral a Francesca de Dante ou moral a Cordélia de Shakespeare (que têm mera função artística e são como notas musicais da alma de Dante e de Shakespeare), quanto julgar moral o quadrado ou imoral o triângulo.

5. A arte não tem o caráter de um conhecimento intelectual

Ainda (e esta é a última, e talvez a mais importante, das negações gerais que me convém recordar de propósito), com a definição da arte como intuição nega-se que ela tenha caráter de *conhecimento conceitual*. O conhecimento conceitual, em sua forma pura que é a filosófica, é sempre realista, visando a estabelecer a realidade contra a irrealidade ou a abaixar a irrealidade, incluindo-a na realidade como momento subordinado da própria realidade. Mas intuição quer dizer, justamente, indistinção de realidade e irrealidade, a imagem em seu valor de mera imagem, a pura idealidade da imagem; e, contrapondo o conhecimento intuitivo ou sensível ao conceitual ou inteligível, a estética à noética, visa-se a reivindicar a autonomia desta mais simples e elementar forma de conhecimento, que foi comparada ao sonho (ao sonho, e não ao sono) da vida teórica, em relação ao qual a filosofia seria a vigília. E, verdadeiramente, toda pessoa que, diante de uma obra de arte, pergunta se isso que o artista expressou é metafísica e historicamente verdadeiro ou falso, levanta uma pergunta sem significado, e entra no erro análogo ao de quem quer traduzir diante do tribunal da moralidade as imagens aéreas da fantasia. [...]

Esta reivindicação do caráter alógico da arte é, conforme eu disse, a mais difícil e importante das polêmicas incluídas na fórmula da arte-intuição; porque as teorias, que tentam explicar a arte como filosofia, como religião, como história e como ciência e, em grau menor, como matemática, ocupam, com efeito, a parte maior na história da ciência estética, e se enfeitam com os nomes dos maiores filósofos. Na filosofia do século XIX, exemplos de identificação ou confusão da arte com a religião e com a filosofia são oferecidos por Schelling e por Hegel; da confusão dela com as ciências naturais, por Taine; da confusão com a observação histórica e documentária, pelas teorias dos veristas franceses; e da confusão com a matemática, pelo formalismo dos herbartianos. Mas seria vão procurar em todos esses autores, e nos outros que se poderia lembrar, exemplos puros destes erros, porque o erro nunca é "puro", pois, se assim o fosse, ele seria verdade. E por isso também as doutrinas da arte, que por brevidade chamarei de "conceitualistas", contêm em si elementos dissolventes, tanto mais numerosos e eficazes quanto mais enérgico era o espírito do filósofo que as professava; e por isso em ninguém tão numerosos e eficazes como em Schelling e em Hegel, os quais tiveram tão viva consciência da produção artística que sugeriram, com suas observações e seus desenvolvimentos particulares, uma teoria oposta à que existe na afirmação de seus sistemas. De resto, as próprias teorias conceitualistas, não só são superiores, enquanto reconhecem o *caráter teórico* da arte, às outras examinadas anteriormente, mas trazem também sua contribuição à verdadeira doutrina, graças à exigência que contêm de uma determinação das relações (que, se forem de distinção, são também de unidade) entre a fantasia e a lógica, entre a arte e o pensamento.

E aqui já se pode ver como a simplicíssima fórmula de que "a arte é intuição", – a qual, traduzida em outros vocábulos sinônimos (por exemplo: que "a arte é obra da fantasia"), se ouve das bocas de todos aqueles que discorrem quotidianamente sobre a arte, e se encontra com vocábulos mais velhos ("imitação", "ficção", "fábula" etc.) em tantos livros antigos –, pronunciada agora no contexto de um discurso filosófico, se encha de um conteúdo histórico, crítico e polêmico, de cuja riqueza se pôde dar apenas alguma amostra.

B. Croce,
Breviário de estética.

6. Intuição e expressão

Um dos problemas que em primeiro lugar se apresentam, tendo definido a obra de arte como "imagem lírica", refere-se à relação entre "intuição" e "expressão" e o modo da passagem de uma para a outra. Este, substancialmente, é o mesmo problema que se apresenta em outras partes da filosofia, como o de interno e externo, de espírito e matéria, de alma e corpo, e, na filosofia da prática, de intenção e vontade, de vontade e ação, e semelhantes. Nestes termos, o problema é insolúvel, porque, separando o interno do externo, o espírito do corpo, a vontade da ação, a intuição da expressão, não há modo de passar de um para o outro dos dois termos ou de reunificá-los, salvo se a reunificação for posta em um terceiro termo, que por vezes foi apresentado como Deus ou como o Incognoscível: o dualismo leva necessariamente ou à transcendência ou ao agnosticismo. Mas, quando os problemas se mostram insolúveis nos termos em que foram colocados, não resta mais que criticar os próprios termos, e indagar como se tenham gerado, e se a gênese deles é logicamente legítima. A pesquisa neste caso leva à conclusão de que eles nasceram não como conseqüência de um princípio filosófico, mas por efeito de uma classificação empírica e naturalista, que formou os dois grupos de fatos internos e fatos externos (como se os internos não fossem ao mesmo tempo externos e os externos pudessem existir sem interioridade), de almas e corpos, de imagens e de expressões; e sabe-se que é vão esforço reunir em sínteses superiores aquilo que foi distinguido não tanto filosófica e formalmente, mas apenas empírica e materialmente. A alma é alma enquanto é corpo, a vontade é vontade enquanto move pernas e braços, ou seja, é ação, e a intuição enquanto é, no próprio ato, expressão. Uma imagem não expressa, que não seja palavra, canto, desenho, pintura, escultura, arquitetura, palavra pelo menos murmurada de si para si mesmo, canto pelo menos que ressoa no próprio peito, desenho e cor que se veja na fantasia e colore de si toda a alma e o organismo, é coisa inexistente. Pode-se asserir sua existência, mas não se pode afirmá-la, porque a afirmação tem como único documento que aquela imagem esteja corporificada e expressa. Esta profunda proposição filosófica da identidade de intuição e expressão se encontra, de resto, no bom senso comum, que ri daqueles que dizem ter pensamentos mas não sabem expressá-los, de ter idealizado uma grande pintura, mas de não sabê-la pintar. *Rem tene, verba sequentur:*[1] se não existem os *verba*, muito menos a *res.* Tal identidade, que se deve afirmar para todas as esferas do espírito, na da arte tem uma evidência e uma saliência que talvez faltem em outros lugares. Na criação da obra de poesia, assiste-se como que ao mistério da criação do mundo; e daí a eficácia que a ciência estética exerce sobre toda a filosofia, para a concepção do Uno-Todo. A estética, negando na vida da arte o espiritualismo abstrato e o dualismo que daí se segue, pressupõe e, ao mesmo tempo, de sua parte exige o idealismo ou espiritualismo absoluto.

7. Expressão e comunicação

As objeções contra a identidade de intuição e expressão provêm comumente de ilusões psicológicas em que se crê possuir, em todo momento, imagens concretas e vivas em profusão, quando se possuem quase que apenas sinais e nomes; ou de casos mal analisados, como os de artistas dos quais se crê que exprimam apenas fragmentariamente todo um mundo de imagens que têm na alma, quando na alma justamente

---

[1] "Retém a coisa, e as palavras seguir-se-ão".

não têm mais que aqueles fragmentos, e junto com estes não aquele mundo suposto, mas no mais das vezes a aspiração ou a obscura labuta na direção dele, ou seja, na direção de uma imagem mais vasta e rica, que talvez se forme ou não. Tais objeções, porém, também se alimentam da troca entre a expressão e a comunicação, esta última de fato distinta da imagem e de sua expressão. A comunicação se refere à fixação da intuição-expressão em um objeto que diríamos material ou físico por metáfora, uma vez que, efetivamente, não se trata nem mesmo nesta parte de material e de físico, mas de obra espiritual. Todavia, uma vez que esta demonstração a respeito da irrealidade daquilo que se chama físico e sua resolução na espiritualidade tem de fato interesse primário para a concepção filosófica total, mas apenas indireto para o esclarecimento dos problemas estéticos, podemos, por brevidade, deixar aqui correr a metáfora ou o símbolo, e falar de matéria ou de natureza. É claro que a poesia já existe inteira quando o poeta a expressou em palavras, cantando-a dentro de si; e que, ao passar a cantá-la com voz expressa para que outros a ouçam, ou a procurar pessoas que a aprendam de cor e a recantem a outrem como em uma *schola cantorum*, ou a colocá-la em sinais de escrita e de impressão, entra-se em novo estágio, certamente de muita importância social e cultural, cujo caráter não é mais estético, mas prático. O mesmo deve-se dizer no caso do pintor, o qual pinta sobre a madeira ou sobre a tela, mas não poderia pintar se em todo estágio de seu trabalho, da mancha ou esboço inicial até o acabamento, a imagem intuída, a linha e a cor pintadas na fantasia não precedessem o toque do pincel; tanto é verdade que, quando aquele toque se antecipa à imagem, ele é cancelado e substituído na correção que o artista faz de sua obra. O ponto da distinção entre expressão e comunicação é certamente bastante delicado de captar no fato, porque no fato os dois processos se aproximam em geral rapidamente e parece que se misturam; mas é claro em idéia, e é preciso mantê-lo bem firme. Do fato de tê-lo descurado ou deixado vacilar provêm as confusões entre arte e técnica, das quais a última não é uma coisa intrínseca à arte, mas liga-se justamente ao conceito da comunicação. A técnica é, em geral, uma cognição ou um complexo de cognições dispostas e dirigidas a uso da ação prática, e, no caso da arte, da ação prática que molda objetos e instrumentos para a lembrança e a comunicação das obras de arte: quais seriam as cognições a respeito da preparação dos quadros, das telas, dos murais a pintar, das matérias colorantes, dos vernizes, ou as que tratam dos modos de obter a boa pronúncia e declamação, e semelhantes. Os tratados de técnica não são tratados de estética, nem partes ou seções destes tratados. Isso, bem entendido, sempre que os conceitos forem pensados com rigor e as palavras empregadas com propriedade em relação àquele rigor de conceitos e, sem dúvida, não valeria a pena debater sobre a palavra "técnica" quando é empregada, ao contrário, como sinônimo do próprio trabalho artístico, no sentido de "técnica interior", que é, portanto, a formação da intuição-expressão; ou então no sentido de "disciplina", ou seja, da ligação necessária com a tradição histórica, da qual ninguém pode se desligar, embora ninguém permaneça simplesmente ligado a ela. A confusão da arte com a técnica, a substituição desta por aquela, é um partido assaz almejado pelos artistas impotentes, que esperam das coisas práticas, e das excogitações e invenções práticas, o auxílio e a força que não encontram em si mesmos.

8. Os objetos artísticos: a teoria das artes particulares e o belo por natureza

O trabalho da comunicação, ou seja, da conservação e divulgação das imagens artísticas, guiado pela técnica, produz, portanto, os objetos materiais que se dizem por metáfora "artísticos" e "obras de arte": quadros e esculturas e edifícios, e depois também, de modo mais complicado, escritas literárias e musicais, e, em nossos dias, aparelhos de som e discos, que tornam possível reproduzir vozes e sons. Todavia, nem estas vozes e sons, nem os sinais da pintura, da escultura e da arquitetura são obras de arte, as quais não existem em nenhum outro lugar a não ser nas almas que as criam ou as recriam. Tirando a aparência de paradoxo desta verdade da inexistência de objetos e coisas belas, será oportuno lembrar o caso análogo da ciência econômica, a qual sabe bem que em economia não existem coisas natural e fisicamente úteis, mas apenas necessidades e trabalho, dos quais as coisas físicas tomam como metáfora o adjetivo. Quem em economia quisesse deduzir o valor econômico das coisas a partir das qualidades físicas delas, cometeria uma grosseira *ignoratio elenchi*.

E apesar de tudo esta *ignoratio elenchi* foi cometida, e ainda tem sucesso, na estética, com a doutrina das artes particulares e dos limites, ou seja, do caráter estético próprio de cada uma. As divisões das artes são meramente técnicas ou físicas, ou seja, conforme os objetos artísticos consistem em sons, em tons, em objetos coloridos, em objetos incisos ou esculpidos, em objetos construídos e que não parecem encontrar correspondência em corpos naturais (poesia, música, pintura, escultura, arquitetura etc.). Perguntar qual seja o caráter artístico de cada uma destas artes, aquilo que cada uma possa ou não possa, quais ordens de imagens se exprimem em sons e quais em tons e quais em cores e quais em linhas, e daí por diante, é como perguntar em economia quais coisas devam por suas qualidades físicas receber um preço e quais não, e qual preço devam ter umas em relação às outras, quando é claro que as qualidades físicas não entram na questão e toda coisa pode ser desejada e exigida, e receber um preço maior do que outras ou de todas as outras, conforme as circunstâncias e as necessidades. Colocando inadvertidamente o pé sobre este resvaladouro, até um Lessing foi impelido a conclusões tão estranhas como a que à poesia cabem as "ações" e à escultura os "corpos"; e também um Richard Wagner se pôs a matutar sobre uma arte complexiva, a *Opera*, que reunisse em si, por agregação, as potências de todas as artes particulares. Quem tem senso artístico, em um verso, em um pequeno verso de poeta, encontra ao mesmo tempo toda a musicalidade, pictoricidade, força escultórica e estrutura arquitetônica, e, da mesma forma, em uma pintura, a qual jamais é uma coisa de olhos, mas sempre de alma, e na alma não está apenas como cor, mas também como som e palavra, até como silêncio que, a seu modo, é som e palavra. Todavia, onde se experimenta agarrar separadamente aquela musicalidade e aquele pitoresco e as outras coisas, elas lhe escapam e se transmutam uma na outra, fundindo-se na unidade, mesmo que se costume separadamente chamá-las por modo de dizer, ou seja, experimenta-se que a arte é uma e não se divide em artes. Uma, e ao mesmo tempo infinitamente variada; mas variada não tanto conforme os conceitos técnicos das artes, e sim conforme a infinita variedade das personalidades artísticas e de seus estados de espírito.

A esta relação e a esta troca entre as criações artísticas e os instrumentos da comunicação ou "coisas artísticas" devemos recolocar o problema que se refere ao belo por natureza. Deixemos de lado a questão, que assoma em alguns estetas se, além do homem, outros seres sejam na natureza poetas e artistas: questão que merece resposta afirmativa, não só por devida homenagem aos pássaros cantores, mas ainda mais em virtude da concepção idealista do mundo, que é todo vida e espiritualidade, mesmo que, como naquele conto popular, tenhamos perdido aquele fio de erva que, posto na boca, permitia entender as palavras dos animais e das plantas. Com "belo por natureza" se designam verdadeiramente pessoas, coisas, lugares, que por seus efeitos sobre os espíritos devem se aproximar da poesia, da pintura, da escultura e das outras artes; e não há dificuldade de admitir tais "coisas artísticas naturais", porque o processo de comunicação poética, como se realiza com objetos artificialmente produzidos, assim também pode se realizar com objetos naturalmente dados. A fantasia do enamorado cria a mulher para ele bela e a personifica em Laura; a fantasia do peregrino, a paisagem encantadora ou sublime e a personifica na cena de um lago ou de uma montanha; e estas criações poéticas se difundem por vezes em mais ou menos largos círculos sociais, dando origem às "belezas profissionais" femininas, admiradas por todos, e aos "lugares de vista" famosos, diante dos quais todos se extasiam mais ou menos sinceramente. É verdade que estas formações são efêmeras: o gracejo por vezes as dissipa, a saciedade as deixa cair, o capricho da moda as substitui; e, diversamente das obras artísticas, não permitem interpretações autênticas. O golfo de Nápoles, visto do alto de uma das mais belas "vilas" do Vômero, foi, depois de alguns anos de incansável visão, declarado pela dama russa que adquirira aquela "vila" uma *cuvette bleue*, tão odioso em seu azul engrinaldado de verde, que a induziu a revender a "vila". Também a imagem da *cuvette bleue*,[2] era, de resto, uma criação poética, a respeito da qual não há o que discutir.

9. Os gêneros literários e as categorias estéticas

Bastante maiores e mais deploráveis conseqüências teve na crítica e na historiografia literária e artística uma teoria de origem um pouco diversa, mas análoga, a dos gêneros literários e artísticos. Também esta, como a precedente, tem como fundamento uma classificação que, tomada em si, é legítimo e útil: aquela, os agrupamentos técnicos ou físicos dos objetos artísticos; esta, as classificações que se fazem das obras de arte, conforme seu conteúdo ou motivo sentimental, em obras trágicas, cômicas, líricas, heróicas, amorosas, idílicas, romances, e daí por diante, dividindo e subdividindo. Na prática é útil distribuir segundo estas classes as obras de um poeta na edição que dele se faz, colocando

---

[2] "Concha azul".

em um volume as líricas, em outro os dramas, em um terceiro os poemas, em um quarto os romances; e é cômodo, ou melhor, indispensável, citar com estes nomes as obras e os grupos de obras ao discorrer sobre elas em voz alta e por escrito. Mas também aqui devemos declarar indevido e negar a passagem destes conceitos classificatórios às leis estéticas da composição e aos critérios estéticos do juízo; como se faz quando se quer determinar que a tragédia deva ter tal ou tal argumento, tal ou tal qualidade de personagens, tal ou tal andamento de ação, e tal ou tal extensão; e diante de uma obra, em vez de procurar e julgar a poesia que lhe é própria, põe-se a pergunta se ela é tragédia ou poema, e se obedece às "leis" de um ou de outro "gênero". A crítica literária do século XIX deve seus grandes progressos em grande parte por ter abandonado os critérios dos gêneros, nos quais permaneceram como que aprisionadas a crítica da Renascença e a do classicismo francês, como comprovam as disputas que então surgiram em torno da *Comédia* de Dante e dos poemas de Ariosto e de Tasso, do *Pastor Fido* de Guarini, do *Cid* de Corneille, dos dramas de Lope de Vega. Não igual vantagem tiraram os artistas da queda destes preconceitos, porque, negados ou admitidos que tenham sido em teoria, permanece como fato que aquele que tem gênio artístico passa através de todos os vínculos de servidão, e até mesmo das correntes faz para si instrumento de força; e aquele que disso é escasso ou privado, converte em nova servidão a própria liberdade.

Pareceu que das divisões dos gêneros se devia salvar, dando-lhe valor filosófico, ao menos uma: a de "lírica", "épica" e "dramática", interpretando-a como três momentos do processo da objetivação, que da lírica, efusão do eu, vai à épica, em que o eu separa de si o sentir, narrando-o, e desta para a dramática, em que deixa que ele molde por si os próprios porta-vozes, as *dramatis personae*. Mas a lírica não é efusão, não é grito ou pranto; ao contrário, é ela própria objetivação, pela qual o eu vê a si mesmo como espetáculo e se narra e se dramatiza; e este espírito forma a poesia do *epos* e do drama, que, portanto, não se distinguem da primeira a não ser em coisas extrínsecas. Uma obra que seja totalmente poesia, como o *Macbeth* ou o *Antônio e Cleópatra*, é substancialmente uma lírica, da qual os personagens e as cenas representam os vários tons e as estrofes consecutivas.

Nas velhas estéticas, e ainda hoje naquelas que continuam seu tipo, se dava destaque às assim chamadas categorias do belo: o sublime, o trágico, o cômico, o gracioso, o humorístico, e semelhantes, que os filósofos, marcadamente alemães, não só começaram a tratar como conceitos filosóficos (quando são simples conceitos psicológicos e empíricos), mas desenvolveram com aquela dialética que diz respeito unicamente aos conceitos puros ou especulativos, isto é, às categorias filosóficas, onde se entretiveram, dispondo-os em uma série de progresso fantástico, culminante ora no belo, ora no trágico, ora no humorístico. En-

Da esquerda para a direita:
Stefano Jacini, Benedetto Croce e Giovanni Laterza em uma foto da década de 1920.

tendendo tais conceitos por aquilo que se disse que eles são, deve-se notar sua correspondência substancial com os conceitos dos gêneros literários e artísticos, dos quais, com efeito, e principalmente das "instituições literárias", se verteram na filosofia. Enquanto conceitos psicológicos e empíricos, não pertencem à estética, e em seu conjunto designam nada mais que a totalidade dos sentimentos (empiricamente distintos e reunidos), que são a matéria perpétua da intuição artística.

10. Retórica, gramática e filosofia da linguagem

Que todo erro tenha um motivo de verdade e nasça de uma combinação arbitrária de coisas em si legítimas, confirma-se pelo exame que se fizer de outras doutrinas errôneas, as quais tiveram grande campo no passado e ainda hoje têm um, embora mais restrito. É perfeitamente legítimo valer-se, para o ensino do escrever, de divisões como as do estilo nu e do figurado, da metáfora e de suas formas, e perceber que em tal lugar ajuda falar sem metáfora e em tal outro por metáfora, e que em tal outro a metáfora empregada é incoerente ou é mantida demasiado longamente, e que aqui conviria uma figura de "preterição" e lá uma "hipérbole" ou uma "ironia". Mas quando se perde a consciência da origem de fato didática e prática destas distinções, e filosofando se teoriza a forma como distinguível em uma forma "nua" e em uma forma "ornada", em uma forma "lógica" e em uma forma "afetiva" e semelhantes, se transporta no seio da estética a retórica e se vicia o conceito genuíno da expressão. A qual nunca é lógica, mas sempre afetiva, ou seja, lírica e fantástica, e é sempre, e por isso mesmo não é nunca, metafórica, e por isso sempre própria; nunca é nua para se dever cobrir, nem ornada para dever-se libertar de coisas estranhas, mas sempre resplandecente de si própria [...]. Também o pensamento lógico, também a ciência, enquanto se exprime torna-se sentimento e fantasia, que é a razão pela qual um livro de filosofia, de história, de ciência pode ser não só verdadeiro, mas belo, e de todo modo é julgado não só conforme uma lógica, mas também conforme uma estética, e se diz por vezes que um livro é equivocado como teoria ou como crítica ou como verdade histórica, mas permanece, pelo afeto que o anima e que nele se exprime, na qualidade de obra de arte. Quanto ao motivo de verdade que se elaborava no fundo desta distinção de forma lógica e de forma metafórica, de dialética e retórica, ela era a necessidade de construir ao lado da ciência da lógica uma ciência da estética; mas infelizmente se fazia o esforço de distinguir as duas ciências no campo da expressão, que pertence a uma só delas.

Por uma necessidade não menos legítima, naquela parte da didática que é o ensino das línguas começou-se desde a antiguidade a dividir as expressões em períodos, proposições e palavras, e as palavras em várias classes, e em cada uma a analisá-las segundo suas variações e composições em radicais e sufixos, em sílabas e em fonemas ou letras; daí nasceram os alfabetos, as gramáticas, os vocabulários, como, analogamente, para a poesia houve as artes métricas, e para a música e as artes figurativas e arquitetônicas, as gramáticas musicais, pictóricas, e assim por diante. Todavia, nem mesmo os antigos conseguiram evitar que também nesta parte se realizasse um daqueles trânsitos indevidos *ab intellectu ad rem*, das abstrações à realidade, da empiria à filosofia, que observamos nos outros casos; e nisso se veio a conceber o falar como agregação de palavras e as palavras como agregação de sílabas ou de raízes e sufixos: onde o *prius* é justamente o falar como um *continuum*, semelhante a um organismo, e as palavras e as sílabas e as raízes são o *posterius*, o preparado anatômico, o produto do intelecto que abstrai, e não justamente o fato originário e real. Transportada a gramática assim como a retórica no seio da estética, disso proveio um desdobramento entre "expressão" e "meios" da expressão, que é uma reduplicação, porque os meios da expressão são a própria expressão, triturada pelos gramáticos. Este erro, combinando-se com o outro de uma forma "nua" e de uma forma "ornada", impediu que se visse que a filosofia da linguagem não é uma gramática filosófica, mas está além de toda gramática, e não torna filosóficas as classes gramaticais, mas as ignora, e, quando as encontra contra si, as destrói, e que, em suma, a filosofia da linguagem é uma com a filosofia da poesia e da arte, com a ciência da intuição-expressão, com a estética, a qual abraça a linguagem em toda a sua extensão, que compreende a linguagem fônica e articulada, e em sua realidade intacta, que é a expressão viva e de sentido realizado.

B. Croce,
Aesthetica in nuce.

2. A concepção da história

A realidade, para Croce, é vida que se desenvolve por meio do pensamento e da ação, em uma unidade que é a realização e a atualização do universal concreto.

Este realizar-se do espírito é a história.

A história é, portanto, o realizar-se do espírito na unidade-distinção, que se escande na síntese dos opostos, a qual se explica de modo circular. Mas este escandir-se do espírito é, ao mesmo tempo, um explicar-se e realizar-se da liberdade, justamente por meio da síntese dos opostos. Tal liberdade do espírito, portanto, realiza-se através dos contrastes e das oposições. Assim se verificou no decorrer da história, e assim se verificará sempre, sem exceções.

Croce afirma, além disso, a contemporaneidade da história em todos os seus momentos. Com efeito, em seu sistema, toda forma e momento de história é sempre história que, conhecendo-se, se revive e se realiza no presente do espírito.

Os trechos que aqui reproduzimos ilustram bem estes dois pontos.

1. A história como história da liberdade

a. A liberdade como eterna formadora da história

Que a história seja história da liberdade é um famoso dito de Hegel, repetido um pouco de ouvido e divulgado em toda a Europa por Cousin, Michelet e outros escritores franceses, mas que em Hegel e em seus repetidores tem o significado [...] de uma história do primeiro nascimento da liberdade, de seu crescer, de seu tornar-se adulta e estar firme nesta alcançada era definitiva, incapaz de ulteriores desenvolvimentos (mundo oriental, mundo clássico, mundo germânico = um só livre, alguns livres, todos livres). Com intenção diversa e diverso conteúdo esse dito é pronunciado aqui, não para atribuir à história o tema da formação de uma liberdade que antes não existia e que um dia existirá, mas para afirmar a liberdade como a eterna formadora da história, sujeito próprio de toda história.

Como tal, ela é, por um lado, o princípio explicativo do curso histórico e, pelo outro, o ideal moral da humanidade.

b. A liberdade é a própria vida da história e não pode jamais vir a faltar

Nada mais freqüente do que ouvir em nossos dias o anúncio jubiloso ou a admissão resignada ou a lamentação desesperada de que a liberdade tenha doravante desertado o mundo, que seu ideal se tenha posto no horizonte da história, com um crepúsculo sem promessa de aurora. Aqueles que assim falam, escrevem e publicam, merecem o perdão motivado com as palavras de Jesus: porque não sabem o que dizem. Se o soubessem, se refletissem, perceberiam que afirmar que a liberdade está morta é o mesmo que afirmar que está morta a vida, quebrada sua mola íntima. E, por aquilo que se refere ao ideal, provariam grande embaraço com o convite de enunciar o ideal que substituiu, ou poderia substituir, o da liberdade; e também aqui notariam que não há nenhum outro que se emparelhe com ele, nenhum outro que faça o coração do homem bater em sua qualidade de homem, nenhum outro que responda melhor à própria lei da vida, que é história e lhe deve por isso corresponder um ideal no qual a liberdade seja aceita e respeitada e posta em condição de produzir obras sempre mais altas.

c. Os exemplos da história que pareceriam negar o domínio da liberdade são uma confirmação disso

Sem dúvida, ao opor às legiões dos que pensam diversamente ou diversamente falam estas proposições apodíticas, estamos bem conscientes de que elas são justamente daquelas que podem fazer sorrir ou mover a caçoadas contra o filósofo, o qual parece que caia no mundo como um homem do outro mundo, ignaro daquilo que a realidade é, cego e surdo às suas duras feições e à sua voz e a seus gritos. Também sem se deter sobre acontecimentos e sobre condições contemporâneas em que, em muitos países, as ordens liberais, que foram a grande aquisição do século XIX e pareceram uma aquisição perpétua, desmoronaram e em muitos outros alarga-se o desejo desse desmoronamento, toda a história mostra, com breves intervalos de inquieta, insegura e desordenada liberdade, com raros lampejos de uma felicidade mais entrevista que possuída, um amontoar-se de opressões, de invasões bárbaras, de depredações, de tiranias profanas e eclesiásticas, de guerras entre os povos e nos povos, de perseguições, de exílios e de patíbulos. E, com esta visão diante dos olhos, o dito de que a história é história da liberdade soa como uma ironia ou, afirmado seriamente, como uma tolice.

Capítulo sétimo - O neo-idealismo italiano e o idealismo anglo-americano

Todavia, a filosofia não está no mundo para deixar-se dominar pela realidade tal qual se configura nas imaginações feridas e perdidas, mas para interpretá-la, libertando as imaginações. Assim, pesquisando e interpretando, ela, que bem sabe que o homem que torna escravo o outro homem desperta no outro a consciência de si e o anima à liberdade, vê serenamente suceder a períodos de maior outros de menor liberdade, porque quanto mais estabelecida e não disputada for uma ordem liberal, tanto mais decai para o hábito, e, reduzindo para o hábito a consciência vigilante de si próprio e a prontidão da defesa, se dá lugar a uma *vichiana* repetição daquilo que se acreditava que não iria mais reaparecer no mundo, e que por sua vez abrirá um novo curso. Vê, por exemplo, as democracias e as repúblicas, como as da Grécia no século IV ou de Roma no I, em que a liberdade permanecia nas formas institucionais mas não mais na alma e no costume, perder também aquelas formas, como aquele que não soube ajudar-se e que em vão procurou se endireitar com bons conselhos é abandonado à áspera correção que a vida dele fará. Vê a Itália, exausta e derrotada, depositada pelos bárbaros na tumba com sua pomposa veste de imperatriz, ressurgir, como diz o poeta, ágil marinheira em suas repúblicas do Tirreno e do Adriático. Vê os reis absolutos, que abateram as liberdades do baronato e do clero, tornadas privilégios, e que superpuseram a todos o seu governo, exercido por meio de uma burocracia e sustentado por um exército próprio, preparar uma bem mais larga e mais útil participação dos povos na liberdade política; e um Napoleão, também ele destruidor de uma liberdade tal apenas de aparência e de nome e à qual retirou aparência e nome, arrasador de povos sob seu domínio, deixar atrás de si estes mesmos povos ávidos de liberdade e tornados mais espertos do que verdadeiramente eram, e ativos para implantar, como pouco depois fizeram em toda a Europa, seus institutos. Ela a vê, também nos tempos mais sombrios e graves, fremir nos versos dos poetas e afirmar-se nas páginas dos pensadores e arder solitária e soberba em alguns homens, não assimiláveis pelo mundo que os envolve, como naquele amigo que Vittorio Alfieri descobriu na Siena setecentista e grã-ducal, "espírito libérrimo" nascido "em dura prisão", onde estava "como leão que dorme", e para o qual ele escreveu o diálogo da virtude desconhecida. Ela a vê em todos os tempos, tanto nos propícios como nos adversos, genuína, robusta e consciente apenas nos espíritos de poucos, embora apenas esses depois historicamente contam, como apenas aos poucos verdadeiramente falam os grandes filósofos, os grandes poetas, os homens grandes, toda qualidade de grandes obras, mesmo quando as multidões os aclamam e deificam, sempre prontas para abandoná-los por outros ídolos, para fazer barulho ao seu redor e para exercitar, sob qualquer lema e bandeira, a natural disposição à cortesania e servilidade; e, por isso, por experiência e por meditação, o homem pensa e diz a si próprio que, se nos tempos liberais se tem a grata ilusão de gozar de uma rica companhia, e se naqueles não liberais se tem a oposta e ingrata ilusão de se encontrar em solidão ou em quase solidão, ilusória era certamente a primeira crença otimista, mas, por sorte, ilusória é também a segunda, pessimista.

d. A vida da liberdade como formadora da história sempre foi e sempre será vida de combatente

Estas, e tantas outras coisas semelhantes a estas, ela vê, e daí conclui que se a história não é exatamente um idílio, também não é uma "tragédia de horrores", mas é um drama em que todas as ações, todos os personagens, todos os componentes do coro são, em sentido aristotélico, "medíocres", culpáveis-inculpáveis, mistos de bem e de mal, e, todavia, o pensamento diretivo nela é sempre o bem, ao qual o mal acaba por servir como estímulo; a obra é da liberdade que sempre se esforça para restabelecer, e sempre restabelece, as condições sociais e políticas de mais intensa liberdade. Quem desejar em breve persuadir-se de que a liberdade não pode viver diversamente de como foi vivida e viverá sempre na história, de vida perigosa e combatente, pense por um instante em um mundo de liberdade sem contrastes, sem ameaças e sem opressões de nenhum tipo; e logo dela se desviará apavorado, como da imagem, pior que a da morte, da náusea infinita.

2. Toda história é sempre "história contemporânea"

a. Há sempre uma necessidade prática como fundamento de todo juízo histórico

A necessidade prática, que está no fundo de todo juízo histórico, confere a toda história o caráter de "história contemporânea", porque, por mais remotos e remotíssimos que pareçam cronologicamente os fatos que nela entram, ela é, na realidade, história sempre referida à necessidade e à situação presente, na qual aqueles fatos propagam suas vibrações. Assim, se eu, para inclinar-me e recusar-me a um ato de expiação, recolho-me mentalmente para entender do que se trata, isto é, como se tenha formado e transformado este instituto ou este sentimento até assumir um puro significado moral, também o bode expiatório dos hebreus e os múltiplos ritos mágicos dos povos primitivos são parte do drama presente de minha alma neste momento e, fazendo expressamente ou de forma subentendida a história deles, faço a da situação em que me encontro.

b. O homem é um microcosmo não em sentido naturalista, mas em sentido histórico, como compêndio da história universal

Da mesma forma, a condição presente de minha alma, sendo a matéria, é por isso mesmo o documento do juízo histórico, o documento vivo que carrego em mim mesmo. Aqueles que se chamam, no uso historiográfico, documentos, escritos esculpidos ou figurados ou aprisionados nos fonógrafos ou talvez existentes em objetos naturais, esqueletos ou fósseis, não operam como tais, e tais não são, a não ser enquanto estimulam e reafirmam em mim recordações de estados de espírito que estão em mim; e em todo outro aspecto restam tintas coloridas, papel, pedras, discos de metal ou de vinil, e similares, sem nenhuma eficácia psíquica. Se em mim não existe, ainda que dormente, o sentimento da caridade cristã ou da salvação pela fé ou da honra cavalheiresca ou do radicalismo jacobino ou da reverência pela velha tradição, em vão me passarão sob os olhos as páginas dos evangelhos e das epístolas paulinas, e da epopéia carolíngia, e dos discursos que se faziam na Convenção nacional, e das líricas, dos dramas e romances que expressaram a nostalgia do século XIX pela Idade Média. O homem é um microcosmo, não em sentido naturalista, mas em sentido histórico, compêndio da história universal. E parte bem pequena nos parecerão no complexo os documentos, aqueles, assim especificamente chamados pelos pesquisadores, quando se pensar em todos os outros documentos sobre os quais continuamente nos apoiamos, como a língua que falamos, os costumes que nos são familiares, as intuições e os raciocínios feitos em nós quase que de forma instintiva, as experiências que carregamos, por assim dizer, em nosso organismo. Sem tais documentos específicos, bastante mais difíceis, ou até proibitivas, seriam nossas lembranças históricas; mas, sem estes, seriam de fato impossíveis, como se observa em certos processos doentios dos quais saímos desmemoriados e diferentes, como criaturas de fato novas e estranhas ao mundo ao qual antes pertencíamos. Perceba-se de passagem que esta verdade da história entrevista, que não nos é dada a partir do exterior, mas vive em nós, foi um dos motivos que extraviaram os filósofos da era romântica (Fichte e outros) na teoria da história a ser construída a priori, graças à pura e abstrata lógica e fora de toda documentação; embora depois eles, contradizendo-se (Hegel e outros), e tornando extrínseca a síntese, requeressem uma colaboração entre o pretenso a priori que vinha de um lado, e o pretenso a posteriori, ou o documento, que sobrevinha do outro.

c. A historiografia deve representar a vida vivida em forma de conhecimento

Se a necessidade prática e o estado de espírito em que se exprime é a matéria necessária, mas apenas a matéria bruta da historiografia, o conhecimento histórico não pode, como também nenhum conhecimento pode, consistir em presumida reprodução ou cópia daquele estado de espírito, pela razão elementar que esta seria uma duplicação de fato inútil e, portanto, estranha à atividade espiritual, que não tem, entre suas produções, a do inútil. Daí se esclarece a vaidade, que existe nos programas (nos programas, mas não nos fatos, que naturalmente saem diferentes) daqueles historiógrafos que se propõem apresentar a vida vivida em sua imediação. A historiografia, ao contrário, deve superar a vida vivida para representá-la em forma de conhecimento. Além do mais, e mal significando sua intenção, os escritores que crêem trabalhar como historiógrafos, tendem a transformar a matéria passional em obra de poesia. Mas, embora efetivamente a matéria passional passe sempre mais ou menos rapidamente através da esfera da fantasia e da poesia (e, quando aí se demora e se estende, nasce a poesia propriamente dita, a poesia em sentido específico), a historiografia não é fantasia, mas pensamento. Como pensamento, ela não dá apenas marca universal à imagem, como a poesia o faz, mas liga intelectivamente a imagem ao universal, distinguindo e unificando ao mesmo tempo no juízo.

B. Croce,
A história como pensamento e como ação.

Capítulo sétimo - O neo-idealismo italiano e o idealismo anglo-americano

GENTILE

3 Os problemas essenciais do atualismo e suas implicações

Não é fácil encontrar nos escritos dos filósofos algumas páginas em que sintética e claramente eles resumam seu próprio pensamento. Gentile, felizmente, as deixou em sua Introdução à filosofia, *onde, justamente na parte introdutória, ele apresenta um mapa dos problemas em torno dos quais gira todo o seu sistema e evidencia igualmente uma série de implicações que eles têm.*

Depois de ter indicado as origens do atualismo na reviravolta impressa no pensamento filosófico da filosofia alemã que vai de Kant a Hegel, e ter salientado alguns precedentes na filosofia renascentista e do ressurgimento italiano, Gentile toma distância em relação a Croce, salientando como sua própria filosofia tenha parecido afim com a de Croce mais do que de fato era.

Passa então a apresentar o princípio básico de sua filosofia, que é o da imanência absoluta, entendida não no sentido tradicional, mas como imanência de todo o real no ato do pensar, além do qual não há nada de independente.

Este ato do pensar não deve ser confundido com o ato do pensar como, por exemplo, o do motor imóvel de Aristóteles ou da metafísica tradicional, que, segundo Gentile, são meras abstrações, mas é o ato de pensar que coincide com nosso pensamento.

Em nós, enquanto somos ato ou atividade do pensar, está compreendida a totalidade do real: não somos nós (como pensamento) que estamos contidos no espaço, mas é o espaço que está contido em nosso pensamento; e, assim, não somos nós que estamos na natureza, mas é a natureza que está em nós (como pensamento).

Esta atividade do pensamento, além de infinita (porque inclui todas as coisas) é livre, enquanto autoridade suprema no julgar e distinguir verdadeiro e falso, bem e mal.

Exatamente na dimensão do ato do pensar descobrimos dentro de nossa humanidade empírica uma humanidade profunda, que é aquela por meio da qual procuramos os outros e con-sentimos com os outros. Por esta humanidade profunda nós somos os outros e os outros são nós, em sentido global.

O pensamento atual é tudo, e o próprio Eu particular é, em certo sentido, uma abstração, porque, como tudo o mais, está imanente no ato espiritual.

O método do atualismo é a dialética do novo sentido, ou seja, não a dialética das realidades pensadas, como o era na metafísica dos antigos, mas a dialética da atividade pensante. O próprio Hegel, que havia reformado a dialética antiga, deve ser posteriormente reformado, porque, com suas distinções sistemáticas de idéia, natureza e espírito (com suas implicações) e com sua concepção da lógica, permaneceu condicionado por uma série de resíduos da dialética do pensado. E a própria reforma da dialética hegeliana operada por Croce, segundo Gentile, deve ser purificada, eliminando os "distintos". A unidade do pensamento em sua subjetividade, como autoconceito, que absorve a totalidade do real exatamente nesta sua atividade, constitui o coração da dialética do atualismo.

Gentile afirma, portanto, que o atualismo tem um caráter profundamente religioso, enquanto, dialeticamente, no ato do pensamento concretamente resolve os problemas que a religião sempre se colocou. O mal é um momento dialético do bem; o erro é um momento dialético do verdadeiro; o bem é aquilo que concretamente se faz, desabrochando de seu contrário; o verdadeiro é aquilo que concretamente se realiza, superando seu contrário. O espírito é a natureza que se torna espírito.

O corpo não é apenas aquilo que está dentro de nossa pele. Também cada membro de nosso corpo pode ser pensado isoladamente do resto do corpo, mas apenas por abstração; separado do corpo perderia qualquer significado e valor. Assim é para nosso corpo, o qual é correlativo a todo o resto do mundo físico. Dizer corpo é como dizer corpo do universo.

TEXTOS/Gentile

> *O auto-sentir-se do corpo é o germe de onde deriva toda a vida espiritual. A experiência é tão-somente o desenvolvimento sistemático deste princípio. Dizer que a experiência é medida de todas as coisas significa dizer que o pensamento é a medida de todas as coisas; a medida do pensamento é o próprio pensamento.*
>
> *A própria história, como toda a realidade sem exceção, é atividade do pensamento pensante, e neste sentido toda história é história contemporânea, e o passado está eternamente presente na atividade pensante.*
>
> *O atualismo não pode de modo nenhum se confundir com o solipsismo. A redução ao Eu do solipsista consiste na redução de tudo ao Eu empírico particular. Ao contrário, o Eu de que fala o atualismo é princípio da progressiva universalização do próprio Eu; é posição de limites para superá-los, e, portanto, é retirada de qualquer limite.*
>
> *O atualismo está, conforme Gentile, bem longe de ser anticristão e ateu. Assim como Cristo é homem-Deus, também o atualismo quer ser síntese de humano e divino; o atualista, bem longe de negar Deus, repete como os espíritos mais religiosos do passado: "Deus está em nós".*

1. Origem da filosofia atualista

A filosofia atualista historicamente relaciona-se com a filosofia alemã de Kant a Hegel, diretamente e por meio dos seguidores, expositores e críticos que os pensadores alemães daquele período tiveram na Itália durante o século XIX. Mas liga-se também à filosofia italiana da Renascença (Telésio, Bruno, Campanella), ao grande filósofo napolitano Giambattista Vico, e aos renovadores do pensamento especulativo italiano da era do Ressurgimento nacional: Galluppi, Rosmini e Gioberti.

Os primeiros escritos em que a filosofia atualista começa a se delinear remontam aos últimos anos do século XIX. Ela foi se desenvolvendo nos primeiros decênios deste século, paralelamente à "filosofia do espírito" de Benedetto Croce. Minha assídua colaboração com a revista que em 1903 foi fundada por Croce, A Crítica, e que por muitos anos na Itália chefiou vitoriosamente uma luta tenaz contra as tendências positivistas, naturalistas e racionalistas do pensamento e da cultura, e o fato de que a "filosofia do espírito" amadureceu cerca de um decênio antes, desde o princípio atraindo sobre si a atenção universal, fizeram aparecer geralmente as duas filosofias muito mais afins do que a princípio não pareciam. Mas as divergências se tornaram naturalmente mais claras passo a passo que os princípios das duas filosofias expuseram suas conseqüências. E hoje, também por circunstâncias contingentes, que aqui não ocorre lembrar, aparecem muito mais as divergências do que as afinidades e os motivos que têm certamente em comum.

2. O princípio da filosofia atualista

A filosofia atualista é assim chamada a partir do método que propugna e que poderia se definir "método da imanência absoluta", profundamente diversa da imanência de que se fala em outras filosofias, antigas e modernas, e também contemporâneas. A todas elas falta o conceito da subjetividade irredutível da realidade, à qual se encontra imanente o princípio ou a medida da própria realidade. Aristóteles foi imanentista em relação ao idealismo abstrato de Platão, cuja idéia na filosofia aristotélica torna-se forma da própria natureza — forma inseparavelmente ligada à matéria, na síntese do indivíduo concreto, do qual a idéia, seu princípio e medida, não pode ser separada, a não ser por abstração. Mas o indivíduo natural para a filosofia atualista é ele próprio alguma coisa de transcendente: porque em concreto não é concebível fora daquela relação em que ele, objeto de experiência, está indissoluvelmente ligado com o sujeito desta, no ato do pensamento mediante o qual a experiência se realiza. Todo o realismo, até o criticismo kantiano, permanece sobre o terreno desta transcendência. Nele permanece toda filosofia que, mesmo que reduza tudo à experiência, entenda esta como algo de objetivo, e não como o ato do Eu pensante enquanto pensa, realizando a realidade do próprio Eu: uma realidade fora da qual não é dado pensar nada de independente e existente em si.

Este é o ponto firme ao qual se liga o idealismo atual. A única realidade sólida, que me é dado afirmar, e com a qual deve por isso ligar-se toda realidade que eu possa pensar, é a mesma que pensa, a qual se realiza e é assim uma realidade, apenas no ato que se pensa. Portanto, a imanência de tudo o que é pensável ao ato do pensar; ou, *tout court*, ao ato; pois de atual, por aquilo que se disse, não há mais que o pensar em ato; e tudo aquilo que se pode pensar como diverso deste ato, atua-se em concreto enquanto é imanente ao próprio ato.

3. O ato como *logos* concreto

O ato de que se fala nesta filosofia, portanto, não é confundível com o ato (*energheia*) de Aristóteles e da filosofia escolástica. O ato aristotélico é também pensamento puro, mas um pensamento transcendente, pressuposto a partir de nosso pensamento. O ato da filosofia atualista coincide justamente com nosso pensamento; e, para esta filosofia, o ato aristotélico, em sua transcendência, é simplesmente uma abstração, e não um ato: é *logos*, mas um *logos* abstrato, cuja concretitude se tem apenas no *logos* concreto, que é o pensamento que atualmente se pensa.

Não só o ato aristotélico, mas também a idéia platônica, e em geral toda realidade metafísica ou empírica, que realisticamente se pressuponha do pensamento, é, segundo o atualismo, *logos* abstrato, que tem um sentido apenas na atualidade do *logos* concreto. Mesmo que este se represente e tem razão de representar-se como independente do sujeito, existente em si, coisa em si, estranha ao pensamento e condição do pensamento, sempre se trata de *logos* abstrato, cujas determinações são sempre um produto da atividade originária do Eu que, no pensamento, se atua como *logos* concreto. Todo realismo, por isso, tem razão; com a condição, porém, de que não se pretenda esgotar todas as condições do pensar. Às quais, de fato, restará sempre a acrescentar, a fim de que seja superada a transcendência e alcançada a terra firme da realidade efetiva, aquela que será a condição fundamental de toda pensabilidade, a atividade pensante.

4. Infinidade do Eu

A atividade pensante, contudo, para sustentar a carga infinita e a infinita responsabilidade de toda realidade pensável, que é pensável apenas enquanto é imanente ao mundo espiritual que tal atividade realiza, não deve mais ser concebida materialmente, como atuando no tempo e no espaço. Tudo está em mim, enquanto tenho em mim o tempo e o espaço como ordens de tudo aquilo que se representa na experiência. Portanto, longe de estar contido no espaço e no tempo, eu contenho o espaço e o tempo. E longe de eu próprio estar compreendido, como vulgarmente se pensa, apoiando-se em uma imaginação falaz, na natureza que é o sistema de tudo aquilo que é ordenado no espaço e no tempo, eu compreendo a natureza dentro de mim. E dentro de mim ela deixa de ser aquela natureza espacial e temporal, que é mecanismo, e se espiritualiza e se atua também ela na vida concreta do pensamento.

5. Liberdade do Eu

Por meio desta sua infinidade, à qual tudo é imanente, o Eu é livre. E, sendo livre, pode querer e conhecer e escolher sempre entre os opostos contraditórios em que se polariza o mundo do espírito, que tem valor porque se contrapõe a seu oposto. Liberdade não compete à natureza em seu aspecto abstrato; mas não compete a nenhuma forma do *logos* abstrato: nem à verdade lógica, nem à verdade de fato, nem à lei, que se representa ao querer com a necessidade coarctante de uma força natural: a nada enfim que, contrapondo-se no pensamento ao sujeito que pensa o seu objeto, o define e encerra em certos termos, e fixa, e priva daquela vida que é própria da realidade espiritual atual. Não é livre o homem enquanto se considera e representa como parte da natureza, um ser que ocupa certo espaço por certo tempo, que nasceu e que morrerá, e que é limitado em todo sentido, e na própria sociedade é circundado por elementos que não estão em seu poder e agem sobre ele. Contudo, por mais que ele se mova nessa ordem de idéias, e ponha em relevo os próprios limites, e minimize e empobreça suas próprias possibilidades, e entre em suspeita de que a própria liberdade não é mais que uma ilusão, e que ele nada verdadeiramente pode nem para dominar o mundo e nem mesmo para conhecê-lo, ele, no auge do desespero, não poderá deixar de reencontrar e reafirmar no fundo de si mesmo a desconhecida liberdade, sem a qual não lhe seria possível pensar o tanto que ele pensa. *Hoc unum scio, me nihil scire.*[1] Mas, ainda que limitado, este saber importa à capacidade de conhecer a verdade; a qual não seria tal se não se distinguisse do falso, e não se concebesse e não se percebesse nesta sua distinção, que é oposição. O que não seria possível sem liberdade, ou seja, infinidade de quem concebe e percebe, julgando aquilo que é verdadeiro, e pronunciando este juízo com autoridade suprema, contra a qual não é admissível um apelo. Autoridade que não poderia competir evidentemente a quem estivesse encerrado dentro de determinados limites.

---

[1] "Sei apenas isto: que não sei nada".

6. Humanidade profunda

Portanto, dentro da humanidade empírica todo homem possui uma humanidade profunda, que está na base de todo o seu ser, e de todo ser que ele possa distinguir de si. Aquela humanidade por meio da qual ele tem consciência de si, e pensa e fala e quer; e, pensando, pensa a si mesmo e ao restante; e pouco a pouco se forma um mundo, que sempre mais se enriquece de particulares e sempre mais se esforça por conceber como um todo harmônico, como um organismo de partes que se buscam reciprocamente, ligadas por uma unidade interior. Mas a este mundo está sempre presente ele próprio, que o representa e procura reduzi-lo sempre mais conforme às suas exigências, aos seus desejos, à sua própria natureza: ele que diante de si tem não só o mundo, mas a si próprio, o um em relação com o outro, e ambos postos nesta relação por ele, artífice e ao mesmo tempo guardião, ator e expectador, infatigável e insone.

Não é esta a humanidade que sustenta o indivíduo particular, mas associa os indivíduos no pensamento, quero dizer, no sentir e no pensar, no poetar e no agir, na civilização que é a vida do espírito, ligando em um só homem as gerações e as estirpes diversas; em um homem, que não conhece obstáculos a não ser para superá-los, não conhece mistérios a não ser para desvendá-los, não conhece mal a não ser para emendá-lo, não conhece escravidão a não ser para dela se libertar, não conhece misérias a não ser para socorrê-las, não conhece dores a não ser para medicá-las? Essa humanidade profunda é a que à primeira vista não percebemos nem nos outros nem em nós: mas é aquela pela qual é possível que um procure o outro, e lhe dirija a palavra, e lhe estenda a mão. É aquela que quando uma verdade nos ilumina a mente, e um sentimento se apodera de nós e nos comove e nos inspira, a nossa língua é, como diz o poeta italiano, como que por si própria movida; e não sabemos não falar e nossa alma se expande, e diz, e canta; e ainda que ninguém de fato nos escute, pode-se dizer que uma multidão invisível esteja ao nosso redor para escutar: vivos, mortos, não nascidos, uma multidão anônima de juízes que não têm rosto, mas pensam e sentem como nós, e estão propriamente em nós, mais ainda, propriamente, são nós mesmos; e nos escutam, porque somos nós que, falando, nos escutamos.

7. A atualidade do Eu

Esta humanidade não é um *Deus absconditus*,[2] não é um Eu secreto inacessível, que, falando e manifestando-se, sai fora de si, se objetiva e se desnatura, deixando de ser aquilo que ele é por si mesmo. Ele é enquanto se realiza; e, realizando-se, se manifesta. É por isso o pensamento atual é tudo; e fora do pensamento atual o próprio Eu é uma abstração a ser relegada ao grande armário das excogitações metafísicas: entidades puramente racionais e não subsistentes. O Eu não é alma-substância; não é uma coisa, a mais nobre das coisas. Ele é tudo porque não é nada. Sempre que houver alguma coisa, é um espírito determinado: uma personalidade que se atua em um mundo seu: uma poesia, uma ação, uma palavra, um sistema de pensamento. Mas esse mundo é real, enquanto a poesia está se compondo, a ação se realiza, a palavra se pronuncia, o pensamento se desenvolve e se torna sistema. A poesia não existia, e não existirá; ela existe sempre enquanto se compõe, ou, lendo-se, torna-se a compor. Deixada aí, ela cai no nada. Sua realidade é um presente que jamais se põe no passado e que não teme futuro. É eterna, com aquela imanência absoluta do ato espiritual, em que não há momentos sucessivos do tempo que não sejam co-presentes e simultâneos.

8. O método do atualismo: a dialética

Tudo isso quer dizer que a atualidade eterna (sem passado e sem futuro) do espírito não é concebível por meio da lógica da identidade própria da velha metafísica da substância, e sim apenas com a dialética. Com a dialética, bem entendido, tal qual a filosofia moderna a pode conceber: conceito não do ser objeto do pensamento, mas do pensamento em sua própria subjetividade: a rigor, não conceito, mas autoconceito (não *Begriff*, mas *Selbstbegriff*). Se o pensamento como ato é o princípio do atualismo, seu método é a dialética. Não dialética platônica, nem hegeliana: mas uma dialética nova e mais propriamente dialética, que é uma reforma da dialética hegeliana. A qual já se contrapunha à platônica porque esta era uma dialética estática das idéias pensadas (ou, em todo caso, objeto do pensamento), e Hegel em sua *Ciência da lógica* considerou a dialética, ao contrário, como o movimento das idéias pensantes, ou categorias com as quais o pensamento pensa o seu objeto.

Dialética do pensado, portanto, e dialética do pensar: esta dialética do pensar, cujo problema começou a ser colocado por Fichte, mas foi Hegel que em primeiro lugar enfrentou com

---

[2] "Deus escondido".

plena consciência da necessidade de uma nova lógica a ser contraposta à analítica aristotélica, ou seja, à lógica do platonismo assim como de toda a antiga filosofia. Hegel se propôs o problema, mas não o resolveu, porque, a começar das primeiras categorias (ser, não-ser, devir) deixou-se escapar a absoluta objetividade do pensar, e tratou sua lógica como movimento das idéias que se pensam e, por isso, se devem definir. Movimento absurdo, porque as idéias se pensam, ou seja, se definem enquanto se fecham no círculo de seus termos, e permanecem paradas. E essa é a razão pela qual as idéias platônicas são de fato todas ligadas entre si e, por isso, obrigam o pensamento subjetivo que queira pensar uma delas, a pensar também todas as outras, e a mover-se, por isso, de uma para outra sem descanso, mas elas permanecem paradas, como o estádio sobre o qual os ginastas correm.

Permanecem paradas, mas são *logos* abstrato, que é preciso reconduzir ao pensamento real e atual. Que é enquanto não é, e não está jamais parado, e sempre se move; e de fato define, e se espelha no objeto definido, mas para voltar a definir de outra forma, sempre mais adequadamente à necessidade incessante em cuja satisfação se encontra seu realizar-se. O pensamento é dialético por este seu devir, que é, não *pensada unidade* de ser e não-ser, conceito em que se ensimesma o conceito do ser e o conceito oposto do não-ser, mas é *unidade realizada* do próprio ser do pensamento com seu real não-ser. Nós podemos, de fato, definir o conceito desta unidade; mas nossa definição não é uma imagem, ou um duplicado lógico de uma realidade transcendente em relação ao ato lógico: é todo um e uma só coisa com este ato.³

9. Caráter religioso da concepção dialética

Na dialética do pensamento encontra-se a resposta às milhares de dúvidas céticas e às milhares de perguntas angustiantes, que surgem da experiência e dos contrastes da vida: contrastes entre o homem e a natureza, a vida e a morte, o ideal e a realidade, o prazer e a dor, a ciência e o mistério, o bem e o mal etc. Todos os antigos problemas que foram o tormento da consciência religiosa e da vida moral de todos os homens, as ânsias da teodicéia como a cruz da filosofia. A concepção atualista é uma concepção espiritualista e profundamente religiosa, embora sua religiosidade não possa satisfazer quem está habituado a conceber o divino como um transcendente abstrato, ou a confundir o ato do pensamento com o simples fato da experiência. Ora, uma coerente concepção religiosa do mundo deve ser otimista, sem negar a dor e o mal e o erro; deve ser idealista sem suprimir a realidade com todos os seus defeitos, deve ser espiritualista sem fechar os olhos sobre a natureza e sobre as férreas leis de seu mecanismo. Mas todas as filosofias e todas as religiões, apesar de todo esforço idealista e espiritual, estão destinadas a falir, ou por abandonar-se a um dualismo absurdo ou por fechar-se em um abstrato e, por isso, insatisfatório e, portanto, ele próprio um monismo absurdo, caso se limitem à lógica da identidade, pela qual os opostos se excluem, e onde o ser não é o não-ser, e vice-versa.

Com a lógica da identidade as antinomias da vida moral e da consciência religiosa, do mundo e do homem, tornam-se insolúveis. E não há fé na liberdade humana, na razão humana, na potência do ideal ou na graça de Deus que possa salvar o homem e, finalmente, levantá-lo em sua vida, toda pervadida, como ela é, pelo pensamento, que é pesquisa e dúvida, e perpétua interrogação para quem a vida é resposta. Somos ou não somos imortais? Há uma verdade para nós? E verdadeiramente há lugar no mundo para a virtude? E há um Deus que governa tudo? E vale a pena esta vida que nos custa viver? Estas perguntas voltam sempre a surgir e ressurgir do fundo do coração humano, e por isso os homens pensam e têm necessidade da filosofia, a fim de que os conforte para viver com uma resposta qualquer. Cada um que vive procura como pode uma resposta para si. Mas uma resposta lógica, firme, razoável, não é possível se o pensamento não se retrai dos objetos que vez por vez pensa e solda em férrea corrente como o sistema de seu mundo e não se volta sobre si próprio, onde toda realidade tem sua raiz e de onde retira, por isso, sua vida: onde o ser ainda não é, mas vem a ser, não sendo a princípio, imediatamente: onde saber é aprender, e toda vez, mesmo que já se saiba, aprender do início; onde o bem não é aquilo que foi feito, e já existe, mas aquilo que não se fez e, por isso, se faz; onde a alegria não é a que se gozou, mas aquela que brota de seu contrário, e não se detém, caindo na monotonia da náusea, que estagna e gera a morte, mas se renova e reconquista como novo anseio e nova fadiga e, por isso, por meio de novas dores; onde, finalmente, o espírito arde eternamente, e na combustão fla-

---

³Cf. dois escritos meus no vol. *A reforma da dialética hegeliana*, Principato, Messina, 1923², pp. 1-74 e 209-240. [Nota de Gentile]

meja e cintila, destruindo toda escória pesada, inerte e morta. Aí, dizer ser é dizer não-ser: aí, saber é ignorância, bem é mal, alegria é dor, conquista é fadiga, paz é guerra, e o espírito é natureza que se torna espírito.

10. O corpo e a unidade da natureza

A natureza, a natureza real primordial, a eterna geradora da qual falava Bruno, antes de ser aquela que nós esquematizamos no espaço e no tempo, e analisamos em todas as suas formas por meio da experiência e da construção do intelecto, é aquela natureza profunda que encontramos em nosso corpo e por meio de nosso corpo: não como aquele conjunto de abstrações, em que para pensá-la a decompõe, esmiúça, pulveriza e torna impalpável o pensamento, sistematizando-a no *logos* abstrato, mas aquela unidade não multiplicável que é a fonte inexaurível infinita de toda realidade múltipla que se desdobra no espaço e no tempo. Ela é antes de tudo aquele corpo que cada um de nós, em sua consciência de si, sente como o objeto primeiro e irredutível de sua própria consciência: aquele corpo por meio do qual sentimos e acolhemos na consciência toda qualidade das coisas externas e todo particular que é possível individuar em todo o universo físico. O qual se percebe porque está em relação com nosso corpo, que é objeto imediato e direto de nosso sentir; mas está nesta relação em sua totalidade, nada se podendo pensar no mundo físico que não seja correlativo a todo o resto do próprio mundo físico. Assim, é evidente que nossa cabeça cairia no chão se não estivesse sustentada pelo tronco, e este pelas pernas; mas também é evidente que suprimindo um só grão de areia no fundo do oceano não só desabariam os grãos contíguos por ele sustentados, mas na verdade o universo ruiria. Vivemos em nosso planeta; mas este planeta faz parte de um sistema, fora do qual não teríamos sobre a terra aquela luz e aquele calor com os quais nela vivemos. E tudo se mantém no universo; e nosso corpo, como efetivamente o sentimos, é um centro de uma circunferência infinita: é um elemento vivo de um organismo vivo, o qual está presente e age e se faz sentir em cada um de seus elementos. Considerar como nosso corpo apenas aquela parte da natureza física que está dentro de nossa pele é uma abstração análoga àquela pela qual, olhando nossa mão, podemos também fixá-la, abstraindo de fato do braço ao qual ela está necessariamente ligada, e tirada do qual ela, por isso, estaria privada não só da força que tem, mas de sua própria estrutura material.

11. Espiritualidade da natureza

Dizer "corpo", portanto, é dizer todo o universo corpóreo, em que se nasce e se morre, do qual surgem e no qual recaem todos os indivíduos viventes particulares. Mas o que é este corpo? Onde e como se tem o sentido dele e se aprende a conhecê-lo? Eu disse antes: no primeiro princípio de nosso sentir, quando ainda não sentimos nada de particular, mas sentimos porque nos sentimos: e somos o sentido de nós mesmos, aquele mesmo que depois se desenvolverá sempre mais como consciência de nós (autoconsciência). Aí, no primeiro e originário germe de nossa vida espiritual, há já um princípio que sente e alguma coisa que é sentida (e o corpo é justamente aquilo que é sentido). Há uma síntese destes dois termos, cada um dos quais existe para o outro; e juntos realizam o ato do sentir, a síntese fora da qual seria vão procurar tanto o princípio que sente como o termo sentido.

12. A experiência como medida do real

Esta imanência originária da essência do corpo no núcleo primitivo do espírito, esta originária e fundamental espiritualidade e idealidade do corpo e, portanto, em geral, da natureza, é a razão pela qual o pensamento encontra na experiência imediata a medida da existência que é própria da realidade, que não seja abstrata construção do pensamento. Não que o pensamento tenha sua medida fora de si próprio, em uma fantástica realidade externa, com a qual ele se ponha em relação por meio da experiência sensível. A medida do pensamento está no próprio pensamento. Mas o pensamento como sujeito, autoconsciência, é antes de tudo sentido de si, alma de um corpo, isto é, do corpo, da natureza. E tudo aquilo que não se liga a este princípio do pensamento e, por isso, não se realiza como desenvolvimento deste princípio, é como um edifício que se construa sem os fundamentos necessários e que, por isso, se encontre destinado a desmoronar.

O pensamento é sempre um círculo, cuja linha não se afasta de seu ponto inicial a não ser para aí voltar e aí se fechar. Onde o fim não coincide com o princípio, meu pensamento não é pensamento meu. Não me reencontro mais. Isso não tem valor. Não é verdade. O ponto em que o círculo do pensamento se fecha e se firma, é o Eu que pensa e se realiza no pensamento; de modo que aquele mesmo pensamento que ele produz (o conceito) seja a concreta e efetiva existência do próprio Eu (autoconceito). A personalidade de todo homem está, portanto, em sua obra.

13. A atualidade da história como consciência de si

Não só a natureza, quando não se olhe a partir do exterior e em abstrato, mas a própria história conflui toda e desemboca na atualidade do pensamento que pensa. Também a história é autoconceito. Ela não é consciência que o homem tenha do operar de espíritos diversos daquele que ele atua em sua consciência histórica, ou das ações de homens que não existem mais, ou do passado, que é mera idealidade em que o pensamento distingue o presente que existe, e que só é real, e conta, e é eterno, daquilo que não existe e não conta e por isso não é presente, e é expulso do mundo do eterno (onde está tudo aquilo que conta do ponto de vista do espírito). A história é, como todo pensamento, consciência de si. E por isso foi dito que toda história é história contemporânea, pois reflete por meio da representação de eventos e paixões passadas os problemas, os interesses e a mentalidade do historiador e de seu tempo.

Os assim chamados achados e documentos do passado são elementos da cultura, ou seja, da vida intelectual presente; e se reavivam por causa do interesse que os faz buscar, criticar, interpretar; e falam e se fazem valer por meio do trabalho historiográfico, que é um pensamento atual, que não se explica a não ser adquirindo sempre mais aguda e cauta consciência de si. Os mortos estariam bem mortos e seriam cancelados do quadro da realidade, que é a divina realidade, se não existissem os vivos, que falam deles, evocando-os novamente em seu coração e ressuscitando-os na atmosfera viva de seu próprio espírito.

14. Crítica do solipsismo. O limite do Eu e a negação do limite

Seria isto solipsismo? Não. O Eu do solipsista é um Eu particular e negativo que, por isso, pode sentir sua solidão e a impossibilidade de sair dela. Por isso o solipsista é egoísta. Nega o bem, assim como nega a verdade. Mas seu Eu é negativo porque é idêntico a si mesmo, ou seja, coisa, e não espírito. Sua negatividade é a negatividade do átomo, que é sempre o mesmo, incapaz de qualquer mudança; que pode absolutamente excluir de si os outros átomos e ser reciprocamente por eles excluído, justamente porque não tem a força de negar a si mesmo e mudar. Mas a dialética do Eu, assim como é concebida pelo atualismo, é o princípio da universalização progressiva e infinita do próprio Eu, o qual em tal sentido é infinito, e nada exclui de si. Todo limite é superável por esta energia íntima que é a própria essência do pensamento que pensa. Uma energia que nega e supera o limite, porque o limite é aquele que ela põe a si mesma à medida que se determina. A começar pelo sentido de si, razão pela qual, sentindo o Eu, se desdobra nos dois termos do sujeito e do objeto do sentir, e como sujeito acaba, portanto, sendo enfrentado e, por conseguinte, limitado pelo objeto, o Eu manifesta sua energia infinita, pondo e negando incessantemente seu limite.

Tal negação não é destruição. O limite, por ser negado, como é entendido por nós, deve ser conservado; mas deve interiorizar-se na consciência da infinidade do sujeito. Amar o próximo de modo cristão é negar os outros como limite externo de nossa personalidade; mas não é, por isso, suprimir a personalidade de outrem, mas entendê-la e senti-la como interna em nossa própria personalidade mais profundamente concebida. Tal é o significado da conversão imanente do *logos* abstrato no *logos* concreto, de que se trata na lógica atualista.

15. Atualismo e cristianismo

Finalmente, esta filosofia tão radicalmente imanentista seria uma filosofia atéia? A acusação mais insistente hoje é feita a ela pelos pensadores católicos e tradicionalistas, que não conseguem perceber a distinção que existe na unidade do ato espiritual. E são eles os verdadeiros ateus na sede da filosofia. Porque, se realmente se tivesse de conceber a separação absurda entre o ser divino e o humano, toda relação entre os dois termos se tornaria de fato impossível. E eu penso firmemente que esta atitude dos pensadores seja atéia, porque anticristã. Estou de fato convencido de que o cristianismo, com seu dogma central do Homem-Deus, tem este significado especulativo: que, como fundamento da distinção necessária entre Deus e o homem, se deve pôr uma unidade, que não pode ser mais que a unidade do espírito; que será espírito humano enquanto espírito divino, e será espírito divino enquanto também espírito humano. Quem tremer e se amedrontar ao acolher no espírito esta consciência da responsabilidade infinita em que o homem se agrava, reconhecendo e sentindo Deus em si mesmo, não é cristão e – se o cristianismo não é mais que uma revelação, isto é, uma consciência mais aberta que o homem adquire de sua própria natureza espiritual – não é sequer homem. Quero dizer homem consciente de sua humanidade. E como poderá ele sentir-se livre e, por isso, capaz de reconhecer e cumprir um dever, e de aprender uma verdade, e de entrar finalmente no reino do espírito, se ele no fundo de seu próprio ser não sente recolher em si e pulsar a história, o universo, o infinito, tudo? Poderia ele com as forças limitadas, que em qualquer momento de sua existência ele de fato percebe que possui, enfrentar, como ele faz e deve fazer, o problema da vida e da morte, que se lhe apresenta terrível com a potência inelutável das leis da natureza? Todavia, se ele deve viver uma vida espiritual, é preciso que triunfe desta lei, e tanto no modo da arte como no da moralidade, com a ação e com o pensamento, participe da vida das coisas imortais, que são divinas e eternas. E nisso participe por si, livremente; pois não há auxílio externo que possa socorrer a capacidade espontânea do espírito, que não seja um auxílio querido e valorizado e, por isso, livremente procurado e atuado. E nada, finalmente, nos vem do exterior que ajude a saúde da alma, o vigor da inteligência, a potência do querer.

Por isso, o atualista não nega Deus, mas, junto com os místicos e com os espíritos mais religiosos que existiram no mundo, repete: *Deus in nobis est.*[4]

G. Gentile,
Introdução à filosofia.

___

[4] "Deus está em nós".

SEGUNDA PARTE

O CONTRIBUTO DA ESPANHA À FILOSOFIA DO SÉCULO XX

"A vida é o critério para julgar a verdade".

Miguel de Unamuno

"O homem de ciência deve continuamente tentar duvidar de suas próprias verdades".

José Ortega y Gasset

Capítulo oitavo
Miguel de Unamuno e o sentimento trágico da vida 157

Capítulo nono
**José Ortega y Gasset
e o diagnóstico filosófico da civilização ocidental** 165

Capítulo oitavo

Miguel de Unamuno
e o sentimento trágico da vida

• Miguel de Unamuno (1864-1936) realiza seus estudos em Salamanca, e desta prestigiosa Universidade será professor e também reitor.

Em 1902 publica *Em torno do casticismo*, livro sobre a *essência da Espanha*, em que o autor desencadeia seu primeiro assalto significativo contra o intelectualismo, contra os discursos de intelectuais e políticos que deixam o povo indiferente. A idéia que estes têm da Espanha é uma decoração intelectualista, um "fantasma" do qual foge a vida real das pessoas, de todos "os que se levantam com o sol e vão para seus campos para continuar sua tarefa obscura e silenciosa, cotidiana e eterna".

Contra o intelectualismo → § 1-2

• A batalha contra o intelectualismo não pára aqui; Unamuno vai mais a fundo e na *Vida de Dom Quixote e de Sancho* (1905) afirma que a vida é inexaurível para a inteligência, que "não é a inteligência, mas a vontade que constrói o mundo para nós". Eis, então, que da "peste do bom senso" é possível se curar apenas por obra da "autêntica loucura" que, ao contrário, "está faltando para nós". Dom Quixote, portanto, torna-se louco "unicamente por maturidade de espírito".

A vida é enriquecida pela loucura heróica e não pela miséria do bom senso; pelos livros de cavalaria e não pelas propostas presunçosas do intelectualismo, do cientismo e do racionalismo supersimplificador de tanta filosofia.

A loucura heróica contra a miséria do bom senso → § 3

Unamuno se pergunta: o cavaleiro de Cristo que foi Inácio de Loyola foi de fato tão diferente de Quixote? A aventura de um não pode ser considerada em paralelo com a aventura do outro? Para Unamuno existe apenas o homem concreto, e o homem concreto "está acima de todas as razões". Logo: "a verdade racional e a vida estão em oposição"; e ainda: "Eu não me submeto à razão, e me rebelo contra ela".

• "Tudo aquilo que é vital é irracional, enquanto tudo aquilo que é racional é antivital": isso é escrito por Unamuno em *Do sentimento trágico da vida* (1913). A vida "não aceita fórmulas"; aliás, a ciência existe porque sustentada por uma "insustentável" fé na razão.

E devemos ainda dizer que o desprezo que Unamuno alimenta diante das construções intelectualistas e doutrinais, ele o estende também ao racionalismo teológico da tradição tomista. O Deus de Unamuno não é o Deus dos filósofos e dos teólogos; é, muito mais, o Deus de Abraão, de Isaac e de Jacó, como para Pascal e Kierkegaard: é um Deus que fala ao coração e não a conclusão de uma série de silogismos.

O Deus de Unamuno é o "Deus vivo" de Pascal e de Kierkegaard → § 4-5

1. A vida e as obras

Miguel de Unamuno nasceu em 29 de setembro de 1864 em Bilbao, onde freqüentou a escola primária e a secundária. Os estudos universitários naquele tempo duravam na Espanha apenas três anos. E, assim, em 1884, com vinte anos, Unamuno já era doutor em língua basca. Depois de sete anos de ensino privado em Bilbao, em 1891 Unamuno é assumido como professor de grego na Universidade de Salamanca. Desta prestigiosa Universidade Unamuno foi eleito reitor em 1901. 1901 é também o ano em que ele passa do ensino do grego para o de literatura espanhola. No entanto, em 1902, publica sua primeira obra — escrita alguns anos antes — *Em torno do casticismo*. *A vida de Dom Quixote e de Sancho* aparece em 1905.

De 1910 é *Minha religião e outros ensaios*. Segue-se uma longa série de ensaios, coletados depois em mais volumes. A obra filosófica mais representativa de Unamuno — *Do sentimento trágico da vida* — é de 1913. Este livro representa um dos testemunhos mais lúcidos do desmoronamento do otimismo filosófico do fim do século, da crise da intelectualidade positivista e idealista.

Em 1914, tendo-se declarado a favor dos Aliados, Unamuno é destituído do cargo de reitor; todavia, conserva a cátedra até 1924. Em 1923, com um golpe de Estado, sobe ao poder o ditador Primo de Rivera. Unamuno, em uma conferência em Bilbao, critica tanto o rei Afonso XIII como o ditador. Foi assim que, em fevereiro de 1924, ele é preso e levado ao exílio nas Canárias, na ilha de Fuerteventura. Daí ele foge. E, na França, em Paris, vive os dias mais amargos do exílio, e escreve *A agonia do cristianismo*.

Miguel de Unamuno (1864-1936) foi um dos mais originais pensadores dos inícios do século XX, crítico agudo das construções intelectualistas e doutrinárias: para ele a vida "não aceita fórmulas".

De Paris Unamuno se transfere a Hendaye, na costa basca, diante de Bilbao. Em Hendaye Unamuno permanece até 1930, isto é, até a queda do ditador Primo de Rivera. Volta para Salamanca e lhe é devolvida a cátedra. Em 1931 é proclamada a República, e Unamuno é nomeado deputado. Em 1936 explode a guerra civil espanhola: Unamuno não esconde sua escolha franquista.

A morte o colhe em 31 de dezembro do mesmo ano de 1936. Comemorando Unamuno, Ortega y Gasset dirá: "Unamuno sempre esteve na companhia da morte, sua perene amiga-inimiga. Sua vida inteira e toda sua filosofia foram [...] uma *meditatio mortis*. A nossos olhos uma inspiração desse tipo triunfa em todo lugar, mas, em todo caso, devemos dizer que Unamuno foi o seu precursor!".

2 A essência da Espanha

Em torno do casticismo é de 1895. Este livro sobre a *essência da Espanha* é uma decidida e lúcida tomada de posição contra os literatos que representam a "geração de 1898", que, desiludidos pela perda de Cuba, falavam a todo instante da "regeneração da Espanha". Estes discursos de intelectuais e políticos, todavia, deixam o povo indiferente. E isso ocorre — nota Unamuno — porque o povo goza de "saúde cristã". Unamuno denuncia, com aguda previsão, os perigos do nacionalismo; mas ele não se deixa sequer fascinar pela idéia que os intelectuais e políticos fazem da Espanha: tal idéia é uma decoração intelectualista da qual foge a vida real do povo. A Espanha não é "um fantasma" sobre uma tela pintada ou uma visão de origem livresca. A Espanha é a vida de milhões e milhões de homens e não aquilo que dela contam os jornais ou que dela diz a história: "os jornais não dizem nada da vida silenciosa de milhões de homens sem história que, em qualquer hora do dia e em todo lugar, em todos os países do mundo, se levantam com o sol e vão para seus campos a fim de continuar sua tarefa obscura e silenciosa, quotidiana e eterna [...] que lança as bases sobre as quais se levantam as ondas da história". O mais caro para Unamuno não é uma *idéia* da Espanha ou a retomada da *história* da Espanha. Para Unamuno conta apenas "o destino individual de cada homem", uma vez que esta é "a coisa mais humana que existe"; e aqueles que falam de regeneração da Espanha se esquecem justamente do destino individual dos homens individuais.

Unamuno olha o povo de carne e osso. Esse povo não é um fantasma intelectualista ou uma reconstrução historiográfica. É gente que trabalha, pensa, sofre e canta suas canções sobre determinado pedaço de terra, sob determinado céu e diante deste mar. É gente que vive na tradição. E aquilo que Unamuno procura é a tradição espanhola eterna: eterna porque humana, mais que espanhola. E, então, que sentido possui tentar regenerá-la, europeizá-la? Um povo é atrasado? Pois bem, responde Unamuno, "deixemos que os outros corram; também eles, antes ou depois, se deterão". O povo passa sua vida na ignorância? Pois bem, o povo "sabe tantas coisas que os homens públicos ignoram" e "a ignorância é uma ciência divina: é mais que ciência — é sabedoria". E ainda: o camponês de Toboso — pergunta-se Unamuno — não vive e não morre mais feliz que um operário de Nova York? "Malditas as vantagens de um progresso que obriga-nos a nos dilacerar de afã, de trabalho, de ciência!"

Em torno do casticismo é o primeiro assalto significativo de Unamuno contra o intelectualismo, contra imagens que pretendem passar por realidade, contra idéias de Deus que querem substituir os ímpetos místicos dos fiéis, contra tantos, para além das estatísticas e dos gráficos econômicos e sociológicos, que não conseguem ver a fome e os sofrimentos de multidões de seres humanos.

3 Para libertar-se do "domínio dos fidalgos da razão"

Na *Vida de Dom Quixote e de Sancho* Unamuno escreve: "Não é a inteligência, mas a vontade que constrói para nós o mundo e, ao velho aforismo escolástico '*nihil volitum quin praecognitum*', ou seja, 'nada se quer que não seja antes conhecido', é preciso fazer uma correção, lendo assim: '*nihil cognitum quin praevolitum*', ou seja: 'nada se conhece que antes não seja querido' ". A vida, afinal de contas, é inexaurível para a inteligência. E há mais: a razão vem depois da ação; a inteligência segue a vontade. "É a vida — sentencia Unamuno — o critério para julgar a verdade, e não a concordância lógica, que é apenas critério de razão. Se minha fé me leva a criar ou a aumentar a vida, para que pretender outra prova de minha fé? Quando as matemáticas servem apenas para matar, também as matemáticas se tornam mentira. Se, enquanto caminhais morrendo de sede, vedes uma miragem que vos representa vivamente aquilo que chamamos de água, e vos lançais a beber e vos sentis renascidos porque a sede se aplacou, aquela miragem era verdade, e verdade era aquela água. Verdade é tudo aquilo que, impelindo-nos a agir de um ou de outro modo, faz com que o resultado de nossa ação resulte conforme nosso propósito".

Contra "a peste do bom senso que nos mantém a todos sufocados e comprimidos", Unamuno sente que dessa peste podemos ser curados apenas por "aquela autêntica loucura" que, ao contrário, "nos está faltando". Em uma época dominada pelo cientificismo positivista, ele, escrevendo a seu "bom amigo" sobre a necessidade de libertar o sepulcro de Dom Quixote, afirma que é preciso desconfiar da ciência: "deve bastar-te a tua fé. Tua fé será tua arte; tua fé será tua ciência". E ainda é preciso desconfiar das letras "que degeneram em literatura, naquela nojenta literatura que é a aliada natural de todas as escravidões e de todas as misérias". E eis então que aparece em todo seu esplendor e valor "a santa cruzada" que impele a resgatar o sepulcro de Dom Quixote "das mãos dos sabichões, dos padres e dos barbeiros, dos duques e dos eclesiásticos que dele se apoderaram". O sepulcro do "cavaleiro da loucura" deve ser, portanto, resgatado "do domínio dos fidalgos da razão".

Dom Quixote, diz Unamuno, torna-se louco "unicamente por maturidade de espírito". Ele alimentou sua alma com os empreendimentos daqueles valorosos cavaleiros que, "desapegando-se da vida que passa, aspiram à glória que permanece". Foi o desejo de glória e de imortalidade que os impeliu a agir. E, desse modo, ele, perdendo seu próprio juízo, nos deixou "um eterno exemplo de generosidade espiritual". Pergunta-se Unamuno: "com o juízo no lugar, teria ele sido tão heróico?" A loucura heróica contra a miséria do bom senso; os livros de cavalaria contra as pretensões do intelectualismo cientificista e do racionalismo supersimplificador das filosofias: são estas as coisas que põem a vida em risco e, portanto, nelas existe a verdade. E, por outro lado, aquele cavaleiro de Cristo que foi Inácio de Loyola foi tão diferente de Dom Quixote? A aventura de um não pode ser vista em paralelo com a aventura do outro?

4. A vida "não aceita fórmulas"

Nem o *humano* nem a *humanidade* têm uma existência real. Para Unamuno, o que existe é apenas o homem concreto. E a existência, a vida do homem concreto não encontra justificação, "está além de todas as razões". Lemos em *Do sentimento trágico da vida* que "tudo aquilo que é vital é irracional, enquanto tudo aquilo que é racional é antivital". A vida "não aceita fórmulas"; o homem concreto "é absolutamente instável, absolutamente individual"; não é capturável por esta ou por aquela definição teórica. Por conseguinte, afirma Unamuno, "eu não me submeto à razão, e me revolto contra ela". O que a ciência pode dizer sobre o sentido da vida, sobre nossas mais profundas necessidades volitivas, sobre nossa fome de imortalidade? É justamente por isso que, a seu ver, "a verdade racional e a vida estão em oposição". Unamuno, em outras palavras, "considera que o pensamento, a razão e o intelecto fossem demasiado restritos para compreender clara, total e seguramente as coisas que procuram abraçar. Nem por isso renunciou a eles: tornou-os "trágicos" e "agônicos", ou seja, conforme a etimologia grega, "em luta" (R. M. Albérès). A vida, a existência vai além de qualquer tentativa da razão de dar-se conta. Um pensamento demasiadamente seguro de si constrói unicamente dogmas vãos. Se, ao contrário, alguém está consciente dos limites da razão, de suas presunções e de seus erros, do fato de que existem realidades que a ultrapassam, então teremos pensadores que, em contínua vigilância, se encontrarão em luta contra si próprios, contra as pretensões de seu próprio intelecto. E, portanto, para Unamuno, "o verdadeiro intelectual é [...] aquele que jamais está satisfeito consigo mesmo, nem com os outros. A noção de 'trágico' se opõe à de certeza e de comodidade" (R. M. Albérès).

Com tais premissas é fácil compreender a desconfiança de Unamuno em relação aos sistemas filosóficos criados por maníacos desejosos de reduzir o todo a matéria ou a idéia ou a força ou a espírito. A verdade, diz Unamuno, é que nossos desejos, nossas volições, nossos afetos, nossos sentimentos, nossas angústias vêm antes da inteligência, não nascem da inteligência: as doutrinas filosóficas são tentativas de justificar *depois*, a posteriori, nossa conduta e os aspectos mais importantes da vida. A própria ciência não é um valor diante do qual devamos nos ajoelhar. Por trás da ciência existe *a fé na razão*; e "a fé na razão está destinada a aparecer, no plano racional, tão insustentável quanto qualquer outra fé". E, depois, "a ciência existe unicamente na consciência pessoal, e graças a ela". Em outras palavras, existem filósofos e cientistas que criam, e mudam idéias: instrumentos nas urgências das lutas interiores que atormentam as consciências dos indivíduos. Texto 1

5. Unamuno: um "Pascal espanhol" encontra o "irmão" Kierkegaard

O desprezo que Unamuno nutre em relação às construções doutrinárias se lança também contra o racionalismo teológico tomista. Esta filosofia — escreve ainda Unamuno em *Do sentimento trágico da vida* — pôde triunfar pelo fato de que "a fé, isto é, a vida, não se sentia mais segura de si". A existência de Deus não é, para Unamuno, o resultado de uma prova racional. Para ele Deus existe porque há em nós vontade inextirpável de sobrevivência: este desejo profundo vale mais que todas as provas racionais. E a descoberta da morte, a incapacidade de resignar-se a abandonar a vida, é afinal esse sentimento trágico da vida, que leva o homem "a gerar o Deus vivo". E é justamente a insistência sobre a *imortalidade* o traço pelo qual Unamuno mais aprecia o catolicismo, apesar do racionalismo da escolástica: o eixo do protestantismo é a justificação; o do catolicismo é a esperança.

"Ninguém — escreve Unamuno em *Minha religião e outros ensaios* — conseguiu me convencer por meio de argumentos racionais a respeito da existência de Deus, nem de sua inexistência". E os raciocínios dos ateus lhe parecem até "mais superficiais e mais fúteis" do que os de seus adversários. O problema de Deus é inadiável. Não é possível voltar-lhe as costas, como o agnóstico, e dizer: "Não sei. É verdade — afirma Unamuno — que talvez jamais poderei saber, mas *quero* saber. Quero, e isso me basta!".

Cristão porque percebia em seu coração "uma forte tendência para o cristianismo", Unamuno declarava considerar cristão "todo aquele que invocar com respeito e amor o nome de Cristo". O Deus de Unamuno, portanto, é um Deus que fala ao coração; é o Deus de Abraão, de Isaac e de Jacó, e não o Deus dos filósofos e dos teólogos. É o Deus vivo de Pascal e de Kierkegaard. E, justamente na *Agonia do cristianismo*, Unamuno percebe em si próprio "um Pascal espanhol"; assim como alguns anos antes havia chamado de "irmão" aquele pensador que vivera "em perpétuo desespero interior", que foi Kierkegaard. E como *vida* e *luta* — e, portanto, *agonia* — Unamuno concebe o cristianismo: este não é pensamento, é vida, é fé que morre e ressuscita sem cessar dentro da consciência humana.

Unamuno

1 A vida vai além da "razão"

Em uma época dominada pelo cientificismo positivista, Unamuno se rebela contra "a lógica suja" e a "peste do bom senso que nos mantém a todos sufocados e refreados". E tudo isso porque a vida é inesgotável para a inteligência. "É a vida o critério para julgar a verdade; não a concordância lógica, que é apenas critério de razão". E, de modo ainda mais paradoxal: "Se, enquanto caminhais morrendo de sede, vedes uma miragem que vos representa ao vivo aquilo que chamamos de água, e vos lançais a beber e vos sentis renascidos porque a sede se aplacou, aquela miragem era verdade, e verdade era aquela água". A "loucura" de que Unamuno tece o elogio mais apaixonado significa a abundância transbordante da vida em relação a uma encolhida e dogmática razão de estilo positivista.

Tu me perguntas, meu bom amigo, se conheço o modo de desencadear um delírio, uma vertigem, uma loucura qualquer sobre estas pobres folhas ordenadas e tranqüilas que nascem, comem, dormem, se reproduzem e morrem. "Não haverá um meio", me dizes, "de renovar a epidemia dos flagelantes ou dos convulsionários?" E me falas depois do fatídico milênio.

Também eu, como tu, experimento com freqüência a nostalgia da Idade Média; como tu, também eu gostaria de viver entre os espasmos do ano mil. Se fosse possível fazer crer que em determinado dia, por exemplo, dia 2 de maio de 1908, no centenário do grito de independência, a Espanha deve acabar para sempre, que naquele dia seríamos divididos como cordeiros, penso que dia 3 de maio seria o maior de toda a nossa história, a aurora de uma nova vida.

A que hoje vivemos é uma miséria, uma completa miséria. A ninguém importa mais nada de nada. E quando alguém procura debater isoladamente este ou aquele problema, esta ou aquela questão, logo as pessoas pensam que seja apenas uma questão de trocados, ou certa mania de ostentação e desejo de se distinguir dos outros.

Aqui entre nós já não se compreende mais sequer a loucura. Até do louco dizem que, se o for, deve ter uma vantagem ou motivo para isso. O motivo oculto da loucura é doravante um fato consumado para todos estes miseráveis. Se nosso senhor Dom Quixote ressuscitasse e voltasse a esta sua Espanha, certamente se afanariam em busca de uma secreta intenção para seus nobres desatinos. Se alguém denuncia um abuso, se persegue a injustiça, se açoita a vilania, os escravos se perguntam: "O que ele estará procurando? Ao que aspira?". Por vezes crêem e dizem que o faz para que lhe tapem a boca, enchendo-a de ouro; outras vezes, que é pelos vis sentimentos e as baixas paixões de um invejoso vingativo; outras ainda, que o faz unicamente para fazer as pessoas falarem e andarem na boca de todos, satisfazendo sua própria vanglória; outras ainda, que o faz para distrair-se e para passar o tempo, por esporte. Pena, porém, que sejam tão poucos os que se deleitam com tal esporte!

Olha e observa. Diante de um ato qualquer de generosidade, de heroísmo, de pura loucura, a todos estes sabichões estúpidos, párocos e barbeiros de nossos dias, não vem à mente mais que uma pergunta: "Por que ele fará isso?" E logo que consideram ter descoberto o motivo daquele ato – seja ou não o motivo que supõem –, eles se dizem: "Bah! Ele fez isso por esta ou por aquela razão". Pelo próprio fato de que uma ação tem uma razão de ser e eles a conhecem, a coisa perdeu todo valor. Para esse objetivo lhes serve a lógica, a lógica suja... [...]

"Por que faz isso?" Por acaso Sancho perguntou alguma vez por que dom Quixote fazia as coisas que fazia?

Mas voltemos à questão, à tua pergunta, à tua preocupação: "Que tipo de loucura coletiva poderíamos inculcar nestas pobres multidões? Que tipo de delírio?"

Tu próprio te aproximaste da solução, em uma das cartas em que me assaltaste com as perguntas. Escrevias: "Não crês que se poderia tentar uma nova cruzada?"

Pois bem, sim. Creio que se possa tentar a santa cruzada de ir resgatar o sepulcro de Dom Quixote das mãos dos sabichões, dos padres e dos barbeiros, dos duques e dos cônegos que dele se apossaram. Creio que se possa tentar a santa cruzada de ir resgatar o sepulcro dos cavaleiros da loucura do domínio dos nobres da razão.

Defenderão, se compreende, aquilo que usurparam, e procurarão provar com muitos e bem construídos raciocínios que justamente a eles tocam a guarda e a defesa daquele sepul-

Capítulo oitavo - Miguel de Unamuno e o sentimento trágico da vida

cro. E o guardam, com efeito, mas apenas para que o Cavaleiro não tenha de ressuscitar.

A esse tipo de raciocínios é preciso responder com insultos, com pedradas, com gritos de paixão, com golpes de lança. Não é preciso pôr-se a discutir com eles. Se tentares raciocinar em conflito com seus raciocínios, estarás perdido. [...]

A caminho, portanto. E cuide bem para que não entrem no esquadrão sagrado cruzados nem sabichões, nem barbeiros, nem padres, nem cônegos, nem duques travestidos como tantos Sanchos. Não faças nada para que te peçam ou não ilhas; teu dever é de expulsá-los quando vierem te perguntar qual é o itinerário da marcha, quando te falarem do programa, quando te murmurarem ao ouvido, maliciosamente, pedindo-te que lhes digas em que lugar permanece o sepulcro. Segue a estrela. E faz como o cavaleiro: endireita a tortuosidade que encontrares em teu caminho. Agora, o que convém agora; aqui, aquele que se encontra aqui.

Colocai-vos em caminho! Tu me perguntas para onde andais? A estrela o dirá a vós: "Para o sepulcro!" "Que faremos ao longo do caminho, enquanto marchamos?" O quê? Lutar! Lutar, e com todas as forças!

"Como?" Topais com alguém que desembucha idiotices, mas que uma imensa multidão ouve de boca aberta? Gritai à multidão: "Estúpidos!", e em frente! Em frente, sempre em frente! [...]

E se alguém vier te dizer que sabe construir pontes e que talvez haverá ocasião em que conviá recorrer às suas noções para atravessar um rio, manda-o embora! Fora com o engenheiro! Atravessareis os rios a vau ou a nado, mesmo que metade dos cruzados tiver de restar aí, afogada. Que o engenheiro vá fazer pontes em outro lugar! Haverá necessidade disso. Mas para ir em busca do sepulcro basta a fé para servir de ponte.

Se tu, meu caro amigo, queres realizar plenamente a tua missão, desconfia da ciência, ou pelo menos daquelas que se costumam chamar de "arte" e de "ciência", mas que não são mais que pálidas macaquices da arte e da verdadeira ciência. A ti deve bastar a tua fé. Tua fé será a tua arte; tua fé será a tua ciência.

M. de Unamuno,
Vida de Dom Quixote e de Sancho.

Capítulo nono

José Ortega y Gasset e o diagnóstico filosófico da civilização ocidental

• José Ortega y Gasset (1883-1955) é, sem dúvida, o mais significativo filósofo espanhol do século XX. Formando-se na Alemanha, na escola dos neokantianos Hermann Cohen e Paul Natorp, Ortega publica em 1914 as *Meditações sobre o Quixote*; em 1920, *Espanha invertebrada*. Em 1923 funda a "Revista do Ocidente" e publica *O tema de nosso tempo*. Em 1930 sai a obra mais famosa e mais difundida de Ortega, *A rebelião das massas*, obra que – escreve Renato Treves –, foi para a Europa "uma voz de advertência". De 1933 é o livro *Em torno de Galileu*; de 1940, *Idéias e crenças*; de 1941, *História como sistema*.

A "voz de advertência" de A rebelião das massas
→ § 1

• "Eu sou eu e minha circunstância", escreve Ortega nas *Meditações sobre o Quixote*. A *circunstância* é o ambiente físico e social em que cada um de nós é jogado desde o nascimento. E, partindo justamente dos problemas que a circunstância lhe coloca, o homem constrói sua própria *existência*, tenta realizar o *projeto* que escolheu ser. Em poucas palavras: o homem inventa o homem e – por meio da *fantasia*, uma força que torna o homem *ser que projeta* – inventa a cultura e a história. Em todo caso, não é a humanidade que age, são apenas os indivíduos que agem na história; e os indivíduos são sempre elementos de uma *geração*, a qual incorpora pessoas que, no mesmo espaço e no mesmo tempo, vivem no mesmo horizonte de expectativas, e devem enfrentar dificuldades e problemas comuns. E as gerações se distinguem em gerações *cumulativas* (isto é, não inovadoras), em gerações *polêmicas* (as contrárias à tradição), e em gerações *decisivas* (as que efetivamente conseguem dar nova configuração à sociedade).

"Eu sou eu e minha circunstância"
→ § 2-3

• São os indivíduos que agem. Sem dúvida, o homem é mais do que seu pensamento, uma vez que ele é *também* paixão, medo, desejo, angústia. Todavia, se quisermos resolver os problemas práticos da "circunstância", necessitaremos de idéias. E aqui Ortega traça a distinção entre *idéias-invenções* (as que produzimos, sustentamos e discutimos) e *idéias-crenças* (idéias herdadas do passado, previsíveis, e que confundimos com a própria realidade; por exemplo, andamos pela rua e evitamos os edifícios, sem que em nossa mente surja a idéia: "as paredes são impenetráveis"). As idéias-crenças, todavia, não são imunes de dúvidas, e o mesmo ocorre com as idéias-invenções. O homem cria idéias, imagina possibilidades, inventa hipóteses; e quando estas não têm sucesso, ele muda de caminho, aprende dos erros. Os erros cometidos, individuados e eliminados constituem para o homem um autêntico tesouro: o *tesouro dos erros*.

Idéias "que temos" e idéias "que somos"
→ § 4-6

• Em *A rebelião das massas* Ortega sustenta a tese de que a civilização ocidental está enferma com a grave doença que é o *homem-massa*. O homem-massa é um tipo ideal, um modo de ser que permeia todas as classes; o homem-massa é um homem irresponsável, um especialista incapaz de enfrentar um problema geral,

> **O homem-massa, o tipo ideal do homem "inerte como a massa"**
> → § 7
>
> decidido na rejeição da discussão; é "inerte como a massa". E se gaba, diz Ortega, desta monstruosa novidade: "o direito de não ter razão, a razão da não-razão".
> O homem-massa deu as costas aos valores liberais e ao individualismo sobre o qual a civilização ocidental cresceu. O fascismo e o bolchevismo são exatamente movimentos de homens-massa muitas vezes guiados por homens cruéis e privados de cultura.

1 A vida e as obras

José Ortega y Gasset nasceu em Madri no dia 9 de maio de 1883. Seu pai era diretor do jornal de orientação liberal "El Imparcial". Estudou com os jesuítas, e em 1898 inscreve-se no Instituto de Estudos Superiores de Deusto (Bilbao). Sucessivamente transferiu-se para Madri, onde se laureou em filosofia em 1904. Entrementes, no ano anterior, em 1903, conhecera Unamuno. Em 1905, terminando os estudos universitários, Ortega foi para a Alemanha, onde, antes se inscreveu na Universidade de Leipzig, e depois em Berlim. E, sucessivamente, em Marburgo segue as aulas dos neokantianos Hermann Cohen e Paul Natorp. Voltando a Madri — estamos em 1907 —, Ortega ensina na Escola Superior de Magistério. Em 1910 é nomeado professor de metafísica na Universidade de Madri. As *Meditações sobre Quixote* — "o primeiro grande ponto de chegada da reflexão orteguiana" (L. Infantino) — aparecem em 1914. Em 1920 Ortega publica *Espanha invertebrada*, e em 1923 *O tema de nosso tempo*. Ainda em 1923 funda a "Revista de Ocidente". Em 1929 o ditador de Rivera manda prender diversos estudantes, que haviam se rebelado às tentativas de politização da vida universitária. Ortega, em protesto, renuncia à cátedra. No entanto, em 1930, sai *A rebelião das massas*, obra que obtém vasta ressonância internacional.

Em 1936 explode a guerra civil. Ortega vai para o exílio: Paris, Holanda, Argentina e depois para Lisboa. Escreve ensaios de grande importância: *A respeito de Galileu* (1933), *Idéias e crenças* (1940), *História como sistema* (1941). Em 1946 Ortega, em meio à consternação de seus amigos e discípulos, aceita a permissão do governo franquista para voltar à Espanha. Em Madri, junto com seu discípulo Julian Marìas, funda o Instituto de Humanidades. Morre em Madri no dia 17 de outubro de 1955.

Albert Camus definiu Ortega como "o maior escritor europeu depois de Nietzsche". Renato Treves escreveu, a propósito de *A rebelião das massas*, que essa obra foi para a Europa "uma voz de advertência". Do ponto de vista teórico — afirma L. Infantino — "o problema de Ortega foi o da

José Ortega y Gasset (1883-1955) realizou, na obra A rebelião das massas, *um atento diagnóstico da grave doença (o "homem-massa") que atingiu a civilização ocidental.*

"reforma da filosofia". Ele incansavelmente repetiu que "a razão deve ser colocada em um lugar diferente daquele que a carolice intelectualista lhe havia atribuído". E no campo político — nota L. Pellicani — Ortega foi um pensador que longamente lutou "para ver realizada uma democracia de tipo novo, na qual as liberdades individuais fossem garantidas e efetivas, a riqueza socializada, o nível cultural do homem médio o mais possível elevado, as aristocracias intelectuais e morais numerosas e diversamente articuladas".

2. O indivíduo e sua "circunstância"

"Eu sou eu e minha circunstância". Nessa fórmula Ortega — nas *Meditações sobre o Quixote* — encerra sua concepção do homem. E a *circunstância* não é apenas o ambiente físico; é também o ambiente social: "Todas as coisas e os seres do universo que nos circunda [...] formam nossa circunstância". *Nossa* circunstância é o lugar, o tempo, a sociedade em que cada um de nós é lançado desde o nascimento. Ela se impõe a todo homem como realidade física e social estranha, como fonte perene de preocupações e de problemas. E, procurando resolver estes problemas, o homem é forçado a construir sua própria *existência*, a realizar o *projeto* que escolheu ser. O homem luta com as dificuldades em que tropeça inventando não só idéias e instrumentos, mas também papéis, estilos de vida: partindo de sua "circunstância", o homem inventa o homem, e inventa também a cultura e a história.

E realiza isso por meio da *fantasia*: uma força que torna o homem *ser que projeta*, um ser que procura mudar a si mesmo e o ambiente circunstante e que, sem trégua, põe em confronto os projetos elaborados em seu *mundo interior* com a situação do *mundo externo*. É a *fantasia*, portanto, que se encontra na base da liberdade do indivíduo: este inventa sua própria existência, não é determinado, é continuamente estável. Viver é sentirmo-nos obrigados "a exercitar a liberdade, a decidir aquilo que devemos ser neste mundo". E é ainda Ortega que fala: "O sentido da vida consiste em cada um aceitar sua própria circunstância inexorável e, ao aceitá-la, convertê-la em sua própria vocação. O homem é o ser condenado a traduzir a necessidade em liberdade".

3. Gerações cumulativas, gerações polêmicas e gerações decisivas

O homem, porém, não exercita sua liberdade no vazio, e ele toma suas decisões dentro de *instituições* com usos aceitos, papéis e expectativas estabelecidos, hierarquias reconhecidas: usos, papéis, expectativas e hierarquias selecionados por "gente" do passado e impostos à "gente" do presente. Em poucas palavras, o destino do homem é a ação: a ação que, informada por *crenças* e *idéias*, transforma a realidade física e social, sem que por outro lado o homem alcance um ponto firme sobre o qual se apoiar. A felicidade jamais poderá ser posse do homem; o homem é constitutivamente um ser histórico, cuja natureza é sua história, aquilo que se tornou operando. Em suma, "o homem deve livremente projetar-se e autofabricar-se [...]" (A. Savignano).

São sempre e apenas os indivíduos que agem; mas toda vida individual é um elemento de uma *geração*; uma geração incorpora pessoas que, dentro do mesmo espaço e do mesmo tempo, condividem o mesmo horizonte de expectativas, dificuldades e problemas. E se existem *gerações cumulativas*, ou seja, não inovadoras, também existem *gerações polêmicas*, contrárias ao legado de quem as precedeu. Sem dúvida, lembra Ortega, as mudanças coletivas não têm em geral tempos breves, a ruptura com o passado freqüentemente é mais aparente que real, e todavia não se exclui a aparição das *gerações decisivas*, de fato revolucionárias, que subvertem tudo e todos, imprimindo uma configuração nova à coletividade. E, dentro de uma geração, são sempre *minorias escolhidas*, indivíduos dotados de fantasia e de coragem, que impõem a multidões passivas (*massas miméticas*) suas propostas inovadoras. A história, portanto, se move. Mas seu desenvolvimento não é enquadrável nos esquemas determinísticos de filosofias da história como as de Comte, Hegel e Marx. O da história é um desenvolvimento compreensível a partir — quando existe — da ação criativa de indivíduos empreendedores, que, sabendo interpretar as necessidades e expectativas das massas, conseguem transformar suas idéias e costumes.

4 A diferença entre "idéias-invenções" e "idéias-crenças"

O homem é mais do que seu pensamento, pois ele é *também* paixão, medo, angústia, desejo. Todavia, escreve Ortega, "sem idéias [...] o homem não poderia viver. Quando Goethe disse 'no princípio era a ação', dizia uma frase pouco meditada, porque evidentemente uma ação não é possível sem que antes exista o projeto, o esboço dessa ação". O homem sem idéias não existe; as idéias lhe são necessárias para resolver os problemas que continuamente surgem da condição humana, para sair do abismo das dúvidas. O homem, em poucas palavras, deve conhecer sua *circunstância*, se não quiser viver cegamente.

E se a *filosofia*, para Ortega, é análise e clarificação das propostas éticas, dos mundos de valores e de ideais por meio dos quais os homens procuram orientar-se na vida e se agarram a tudo o que para eles vale a pena ser vivido, a *ciência*, por sua vez, é o instrumento mais eficaz e mais válido que permite ao homem ser informado sobre o mundo e sobre o ambiente em que ele vive e deve agir.

Uma distinção importante, no campo dos pensamentos, é a que Ortega traça entre *crenças* e *idéias-invenções*. "*Idéias-invenções*, e nelas incluindo as verdades mais rigorosas da ciência, podemos dizer que as produzimos, que as sustentamos, as discutimos, as propagamos [...]. São obra nossa e por isso mesmo pressupõem já nossa vida, que se funda mais sobre idéias-crenças não produzidas por nós, idéias que em geral nós sequer formulamos, que obviamente não discutimos, não propagamos, não sustentamos". As *crenças* são idéias fundamentais, herdadas do passado e que constituem, por assim dizer, um patrimônio tácito, previsto: elas "não são idéias que temos, mas idéias que somos"; são "o conteúdo de nossa vida"; "nós as confundimos com a própria realidade, constituem nosso mundo e nosso ser". Ortega escreve isso no ensaio *Idéias e crenças*, onde acrescenta que *nós estamos nas crenças*, e que, enquanto "*pensamos as idéias, contamos com as crenças*". Alguém de nós está em casa e decide sair: ele vai para a porta, gira a chave para abrir a porta, desce as escadas. Tudo isso tem o caráter da deliberação consciente. Mas a coisa mais importante, o pressuposto que lhe permitiu decidir interveio sem que ele pensasse nisso: trata-se da crença que fora da soleira existe uma rua. Nós "vivemos, nos movemos e existimos" dentro de crenças do gênero. Assim, Ortega exemplifica ainda: "Quando caminhamos pela rua não tentamos passar através dos edifícios: evitamos automaticamente trombar neles, sem que em nossa mente surja necessariamente a idéia: 'As paredes são impenetráveis'. Em todo momento nossa vida apóia-se sobre um enorme repertório de crenças semelhantes". `Texto 1`

5 O tesouro dos erros

Em todo caso, não é que as crenças sejam certas, absolutamente seguras e inabaláveis. Elas são apenas "pensamentos consolidados", usados inconscientemente. Mas não é raro o caso — nota Ortega — que "na área fundamental de nossa crença se abram, aqui e ali, como alçapões, enormes abismos de dúvidas". Encontramo-nos sem chão sob os pés, em um "mar de dúvidas", quando estamos "presos entre duas crenças antagonistas que se chocam mutuamente e nos fazem balançar de uma para outra". E onde uma crença é infringida ou se enfraqueceu, o homem "se agarra ao intelecto como a um salva-vidas" e procura *inventar* novas idéias. As novas idéias, as idéias científicas, são *fantasias* que têm sucesso: "o triângulo e o amuleto têm o mesmo *pedigree*. São filhos da louca da família", isto é, da fantasia. O homem — escreve Ortega — "está condenado a ser um narrador": ele cria suas idéias, imagina possibilidades, isto é, inventa hipóteses e teorias, que depois põe à prova, descartando as que resultam erradas e contando com o fato de que o dos erros cometidos, individuados e eliminados, é um verdadeiro e próprio *tesouro*. Tudo aquilo que o homem obteve — salienta Ortega — "custou milênios e milênios, e o obteve à força de erros, ou seja, embarcando em fantasias absurdas que resultaram em becos sem saída dos quais teve de voltar atrás machucado [...]. Hoje, ao menos, sabe que as figuras do mundo que imaginava no passado *não são* a realidade. À força de errar, está delimitando a área do êxito possível. *Daí a importância de não esquecer os erros*, e isto é história".

6 O controle sem fim das teorias científicas

A idéia, na opinião de Ortega, tem necessidade da crítica assim como os pulmões têm necessidade do oxigênio. A crítica mais forte se tem em geral por meio do confronto com os *fatos*. Os fatos da ciência, porém, não são *fatos nus e crus*, mas são *realidades* já elaboradas pelas teorias; "*a realidade não é dada, não é algo de dado, de presenteado, mas é uma construção feita pelo homem com o material de que dispõe*". Inventamos idéias e as provamos sobre fatos que já são interpretações ("A verdade suprema é a da evidência, mas o valor da evidência é, por sua vez, mera teoria, idéia, combinação intelectual"); aprendemos a partir de nossos erros. E as idéias ou teorias confirmadas não permanecem fora de dúvida: "*O homem de ciência* — escreve Ortega no ensaio *A respeito de Galileu* — *deve continuamente tentar duvidar de suas próprias verdades*. Estas são verdades do conhecimento, apenas à medida que resistem a toda dúvida possível. Vivem, portanto, em um conflito permanente com o ceticismo. *Tal conflito chama-se prova*". Esta, em poucas palavras, é a epistemologia de Ortega, epistemologia que não deve ser minimamente confundida com a *posição pragmática*. Sem dúvida, algumas verdades podem resultar úteis, e fatores práticos intervêm na formação de diversas convicções nossas; todavia, a verdade não pode "ser relativa às condições de um sujeito, seja ele um indivíduo ou uma espécie. Não existe uma verdade para um e a verdade para outro".

7 O "homem-massa"

Escreveram que "aquilo que o *Contrato social* de Rousseau foi para o século XVIII e o *Capital* de Marx foi para o século XIX, *A rebelião das massas* de Ortega deveria sê-lo para o século XX".

Com este famoso livro Ortega realiza o diagnóstico da *civilização ocidental* na época que segue-se à primeira guerra mundial.

■ **O homem-massa.** Em *A rebelião das massas*, Ortega nos apresenta um perfil penetrante do "homem-massa". Este é o personagem típico do tempo de crise. É um "bárbaro vertical", que recusa "trâmites, normas, cortesia, hábitos intermediários, justiça, razão" e que, diante do universo cultural, se pergunta: "Como é que se criou tanta complicação?" O "homem-massa" declara caídas as regras da cultura; pesam-lhe demasiadamente e vê em sua "abolição a licença para jogar tudo às urtigas e para deixar a libertinagem à solta". Mas de onde vem o "homem-massa"? O século XIX introduziu uma inovação radical no destino humano. Criou-se "novo cenário para a existência do homem, novo materialmente e civilmente. Três princípios tornaram possível esse mundo novo: a democracia liberal, a experiência científica e a industrialização. Os últimos dois podem se resumir em um, a técnica. Nenhum destes princípios foi descoberto pelo século XIX; ao contrário, provêm dos dois séculos anteriores. O erro do século XIX não consiste em sua descoberta, e sim em sua introdução". No passado, "também para o rico e para o poderoso, o mundo era um âmbito de pobreza, dificuldade, perigo". A situação de hoje, porém, é bem diferente. O mundo que desde seu nascimento circunda o homem é um mundo rico, que não conhece mais as privações de um tempo. Mas é justamente aqui que a razão caiu em grande ilusão. Em vez de tornar o homem consciente dos benefícios e das vantagens da nova sociedade, em vez de fazer refletir sobre os esforços gigantescos dos quais a nova ordem nasceu e sobre os esforços necessários para mantê-lo em vida, irresponsavelmente fez acreditar que qualquer coisa é possível. Nasceu assim o "homem-massa", um "menino viciado", cujo "diagrama psicológico" caracteriza-se pela "livre expansão de seus desejos vitais, isto é, de sua pessoa, e absoluta ingratidão para com tudo o que tornou possível a facilidade de sua existência".

Tal civilização aparece a Ortega doente da grave enfermidade que é o *homem-massa*. O crescimento quantitativo da população e um bem-estar sempre mais largamente difundido — fenômenos por trás dos quais há, na opinião de Ortega, o desenvolvimento da técnica e da indústria — são acompanhados pela destruição do valor sobre o qual cresceu a civilização ocidental: o *individualismo*.

Escreve Ortega: "Foi aquilo que se define como individualismo que enriqueceu o mundo e todos os homens do mundo; e foi essa riqueza que tão fundamentalmente multiplicou a planta humana [...]". Mais idéias, mais fés, mais estilos artísticos e uma experimentação em todo âmbito da vida e do pensamento construíram uma civilização que no *indivíduo* contraposto ao *coletivo* viu seu mais alto valor. O mundo moderno cresceu, em suma, sobre a fé segundo a qual "todo ser humano deve ser livre para preencher seu destino individual e não transferível". Eis, porém, que justamente no seio da civilização moderna vem à luz um *homem-massa*, um *homem-massa* que é tal não tanto porque elemento estandardizado de uma massa, e sim "porque inerte como a massa".

O homem-massa não designa uma classe social; é um ideal-tipo por meio do qual Ortega delineia "um modo de ser que hoje se encontra em todas as classes". O homem-massa não percebe que a cultura e as instituições em que vive são realidades precárias; é, portanto, um irresponsável; é um especialista incapaz de enfrentar um problema geral; é decidido em rejeitar a discussão: "detesta-se toda forma de convivência que por si mesma comporta o respeito de normas objetivas [...]. Suprimem-se todos os trâmites normativos e se corre diretamente para a imposição daquilo que se deseja". O homem-massa é um novo bárbaro que "não se limita a considerar-se excelente enquanto é vulgar, mas pretende impor a vulgaridade como direito e o direito à vulgaridade" (L. Pellicani). Em poucas palavras, escreve Ortega, nosso tempo pode se orgulhar dessa monstruosa novidade: "o direito de não ter razão, a razão da não-razão". Novidade esta tanto mais clara se considerarmos o fato de que o homem-massa confiou totalmente sua vida ao poder público, ao Estado. O fascismo e o bolchevismo representam exatamente movimentos de homens-massa dirigidos por homens por vezes rudes e privados de qualquer cultura. O homem-massa, em outros termos, é um homem que "deu as costas aos valores da tradição liberal e introduziu na vida pública um estilo de ação baseado sobre a sistemática agressão e cancelamento do outro, sobre a idolatria do chefe carismático e sobre o estatismo totalitário". (L. Pellicani). O Ocidente pode, em todo caso, salvar-se, afirma Ortega. E o caminho da salvação foi por ele profeticamente indicado na formação dos *Estados Unidos da Europa*, ou seja, na criação de uma Europa com uma alma antinacionalista, e fundada sobre princípios liberais, em grau, de um lado, de contrastar o estatismo, a burocratização e o intervencionismo destrutivos da criatividade e da responsabilidade dos indivíduos e, do outro, de satisfazer as exigências fundamentais da justiça social, uma vez que a liberdade de todos os cidadãos se resolve em uma ficção hipócrita, se depois faltam "os meios para exercitá-la e assegurá-la".

Ortega y Gasset

1 Como distinguir as "crenças" das "idéias-invenções"

> *As crenças são os pressupostos de fundo com que olhamos o mundo e vivemos; confiamos nelas, "estamos em uma crença"; como na crença de que, saindo de casa, encontramos ainda o caminho. As idéias-invenções são, ao contrário, idéias que vêm à nossa mente ou na mente de outros, idéias que conscientemente construímos juntos e talvez abandonamos. Em todo caso, tanto umas como as outras são atacadas pelo ácido da dúvida. E quando se abrem as brechas da dúvida, eis que intervém a fantasia para produzir novas idéias como tentativas de soluções; idéias que depois serão colocadas no crivo ou na prova dos fatos.*
>
> *"O homem de ciência – afirma Ortega – deve continuamente tentar duvidar de suas próprias verdades. Estas [...] vivem em conflito permanente com o ceticismo. Tal conflito denomina-se de prova".*

Em geral, quando tentamos determinar as idéias de um homem ou de uma época, confundimos duas coisas radicalmente diversas: as crenças e as idéias-invenções ou "pensamentos". Em termos rigorosos, apenas estas últimas devem ser chamadas de "idéias".

As crenças constituem o fundamento de nossa vida, o terreno sobre o qual ela se desenvolve, dado que nos colocam diante daquilo que para nós é a própria realidade. Todo o nosso comportamento, inclusive o intelectual, depende do sistema particular de nossas crenças autênticas. Nelas "vivemos, nos movemos e existimos". E é este o motivo pelo qual em geral não temos consciência clara delas, não as pensamos, pois intervêm em nossa vida de modo latente, como implicações de tudo o que expressamente fazemos ou pensamos. Quando cremos de fato em algo, não temos a "idéia" da coisa em que cremos, mas simplesmente "contamos com" ela.

As idéias, isto é, os pensamentos que temos, sejam originais ou postiços, ao contrário, não têm valor de realidade em nossa vida. Intervêm nela enquanto pensamentos e apenas como tais. Isso significa que toda a nossa "vida intelectual" vem depois da real ou autêntica e, em relação a esta, constitui apenas uma dimensão virtual ou imaginária. Perguntareis então qual seria o valor da verdade das idéias, das teorias. Respondo: a verdade ou a falsidade de uma idéia é uma questão de "política interior", no âmbito do mundo imaginário de nossas idéias. Uma idéia é verdadeira quando corresponde à idéia que temos da realidade. Nossa idéia da realidade, porém, não coincide com a realidade. Esta é constituída por tudo aquilo sobre o que de fato contamos. Pois bem, não temos a mínima idéia da maior parte das coisas com as quais de fato contamos e, se a temos – graças a um esforço particular de reflexão sobre nós mesmos –, ela nos é indiferente porque não é realidade enquanto idéia, mas, ao contrário, é realidade à medida que, para nós, não é apenas idéia, mas crença infra-intelectual. [...]

O homem tem clara consciência do fato de que seu intelecto se exerce apenas sobre matérias discutíveis, que a verdade de suas idéias se alimenta de sua incerteza. Por isso, tal verdade é constituída pela prova que pretendemos dar delas. A idéia tem necessidade da crítica como os pulmões de oxigênio, e se sustenta e se afirma apoiando-se em outras idéias que, por sua vez, estão a cavalo em outras ainda, e todas dão vida a uma totalidade ou sistema. Formam, portanto, um mundo separado do mundo real, um mundo composto exclusivamente de idéias das quais o homem sabe que é o construtor e o responsável. Deste modo, a solidez da idéia mais estável se reduz à consistência com que ela consegue estar correlacionada com todas as outras. Nada menos, mas também nada mais. Não é então possível verificar uma idéia como uma moeda, medindo-a diretamente com a realidade e fazendo desta uma pedra de comparação. A verdade suprema é a da evidência, mas o valor da evidência é, por sua vez, mera teoria, idéia, combinação intelectual. [...] Depois, a partir do momento que a razão corrige sem descanso suas concepções, e à verdade de ontem substitui a de hoje, se nossa fé consistisse em crer diretamente nas idéias, sua mudança comportaria a perda da fé na inteligência. Pois bem, acontece tudo ao contrário. Nossa fé na razão suportou imperturbavelmente as mudanças mais escandalosas de suas teorias, até as mudanças profundas das teorias sobre aquilo que é a razão humana. Estas últimas sem dúvida influíram sobre a forma daquela fé, mas esta continua a agir impavidamente sob diversas vestes. [...]

O homem, no fundo, é crédulo, ou melhor, o que é o mesmo, a estratificação mais profunda de nossa vida, a que sustenta e suporta todas as outras, é constituída por crenças. Estas são, portanto, a terra firme sobre a qual nos afanamos (de passagem, tal metáfora se origina de uma das crenças mais elementares que possuímos, e sem a qual talvez não poderíamos viver: a crença segundo a qual a terra está bem firme, apesar dos terremotos que por vezes ocorrem em alguns lugares da superfície terrestre. Experimentemos imaginar que amanhã, por um ou outro motivo, falte esta crença. Determinar, em linha de máxima, os traços da radical mudança que tal desaparecimento produziria sobre o aspecto da vida humana seria um excelente exercício introdutório ao pensamento histórico).

Mas na área fundamental de nossas crenças se abrem, cá e lá, como alçapões, enormes abismos de dúvidas. Este é o momento de dizer que a dúvida, a verdadeira, aquela que não é simplesmente metódica ou intelectual, é um modo de ser da crença e pertence, na arquitetura da vida, à sua própria estratificação. Também na dúvida *se existe*. Apenas que neste caso o existir tem um aspecto terrível. [...]

Todas as expressões comuns que se referem à dúvida nos dizem que nela o homem sente-se submerso em um elemento não sólido, não firme. A dúvida é uma realidade líquida sobre a qual o homem não consegue sustentar-se e cai. Daí o "encontrar-se em um mar de dúvidas", que é contraposto ao elemento da crença: a terra firme. E, insistindo na mesma imaginação, dúvida como flutuação, como vai-e-vem de ondas. A paisagem marinha é indiscutivelmente o mundo da dúvida e suscita no homem pressentimentos de naufrágio. A dúvida descrita como flutuação, nos faz perceber o fato de que ela é uma crença. E o é justamente por ser constituída pela redundância do crer. Duvidamos porque nos encontramos presos entre duas crenças antagônicas que se entrechocam e elas nos fazem balançar entre uma e outra, deixando-nos sem terra sob os pés. O *dois*, é claro, torna-se o *du* da dúvida.

O homem, sentindo-se cair em tais abismos, que se abrem no solo firme de suas crenças, reage energicamente. Esforça-se para "sair da dúvida". Mas o que fazer? A característica do duvidar é não saber o que fazer. O que fazer, portanto, quando nos acontece justamente não saber o que fazer porque o mundo – uma parte dele, bem entendido – apresenta-se a nós de modo ambíguo? Com ele não há nada a fazer. O homem, porém, quando se encontra em tal situação, realiza um estranho fazer, que quase não parece um fazer: começa a pensar. Pensar em algo é o menos que pode fazer. Não deve sequer mover-se. Quando tudo ao redor vai de roldão, resta-lhe, todavia, a possibilidade de meditar sobre aquilo que vai de roldão. O intelecto é o dispositivo mais à mão com o qual o homem conta, e está sempre à sua disposição. Quando crê em geral dele não se serve, porque é um esforço fatigante, mas, quando cai na dúvida, aferra-se a ele como a um salva-vidas.

As brechas de nossas crenças são, portanto, o lugar vital em que as idéias realizam sua intervenção. Graças a elas substituímos sempre o mundo instável e ambíguo da dúvida, por um mundo em que a instabilidade desaparece. Como se obtém esse resultado? Fantasiando, inventando mundos. A idéia é imaginação. Ao homem não é dado nenhum mundo já determinado. São-lhe dadas apenas as alegrias e as dores de sua vida. Guiado por elas, deve inventar o mundo. A maior parte do mundo ele a herdou dos mais antigos e ela influi sobre sua vida como um sistema de crenças fixas. Mas cada um deve se haver por sua própria conta com aquilo que é duvidoso e problemático. Para esse objetivo, ele traça figuras imaginárias de mundos e de seu possível comportamento neles. Entre elas, uma lhe parece *idealmente* mais fundamentada e a chama de verdade. Observe-se, porém: aquilo que é verdadeiro, e também aquilo que é *cientificamente* verdadeiro, não é mais que um caso particular do fantástico. Há fantasias exatas. E mais: só pode ser exato o que é fantástico. Não há modo de compreender bem o homem, a não ser constatando que a matemática brota da mesma raiz da poesia, da faculdade da imaginação.

J. Ortega y Gasset,
Aurora da razão histórica.

FENOMENOLOGIA EXISTENCIALISMO HERMENÊUTICA

"Na miséria de nossa vida [...] esta ciência não tem nada a nos dizer. Ela exclui de princípio os problemas mais candentes para o homem, o qual, em nossos tempos atormentados, sente-se em poder do destino".

Edmund Husserl

"A última questão [...] é saber se do fundo das trevas um ser pode brilhar".

Karl Jaspers

"A liberdade consiste na escolha do próprio ser. E tal escolha é absurda".

Jean-Paul Sartre

"A revolução é progresso quando a comparamos ao passado, mas desilusão e aborto quando a comparamos ao futuro que ela deixou entrever e depois sufocou".

Maurice Merleau-Ponty

"O próprio mundo tende [...] a aparecer por vezes como simples canteiro de obras de desfrutamento, outras como um escravo adormecido".

Gabriel Marcel

"Quem quer compreender um texto deve estar pronto a deixar que ele diga algo de si".

Hans Georg Gadamer

"Sensus non est inferendus, sed efferendus".

Emílio Betti

TERCEIRA PARTE

Capítulo décimo
Edmund Husserl e o movimento fenomenológico _____ 175

Capítulo décimo primeiro
Martin Heidegger: da fenomenologia ao existencialismo _____ 201

Capítulo décimo segundo
Traços essenciais e desenvolvimentos do existencialismo _____ 215

Capítulo décimo terceiro
Hans Georg Gadamer e a teoria da hermenêutica _____ 249

Capítulo décimo quarto
Desenvolvimentos recentes da teoria da hermenêutica _____ 265

Capítulo décimo

Edmund Husserl e o movimento fenomenológico

I. Gênese e natureza da fenomenologia

• A palavra de ordem da fenomenologia é: *voltemos às próprias coisas!* Para além das construções teóricas jogadas no ar e dos conceitos apenas aparentemente justificados, o fenomenólogo quer construir uma filosofia que, porém, se fundamente sobre *dados indubitáveis*, ou seja, sobre *evidências estáveis*. E para tal fim o caminho justo é o da *epoché*, ou seja, do procedimento que consiste em suspender, em pôr fora de uso, entre parêntese, por assim dizer, nossas persuasões filosóficas e científicas e as próprias convicções embutidas em nossa atitude natural que nos faz crer na existência das coisas do mundo ou do próprio mundo. Em outras palavras, suspende-se o juízo sobre tudo aquilo que não é indubitavelmente certo, que não é nem apodítico nem incontestável, até que se chegue a encontrar os "dados" que resistem aos reiterados assaltos da *epoché*. E este ponto de chegada da *epoché*, o *resíduo fenomenológico*, como o chamará Husserl, os fenomenólogos o encontram na consciência: a existência da consciência é imediatamente evidente.

> "Voltemos às próprias coisas"
> → § 1

• Sobre a base desta evidência a fenomenologia se exerce na descrição dos *modos típicos* em que as coisas e os fatos se apresentam à consciência: e esses modos típicos são as *essências eidéticas*, por exemplo, a essência do pudor, da simpatia, da santidade, do amor etc. Em poucas palavras: a consciência é sempre *intencional*, sempre consciência *de* alguma coisa; mas não posso duvidar da consciência. À consciência as coisas se apresentam em *modos típicos* e não em emaranhados modos caóticos: um comportamento ou é comportamento de ódio, ou de amor, ou de simpatia, ou de benevolência etc. E o problema que aqui o movimento fenomenológico se colocou é se esses *modos típicos*, em que as coisas se apresentam à consciência, se essas essências eidéticas são "constituídas" pela própria consciência ou são, ao contrário, realidades que se impõem à consciência, como a luz ao olho e o som ao ouvido. No primeiro sentido – direção idealista – se orientará Husserl; no segundo sentido – direção realista da fenomenologia – se orientará Max Scheler.

> A fenomenologia como ciência de essências
> → § 2-3

• A fenomenologia nasce com Husserl como *polêmica antipsicologista*; e sobre a base da idéia da *intencionalidade* da consciência. Pelo antipsicologismo Husserl pôde atingir o pensamento do matemático e filósofo Bernhard Bolzano (1781-1848), e pela intencionalidade da consciência as teses de seu mestre Franz Brentano (1838-1917). Com efeito, foi Bolzano que falou da

> Husserl atinge o pensamento de Bolzano e de Brentano
> → § 4

> "proposição em si", da verdade em si ou do conteúdo lógico de uma proposição, prescindindo do fato de que esta seja ou não seja expressa ou crida. E, por sua vez, Brentano sustentara que a intencionalidade é a característica que tipifica os fenômenos psíquicos: estes se referem sempre a outro.

1 A fenomenologia: um método para "voltar às próprias coisas"

Escreve Heidegger em *Ser e tempo*: "A expressão 'fenomenologia' significa, antes de mais nada, um conceito de método [...]. O termo expressa um lema que poderia ser assim formulado: *voltemos às próprias coisas!* E isso em contraposição às construções desfeitas no ar e às descobertas casuais, em contraposição à aceitação de conceitos só aparentemente justificados e aos problemas aparentes que se impõem de uma geração à outra como verdadeiros problemas".

Portanto, a palavra de ordem da fenomenologia é a do *retorno às próprias coisas*, indo além da verbosidade dos filósofos e de seus sistemas construídos no ar. Mas como se fará para construir uma filosofia que se sustente? Para cumprir essa tarefa, é preciso partir de *dados indubitáveis* para com base neles construir *depois* o edifício filosófico. Em suma, procuram-se *evidências estáveis* para colocar como fundamento da filosofia: "sem evidência não há ciência", dirá Husserl nas *Pesquisas lógicas*. Os limites da evidência apodítica representam os limites de nosso saber. Assim, é preciso buscar coisas manifestas, fenômenos tão evidentes que não possam ser negados.

Essa, portanto, é a intenção de fundo da fenomenologia, intenção que os fenomenólogos procuram realizar através da descrição dos "fenômenos" que se anunciam e se apresentam à consciência depois de feita a *epoché*, isto é, depois de postos entre parênteses as nossas persuasões filosóficas, os resultados das ciências e as convicções engastadas naquela nossa atitude natural que nos impõe a crença na existência de um mundo de coisas.

Em outros termos, é preciso suspender o juízo sobre tudo o que não é apodítico nem objeto de controvérsia até se conseguir encontrar aqueles *"dados"* que resistem aos reiterados assaltos da *epoché*. E os fenomenólogos encontram esse ponto de aproximação da *epoché*, o resíduo fenomenológico — como o chamaria Husserl —, na consciência: a existência da consciência é imediatamente evidente.

2 A fenomenologia é descrição das essências eidéticas

A partir dessa evidência, os fenomenólogos pretendem descrever os *modos típicos* como as coisas e os fatos se apresentam à consciência. E esses modos típicos são precisamente as essências *eidéticas*. A fenomenologia não é ciência de fatos, e sim ciência de essências. Para o fenomenólogo não interessa a análise desta ou daquela norma moral, porém compreender por que esta ou aquela norma são normas morais e não, por exemplo, normas jurídicas ou regras de comportamento. Da mesma forma, o fenomenólogo não se interessará (ou, pelo menos, não se interessará principalmente) em examinar os ritos e os hinos desta ou daquela religião; ao contrário, ele se interessará por compreender o que é a religiosidade, ou seja, o que transforma ritos e hinos tão diferentes em ritos e hinos "religiosos". Naturalmente, o fenomenólogo também produzirá análises mais específicas sobre o que caracteriza essencialmente, por exemplo, o pudor, a santidade, o amor, a justiça, o remorso ou os tipos de sociedade, mas, em todo caso, sua ciência é precisamente ciência de essências.

Tais essências se tornam objeto de estudo se o pesquisador, estabelecendo-se na atitude de *espectador desinteressado*, liberta-se das opiniões preconcebidas e, sem se deixar envolver pela banalidade e pelo óbvio, saiba "ver" e consiga intuir (e descrever) aquele universal pelo qual um fato é aquilo e não outra coisa. Nós distinguimos um texto mágico de um texto científico, mas como conseguimos fazê-lo senão porque utilizamos discriminantes essenciais, senão porque, talvez até sem termos consciência disso, sabemos o que é magia e o que é ciência?

Como podemos dizer que este é um ato de simpatia, aquele um gesto de ira, este outro um comportamento desesperado ou aquele outro ainda um comportamento de santidade, se não houvesse precisamente essências, ou seja, idéias essenciais, de simpatia, de ira, de desespero ou de santidade?

Eis, portanto, o que a fenomenologia pretende ser: *ciência fundamentada estavelmente, voltada à análise e à descrição das essências.* Com base nisso, podemos compreender como a fenomenologia se distingue da análise psicológica ou da análise científica. Diferentemente do psicólogo, o fenomenólogo não manipula dados de fato, mas essências; não estuda fatos particulares, senão idéias universais; não se interessa pelo comportamento moral desta ou daquela pessoa, mas pretende conhecer a essência da moralidade e talvez ver se a moral é ou não fruto de ressentimento.

3 Direção idealista e direção realista da fenomenologia

O fenomenólogo, em suma, cumpre tarefas bem diferentes das dos cientistas. A consciência é "intencional", é sempre consciência *de* alguma coisa que se apresenta de modo típico: a análise desses modos típicos é precisamente a função do fenomenólogo, que se pergunta e indaga sobre o que a consciência transcendental entende por amor, percepção, religiosidade, justiça, comunidade, simpatia, e assim por diante.

Nesse ponto, a fenomenologia podia tomar duas direções: a idealista ou a realista. Os significados ou essências dos objetos, das instituições e dos valores são constituídos e postos pela consciência, ou o olhar do teórico desinteressado os intui enquanto dados objetivos? É aqui que divergem, por exemplo, os caminhos de Husserl e de Scheler: Husserl, sobretudo o último Husserl, tomará o caminho do idealismo. Assim, o pensador que estabeleceu como programa da fenomenologia o do retorno às próprias coisas, no fim se encontrará com a realidade única que é a consciência: a consciência transcendental, que *nulla re indiget ad existendum* e que "constitui" os significados das coisas, das ações, das instituições e o sentido do mundo (atente-se para o fato de que, aqui, *transcendental* quer dizer kantianamente o que está na nossa consciência enquanto algo independente da sensibilidade e, portanto, a priori, mas funcionalmente ordenado para a "constituição" da experiência). Scheler, por seu turno, dirigirá sua análise para os valores objetivos hierarquicamente ordenados que se impõem à intuição emocional, como a luz para os olhos e o som para o ouvido.

Até aqui, citamos Husserl e Scheler. Mas o *movimento fenomenológico* é uma vasta e articulada corrente de pensamento, da qual se destacam as concepções ontológica e ética de Nicolai Hartmann, o pensamento de Heidegger, as análises de Sartre, de Merleau-Ponty e de G. Marcel, as idéias do materialista dialético Tran Duc Tao, além dos trabalhos dos discípulos ou seguidores de Husserl, como E. Conrad-Martius, E. Finck, E. Stein, A. Reinach, L. Landgrebe, Alexander Pfänder, Oscar Becker e Moritz Geiger. Deve-se dizer ainda que a influência dos fenomenólogos sobre a psicologia, a antropologia, a psiquiatria, a filosofia moral e a filosofia da religião foi e continua sendo notável. Por isso, é doravante reconhecido que o movimento fenomenológico constitui um acontecimento decisivo no âmbito da filosofia contemporânea.

4 Às origens da fenomenologia

4.1 Bolzano e o valor lógico-objetivo das "proposições"

A fenomenologia nasce com Husserl — e veremos adiante — como *polêmica antipsicologista*. Uma das idéias fundamentais de Husserl e da fenomenologia é a da *intencionalidade da consciência*. Foi precisamente em relação a esses dois núcleos problemáticos que Husserl se inspirou em dois pensadores de nível notável, isto é, Bernhard Bolzano e Franz Brentano.

Bolzano (1781-1848), matemático e filósofo, padre católico e professor de filosofia da religião na Universidade de Praga até 1819 (ano em que foi afastado da cátedra e suspenso *a divinis*), nos deixou duas importantes obras: *Os paradoxos do infinito* (escritos em 1847-1848, mas publicados só em 1851), e a *Doutrina da ciência* (1837). O primeiro trabalho exerceu influência notável sobre a história do pensamento matemático. Já o segundo elabora a doutrina da "proposição em si" e da "verdade em si". A proposição em si é o puro significado lógico de um enunciado, não dependendo do fato de ele ser expresso ou pensado. Já a verdade em si é dada por qualquer proposição válida, seja ou não expressa ou pensada. Assim, a validade de um princípio lógico, como o da não-contradição, permanece tal tanto se o pensarmos ou não, tanto se o expressarmos com palavras ou por escrito, como se não o expressarmos. As proposições em si podem derivar uma da outra e podem entrar em contradição: elas são parte de um mundo lógico-objetivo e são independentes das condições subjetivas do conhecer.

4.2 Brentano e a intencionalidade da consciência

Brentano (1838-1917), também padre católico que depois abandonou a Igreja, foi professor na Universidade de Viena, viveu longamente em Florença e morreu em Zurique. Escreveu muito sobre Aristóteles (*A psicologia de Aristóteles*, 1867; *O cristianismo de Aristóteles*, 1882; *Aristóteles e sua visão do mundo*, 1911; *A doutrina de Aristóteles sobre a origem do espírito humano*, 1911); todavia, sua obra de maior sucesso foi *A psicologia do ponto de vista empírico* (1874). É nesta última obra que Bretano afirma o *caráter intencional da consciência*. Na escolástica, *intentio* significava o conceito enquanto indica algo diferente de si. Segundo Brentano, precisamente, a intencionalidade é o que tipifica os fenômenos psíquicos, que sempre se referem a algo diferente de si próprio. Eles se distinguem em três classes fundamentais, que são a representação, o juízo e o sentimento. Na *representação*, o objeto é puramente presente; no *juízo*, ele é afirmado ou negado; no *sentimento*, ele é amado ou odiado.

Franz Brentano (1838-1917). Seu ensinamento influenciou Edmund Husserl.

II. Edmund Husserl

• Edmund Husserl (1859-1938) primeiro estudou matemática em Berlim, e depois seguiu as aulas de Brentano em Viena. Foi professor de filosofia em Göttingen e sucessivamente em Friburgo, onde – sendo judeu – foi-lhe proibido pelos nazistas de continuar em sua atividade didática.

Husserl: o filósofo que criou a fenomenologia → § 1

Husserl é o criador da fenomenologia. Entre suas obras é preciso lembrar: *Pesquisas lógicas* (1901); *Filosofia como ciência rigorosa* (1911); *Idéias para uma fenomenologia pura e uma filosofia fenomenológica* (1913); *Meditações cartesianas* (1931); póstuma, em 1950, apareceu *A crise das ciências européias e a fenomenologia transcendental*. Entre os discípulos de Husserl devemos citar Heidegger e Edith Stein.

• Husserl está persuadido de que o conhecimento começa com a experiência de coisas concretas existentes, de *fatos*, de fatos *contingentes*, que se nos apresentam *aqui* e *agora*. Mas quando um fato se apresenta à consciência, nós no fato captamos sempre uma essência. Vemos *esta* cor, que é um caso particular da *essência* cor; ouvimos *este* som, que é um caso particular da *essência* som. As essências são os modos típicos do aparecer dos fenômenos à consciência. E essências que não se obtêm por abstração – como sustentariam os empiristas –; elas são muito mais resultados da *intuição eidética* ou intuição da essência. Os fatos particulares, em suma, são *casos* de essências eidéticas: não abstraímos a idéia ou essência de triângulo da comparação de mais triângulos; mas este, aquele e aquele outro são todos triângulos porque casos particulares da idéia de triângulo. As essências eidéticas são, portanto, universais, conceitos que a consciência intui quando os fenômenos a ela se apresentam; e são exatamente estes universais ou objetos ideais que permitem o reconhecimento, a classificação e a distinção dos fatos particulares. E nisso consiste a *redução eidética*, na intuição das essências, quando na descrição dos fenômenos que aparecem à consciência conseguimos colher seu *aspecto invariável* entre as diversas variações das propriedades.

A intuição eidética → § 2-4

Devemos notar que o fenomenólogo não trabalha apenas sobre fatos perceptivos (cores, sons, rumores) ou sobre fenômenos como a simpatia, o pudor, o ressentimento ou o amor; o fenomenólogo explora e descreve também as que Husserl chama de *ontologias regionais*, como o âmbito da *moralidade* ou da *religião*. Assim, Max Scheler trará contribuições para a fenomenologia dos valores; e Rudolf Otto, por sua vez, procurará captar aquilo que tipifica a experiência religiosa ou experiência do sagrado.

• A fenomenologia é, portanto, ciência das essências, dos *modos típicos* do aparecimento e da manifestação dos fenômenos à consciência, cuja característica fundamental é a *intencionalidade*. Isto quer dizer que nossos atos psíquicos se *referem sempre a um objeto*. Mas o que a consciência nos oferece de indubitavelmente evidente e sobre o qual construir um edifício estável de teoria filosófica? É aqui que Husserl dispara a *epoché*: põe entre parênteses as convicções científicas ou filosóficas e as do senso comum (como a tranqüila crença de que exista um mundo exterior à consciência) que não resistem à dúvida, aos assaltos da *epoché*, que não exibem a marca de uma indubitável certeza. O fenomenólogo põe entre parênteses estas crenças, e isso no sentido de que como filósofo não pode partir delas; não pode partir nem das doutrinas filosóficas, nem das teorias científicas, nem das crenças mais consolidadas do senso comum; ele não pode pôr essas idéias, teorias e crenças como base de uma filosofia rigorosa, porque seriam

A epoché fenomenológica → § 5

pontos de partida frágeis. Para Husserl, aquilo que não pode ser posto entre parênteses, aquilo que resiste aos ataques da *epoché* é unicamente a consciência, a subjetividade. A consciência é a realidade mais evidente; é a realidade que *nulla re indiget ad existendum* (= não precisa de nada para existir). O mundo é "constituído" pela consciência.

• Mas uma consciência tornada mais aguda e hábil pela prática da descrição fenomenológica não poderá aceitar o *naturalismo* e o *objetivismo*, ou seja, a pretensão de que a verdade científica seria a única verdade e o mundo descrito pelas ciências seria a verdadeira realidade.

> As meras ciências de fatos criam meros homens de fato
> → § 6

De tal pretensão Husserl traça a história, começando por Galileu e Descartes; e afirma: "Na miséria de nossa vida [...] esta ciência nada tem a nos dizer. Ela exclui de início os problemas que são os mais agudos para o homem, o qual, em nossos tempos atormentados, sente-se à mercê do destino; os problemas do sentido e do não-sentido da existência humana". Escreve ainda Husserl: "As meras ciências de fatos criam meros homens de fato". A filosofia reconhece a função da ciência e da técnica, mas é justamente a filosofia – comenta Enzo Paci – que tem a função "de libertar a história da fetichização da ciência e da técnica".

1. Vida e obras

Husserl nasceu em Prossnitz (na Morávia), em 1859. Estudou matemática em Berlim, onde seguiu os cursos de álgebra de Weierstrass. Laureou-se em 1883 com uma tese sobre o cálculo das variações. Em Viena, seguiu as aulas de Brentano. Em 1891, publicou a *Filosofia da aritmética*.

Livre-docente em Halles em 1887, foi nomeado professor de filosofia em Göttingen em 1901. Neste ano apareceram as *Pesquisas lógicas*. É de 1911 *A filosofia como ciência rigorosa*; e *Idéias para uma fenomenologia pura e uma filosofia fenomenológica* é de 1913.

Em 1916 passou a ensinar em Friburgo, onde permaneceu até 1928, ano em que foi posto de licença. Como emérito, não pôde prosseguir sua atividade didática porque, sendo judeu, foi obstaculizado pelo regime nazista. *A lógica formal e a lógica transcendental* é de 1929. Em 1931 foram publicadas suas conferências parisienses, sob o título de *Meditações cartesianas*.

Morreu em 1938. Ao morrer, Husserl deixou grande quantidade de inéditos (cerca de quarenta e cinco mil páginas estenografadas), que, salvas com grande esforço durante a guerra pelo padre belga Hermann van Breda, constituem agora o "Arquivo Husserl" de Louvain.

Dessa grande massa de manuscritos foram extraídos vários livros, o mais conhecido e importante dos quais é *A crise*

Edmund Husserl (1859-1938) foi o fundador da fenomenologia, uma das correntes de pensamento que teve maior difusão em nossa época.

das ciências européias e a fenomenologia transcendental, publicado em 1950, mas escrito em 1935-1936.

2 A intuição eidética

As proposições universais e necessárias são condições que tornam possível uma teoria, sendo diferentes das proposições obtidas indutivamente da experiência. Na base desses dois tipos de proposições, Husserl distingue entre intuição de *um dado* de fato e intuição de *uma essência.*

Husserl está persuadido de que nosso conhecimento começa com a experiência, ou seja, com a experiência de coisas existentes, de *fatos*. A experiência nos oferece continuamente *dados de fato*, os dados de fato com os quais nos vemos às voltas na vida cotidiana, e dos quais a ciência também se ocupa. Um fato é o que acontece *aqui* e *agora*; um fato é *contingente*, podendo ser ou não ser. Este som de violino poderia até não existir, por exemplo.

Mas, quando um *fato* (este som, esta cor etc.) se nos apresenta à consciência, juntamente com o fato captamos uma essência (*o som, a cor etc.*). Nas ocasiões mais díspares, podemos ouvir os sons mais diversos (clarim, violino, piano etc.), mas neles reconhecemos algo de comum, uma *essência comum*. No fato sempre se capta uma essência. O individual se anuncia para a consciência através do universal. Quando a consciência capta *um fato aqui e agora*, ela capta também a essência, o *quid* desse fato particular e contingente que é caso particular: *esta* cor é caso particular da essência "cor", *este* som é caso particular da essência "som", *este* ruído é caso particular da essência "ruído" etc.

As essências, portanto, são os modos típicos do aparecer dos fenômenos. E não é que nós abstraiamos as essências da comparação de coisas semelhantes, como queriam os empiristas, uma vez que a semelhança já é essência. Não abstraímos a idéia ou essência de "triângulo" da comparação de muitos triângulos: o que ocorre é que este, esse e aquele são triângulos porque são casos particulares da idéia de triângulo. *Este* triângulo isósceles desenhado no quadro-negro existe aqui e agora, com estas dimensões e não outras. Esse é um dado de fato particular. Mas nele captamos uma essência.

E o conhecimento das essências não é conhecimento mediato, obtido, como se repete, por meio da abstração ou comparação de vários fatos: *para comparar vários fatos, é preciso já ter captado uma essência, isto é, um aspecto pelo qual eles são semelhantes.*

O conhecimento das essências é uma *intuição*. É uma intuição diferente daquela que nos permite captar os fatos particulares. É a ela que Husserl chama *intuição eidética* ou intuição da essência (*Wesen, eidos*). Trata-se de conhecimento distinto do conhecimento do fato. Os fatos particulares são casos de essências eidéticas.

Essas essências eidéticas, portanto, não são objetos misteriosos ou evanescentes. É verdade que só os fatos particulares são reais, e que os universais não são reais como os fatos particulares. Os universais, isto é, as essências, são conceitos, ou seja, *objetos ideais que, porém, permitem classificar, reconhecer e distinguir os fatos particulares,* dos quais a consciência, quando eles se lhe apresentam, reconhece o *hic et nunc*, mas também o *quid.*

3 Ontologias regionais e ontologia formal

A fenomenologia pretende ser *ciência de essências* e não de dados de fato. Ela é fenômeno-logia, ou seja, "ciência dos fenômenos", mas seu objetivo é o de *descrever os modos típicos* com os quais os fenômenos se apresentam à consciência. E essas modalidades típicas (pelas quais *este* som é um som e não uma cor ou um ruído, ou pelas quais *este* desenho é de um triângulo e não de outra coisa) são precisamente as essências.

A fenomenologia, portanto, é ciência de experiência, não, porém, de dados de fato. Os objetos da fenomenologia são as essências dos dados de fato, são os universais que a consciência intui quando os fenômenos a ela se apresentam. E nisso consiste a *redução eidética*, isto é, a intuição das essências, quando, na descrição do fenômeno que se apresenta à consciência, sabemos prescindir dos aspectos empíricos e das preocupações que nos ligam a eles.

Nesse sentido, as essências são invariáveis. E são obtidas através do que, nos escritos póstumos de Husserl, denomina-se "método da variação eidética". Toma-se determinado exemplo de um conceito que se quer explicar e depois, pouco a pouco, se introduzem variações nas propriedades, as quais são submetidas a variações até se chegar a um ponto em que não se pode mais variar, caso contrário já não se estaria tratando do mesmo conceito.

É óbvio que essas essências não existem somente no interior do mundo perceptivo: fatos como recordações, esperanças ou desejos também têm sua essência, isto é, se apresentam à consciência de modo típico. Além disso, a distinção entre o *fato* (que é um *isto*) e uma *essência* (que é um *quid*) permite a Husserl justificar a lógica e a matemática. As proposições lógicas e matemáticas são juízos universais e necessários porque são relações entre essências. E sendo relações entre essências, as proposições lógicas e matemáticas não recorrem à experiência como fundamento de sua validade. Há mais, porém. O fato de a consciência poder efetivamente referir-se a essências ideais não legitima somente uma análise dos modos típicos em que se apresentam os fenômenos perceptivos, nem apenas a distinção das proposições lógicas e matemáticas das propriedades das ciências empíricas; o fato da referência às essências ideais abre à fenomenologia a exploração e a descrição do que Husserl chama de "ontologias regionais".

Nesse sentido, "regiões" são a natureza, a sociedade, a moral e a religião. O estudo dessas ontologias regionais se propõe captar e descrever as essências, isto é, as modalidades típicas com que aparecem à consciência os fenômenos morais, por exemplo, ou os fenômenos religiosos. Nessa linha, Max Scheler dará contribuições importantes à fenomenologia dos valores, e Rudolf Otto procurará captar o que tipifica a experiência religiosa ou experiência do sagrado. A essas ontologias regionais, Husserl contrapõe a ontologia formal, que depois identifica com a lógica.

4 A intencionalidade da consciência

A fenomenologia, portanto, é ciência das *essências*, isto é, dos *modos típicos* do aparecer e do manifestar-se dos fenômenos à consciência, cuja característica fundamental é a da *intencionalidade*.

A consciência, com efeito, é sempre consciência de alguma coisa. Quando eu percebo, imagino, penso ou recordo, eu percebo, imagino, penso ou recordo *alguma coisa*. Por isso se pode ver, diz Husserl, que a distinção entre sujeito e objeto dá-se imediatamente: o sujeito é um eu capaz de atos de consciência como perceber, julgar, imaginar e recordar; o objeto, ao contrário, é o que se manifesta nesses atos, ou seja, corpos percebidos, imagens, pensamentos, recordações.

Por isso, devemos distinguir ainda o *aparecer* de um objeto do *objeto* que aparece. E se é verdade que *conhecemos* o que aparece, para Husserl também é verdade que *vivemos* o aparecer do que aparece. Husserl chama de *noese* o ter consciência, e *noema* aquilo de que se tem consciência. E entre os diversos noemas, como sabemos, Husserl distingue claramente os *fatos* das *essências*.

A consciência, portanto, é intencional. Como escreve Husserl, "a intencionalidade é o que caracteriza a consciência de modo significativo". Nossos atos psíquicos têm a característica de *se referirem sempre a um objeto*, pois sempre fazem aparecer objetos.

Entretanto, deve-se notar que, em Husserl, o caráter intencional da consciência, em si mesmo, não implica concepção realista. Em outros termos: a consciência refere-se a outra coisa; isto, porém, não significa que essa outra intencionalidade da consciência deixa pendente a controvérsia entre realismo e idealismo.

O que importa, no entanto, é descrever o que efetivamente se dá à consciência, o que nela se manifesta e nos limites em que se manifesta. E o que se manifesta e aparece é o *fenômeno*, em que por "fenômeno" não devemos entender a "aparência" contraposta à "coisa em si": eu não ouço a aparência de uma música, eu escuto a música; eu não sinto a aparência de um perfume, eu sinto o perfume; nem tenho a aparência de uma recordação, eu tenho uma recordação. Conseqüentemente, o "princípio de todos os princípios", enunciado por Husserl, é o seguinte: "Toda intuição que apresenta originariamente alguma coisa é, por direito, fonte de conhecimento; tudo aquilo que se apresenta a nós originariamente na intuição (que, por assim dizer, se nos oferece em carne e osso) deve ser assumido assim como se apresenta, mas também apenas nos limites em que se apresenta". Texto 1

5. "Epoché" ou redução fenomenológica

Mediante o princípio acima mencionado, Husserl pensava fundamentar a fenomenologia como ciência rigorosa, como ciência voltada para as coisas, *para as próprias coisas*; uma ciência que está voltada para ver como são as coisas. *Zu den Sachen selbst!* ("vamos às coisas!") torna-se o lema da fenomenologia. E é precisamente a fim de *ir às coisas*, às coisas em carne e osso, ou seja, a fim de encontrar pontos sólidos e dados indubitáveis, coisas tão manifestas a ponto de não poderem ser postas em dúvida e sobre as quais poder fundar uma concepção filosófica consistente, que Husserl propõe a *epoché* ou redução fenomenológica, como método da filosofia. *Epoché* (que é a transliteração do termo usado pelos céticos gregos para indicar a suspensão do juízo) significa justamente suspender o juízo em primeiro lugar sobre tudo aquilo que nos dizem as doutrinas filosóficas com seus debates metafísicos, depois igualmente sobre tudo o que nos dizem as ciências, sobre aquilo que cada um de nós afirma e pressupõe na vida quotidiana, isto é, sobre as crenças que compõem aquilo que Husserl chama de *atitude natural*.

A *atitude natural* do homem é feita de persuasões variadas, úteis e necessárias à vida cotidiana. E a primeira dessas persuasões é a de que vivemos em um mundo de coisas existentes. Essas persuasões, porém, não possuem evidência constritiva e, conseqüentemente, *devem ser postas entre parênteses*. Não é que o filósofo duvide delas: ele muito mais as põe fora de uso, *não as utilizando como fundamento de sua filosofia*, uma vez que, se a filosofia quer ser ciência rigorosa, deve pôr como seu fundamento apenas o que é indubitavelmente evidente. Por conseguinte, da minha persuasão de que o mundo existe, eu não devo deduzir nenhuma proposição filosófica, pelo motivo de que a existência do mundo, fora da consciência que a percebe, não é de modo nenhum indubitável. Como homem, o filósofo crê na existência do mundo e, ainda como homem, não pode deixar de crer em muitas outras coisas na vida prática, mas, como filósofo, ele não pode partir delas. E não pode partir tampouco dos resultados da pesquisa científica, em virtude do fato de que, embora procedendo crítica e rigorosamente no seu âmbito, as ciências interpretam, aceitando-os "ingenuamente", os dados da experiência comum, sem se perguntar se eles resistem à pressão da *epoché*, ou seja, se são realidades indubitáveis.

Portanto, nem as doutrinas filosóficas, nem os resultados da ciência, nem as crenças da atitude natural, até as mais óbvias, podem constituir pontos de partida indubitáveis, que são precisamente aquilo de que necessita a filosofia concebida como ciência rigorosa. Todas essas crenças, pois, *devem ser postas entre parênteses*.

Mas existe alguma coisa da qual não se possa duvidar e que não se deixa pôr entre parênteses? Se existe, o que é isso que pode resistir à *epoché*? Pois bem, para Husserl, o que resiste aos ataques da *epoché*, ou seja, o que não se pode pôr entre parênteses, é a consciência ou subjetividade. Aquilo cuja existência é absolutamente evidente é o *cogito* com seus *cogitata*, a consciência à qual se manifesta tudo aquilo que aparece.

■ **Epoché.** É um termo grego que quer dizer "suspensão do consentimento": suspensão do consentimento ou do juízo típica da atitude do ceticismo antigo e, particularmente, de Pirro. Dentro do pensamento contemporâneo, a *epoché* é conceito fundamental da fenomenologia de Husserl.
A *epoché* é a suspensão, a colocação entre parênteses, das convicções científicas ou filosóficas, ou também das crenças do senso comum que não resistem à dúvida, que não são indubitáveis, que não exibem a marca da certeza incontestável. Tais idéias e crenças atacáveis pela dúvida são colocadas entre parênteses no sentido de que uma filosofia rigorosa não pode basear-se sobre elas.
Em cada caso, o procedimento da *epoché* entra em função com o objetivo de atingir uma fonte de certeza qualquer. E isso Husserl encontra na consciência, na subjetividade. A consciência não pode ser posta entre parênteses. Sua existência brilha com a mais inabalável evidência. Ela é a realidade que *nulla re indiget ad existendum* (= não precisa de nada para existir); a consciência "constitui" o mundo.

A consciência, portanto, é o resíduo fenomenológico que resiste aos continuados assaltos da *epoché*.

Mas a consciência, prossegue Husserl, não é apenas a realidade mais evidente, e sim também realidade absoluta, é o fundamento de toda realidade, é aquela realidade que *nulla re indiget ad existendum*. O mundo, diz Husserl, é "constituído" pela consciência. Texto 2

6 A crise das ciências européias e o "mundo da vida"

Em 1954, apareceu postumamente *A crise das ciências européias e a fenomenologia transcendental*. Esta é a última obra de fôlego de Husserl, na qual trabalhou até próximo da morte.

A crise das ciências, obviamente, não é a crise de sua cientificidade, e sim crise do que elas, as ciências em geral, têm significado e podem significar para a existência humana. Escreve Husserl: "A exclusividade com que, na segunda metade do século XIX, a visão de conjunto do mundo do homem moderno se deixou determinar pelas ciências positivas, e com que se deixou deslumbrar pela 'prosperity' que daí derivava, significou o afastamento dos problemas decisivos para uma autêntica humanidade. As meras ciências de fatos criam meros homens de fato".

O objeto da crítica de Husserl são o *naturalismo* e o *objetivismo*, a pretensão pela qual a verdade científica é a única verdade válida, e a idéia a ela ligada de que o mundo descrito pelas ciências seria a verdadeira realidade.

E Husserl traça a história dessa pretensão e dessa idéia, a começar por Galileu e Descartes. Mas, escreve ele, "na miséria de nossa vida [...] tal ciência não tem nada a nos dizer. Em princípio, ela exclui aqueles problemas que são os mais candentes para o homem, o qual, em nossos tempos atormentados, sente-se à mercê do destino; os problemas do sentido e do não-sentido da existência humana em seu conjunto". Na opinião de Husserl, em sua generalidade e em sua necessidade, esses problemas exigem solução racionalmente fundada. Eles "concernem ao homem em seu comportamento diante do mundo circundante, humano e extra-humano, o homem que deve escolher livremente, o homem livre de plasmar-se a si mesmo e ao mundo que o circunda". Então Husserl pergunta: "O que tal ciência tem a dizer sobre a razão e sobre a não-razão, o que tem ela a dizer sobre nós, homens, enquanto sujeitos dessa liberdade? Obviamente, a mera ciência de fatos não tem nada a nos dizer a esse respeito: ela, precisamente, abstrai de qualquer sujeito".

O drama da época moderna é o drama que começou com Galileu: ele recortou do mundo-da-vida a dimensão físico-matemática, que depois passou a ser considerada como *vida concreta*. "Galileu vive na ingenuidade da evidência apodítica". Naturalmente, a filosofia reconhece a função da ciência e da técnica, mas, como escreve Enzo Paci, a função da filosofia "é a de libertar a história da fetichização da ciência e da técnica". Vista desse modo, "a fenomenologia é filosofia primeira que se liberta da clausura do mundo, anulando-o, para descobrir na humanidade a liberdade de se transcender em direção a novos horizontes". Texto 3

III. Max Scheler

• Autor de obras ricas de idéias estimulantes (*O ressentimento na edificação das morais*, 1912; *O eterno no homem*, 1921; *As formas do saber e a sociedade*, 1926; *Essência e formas da simpatia*, 1923), Max Scheler (1875-1928), em sua obra mais conhecida *O formalismo na ética e a ética material dos valores* (aparecida entre 1913 e 1916 no "Jahrbuch" – "Anuário" – de Husserl), propõe uma concepção da ética decisivamente contrária à de Kant. A ética de Kant diz "Tu deves porque deves", mas a ordem não é justificada: a *ética imperativa* de Kant é arbitrária; é também uma ética do ressentimento, onde, em nome do dever, se esteriliza e se bloqueia a plenitude e a alegria da vida. Scheler afirma que o conceito fundamental da ética não é o *dever*, e sim o *valor*.

Também a ética de Kant nasce do ressentimento → § 1

• Kant, em sua opinião, não teria feito a distinção entre *bens* e *valores*; bem, por exemplo, é uma máquina, valor é sua utilidade; bem é uma lei, valor sua justiça. Os bens são *fatos*; os valores são *essências*. As proposições éticas são de fato necessárias e universais – referem-se, de fato, a essências –, mas não formais; elas são *materiais,* e as matérias sobre as quais versam tais essências são constituídas por valores: valores religiosos (sacro-profano), valores estéticos (belo-feio), valores especulativos (verdadeiro-falso), valores jurídicos (justo-injusto) etc. Valores que o homem não deve produzir, mas apenas reconhecer e descobrir. E os descobre por meio de uma *intuição emotiva*. Diz Scheler que é um preconceito negar a intencionalidade do sentimento, sua capacidade de ver essências e captar valores. Há, em suma, uma *ordre de coeur*, como pensava Pascal.

A ética material dos valores → § 2

• Sobre a base desses pressupostos Scheler constrói uma antropologia personalista, da qual emerge um sujeito como ser *espiritual* e como *pessoa*. *Ser espiritual,* porque capaz "de se desvincular do poder e da ligação com a vida"; e *pessoa,* porque centro de atos intencionais. E a pessoa entra em relação com o "eu do outro" de várias formas, que são: a *massa* (que nasce do contágio emotivo), a *sociedade* (que surge do contrato), a *comunidade vital* ou *nação*, a *comunidade jurídico-cultural* (Estado, escola, círculo), e a *Igreja*, que é comunidade de amor. É a *simpatia* o fundamento autêntico das relações interpessoais; e os limites da simpatia – devidos ao fato de que se experimenta simpatia por aquele que pertence à minha nação, à minha família etc. – são superados, afirma Scheler em *Essência e forma da simpatia*, apenas pelo amor.

A "pessoa" nas várias formas das relações interpessoais → § 3-4

• A respeito da relação do homem com Deus, Scheler afirma que o sagrado é imediatamente percebido no sentimento de criaturalidade típico da experiência religiosa: a revelação do sagrado é graça, à qual o homem responde com a fé. Não devemos pensar que o saber científico possa negar o saber religioso ou saber-de-salvação. Uma religião – e esta é uma tese sustentada na *Sociologia do saber* (1926) – pode entrar em conflito com outra religião ou com uma metafísica, mas não com a ciência. E devemos salientar que o monoteísmo criacionista judaico-cristão, tendo dessacralizado o mundo, tornou-o pronto para a pesquisa científica: "quem considera as estrelas como divindades visíveis ainda não está maduro para uma astronomia científica".

Não há contraste entre saber científico e saber-de-salvação → § 5

1 Contra o formalismo kantiano

Max Scheler (1875-1928) era um "gênio" vulcânico. Duas coisas o ligaram à fenomenologia: "a aversão pelas construções abstratas e a capacidade de captar intuitivamente a verdade da essência". Scheler é autor de obras cheias de idéias interessantes e novas (*O ressentimento na edificação das morais*, 1912; *Crise dos valores*, 1919; *O eterno no homem*, 1921; *A posição do homem no cosmo*, 1928; *As formas do saber e a sociedade*, 1926; *Essência e formas da simpatia*, 1923). Mas sua obra mais conhecida é *O formalismo na ética e a ética material dos valores*, que apareceu pela primeira vez no "Jahrbuch" de Husserl entre 1913 e 1916. Nesse trabalho, Scheler estende a aplicação do método fenomenológico ao campo da atividade moral.

Scheler é adversário decidido da concepção ética kantiana. Kant pusera a questão ética na alternativa entre *dever* e *prazer*. Ou seja, quer-se alguma coisa porque o exige a lei moral ou porque essa coisa causa prazer. Mas, se aceitarmos este último caso, então passa a nos faltar qualquer base de avaliação objetiva. Conseqüentemente, a fim de justificar as avaliações morais, é preciso definir o bem em relação à lei moral, que só é tal se for universalizável. Essa *ética imperativa*, para Scheler, é arbitrária. Ela diz "tu deves porque deves", mas a ordem não é justificada. É uma ética do ressentimento (e o ressentimento é a "tensão entre o desejo e a impotência"), que, em nome do dever, esteriliza e bloqueia a plenitude e a alegria da vida.

Para Scheler, porém, não é o *dever* que constitui o conceito fundamental da ética, e sim o *valor*. E Kant não distinguiu os *bens* dos valores. Os bens são coisas que têm valor. E os valores, por seu turno, são essências no sentido husserliano, isto é, são aquelas qualidades pelas quais são bens as coisas boas: por exemplo, uma máquina é um bem, e seu valor é a utilidade; uma pintura é um bem, mas o é pelo valor da beleza; um gesto é um bem, pelo valor de sua nobreza; uma lei é um bem, mas pelo valor da justiça. Substancialmente, *os bens são fatos e os valores são essências*.

Scheler está pronto a reconhecer os méritos de Kant, que seriam: a recusa a derivar o critério da conduta moral através de uma indução a partir de fatos empíricos; o fato de ter procurado construir uma lei moral *a priori* universal; a negação da ética do

Max Scheler (1875-1928), gênio filosófico autêntico, pensador ligado ao movimento fenomenológico, fundador da sociologia do conhecimento, sustentou, contra Kant, que não é o "dever" que constitui o conceito fundamental da ética, e sim o "valor".

sucesso, e o fato de recorrer à interioridade da lei moral.

Todavia, na opinião de Scheler, todos esses méritos se anulam pela fundamental e errada equação com a qual Kant identifica *a priori* com *formal*. É precisamente contra essa identidade que se volta o pensamento de Scheler, o qual se mantém fiel ao apriorismo e à universalidade da norma moral, definindo, porém, materialmente, isto é, concretamente, a esfera dos valores. O que Scheler sustenta é a existência de *proposições a priori* (ou seja, necessárias e universais) e, no entanto, *materiais*, já que as matérias sobre as quais elas versam não são fatos, e sim essências, isto é, os valores. Desse modo, Scheler pretende chegar à fundação de uma ética a priori, não formal, mas material (aqui, "material" se opõe a "formal"): ética material dos valores e não dos bens.

2 Valores "materiais" e sua hierarquia

O homem se encontra, portanto, circundado por um *cosmo* de valores que ele não deve produzir, mas apenas reconhecer e descobrir. E os valores não são objeto de atividade teórica, e sim de uma *intuição emocional*.

Scheler diz que pretender captar os valores com o intelecto equivaleria à pretensão de ver um som. Não passa de preconceito negar a intencionalidade do sentimento, sua capacidade de "ver" essências e captar valores; trata-se de preconceito que deriva de outro preconceito, segundo o qual apenas o intelecto dá origem a atividades intelectuais. Para Scheler, porém, há "uma eterna e absoluta legitimidade dos sentimentos, absoluta como a lógica pura; não, porém, redutível de modo algum à legitimidade típica da atividade intelectual".

Aquilo que o sentimento vê são as essências como valores.

Para tornar as coisas mais compreensíveis, podemos dizer que possuímos um instrumento inato, a *intuição sentimental*, que capta os valores objetivos pelos quais as coisas são bens, e que capta e reconhece a hierarquia existente entre esses valores. Esses valores, cada um dos quais se encontra encarnado em uma pessoa ou modelo-tipo, são enunciados e propostos por Scheler na sucessão hierárquica apresentada no quadro abaixo.

Esse cosmo de valores e sua hierarquia (pela qual se vai dos valores religiosos aos sensoriais, em ordem de preferência) são captados ou reconhecidos pela intuição ou visão emocional, que nos põe imediatamente em contato com o valor, independentemente da vontade e do dever, condicionados e baseados precisamente na intuição do valor.

Não é verdade, por conseguinte, que aquilo que não é racional seja sensível: há uma atividade espiritual extra-teórica, a intuição emocional. Em suma, existe o que Pascal chama *l'ordre du coeur*.

3 A pessoa

Essas idéias sobre os valores e sua hierarquia permitem a Scheler, por um lado, refinadas análises críticas do subjetivismo ético no mundo moderno e delineamento agudo da antropologia do "burguês" (isto é, do homem ressentido e desconfiado, fanatizado pelo valor do útil e insensível ao valor do trágico), e, por outro lado, permitem-lhe

1. valores sensoriais (alegria-tristeza, prazer-dor)	gozador
2. valores da civilização (útil-danoso)	técnico
3. valores vitais (nobre-vulgar)	herói
4. valores culturais ou espirituais	gênio
a) estéticos (belo-feio)	artista
b) ético-jurídicos (justo-injusto)	legislador
c) especulativos (verdadeiro-falso)	sábio
5. valores religiosos (sagrado-profano)	santo

a construção de uma antropologia personalista, da qual emerge um sujeito como *ser espiritual* e como *pessoa*.

O homem é capaz de se perguntar *o que é* uma coisa em si mesma, é capaz de captar *essências*, prescindindo do interesse vital que as coisas possam ter para mim ou para ti.

O homem, portanto, escreve Scheler em *A posição do homem no cosmo*, é capaz "de desvincular-se do poder, da pressão, do laço com a 'vida' e do que lhe pertence". E, nesse sentido, ele é um ser espiritual, não mais ligado "aos impulsos e ao ambiente", tornando-se assim "aberto ao mundo" — aliás, é assim que ele "tem um mundo".

Enquanto sujeito espiritual, o homem é *pessoa*, ou seja, centro de atos intencionais. A pessoa não é o eu transcendental, mas indivíduo concreto, é a unidade orgânica de sujeito espiritual que se serve do corpo como de um instrumento para realizar esses valores.

Para Scheler, a pessoa não é sujeito que considera a natureza pragmaticamente apenas como objeto a dominar; quase franciscanamente, a pessoa sabe se colocar na atitude extática de abertura para as coisas. Além disso, a pessoa está originariamente em relação com o "eu-do-outro". A forma mais baixa de sociabilidade é a *massa*, que nasce do contágio emotivo; depois, vem a *sociedade*, que nasce do contrato social; a ela, segue-se a *comunidade vital* ou nação; depois, temos a *comunidade jurídico-cultural* (Estado, escola, círculo) e, por fim, a *comunidade de amor*, a Igreja.

4 A simpatia, o amor e a fé

Em *Essência e formas da simpatia*, Scheler considera a *simpatia* como o único fundamento autêntico da relação interpessoal. A simpatia, porém, tem limites. Com efeito, ela é uma forma de compreensão que se tem no interior e nos limites daquelas relações que nos ligam com as outras pessoas: experimento simpatia por outra pessoa enquanto e nos limites em que ela pertence à minha nacionalidade, à minha família, ao meu círculo de amigos, à minha coletividade, e assim por diante.

Só o *amor*, afirma Scheler, pode superar os limites com que a simpatia se defronta e instaurar uma relação de profundidade.

Entretanto, mais ainda do que a simpatia, o amor exalta a autonomia e a diversidade do outro. O amor se dirige para o que o outro tem de válido. Volta-se para a natureza, para a pessoa humana e para Deus, para o que eles têm de *outro* em relação àquele que ama.

Sobre a relação com Deus Scheler escreveu um dos mais significativos livros de fenomenologia da religião: *O eterno no homem*.

Diz ele que a primeira evidência filosófica é a de que existe algo, ou seja, de que não existe o nada. E é da consciência de que existe algo que nasce a *estupefação diante do ser*: "Quem não olhou no abismo do Nada absoluto não se dará conta da eminente positividade do conteúdo da intuição de que existe algo e não o nada".

Todavia, depois dessa primeira evidência, apresenta-se a evidência imediata de que *existe um ser absoluto*, caracterizado pela asseidade, pela onipotência e pela sacralidade. Tais características são intuídas por um ato de percepção imediata, a que corresponde um sentimento de "criaturalidade".

Na experiência religiosa, temos a revelação do sagrado. E a ela, que é graça, o homem responde com a fé.

O homem só pode saber *de* Deus apenas *em* Deus. O Deus da religião e o salvador da pessoa, conseqüentemente, também é pessoa. Por tudo isso, a teologia negativa é mais profunda e autêntica do que a teologia positiva.

5 Sociologia do saber

Em 1923, a ontologia personalista e teísta de Scheler sofreu uma reviravolta, no sentido de que ele orientou suas pesquisas (que ficaram incompletas por sua morte prematura) na direção de um panteísmo evolucionista.

A intenção de Scheler era a de construir uma imponente "antropologia filosófica", da qual restam, como documentação, breves e agudos escritos. Aqui, é possível apenas acenar para a contribuição dada por Scheler à sociologia do conhecimento, isto é, àquele âmbito de pesquisas relativas à influência dos fatores sociais sobre as produções mentais (filosofia, moral, direito etc.).

Contra o espiritualismo abstrato, Scheler volta sua atenção para a impotência de realização dos fatores espirituais e, contra o determinismo naturalista, reivindica a autonomia e a influência do espírito. Como quer que seja, o condicionamento social do saber diz respeito, em primeiro lugar, às *formas do saber*, que são modos de entrar em contato com a realidade física, psíquica e espiritual.

Scheler remete-se à "lei dos três estágios" de Comte e distingue três formas de saber, que, no entanto, não se sucedem uma à outra, como queria Comte, mas são co-possíveis em toda época. Tais formas de saber são as seguintes:

a) O *saber religioso*, que diz respeito à salvação definitiva da pessoa por meio da relação com o Ser supremo. É o saber-de-salvação.

b) O *saber metafísico*, que põe o homem em relação com a verdade e os valores. É o saber "formativo".

c) O *saber técnico*, que permite ao homem a utilização da natureza e o domínio sobre ela.

Em cada época, diz Scheler, ocorre que uma forma de saber prevalece sobre as outras, mas não as exclui. Para ele, o relevante é a relação interfuncional que se estabelece entre cada uma dessas formas de saber e certas estruturas sociais, como, por exemplo, entre o realismo filosófico e a sociedade feudal, entre o nominalismo e a crise do feudalismo, entre o triunfo da burguesia e o racionalismo mecanicista, entre capitalismo e positivismo, e assim por diante.

Mas o estudo do condicionamento social do saber não impede Scheler de analisar os laços interfuncionais entre as diversas formas de saber: teológico, metafísico e científico. E certamente é de grande interesse o estudo que Scheler realiza sobre a relação entre o monoteísmo judaico-cristão e a ciência.

A religião não tem nada a temer da ciência. Uma religião só pode entrar em contraste com outra religião ou com uma metafísica, mas não com a ciência.

Entretanto, os âmbitos do conhecimento humano devem perder seu caráter sacral para poder ser investigados cientificamente. Escreve Scheler em *Sociologia do saber*: "Enquanto, para um dado grupo, a natureza está cheia de forças pessoais e voluntárias, divinas e demoníacas, ela é [...] exatamente ainda um 'tabu' para a ciência [...]. Quem considera as estrelas como divindades visíveis ainda não está maduro para a astronomia científica".

Pois bem, "o monoteísmo criacionista judaico-cristão e sua vitória sobre a religião e a metafísica do mundo antigo foram, sem dúvida, a *primeira* possibilidade fundamental para libertar a pesquisa sistemática da natureza. Significou libertar a natureza para a ciência de uma ordem de grandeza que talvez ultrapasse tudo o que, até hoje, já ocorreu no Ocidente. O Deus espiritual de *vontade* e de *trabalho*, o *Criador*, que não foi conhecido por nenhum grego e nenhum romano, por nenhum Platão e nenhum Aristóteles, foi [...] a maior *santificação da idéia do trabalho* e do domínio sobre as coisas infra-humanas; e, ao mesmo tempo, operou o maior desânimo, mortificação, distanciamento e racionalização da *natureza* que jamais ocorreu em relação às culturas asiáticas e à antiguidade".

A idéia de que o criacionismo judaico-cristão tenha mortificado, isto é, tornado morta a natureza, preparando-a assim para a investigação científica, é hoje concepção consolidada.

Como também está consolidada outra idéia de Scheler, segundo a qual o marxismo, que tanto lutou contra o pensamento ideológico, também é ideologia. Se a classe burguesa tem seus "modos de pensar formais determinados por sua posição de classe", o mesmo vale para a classe dos proletários. Onde quer que exista interesse de classe, lá também haverá ideologia. Sem dúvida, o sociólogo do conhecimento "não pode deixar de se dizer marxista". Mas isso não implica que se devam aceitar também os elementos míticos do marxismo. **Texto 4**

IV. Desenvolvimentos da fenomenologia

Hartmann: valores objetivos e uma ontologia não reducionista
→ § 1

• Realista no campo gnosiológico (*Princípios de uma metafísica do conhecimento*, 1921), não reducionista no campo ontológico enquanto o plano "espiritual" não se reduz ao "psíquico" nem este ao "orgânico", que não se reduz ao "físico" (*A construção do mundo real*, 1940), Nicolai Hartmann (1882-1950) em sua *Ética* (1926) sustentou uma posição muito próxima à de Scheler: o sujeito, o homem, não cria nem estabelece os valores; ele os pode apenas *manifestar*; eles, com efeito, possuem um ser *ideal em si*, da mesma forma que os entes matemáticos ou das essências (são universais).

As páginas mais vivas e significativas de Hartmarnn são aquelas em que ele faz a análise fenomenológica das virtudes e das paixões.

Otto e o sentimento de ser criatura como traço típico da experiência religiosa
→ § 2

• A obra *O sagrado* (1917) de Rudolf Otto (1869-1937) é hoje um clássico da fenomenologia da *experiência religiosa*.

A experiência religiosa ou experiência do numinoso (de *numen*) ou do sagrado tem, segundo Otto, um traço característico, ou seja, o sentimento de dependência, o *sentimento de ser criatura*.

O homem religioso é cheio de "maravilha atônita" diante do mistério religioso, que ele experimenta como "totalmente Outro".

Stein: a empatia como conhecimento da experiência de outrem
→ § 3

• Edith Stein (1891-1942), de origem hebraica, foi discípula de Husserl. Tornando-se irmã carmelita depois de ter recebido o batismo em 1922, foi docente primeiro de germanismo em Spira, e sucessivamente de pedagogia em Münster. Foi morta pelos nazistas no campo de concentração de Auschwitz dia 9 de agosto de 1942. Em 1987, no dia 1º de maio, o papa João Paulo II proclamou Edith Stein "serva de Deus"; e no dia 11 de outubro de 1998 declarou-a "santa".

Em *O problema da empatia* (1916) Stein estuda a empatia como conhecimento da experiência de outrem; e eis, em suas próprias palavras, a essência do processo empático: "Em minha experiência vivida não-originária, eu me sinto acompanhada por uma experiência vivida originária, a qual não foi vivida por mim, embora se anuncie em mim, manifestando-se em minha experiência vivida não-originária".

A filosofia cristã prepara o caminho da fé
→ § 3

• Preocupada com as relações entre pesquisa filosófica e experiência religiosa, entre razão e fé, em *Ser finito e ser eterno* (obra póstuma, 1959), Stein delineia a tarefa do que, em sua opinião, deve ser a filosofia cristã.

Nossa razão não está em grau de nos oferecer a verdade última, total e definitiva; e "a tarefa mais elevada" de uma filosofia cristã é exatamente "a de preparar o caminho para a fé". Foi isso que santo Tomás de Aquino fez, segundo Stein, de modo excelente.

Uma envolvente descrição da experiência mística é a que nos foi deixada por Stein em sua última obra, *A ciência da cruz* (póstuma, 1950).

1 Nicolai Hartmann e a análise fenomenológica dirigida ao "ser enquanto tal"

À década de 1912-1921 remonta a reflexão de Nicolai Hartmann (1882-1950) sobre a fenomenologia husserliana, que o ajudou a libertar-se do pressuposto do primado da doutrina da consciência e de toda forma de subjetivismo imanentista e idealista, encaminhando-o para os caminhos da ontologia.

Embora possa ser enquadrado no interior do movimento fenomenológico, Hartmann não pode ser "engaiolado" nele, uma vez que ele se subtrai a qualquer classificação demasiado rígida. Para ele, com efeito, a análise fenomenológica está voltada para o *ser como tal* e não para a pura relação intencional e, de todo modo, é somente o momento inicial, o da constatação daquilo que se dá primeiramente na consciência, de um filosofar que se desenvolve através da identificação dos problemas (*momento aporético*), para se concluir com a solução dos próprios problemas (*momento teórico* propriamente dito). A essa proposição Hartmann chegou com os *Princípios de uma metafísica do conhecimento* (1921), nos quais reconquista uma concepção gnosiológica claramente realista, que depois será aprofundada nos dois volumes, respectivamente de 1923 e de 1929, dedicados a *A filosofia do idealismo alemão*.

1.1 A concepção da ética

Em 1926 sai a *Ética*, em que Hartmann, seguindo explicitamente Scheler, critica o subjetivismo ético, *repropondo uma ética material dos valores*, que são inteiramente objetivos e se revelam ao homem por meio de um *sentimento específico*.

Substancialmente, a intervenção da subjetividade não estabelece os valores, mas tem apenas a função de *manifestá-los*, já que eles possuem um *ser ideal em si*, como os entes matemáticos e as essências em geral (e são, como eles, universais).

A tarefa da ética, portanto, é a de descrever e analisar os valores morais, antes mesmo de, coerente e conseqüentemente, deles fazer brotar normas precisas de conduta. Usando amplamente o método fenomenológico, e com olhar sempre atento para a história da ética, sobretudo da ética grega clássica, Hartmann escreve páginas muito interessantes e vivas sobre as virtudes e as paixões, que estão entre as páginas mais significativas, não apenas do autor, mas também de toda a filosofia moral contemporânea.

1.2 A problemática ontológica

Hartmann aprofundou também a problemática ontológica entre 1935 e 1950. Sua obra em certo sentido mais significativa nesse campo é *A construção do mundo real* (1940), que apresenta ampla análise, por vezes muito aguda, do complexo entrelaçamento das categorias do ente real, apresentado como hierarquicamente estruturado em quatro "planos": 1) o físico, 2) o orgânico ou vital, 3) o psicológico, 4) o espiritual.

O plano inferior é condição imprescindível da constituição do plano superior, no qual reaparecem as categorias fundamentais (além das categorias modais, também as "bipolares", como forma-matéria, qualidade-quantidade, unidade-multiplicidade, e assim por diante), embora mudando de significado em função do novo âmbito a que pertencem. Nessa manifestação de novidades no plano superior em relação ao inferior, constata-se a "distância" entre os dois, isto é, uma contingência no processo de desenvolvimento, entendida como verdadeira liberdade, que emerge em cada nível do ser, ainda que parcialmente condicionada pelo nível precedente.

2 Rudolf Otto e a fenomenologia da religião

Se Max Scheler foi quem aplicou melhor que ninguém a fenomenologia ao âmbito dos valores, o trabalho de Rudolf Otto (1869-1937), intitulado *O sagrado* (1917), é hoje um clássico da fenomenologia da *experiência religiosa*.

Ora, o que se manifesta na experiência religiosa? O que tipifica ou caracteriza essencialmente o que Otto chama de experiência do *numinoso* (numinoso derivado de *numen*) ou do sagrado?

Pois bem, um aspecto notável de tal experiência, Otto (seguindo Schleiermacher) o vê no sentimento da "dependência", ou seja, no "*sentimento de ser criatura*". Esse sentimento de criaturalidade, porém, diz Otto, é o efeito de outro momento da experiência religiosa, que "se refere *primeira e diretamente a um sujeito fora do eu*". Em outros termos, "o sentimento de 'minha absoluta dependência' tem como pressuposto um sentimento criatural de 'sua' inacessibilidade". O homem que tem experiência religiosa percebe o sagrado como *mysterium tremendum. Mysterium* nada mais indica além do oculto, do não-manifesto, do extraordinário e do incomum. O *mysterium* está ligado ao *mirum* ou admirável. O homem religioso é homem cheio de "maravilhamento estupefato" diante do mistério religioso, que ele experiencia como "totalmente Outro": "o estrangeiro estranho é o que enche de estupefação, aquilo que está além da esfera do usual, do compreensível, do falível e, por essa razão, 'oculto', absolutamente fora do ordinário e em contraste com o ordinário, enchendo, portanto, o espírito de surpresa desmesurada".

3 Edith Stein: o problema da empatia e a tarefa de uma filosofia cristã

Edith Stein (1891-1942), primeiro aluna de Husserl, depois docente universitária e, por fim, religiosa carmelita, foi presa pelos nazistas por motivos raciais, e morta no lager de Auschwitz em uma câmara de gás. Foi canonizada no dia 11 de outubro de 1998, pelo papa João Paulo II.

3.1 A vida e as obras

Edith Stein nasceu na Breslávia, de genitores judeus, dia 12 de outubro de 1891. Terminando o liceu em 1911, de 1911 a 1913 freqüenta durante quatro semestres os cursos de psicologia e germanismo na Universidade da Breslávia. De 1913 a 1916 freqüenta os cursos de fenomenologia dados por Edmund Husserl na Universidade de Göttingen. Entretanto, em 1915, Edith Stein fizera os exames estatais para o ensino de propedêutica filosófica, história e alemão. Ainda em 1915 presta serviço voluntário na cruz-vermelha, no leprosário de Märisch-Weisskirchen.

1916 é o ano em que Husserl passa a ensinar de Göttingen para Friburgo na Brisgóvia. Edith segue o mestre, de quem se torna assistente. Em agosto, ainda em 1916, Stein discute sua dissertação para o doutorado sobre *O problema da empatia*.

Durante o verão de 1921 Edith Stein tem ocasião de ler, na casa de campo do casal Conrad-Martius (ambos seus amigos e ambos discípulos de Husserl), em Bergzabern, o *Livro da vida* de santa Teresa de Ávila. Dia 1º de janeiro de 1922 Edith recebe o batismo na igreja paroquial de Bergzabern; Edwig Conrad-Martius foi sua madrinha. De 1922 a 1930 foi docente de germanismo no Instituto "Santa Madalena", de Spira. Em 1932 é chamada para ensinar no Instituto universitário alemão para a pedagogia de Münster. Aí permanece pouco tempo, pois em 1933 os nazistas a proíbem de ensinar.

Este foi o fato que acelerou sua decisão de tornar-se religiosa enclausurada. Foi acolhida no Carmelo de Colônia em outubro de 1933. A vestição religiosa teve lugar dia 15 de abril de 1934: Edith Stein recebe então o nome de *Theresia Benedicta a Cruce*. Em um estupendo artigo publicado na "Kölnische Volkszeitung", Peter Wust, entre outras coisas, escrevia: "Domingo, dia 15 de abril de

1934, um grupo de pessoas ávidas das coisas do espírito se encontrava reunido na modesta capela do Carmelo de Colônia para assistir a uma festa singular [...]. Edith Stein, a jovem e brilhante filósofa, assistente de Husserl e nossa amiga, torna-se uma nossa humilde irmã, e doravante se chama: *Teresa Benedita da Cruz*". Husserl teve a notícia da vestição religiosa de sua ex-assistente por uma outra discípula, a beneditina irmã Aldegonda Jaegerschmid. E justamente à irmã Aldegonda ele disse: "É extraordinário ver Edith que, como do alto de uma montanha, descobre a clareza e a amplidão do horizonte, com maravilhosa agilidade e transparência; ao mesmo tempo sabe voltar-se para o interior e conservar a perspectiva do próprio eu. Nela, tudo é autêntico [...]".

Em 1936 Edith Stein terminou seu livro mais importante: *Ser finito e ser eterno. Para uma elevação ao sentido do ser*. Entrementes, em 1934, havia publicado a *Vida de santa Teresa de Ávila* e a *Vida de santa Teresa Margarida Redi*.

Dia 21 de abril de 1938 Stein faz sua profissão religiosa solene. Dia 27 do mesmo mês morre seu "venerado mestre" Edmund Husserl. No fim de 1938, irmã Teresa Benedita da Cruz deixa, na calada da noite, por causa das perseguições contra os judeus, o Carmelo de Colônia e vai para a Holanda, ao Carmelo de Echt. Em 1941 e 1942 trabalha na *Kreuzeswissenschaft* (*A ciência da Cruz*). Na tarde de 2 de agosto de 1942, enquanto está em oração na capela do Carmelo, Edith Stein é presa por dois oficiais da Gestapo. Confinada primeiro no campo de concentração holandês de Drente-Westerbork, dia 7 de agosto é deportada, junto com irmã Rosa, para o lager de Auschwitz. Aqui as duas irmãs morrem em uma câmara de gás, dois dias depois, 9 de agosto de 1942. Do campo de concentração de Westerbork, irmã Teresa Benedita conseguiu enviar uma mensagem à superiora do Carmelo de Echt, onde, entre outras coisas, se lê: "Cara Madre, [...] pode-se adquirir uma "scientia crucis" apenas quando se começa a sofrer verdadeiramente o peso da cruz. Tive a íntima convicção disso desde o primeiro instante, e do fundo do coração eu disse: *Ave crux, spes única*. A Vossa Reverência, a filha agradecida. Irmã B.".

O papa João Paulo II proclamou Edith Stein "serva de Deus" em 1987, no dia 1º de maio. E no dia 11 de outubro de 1998 foi canonizada, isto é, declarada santa, também pelo papa João Paulo II.

3.2 Teoria fenomenológica da empatia

Em *O problema da empatia* Edith Stein, com o fito de fazer compreender a essência do ato empático, aduz este exemplo: "Um amigo vem a mim e me diz ter perdido um irmão e eu percebo sua dor". Pois bem: o que é este *perceber*? Eis, então, aquilo que para Stein é o problema da *empatia*; não se trata de conhecer a maneira pela qual venho a saber da dor de meu amigo: "talvez chego a sabê-lo por meio da percepção de sua face pálida e sofredora, de sua voz submissa ou quase afônica, talvez ainda por meio das palavras com que ele se exprime". O que, ao contrário, se quer saber é: "o que tal *perceber* é em si, e não por meio de quais caminhos seja possível chegar até ele".

Pois bem, podemos *perceber* a vivência de outra pessoa justamente por meio do processo cognoscitivo que é a empatia (*Einfühlung*), que atua em três graus: o primeiro grau verifica-se quando o vivido por outro "emerge improvisamente diante de mim" — quando sei, por exemplo, que meu amigo perdeu seu irmão —; o segundo grau se tem quando alguém é envolvido no estado de espírito do outro — quando, por exemplo, sinto-me envolvido na dor vivida por meu amigo —; no terceiro grau se tem "a objetivação compreensiva do vivido explicitado", isto é, o vivido apresenta-se diante de mim não como envolvimento de espírito, mas muito mais como objeto de consciência.

Devemos notar o fato de que na empatia, vista como conhecimento da experiência de outrem, não se tem — como no caso da lembrança, da expectativa ou da fantasia — a identidade do sujeito empatizante. Escreve Stein: "Enquanto vivo a alegria que é experimentada por outro, não percebo nenhuma alegria originária: ela não brota de modo vivo de meu Eu, nem tem o caráter de ter estado viva anteriormente como a alegria lembrada, muito menos como meramente fantasiada, isto é, privada de vida real, mas é precisamente o outro Sujeito aquele que experimenta de maneira viva a originariedade, embora eu não viva tal originariedade; sua alegria que brota dele é originária, embora eu não a viva como originária". Eis, portanto, a essência do processo empático: "Em minha experiência vivida não-originária, eu me sinto acompanhado por uma experiência vivida originária, que não foi vivida por mim, mas se anuncia em mim, manifestando-se em minha experiência vivida não-originária. De tal modo chegamos *por meio da empatia a uma espécie de atos experienciais "sui generis"*.

3.3 A tarefa de uma filosofia cristã

Stein já havia enfrentado o tema da relação entre pesquisa filosófica e experiência de fé no ensaio *A fenomenologia de Husserl e a filosofia de santo Tomás de Aquino*. Aqui a autora distingue entre o conhecimento divino, que é conhecimento da "verdade em sua totalidade", e o conhecimento humano, ao qual põem-se "limites estabelecidos". Em sua grande obra *Ser finito e ser eterno*, Stein afirma que com a expressão *filosofia cristã* procura designar "o ideal de um *perfectum opus rationis*, que tenha conseguido recolher em unidade tudo aquilo que se nos tornou acessível pela razão natural e pela Revelação". Neste sentido não se dá, na opinião de Stein, uma "filosofia pura" e, todavia, ela não é teologia: é filosofia "em primeiro lugar aberta à teologia e pode ser integrada por esta". Por mais que impulsionemos adiante nossa razão, ela não nos pode dar a verdade total e absoluta. *Inquietum est cor nostrum*, e "a tarefa mais elevada de uma *filosofia cristã* é justamente a de preparar o caminho para a fé". Isso foi feito de modo excelente por santo Tomás de Aquino.

Stein assume a definição de *fé* do *Catechismus catholicus*: "A fé é uma virtude sobrenatural pela qual, com a inspiração e com a assistência da graça divina, consideramos como verdadeiro aquilo que Deus revelou e ensinou por meio da Igreja, não pela verdade objetiva intrínseca, que poderemos conhecer mediante a razão natural, mas pela autoridade do próprio Deus que revela, que não pode se enganar nem enganar". Nós, portanto, acolhemos a verdade de fé com base no testemunho de Deus, e abraçamos assim "conhecimentos que não possuem evidência intelectiva". Esta é a razão pela qual a fé é chamada de "luz escura". A fé — afirma Edith Stein — "quer mais do que as verdades particulares sobre Deus, quer ele próprio, que é *a* Verdade, Deus, inteiro, e o acolhe sem ver, 'mesmo se é noite' ". Esta — comenta Stein — "é a mais profunda escuridão da fé, contraposta à eterna luz, à qual ela tende". E aqui a filósofa carmelita se refere a são João da Cruz, que escreve: "[...] o progresso do intelecto consiste em estabelecer-se mais fortemente na fé, ou seja, em pôr-se sempre mais no escuro, uma vez que a fé é trevas para o intelecto". A fé é trevas para o intelecto e, todavia, ela é um progredir, para além dos conhecimentos racionais, na direção da única Verdade: "a fé está mais próxima da Sabedoria divina do que toda ciência filosófica e também teológica.". Deus dá ao espírito criado a *visão beatífica* quando o une a si. No decorrer da vida terrena, escreve Stein, "a aproximação máxima desta meta altíssima é a *visão mística*".

E sobre a possibilidade ou não de uma descrição da experiência mística versa a última obra de Stein: *Kreuzeswissenschaft. Studie über Johannes a Cruce (A ciência da Cruz. Estudo sobre são João da Cruz)*. De fenomenóloga rigorosa, Stein mira à essência da experiência mística. Esta é a "terra impraticável", cujo mapa não pode ser oferecido pelos conceitos da razão natural; apenas a poesia e os símbolos (como a "cruz" e a "noite") estão em grau de aludir à experiência mística, que é uma prefiguração da visão beatífica.

Husserl

1 A intencionalidade do conhecimento

> "A referência intencional [...] representa para nós a determinação essencial dos fenômenos psíquicos".

É momento agora de definir a natureza da classificação brentaniana e, portanto, a do conceito de consciência, entendida como *ato psíquico*.

Guiado pelo interesse classificatório ao qual acenamos, o próprio Brentano conduz sua pesquisa pessoal distinguindo as duas classes de "fenômenos" – os físicos e os psíquicos –, que ele assume como fundamentais. Ele obtém assim seis definições, das quais apenas duas são interessantes para nós, enquanto, em todas as outras, certos equívocos enganadores exercem uma função deletéria, tornando insustentáveis os conceitos de fenômeno, particularmente de fenômeno físico e, portanto, também de percepção interna e externa.

Das duas definições por nós privilegiadas, a primeira indica diretamente a essência dos atos ou dos fenômenos psíquicos. Ela se impõe de modo inconfundível considerando exemplos quaisquer. Na percepção é percebida alguma coisa, na representação imaginativa alguma coisa é representada em imagem, na enunciação alguma coisa é enunciada, no amor alguma coisa é amada, no ódio alguma coisa é odiada, no desejo alguma coisa é desejada etc. Brentano pensa o que se pode reunir de comum nesses exemplos, quando diz: "Todo fenômeno psíquico caracteriza-se por aquilo que os Escolásticos da Idade Média chamaram de inexistência intencional (ou também mental) de um objeto e que chamaremos, não sem alguma ambigüidade, referência a um conteúdo, direção para um objeto (e isso não quer dizer que se trate de uma realidade) ou então objetualidade imanente. Todo fenômeno psíquico contém em si alguma coisa como objeto, embora nem sempre de igual modo". Essa "modalidade de referência da consciência a um conteúdo" (como Brentano freqüentemente se exprime em outros lugares) é justamente, na representação, a modalidade do representar, no juízo, a modalidade do julgar etc. Como se sabe, a tentativa brentaniana de classificar os fenômenos psíquicos em representações, juízos e movimento afetivos ("fenômenos do amor e do ódio") baseia-se sobre essa modalidade de referência, que Brentano distingue justamente em três tipos fundamentalmente diversos (por sua vez posteriormente especificáveis).

O fato de que se considere a classificação brentaniana dos "fenômenos psíquicos" mais ou menos adequada, ou então que se chegue a reconhecer que ela tem para toda a psicologia a importância fundamental que seu autor genial pensava que deveria lhe ser atribuída, não é aqui muito relevante. Apenas uma coisa deve ser salientada pela importância que ela detém para nós: há diversas modalidades específicas essenciais da referência intencional ou, em poucas palavras, da intenção (que representa o caráter descritivo genérico do "ato"). A modalidade em que "mera representação" de um estado de coisas "entende" este seu objeto é diferente da modalidade do juízo que assume este estado de coisas como verdadeiro ou falso. E diferente de ambas é também a modalidade da presunção e da dúvida, da esperança ou do temor, da satisfação ou da insatisfação, do desejo ou da repugnância; da decisão de uma dúvida teórica (decisão judicativa) ou de uma dúvida prática (decisão volitiva no caso de uma escolha cujos termos se equivalem); da confirmação de uma opinião teórica (realização de uma intenção judicativa) ou de uma intenção volitiva (realização da intenção volitiva), e assim por diante. Sem dúvida, se não todos, ao menos a maior parte destes atos são complexos vividos, e muito freqüentemente as próprias intenções são múltiplas. As intenções afetivas baseiam-se sobre intenções representacionais ou judicativas etc. Mas não há dúvida de que, dissolvendo esses complexos, chegamos sempre a características intencionais primitivas que, em sua essência descritiva, não podem ser reduzidas a vivências psíquicas de outro gênero; e, além disso, não há dúvida de que a unidade do gênero descritivo "intenção" ("característica do ato") exibe diversidades específicas que se fundam na essência pura desse gênero, precedendo, assim, como um a *priori*, a factualidade empírico-psicológica. Há espécies e subespécies de intenções essencialmente diferentes. Em particular, é impossível reduzir todas as diferenças entre os atos de um tecido de representação e de juízos, recorrendo simplesmente a elementos que não pertencem ao gênero "intenção". Por exemplo, a aprovação ou a desaprovação estética é modalidade de referência intencional que se demonstra com evidência e por essência peculiar em relação à mera representação do objeto estético ou ao juízo teórico a ela dirigido. Sem dúvida, a aprovação estética e o predicado estético podem ser enunciados, e o enunciado é um juízo e, como tal, inclui certas representações. Mas então a intenção estética, assim como seu objetivo (*Objekt*), é objeto (*Gegenstand*) de representações e de juízos; ela mesma permanece essencialmente diversa desses atos teóricos. Atribuir validade a um juízo, nobreza a uma coisa afetiva vivida etc., pressupõe certamente intenções análogas e afins, mas não idênticas do ponto de vista específico. Assim também no confronto entre decisões judicativas e decisões volitivas etc.

A referência intencional, entendida em sede puramente descritiva como peculiaridade interna de certas vivências, representa para nós a determinação essencial dos "fenômenos psíquicos" ou dos "atos", de modo que consideramos a definição de Brentano, segundo a qual eles são "fenômenos que têm em si intencionalmente um objeto", como uma definição essencial, cuja "realidade" (no sentido antigo) é naturalmente assegurada pelos exemplos. Em outros termos, simultaneamente em uma formulação *puramente* fenomenológica: a ideação efetuada sobre casos particulares exemplificativos de tais vivências — e efetuada de modo tal a excluir qualquer posição existencial e qualquer interpretação empírico-psicológica, levando em conta apenas o estatuto fenomenológico real dessas vivências — nos apresenta a idéia genérica, puramente fenomenológica, de *vivência intencional* ou *ato*, e também suas especificações puras.

E. Husserl,
Pesquisas lógicas, vol. II.

2 A *epoché* fenomenológica

> *Com a epoché fenomenológica "colocamos fora de ação a tese geral inerente à essência do comportamento natural, pomos entre parênteses tudo o que ela abraça sob o aspecto ôntico: portanto, todo o mundo natural, que está constantemente "aqui para nós", "à mão", e que continuará a permanecer como "realidade" para a consciência, mesmo que tenhamos vontade de pô-lo entre parênteses".*

Encontro constantemente à mão, diante de mim, a realidade espaço-temporal, à qual eu próprio pertenço e à qual pertencem todos os outros homens, que nela se encontram e a ela se referem do mesmo modo que eu. A realidade — e a própria palavra o diz — eu a encontro enquanto permaneço dentro de uma experiência homogênea e nunca interrompida, encontro-a como *existente* e a assumo existente, assim como ela se oferece a mim. Qualquer dúvida nossa ou repúdio de dados do mundo natural *não modifica em nada a tese geral* do *comportamento natural*. O mundo como realidade está sempre ali; pode revelar-se cá ou lá "diferente" de como eu o presumia, este ou aquele elemento deve ser cancelado por ele como "aparência", "alucinação" e semelhantes; porém, no sentido da tese geral, ele é sempre mundo existente. Conhecê-lo mais compreensivamente, fielmente e em todo aspecto mais perfeitamente de quanto o saiba fazer a mera sapiência empírica, resolver todos os problemas de conhecimento científico que se apresentam sobre o terreno deste, tal é o escopo das ciências do comportamento natural. São as

Retrato fotográfico de Edmund Husserl.

ciências habitualmente "positivas", as ciências da positividade natural.

Ao invés de permanecer nesse comportamento, nós queremos mudá-lo radicalmente. Trata-se agora de persuadir-se da possibilidade de princípio desta mudança.

A tese geral, pela qual o mundo circundante real é reconhecido não só conceitualmente, mas como "realidade" existente, não é constituída evidentemente por um só ato específico, como, por exemplo, um juízo predicativo explícito sobre a existência do mundo. Ou melhor, ela é algo que dura estavelmente por toda a duração do comportamento, ou seja, por toda a nossa vida natural no estado de vigília. Tudo o que cada vez percebemos e clara ou obscuramente nos representamos do mundo natural, em poucas palavras, quanto sabemos experimentalmente antes de todo pensar, apresenta em sua totalidade, e em toda parte articulada que dele se retirar, a característica de estar "aqui", "à mão": uma característica sobre a qual é essencialmente possível fundamentar um juízo (predicativo) explícito de existência intimamente ligado a ele. Exprimindo este juízo estamos, porém, conscientes de ter tematizado e apreendido predicativamente aquilo que, justamente como característica de "à mão", se encontrava já, não tematicamente nem cogitativamente nem predicativamente no experimentar original ou no ter experimentado.

Ora, podemos proceder em relação a esta tese potencial e não expressa exatamente como para a judicativamente explícita. Um procedimento semelhante e sempre possível é, por exemplo, a tentativa de dúvida universal que Descartes empreendeu para um objetivo totalmente diferente do nosso, ou seja, em vista da fixação de uma esfera do ser absolutamente isenta de dúvida. Procedemos a partir daqui – declaramos logo – enquanto a tentativa de dúvida universal nos serve *apenas como apoio metódico* para salientar em virtude dela certos pontos que estão implícitos em sua própria essência.

A tentativa de dúvida universal entra no campo de nossa *liberdade completa*: podemos tentar duvidar de tudo e de qualquer coisa, mesmo que estejamos firmemente certos em base a uma evidência plenamente adequada. [...]

À tentativa cartesiana de uma dúvida universal poderemos agora substituir a universal *epoché* em nosso novo e bem determinado sentido. Mas, por razão evidente, limitamos a universalidade dessa *epoché*. Pois, se lhe concedermos toda a amplitude que pode ter, não permaneceria mais nenhum campo para juízos não modificados e muito menos para uma ciência: com efeito, toda tese e todo juízo poderiam ser modificados com plena liberdade e todo objeto de juízo poderia ser posto entre parênteses. Mas visamos à descoberta de um novo território científico, e queremos conquistá-lo justamente com o método da colocação entre parênteses, porém limitado de certo modo. Devemos indicar essa limitação.

Colocamos fora de ação a tese geral inerente à essência do comportamento natural, colocamos logo entre parênteses tudo o que ela abraça sob o aspecto ôntico: portanto, todo o mundo natural, que está constantemente "aqui para nós", "à mão", e que continuará a permanecer como "realidade" para a consciência, mesmo que sejamos tentados a colocá-lo entre parênteses.

Fazendo isso, conforme está em minha plena liberdade fazê-lo, eu não nego este mundo, como se fosse um sofista, não duvido de seu existir aí, como se fosse um cético; mas exerço em sentido próprio a *epoché* fenomenológica, ou seja, não assumo o mundo que me é constantemente já dado enquanto existente, como faço, diretamente, na vida prático-natural e também nas ciências positivas, como um mundo preliminarmente existente e, em definitivo, como um mundo que não é um terreno universal de ser para um conhecimento que procede por meio da experiência e do pensamento. Eu não atuo mais nenhuma experiência do real em um sentido ingênuo e direto.

Eu não assumo aquilo que ela me propõe enquanto existente *simpliciter*, enquanto presumidamente ou provavelmente existente. Os modos de validade operantes no experimentar ingênuo, cuja realização ingênua é constituída pelo "estar sobre o terreno da experiência" (sem que, por outro lado, jamais se ponha, por meio de uma iniciativa particular e por meio de uma decisão particular, sobre aquele terreno), no âmbito dessa experiência, eu os coloco fora de validade, proíbo-me esse terreno. Isso não investe as experiências do mundano em sua singularidade apenas. Já toda experiência particular tem, por essência, "o próprio" horizonte universal de experiência, o qual, embora não explícito, comporta a constante convalidação da totalidade aberta e infinita do mundo existente. Justamente este valer preliminarmente, que me sustenta atual e habitualmente na vida natural e que fundamenta toda a minha vida prática e teórica, justamente esse preliminar existir-para-mim "do" mundo, eu me proíbo; tiro-lhe aquela força que até agora me propunha o terreno do mundo da experiência contínua como antes, exceto o fato de que essa experiência, modificada por meio desse novo comportamento, não me fornece mais o "terreno" sobre o qual eu estava até este momento.

Assim realizo a *epoché* fenomenológica, a qual, portanto, *eo ipso*, me proíbe também a realização de qualquer juízo, de qualquer tomada de posição predicativa em relação ao ser e ao ser-assim e a todas as modalidades de ser da existência espaço-temporal do "real".

Assim eu neutralizo todas as ciências que se referem ao mundo natural e, por mais que me pareçam sólidas, por mais que as admire, por pouco que eu pense em acusá-las de alguma coisa, delas não faço absolutamente nenhum uso. Não me aproprio de sequer uma de suas posições, mesmo que sejam de perfeita evidência, não assumo nenhuma delas e de nenhuma delas extraio algum fundamento – bem entendido, à medida que elas são concebidas, como acontece justamente nessas ciências, como verdades referentes à realidade deste mundo. Posso assumi-las apenas depois de lhes ter aplicado os parênteses, como conseqüência do fato de que eu já submeti à modificação da colocação entre parênteses qualquer experiência natural, à qual definitivamente remete toda fundamentação científica, como a uma experiência que manifesta a existência. O mesmo que dizer: apenas na modificação de consciência da colocação entre parênteses do juízo e, portanto, não como as proposições que estão na ciência, onde reclamo uma validade que de resto eu mesmo reconheço e utilizo.

Não se deve confundir a *epoché* ora em questão com a requerida pelo positivismo (contra a qual, como devemos estar persuadidos, choca-se o positivismo do próprio Comte). Para nós não se trata da neutralização de todos os preconceitos que perturbam a pura efetualidade da pesquisa, nem da constituição de uma ciência "livre de teorias", "livre da metafísica", fazendo retroceder toda fundamentação às datidades imediatas da experiência objetiva, e sequer do meio para alcançar tais fins, de cujo valor não se faz questão. Aquilo que buscamos está em direção completamente diferente. Para nós o mundo inteiro, assim como se põe no comportamento natural, ou como efetivamente se nos oferece totalmente "livre de juízo" e claramente se anuncia à ligação das experiências uma prévia eliminação das aparências, deve ser agora posto fora da validade: não provado, mas também não contestado, ele deve ser colocado entre parênteses. Igualmente todas as teorias e as ciências, por boas que sejam, fundamentadas positivamente ou de outra forma, enquanto se referem a este mundo, subjazem ao mesmo destino.

E. Husserl,
Idéias para uma fenomenologia pura e para uma filosofia fenomenológica, vol. I.

3 "As meras ciências de fatos criam simplesmente homens de fato"

> *"Na miséria de nossa vida [...] esta ciência não tem nada a dizer-nos. Ela exclui de princípio justamente aqueles problemas que são os mais prementes do homem, o qual, em nossos tempos atormentados, sente-se entregue ao sabor do destino: os problemas do sentido ou do não-sentido da existência humana em seu conjunto".*

Podemos seriamente falar de uma crise de nossas ciências em geral? Esse discurso, hoje comum, não constitui talvez um exagero? A crise de uma ciência comporta nada menos que sua peculiar cientificidade e o modo em que se propôs suas tarefas e, por isso, em que elaborou seu próprio método, tenham se tornado duvidosos. Isso poderá valer para a filosofia, que atualmente está ameaçada de sucumbir à dúvida, ao irracionalismo, ao misticismo. Enquanto a psicologia adianta ainda pretensões filosóficas e não quer ser mera ciência positiva entre as outras, isso poderá valer também para ela. Mas, como é possível falar em geral e seriamente de uma crise das ciências e, portanto, também das ciências positivas, da matemática pura, das ciências naturais exatas, que jamais deixaremos de admirar como exemplos de uma cientificidade rigorosa e destinada a contínuos sucessos? Sem dúvida, elas, no estilo complexivo de sua teoria sistemática e de seu método, se demonstraram passíveis de evolução. Elas conseguiram recentemente despedaçar, justamente a partir deste ponto de vista, um enrijecimento que, sob o título de física clássica, as ameaçava, enquanto presumida realização clássica de um estilo que durava há séculos. [...]

Tanto se a física seja representada por um Newton ou por um Planck ou por um Einstein ou por qualquer outro cientista do futuro, ela sempre foi e continuará a ser uma ciência exata. E assim permanecerá mesmo que tenham razão os que consideram que não seja possível esperar nem perseguir uma forma última do estilo segundo o qual a teoria foi se construindo em seu conjunto.

Algo de análogo vale evidentemente também para outros grandes grupos de ciências que costumamos enumerar entre as ciências positivas, ou seja, para as ciências concretas do espírito – seja qual for o nosso comportamento diante de sua controversa adoção do ideal de

Capítulo décimo - Edmund Husserl e o movimento fenomenológico

exatidão das ciências naturais –, uma problematicidade que de resto investe também a relação que existe entre as disciplinas biofísicas ("concretamente" científicas) e as das ciências naturais matemáticas exatas. O rigor científico de todas estas disciplinas, a evidência de suas operações teóricas e de seus sucessos, que doravante se impuseram de modo vinculador e para sempre, permanece fora de discussão. Apenas em relação à psicologia, que também pretende ser a ciência fundamental, abstrata, definitivamente explicativa em relação às ciências concretas do espírito, não estaremos, talvez, tão seguros. Mas, considerando que o evidente afastamento no método e nas operações deriva de um desenvolvimento por natureza mais lento, estaremos geralmente dispostos a reconhecer também a ela sua validade. De qualquer modo, o contraste entre a "cientificidade" deste grupo de ciências e a "não-cientificidade" da filosofia é indiscutível. [...]

Todavia, pode ocorrer que, procedendo a partir de uma outra ordem de considerações, isto é, das lamentações difusas sobre a crise de nossa cultura e sobre o papel que nessa crise é atribuído às ciências, venham ao nosso encontro motivos que nos induzam a submeter a uma *crítica séria e por outro lado extremamente necessária* a cientificidade de todas as ciências, sem contudo renunciar ao primeiro sentido de sua cientificidade, aquele sentido que é inatacável, dada a legitimidade de suas operações metódicas.

Nós nos propomos, com efeito, de nos colocar no caminho daquela mudança, a que já aludimos, de todas as nossas considerações. Realizando essa mudança perceberemos logo que à problematicidade que é própria da psicologia, não só em nossos dias, mas há séculos, à "crise" que lhe é peculiar, é preciso reconhecer um significado central; ela revela as enigmáticas e, à primeira vista, inextricáveis obscuridades das ciências modernas, até das matemáticas; ela revela um enigma do mundo de um gênero que era completamente estranho às épocas passadas. Todos esses enigmas remetem *ao enigma da subjetividade* e estão, portanto, inseparavelmente ligados ao *enigma da temática e do método da psicologia*. Tudo isso não constitui mais que uma primeira indicação no sentido profundo daquilo que estas conferências se propõem. Adotamos como ponto de partida a mudança, verificada no fim do século XIX, na avaliação geral das ciências. Ele não investe sua cientificidade e sim aquilo que elas, as ciências em geral, têm significado e podem significar para a existência humana. A exclusividade com que, na segunda metade do século XIX, a visão do mundo complexiva do homem moderno aceitou ser determinada pelas ciências positivas e com as quais se deixou fascinar pela "prosperity" que daí derivava, significou um afastamento daqueles problemas que são decisivos para uma humanidade autêntica. As meras ciências de fatos criam meros homens de fato. A revolução do comportamento geral do público foi inevitável, especialmente depois da guerra, e sabemos que na geração mais recente ela se transformou até em um estado de espírito hostil. Na miséria de nossa vida – ouve-se dizer – esta ciência nada tem a dizer-nos. Ela exclui de princípio justamente os problemas que são os mais perturbadores do homem, o qual, em nossos tempos atormentados, sente-se entregue ao sabor do destino: os problemas do sentido e do não-sentido da existência humana em seu conjunto. Esses problemas, em sua generalidade e em sua necessidade, não exigem talvez, para todos os homens, também considerações gerais e uma solução racionalmente fundamentada? Eles, definitivamente, referem-se ao homem em seu comportamento diante do mundo circundante, humano e extra-humano, ao homem que deve escolher livremente, ao homem que é livre para plasmar racionalmente a si mesmo e o mundo que o circunda. O que tem a dizer esta ciência sobre a razão e sobre a não-razão? o que tem a dizer sobre nós, homens, enquanto sujeitos dessa liberdade? Obviamente, a mera ciência de fatos não tem nada a nos dizer a este respeito: ela abstrai exatamente de qualquer sujeito. No que se refere, por outro lado, às ciências do espírito, que também, em todas as suas disciplinas particulares e gerais, consideram o homem em sua existência espiritual, isto é, no horizonte de sua historicidade, sua rigorosa cientificidade, se diz, exige que o estudioso evite acuradamente qualquer tomada de posição valorativa, todos os problemas referentes à razão ou à não-razão da humanidade tematizada e de suas formações culturais. A verdade científica objetiva é exclusivamente uma constatação daquilo que o mundo, tanto o mundo psíquico como o mundo espiritual, de fato é. Todavia, na realidade, o mundo e a existência humana podem ter um sentido se as ciências admitem como válido e como verdadeiro apenas aquilo que é objetivamente constatável, se a história não tem outra coisa a ensinar a não ser que todas as formas do mundo espiritual, todos os vínculos de vida, os ideais, as normas que vez por outra forneceram uma direção aos homens, se formam e depois se dissolvem como ondas fugidias, que sempre foi assim e sempre será, que a razão está destinada a se transformar sempre de novo em não-sentido, os atos prudentes em flagelos? Podemos contentar-nos com isso, podemos viver neste mundo em que o devir histórico não é mais que uma cadeia incessante de impulsos ilusórios e amargas desilusões?

E. Husserl,
A crise da ciência européia e a fenomenologia transcendental,
vol. 1.

SCHELER

4 Quando uma idéia religiosa torna possível a ciência

> *Sobre a relação ciência-fé: a ciência, enquanto permanece ciência, não pode torcer um só cabelo da religião. Por outro lado, o monoteísmo criacionista hebraico-cristão, dessacralizando o mundo, constituiu "a primeira possibilidade fundamental de abrir livremente caminho no Ocidente para a pesquisa sistemática da natureza".*

Em primeiro lugar, é preciso acabar com o erro, bastante difundido, de que a *ciência positiva*, e seu movimento progressivo, tenha podido e possa – enquanto permanecer dentro de seus limites essenciais – torcer um só cabelo da religião. Esta tese é sempre e igualmente falsa, tanto se é sustentada por crentes ou por não crentes. Como as religiões não são formas preliminares nem reproduções da metafísica e da ciência, mas em seu núcleo possuem uma evolução de fato *autônoma*, e uma vez que, por outro lado, uma religião positiva qualquer já preenche o espírito das almas e dos grupos quando aparece uma metafísica ou uma ciência, por isso, se para a pesquisa metafísica e científica, no sentido sociológico de um fenômeno geral, deve tornar "livre" um campo de existência e de objetos, a religião deve, ao contrário, estar sempre submetida a uma modificação espontânea produzida pela sua *própria* energia. Aquilo que faz tremer uma religião dominante nunca é a ciência, mas o *ressecamento* e a *morte* de sua própria fé, de seu *ethos* vivo, isto é, o fato de que no lugar da fé "viva" e do *ethos* "vivo" insinue-se uma fé "morta", um *ethos* "morto", e sobretudo que a fé se torne *reprimida* por *nova* forma germinal de consciência religiosa, e eventualmente também por nova metafísica conquistadora das massas. Os tabus cunhados pelas religiões em vários campos do conhecimento humano, declarando "sagradas" e "objetos de fé" as coisas a eles relacionadas, em razão de seus motivos *especificamente* religiosos ou metafísicos devem perder essa característica de tabu e se tornar objeto da ciência. Apenas onde, por exemplo, um livro considerado "sagrado" perdeu para vastos círculos seu caráter sacral devido a motivos religiosos ou metafísicos, ele pode ser estudado "cientificamente" como uma fonte histórica qualquer. Ou ainda: enquanto para o grupo a natureza estiver cheia de forças divinas e demoníacas dotadas de personalidade e de vontade, à medida que o for, a própria natureza ainda é "tabu" para a ciência. Apenas o impulso religioso para uma idéia espiritual de Deus, uma idéia menos biomórfica, e enquanto tal essencialmente também mais ou menos *monoteísta* – como aparece pela primeira vez no âmbito das vastas *monarquias políticas do Oriente*, intimamente ligada no sentido com essa ordenação monárquica da sociedade –, faz com que a religião se eleve acima dos vínculos das comunidades consangüíneas e tribais; apenas assim se espiritualiza e se desvitaliza a idéia de Deus, tornando, portanto, sempre mais *livre para a pesquisa científica* a natureza esfriada, por assim dizer, na religião e tornada relativamente objetiva e "morta", ou aquela parte da natureza que foi esfriada pela religião. Quem considera as estrelas como divindades visíveis, ainda não está maduro para uma astronomia científica.

O monoteísmo criacionista hebraico-cristão e sua vitória sobre a religião e sobre a metafísica do mundo antigo foi sem dúvida a *primeira* possibilidade fundamental de abrir livremente caminho no Ocidente para a pesquisa sistemática da natureza. Foi um tornar livre a natureza para a ciência, e isso em uma ordem de grandeza que ultrapassa provavelmente tudo aquilo que no Ocidente aconteceu até hoje. O Deus espiritual, dotado de *vontade, trabalhador e criador*, que o grego e o romano não conheceram, foi, independentemente da verdade ou falsidade de sua hipótese, a máxima *santificação da idéia do trabalho e do domínio* sobre as coisas infra-humanas; e ao mesmo tempo operou *a maior desanimação*, mortificação, distanciamento e racionalização da natureza que jamais se verificou, vista em relação às culturas asiáticas e à antiguidade.

M. Scheler,
Sociologia do saber.

Capítulo décimo primeiro

Martin Heidegger: da fenomenologia ao existencialismo

• Martin Heidegger (1889-1976) – a figura mais representativa do existencialismo alemão – foi professor em Marburgo e, a partir de 1929, sucessor de Husserl na cátedra de Friburgo. Em 1933, Heidegger – que havia aderido ao nazismo – torna-se reitor da Universidade de Friburgo e pronuncia o discurso *A auto-afirmação da universidade alemã*. Em 1927 sai o trabalho fundamental de Heidegger: *Ser e tempo*. De 1929 são: *O que é metafísica?* e *Sobre a essência do fundamento*. De 1937 é *Hölderlin e a essência da poesia*; de 1947 é a *Carta sobre o humanismo*; de 1950, *Caminhos interrompidos*; de 1959, *A caminho para a linguagem*.

> Sucessor de Husserl em Friburgo → § 1

• Com *Ser e tempo* Heidegger se propõe construir uma ontologia em grau de estabelecer de modo adequado o *sentido do ser*.

Todavia, para atingir tal objetivo, é necessário saber quem é que propõe a pergunta sobre o sentido do ser. *Ser e tempo* se resolve, assim, em uma *analítica existencial* sobre o ente que se interroga sobre o sentido do ser; entretanto, nos escritos de 1930 em diante tal perspectiva será abandonada para focalizar a atenção sobre o próprio ser, sobre sua auto-revelação.

O homem que se coloca a pergunta sobre o sentido do ser é um homem que já está sempre *em uma situação*, jogado nela; é, justamente, *Da-sein* (Ser-aí). E este homem que é o *Da-sein* é existência, portanto, poder-ser e, portanto, projeto que transforma as coisas em "utensílios": *o ser das coisas equivale ao seu ser utilizadas pelo homem*.

A primeira característica fundamental do homem é, pois, o *ser-no-mundo*. E se o ser-no-mundo é um existencial, ou seja, um traço típico do homem, também o *ser-com-os-outros* é um existencial: não há "um sujeito sem mundo", nem há "um sujeito isolado dos outros". E o ser-no-mundo manifesta-se no *assumir o cuidado das coisas*, o ser-com-os-outros se exprime em *ter cuidado dos outros*, que se torna *autêntico* coexistir se os outros são ajudados a adquirir a liberdade de assumir seus próprios cuidados.

> Analítica existencial: ser-no-mundo; ser-com-os-outros; ser-para-a-morte → § 2-6

Depois do ser-no-mundo e do ser-com-os-outros, o terceiro existencial é o *ser-para-a-morte*. É possível a queda do homem no plano das coisas do mundo, isto é, no plano "ôntico" ou "existentivo" – e isto é a *dejeção* –; mas existe a voz da consciência que chama novamente à *existência autêntica* e que remete o homem do plano ôntico ao ontológico, do existentivo ao existencial. E esta voz da consciência faz entender que a morte é uma possibilidade permanente da existência: ela é a possibilidade de que todas as outras possibilidades se tornem impossíveis. É assim que a morte nos proíbe perder-nos entre os objetos e de afogar nesta ou naquela situação; ela mostra a nulidade de todo projeto. Apenas a compreensão da possibilidade da morte como impossibilidade da existência faz o homem reencontrar seu ser autêntico.

• "Viver-para-a-morte": esta decisão antecipatória constitui o sentido autêntico da existência: a possibilidade do *nada*.

> "O ser-para-a-morte é essencialmente angústia". A *angústia* é experiência reveladora do *nada*, põe o homem diante do nada, ao nada de sentido, ou seja, ao não-sentido de todos os projetos humanos e da própria existência. A angústia põe o homem diante do *nada*. E viver autenticamente implica a coragem de olhar para a possibilidade do próprio não ser; e, com efeito, "*a existência anônima e banal não tem a coragem da angústia diante da morte*". Para a existência autêntica o futuro é um viver-para-a-morte, que não permite que o homem seja arrastado nas possibilidades mundanas.
>
> *A experiência "reveladora" da angústia → § 7-8*
>
> • A análise do Ser-aí, feita em *Ser e tempo*, não revela o sentido do ser, mas o nada da existência. Na realidade, sustenta Heidegger na *Introdução à metafísica* (1953), a metafísica clássica, de Aristóteles até Hegel e Nietzsche, tentou uma impossibilidade; procurou o sentido do ser indagando os entes. A metafísica tradicional identificou o ser com a objetividade, com a simples-presença dos entes; é metafísica que, na realidade, é "física"; física absorvida pelas coisas, que esqueceu o ser, e que está na origem da "técnica", a qual, tornando a realidade – incluindo o homem – puro objeto a ser dominado e manipulado, torna o homem uma coisa entre coisas.
>
> *A "reviravolta" no pensamento de Heidegger: o homem deve ser o pastor do ser → § 9-11*
>
> A *técnica* não é um evento acidental do Ocidente, mas muito mais o produto resultante da reviravolta dada por Platão ao conceito de verdade. Nos primeiros filósofos (Anaximandro, Parmênides, Heráclito) a verdade era *a-létheia*, o des-velar-se do ser. Platão, ao contrário, inverteu a relação entre ser e verdade no sentido de que a verdade estaria no pensamento que julga e que estabelece relações entre realidades, e não no ser que se desvela ao pensamento. E, então, como recuperar a verdade do ser, o seu des-velamento? Para falar da realidade nós usamos nossa linguagem (palavras, regras gramaticais, sintáticas etc.). Mas esta linguagem pode falar dos entes, das coisas, e não do ser. Este desvelamento pode ocorrer apenas por iniciativa do próprio ser. O homem deve ser o *pastor do ser*, um pastor que deve "ser guardião de sua verdade". E o ser se desvela – mas não na linguagem da ciência ou na tagarelice inautêntica –; ele se desvela na linguagem autêntica da poesia: "a linguagem é a casa do ser. Nesta moradia habita o homem. Os pensadores e os poetas são os guardiões dessa moradia". O des-velar-se do ser não é obra do homem; é um dom do ser.

1. Vida e obras

O expoente principal da filosofia da existência é Martin Heidegger. Nascido em Messkirch em 1889, estudou teologia e filosofia. Aluno de H. Rickert, laureou-se em filosofia em 1914 com uma tese sobre *A doutrina do juízo no psicologismo*. Em 1916, como tese de habilitação ao ensino universitário, publicou *A doutrina das categorias e do significado em Duns Escoto*. Professor por alguns anos na Universidade de Marburgo, em 1929 Heidegger sucedeu a Husserl na cátedra de filosofia em Friburgo, dando sua aula inaugural sobre *O que é a metafísica?* Do mesmo ano é o ensaio *Sobre a essência do fundamento* (escrito para o volume miscelâneo publicado em comemoração dos setenta anos de Husserl), bem como o livro *Kant e o problema da metafísica*. Nesse entretempo, em 1927, saíra o trabalho fundamental de Heidegger, *Ser e tempo*.

Em 1933, Heidegger, que aderira ao nazismo, torna-se reitor da Universidade de Friburgo, pronunciando o discurso *A auto-afirmação da universidade alemã*. Mas pouco depois se demitiu do cargo de reitor. Seus escritos posteriores a esse período são: *Hölderlin e a essência da poesia* (1937), *A doutrina de Platão sobre a verdade* (1942), republicado em 1947, juntamente com a *Carta sobre o humanismo*; *A essência da verdade* (1943); *Caminhos interrompidos* (1950); *Introdução à metafísica* (1953); *O que é a filosofia?* (1956), *A caminho rumo à linguagem* (1959); *Nietzsche* (1961), em dois volumes. Heidegger morreu em 1976.

2 Da fenomenologia ao existencialismo

O objetivo declarado de *Ser e tempo* é o de uma ontologia capaz de determinar adequadamente o *sentido do ser*. Mas, para alcançar esse objetivo, é preciso analisar quem é que se propõe a pergunta sobre o sentido do ser. Enquanto *Ser e tempo* se resume em uma *analítica existencial* sobre aquele ente (o homem) que se propõe a pergunta sobre o sentido do ser, os escritos de 1930 em diante abandonam a proposição originária: não se trata mais de analisar *aquele ente* que procura caminhos de acesso ao ser, mas sim o próprio ser e sua autorevelação. E aqui, precisamente, reside a "reviravolta" do pensamento de Heidegger, que, no segundo período de sua filosofia, prescinde da existência, que se torna uma determinação não essencial do ser. Escreve ele: "A história do ser rege e determina toda condição e situação humana".

3 O Ser-aí e a analítica existencial

A intenção da obra *Ser e tempo*, diz Heidegger, é "a elaboração concreta do problema do sentido do 'ser' ". Entretanto, o problema do sentido do ser propõe imediatamente a interrogação: "A respeito de *qual* ente deve ser compreendido o sentido do ser?"

Pois bem, prossegue Heidegger, "se o problema do ser deve ser proposto explicitamente em toda a sua transparência, então [...] torna-se necessário evidenciar as maneiras de penetração no ser, de compreensão e de posse conceitual de seu sentido, bem como a solução da possibilidade de escolha correta do ente exemplar e a indicação do caminho autêntico de acesso a esse ente.

Martin Heidegger (1889-1976), sucessor de Husserl na Universidade de Friburgo, é a figura mais representativa da filosofia da existência.

Penetração, compreensão, solução, escolha, acesso — são momentos constitutivos da busca e, ao mesmo tempo, modos de ser de determinado ente, mais precisamente *daquele ente que, nós que o buscamos, já somos"*.

Por tudo isso, "elaboração do problema do ser significa, portanto, o tornar-se transparente de um ente, pôr aquele que busca em seu ser". E nisso consiste a *analítica existencial*.

O homem, portanto, é o ente que se propõe a pergunta sobre o sentido do ser. Por isso, a proposição correta do problema do sentido do ser requer uma explicitação preliminar daquele ente que se propõe a pergunta sobre o sentido do ser: e "esse ente, que nós mesmos já somos sempre, e que tem, entre as outras possibilidades de ser, a de buscar, nós o indicamos com o termo *Ser-aí (Dasein)*".

Considerado em seu modo de ser, o homem é precisamente *Da-sein*, ou seja, ser-aí. E o *"da"* (*aí*) indica o fato de que o homem está sempre em uma *situação*, lançado nela e em relação ativa com ela.

O *Ser-aí*, isto é, o homem, não é somente aquele ente que propõe a pergunta sobre o sentido do ser, mas é também aquele ente que não se deixa reduzir à noção de ser aceita pela filosofia ocidental, que identifica o ser com a objetividade, ou seja, como diz Heidegger, com a *simples-presença*. As coisas são certamente diversas uma da outra, mas todas são objetos (*ob-jecta*) colocados diante de mim: e nesse seu *estar presente* a filosofia ocidental viu o ser.

Mas o homem não pode se reduzir a objeto puro e simples no mundo; o Ser-aí jamais é uma simples-presença, uma vez que ele é precisamente aquele *ente para o qual as coisas estão presentes*.

O modo de ser do Ser-aí é a existência: "A 'natureza', a 'essência' do Ser-aí consiste em sua existência". A essência da existência é dada pela *possibilidade*, que não é possibilidade lógica vazia nem simples contingência empírica. O ser do homem é sempre uma

■ **Existentivo – existencial.** Este par de conceitos heideggerianos é explicado da maneira seguinte por Gianni Vattimo, fino intérprete de Heidegger: "Os adjetivos 'existentivo' e 'existencial' (*existenziell* e *existenzial*) aludem à distinção entre o problema da própria existência (são existentivos os problemas concretos que encontramos para resolver dia a dia em todos os níveis [...]) e o problema da existência que se põe em nível reflexo, poderemos dizer o problema sobre a existência".
Nas palavras de Heidegger: "O problema da existência não pode ser posto claramente a não ser no próprio existir. A compreensão de si mesmo que serve de guia *neste caso* nós a chamamos de *existentiva*. [...] O problema a respeito dela [a existência] focaliza, ao contrário, a discussão daquilo que constitui a existência. Ao conjunto dessas estruturas damos o nome de *existencialidade*. A analítica dela não tem o caráter de uma compreensão existentiva, mas o de uma compreensão *existencial*".

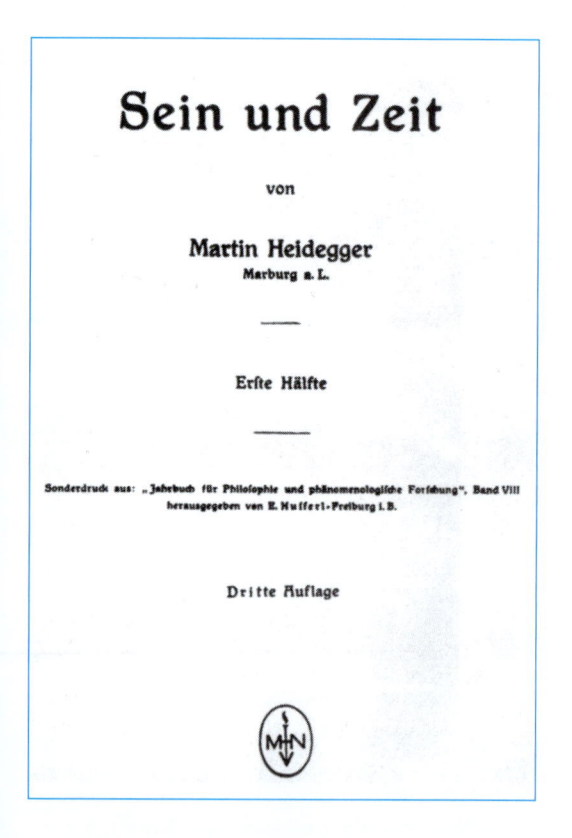

Frontispício da terceira edição de Sein und Zeit *(Ser e tempo).*
A primeira edição é a que foi publicada em Halle, em 1927.

possibilidade a atuar e, conseqüentemente, o homem pode escolher-se, isto é, pode conquistar-se ou perder-se.

Neste sentido, o Ser-aí (ou homem) é "o ente que depende de seu ser" e "a existência é decidida, no sentido da posse ou da ruína, somente por cada Ser-aí individual".

4 O ser-no-mundo

O homem é aquele ente que se interroga sobre o sentido do ser. O homem não pode reduzir-se a simples objeto, isto é, a simples estar-presente. O modo de ser do homem é a existência. A existência é poder-ser. Mas poder ser significa *projetar*. Por isso, a existência é essencialmente *transcendência*, identificada por Heidegger com a ultrapassagem. Desse modo, para ele, a transcendência não é um entre os muitos possíveis comportamentos do homem, e sim sua constituição fundamental: o homem é projeto e as coisas do "mundo" são originariamente *utensílios* em função do projetar humano.

Tudo isso nos introduz à tratação da característica fundamental do homem que Heidegger chama de *ser-no-mundo*. O homem está-no-mundo. Mas, como o homem é constitutivamente projeto, o mundo — diferentemente do que pensava Husserl — não é originariamente uma realidade a contemplar, e sim muito mais um conjunto de *instrumentos "para" o homem*, um conjunto de utensílios, ou seja, de coisas a utilizar, *à mão*, e não de coisas a contemplar como *presentes*. A existência é poder-ser, projeto, transcendência em relação ao mundo: estar-no-mundo, portanto, significa *originariamente* fazer do mundo o projeto das ações e dos comportamentos possíveis do homem.

A transcendência institui o projeto ou esboço de um mundo: ela é um ato de liberdade — aliás, para Heidegger, é a própria liberdade. Entretanto, se é verdade que qualquer projeto radica-se em um ato de liberdade, também é verdade que todo projeto limita imediatamente o homem que se encontra dependente das necessidades e limitado pelo conjunto daqueles utensílios que é o mundo. Estar-no-mundo, pois, significa para o homem *cuidar* das coisas necessárias a seus projetos, e *ter a ver* com uma realidade-utensílio, meio para sua vida e para suas ações.

Sendo o Ser-aí constitutivamente projeto, o mundo existe como conjunto de coisas utilizáveis: o mundo vem a ser graças a seu ser utilizável. *O ser das coisas equivale ao seu ser utilizadas pelo homem.* O homem, portanto, não é um espectador do grande teatro do mundo: o homem está no mundo, envolvido nele, em suas vicissitudes. E transformando o mundo, ele forma e se transforma a si mesmo. A atitude teórica e contemplativa do espectador desinteressado (na qual Husserl tanto insistira, bem como a tradição filosófica ocidental em geral) é somente um aspecto da mais ampla e geral utilizabilidade das coisas. As coisas são sempre instrumentos: se for conveniente, poderão ser vistas como instrumentos que satisfazem um prazer estético; mas, se o consideramos útil, poderão ser vistas "objetivamente", isto é, cientificamente, tendo como fundo um projeto total. O homem compreende uma coisa quando sabe o que fazer dela, do mesmo modo como compreende a si mesmo quando sabe o que pode fazer consigo, isto é, quando sabe o que pode ser.

5 O ser-com-os-outros

Se o ser-no-mundo (*in der-Welt-sein*) é um existencial, também o ser-com-os-outros (*Mit-sein*) é um existencial. Não há "um sujeito sem mundo" e, ao mesmo tempo, não existe "um eu isolado sem os outros": os outros não são inferidos como outros "eus"; eles são dados, ao invés, como outros "eus", desde a origem. Sendo a existência constitutivamente abertura, desde a origem os outros "eus", como tais, participam do mesmo mundo no qual eu vivo.

■ **Dejeção.** Com este conceito Heidegger entende a queda do homem no plano das coisas do mundo, ou seja, a queda da existência ao nível da inautenticidade e banalidade das vicissitudes quotidianas.
"O estado da *dejeção* é aquele em que a existência se distancia de si, esconde a si mesma sua possibilidade própria (que é a da morte) e se abandona ao modo de ser anônimo que se caracteriza pela tagarelice, pela curiosidade e pelo equívoco" (N. Abbagnano).

Por outro lado, assim como o ser-no-mundo do homem se expressa pelo *cuidar das coisas*, do mesmo modo o seu ser-com-os-outros se expressa pelo *cuidar dos outros*, coisa que constitui a estrutura basilar de toda possível relação entre os homens. E o cuidar dos outros pode tomar duas direções: na primeira, procura-se subtrair os outros de seus cuidados; na segunda, procura-se ajudá-los a conquistar a liberdade de assumir seus próprios cuidados. No primeiro caso, temos um simples "estar junto" e estamos diante de uma forma *inautêntica* de coexistência; no segundo caso, ao contrário, temos um *autêntico* "coexistir".

6. O ser-para-a-morte, existência inautêntica e existência autêntica

O Ser-aí *é* e *tem de ser*; isto é, o homem se encontra sempre em uma situação e enfrenta essa situação graças a seu projetar. Mas, quando volta seus "cuidados" para o plano "ôntico" ou "existentivo", isto é, ao plano dos *entes* em sua factualidade, o homem permanece na *existência inautêntica*. Nesta, o homem manipula as coisas, utiliza-as e estabelece relações sociais com outros homens. Todos esses projetos, porém, em uma espécie de vertigem, atiram o homem para o nível dos *fatos*. A utilização das coisas se transforma em fim em si mesma. A linguagem se transforma então no *palavrório* da existência anônima subjacente ao axioma "as coisas são assim porque assim *se diz*".

Essa existência anônima procura encher o vazio que a caracteriza, recorrendo continuamente ao novo: ela se afoga na *curiosidade*. E, por fim, além do palavrório e da curiosidade, a terceira característica da existência inautêntica é o *equívoco*: a individualidade das situações, em uma existência devorada pelo palavrório e pela curiosidade, desvanece na neblina do equívoco. A existência inautêntica é existência anônima: é a existência do "*se diz*" e do "*se faz*".

A análise existencial revela que a existência anônima é um *poder ser* constitutivo do homem. E, segundo Heidegger, o que se encontra na base desse poder-ser é a *dejeção*, ou seja, a queda do homem no plano das coisas do mundo. Entretanto, existe a *voz da consciência*, que chama à existência, quando então nos colocamos não mais no plano

■ **Ôntico – ontológico.** Ainda Gianni Vattimo: "O termo 'ôntico' constitui com 'ontológico' um par de conceitos paralelo a existentivo-existencial, mesmo que os significados não se sobreponham completamente. Ôntica é toda consideração, teórica ou prática, do ente que pára nas características do ente como tal, sem colocar em questão seu ser; ontológica, ao contrário, é a consideração do ser que focaliza o ser do ente".
Nas palavras de Heidegger: a "descrição do ente intramundano" é ôntica; a "interpretação do ser deste ente" é ontológica. Procurando ser ainda mais claros: a descrição dos objetos efetuada, por exemplo, pela ciência é uma descrição ôntica; o discurso sobre o sentido da realidade e da própria ciência é questão ontológica.

"ôntico" ou "existentivo", e sim no plano "ontológico" ou "existencial", procurando o sentido do *ser* dos entes, isto é, o sentido do seu existir.

A voz da consciência traz de novo o homem envolvido pelos cuidados para diante de si mesmo, remetendo-o à questão do que ele é no mais profundo do seu ser e que não pode ocultar. Como já sabemos, a existência é poder-ser; e é nesse poder-ser que se baseia o projetar ou transcender do homem. Mas todo projetar leva o homem ao nível das coisas e do mundo.

Tudo isso quer dizer que os projetos e as escolhas do homem, no fundo, são todos equivalentes: posso dedicar minha vida ao trabalho, ao estudo, à riqueza ou a qualquer outra coisa, mas posso ser homem *seja* escolhendo uma possibilidade, *seja* escolhendo outra. É por essa razão que, considerando como última e decisiva uma dessas escolhas ou possibilidades, o homem *se decide por* e *se dispersa em* uma existência inautêntica.

Entretanto, entre as várias possibilidades, há uma diferente das outras, à qual o homem não pode escapar: trata-se da *morte*. Com efeito, posso decidir dedicar minha vida a um objetivo ou a outro, posso escolher uma profissão ou outra, mas não posso deixar de morrer. E então, quando a morte torna-se realidade, não há mais existência. Isso nos faz entender que, enquanto há o existente, a morte é possibilidade permanente, e essa é *a possibilidade de que todas as outras possibilidades se tornem impossíveis*. Diz Heidegger: "Enquanto possibilidade, a morte não dá ao homem nada a realizar". Ela é a possibilidade da impossibilidade de todo projeto e, com isso, de toda existência: com efeito, com a morte, não há outras possibilidades a escolher nem novos projetos a realizar.

A voz da consciência, por conseguinte, nos remete ao sentido da morte e revela a nulidade de todo projeto: na perspectiva da morte, todas as situações singulares aparecem como possibilidades que podem se tornar impossíveis. Desse modo, a morte impede que alguém se fixe em uma situação, mostra a nulidade de todo projeto e funda a historicidade da existência.

A existência autêntica, portanto, é um ser-para-a-morte. Somente compreendendo a impossibilidade da morte como possibilidade da existência, e somente assumindo essa possibilidade com decisão antecipada, o homem encontra seu ser autêntico. Texto 1

7 A coragem diante da angústia

O "viver para a morte" constitui, portanto, o sentido autêntico da existência. O "viver-para-a-morte" nos afasta do estar submerso nos fatos e nas circunstâncias.

A antecipação da morte (que não significa de modo algum realizá-la pelo suicídio) dá sentido ao ser dos entes, mediante a experiência do seu *nada* possível.

Essa experiência, no entanto, não se tem por obra de ato intelectivo, e sim, muito mais, por meio do sentimento específico que é a *angústia*: "O ser-para-a-morte é essencialmente angústia". A angústia põe o homem diante do *nada*, do nada de sentido, isto é, do não-sentido dos projetos humanos e da própria existência.

Existir autenticamente implica ter a coragem de olhar de frente a possibilidade do próprio não-ser, de sentir a angústia do ser-para-a-morte. A existência autêntica, por conseguinte, significa a aceitação da própria finitude. E é a essa aceitação que nos conclama a voz da consciência: *a aceitação da nossa própria finitude e negatividade*.

A existência inautêntica e anônima, ao contrário, tem medo da angústia diante da morte, de modo que, para escapar à angústia, a existência anônima ocupa-se muito com as coisas e afunda no reino do *se* (*man*): "*a existência anônima e banal não tem a coragem da angústia diante da morte*". E isso pode ser visto no fato de que a existência anônima banaliza a angústia no medo: "o medo é uma angústia que decaiu ao nível do mundo, inautêntica e oculta para si mesma como angústia". Sempre se tem medo de alguma coisa; ao passo que nos angustiamos *por nada*: na angústia está presente o nada, com seu poder de aniquilação.

8 O tempo

Dado que a existência é possibilidade e projeto, escreve Heidegger em *Ser e*

■ **Angústia.** Por meio da experiência da *angústia* Heidegger escancara uma característica fundamental da existência autêntica: o ser-para-a-morte, ou seja, a aceitação da morte enquanto "possibilidade absolutamente própria, incondicionada e intransponível do homem".
A angústia é a experiência que revela ao homem a presença do nada, do nada de sentido, ou, como escreve Heidegger em *Ser e tempo*, "da impossibilidade possível de sua existência". A angústia não é medo de perigos e sequer medo da própria morte; ela, muito mais, permite ao homem compreender a impossibilidade da própria existência. Não é lícito, em suma, confundir a angústia com o medo: "O medo encontra seu ponto de apoio no ente do qual se toma cuidado dentro do mundo. A angústia, ao contrário, brota do próprio Ser-aí. O medo chega repentinamente do intramundano. A angústia ergue-se do ser-no-mundo enquanto jogado ser-para-a-morte".
Temos medo *de alguma coisa*; angustiamo-nos *de nada*. E na angústia se ergue a *voz da consciência* que convoca à aceitação da própria finitude; enquanto "*a existência anônima e banal não tem a coragem da angústia diante da morte*".

tempo, entre as determinações do tempo (passado, presente e futuro) a fundamental é o *futuro:* "O projetar-se-adiante para o 'em-vista-de-si-mesmo', projetar-se que se baseia no futuro, é característica essencial da *existencialidade. Seu sentido primário é o futuro".

Entretanto, o *cuidado,* que antecipa as possibilidades, surge do passado e o implica. E entre passado e futuro está o ocupar-se com as coisas que é o presente. Essas três determinações do tempo encontram seu significado em seu ser "fora de si": o futuro é um protender-se, o presente é estar preso às coisas e o passado é retornar à situação de fato para aceitá-la.

Essa é a razão pela qual Heidegger chama os três momentos do tempo de *êxtase,* entendido em seu sentido etimológico de "estar fora".

Em todo caso, as três determinações do tempo mudam com base no fato de se tratar de *tempo autêntico* ou de *tempo inautêntico,* sendo o tempo autêntico o da existência autêntica e o tempo inautêntico tipificado pela preocupação com o sucesso, é a *atenção* para com o êxito; ao passo que na existência autêntica, que assume a morte como possibilidade que qualifica a existência, o futuro é um viver para a morte que não permite ao homem ser envolvido pelas possibilidades mundanas.

E se o passado autêntico é o não aceitar passivamente a tradição, mas confiar nas possibilidades que a tradição nos oferece e reviver a possibilidade do homem que já foi, o presente autêntico é o *instante,* em que o homem repudia o presente inautêntico (onde o homem é absorvido sem descanso pelas coisas a fazer) e decide seu destino.

Dessa análise do tempo, entre outras coisas, derivam algumas conseqüências importantes no pensamento de Heidegger:

1) Os significados do tempo usados no pensamento comum e na ciência (a databilidade e a medida científica do tempo) constituem tempo inautêntico, já que remetem à existência lançada entre as coisas do mundo.

2) A existência autêntica é a existência angustiada, que vê a insignificância de todos os projetos e fins do homem. Essa insignificância torna todos os projetos equivalentes. Pondo o homem diante da equivalente nulidade dos fins, a angústia dá ao indivíduo a *possibilidade* de aceitar o próprio tempo e a ele permanecer fiel, ou seja, assumir como próprio o destino da comunidade humana à qual pertence, em uma espécie de *amor fati.*

Em outros termos, o homem que vive autenticamente continua a viver a vida, por assim dizer, banal de seu tempo e de seu povo, mas a vive com todo aquele afastamento próprio de quem, com a experiência antecipadora da morte, teve a revelação do nada dos projetos humanos e da existência humana.

9. A metafísica ocidental como "esquecimento do ser"

A tarefa declarada de *Ser e tempo* é a de determinar o sentido do ser. Entretanto, essa interrogação — que se desdobrou na analítica existencial, ou seja, na análise das estruturas da existência — teve como resultado o de que o sentido do ser não pode ser obtido pela interrogação de um ente. A análise da existência mostra que a existência autêntica é o nada de todo projeto e o nada da própria existência. A análise do Ser-aí, isto é, daquele ente privilegiado que se propõe a pergunta sobre o sentido do ser, não revela o sentido do ser, e sim o nada da existência.

Essas considerações são explicitadas por Heidegger em sua *Introdução à metafísica* (1953), que se apresenta como crítica radical da metafísica clássica. De Aristóteles a Hegel e ao próprio Nietzsche, a metafísica clássica fez o que a analítica existencial mostrou ser impossível: procurou o sentido do ser indagando os entes. A metafísica identificou o ser com a objetividade, isto é, com a simples presença dos entes. Desse modo, ela não é metafísica, senão "física" absorvida pelas coisas, que esqueceu o ser e que, aliás, leva ao esquecimento desse esquecimento. Heidegger diz que Platão foi o primeiro responsável pela degradação da metafísica a física. Os primeiros filósofos (Anaximandro, Parmênides, Heráclito) conceberam a verdade como um *desvelar-se* do ser, como provaria o sentido etimológico de *alétheia,* onde *lanthánō* (velar) é precedido do *alfa* privativo. Entretanto, Platão rejeitou a verdade como "não-ocultamento" do ser e subverteu a relação entre ser e verdade, baseando o ser na verdade, no sentido de que a verdade estaria no pensamento que julga e estabelece relações entre os próprios "conteúdos" ou "idéias", e não no ser que se desvela ao pensamento. Desse modo, o ser deveria se finalizar e relativizar para a mente humana, aliás, para a linguagem dela.

10. A linguagem da poesia como linguagem do ser

Entretanto, o patrimônio de palavras, de regras lógicas, gramaticais e sintáticas, que é a linguagem, estabelece limites intransponíveis ao que podemos dizer. A linguagem do homem pode falar dos entes, mas não do ser. Por isso, a revelação do ser não pode ser obra de um ente, ainda que privilegiado como o Ser-aí, mas só pode se dar através da iniciativa do próprio ser. Aí reside a "reviravolta" do pensamento de Heidegger. O homem não pode desvelar o sentido do ser. Ele deve ser o *pastor do ser* e não o senhor do ente. E sua dignidade "consiste em ser chamado pelo próprio ser para ser o guarda de sua verdade". Por isso, é preciso elevar a filosofia de sua deformação "humanista" até o "mistério" do ser, a seu desvelar-se originário. Mas onde ocorre esse desvelar-se do ser? Diz Heidegger que o ser se desvela na linguagem, não na linguagem científica própria dos entes, ou na linguagem inautêntica do palavrório, e sim na linguagem autêntica da poesia. Escreve ele na *Carta sobre o humanismo*: "A linguagem é a casa do ser. E nessa morada habita o homem. Os pensadores são os guardiães dessa morada". Na forma auroral da poesia, a palavra tinha caráter "sacral": língua originária, a poesia deu nomes às coisas e fundou o ser.

Essa fundação do ser, porém, especificada por Heidegger em *Hölderlin e a essência da poesia* (1937), não é obra do homem, e sim dom do ser. Na linguagem do poeta, não é o homem que fala, e sim a própria linguagem — e, nela, o ser. Conseqüentemente, a justa atitude do homem em relação ao ser é a do silêncio para ouvi-lo; o *abandono (Gelassenheit)* ao ser é o único comportamento correto. O homem deve,

Frontispício de Was Heisst Denken? *(O que significa pensar?), de Martin Heidegger (1954). A esta pergunta Heidegger assim respondia: "Denken ist danken" ("pensar é agradecer"). Em uma reflexão, o biblista G. Ravasi comentava a respeito: "O louvor, o agradecimento são a própria alma do pensamento. O homem racional é um homem orante".*

portanto, tornar-se *livre* para a *verdade*, concebida como desvelamento do ser. E, assim, liberdade e verdade se identificam. E, como a verdade, também a liberdade é dom do ser ao homem, uma iniciativa do ser.

Texto 2

11 A técnica e o mundo ocidental

São, portanto, os "pensadores essenciais" (como Anaximandro, Parmênides, Heráclito e Hölderlin) as testemunhas ou os ouvintes da voz do ser, e não a metafísica ocidental. O *senhor do ente* não é o *pastor do ser*.

Mas o homem ocidental, precisamente por força daquela "física" que pretendia ser "metafísica", transformou-se em senhor do ente.

A reviravolta operada por Platão no conceito de verdade e, com isso, no destino da metafísica, explica o destino do Ocidente e o primado da técnica no mundo moderno.

A técnica não é instrumento neutro nas mãos do homem, que pode usá-la para o bem ou para o mal, nem constitui acontecimento acidental no Ocidente.

Para Heidegger, a realidade é que a técnica é o resultado natural daquele desenvolvimento pelo qual, esquecendo o Ser, o homem se deixou arrastar pelas coisas, tornando a realidade puro objeto a dominar e a desfrutar.

E esse comportamento, que não se deterá sequer quando chega, como acontece hoje, a ameaçar as bases da própria vida, é comportamento que se tornou onívoro; trata-se de uma fé, a fé na técnica como domínio sobre tudo.

HEIDEGGER

1 A morte é "uma iminência ameaçadora *específica*"

> *"A morte é para o ser-aí a possibilidade de não-poder-mais ser-aí [...]. A morte é a possibilidade da pura e simples impossibilidade do ser-aí. Assim, a morte se revela como a possibilidade mais própria, incondicionada e insuperável".*

A morte ameaça o ser-aí. A morte não é de fato uma simples presença que ainda não foi atuada, não é um faltar último reduzido *ad minimum*, mas é, antes de tudo, uma iminência que ameaça.

Mas ao ser-aí, como ser-no-mundo, muitas coisas ameaçam. O caráter de iminência ameaçadora não é exclusivo da morte. Uma interpretação do gênero poderia fazer crer que a morte seria um evento que se encontra no mundo, ameaçador em sua iminência. Um temporal pode ameaçar como iminente. A reparação de uma casa, a chegada de um amigo, podem ser iminentes; coisas estas que são simples-presenças, ou utilizáveis ou co-presenças. A ameaça da morte não tem um ser deste gênero.

Porém, pode ameaçar o ser-aí, por exemplo, também uma viagem, uma explicação com outros, a renúncia a algo que o próprio ser-aí pode ser: possibilidades, estas, que pertencem ao ser-aí e que se baseiam no ser com os outros.

A morte é uma possibilidade de ser que o próprio ser-aí deve sempre assumir por si. Na morte o ser-aí ameaça a si próprio em seu poder-ser *mais próprio*. Nessa possibilidade isso ocorre para o ser-aí puramente e simplesmente por causa de seu ser-no-mundo. A morte é para o ser-aí a possibilidade de não-poder-mais-ser-aí. Como nessa possibilidade o ser-aí ameaça a si próprio, ele é *completamente* remetido ao próprio poder-ser mais próprio. Esta possibilidade absolutamente própria e incondicionada é, ao mesmo tempo, a extrema. Em sua qualidade de poder-ser, o ser-aí não pode superar a possibilidade da morte. A morte é a possibilidade da pura e simples impossibilidade do ser-aí. Assim, a morte se revela como a possibilidade *mais própria, incondicionada e insuperável*. Como tal é iminência ameaçadora *específica*. [...]

Esta possibilidade mais própria, incondicionada e insuperável, o ser-aí não a cria acessória e ocasionalmente no decurso de seu ser. Se o ser-aí existe, já é também jogado nessa possibilidade. Em primeiro lugar e em geral o ser-aí não tem nenhum "conhecimento", explícito ou teórico, de estar entregue à morte e que esta faça parte de seu ser-no-mundo. O ser-jogado na morte se lhe revela do modo mais originário e penetrante na situação emotiva da angústia. A angústia diante da morte é angústia "diante" do poder-ser mais próprio, incondicionado e insuperável. [...] A angústia não deve ser confundida com o medo diante do falecimento. Ela não é de modo nenhum uma tonalidade emotiva de "depressão", contingente, casual, à mercê do indivíduo; enquanto situação emotiva fundamental do ser-aí, ela constitui a abertura do ser-aí ao seu existir como ser-jogado para seu próprio fim. Torna-se claro, assim, o conceito existencial do morrer como ser-jogado no poder-ser mais próprio, incondicionado e insuperável, e se aprofunda a diferença em relação ao simples desaparecer, ao puro deixar de viver e à "experiência vivida" do falecimento.

O ser-para-o-fim não é o resultado de uma deliberação repentina e irregular, mas faz parte essencial do ser-jogado do ser-aí, tal como se revela, em um ou outro modo, na situação emotiva [...].

A interpretação pública do ser-aí diz: "morre-se"; mas, como se alude sempre a cada um dos outros e a nós na forma do *se* anônimo, subentende-se: de vez em quando não sou eu. Com efeito, o *se* é o ninguém. O "morrer" é de tal modo nivelado a um evento que certamente se refere ao ser-aí, mas não concerne a ninguém propriamente. Nunca como neste discurso a respeito da morte torna-se claro que o palavreado é acompanhado sempre do equívoco. O morrer, que é meu de modo absolutamente insubstituível, confunde-se com um fato de comum acontecimento que sucede ao *se*. Esse discurso típico fala da morte como de um "caso" que tem lugar continuamente. Ele faz passar a morte como algo que é sempre já "acontecido", ocultando seu caráter de possibilidade e, portanto, as características de incondicionabilidade e de insuperabilidade. Com esse equívoco o ser-aí coloca-se na condição de perder-se no *se*, justamente em relação ao poder-ser que mais do que qualquer outro constitui seu si-próprio mais próprio. O *se* fundamenta e aprofunda a *tentação* de ocultar a si próprio em relação ao ser-para-a-morte mais próprio.

Esse movimento de driblar a morte, ocultando-a, domina a tal ponto a quotidianidade que, no ser-junto, "os parentes mais próximos" vão freqüentemente repetindo ao "moribundo" que ele certamente escapará da morte e poderá voltar à tranqüila quotidianidade do mundo da qual cuidava. Esse "cuidava" quer assim "consolar" o "moribundo". As pessoas se preocupam em remetê-lo ao ser-aí, ajudando-o a esconder de si mesmo a possibilidade de seu ser mais própria, incondicionada e insuperável. O *se preocupa-se com uma constante tranqüilização em relação à morte*. Na realidade, isso não vale apenas para o "moribundo", mas igualmente para os "consoladores". É também em caso de falecimento, o público não deve ser perturbado em sua tranqüilidade e em seu preocupar-se despreocupado. Não é raro se ver na morte dos outros uma perturbação social ou até falta de tato, em relação à qual a vida pública deve tomar suas medidas.

Com essa tranqüilização que subtrai ao ser-aí a sua morte, o *se* assume o direito e a pretensão de regular tacitamente o modo com que se deve, em geral, comportar diante da morte. Já o "pensar na morte" é considerado publicamente um temor pusilânime, uma fraqueza do ser-aí e uma fuga lúgubre do mundo. *O se não tem a coragem da angústia diante da morte*. O predomínio da interpretação pública do *se* já sempre decidiu a respeito da situação emotiva que deve predominar em relação à morte. Na angústia diante da morte, o ser-aí é conduzido diante de si próprio enquanto remetido à sua possibilidade insuperável. O *se* preocupa-se em transformar esta angústia em medo diante de um evento que sobrevirá. A angústia, banalizada equivocamente em medo, é apresentada como uma fraqueza que um ser-aí seguro de si não deve conhecer. [...]

O ser-aí, enquanto ser-jogado-no-mundo, já foi sempre entregue à própria morte. Existindo para a própria morte, ele morre efetiva e constantemente até que não tenha chegado a seu próprio falecimento. Que o ser-aí morra efetivamente significa, além disso, que ele já sempre decidiu, de um ou de outro modo, quanto a seu ser-para-a-morte. O desvio quotidiano e degenerativo diante da morte é o ser-para-a-morte *inautêntico*. Mas a inautenticidade tem na sua base a autenticidade possível. A inautenticidade caracteriza um modo de ser em que o ser-aí pode extraviar-se – e no mais das vezes se extraviou – mas no qual não é obrigado a se extraviar necessária e constantemente. [...]

A morte, enquanto possibilidade, não oferece nada "a realizar" para o homem e nada que ele possa ser como realidade atual. Ela é a possibilidade da impossibilidade de todo comportamento para..., de todo existir. Na antecipação esta possibilidade se torna "sempre maior", revela-se tal sem conhecer nenhuma medida, nenhum mais ou menos, ou seja, revela-se como a possibilidade da incomensurável impossibilidade da existência. Em conformidade com sua essência, tal possibilidade não oferece nenhum ponto de apoio para projetar-se na direção de algo, para "colorir" o real possível e, portanto, esquecer a possibilidade. O ser-para-a-morte, como antecipação da possibilidade, *torna possível* a possibilidade e a torna livre como tal.

O ser-para-a-morte é a antecipação de um poder-ser daquele ente cujo modo de ser é o próprio antecipar-se. Na descoberta antecipatória deste poder-ser, o ser-aí se abre a si mesmo em relação à sua possibilidade extrema. Mas projetar-se sobre o poder ser mais próprio significa: poder compreender a si próprio dentro do ser do ente assim desvelado: existir. O antecipar-se revela-se como a possibilidade da compreensão do poder-ser *mais próprio* e extremo, isto é, como a possibilidade da existência *autêntica*. [...] A morte é a possibilidade *mais própria* do ser-aí.

A posssibilidade mais própria e incondicionada é insuperável. O ser para esta possibilidade faz o ser-aí compreender que sobre ele incumbe, como extrema possibilidade de sua existência, a renúncia a si mesmo. A antecipação não evade a insuperabilidade, assim como o faz o ser-para-a-morte inautêntico, mas, ao contrário, torna-se livre para ela. O antecipatório tornar-se livre para a própria morte liberta da dispersão nas possibilidades que se apresentam casualmente, de modo que as possibilidades efetivas, ou seja, situadas aquém da insuperável, podem ser compreendidas e escolhidas autenticamente. A antecipação manifesta à existência, como sua possibilidade extrema, a renúncia a si mesma, dissolvendo de tal modo toda solidificação sobre posições existenciais alcançadas.

A situação emotiva que pode manter aberta a constante e radical ameaça que incumbe sobre o si-mesmo – ameaça que provém do mais próprio e isolado ser do ser-aí – é a angústia. Nela o ser-aí encontra-se diante do nada da possível impossibilidade da própria existência. A angústia se angustia por causa do poder-ser do ente assim constituído, e abre de tal modo sua possibilidade extrema. Como a antecipação isola totalmente o ser-aí e nesse isolamento faz com que ele se torne certo da totalidade de seu poder-ser, a situação emotiva fundamental da angústia pertence a esta autocompreensão do ser-aí em seu próprio fundamento. O ser-para-a-morte é essencialmente angústia.

M. Heidegger,
Ser e tempo.

Capítulo décimo primeiro – Martin Heidegger: da fenomenologia ao existencialismo

2 "No tempo da noite do mundo o poeta canta o sagrado"

> "*Poetas são os mortais que [...] seguem as pegadas dos deuses que fugiram, permanecem sobre essas pegadas, e assim reencontram a direção da reviravolta para seus irmãos mortais*".

"...E por que os poetas no tempo da pobreza?", pergunta a elegia de Hölderlin *Pão e vinho*. Hoje compreendemos com dificuldade a pergunta. Como poderemos entender a resposta que Hölderlin dá?

"...E por que os poetas no tempo da pobreza?". A palavra "tempo" alude à época da qual nós ainda hoje somos parte. Com a vinda e o sacrifício de Cristo teve início, segundo a concepção histórica de Hölderlin, o fim do dia dos deuses. Caiu a tarde. Desde quando os "três que são um" – Hércules, Dioniso e Cristo – deixaram o mundo, a tarde do tempo mundano caminha para a noite. A noite do mundo estende suas trevas. Doravante a época caracteriza-se pela ausência de Deus, pela "falta de Deus". A falta de Deus, como é sentida por Hölderlin, não nega a persistência de um comportamento cristão para com Deus da parte dos indivíduos e das Igrejas, e não avalia essa relação de modo negativo. A falta de Deus significa que não há mais nenhum Deus que reúna em si, visível e claramente, os homens e as coisas, ordenando com esta reunião a história universal e a estadia dos homens nela. Mas, na falta de Deus, manifesta-se algo ainda pior. Não só os deuses e Deus fugiram, mas apagou-se o esplendor de Deus na história universal. O tempo da noite do mundo é o tempo da pobreza porque se torna sempre mais pobre. Já se tornou tão pobre que não pode reconhecer a falta de Deus como falta.

Por causa desta falta também o mundo perde todo fundamento que fundamente. Falta de fundamento ou abismo é uma expressão que originariamente significa o terreno, o fundo para o qual, como extremo da profundidade, algo pende ao longo da própria pendência. A seguir o termo passa a significar a falta completa de fundamento. O fundamento é o terreno sobre o qual enraizar-se e ficar de pé. A época à qual falta o fundamento pende sobre o abismo. Posto que, em geral, a esta época esteja ainda reservada uma reviravolta, esta poderá ocorrer apenas se o mundo se revirar de cima até embaixo, isto é, caso se revire a partir do abismo. Na época da noite do mundo o abismo deve ser reconhecido e sofrido até o fundo. Mas, para que isso ocorra, é preciso que haja aqueles que chegam ao abismo.

A reviravolta da época não acontece porque um novo Deus irrompe ou porque o velho sai fora de seu esconderijo. Em que lugar poderiam se estabelecer se os homens não lhes houvessem preparado um lugar? Como poderia subsistir um lugar adequado para Deus se antes não se difundisse o esplendor da divindade sobre tudo aquilo que existe?

Os deuses "de antes" "voltam" apenas no "tempo justo", isto é, apenas se os homens, no que a eles se refere, tiverem realizado uma reviravolta no lugar justo e do modo justo. Por isso Hölderlin diz, no hino incompleto *Mnemosine*, composto pouco depois da elegia *Pão e vinho*:

*...Nem tudo
é possível aos celestes. Com efeito,
            mais depressa chegam
os mortais ao fundo do abismo.
Mas assim ocorre para eles a reviravolta.
Longo é o tempo, mas realiza-se
a Verdade.*

Longo é o tempo de pobreza da noite do mundo. Esta deve lentamente caminhar para seu meio. No meio dessa noite, a pobreza do tempo chega a seu ápice. Então o tempo mísero nem sequer percebe mais sua própria indigência. Esta incapacidade, pela qual a própria indigência da pobreza é esquecida, é a verdadeira e própria pobreza do tempo. A pobreza é obscurecida completamente quando aparece apenas mais como necessidade a ser satisfeita. Mas a noite do mundo deve ser entendida como um destino que sobrevém por fora da alternativa de otimismo e pessimismo. Talvez estejamos no momento em que a noite do mundo caminha para a sua meia-noite. Talvez esta época do mundo esteja chegando ao tempo da pobreza extrema. Mas talvez não, talvez ainda não, talvez ainda não ainda, apesar da indigência ilimitada, apesar de todos os sofrimentos, apesar da miséria sem nome, apesar da extenuante falta de paz, apesar do crescente extravio. Longo é o tempo, porque até o terror, por si tomado como possível causa da reviravolta, é ineficaz até que os mortais não tiverem realizado a reviravolta. Mas a viragem é realizada por parte dos mortais apenas se eles reencontram sua própria essência. Tal essência consiste no fato de que eles atingem o abismo mais depressa que os celestes. Caso se considere sua essência, eles aparecem mais próximos da não-presença (*Ab-wesen*) porque estão investidos pelo estar-presente (*An-wesen*), ou seja, pelo ser, assim como é chamado desde os tempos mais remotos. Como o estar-presente no próprio tempo se esconde, ele já é não-presença. Portanto, o abismo (*Ab-grund*) guarda e tudo retém. No *Hino aos Titãs* (IV, 210), Hölderlin designa o abismo como "aquele que tudo retém". O mortal que precisa (*muss*) chegar ao abismo antes e diversamente dos outros, descobre os sinais que o abismo mantém em si. Estes sinais são, para o poeta, as pegadas dos deuses que fugiram. Segundo Hölderlin, Dioniso, o deus do vinho, deixa esta pegada aos privados de Deus que jazem nas trevas da noite do mundo. Com efeito, o Deus da videira guarda na videira e em seu fruto a pertença recíproca originária de Terra e Céu, como o lugar da celebração da união de homens e deuses. Apenas nesse lugar — se em algum lugar — podem restar ainda para os homens privados de Deus algumas pegadas dos deuses que fugiram.

...*E por que os poetas no tempo da pobreza?*

Hölderlin responde timidamente pela boca do amigo poeta Heinse, a quem a pergunta é dirigida:

mas eles, dizes tu, são semelhantes aos sacerdotes sagrados do deus do vinho, errantes de terra em terra na santa noite.

Poetas são os mortais que, cantando gravemente o deus do vinho, seguem as pegadas dos deuses que fugiram, permanecem sobre essas pegadas, e assim reencontram a direção da reviravolta para seus irmãos mortais. O éter, no qual apenas os deuses são deuses, é a divindade deles. O elemento deste éter, em que a própria divindade está presente, é o sagrado. O elemento do éter para o retorno dos deuses, o sagrado, é a pegada dos deuses que fugiram. Mas quem estará em grau de reencontrar essa pegada? As pegadas, freqüentemente, são muito pouco visíveis, e são sempre a herança de uma indicação apenas pressentida. Ser poeta no tempo da pobreza significa: cantando, inspirar-se na pegada dos deuses que fugiram. É por isso que no tempo da noite do mundo o poeta canta o sagrado. Eis por que, na linguagem de Hölderlin, a noite do mundo é a noite sagrada.

M. Heidegger,
Caminhos interrompidos.

Capítulo décimo segundo

Traços essenciais e desenvolvimentos do existencialismo

I. Perspectivas gerais

• O existencialismo ou filosofia da existência se impõe na Europa no período entre as duas guerras e se expande, por vezes até se tornar moda, nos dois decênios sucessivos à Segunda Guerra Mundial.

Diversamente das filosofias otimistas – como o idealismo, o positivismo e o marxismo – o existencialismo dirige sua atenção sobre um *homem finito*, "jogado no mundo", imerso e dilacerado em situações problemáticas ou absurdas.

É do homem concreto que os existencialistas pretendem falar, do homem na individualidade de sua *existência*. É a *existência*, com efeito, o modo de ser do homem: é um poder-ser, um sair fora (um *ex-sistere*) para a decisão e a autoplasmação. As coisas e os animais são aquilo que são; mas o homem será aquilo que decidiu ser. Portanto: a *possibilidade* é o modo de ser constitutivo da existência. Existência aberta à transcendência, que, nas diferentes propostas dos pensadores existenciais, se configurará como: Deus ou o mundo, a liberdade, o nada.

A existência é um "poder-ser" → § 1

• A raiz remota do existencialismo é o pensamento de Kierkegaard; a fenomenologia, ao contrário, é sua raiz próxima. E entende-se bem como as temáticas "existenciais" tenham se tornado objeto de tantos trabalhos literários (teatro e romances: Sartre, Camus, Marcel) que se apoiaram nas obras mais refinadamente filosóficas.

Os filósofos existenciais mais famosos são: Martin Heidegger e Karl Jaspers, na Alemanha; Jean-Paul Sartre, Gabriel Marcel, Maurice Merleau-Ponty e Albert Camus, na França; Nicola Abbagnano, na Itália.

As raízes do existencialismo e seus maiores expoentes → § 2-3

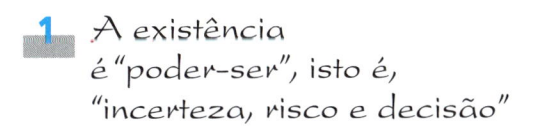

1 A existência é "poder-ser", isto é, "incerteza, risco e decisão"

O existencialismo ou filosofia da existência é a vasta corrente filosófica contemporânea que se afirma na Europa logo depois da Primeira Guerra Mundial, impõe-se no período entre as duas guerras e se desenvolve ainda mais e se expande até tornar-se moda principalmente nas duas décadas posteriores à Segunda Guerra Mundial. Assim, se consideramos o tempo de seu nascimento e de seu crescimento, é fácil perceber que o existencialismo expressa e leva à conscientização a situação histórica de uma Europa dilacerada física e moralmente por duas guerras; de uma humanidade européia que, entre as duas guerras, experimenta em muitas de suas populações a perda da liberdade, com regimes totalitários que, embora de configuração diversa, atravessam-na dos Urais ao Atlântico e do Báltico à Sicília.

A época do existencialismo é época de crise: *a crise do otimismo romântico que, durante todo o século XIX e a primeira década do século XX, "garantia" o sentido da história em nome da razão, do absoluto, da idéia ou da humanidade, "fundamentava" valores estáveis e "assegurava" um progresso certo e irreprimível.*

O idealismo, o positivismo e o marxismo são filosofias otimistas, que presumem ter captado o princípio da realidade e o sentido progressivo absoluto da história. O existencialismo, porém, considera o homem como ser *finito*, "lançado no mundo" e continuamente dilacerado por situações problemáticas ou absurdas. E é precisamente pelo homem, o homem em sua singularidade, que o existencialismo se interessa.

O homem do existencialismo não é o objeto que exemplifica uma teoria, um membro de uma classe ou um exemplar de gênero substituível por outro exemplar qualquer do mesmo gênero. Da mesma forma, o homem considerado pela filosofia da existência também não é um simples momento do processo de uma razão oniabrangente ou uma dedução do sistema. A existência é indedutível, e a realidade não se identifica com a racionalidade nem se reduz a ela.

A *não identificação da realidade com a racionalidade* é acompanhada, como elemento característico, por três outros pontos básicos do pensamento existencialista, que são:

1) a *centralidade da existência* como modo de ser daquele ente finito que é o homem;

2) a *transcendência do ser* (o mundo e/ou Deus) com o qual a existência se relaciona;

3) a *possibilidade* como modo de ser constitutivo da existência e, pois, como categoria insubstituível na análise da própria existência.

Mas de que modo se qualifica o conceito de *existência* dentro do existencialismo? A primeira coisa que se deve destacar é que a existência é constitutiva do sujeito que filosofa, e o único sujeito que filosofa é o homem; por isso, ela é exclusivamente típica do homem, já que o homem é o único sujeito que filosofa. Além disso, a existência é um modo de ser finito; e ela é possibilidade, isto é, um *poder-ser*. A existência não é precisamente uma essência, coisa dada *por natureza*, realidade predeterminada e não modificável. As coisas e os animais são o que são e permanecem o que são. Mas o homem será o que ele decidiu ser. Seu modo de ser, a existência, é um poder-ser, um sair para fora em direção à decisão e à automoldagem, como escreveu Pedro Chiodi, um *ex-sistere*. A existência é, portanto, um poder-ser e, por conseguinte, é "incerteza, problematicidade, risco, decisão, impulso para a frente". Mas impulso em direção a quê? É precisamente aí, diz ainda Chiodi, que começam a se dividir as correntes do existencialismo, conforme as respostas, que são: Deus, o mundo, o próprio homem, a liberdade, o nada.

2 Pressupostos remotos e próximos do existencialismo

Precisados esses traços conceituais, ainda que brevemente, é preciso fixar mais alguns pontos:

1) Na perspectiva da história das idéias, o existencialismo se apresenta como uma das manifestações da grande crise do hegelianismo, manifestações que se expressaram no pessimismo de Schopenhauer, no humanismo de Feuerbach e na filosofia de Nietzsche e que, por outro lado, encontram sua correspondência na obra literária de Dostoiewski e de Kafka, permeada de tão profunda problematicidade humana.

2) Nas raízes do existencialismo encontra-se o pensamento de Kierkegaard. E o existencialismo apresentou-se como explícita *Kierkegaard-Renaissance*. O *Comentário à epístola aos Romanos,* do teólogo Karl Barth (1886-1968) é de 1919. E foi exatamente esse escrito que difundiu na Alemanha algumas das temáticas kierkegaardianas, com seu tremendo sentido trágico da existência e a lúcida consciência da radicalidade do mal e do nada.

3) Se Kierkegaard é a raiz remota do existencialismo, a *Fenomenologia* é sua raiz próxima. Com efeito, o existencialismo articula-se em contínuo exercício de análise da existência e das relações da existência humana com o mundo das coisas e o mundo dos homens. A existência humana não pode e não deve ser deduzida a priori; ao contrário, ela deve ser escrupulosamente descrita assim como se manifestam suas variadas formas da experiência humana efetiva.

4) A análise da existência não foi objeto somente de obras filosóficas, como é o

Capítulo décimo segundo – Traços essenciais e desenvolvimentos do existencialismo

caso da analítica existencial realizada com o método fenomenológico por Heidegger em *Ser e tempo*, mas também de vasta obra literária (teatro, romances) que, sobretudo com Sartre e Simone de Beauvoir, sublinhou os traços menos nobres, mais tristes e dolorosos das vicissitudes humanas e, com Gabriel Marcel, destacou os traços mais positivos da experiência da pessoa, que se constitui na disponibilidade à transcendência e na comunhão com os outros.

3 Os pensadores mais representativos do existencialismo

1) Os representantes mais prestigiosos do existencialismo são Martin Heidegger (cujo pensamento foi tratado no capítulo anterior) e Karl Jaspers, na Alemanha; Jean-Paul Sartre, Gabriel Marcel, Maurice Merleau-Ponty e Albert Camus, na França; Nicola Abbagnano, na Itália.

2) No panorama do existencialismo francês, não se deve esquecer que viveram exilados em Paris os dois maiores representantes do existencialismo russo, isto é, Chestov e Berdjaev. Lev Chestov (1866-1938), polemizando contra as pretensões da razão e da ciência, defendeu a idéia de uma fé incondicionada. Nikolai Berdjaev (1874-1948), contra o coletivismo comunista e contra o hedonismo individualista burguês, procurou fazer valer a idéia da *pessoa humana* como interseção de um "cristianismo autêntico" e de um "socialismo autêntico".

3) Ainda na França, houve uma espécie de "renascimento existencialista" de Hegel, daquele Hegel que, na *Fenomenologia do espírito*, enfrenta os temas da existência, como a finitude humana, a morte, a relação com os outros etc. Foram expoentes desse "existencialismo hegeliano" Jean Wahl (1888-1974), autor da obra *A infelicidade da consciência na filosofia de Hegel*; Alexander Kojève (1900-1968), que, em *Introdução à leitura de Hegel* (1947), identificou o absoluto de Hegel com o homem-no-mundo; Jean Hyppolite (1908-1968), que, por seu turno, sustentou (em *Lógica e existência*, 1953) que "o homem existe como o ser-aí natural no qual aparece a consciência de si universal do ser".

4) O absurdo da existência humana se expressa de modo apaixonante e envolvente no *Mito de Sísifo* (1943), de Albert Camus (1913-1960). Este, com *O homem em revolta*, de 1951, projetou a *revolta metafísica* do homem, que "se ergue contra a própria condição e contra toda a criação".

Albert Camus é um dos pensadores mais representativos do existencialismo. Em suas obras exprime-se, de modo apaixonante, o absurdo da existência humana.

II. Karl Jaspers
e o naufrágio da existência

• Médico e filósofo, Karl Jaspers (1883-1969) – professor de filosofia em Heidelberg até 1937 (quando foi expulso pelos nazistas) – publica em 1913 a *Psicopatologia geral*; em 1919, a *Psicologia das intuições do mundo*. A obra principal de Jaspers é a *Filosofia* (1932), em três volumes: *Orientação filosófica no mundo*; *Clarificação da existência*; *Metafísica*). De 1936 é *Nietzsche*; de 1938, a *Filosofia da existência*.

Embora vindo da medicina, Jaspers não reduz de modo nenhum a filosofia à ciência; a filosofia, em seus problemas e em suas tentativas específicas de solução, é autônoma em relação à ciência, mas não dela separada: "a filosofia e a ciência não são possíveis uma sem a outra". E a *atitude científica* – afirma Jaspers – "é a pronta disposição do pesquisador a aceitar qualquer crítica às suas opiniões". Além disso, deve-se salientar que a ciência não pode oferecer-nos valores ou dar-nos o sentido da vida. "O conhecimento científico [...] não estabelece valores válidos; [...] ele remete a outro fundamento de nossa vida". A ciência é conhecimento de objetos, orientação *no* mundo; ela não é conhecimento do ser, não dá o sentido do mundo. E quanto mais a ciência avança em sínteses sempre mais amplas, a *totalidade*, o ser "sempre retrocede e se afasta"; existe um *tudo-que-abraça* que sempre e continuamente se anuncia a nós.

> O conhecimento científico não dá o sentido do mundo
> → § 1-3

• Além do *intelecto*, ao qual está ligado o comportamento científico, há também a *razão*, fonte de *iluminação-da-existência*. A razão mostra que a existência é não-objetivável (não é um indiferente dado de fato) e histórica (cada um vive em *sua* situação). A existência consciente percebe que tudo tem um fim: "*no fim há o naufrágio*".

E aqui encontramos as que Jaspers chama de *cifras* da transcendência: coisas e instituições que passam e acabam não nos fazem conhecer a transcendência – esta não é cognoscível como os entes do mundo – *mas nos remetem a ela como ao Outro do qual elas são portadoras*. Também é necessário precisar aqui que a transcendência se revela principalmente nas *situações-limite*: estou sempre em uma situação, não posso viver sem luta e dor, sou destinado à morte. Tais situações são imutáveis, intransformáveis, são um muro contra o qual nos chocamos fatalmente. E "quando o eu entra em falência em seu querer bastar a si próprio, pode-se dizer que ele está pronto para aquilo que é o outro diante dele, ou seja, para a transcendência". Uma transcendência que é sempre entrevista e jamais conhecida.

> As "cifras" da transcendência
> → § 4-6

Por conseguinte, o homem religioso será não dogmático e sempre respeitoso em relação àquelas filosofias que buscam a única verdade que está além de todas as verdades, que é o horizonte que transcende todas elas e para o qual todas se movem.

1 Vida e obras

Juntamente com Heidegger, Karl Jaspers (Oldenburg, 1883 — Basiléia, 1969) é outro grande pensador do existencialismo alemão.

Laureado em medicina, Jaspers considerava Max Weber (que conheceu em 1909) como seu mestre. Professor de filosofia na Universidade de Heidelberg até 1937 (quando foi expulso por seu antinazismo), depois de ter publicado em 1913 a *Psicopatologia geral* (onde os fenômenos psicopatológicos são analisados com o método fenomenológico), publicou em 1919 a *Psicologia das intuições do mundo*, obra que, contendo os temas fundamentais desenvolvidos por Jaspers em seus trabalhos posteriores, pode ser considerada como o primeiro escrito da filosofia da existência.

A obra central e mais destacada de Jaspers é *Filosofia* (1932), em três volumes: 1) *Orientação filosófica no mundo*; 2) *Esclarecimento da existência*; 3) *Metafísica*. Depois, apareceram: *Razão e existência* (1935), *Nietzsche* (1936), *Descartes e a filosofia* (1937), *Filosofia da existência* (1938), *A verdade* (1947), *A fé filosófica* (1948), *Origem e fim da história* (1949) e *Introdução à filosofia* (1950).

Filósofo de elevada sensibilidade moral, ele se opôs corajosamente ao nazismo e, convencido de que "não há grande filosofia sem pensamento político", Jaspers escreveu sobre o problema da bomba atômica e sobre a *Culpa da Alemanha* (1946), opúsculo que conclui recordando Jeremias, que não se desespera sequer depois da destruição de Jerusalém e da deportação dos judeus. Pergunta-se Jaspers: "O que significa isso? Significa que Deus existe — e isso basta. Se tudo desvanece, Deus existe: esse é o único ponto firme para nós".

Jaspers, portanto, chegou à filosofia partindo da medicina. O interesse pela ciência foi sempre vivo em sua especulação, tanto que chegou a dizer que, se não deve existir "turva contaminação" entre ciência e filosofia, entretanto "a filosofia e a ciência não são possíveis uma sem a outra", mas cada uma tem necessidade da outra.

2 A ciência como orientação no mundo

Mas o que é a *ciência*, ou melhor, a *atitude científica*, de que fala Jaspers? Para Jaspers, a atitude científica, antes de mais nada, caracteriza-se pela consciência metodológica dos limites de validade da ciência e, além disso, "a atitude científica é a pronta disposição do investigador a aceitar toda crítica às suas opiniões".

Estabelecidas essas premissas, Jaspers fixa com extrema lucidez os limites do saber científico. Esses limites podem ser brevemente caracterizados do seguinte modo:

a) "O conhecimento científico das coisas não é conhecimento do ser". O conhecimento científico refere-se a objetos determinados; ele "não sabe o que é o próprio ser".

b) "O conhecimento científico não está em condições de dar nenhuma orientação para a vida. Não estabelece valores válidos; [...] ele remete a outro fundamento da nossa vida".

c) "A ciência não pode dar nenhuma resposta à pergunta relativa a seu verdadeiro sentido: o fato de que a ciência existe baseia-se em impulsos que não podem ser, sequer eles, demonstrados cientificamente como verdadeiros e como devendo existir".

O conhecimento científico, portanto, é *objetivo* no sentido de que vale para todos. Entretanto, não resolve todos os problemas; ao contrário, exclui precisamente os que são os mais importantes para o homem. O conhecimento científico é conhecimento dos objetos de fato, e Jaspers o chama de *orientação no mundo*. Como orientação no mundo, a ciência é e permanece inconclusa, pois é sempre conhecimento de determinado objeto *no* mundo, e o mundo como "totalidade" permanece sempre além dele. Escreve Jaspers: "Nenhum ser conhecido é o ser".

Texto 1

3 O ser como "oniabrangente"

Naturalmente, ocorrem sínteses científicas cada vez mais amplas, caminha-se em direção a horizontes cada vez mais vastos, mas esse movimento procede necessariamente ao infinito, da mesma forma que o caminho de quem quisesse alcançar o horizonte físico, que se desloca, justamente, com quem caminha.

O sentido do ser e a compreensão da totalidade oniabrangente determinam, pois, o "malogro" da pesquisa. O absoluto está sempre além, além de todo horizonte científico. Escreve Jaspers em sua *Filosofia*: "Se eu quiser captar o ser enquanto ser, estou irremediavelmente destinado ao *naufrágio*". E isso pela razão de que, "no processo da investigação objetiva, nós nos aproximamos, a cada vez, de totalidades aparentes, as quais, porém, nunca se nos demonstram como o ser pleno e autêntico, mas, ao contrário, devem ser ultrapassadas em extensões sempre novas". Isso explica o fato que "o ser não pode nos ser dado fechado e os horizontes são ilimitados para nós. O ser nos arrasta em todos os sentidos em direção ao infinito".

Queremos conhecer o ser, mas ele "sempre recua e se afasta". Jaspers chama esse ser de *o oniabrangente*: "O oniabrangente é, portanto, o que sempre e continuamente se anuncia a nós — e se nos anuncia não enquanto ele próprio vem até diante de nós, mas enquanto é a fonte de toda outra coisa".

4. A não-objetividade da existência

Entretanto, além do *intelecto* (isto é, a ciência), existe a *razão*. E é exatamente à razão que Jaspers confia aquela *iluminação-da-existência* em que consiste a filosofia. Escreve Jaspers: "Existe um pensar no qual nada se conhece que tenha validade universal e que force ao assentimento, mas que pode revelar conteúdos que servem de sustentação e norma para a vida. Esse pensar penetra e abre caminho, *iluminando e não mais conhecendo* [...]. Nesse caso, o pensamento não me propicia conhecimentos de coisas até então estranhas para mim, mas *me torna claro o que eu verdadeiramente entendo, o que eu verdadeiramente quero e aquilo em que eu verdadeiramente creio*. Nesse caso, o pensamento cria e determina para mim o fundo claro de minha autoconsciência".

Não é difícil notar que Jaspers torna sua, interpretando-a com liberdade, a distinção hegeliana entre *intelecto* e *razão*. E, com base nesta distinção, ele se distancia tanto dos *racionalistas* que, em nome da ciência, rejeitam todo o resto (religião, moral etc.), jogando-o no reino da subjetividade emotiva, arbitrária, instintiva, como dos *irracionalistas* que "levam às estrelas" o que é desprezado pelos racionalistas. Aos intelectualistas, Jaspers lembra que "a exatidão pura e simples não nos satisfaz", e censura aos irracionalistas sua inconsistente "embriaguez de vitalismo".

Portanto, "a verdade é algo infinitamente maior que a exatidão científica", e a filosofia é a atitude ou atividade que *aclara a existência*, levando-a à consciência de si mesma e à comunicação com as outras existências.

O homem pode ser estudado (através da biologia, da psicologia, da sociologia etc.) como um objeto *do* mundo. Mas esse estudo, diz Jaspers, deixa e sempre deixará fora de si a *existência*.

Em sua concretude, singularidade e irrepetível excepcionalidade, a existência não pode ser objeto ou exemplar indiferente e substituível de teorias ou discursos universais. A existência é sempre a *minha* existência, singular e inconfundível, como viram Kierkegaard e Nietzsche. Tal é, portanto, o primeiro resultado importante da filosofia entendida como clarificação da existência: a existência é não-objetivável; em sua autenticidade, não pode ser identificada com um *Dasein* (ser empírico), com um dado de fato compreensível pelo intelecto científico.

A existência não é um dado de fato indiferente, mas "uma questão pessoal". O homem não é dado, não é um dado de fato; ele *pode ser*.

Mas o que o homem pode ser?

Sua escolha, afirma Jaspers, está apenas no reconhecimento e na aceitação daquela possibilidade — na *única* possibilidade — que é *a situação em que o homem se encontra*: "Eu estou em uma situação histórica se me identifico com uma realidade e com sua tarefa imensa [...]. Posso pertencer somente a um único povo, posso ter apenas estes genitores e não outros, posso amar somente uma única mulher". Claro, eu posso trair. Todavia, se traio (tentando pertencer a outro povo, amando outra mulher, desconhecendo meus genitores), estou traindo a mim mesmo, já que sou minha situação e essa é realidade intranscendível. Posso tornar-me apenas aquilo que sou. E a única escolha autêntica está na consciência e na aceitação da situação em que se está. A liberdade não é o instrumento de alternativas, mas assemelha-se ao *amor fati* de Nietzsche.

5. O naufrágio da existência e os "sinais" da transcendência

A não-objetivabilidade da existência e sua historicidade, portanto, são os dois primeiros resultados a que leva a iluminação da existência. E isso mostra que existência e razão "não são duas potências em luta", mas que "cada qual existe em virtude da outra e, no ato de se compenetrarem, conferem-se reciprocamente realidade e clareza". Mas as coisas não ficam aí, já que a existência remete necessariamente à transcendência. Com efeito, a existência consciente percebe que toda coisa tem um fim. Nenhum fato é eterno, nenhuma instituição resiste estavelmente no tempo. *"No fim, o que há é o naufrágio"*. O naufrágio está à espreita não só para as coisas e as instituições, mas também para tudo o "que, em geral, é efetuado e alcançado com o pensamento".

Pois bem, diante da consciência do naufrágio do mundo e dos entes do mundo, afirma-se a evidência que estes podem ter como *sinais* da transcendência. Não nos dão a *conhecer* a transcendência, já que esta não é cognoscível como os entes do mundo, porém, *nos remetem a ela como ao "Outro" do qual são portadores*. Nesse sentido, pela existência "aclarada" da razão, o mundo e os entes do mundo constituem a linguagem cifrada da transcendência.

A transcendência, porém, revela-se principalmente naquelas que Jaspers chama de *situações-limite*, expressão na qual, precisamente, o termo *limite* indica algo que transcende a existência. Estou sempre em situação, não posso viver sem luta e dor, estou destinado à morte: essas situações são imutáveis, definitivas, irredutíveis e não-transformáveis, são como muro contra o qual nos chocamos fatalmente. A única coisa que podemos fazer é *clarificá-las*.

E, na clarificação, vemos que, em tais situações, "o verdadeiro eu, aquele que verdadeiramente quer ser ele mesmo, não pode sustentar-se por si só". A existência leva ao naufrágio. E "quando o eu malogra-se em seu querer bastar-se a si mesmo, pode-se dizer que está pronto para o que é o outro diante dele, ou seja, para a transcendência".

Com sua peremptoriedade, sua inatingibilidade e sua definitividade, as situações-limite deixam entrever, à existência finita e destinada ao naufrágio, aquilo que a transcende. Afirma Jaspers: "Eu não sou eu mesmo sem a transcendência".

A transcendência, precisamente, é entrevista e não conhecida; ela transcende as normas do discurso científico; fala linguagem diferente da ciência. A existência autêntica como que surpreende, nos "sinais" da transcendência, a transcendência que sempre lhe escapa.

Para Jaspers, "sem transcendência não há existência". E, como escreve ele em sua *Metafísica*, "a última questão [...] é a de saber se do fundo das trevas um ser pode brilhar".

Karl Jaspers (1883-1969) é, junto com Heidegger, grande expoente do existencialismo alemão.

6 Existência e comunicação

A transcendência é inatingível para o conhecimento científico. E, no entanto, ela se revela nos "sinais" das situações-limite e do naufrágio da existência. Mas essa linguagem cifrada deve ser lida. E é lida na intimidade da própria existência. Por isso, enquanto a verdade científica é objetiva e anônima, a verdade filosófica é existencial e singular. "Deus é sempre o meu Deus, e eu não o tenho em comum com os outros homens".

Todavia, se a verdade filosófica tem suas raízes no profundo da existência singular, como se pode transmiti-la aos outros e com quais razões pode ser selecionada e aceita?

Para Jaspers, a "verdade", isto é, a transcendência, é buscada por todas as filosofias, mas jamais é posse exclusiva de um ponto de vista. Naturalmente, a verdade está ligada à existência singular e, por isso, é *única*: eu sou a minha verdade.

Mas, se a verdade é única, ela é também *múltipla*, já que a existência individual existe juntamente com outras existências, cada qual com sua própria verdade. Substancialmente, a verdade alheia não é tanto uma verdade oposta à minha, e sim muito mais a verdade de outra existência que, juntamente com a minha, procura aquela Única Verdade que está além de todas as verdades, é o horizonte que transcende todas elas e em direção ao qual todas se movem.

Conseqüentemente, Jaspers evita tanto o dogmatismo e o fanatismo de quem afirma que sua própria verdade é a única verdade, como o relativismo e o ceticismo de quem sustenta que existem tantas verdades quantas são as existências. O filósofo atento "não cai no erro da verdade total e completa".

O que o filósofo dá, portanto, não é uma verdade definida; avançando por caminho sem garantias, ele defende sempre a possibilidade da comunicação entre as verdades das existências singulares.

Justamente a partir de reflexões desse tipo, Jaspers realiza sua crítica contra os sistemas totalitários (como o marxista e o nazista) e se alinha com o mundo livre. Os sistemas totalitários presumem conhecer todo o curso da história e "fundamentam sua planificação total com base nesse conhecimento total. Mas, como não é possível para ninguém, nem mediante o conhecimento, nem mediante a ação, captar a totalidade do mundo, aquele que, apesar disso, tenta fazê-lo deve, conseqüentemente, conquistar o mundo com a força, mas o fará como assassino que se apossa de um cadáver, e não como homem que procura entrar em relação com outros seres humanos para construir um mundo comum".

Karl Jaspers em 1960, retratado na companhia de sua esposa.

III. Hannah Arendt: uma defesa inflexível da dignidade e da liberdade do indivíduo

• Discípula de Martin Heidegger e Karl Jaspers, judia de nascimento, Hannah Arendt (1906-1975) exerceu e exerce ainda forte influência sobre a cultura européia e sobre a americana. Em 1933 abandona, por causa do nazismo, a Alemanha e se refugia em Paris; e em 1941 emigra para os Estados Unidos. Depois de ter aí ensinado em várias Universidades, em 1967 assume o ensino de filosofia política na New School for Social Research, de New York.

A vida e as obras → § 1-2

A obra mais conhecida de Arendt é *As origens do totalitarismo* (1951). De 1958 é *Vida ativa* (título original: *The Human Condition*). Em todo caso, seu livro mais conhecido é *A banalidade do mal. Eichmann em Jerusalém* (1963). Este é um livro sobre o processo que teve lugar em Jerusalém, e que viu como imputado um dos máximos responsáveis pelo Holocausto.

• *As origens do totalitarismo* é uma obra dividida em três partes (*O anti-semitismo*; *O imperialismo*; *O totalitarismo*). Arendt escreve: "O anti-semitismo (não o simples ódio contra os judeus), o imperialismo (não a simples conquista), o totalitarismo (não a simples ditadura) demonstraram, um depois do outro, um mais brutalmente que o outro, que a dignidade humana tem necessidade de nova garantia, que se pode encontrar apenas em novo princípio político, em nova lei sobre a terra, destinada a valer para toda a humanidade".

O totalitarismo: aniquilação da dignidade humana → § 3

• Os campos de concentração e de extermínio "servem ao regime totalitário como laboratório para a verificação de sua pretensão de domínio absoluto sobre o homem". A Alemanha de Hitler e a Rússia de Stalin quiseram tornar "supérfluos os homens". E justamente contra as ideologias que reduzem o homem a objeto e o esmagam sob as atrocidades das torturas ou o aniquilam nos vórtices do determinismo, Arendt vê o homem como fonte espontânea de livre iniciativa, como início de *ações* criativas que são sempre inter-ações: a ação humana é, por excelência, atividade política.

O homem: fonte espontânea de livre iniciativa → § 4

1. Hannah Arendt: a vida

Hannah Arendt nasce de família judaica em Hannover, dia 14 de outubro de 1906. Entre 1924 e 1929 Arendt foi estudante universitária em Marburg e em Freiburg na Brisgóvia, e sucessivamente em Heidelberg. Freqüentou os cursos de literatura grega, teologia e filosofia. Teve a sorte de ter como professores Rudolf Bultmann, Edmund Husserl, Martin Heidegger e Karl Jaspers. Foi com Jaspers que se laureou em 1928, apresentando uma dissertação sobre santo Agostinho.

Em 1933 abandonou a Alemanha nazista e se refugiou em Paris, onde entrou em contato com os pensadores mais conhecidos da época: A. Koyré, R. Aron, J.-P. Sartre e A. Kojève. Na França foi ativa na organização para a emigração na Palestina das crianças judias. Foi presa na primavera de 1940 e internada no Velodrome d'Hiver. Conseguiu, porém, fugir, e em 1941 foi para os Estados Unidos da América. Escreveu muito e em diversas revistas. Ensinou em numerosas Universidades, entre as quais Berkeley, Princeton, Columbia. Em 1967 foi nomeada professora de filosofia política na New School for Social Research em Nova York, a "filial americana no exílio", por assim dizer, da Escola de Frankfurt. Hannah Arendt morreu em Nova York dia 4 de dezembro de 1975. Sua influência sobre a cultura européia, assim como sobre a americana, foi e ainda é muito forte.

2 As obras: uma filosofia em defesa da liberdade

A obra mais conhecida de Arendt saiu em 1951; trata-se de *The Origins of Totalitarianism*. De 1958 é o empenhativo trabalho filosófico *The Human Condition*. Em 1963 Arendt publica aquele que se tornou seu livro mais conhecido: *Eichmann in Jerusalem: A Report on the Banality of Evil*. Este é um livro sobre o processo que teve lugar em Jerusalém, e que viu como imputado um dos máximos responsáveis pelo Holocausto. O volume de 1969, *Crises of the Republic*, contém os ensaios: *Lying in Politics*; *Civil Disobedience*; *On Violence*; *Thoughts on Politics and Revolution*. Foi a publicação dos *Pentagon Papers* — os quarenta e seis volumes da *História do processo decisional americano sobre a política no Vietnam* — que, segundo Arendt, fez com que "o famoso vazio de credibilidade, que nos acompanhou por seis longos anos, tenha improvisamente se aberto tanto a ponto de se tornar um abismo [...]. O ponto crucial [...] não é apenas que a política da mentira quase nunca haja se voltado contra o inimigo [...], mas também que estava destinada principalmente, senão exclusivamente, ao consumo interno, à propaganda nacional, e tinha em particular a finalidade de enganar o Congresso". Adversária irredutível dos regimes totalitários, Hannah Arendt foi fustigadora implacável das carências e tortuosidades das sociedades democráticas; atenta para captar o novo, mas sem a ele sucumbir, viu com bons olhos as lutas dos estudantes, principalmente pelos direitos civis. Postumamente foi publicado o volume incompleto *The Life of the Mind* (A vida da mente).

3 Anti-semitismo, imperialismo e totalitarismo

As origens do totalitarismo é uma obra que saiu em 1951 e divide-se em três partes: 1) *O anti-semitismo*; 2) *O imperialismo*; 3) *O totalitarismo*. Escreve Arendt: "O antisemitismo (não o simples ódio contra os judeus), o imperialismo (não a simples conquista), o totalitarismo (não a simples ditadura) demonstraram, um depois do outro, um mais brutalmente que o outro, que a dignidade humana tem necessidade de nova garantia, que se pode encontrar apenas em um novo princípio político, em nova lei sobre a terra, destinada a valer para toda a humanidade [...]". Em primeiro lugar, todavia, é preciso compreender; e compreender "significa [...] examinar e carregar conscientemente o fardo que nosso século nos colocou sobre as costas, não negar sua existência, não nos submeter supinamente a seu peso". Arendt quer compreender como o anti-semitismo "tenha podido se tornar o catalisador, primeiro do movimento nazista, depois de uma guerra mundial, e por fim da criação da fábrica da morte". Fundamental é compreender, além disso, que os regimes totalitários baseiam sua política sobre a idéia de alcançar o fim último, que é "a conquista do mundo"; e tal fim os tatalitaristas "jamais o perdem de vista, por mais remoto que possa parecer, e por mais gravemente que suas exigências 'ideais' possam contrastar com a necessidade do momento". Justamente por isso — afirma Arendt — "eles não consideram [...] nenhum país como perpetuamente estrangeiro, mas, ao contrário, todo país como um potencial território seu". E da "questão judaica" serviram-se os nazistas para seu escopo: "Obrigando-os [os judeus] a deixar o Reich sem passaporte e sem dinheiro, se traduzia na realidade a lenda do hebreu errante; e obrigando-os a assumir um comportamento de hostilidade intransigente contra o Terceiro Reich, os nazistas providenciavam o pretexto para imiscuir-se nos assuntos internos de qualquer país estrangeiro". Mais em profundidade e mais em particular, Arendt faz ver que "os campos de concentração e de extermínio servem para o regime totalitário como laboratórios para a verificação de sua pretensão de domínio absoluto sobre o homem [...]. O domínio total, que visa a organizar os homens em sua infinita pluralidade e diversidade como se

Capítulo décimo segundo - Traços essenciais e desenvolvimentos do existencialismo

Hannah Arendt (1906-1975) exerceu e ainda exerce forte influência sobre a cultura européia e americana. Adversária dos regimes totalitários, também foi crítica em relação às carências das sociedades democráticas.

Alemanha de Hitler e a Rússia de Stalin quiseram tornar "supérfluos os homens". E por trás de tudo isso encontra-se, justamente, a *ideologia totalitária*: ela exige a punição sem o reato, o desfrutamento sem o proveito e o trabalho sem o produto; é a justificação de uma sociedade que é "um lugar onde quotidianamente se cria a insensatez".

4 A ação como atividade política por excelência

Contra as ideologias que reduzem o homem a objeto, esmagando-o sob as atrocidades das torturas, e contra as ideologias que, como o materialismo histórico, o aniquilam nos abismos do determinismo e do fatalismo, Arendt vê o homem como fonte espontânea de livres iniciativas, como início de *ações* criativas. Em *The Human Condition* ela escreve: "Com o termo *vita activa*, proponho designar três atividades humanas fundamentais: a atividade trabalhadora, o operar e o agir". A *atividade trabalhadora* "corresponde ao desenvolvimento biológico do corpo humano [...] e assegura não só a sobrevivência individual, mas também a vida da espécie". O *operar* é a práxis não absorvida pelo ciclo vital e que produz um "mundo artificial" de coisas, "claramente distinto do ambiente natural". A *ação* — afirma Arendt — é "a única atividade que põe em relação direta os homens sem a mediação de coisas materiais [e] corresponde à condição humana da pluralidade, ao fato de que mais homens, e não o homem, vivem sobre a terra". São sempre os homens individuais que agem; a ação é inter-ação: "viver" e "estar entre os homens" (*inter homines esse*) eram sinônimos para os romanos — lembra Arendt —, e para eles os sinônimos eram "morrer" e "deixar de estar entre os homens" (*inter homines esse desinere*). A ação significa iniciativa, nascimento ou início de algo de novo, e *"uma vez que a ação é a atividade política por excelência, a natalidade, e não a mortalidade, pode ser a categoria central do pensamento político enquanto se distingue do pensamento metafísico"*. E é a ação — salienta Arendt — que cria e conserva os organismos políticos, e deste modo ela "permite a lembrança, isto é, a história". A ação, além disso, desloca a vida do indivíduo sobre o *lado público*. Sem dúvida há coisas "que não podem suportar a luz violenta e

todos juntos constituíssem único indivíduo, é possível apenas se cada pessoa for reduzida a imutável identidade de reações, de modo que cada um destes feixes de reações possa ser trocado com qualquer outro. É assim — afirma Arendt — que o totalitarismo procura fabricar algo que não existe, isto é, um tipo humano semelhante aos animais, cuja única 'liberdade' consistiria em 'preservar a espécie' ". E chega-se a esse inferno (propagandeado como o paraíso) tanto com a doutrinação das *elites* como com o terror dos *lager*: os *lager* "servem, além de ao extermínio e à degradação dos indivíduos, para realizar o horrendo experimento de eliminar, em condições cientificamente controladas, a própria espontaneidade como expressão do coportamento humano e de transformar o homem em um objeto, em algo que nem sequer os animais são". A implacável da presença constante de outros sobre a cena pública" — pensemos no amor: "o amor, diferentemente da amizade, morre, ou melhor, apaga-se no momento em que aparece em público". Todavia, Arendt insiste sobre o fato de que a verdade não encontra sua sede na profundidade íntima do homem; a verdade é antes um fato público, fruto não de introspecção, ou de *vida contemplativa*, e sim de *vita activa*, e "como nossa sensibilidade em relação à realidade se funda sobretudo *sobre a aparência, e portanto sobre a existência de um domínio público em que as coisas podem emergir da existência latente, também o lusco-fusco que ilumina nossas vidas privadas e íntimas deriva em última análise da luz muito mais forte do domínio público*". Texto 2

IV. Jean-Paul Sartre: da liberdade absoluta e inútil à liberdade histórica

• Testemunha e pesquisador atento de nosso tempo, Jean-Paul Sartre (1905-1980) comunicou seu pensamento em romances (*A náusea*, 1938; *A idade da razão*, 1945), em escritos para o teatro (*As moscas*, 1943; *De portas fechadas*, 1945; *Os seqüestrados de Altona*, 1960), e em obras de natureza mais propriamente filosófica (*O ser e o nada*, 1943; *O existencialismo é um humanismo*, 1946; *Crítica da razão dialética*, 1960).

Quando o homem não tem mais objetivos, o mundo torna-se privado de sentido → § 1-2

Influenciado pela fenomenologia de Husserl, Sartre afirma que a consciência é abertura para o mundo, mas o mundo *não é* a existência; e quando o homem não tem mais objetivos o mundo torna-se privado de sentido. E justamente a *gratuidade* das coisas e do homem reduzido a coisa é revelada pela experiência da náusea. Isso é descoberto por Roquentin – o protagonista do romance *A náusea*: "Não há nenhum ser necessário que possa explicar a existência [...] tudo é gratuito. [...] E quando acontece de percebermos isso, nosso estômago se revolta e tudo se põe a flutuar. [...] Eis a náusea".

• As análises que Sartre desenvolve em *O ser e o nada* mostram que o mundo é o "em si", o dado opaco, "empastado de si mesmo", contingente e gratuito; mas nenhum desses objetos é a consciência: a consciência "é um nada de ser"; diante do "em si" está a consciência, que Sartre chama de "por-si"; e o "por-si" é também "ser-para-outros", cujo "outro" revela-se naquelas experiências em que ele invade o campo de minha subjetividade.

O homem está condenado a ser livre → § 3-6

A consciência, portanto, está no mundo, mas é radicalmente diferente dele, é desvinculada do "em si". E exatamente aqui se enraíza a liberdade da consciência, que é a existência, isto é, o homem. A consciência não é um objeto, não é realidade; é possibilidade, isto é, liberdade.

"A liberdade – afirma Sartre em *O ser e o nada* – não é um ser; mas é o ser do homem". A liberdade é constitutiva da própria consciência: o homem está condenado a ser livre, estamos sozinhos sem desculpas. Todos os valores existem porque o homem existe; mas isso quer dizer que eles não têm nenhum fundamento. Se Deus não existe – afirma Sartre em *O existencialismo é um humanismo* – "não encontramos diante de nós valores e ordens em grau de legitimar nossa conduta". O homem é o demiurgo de seu próprio futuro; "o

Capítulo décimo segundo – Traços essenciais e desenvolvimentos do existencialismo

> homem inventa o homem". Mas querendo sua liberdade, ele deve também querer a liberdade dos outros. E, em nome da liberdade, Sartre – que havia aceito o materialismo histórico – rejeitará – na *Crítica da razão dialética* – o materialismo dialético. O marxista – diz Sartre – transformou o marxismo em "um saber eterno"; o marxismo "não *sabe mais* nada; seus conceitos são *Diktat*; o princípio heurístico "procurai o todo através das partes" transformou-se na prática terrorista: "liquidar a particularidade".

1 Vida e obras

Testemunha atenta e arguta de nosso tempo, Jean-Paul Sartre, nascido em Paris em 1905, realizou seus estudos na Escola Normal Superior e ensinou filosofia nos liceus de Le Havre e Paris até o início da última guerra, exceto em um período que passou em Berlim (1933-1934), onde estudou a fenomenologia e escreveu *A transcendência do Ego*. Convocado para o serviço militar, foi aprisionado pelos alemães e levado para a Alemanha. Voltando logo depois para a França, fundou o grupo de resistência intelectual "Socialismo e Liberdade", juntamente com Merleau-Ponty. No imediato pós-guerra, seu pensamento se impôs ao público mundial durante cerca de duas décadas (graças sobretudo a seu "teatro de situações"), influindo amplamente na sociedade e nos costumes. Nas últimas duas décadas de sua vida, Sartre não teve descanso: as viagens políticas (como a viagem a Cuba, onde encontrou Fidel Castro e Che Guevara, e a viagem a Moscou, onde foi recebido por Kruschev) não lhe impediram o frenético trabalho de filósofo, romancista, ensaísta, dramaturgo, conferencista e roteirista cinematográfico. Sartre morreu em 1980.

Sartre registrou seu pensamento seja em romances (*A náusea*, 1938; *A idade da razão*, 1945, *O adiamento*, 1945; *A morte na alma*, 1949), seja em escritos para o teatro (*As moscas*, 1943; *A portas fechadas*, 1945; *A prostituta respeitosa*, 1946; *Mãos sujas*, 1948; *O diabo e o bom Deus*, 1951; *Nekrassov*, 1956; *Os seqüestrados de Altona*, 1960), seja em panfletos políticos (*O anti-semitismo*, 1946; *Os comunistas e a paz*, 1952), além de obras de pura natureza filosófica (das quais a mais importante é *O ser e o nada. Ensaio de uma ontologia fenomenológica*, 1943; não podemos ainda esquecer: *A transcendência do Ego*, 1936; *A imaginação*, 1936; *Ensaio de uma teoria das emoções*, 1939; *O imaginário. Psicologia fenomenológica da imaginação*, 1940). O ensaio *O existencialismo é um humanismo* é de 1946, ao passo que em 1960 apareceu a *Crítica da razão dialética*.

2 A náusea diante da gratuidade das coisas

Sartre iniciou sua atividade de pensador com análises de psicologia fenomenológica relativas ao *eu*, à *imaginação* e às *emoções*. Retoma de Husserl a idéia de intencionalidade da consciência, censurando-o, porém, por ter caído no idealismo e no solipsismo com o seu sujeito transcendental.

Em *A transcendência do Ego*, Sartre afirma que "o eu não é um habitante da consciência", pois ele "não está *na* consciência, mas *fora* dela, no mundo: é *um ente do mundo* como o eu de outro". O homem, diz Sartre, é o ser cujo aparecimento faz com que exista um mundo. O mundo *não* é a consciência. A consciência é abertura para o mundo; a consciência está encarnada na densa realidade do universo; o mundo pode ser visto como um conjunto de utensílios. Mas o mundo não é a existência. E quando o homem não tem mais objetivos, o mundo fica privado de sentido.

Essa é a tese expressa por Sartre em *A náusea*, na qual o autor opõe o absurdo aos valores positivos da filosofia clássica. O herói do romance é Antoine Roquentin, que, refletindo sobre as razões de sua própria existência e do mundo que o circunda, tem a experiência reveladora da *náusea*.

A náusea é o sentimento que nos invade quando descobrimos a contingência essencial e o absurdo do real. E Roquentin põe essa descoberta nas seguintes palavras: "O essencial é a contingência. Quero dizer que, por definição, a existência não é a necessidade. Existir é *estar ali*, simplesmente; os seres aparecem, se deixam *encontrar*, mas nunca se pode *deduzi-los* [...]. Não há nenhum ser necessário que possa explicar a existência: a contingência não é falsa fisionomia, aparência que pode se dissipar; é o absoluto e, por conseguinte, a perfeita gratuidade".

É a essa tese que Sartre queria chegar: "Tudo é gratuito: este jardim, esta cidade, eu mesmo. E quando acontece de nos darmos conta disso, nosso estômago se revira e tudo se põe a flutuar [...] eis a náusea".

A vida de Roquentin torna-se privada de sentido; nenhum objetivo consegue mais orientá-la; ele existe como uma coisa, como todas as coisas que emergem, na experiência da *náusea*, em sua gratuidade e em seu absurdo: um sujeito sem sentido cancela de repente o sentido de todas as coisas e passam a faltar instruções para seu uso. A *náusea* de Sartre não está longe da *angústia* de Heidegger.

3 O "em-si" e o "para-si", o "ser" e o "nada"

Se a experiência da *náusea* revela a gratuidade das coisas e do homem reduzido a coisa e submerso nas coisas, a análise desenvolvida em O *ser e o nada* revela, antes de mais nada, que a consciência é sempre consciência *de algo*, de algo que *não* é consciência. Em outras palavras, o exame da experiência mostra-nos que desde o início o ser-em-si, isto é, os objetos que transcendem a consciência, não são a consciência. Eu tenho consciência dos objetos do mundo, mas nenhum desses objetos é minha consciência: a consciência "é um nada de ser e, ao mesmo tempo, um poder nulificante, o nada". O mundo é o "em-si", é o dado "misturado de si mesmo", "opaco a si mesmo porque cheio de si mesmo", absolutamente contingente e gratuito (como precisamente revela a náusea).

Diante do "em si" está a consciência, que Sartre denomina o "para-si". A consciência está no mundo, no ser-em-si, mas é radicalmente diferente dele, não está ligada a ele. A consciência, que vem a ser a existência ou o homem, é, portanto, absolutamente livre. O "em si" é "o ser que é o que é"; a consciência não é um objeto. O ser é pleno e completo; a consciência é vazia de ser, é possibilidade — e a possibilidade não é realidade. A consciência é liberdade.

Escreve Sartre em O *ser e o nada:* "A liberdade não é *um ser*; ela é o ser do homem, isto é, o seu nada de ser". A liberdade é constitutiva da consciência: "Eu estou condenado a existir para sempre além dos moventes e dos motivos de meu ato: estou condenado a ser livre". Uma vez lançado à vida, o homem é responsável por tudo o que faz do projeto fundamental, isto é, da sua vida. E ninguém tem desculpas: se falirmos, falimos porque escolhemos a falência. Procurar desculpas significa estar de *má-fé*: a má-fé apresenta o desejado como necessidade inevitável.

O homem, portanto, se escolhe; sua liberdade não é condicionada; e ele pode mudar seu projeto fundamental a qualquer momento. E assim como a *náusea* constitui a experiência metafísica que revela a gratuidade e o absurdo das coisas, da mesma forma a *angústia* é a experiência metafísica do nada, isto é, da liberdade incondicionada. Com efeito, o homem, e só o homem, é "o ser para o qual todos os valores existem".

Todavia, estabelecido isso, não é preciso muito para ver que, então, "todas as atividades humanas são equivalentes [...] e que todas estão destinadas em princípio à falência. No fundo, é a mesma coisa embriagar-se na solidão ou conduzir os povos". As coisas do mundo são gratuitas, e um valor não é superior a outro. As coisas são desprovidas de sentido e fundamento, e as ações dos homens são desprovidas de valor. Em suma, a vida é aventura absurda, onde o homem se projeta continuamente além de si mesmo, como que para poder tornar-se Deus. Escreve Sartre: "O homem é o ser que projeta ser Deus", mas, na realidade, ele se mostra como aquilo que é, "uma paixão inútil".

4 O "ser-para-outros"

O homem ou ser-para-si é também *ser-para-outros (être-pour-autrui)*. O outro não tem necessidade de ser inferido analogicamente a partir de mim mesmo. O outro revela-se como outro naquelas experiências em que ele invade o campo de minha subjetividade e, de sujeito, me transforma em objeto de seu mundo.

Jean-Paul Sartre (1905-1980) foi uma testemunha atenta e aguda de nosso tempo. Sua atividade frenética foi diferenciada em diversos setores: foi filósofo, romancista, ensaísta, dramaturgo e cenógrafo cinematográfico.

Em suma, o outro não é aquele que é *visto* por mim, mas muito mais aquele que *me vê*, aquele que se torna presente a mim, para além de qualquer dúvida, mantendo-me sob a opressão de seu olhar. Sartre analisa com habilidade magistral aquelas experiências típicas do olhar-alheio, que geralmente são as experiências da inferioridade, como a vergonha, o pudor, a timidez. Quando outro entra subitamente no mundo de minha consciência, minha experiência se modifica: não tem mais seu centro em mim, e vejo-me como elemento de um projeto que não é meu e não me pertence.

O olhar de outro me fixa e me paralisa, ao passo que, quando o outro estava ausente, eu era livre, isto é, era sujeito e não objeto. Quando aparece o outro, portanto, nasce o conflito: "o conflito é o sentido original do ser-para-outros". Diz ainda Sartre: "Minha queda original é a existência do outro". E também faz uma das personagens de *A portas fechadas* pronunciar a famosa expressão: "o inferno são os outros".

5. O existencialismo é um humanismo

Nos anos seguintes a *O ser e o nada*, Sartre atenuou sempre mais o tom desesperado de sua filosofia inicial, como veremos a seguir. A possibilidade de um sentido menos negativo da consciência humana já aparece no ensaio *O existencialismo é um humanismo* (1946). Nesse escrito, Sartre também identifica o homem com sua liberdade; o homem não está de modo algum sujeito ao determinismo; sua vida não se assemelha à da planta, cujo futuro já está "escrito" na semente; o homem é o demiurgo de seu futuro.

Em suma, o homem não é uma essência fixa: ele é muito mais o que projeta ser. Nele, a existência precede a essência. Contudo, "se, na realidade, *a existência precede a essência*, nunca será possível explicá-la em referência a uma natureza humana dada e não modificável; em outras palavras, não há determinismo; o homem é livre, o homem é liberdade".

Por outro lado, "se [...] Deus não existe, nós não encontramos diante de nós valores e ordens em condições de legitimar nossa conduta. Assim, nem atrás nem diante de nós, em um domínio luminoso de valores, temos justificações ou desculpas. Estamos sós, sem desculpas. É isso o que eu expresso com a afirmação de que o homem está condenado a ser livre. Condenado porque não se criou por si mesmo e, no entanto, livre, porque, uma vez lançado ao mundo, é responsável por tudo aquilo que faz".

A liberdade defendida por Sartre é uma liberdade absoluta, e a responsabilidade que ele, conseqüentemente, atribui ao homem, é total. Estas palavras resumem bem a convicção de fundo de Sartre: "O homem, sem nenhum socorro e apoio, está condenado a cada instante a inventar o homem [...]. *O homem inventa o homem*".

A liberdade é absoluta e a responsabilidade é total. Mas já estamos em 1946: Sartre tem atrás de si uma guerra terrível e a experiência da Resistência; mas, diante dele, está a grande questão da reconstrução. Todas essas coisas não passam em vão, deixando um traço em seu pensamento, onde se delineia uma *moral social* com base na relação entre a liberdade de cada um e a liberdade dos outros: "eu sou obrigado — escreve ele — a querer ao mesmo tempo minha liberdade e a liberdade dos outros, e não posso tomar minha liberdade como fim se não tomar igualmente como fim a liberdade dos outros". Textos 3 4

Sartre em idade avançada; seu pensamento influenciou amplamente sobre a sociedade e sobre os costumes, principalmente nos anos sucessivos à Segunda Guerra Mundial.

6. Crítica da razão dialética

Minha liberdade, porém, não depende somente da liberdade dos outros. Ela também é condicionada por situações precisas, com as quais os projetos fundamentais dos homens têm de se defrontar. É com base nisso que Sartre enfrenta a questão das relações entre seu existencialismo e o marxismo, como mostram vários ensaios escritos para a revista "Tempos modernos" (revista dirigida pelo próprio Sartre) e, sobretudo, a obra *Crítica da razão dialética* (da qual só apareceu a primeira parte, *Teoria dos conjuntos práticos*). Na realidade, afirma Sartre, "dizer de um homem o que ele é significa dizer o que ele pode, e reciprocamente: as condições materiais de sua existência circunscrevem o campo de suas possibilidades [...], de modo que o campo do possível é o objetivo em direção ao qual o agente ultrapassa sua situação objetiva. E esse campo, por sua vez, depende estritamente da realidade social e histórica".

Com base nisso, podemos compreender por que Sartre afirma firmemente aderir sem reservas à teoria do materialismo histórico, para a qual, como diz Marx, "o modo de produção da vida material domina em geral o desenvolvimento da vida social, política e intelectual". Entretanto, se Sartre adere ao materialismo histórico, ele rejeita, porém, o materialismo dialético. Em suma, para Sartre, o marxismo não é de modo nenhum "o materialismo dialético, se com este se entende a ilusão metafísica de descobrir uma dialética da natureza. Essa dialética *pode* efetivamente existir, mas é preciso reconhecer que não temos a mínima prova disso".

Em suma, Sartre não aceita as três leis da dialética propostas por Engels como regras que guiariam o desenvolvimento da *natureza*, da *história* e do *pensamento*. A admissão dessas leis gerais do devir implicaria um otimismo ingênuo que proclamaria um finalismo de tipo hegeliano e, o que é ainda mais inadmissível, reduziria o homem a simples instrumento passivo da grande máquina dialética, incapaz de se subtrair ao mais rígido determinismo.

A doutrina da dialética é um dogma — e o dogma não hesita em se opor aos fatos. É essa a razão por que, diante de toda experiência possível, o marxista não muda de opinião. O marxista transformou o marxismo em "saber eterno" e, desse modo, "a busca totalizadora deu lugar a uma escolástica da totalidade". O princípio heurístico "procurai o todo através das partes" transformou-se em prática terrorista: "liquidar a particularidade".

Com base nessas premissas, podemos compreender, diz Sartre, por que o marxismo "não *sabe mais* nada: seus conceitos são *Diktat*; seu fim não é mais o de adquirir conhecimentos, mas de se constituir *a priori* como saber absoluto".

E como o marxismo, com a teoria dialética, dissolveu os homens "em um banho de ácido sulfúrico", "o existencialismo pôde renascer e se manter porque afirmava a realidade dos homens, como Kierkegaard afirmava sua própria realidade contra Hegel".

V. Maurice Merleau-Ponty: entre existencialismo e fenomenologia

> • Estudante na École Normale Supérieure de Paris, militante na Resistência durante a ocupação nazista da França, a partir de 1952 professor titular de filosofia no Collège de France, Maurice Merleau-Ponty (1908-1961) deixa obras importantes como *A estrutura do comportamento* (1942) e *A fenomenologia da percepção* (1945).
>
> Existencialista – sobre o qual deixaram sua marca a fenomenologia, a psicologia científica e a biologia –, Merleau-Ponty concebe a *existência* como ser-no-mundo, como "certa maneira de enfrentar o mundo". E o homem que enfrenta o mundo não é um ser composto de alma e de corpo: "alma" e "corpo" indicam *níveis de comportamento* e não substâncias separadas. "*O espírito não utiliza o corpo, mas se faz através dele*".
>
> Daí a centralidade, no pensamento de Merleau-Ponty, da *percepção*: a percepção é a inserção do corpo no mundo. E, desenvolvendo o tema das relações entre o homem e a sociedade, Merleau-Ponty critica tanto a idéia de liberdade absoluta defendida por Sartre quanto a teoria marxista do primado causal do fato econômico sobre a vida e as ações do homem. O homem é livre, repete Merleau-Ponty; só que a liberdade do homem é *condicionada* pelo mundo em que se vive e pelo passado que se viveu. "Não há nunca um determinismo e não há jamais uma escolha absoluta; eu nunca sou coisa nem jamais sou consciência nua".

Marx está errado, mas Sartre também se engana → § 1-2

1 A relação entre a "consciência" e o "corpo", e entre o "homem" e o "mundo"

Maurice Merleau-Ponty (1908-1961), depois de ter estudado na École Normale Supérieure de Paris, ensinou filosofia em escolas secundárias. Militante da Resistência durante a ocupação nazista, depois da guerra tornou-se professor na Universidade de Lião, depois na Sorbonne, posteriormente na Escola Normal e, por fim, a partir de 1952, tornou-se titular de filosofia no Collège de France. Desde a fundação, participou do comitê de direção da revista "Tempos modernos", embora as suas relações com Sartre logo se tenham transformado em polêmica apaixonada. As principais obras de Merleau-Ponty são: *A estrutura do comportamento* (1942) e *A fenomenologia da percepção* (1945). Além disso, também são notáveis suas coletâneas de ensaios: *Humanismo e terror* (1947), *Senso e contra-senso* (1948), *As aventuras da dialética* (1955) e *Sinais* (1960).

Merleau-Ponty é um existencialista sobre o qual são muito acentuadas as influências tanto da fenomenologia como da psicologia científica e da biologia.

Também para Merleau-Ponty a *existência* é ser-no-mundo, isto é, "certa maneira de enfrentar o mundo". Mas esse ser-no-mundo é anterior à contraposição entre alma e corpo, entre o psíquico e o físico. A interpretação *causal* das relações entre alma e corpo é rejeitada por Merleau-Ponty. Ele vê nessa relação muito mais *uma dualidade dialética de comportamentos*. Ou melhor: alma e corpo indicam *níveis de comportamento do homem*, dotados de *significado* diverso. Escreve Merleau-Ponty em *A estrutura do comportamento*: "Nem o psíquico em relação ao vital, nem o espiritual em relação ao psíquico podem ser considerados como substâncias ou mundos novos". Na realidade, escreve ele, "trata-se de 'oposição funcional' que não pode ser transformada em 'oposição substancial'".

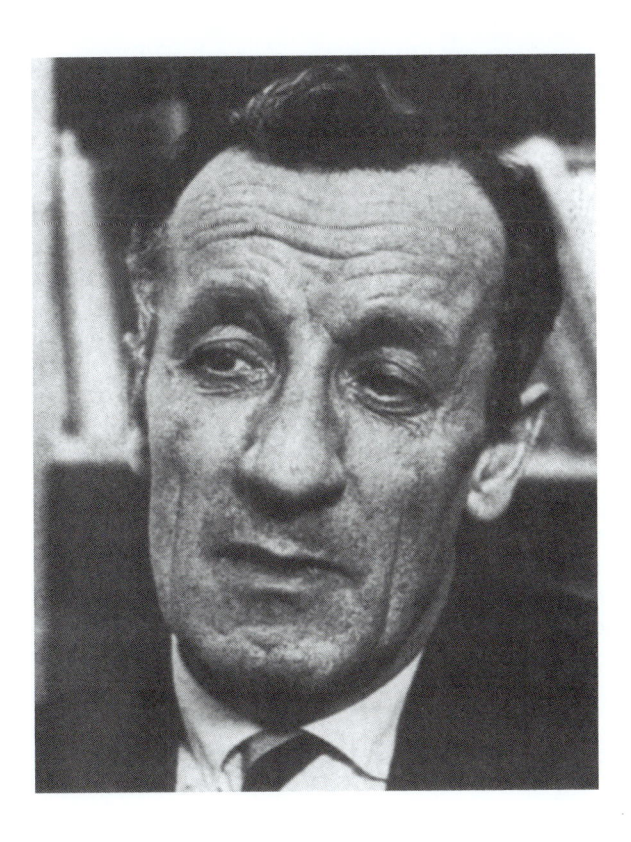

Capítulo décimo segundo – Traços essenciais e desenvolvimentos do existencialismo

Maurice Merleau-Ponty (1908-1961), um existencialista que recebeu influências da fenomenologia, da psicologia científica e das ciências biológicas.

Na representação das relações entre alma e corpo, portanto, Merleau-Ponty não aceita "nenhum modelo materialista, mas também nenhum modelo espiritualista, como o contido na metáfora cartesiana do artesão e de seu utensílio. Não se pode comparar o órgão a um instrumento, como se ele existisse e pudesse ser pensado à parte de seu funcionamento integral, nem se pode comparar o espírito a um artesão que o use: isso seria recair em uma relação puramente extrínseca [...]. *O espírito não utiliza o corpo, mas se faz por meio dele* [...]".

Compreende-se muito bem, por conseguinte, a centralidade do tema da *percepção*: "Todas as ciências inserem-se em um mundo completo e 'real', sem se dar conta de que a experiência perceptiva tem valor constitutivo em relação a este mundo. Assim, encontramo-nos diante de um campo de percepções vividas que são anteriores ao número, à medida, ao espaço, à causalidade e que, porém, não se apresenta como visão prospectiva de objetos dotados de propriedades estáveis, de mundo e de espaço objetivos. O problema da percepção consiste em ver como é que, através desse campo, chega-se ao mundo intersubjetivo, do qual, pouco a pouco, a ciência precisa as determinações".

Em tal programa de análises, torna-se central o conceito de *corpo*, já que "meu corpo (...) é meu ponto de vista sobre o mundo", "o corpo é nosso meio geral de ter um mundo". A percepção é a inserção do corpo no mundo.

E se, por um lado, a percepção tem o caráter da "totalidade" (basta pensar na psicologia da forma), por outro lado ela permanece sempre "aberta", remetendo sempre a um *além* de sua manifestação singular, prometendo-nos outros ângulos de visão e, com isso, "algo mais a ver".

Portanto, o *significado* das coisas no mundo e do próprio mundo permanece aberto ou, como diz Merleau-Ponty, *ambíguo*. E essa *ambiguidade* ou abertura é constitutiva da existência.

2 A liberdade "condicionada"

Se é errado conceber a relação entre a consciência e o corpo como relação causal entre duas substâncias, também é errado, portanto, ter uma concepção análoga sobre as relações entre o sujeito e o mundo. Mas, para Merleau-Ponty, também é errado conceber uma relação de causalidade entre o homem e a sociedade. Por isso, se Sartre está fora de rumo com sua idéia da liberdade absoluta, também é errada a teoria marxista da primazia causal do fato econômico sobre a constituição do homem e da sociedade.

Na opinião de Merleau-Ponty, o homem é livre e não existe estrutura, como a econômica, que possa anular sua liberdade constitutiva. Mas a liberdade do homem é *liberdade condicionada*: condicionada pelo mundo em que vive e pelo passado que viveu. Assim, "jamais existe determinismo e jamais existe escolha absoluta; eu jamais sou coisa e jamais sou consciência nua". A realidade é que "nós escolhemos nosso mundo e o mundo nos escolhe". Por isso, é desviante o dilema que afirma que "nossa liberdade [...] ou é total ou não existe".

A *liberdade existe*, "não porque algo me solicite, mas, ao contrário, porque de repente estou fora de mim e aberto para o mundo". Ou seja, a liberdade existe, mas é condicionada, porque "somos uma estrutura psicológica e histórica", porque "estamos misturados ao mundo e aos outros em confusão inextricável".

Nossa liberdade, portanto, não destrói a situação, mas nela se insere. E é por essa razão que as situações permanecem abertas, já que a inserção do homem nelas poderá configurá-las de um ou de outro modo, obviamente enquanto as situações o permitirem. E nesta dimensão *a liberdade condicionada* do homem assume um significado construtivo positivo. Texto 5

VI. Gabriel Marcel
e o neo-socratismo cristão

• Para Gabriel Marcel (1889-1973), dramaturgo e filósofo, "o que importa é o homem concreto", tema que ele explora e aprofunda continuamente em suas obras: *Diário metafísico* (1927); *Ser e ter* (1935); *Homo viator* (1944); *Mistério do Ser* (1951).

"Crer ou verificar" ou "crer e verificar"?
→ § 1-2

A filosofia de Marcel se configura como defesa da singularidade irrepetível da existência e do mistério do Ser em relação às pretensões de um racionalismo cientificista, que nega qualquer experiência não cognoscível por meio do método da verificação empírica. O cientista racionalista apresenta sempre o dilema: ou *crer* ou *verificar*; mas é exatamente esse dilema que Marcel nega; para ele o crer e o verificar não são *antinômicos*, mas assimétricos: em suma, não se trata de um *aut-aut*, mas muito mais de um *et-et*. E isso é possível, bastando que se ponha a atenção na distinção nevrálgica entre *problema* e *metaproblema*.

A descoberta do metaproblema
→ § 3-4

• O problema, simplificando um pouco as coisas, pode ser posto na forma comum da mais simples equação algébrica: $a \times = b$, onde devemos procurar a incógnita a partir de *dados* conhecidos. Isso não é possível com o "problema" do Ser: por que o ser ao invés do nada? qual o sentido da vida humana? Em uma questão desse tipo *não há dados conhecidos*; as coisas, os outros seres humanos, o universo inteiro, eu próprio que me interrogo: tudo é incógnita. O problema do ser, afinal, não é propriamente um problema, mas um *metaproblema*.

E essa descoberta nos faz entender que, *além do problema que compreendemos, há o mistério que nos compreende*. Mistério ao qual nos tornamos disponíveis libertando-nos da concupiscência do "ter", que transforma a realidade em uma voragem de objetos a possuir.

1. A defesa do concreto

No prefácio ao seu *Mistério do ser* (1951), Gabriel Marcel designa seu pensamento com o nome de *neo-socratismo*. E, na realidade, toda a sua filosofia está permeada por um elemento constante, que pode ser identificado "em uma obstinada e incansável batalha contra o espírito de abstração".

Nascido em Paris em 1889, Gabriel Marcel, a exemplo de Sartre, além de filósofo, foi também crítico e autor teatral. Para o dramaturgo e filósofo Marcel "o que importa é o homem concreto, determinado, que se encontra em certa situação [...]". Essa atenção para com a concretude do homem em suas situações é que explica a origem do *Jornal metafísico*, que Marcel publicou em 1927 (o mesmo ano em que aparece *Ser e tempo*, de Heidegger), cujas primeiras anotações remontam até 1914. Mas também explica a natureza de suas obras filosóficas posteriores (além de seu teatro), que não pertencem tanto ao mundo dos *sistemas*, e sim muito mais ao mundo dos *problemas*. Além do *Jornal metafísico* e de *O mistério do ser*, já citados, as obras filosóficas de Marcel são: *Ser e ter* (1935), *Da recusa à invocação* (1939), *Homo viator* (1944), *Os homens contra o humano* (1951) e *O homem problemático* (1955). Marcel morreu em 1973.

Se olharmos o pensamento de Marcel em seu desenvolvimento de conjunto, não tardaremos a perceber que ele é atravessado por três motivos fundamentais que continuamente se sobrepõem e se integram:

1) a defesa da singularidade irrepetível do existente e do mistério do Ser contra as pretensões de um racionalismo que pretende reduzir a existência e toda a realidade à experiência conhecida através do método da verificação empírica;

2) o reconhecimento da não-objetibilidade fundamental do sentimento corpóreo; com efeito, escreve Marcel no *Jornal metafísico*, "se não posso exercer minha atenção, a não ser por meio de meu corpo, disso resulta que ele é, de certa forma, impensável para mim, porque a atenção que se concentra sobre ele, em última análise, o pressupõe";

3) a doutrina do mistério ontológico, para a qual a existência torna-se autêntica na participação no Ser, participação que pode ser captada pela análise de alguns traços da experiência cristã, como a "fidelidade", a "esperança" e o "amor".

2. A assimetria entre crer e verificar

Com base na idéia de que todo o saber possível é aquele e somente aquele obtido e passível de ser obtido por meio dos procedimentos da verificação científica, o racionalista rejeita a fé no mundo escuro das emoções, isto é, no mundo da arbitrariedade subjetivista. Seu dilema é o de "crer ou verificar".

Marcel, porém, se rebela contra tal dilema, que opõe, como se fossem antitéticos, o crer ao verificar, a fé à ciência. Com efeito, sua convicção é a de que o dilema do racionalista "deixa escapar o essencial da vida religiosa e do pensamento metafísico mais profundo".

O crer e o verificar, portanto, na opinião de Marcel, não são antinômicos, e sim muito mais *assimétricos*. A verificação exclui de si todo um mundo (Deus, a pessoa, o conteúdo da fé) que, embora não-verificável, pode ser aproximado através do que Marcel chama de "reflexão segunda", que, embora não sendo um procedimento científico, seria entretanto um procedimento racional.

A ciência (ou a verificação) não pode captar o *objeto* da fé que é Deus. Deus é o não-verificável. E o crente não pode explicar Deus por meio de demonstrações verificáveis, já que, como escreve Marcel no *Jornal metafísico*, Deus está além de todas as razões e além de toda relação causal. Deus é o *outro* da ciência que verifica; é o absolutamente Outro.

Se o objeto da fé vai além da ciência, também o *sujeito* da fé, isto é, o *indivíduo irrepetível* em sua *situação insubstituível*, está fora do discurso científico verificável. Uma teoria científica pode ser verificada por Mário, Pedro ou José. Mas o que conta no controle da teoria não é Mário em sua irrepetível individualidade, ou Pedro, igualmente na singularidade excepcional de sua existência: o que conta é a verificação da teoria repetível por *todos*. É precisamente isso que não se pode dar na fé: diante de Deus, eu não sou substituível por ninguém, pois minha escolha é apenas minha.

Não só o objeto da fé e o sujeito da fé estão além da verificação, mas também o *fato* ou a *história religiosa*, por sua natureza, transcendem as categorias historiográficas baseadas na verificação. A história religiosa (isto é, o conteúdo do ato da fé) não pode ser enjaulada na trama dos nexos causais. O mundo visto com os olhos da fé é radicalmente diferente do mundo lido com a gramática da ciência. O mundo da ciência é "o lugar de uma espécie de imensa e inflexível contabilidade", ao passo que o mundo da fé é o mundo de radical contingência metafísica. Para o homem profundamente religioso, "tudo é perpetuamente posto em questão; nada é adquirido; e isso nada mais é [...] do que um modo indireto de definir a *esperança*". Não há saber sobre a Providência.

3 Problema e metaproblema

No fundo da assimetria entre verificar e crer, Marcel insere a distinção — fundamental em sua filosofia — entre *problema* e *metaproblema*.

A filosofia tradicional preferiu tratar o "problema do ser" como se ele, apesar de sua importância, fosse da mesma natureza dos outros problemas. Mas, assim fazendo, ofuscou o caráter único e irredutível do problema do ser, até que algumas correntes filosóficas contemporâneas o repuseram entre os pseudoproblemas.

Mas, para Marcel, as coisas são bem diferentes. Com efeito, quando nos defrontamos com um problema, por exemplo, nas ciências físicas, em química ou em biologia, encontramo-nos diante de um incógnita *x*, que devemos encontrar a partir de certo número de dados conhecidos (*a, b, c* etc.), aplicando aquele conjunto de normas de procedimento da verificação que constituem o método científico. Desse modo, simplificando um pouco as coisas, podemos dizer que um problema científico encontra sua formulação-padrão na fórmula da mais simples equação algébrica: $ax = b$. Entretanto, quando nos propomos o problema do ser, isto é, o problema do sentido da realidade e de nós mesmos, todos os *dados* desaparecem enquanto tais, e tudo se torna problemático: a realidade, os outros, eu mesmo que me interrogo. Assim, porém, um problema em que todos os dados são incógnitos acaba por desvanecer como problema.

A exemplo de Heidegger, Marcel observa, em *Ser e ter*, que a reflexão sobre o problema ontológico lhe descerra um abismo: "Eu mesmo, que me interrogo sobre o ser, não sei inicialmente se eu o sou, nem *a fortiori* o que sou [...]; assim, o que vemos é que

o problema do ser se amplia com base nos próprios dados, e se aprofunda no interior do próprio sujeito que o propõe. E, com isso, nega-se (ou se transcende) como problema e transforma-se em um mistério".

O problema do ser, portanto, não é propriamente problema, mas um *metaproblema*. E, segundo Marcel, a descoberta do metaproblema nos faz entender que, *além do problema que nós compreendemos, há o mistério que nos compreende*. "O problema é algo que encontramos, que nos obstaculiza o caminho. Está inteiramente diante de mim. O mistério, ao contrário, é algo em que me encontro empenhado, cuja essência implica, portanto, que ele não se encontra inteiramente diante de mim".

Assim, para Marcel, o discurso sobre Deus não é factível por meio de argumentações lógicas capazes de, por exemplo, chegar à demonstração da existência de Deus, mas muito mais, por meio da descoberta do metaproblemático, compreende-se que o mistério nos compreende. Nós não podemos compreender e dominar o mistério: o mistério não pode ser entendido. O que podemos fazer, porém, é realizar a análise de nossos modos de *participação* nele, como é o caso das experiências cristãs da fidelidade, da esperança e do amor.

Em suma, o único modo de falar de Deus é a *invocação*, isto é, falar a Deus. Não se demonstra Deus, invoca-se. `Texto 6`

4 Ser e ter

Para que a pessoa redescubra a si mesma e, portanto, se torne disponível para o domínio do Ser, deve fazer uma reviravolta sobre si mesma e subverter a hierarquia que o mundo moderno e contemporâneo fixaram entre a categoria do *ter* e a do *ser*.

Segundo a metafísica do ter, valemos pelo que *temos* e não pelo que *somos*, enquanto o mundo e os outros são unicamente objetos de posse sempre mais vasta.

Segundo Marcel, não é estranha ao nascimento e ao desenvolvimento dessa atitude a mentalidade objetivante do racionalismo científico e técnico, para a qual "o próprio mundo tende [...] a aparecer por vezes como simples campo de exploração e às vezes como escravo adormecido". Entretanto, enquanto aquele que possui tenta, por todos os meios, manter, conservar e aumentar a coisa possuída, esta, sujeita ao desgaste e às vicissitudes do tempo, pode escapar, tornando-se assim o centro dos temores e das ansiedades de quem quer possuí-la.

Sob o signo da categoria do ter, a realidade deixa de ter vida, mistério e alegria criadora, transformando-se em voragem de objetos que absorve inexoravelmente quem quer possuí-los. O mundo da categoria do ter é "um mundo em frangalhos", é o mundo da alienação e da preocupação, de que a objetividade científica seria a transcrição no plano lógico.

Assim, a atitude espetacular e a visão objetiva estariam na base do mundo visto como posse e, portanto, da alienação e do desespero. Afirma Marcel: "A estrutura de nosso mundo é tal que o desespero absoluto parece nele possível". Mas é exatamente diante dessa "tragédia do ter", em face do desespero, que a metafísica deve tomar posição e, libertando-me da concupiscência da posse das coisas, tornar-me disponível para o ser. E é justamente este o modo positivo pelo qual se exorciza e se afugenta o "desespero".

Gabriel Marcel (1889-1973), filósofo e dramaturgo, expoente principal do existencialismo cristão, com sua obra construiu uma verdadeira e própria "metodologia do inverificável".

JASPERS

1 Os limites da ciência

> "O conhecimento científico [...] não estabelece valores válidos; a ciência como ciência não pode guiar a vida".

Nossa atividade filosófica atual está subordinada às condições destas experiências da ciência. O caminho que vai da desilusão provocada pela falsa filosofia até as ciências reais, e das ciências novamente para a verdadeira filosofia, é de tal espécie que influi de modo decisivo sobre a maneira de filosofar hoje possível. Antes de nos remetermos à filosofia devemos determinar objetivamente a relação de nenhuma forma unívoca entre a filosofia atual e a ciência. Em primeiro lugar tornaram-se claros os limites da ciência; eles podem ser brevemente caracterizados assim:

a) O conhecimento científico das coisas não é conhecimento do "ser"; o conhecimento científico está particularmente dirigido sobre objetos determinados, não é dirigido sobre a própria realidade. Por isso a ciência representa do ponto de vista filosófico, justamente por meio do saber, o saber mais radical do "não-saber", isto é, o não saber o que é o próprio ser.

b) O conhecimento científico não está em grau de dar nenhuma direção para a vida. Não estabelece valores válidos; a ciência como ciência não pode guiar a vida; para sua clareza e decisão ela remete a outro fundamento de nossa vida.

c) A ciência não pode dar nenhuma resposta à pergunta que se refere a seu verdadeiro e próprio sentido: o fato de que a ciência exista baseia-se sobre impulsos que não podem nem mesmo eles ser demonstrados cientificamente como verdadeiros e como tais para dever existir.

Ao mesmo tempo, com os limites da ciência se esclarecem a importância positiva e a indispensabilidade da ciência para a filosofia.

Em primeiro lugar, a ciência, metódica e criticamente purificada nestes últimos séculos, mesmo que apenas raramente realizada pelos pesquisadores em sua totalidade, teve pela primeira vez a possibilidade de reconhecer, por meio de seu contraste com a filosofia, a turva contaminação entre filosofia e ciência e de superá-la.

O caminho da ciência é indispensável para a filosofia, porque apenas o conhecimento desse caminho impede que outra vez se afirme, de modo pouco claro e objetivo, estar na filosofia o conhecimento objetivo das coisas que, ao contrário, tem sua sede na pesquisa metodicamente exata.

Vice-versa, a clareza filosófica é indispensável para a vida e para a pureza de uma

Jaspers foi médico e filósofo. Em sua especulação a filosofia é autônoma em relação à ciência.

Capítulo décimo segundo - Traços essenciais e desenvolvimentos do existencialismo

ciência genuína. Sem filosofia a ciência não compreende a si mesma e até os pesquisadores, caso se sintam desorientados sem a guia da filosofia, abandonam a ciência em sua totalidade, embora continuando a trazer à luz conhecimentos especiais sobre a base do saber conquistado pelos grandes iniciadores.

Portanto, se de um lado a filosofia e a ciência não são possíveis uma sem a outra, se do outro sua turva contaminação não deve mais continuar, será nossa tarefa atual a de realizar a verdadeira unidade entre elas, depois de sua separação. A atividade filosófica não pode ser nem idêntica nem antinômica em relação ao pensamento científico.

Em segundo lugar, apenas as ciências que pesquisam e, portanto, fornecem um conhecimento convincente dos objetos, nos colocam diante dos dados de fato dos fenômenos; apenas por meio delas eu aprendo a conhecer com clareza: assim, por exemplo, se ao filósofo pesquisador faltasse a sintonia com as ciências, ele permaneceria sem conhecimento claro do mundo, como que cego.

Em terceiro lugar, o filosofar que não é fabulação, mas pesquisa da verdade, deve absorver em si a atitude científica e o modo de pensar científico. É característica da atitude científica a distinção permanente entre o saber demonstrado e o saber unido ao saber do método, que a ele nos conduz, isto é, ao saber dos limites de sua validade. Além disso, a atitude científica é a pronta disposição do pesquisador a aceitar toda crítica às suas opiniões. Para o pesquisador, a crítica é uma condição de importância vital: ele não pode ser jamais suficientemente criticado, a fim de provar sua perspicácia. Também a experiência de uma crítica injustificada age de modo produtivo para um verdadeiro pesquisador. Aquele que se subtrai à crítica não quer "saber" no sentido próprio da palavra; a perda da atitude e do modo de pensar científico é, ao mesmo tempo, a perda da veracidade da filosofia.

Tudo influi para que a filosofia se una às ciências: a filosofia se impõe sobre as ciências de modo tal a tornar realmente presente o íntimo sentido delas, a filosofia que vive nas ciências dissolve o dogmatismo sempre renovado da própria ciência (este sucedâneo tão pouco claro da filosofia); mas a filosofia se torna, sobretudo, a garantia consciente do espírito científico, contra a hostilidade da ciência. O viver filosoficamente é inseparável da atitude que requer a absoluta liberdade da ciência.

K. Jaspers,
Filosofia da existência.

ARENDT

1 A dignidade humana contra toda forma de totalitarismo e racismo

> *"Sempre considerei o fato de ser judia como um dos dados de fato indiscutíveis de minha vida, que jamais desejei mudar ou repudiar, sequer durante a infância".*

GAUS – Seu trabalho – a ele voltaremos de modo mais detalhado – é em grande parte dedicado às condições em que a ação e o comportamento político são possíveis. Com tal atividade a senhora pretende influenciar também em um âmbito mais vasto, ou considera que em nossa época isso não seja mais possível, ou então que este efeito sobre o público lhe é indiferente?

ARENDT – É de novo uma questão complicada. Se devo falar com toda sinceridade, devo dizer que quando trabalho não estou de modo nenhum interessada no efeito.

GAUS – E quando o trabalho terminar?

ARENDT – Ora, eu o termino. Veja, para mim trata-se essencialmente do seguinte: devo compreender. Nessa compreensão entra também a escrita. A escrita é para mim parte essencial do processo de compreensão.

GAUS – Quando a senhora escreve, a escrita está a serviço de um conhecimento mais amplo.

ARENDT – Sim, porque nesse momento coisas determinadas foram estabelecidas. Suponhamos possuir memória tão boa que se consiga reter tudo aquilo que se pensa. Eu duvido muito, conhecendo minha preguiça, de ter conseguido anotar alguma coisa. O que me importa é o próprio processo do pensamento. Quando eu o exerço sinto-me muito contente. Quando consigo expressá-lo de modo adequado na escrita, de novo sinto-me muito satisfeita. O senhor me pergunta se o efeito me interessa. Se me permite expressar-me de modo irônico, esta é uma pergunta machista. Os homens querem sempre obter uma influência; mas eu vejo tudo isso a partir do exterior. Obter eu uma influência? Não, eu quero compreender. E quando outros compreendem – no mesmo sentido em que eu compreendi – então experimento uma satisfação comparável à que se experimenta quando nos sentimos em casa (*Heimatgefühl*).

Gaus — Consegue escrever facilmente, exprimir aquilo que pensa?

Arendt — Algumas vezes sim, outras não. Mas, em geral, posso dizer que jamais escrevo sem antes ter, por assim dizer, ponderado aquilo que devo escrever.

Gaus — Ou seja, depois de ter refletido preliminarmente.

Arendt — Sim, sei exatamente aquilo que quero escrever. Antes dessa fase, não escrevo. Eu trabalho no mais das vezes um só texto. E então a redação é relativamente rápida, porque depende apenas da velocidade com que bato à máquina.

Gaus — A senhora trabalha principalmente com teoria política, com a ação e o comportamento político. Dito isso, parece-me particularmente interessante o que a senhora diz em um diálogo com o professor israelita Scholem. A senhora escreveu a ele, permita-me citá-la, que na juventude "não se interessava nem pela política nem pela história". Senhora Arendt, a senhora abandonou a Alemanha em 1933 por ser judia, com a idade de vinte e seis anos. Existe uma relação causal entre seu interesse pela política, o envolvimento na política e na história, e aqueles acontecimentos?

Arendt — Sim, evidentemente. Em 1933 o desinteresse não era mais possível. Mas já anteriormente não era mais possível.

Gaus — E isso valia também para a senhora?

Arendt — Sim, sem dúvida. Eu lia com atenção os jornais e criei uma opinião. Mas não estava inscrita em nenhum partido, porque não sentia necessidade disso. Depois de 1931 eu havia chegado à conclusão de que os nazistas tomariam o poder. Havia discutido continuamente sobre este problema com outras pessoas. Mas ocupei-me sistematicamente com estas coisas apenas no momento da emigração.

Gaus — Tenho uma pergunta a respeito do que a senhora acaba de dizer. Partindo de sua convicção sucessiva a 1931 — que os nazistas conquistariam o poder —, a senhora não tentou opor-se ativamente, aderindo, por exemplo, a um partido, ou pensava que isso não teria nenhum sentido?

Arendt — Pessoalmente eu considerava que não tivesse sentido. Caso contrário — mas isto é difícil de dizer com o discernimento posterior — teria feito alguma coisa. Mas parecia-me que a situação fosse desesperada.

Gaus — Acaso se lembra se um evento particular coincidiu com seu empenho político?

Arendt — Poderia recordar o dia 27 de fevereiro de 1933, o dia do incêndio do Reichstag, e as prisões ilegais que ocorreram na mesma noite. Denominavam-se prisões preventivas. Veja, as pessoas acabavam nas celas da Gestapo ou nos campos de concentração. Aquilo que então começava era terrível, e hoje é freqüentemente ocultado por eventos sucessivos. Para mim foi um choque imediato, e a partir daquele momento me senti envolvida. Isso significa que me tornei consciente de que não era mais possível limitar-se a ser expectadores. Procurei tornar-me útil de diversos modos. Mas aquilo que imediatamente me convenceu a abandonar a Alemanha — caso deva falar disso — jamais o contei, porque doravante não tem nenhuma importância...

Gaus — Conte, por favor.

Arendt — Eu tinha, de todo modo, intenção de emigrar. Imediatamente percebi que os judeus não poderiam permanecer. Eu não tinha a intenção de circular na Alemanha, por assim dizer, como cidadã de segunda classe, ou de qualquer outro modo. Além disso, considerava que as coisas se tornariam sempre piores. Todavia, não me retirei de modo totalmente pacífico. E devo dizer que isso me causou certa satisfação. Fui presa, tive de abandonar ilegalmente o país — logo lhe contarei isso — e disso tirei certa satisfação. Eu pensava: ao menos fiz alguma coisa! Ao menos não sou inocente! Nada poderá ser-me reprovado! Ora, a ocasião para tornar-me útil foi-me oferecida pela organização sionista. Eu estava em estreitas relações de amizade com alguns dos dirigentes, e o primeiro de todos era o então presidente Kurt Blumenfeld. Mas eu não era sionista. E ninguém procurou tornar-me sionista. Eu sempre, em certo sentido, fora influenciada pelo sionismo, particularmente no que se refere à crítica, ou melhor, à autocrítica, que os sionistas haviam suscitado no povo judeu. Por isso havia sofrido certa influência, e também fiquei impressionada, mas de um ponto de vista político eu não tinha nada a ver com o sionismo. Ora, em 1933, Blumenfeld e os outros, que o senhor não pode conhecer, me procuraram e disseram que tinham intenção de recolher todos os testemunhos anti-semitas de baixo nível: nas associações, nas profissionais e de outro tipo, em todas as revistas especializadas, em poucas palavras, tudo aquilo que não era conhecido no exterior. Organizar essa coletânea recaía então sob a assim chamada *Greulpropaganda*.[1] Nenhum membro da organização sionista podia dela se ocupar. Com efeito, se fosse preso, também a organização se tornava exposta.

Gaus — Naturalmente.

---

[1] Propaganda endereçada a desacreditar ou difamar alguém.

Capítulo décimo segundo - Traços essenciais e desenvolvimentos do existencialismo

Arendt – É claro. Perguntaram-me se queria ocupar-me com isso. E eu respondi: "Certamente". Eu estava muito contente. Em primeiro lugar considerava que fosse algo muito justo, e depois parecia que fosse um modo de fazer alguma coisa.

Gaus – Sua prisão foi causada por essa atividade?

Arendt – Sim, de fato fui presa. Mas tive muita sorte. Saí depois de oito dias, porque me tornei amiga do funcionário de polícia que me prendera. Era um tipo fascinante. Antes ele fazia parte da polícia criminal, mas depois fora transferido para a seção política. Não tinha nenhuma suspeita em relação a mim. Por que haveria de ter? – dizia-me sempre. "Em geral, basta que eu dê uma olhada para quem está sentado diante de mim para entender de que tipo se trata. Mas o que posso fazer com a senhora?"

Gaus – Isso acontecia em Berlim?

Arendt – Sim, em Berlim. Infelizmente tive de mentir para aquele homem. Eu não podia sem dúvida expor a organização. Contava-lhe histórias fantasiosas. Ele dizia sempre: "Eu a trouxe aqui dentro, e farei de tudo para fazê-la sair. Não tome um advogado! Os judeus não têm mais dinheiro. Poupe seu dinheiro". Entrementes, a organização havia providenciado um advogado para mim. Naturalmente era um de seus membros, mas eu o despedi. O homem que me prendera tinha um aspecto tão aberto e honesto. Confiava nele, e pensava que me ofereceria uma possibilidade melhor do que qualquer advogado amedrontado desde o primeiro momento.

Gaus – Assim a senhora saiu e pôde abandonar a Alemanha?

Arendt – Saí de lá, mas tive de deixar o país clandestinamente, porque a devassa continuava.

Gaus – No diálogo já citado, senhora Arendt, a senhora considera supérflua certa exortação de Scholem a jamais esquecer sua pertença ao povo judeu. A senhora escreve, cito ainda: "Sempre considerei o fato de ser judia como um dos dados de fato indiscutíveis de minha vida, que jamais desejei mudar ou repudiar, sequer durante a infância". A esse respeito eu teria alguma pergunta. A senhora nasceu em 1906 em Hannover, de pai engenheiro, e foi criada em Königsberg. Poderia explicar-me, com base em suas lembranças, o que significava para uma criança, na Alemanha daquele tempo, na época que precede a primeira guerra mundial, pertencer a uma família judia?

Arendt – Não posso dar a esta pergunta uma resposta que tenha valor geral. No que se refere às minhas lembranças pessoais, não tomei consciência em família do fato de ser judia. Minha mãe era totalmente não-religiosa.

Gaus – Seu pai morreu prematuramente?

Arendt – Sim, meu pai morreu prematuramente. O que segue pode parecer muito engraçado. Meu avô era presidente da associação liberal da cidade, e conselheiro municipal de Königsberg. Todavia, a palavra "judeu" jamais foi pronunciada em família quando eu era menina. Eu a conheci pela primeira vez por causa das observações anti-semitas – não vale a pena citá-las – das crianças na rua. A partir daquele momento fui, por assim dizer, "iluminada".

Gaus – Foi um choque para a senhora?

Arendt – Não.

Gaus – A partir daquele momento sentiu que se encontrava em uma situação particular?

Arendt – Considero objetivamente que isso fosse acompanhado pelo fato de ser judia. Como criança – embora não necessariamente pequena – eu sabia, por exemplo, que tinha um ar judaico, ou seja, que eu parecia diferente dos outros. Estava muito consciente disso. Mas não no sentido de que me sentisse inferior. Era mais um dado de fato. Além disso, minha mãe, ou melhor, as pessoas de minha família, eram um pouco diferentes, como em geral acontece. Havia características tão particulares em minha família, que para uma criança era muito difícil compreender. E então, onde estavam as diferenças?

Gaus – Gostaria que a senhora me contasse quais seriam as características de sua família. A senhora disse que sua mãe nunca sentiu a necessidade de esclarecer – enquanto a senhora não teve a experiência disso na rua – o que significava ser judeus. Talvez sua mãe tivesse perdido a consciência do judaísmo que, ao contrário, a senhora reivindica no diálogo com Scholem? Não desempenhava mais nenhum papel para sua mãe? Pode-se falar de uma assimilação bem-sucedida, ou então sua mãe tinha a ilusão de ser assimilada?

Arendt – Minha mãe não tinha muita disposição para a teoria. Não creio que tivesse idéias particulares a respeito. Ela vinha do movimento social-democrata, do círculo dos *Sozialistischen Monatshefte*; meu pai também, mas principalmente minha mãe. Mas a questão do judaísmo jamais teve um papel para ela. Era evidentemente judia, e jamais teria me batizado. Imagino que me teria dado uns tapas se tivesse sabido que eu abandonara o judaísmo. Mas isso, por assim dizer, jamais esteve em discussão e, portanto, o problema nunca foi proposto. Sem dúvida, o problema enquanto tal assumira na década de 1920, durante minha juventude, uma importância maior para mim do que para minha mãe. Quando me tornei adulta, o problema se tornou para minha mãe muito mais importante do que antes. Mas isso diz respeito às circunstâncias externas. Por exemplo, não penso ter jamais me considerado alemã, no sentido da nacionalidade, da pertença a um povo e não da cidadania, se é possível estabelecer essa diferença. Lembro-me, por exemplo, de ter tido a esse respeito discussões com Jaspers pelos anos de 1930. Ele dizia: "Naturalmente que você é alemã"; e eu: "De modo nenhum, e isso se vê!". Mas isso não teve nenhuma importância para mim. Jamais me senti em condição de inferioridade, não era exatamente o caso. Permita-me voltar à peculiaridade de meu ambiente familiar. Veja, todas as crianças judias tiveram a ver com o anti-semitismo. Envenenou a alma de tantas crianças. A diferença para nós era que minha mãe partia sempre deste ponto de vista: não se deve abaixar a cabeça! É preciso sempre defender-se! Se meus professores tivessem feito observações anti-semitas – geralmente não em relação a mim, mas às outras estudantes judias, por exemplo, judias orientais –, eu fora instruída para levantar-me, deixar a classe, voltar para casa e fazer uma relação detalhada sobre o que havia acontecido. Minha mãe escrevia uma de suas tantas cartas registradas; e para mim o incidente estava absolutamente encerrado. Eu tinha um dia de férias a mais, e isso era muito gostoso. Mas, se as observações eram feitas por outras crianças, eu não devia contar nada em casa. Não valia a pena. Com as crianças, devia me defender sozinha. Assim, estas coisas não constituíam para mim nenhum problema. Em minha casa existiam regras de conduta que me permitiam manter e proteger absolutamente a dignidade.

H. Arendt,
Língua materna.

SARTRE

3 O homem "é condenado em todo momento a inventar o homem"

> "O homem é condenado a ser livre [...] porque, uma vez jogado no mundo, é responsável por tudo aquilo que faz".

O existencialismo se opõe energicamente a certo tipo de moral leiga que gostaria de eliminar Deus com o mínimo dano possível. Quando, por volta de 1880, alguns professores franceses tentaram constituir uma moral leiga, raciocinaram mais ou menos assim: Deus é uma hipótese inútil e custosa: eliminemo-la; mas é necessário, todavia, para que haja uma moral, uma sociedade, um mundo civil, que certos valores sejam tomados a sério e considerados como existentes a priori; é preciso que seja obrigatório a priori ser honestos, não mentir, não bater na própria esposa, ter filhos etc. Devemos fazer, portanto, pequeno trabalho que permitirá mostrar que tais valores existem igualmente, em um céu inteligível, mesmo que Deus não exista. Em outras palavras – e é a tendência de todo aquele movimento que na França denomina-se radicalismo – nada mudará se Deus não existir; reencontraremos as mesmas normas de honestidade, de progresso, de humanismo, e teremos feito de Deus uma hipótese ultrapassada, que morrerá tranqüilamente por si só.

O existencialismo, ao contrário, pensa que é muito incômodo que Deus não exista, pois com Deus desaparece toda possibilidade de reencontrar valores em um céu inteligível; não pode mais haver um bem a priori porque não existe nenhuma consciência infinita e perfeita para pensá-lo; não está escrito em nenhum lugar que o bem existe, que é preciso ser honestos, que não se deve mentir, e por esta precisa razão: que estamos sobre um plano em que há apenas homens.

Dostoiewski escreveu: "Se Deus não existe, tudo é permitido". Eis o ponto de partida do existencialismo. Efetivamente, tudo é lícito se Deus não existir e, por conseguinte, o homem torna-se "abandonado" porque não encontra nem em si nem fora de si uma possibilidade de se ancorar. E em primeiro lugar não encontra sequer desculpas. Se de fato a existência precede a essência não se poderá jamais chegar a uma explicação referindo-se a uma natureza humana dada e determinada; ou melhor, não há determinismo: o homem é livre, o homem é liberdade.

Se, por outro lado, Deus não existe, não encontramos diante de nós valores ou ordens que dêem o sinal da legitimidade de nossa conduta. Assim, não temos nem diante de nós nem atrás de nós, no luminoso reino dos valores, justificativas ou desculpas. Estamos a sós, sem desculpas. Situação que me parece poder caracterizar dizendo que o homem é condenado a ser livre. Condenado porque não se criou por si só, e mesmo assim nem menos livre porque, uma vez jogado no mundo, é responsável por tudo aquilo que faz.

Capítulo décimo segundo - Traços essenciais e desenvolvimentos do existencialismo

O existencialista não crê na força da paixão. Jamais pensará que uma bela paixão é uma torrente impetuosa que leva o homem fatalmente a certas ações e que, portanto, vale como desculpa. Considera o homem responsável pela paixão. O existencialista não pensará sequer que o homem pode encontrar auxílio em um sinal dado sobre a terra, a fim de orientá-lo; ao contrário, pensa que o indivíduo interpreta por si o sinal a seu bel-prazer. Pensa, portanto, que o homem, sem apoio ou auxílio, está condenado em cada momento a inventar o homem.

J.-P. Sartre,
O existencialismo é um humanismo.

4 O homem é responsável por aquilo que pertence a todos os homens

> *"Nossa responsabilidade é muito maior do que poderíamos supor, porque ela envolve a humanidade inteira".*

Há duas espécies de existencialistas: uns que são cristãos, e entre estes eu colocaria Jaspers e Gabriel Marcel, este último de confissão católica; e os outros que são existencialistas ateus, entre os quais é preciso pôr Heidegger, os existencialistas franceses e eu mesmo. [...]

O existencialismo ateu, que eu represento, é mais coerente. Se Deus não existe, afirma, há ao menos um ser em que a existência precede a essência, um ser que existe antes de poder ser definido por algum conceito: este ser é o homem, ou, como diz Heidegger, a realidade humana. O que significa, neste caso, que a existência precede a essência? Significa que o homem existe em primeiro lugar, se encontra, surge no mundo, e que se define depois. O homem, segundo a concepção existencialista, não pode ser definido pelo fato de que no início não é nada. Será a seguir, e será tal qual se houver feito. Assim, não há uma natureza humana, pois não há um Deus que a conceba. O homem é apenas, não só tal qual se concebe, mas tal qual se quer e precisamente tal qual se concebe depois da existência, e tal qual se quer depois deste impulso para a existência: o homem não é mais do que aquilo que ele se faz. Este é o princípio primeiro do existencialismo. E é também aquilo que se chama de subjetividade e que nos é reprovada com este mesmo termo.

Mas o que queremos dizer nós, deste modo, senão que o homem tem uma dignidade maior que a pedra ou a mesa? Porque queremos dizer que o homem em primeiro lugar existe, ou seja, que ele é em primeiro lugar aquilo que se lança para o futuro e aquilo que tem consciência de se projetar para o futuro.

O homem é, em primeiro lugar, um projeto que vive por si mesmo subjetivamente, em vez de ser musgo, podridão ou couve-flor; nada existe antes deste projeto: nada existe no céu inteligível; o homem será em primeiro lugar aquilo que tiver projetado ser. Não aquilo que quiser ser. Pois aquilo que em geral entendemos com o verbo "querer" é uma decisão consciente, posterior, para a maior parte de nós, ao fato de ser feitos por nós mesmos. Eu posso querer aderir a um partido, escrever um livro, casar-me: tudo isso não é mais que a manifestação de uma escolha mais originária, mais espontânea, daquilo que se chama de vontade. Mas, se de fato a existência precede a essência, o homem é responsável por aquilo que é. Assim, o primeiro passo do existencialismo é pôr todo homem na posse daquilo que ele é, e fazer cair sobre ele a responsabilidade total por sua existência. E quando dizemos que o homem é responsável por si próprio, não entendemos que o homem é responsável pela sua individualidade estrita, mas que ele é responsável por todos os homens. A palavra "subjetivismo" tem dois significados com os quais nossos adversários jogam. Subjetivismo quer dizer, de um lado, escolha do sujeito individual por si próprio e, do outro, impossibilidade para o homem de ultrapassar a subjetividade humana. Este segundo é o sentido profundo do existencialismo. Quando dizemos que o homem se escolhe, entendemos que cada um de nós se escolhe, mas, com isso, queremos também dizer que cada um de nós, escolhendo-se, escolhe por todos os homens. Com efeito, não há um só de nossos atos que, criando o homem que queremos ser, não crie ao mesmo tempo uma imagem do homem tal qual julgamos que deva ser. Escolher ser isto mais do que aquilo é afirmar, ao mesmo tempo, o valor de nossa escolha, uma vez que não podemos jamais escolher o mal; isso que escolhemos é sempre o bem, e nada pode ser um bem para nós sem que o seja para todos. Se a existência, por outro lado, precede a essência e queremos existir ao mesmo tempo em que formamos nossa imagem, essa imagem é validade para todos e para toda a nossa época. Assim, nossa responsabilidade é muito maior do que poderíamos supor, pois ela envolve a humanidade inteira. Se eu sou operário e escolho fazer parte de um sindicato cristão em vez de ser comunista;

se, com esta minha escolha, quero mostrar que a resignação é, no fundo, a solução que convém ao homem, que o reino do homem não é sobre esta terra, eu não ponho em questão apenas o meu caso pessoal: eu quero ser resignado por todos e, por conseguinte, meu ato envolveu toda a humanidade. E se quero, fato ainda mais individual, casar-me, ter filhos, mesmo que esse matrimônio dependa unicamente de minha situação, ou de minha paixão, ou de meu desejo, desse modo eu empenho não só a mim mesmo, mas a humanidade inteira sobre o caminho da monogamia. Assim, sou responsável por mim mesmo e por todos, e crio certa imagem do homem que escolho. Escolhendo-me, eu escolho o homem.

Isso nos permite compreender aquilo que está sob certas palavras um pouco grandiloquentes, como angústia, abandono, desespero. Como vocês verão, é extremamente simples. No entanto, o que se entende por angústia? O existencialista declara de bom grado que o homem é angústia. Isso significa: o homem que assume um empenho e está consciente de ser não só aquele que escolhe ser, mas também um legislador que escolhe, ao mesmo tempo, e por si e por toda a humanidade, não pode escapar do sentimento de sua própria, completa e profunda responsabilidade.

J.-P. Sartre,
O existencialismo é um humanismo.

MERLEAU-PONTY

5 Para que servem os filósofos?

> "O filósofo é o homem que desperta e que fala, e o homem tem em si, silenciosamente, os paradoxos da filosofia, porque, para ser de fato homem, é preciso ser um pouco mais e um pouco menos que homem".

Os maniqueus que se combatem na ação entendem-se melhor entre si do que com a filosofia: entre eles há uma cumplicidade, cada um é a razão de ser do outro. Nessa luta fraterna o filósofo é um estrangeiro. Mesmo que jamais tenha traído, sente-se, pelo seu modo de ser fiel, que ele poderia trair: ele não toma parte nas coisas como os outros, falta ao seu assentimento algo de sólido e de carnal. Ele não é um ser totalmente real.

Uma diferença existe. Mas é a do filósofo e do homem? Ela é mais, no próprio homem, a diferença entre aquele que compreende e aquele que escolhe, e todo homem, deste ponto de vista, está dividido como o filósofo. Há muito convencionalismo no retrato do homem de ação que é contraposto ao filósofo: o homem de ação não é íntegro. O ódio é uma virtude invertida. O obedecer de olhos fechados é o início do pânico, e escolher em oposição àquilo que se compreende é o início do ceticismo. É preciso ser capazes de certa tolerância para retroceder, a fim de empenhar-se de fato, que é sempre um empenhar-se na verdade. Aquele mesmo que pode ter escrito um dia que toda ação é maniqueísta, uma vez que entrou mais a fundo na ação, pode responder familiarmente a um jornalista que lhe recorda sua afirmação: "toda ação é maniqueísta, mas não se deve remeter-se a este juízo". Ninguém é maniqueu diante de si próprio. É uma área que têm os homens de ação, vistos do exterior, e que eles conservam raramente em suas memórias. Se o filósofo deixa entender desde o início algo que o grande homem diz apenas diante de si mesmo, o filósofo salva a verdade para todos, e a salva também para o homem de ação, que evidentemente tem necessidade dela, pois nenhum governador de povos jamais aceitou dizer que se desinteressa pela verdade. Mais tarde, ou amanhã mesmo, o homem de ação reabilitará o filósofo. Quanto aos homens simplesmente homens, que não são profissionais da ação, estão bem longe de classificar os outros em bons e maus, contanto que falem daquilo que viram e o julguem de perto. E os encontramos, quando se quer tentar fazer a experiência disso, de modo espantoso, sensíveis à ironia filosófica, como se nela reconhecessem seu silêncio e suas reservas, porque, por uma vez, a palavra torna-se aqui deliberação.

A fraqueza do filósofo é sua virtude. A verdadeira ironia não é um álibi, mas uma tarefa, e o desapego do filósofo lhe permite certo tipo de ação entre os homens. Como vivemos em uma das situações que Hegel chamava de diplomáticas, na qual o sentido de toda iniciativa corre o risco de ser falseado, crê-se por vezes servir à filosofia proibindo-lhe os problemas de sua própria época, e também recentemente foi lembrado em honra de Descartes o fato de que ele não tomou partido entre Galileu e o Santo Ofício. O filósofo, como se diz, não deve

Capítulo décimo segundo – Traços essenciais e desenvolvimentos do existencialismo

escolher entre dois dogmatismos rivais. Ele se ocupa do ser absoluto, para além do objeto do físico e da imaginação do teólogo. Mas é esquecer que, recusando-se a falar, Descartes recusa também fazer valer e fazer existir a ordem filosófica na qual é colocado: calando, ele não supera dois erros opostos, mas os deixa em oposição, os encoraja e, de modo particular, encoraja o vencedor do momento. Não é a mesma coisa calar e dizer por que não se quer escolher. Se Descartes o tivesse feito, não teria podido não estabelecer o relativo direito de Galileu contra o Santo Ofício, mesmo se isso tivesse terminado, no fim, com uma subordinação da física à teologia. A filosofia e o ser absoluto não estão acima dos erros opostos que se opõem no século: estes jamais têm um mesmo modo de ser erros, e a filosofia, que é integração na verdade, tem a tarefa de dizer aquilo que deles pode ser integrado. Para que um dia pudesse se realizar uma situação no mundo na qual fosse possível um pensamento livre tanto do cientificismo como da imaginação, não era suficiente a pretensão de superá-los com o silêncio; era preciso tomar posição contra, e, no caso específico, contra a imaginação. O pensamento físico tinha consigo, na questão de Galileu, os interesses da verdade. O absoluto filosófico não reside em nenhum lugar, e nunca se encontra, portanto, em outro lugar. Alain dizia a seus alunos: "A verdade é momentânea, para nós que somos homens, que temos uma visão curta. Está em uma situação, em um instante; é preciso fazê-la, dizê-la, naquele dado momento, não antes nem depois, não fechando-a em máximas ridículas; não muitas vezes, porque nada se repete muitas vezes". Aqui a diferença não se encontra entre o homem e a filosofia: ambos pensam a verdade no acontecimento: encontram-se juntos contra a pretensão arrogante que pensa segundo princípios abstratos e contra a libertinagem que vive sem verdade.

No limite de uma reflexão que no início o diminui, mas para fazer com que ele sinta melhor as verdadeiras relações que o ligam ao mundo e à história, o filósofo não encontra o abismo do eu ou do saber absoluto, mas uma imagem renovada do mundo, e a si mesmo naquela imagem, no meio dos outros. Sua dialética, ou sua ambigüidade, não é mais que um meio para expressar com palavras aquilo que todo homem sabe bem: o valor dos momentos em que de fato a vida se renova continuando-se, se retoma e se compreende ultrapassando-se, nos quais seu mundo privado torna-se um mundo comum. O mistério está em todos da mesma forma como está nele. O que diz o filósofo sobre as relações da alma com o corpo a não ser aquilo que sabem todos aqueles que fazem proceder juntos sua alma e seu corpo, seu bem e seu mal? O que ensina sobre a morte, a não ser que está escondida na vida, assim como o corpo na alma, e que isso faz de fato, como dizia Montaigne, que morra um camponês, que morrem povos inteiros, assim como morre o filósofo? O filósofo é o homem que desperta e que fala, e o homem tem em si, silenciosamente, os paradoxos da filosofia, porque, para ser de fato homem, é preciso ser um pouco mais e um pouco menos que homem.

M. Merleau-Ponty,
Elogio da filosofia.

MARCEL

6 Problema e metaproblema

As páginas seguintes constituem os Delineamentos *da relação apresentada por Gabriel Marcel à Sociedade de estudos filosóficos de Marselha no dia 21 de janeiro de 1933, sobre* Posições e aproximações concretas do mistério ontológico.*

A análise leva Marcel a concluir que o problema do ser é um problema que se estende a seus próprios dados, enquanto põe em discussão a própria pessoa que pergunta, e deste modo "se nega (ou se transcende) como problema e transforma-se em mistério". A ciência enfrenta problemas; a metafísica vai ao encontro do metaproblema, cuja solução é "o mistério que se compreende".

A – Se considerarmos a posição atual do pensamento filosófico como se manifesta em uma consciência que procura aprofundar suas próprias exigências, somos levados a formular as seguintes observações.

1) Os termos tradicionais, com os quais alguns tentam ainda hoje enunciar o problema do ser, despertam em geral uma desconfiança insuperável, cuja origem deve ser procurada mais no fato de que alguns espíritos estão embebidos com os resultados da crítica bergsoniana – e isso se constata também naqueles que não poderiam remeter-se ao bergsonismo enquanto metafísica – do que em uma adesão

mais ou menos explícita a algumas teses kantianas.

2) Por outro lado, a atitude de abstenção pura e simples diante do problema do ser por parte de muitas doutrinas filosóficas contemporâneas é, em última análise, insustentável. Com efeito, tal atitude se reduz a uma espécie de intervalo não justificável de direito que deriva da preguiça ou da timidez. Essa atitude – como geralmente ocorre – pode também ligar-se, ainda que indiretamente, a uma negação mais ou menos explícita do ser, que encerra uma oposição às exigências essenciais de um ser cuja essência concreta é a de ser de todo modo *empenhado*. Pelo próprio fato de ser empenhado ele vem a se encontrar às voltas com um destino que deve não apenas sofrer, mas também tornar seu, recriando-o de algum modo a partir do interior. Essa negação do ser não poderia ser na realidade a *constatação* de uma ausência, de uma falta; pode ser apenas desejada e, portanto, pode também ser rejeitada.

B – É oportuno notar como eu, que me ponho quesitos sobre o ser, não sei nem se eu seja, nem a fortiori *o que eu seja*, nem o significado próprio do quesito: *o que sou eu?*, que todavia me assimila. *Nós vemos aqui que o problema do ser se estende a seus próprios dados*, e se aprofunda no seio do sujeito que o põe. Deste modo se nega (ou se transcende) enquanto problema, e transforma-se em mistério.

C – Parece justamente que entre um mistério e um problema haja uma diferença essencial. Com efeito, um problema é algo que deparo, que encontro diante de mim, mas que posso delimitar e transformar, enquanto um mistério é algo em que estou empenhado e que, portanto, é pensável apenas como *uma esfera em que a distinção entre o "em mim" e o "diante de mim" perde seu significado e seu valor inicial*. Um problema autêntico depende de uma técnica apropriada em função da qual se define, enquanto um mistério transcende por definição toda possibilidade de técnica. Sem dúvida é possível (lógica e psicologicamente) degradar um mistério para dele fazer um problema; mas seria um processo substancialmente vicioso, cujas origens deveriam talvez ser procuradas em uma espécie de corrupção da inteligência. Na realidade, aquilo que os filósofos chamaram o problema do mal nos oferece um exemplo particularmente instrutivo dessa degradação.

D – O mistério, enquanto pode ser reconhecido como tal, pode ser também mal conhecido e ativamente negado: ele se reduz, portanto, a algo de que "ouvi falar", a algo que rejeito porque se refere apenas *aos outros*, e isso por uma ilusão de que estes "outros" são vítimas, ilusão que afirmo ter definitivamente superado.

É necessário evitar toda confusão entre o mistério e o incognoscível: na realidade, o incognoscível é apenas um limite do problemático que não pode ser atualizado sem cair em contradição. O reconhecimento do mistério é, ao contrário, um ato essencialmente positivo do espírito, o ato positivo por excelência, em função do qual toda positividade pode ser rigorosamente definida. Tudo parece desenrolar-se como se eu me beneficiasse de uma intuição que possuo sem saber disso imediatamente: de uma intuição que, propriamente falando, não poderia existir *por si*, embora compreendendo-se por meio dos modos de experiência sobre os quais se reflete, e que ela ilumina por meio dessa própria reflexão. Um procedimento metafísico essencial consistiria então em uma reflexão sobre esta reflexão; uma reflexão, portanto, em segunda potência, com a qual o pensamento *se inclina* na direção da recuperação de uma intuição que se perde à medida que ele se realiza.

O recolhimento, cuja possibilidade efetiva pode ser considerada como o sinal ontológico mais revelador que possuímos, constitui o meio real com que se pode realizar essa recuperação.

E – O "problema do ser" será, portanto, uma exemplificação, ainda que em linguagem inadequada, de um mistério que pode ser dado apenas a um ser capaz de recolhimento, e cuja característica consiste talvez no não coincidir de modo puro e simples com sua vida. Encontramos a confirmação ou a prova dessa não-coincidência no fato de que avalio minha vida de modo mais ou menos explícito. Na realidade, posso não só condená-la com uma sentença abstrata, mas pôr um termo efetivo se não a esta vida considerada em profundidade, pelo menos à expressão finita e material à qual *sou livre de crer* que esta vida se reduza. Na própria possibilidade do suicídio há um elemento essencial de todo pensamento metafísico autêntico. E isso não só para o suicídio: o desespero, *sob todas as suas formas*, a traição, *em todos os seus aspectos*, enquanto negações efetivas do ser, enquanto a alma se desespera, se fecha também ela à garantia misteriosa e fundamental em que acreditamos encontrar o princípio de toda positividade.

F – Não basta dizer que vivemos em um mundo em que a traição é possível *a cada instante*, em toda medida, em todos os seus aspectos; a própria estrutura de nosso mundo a recomenda, para não dizer que a impõe. O espetáculo de morte que este mundo nos

Capítulo décimo segundo - Traços essenciais e desenvolvimentos do existencialismo

oferece, de um determinado ponto de vista pode ser considerado como contínua incitação a renegar, à defecção absoluta. De resto, poder-se-ia dizer que o tempo e o espaço, como modos conjugados da ausência, enquanto nos reportam sobre nós mesmos, tendem a nos expulsar na indigente instantaneidade do gozo. Mas, ao mesmo tempo, o desespero, a traição, a própria morte podem, ao menos parece, ser rejeitados, negados: e se o termo transcendência tem um significado, nele está implícita esta negação ou, mais exatamente, esta superação (*Ueberwindung*, mais que *Aufhebung*). Com efeito, a essência do mundo é talvez traição ou, mais exatamente, no mundo não há nada cujo prestígio possa resistir seguramente aos assaltos de uma intrépida reflexão crítica.

G – Em tal situação, as aproximações concretas do mistério ontológico deverão ser procuradas não no plano do pensamento lógico, cuja objetivação suscita um problema inicial, mas muito mais no esclarecimento de alguns dados propriamente espirituais, como a fidelidade, a esperança, o amor. Sobre este plano podemos ver o homem às voltas com a tentação de renegar, de fechamento sobre si próprio, de endurecimento interior, sem que por isso o metafísico puro possa decidir se a causa dessas tentações resida na própria natureza considerada em seus aspectos intrínsecos e invariáveis, ou muito mais em uma corrupção dessa própria natureza, ocorrida depois de uma catástrofe que, mais do que se inserir na história, teria dado origem a ela.

No plano ontológico a fidelidade tem grande importância. Com efeito, ela é o reconhecimento efetivo, e não teórico ou verbal, de um permanente ontológico, de um permanente que dura, e em relação ao qual nós duramos, de um permanente que implica ou exige uma história em oposição à permanência inerte e formal da pura *validade*, da lei. A fidelidade é a perpetuação de um testemunho que a cada momento poderia ser cancelado ou renegado. É uma atestação não só perpetuada, mas criadora, tão mais criadora se for mais elevado o valor ontológico daquilo que ela testemunha.

H – Uma ontologia assim orientada transborda na direção de uma revelação que ela não poderia nem exigir, nem pressupor, nem integrar e sequer compreender, embora preparando em certo sentido sua aceitação. Pode também ocorrer que essa ontologia possa *de fato* desenvolver-se sobre um terreno preparado precedentemente pela revelação. Isso não deve surpreender-nos e a fortiori escandalizar-nos; o desenvolvimento de uma metafísica pode se produzir apenas no seio de determinada situação que a suscita: ora, a existência de um dado cristão constitui um fator essencial desta nossa situação. Convém renunciar para sempre à idéia ingenuamente racionalista de um sistema de afirmação válido para um pensamento em *geral*, para uma consciência *qualquer*. Este pensamento é o sujeito do conhecimento científico, um sujeito que é apenas uma idéia. Ao contrário, o plano ontológico pode ser reconhecido apenas com um ato pessoal, por meio da totalidade de um ser empenhado em um drama que é o seu, embora o transcenda infinitamente em todos os sentidos, um ser ao qual foi concedida a singular qualidade de se afirmar ou de se negar, quer afirme o Ser e se abra a ele, quer o negue e, portanto, se feche a ele: com efeito, em tal dilema consiste a própria essência da liberdade.

G. Marcel,
Ser e ter, em *Jornal metafísico*.

Capítulo décimo terceiro

Hans Georg Gadamer
e a teoria da hermenêutica

• Os intérpretes profissionais são os biblistas e os juristas, os críticos literários e os epigrafistas. Contudo, nós todos interpretamos quando ouvimos um discurso ou lemos uma página de um livro. E então: o que significa interpretar um texto? E quando podemos estar tranqüilos sobre a adequação de uma interpretação nossa?

Os problemas de uma teoria da hermenêutica → § I.1

A perguntas desse tipo responde a *teoria da hermenêutica* ou da interpretação, cuja teoria encontra, em nossos dias, seu texto clássico em *Verdade e método* (1960) do filósofo alemão Hans Georg Gadamer.

• Enfrentamos um texto com o conjunto de expectativas ou pré-conceitos (*Vor-urteile*) que constituem nossa *Vor-verständnis* ou pré-compreensão.

E é em base a esta pré-compreensão nossa que damos uma primeira interpretação do texto; tal primeira interpretação do texto não é mais que conjetura nossa sobre a mensagem ou conteúdo do texto, sobre aquilo que o texto diz; e o intérprete põe esta sua interpretação ao crivo sobre o texto e sobre o contexto (o contexto é qualquer informação importante, apta a confirmar ou a enfraquecer a interpretação proposta), e se esse controle mostra que há um choque entre nossa interpretação e algum trecho do texto ou do contexto, então devemos propor um esboço posterior de sentido, outra interpretação a ser submetida, por sua vez, ao crivo do texto e do contexto. E se também esta segunda interpretação resultar inadequada, experimentar-se-á uma terceira. E assim por diante, teoricamente ao infinito, ainda que de fato nos detenhamos naquela interpretação que, vez por outra, nos aparecerá como satisfatória.

Interpretações e controles destas interpretações sobre o texto e sobre o contexto → § I.2-6

É este, em poucas palavras, o *círculo hermenêutico*, o movimento do "compreender", o procedimento de qualquer atividade interpretativa nossa.

• O produto não é o produtor. E o autor de um texto é um elemento ocasional. Com efeito, depois de vindo ao mundo, um texto vive uma vida autônoma: produz seus *efeitos*. Assim, por exemplo, de uma teoria científica, com o tempo, se verão conseqüências, erros, aplicações, desenvolvimentos, interpretações.

É claro que a história dos efeitos de um texto determina sempre mais plenamente seu significado. Disso resulta que quem interpreta um texto a distância temporal do nascimento do texto tem possibilidades maiores de compreender mais plenamente seu sentido.

A história dos efeitos → § II.1-2

• Os preconceitos que formam a pré-compreensão do intérprete são fruto de elaborações do passado; idéias e ideais são-nos transmitidos pela tradição. Quanto à *tradição*, Gadamer:
    a) rejeita a atitude romântica feita de fé na autoridade;
    b) sustenta que a proposta iluminista de querer crivar todo e qualquer preconceito à luz da razão é uma pretensão justa;

> *Os iluministas erraram, mas os românticos não têm razão*
> → § III.1-4
>
> c) afirma, porém, que dessa pretensão não brota necessariamente a rejeição indiscriminada de todo e qualquer preconceito, da autoridade e da tradição; e isso pelo fato de que preconceitos notáveis e preconceitos tradicionais podem resultar adequados e produtivos para o conhecimento: da verdade não se pergunta a data de nascimento;
>
> d) por conseguinte, a rejeição iluminista da tradição torna-se um preconceito não adequado.

I. Estrutura da hermenêutica

1. Origens e objeto da hermenêutica

Ligada ao âmbito da interpretação dos textos sagrados, por um lado, e ao campo da crítica textual, por outro, a hermenêutica (ou teoria da interpretação) tem longa história. Sem falar das pistas identificáveis na antiguidade clássica, e prescindindo até do mais breve aceno às concepções medievais dos vários "sentidos" que um texto sagrado possui, podemos dizer que a hermenêutica brota das controvérsias teológicas emergentes da Reforma e, posteriormente, se desenvolve tanto no campo da teologia como no âmbito dos filólogos, dos historiadores e juristas, continuamente às voltas com questões de interpretação: o que significa este texto sagrado? Qual foi a verdadeira intenção do escritor sagrado? O que quer dizer esta ou aquela inscrição? É justa ou equivocada a interpretação usual deste ou daquele trecho? Como interpretar esta ou aquela norma jurídica? Quando podemos estar seguros de que uma interpretação qualquer é adequada ou não? Pode haver interpretação definitiva de um texto, ou a função hermenêutica é tarefa infinita? Essas são algumas das *interrogações técnicas* às quais a teoria da hermenêutica deve responder.

No romantismo, F. Schlegel e F. Schleiermacher pretenderam dar à hermenêutica lugar de destaque na filosofia. Depois deles, W. Dilthey procurou estabelecer a hermenêutica como alicerce de todo o edifício das "ciências do espírito".

Para dizer a verdade, Dilthey concebia a hermenêutica não somente como conjunto de questões técnicas, isto é, metodológicas, mas também como perspectiva de *natureza filosófica* que servisse de base da *consciência histórica* e da *historicidade do homem*.

Entretanto, foi Heidegger quem compreendeu o *estatuto filosófico* das concepções de Dilthey, no sentido de que viu a hermenêutica ou "o compreender" não tanto como instrumento à disposição do homem, e sim muito mais como *estrutura constitutiva do Dasein, como uma dimensão intrínseca do homem*. O homem cresce sobre si mesmo, é um novelo de "experiências". E cada nova experiência é uma experiência que nasce sobre o fundo das anteriores e as reinterpreta.

2. O que é o "círculo hermenêutico"

Aluno de Heidegger, Hans Georg Gadamer (1900-2002) — professor em Leipzig, depois em Frankfurt e, por fim, em Heidelberg —, intérprete refinado e arguto, sobretudo da filosofia antiga, mas também de Hegel e dos historicistas, publicou em 1960 uma obra hoje considerada clássica para a teoria da hermenêutica, *Verdade e método*, onde tanto as questões técnicas como as perspectivas filosóficas da hermenêutica fundem-se em um todo coerente.

Gadamer parte da *descrição* que Martin Heidegger, em *Ser e tempo*, faz do *círculo* hermenêutico: "O círculo não deve ser degredado a círculo *vitiosus* e tampouco considerado inconveniente inelimável. Nele se oculta uma possibilidade positiva do conhecer mais originário, possibilidade que só pode ser captada de modo genuíno se a interpretação compreende que sua função primeira, permanente e última é a de não se deixar nunca impor pré-disponibilidade, pré-vidências e pré-cognições do caso ou das opiniões comuns, mas fazê-las emergir das próprias coisas, garantindo assim a cientificidade do próprio tema". Texto 1

3. O procedimento hermenêutico como ato interpretativo e seu esquema de fundo

Esta, comenta Gadamer, é uma descrição extremamente concisa do círculo hermenêutico. Mas nela já se entrevê com clareza o esquema de fundo do procedimento hermenêutico, ou seja, do ato interpretativo. Existem textos providos de sentido que, por seu turno, falam de coisas; o intérprete se aproxima dos textos não com a mente semelhante a uma *tabula rasa*, mas com sua pré-compreensão (*Vor-verständnis*), isto é, com seus pré-juízos (*Vor-urteile*), suas pré-suposições, suas expectativas; dado *aquele* texto e dada a *pré-compreensão* do intérprete, este esboça um significado preliminar de tal texto, tendo-se esse esboço precisamente porque o texto é lido pelo intérprete com certas expectativas determinadas, que derivam de sua pré-compreensão.

E o trabalho hermenêutico posterior consiste todo na elaboração daquele projeto inicial, "que é revisto continuamente com base no resultado da penetração ulterior do texto".

■ **Círculo hermenêutico.** O intérprete é um indivíduo que no decorrer de sua vida absorveu (da linguagem comum, das leituras, de conversas, do que ouviu de outros, dos professores etc.) um patrimônio cultural, talvez reelaborando-o aqui e ali. Este patrimônio é aquilo que Gadamer chama de *Vor-verständnis* ou pré-compreensão; pré-compreensão entendida como tecido das idéias, pressuposições, teorias, mitos etc., tecido, portanto, de *Vor-urteile* ou pré-conceitos (entendendo este último termo sem a conotação depreciativa atribuída pelos iluministas).
Pois bem, o intérprete coloca-se diante do texto com sua pré-compreensão e, "com base no sentido mais imediato que o texto lhe exibe, ele esboça preliminarmente um significado do todo", ou seja, esboça uma primeira interpretação sua.
Este projeto inicial, porém, pode ser revisto se não encontrar confirmação no texto e no contexto, isto é, caso se choque com alguma parte de texto ou de contexto. Com efeito, "quem procura compreender está exposto aos erros derivados de pré-suposições que não encontram confirmação no objeto". E se é isso que ocorre, será preciso então propor outro projeto de sentido, que, por sua vez, será criado sobre o texto e sobre o contexto. E assim por diante, uma vez que a tarefa hermenêutica é tarefa possível e infinita.
"Tarefa permanente da compreensão é a elaboração e a articulação de projetos corretos, adequados, os quais, como projetos, são antecipações que podem comprovar-se apenas em relação ao objeto [...]. O que é que distingue as pré-suposições inadequadas senão o fato de que, desenvolvendo-se, estas se revelam inconsistentes?"
O procedimento descrito é, exatamente, o *círculo hermenêutico*: a compreensão de um texto realiza-se propondo hipóteses sobre aquilo que o texto diz, sobre seu significado ou mensagem; hipóteses a serem colocadas no crivo sobre o texto e o contexto; e se nossa interpretação se choca com o texto ou o contexto, isto é, se for contradita por alguma parte do texto ou do contexto, devemos propor outra; e assim por diante, teoricamente ao infinito, mesmo que na prática nos detenhamos, vez por outra, na interpretação que parece adequada, de acordo com os fatos conhecidos.

Hans Georg Gadamer. Seu livro Verdade e método *é um texto clássico da teoria da hermenêutica.*

4. A interpretação como tarefa possível, mas infinita

O intérprete não é uma *tabula rasa*. Ele se aproxima do texto com sua *Vor-verständnis*, isto é, com a sua pré-compreensão, vale dizer, com os seus pré-juízos ou *Vorurteile*.

Com base nessa sua *memória* cultural (linguagem, teorias, mitos etc.), o intérprete esboça uma primeira interpretação do texto (que pode ser um texto propriamente dito, antigo ou atual, mas também um discurso pronunciado, um manifesto etc.). Ou seja, o intérprete diz: "este texto significa isto ou aquilo, tem este ou aquele significado".

Mas esse primeiro esboço de interpretação pode ser mais ou menos adequado, justo ou errado. Então, como faremos para saber se nosso *primeiro esboço de interpretação* é ou não adequado? Pois bem, responde Gadamer, é a análise posterior do texto (do "texto" e do "contexto") que nos dirá se esse esboço interpretativo é ou não correto, se corresponde ou não ao que o texto diz. E se essa primeira interpretação se mostra em contraste com o texto, "choca-se" com ele, então o intérprete elabora um *segundo esboço de sentido*, ou seja, outra interpretação, que depois põe à prova em relação ao texto e ao contexto, a fim de ver se ela pode se mostrar adequada ou não. E assim por diante, ao infinito, já que a tarefa do hermeneuta é tarefa infinita e possível.

Com efeito, cada interpretação se efetua à luz do que se sabe; e o que se sabe muda; no curso da história humana, mudam as perspectivas (ou conjeturas ou pré-juízos) com que se olha um texto, cresce o saber sobre o "contexto" e aumenta o conhecimento sobre o homem, a natureza e a linguagem. Por isso, as mudanças, mais ou menos grandes, que ocorrem em nossa pré-compreensão podem constituir, conforme o caso, outras formas de releitura do texto, novos raios de luz lançados sobre ele, em suma, *novas hipóteses interpretativas a submeter à prova*. Eis por que a interpretação é tarefa infinita.

Infinita, pelo fato que uma interpretação que parecia adequada pode ser demonstrada incorreta, e porque são sempre possíveis novas e melhores interpretações.

Possíveis porque, a cada vez, conforme a época histórica em que vive o intérprete e com base no que ele sabe, não se excluem interpretações que, precisamente para aquela época e para o que na época se sabe, são melhores ou mais adequadas do que outras.

5 Estrutura e função dos pré-conceitos e da pré-compreensão do intérprete

O intérprete, portanto, não enfrenta o texto como *tabula rasa*; a mente do intérprete é muito mais uma *tabula plena*, cheia de pré-conceitos, ou seja, de expectativas e de idéias. E é com esse *Vor-verständnis* que o intérprete se aproxima de um texto. E é sempre um "choque" entre alguma parte da pré-compreensão do intérprete e o texto que atrai sua atenção, "seja quando o texto não apresenta sentido algum, seja quando seu sentido contrasta irremediavelmente com nossas expectativas".

São esses *choques,* diz Gadamer, que forçam o hermeneuta a se dar conta de seus próprios pré-juízos e a pôr em movimento a cadeia das interpretações sempre mais adequadas. Com efeito, "quem procura compreender fica exposto aos erros derivados de pressuposições que não encontram confirmação no objeto". Conseqüentemente, "a compreensão de tudo o que se deve compreender consiste totalmente na elaboração desse projeto preliminar, que obviamente é revisto continuamente com base no resultado da penetração ulterior do texto". Texto 2

6 A "alteridade" do texto

Na realização e na progressiva elaboração do projeto inicial emerge a *alteridade do texto*.

Nós descobrimos o que o texto diz e chegamos a descobrir sua diversidade da nossa mentalidade, ou talvez a *distância* da nossa cultura, apenas partindo daquelas "atribuições de sentido" que construímos a partir de nossa pré-compreensão e que corrigimos e descartamos sob a pressão do texto. Por isso, escreve Gadamer, "quem quiser compreender um texto deve estar pronto a deixar que o texto lhe diga alguma coisa. Por isso, uma consciência educada hermeneuticamente deve ser preliminarmente sensível à alteridade do texto. Tal sensibilidade não pressupõe uma 'neutralidade' objetiva nem um esquecimento de si mesmo, mas implica uma precisa tomada de consciência das próprias pressuposições e dos próprios preconceitos".

Substancialmente, as pressuposições ou preconceitos do intérprete não devem amordaçar o texto, não devem silenciá-lo. O intérprete deve ser sensível à alteridade do texto: o texto *não é pretexto* para que só o intérprete fale.

O intérprete deve falar para escutar o texto, ou seja, deve propor um "sentido" após o outro, um "sentido" melhor e mais adequado do que o outro, para que o texto apareça sempre mais, em sua alteridade, como aquilo que realmente é.

Frontispício da edição original (1960) da obra de Gadamer, Verdade e método.

II. Interpretação e "história dos efeitos"

1. Valência hermenêutica da história dos efeitos de um texto

Não é raro que, diante de certas interpretações de um texto, especialmente se esse texto foi objeto de muitas e diversas interpretações ao longo de muitos séculos, nós sejamos levados a dizer que o autor nunca teria sonhado em dizer o que essas interpretações vêem no texto.

Dizemos isso quase que para diminuir o valor de tais interpretações: elas vão além do que o autor pretendia, sendo, portanto, desprovidas de valor.

Entretanto, aqui Gadamer observa bem o fato de que o autor de um texto é "um elemento ocasional". O autor não é o seu produto e, uma vez gerado, um texto tem vida autônoma. Assim, por exemplo, ele tem efeitos sobre a história posterior, efeitos que o autor não podia prever nem imaginar. E essas conseqüências do texto entram em simbiose com outros produtos culturais.

A história dos efeitos de um texto sempre determina mais plenamente o seu sentido. E o intérprete relê o texto também à luz da história dos efeitos.

■**História dos efeitos (*Wirkungsgeschichte*).** Este é um conceito de importância fundamental na teoria da hermenêutica proposta por Gadamer. Escreve Gadamer: "Uma hermenêutica adequada deveria esclarecer a realidade da história também no próprio compreender". Uma obra de arte, um romance, uma teoria científica têm sua "sorte", produzem seus efeitos, proíbem algumas direções de pesquisa, desenvolvem outras, entrecruzam-se com algumas outras tradições etc.
Isso nos faz entender que um objeto a interpretar não nos é dado em sua imediatez, mas o enfrentamos à luz da *história dos efeitos*. A *Ilíada* e a *Odisséia* são obras pesquisadas dentro dos desenvolvimentos da "questão homérica", ou seja, dentro de interpretações e discussões doravante imprescindíveis na pesquisa sobre Homero. "*Por seus frutos os reconhecereis*": esta é uma idéia que vale também para a teoria da interpretação. Aqui está a razão pela qual nos é bastante difícil de falar de um romance recentemente publicado ou de um novo movimento artístico; enquanto sabemos mais do "Barroco", e compreendemos – à luz da história dos efeitos – *A origem das espécies* de Darwin muito melhor que o próprio Darwin.
Ainda Gadamer: "A consciência histórica deve tomar consciência do fato de que na pretensa imediatez com a qual ela se põe diante da obra ou do dado histórico, age também sempre, embora inconsciente e, portanto, não controlada, esta estrutura da história dos efeitos. Quando nós, pela distância histórica que caracteriza e determina em seu conjunto nossa situação hermenêutica, nos esforçamos para compreender determinada manifestação histórica, estamos já sempre submetidos aos efeitos da *Wirkungsgeschichte*". Por conseguinte: a distância temporal que separa o intérprete da obra ou do fato histórico a interpretar não é de modo nenhum um impedimento para a compreensão da obra ou do fato histórico, *podendo ela, ao contrário*, oferecer instrumentos para uma interpretação melhor.
Para uma obra de arte ou uma teoria científica, ocorre o mesmo que para uma pessoa: não se pode julgar, não se entende uma pessoa a partir de uma primeira impressão; é preciso tempo, devemos ver as ações dessa pessoa em diversas situações, é preciso observar seus comportamentos e prestar atenção em suas palavras; examinar o modo com que enfrenta e procura resolver os problemas, refletir sobre escolhas difíceis etc.; e só então se poderá dizer algo sobre tal pessoa, e não de modo definitivo.

Um cientista não vê todas as conseqüências da teoria que criou; não as vê porque não pode vê-las, porque faltam-lhe aquelas peças de saber que permitiriam sua extração; assim, não vê o desenvolvimento histórico de sua teoria. Mas o historiador da ciência, situado a uma relativa distância do tempo da descoberta da teoria, vê mais e melhor do que o próprio criador da teoria. Ele vê coisas que este último sequer sonhava em inserir no texto. E o historiador vê melhor a teoria porque também a vê à luz da história dos efeitos da própria teoria. O que dissemos de uma teoria científica vale para qualquer obra humana, para qualquer texto.

2. Eficácia da distância temporal para a compreensão de um texto

Tudo isso nos faz compreender como a distância temporal que separa o intérprete do aparecimento do texto não é um obstáculo para a compreensão do texto: *quanto mais nos afastamos cronologicamente do texto, mais deveremos nos aproximar dele com melhor compreensão*, posto que *aumentam os dados de consciência que nos põem em condição de descartar as interpretações errôneas ou menos adequadas, e substituí-las por interpretações novas e mais justas.*

Com isso, não afirmamos que uma interpretação é válida pela simples e única razão de que ela é mais recente. *Para a verdade não se pergunta a data de nascimento.* O que queremos dizer é que uma interpretação é válida até termos outra melhor e que o crescimento do saber comporta, a cada vez, a eliminação dos suportes que tornam válida uma interpretação e, com isso, a urgência de formular e experimentar outra (que talvez até já houvesse sido proposta no passado, mas que, na época, foi descartada por motivos talvez considerados válidos na época).

Em toda compreensão, portanto, saibamos ou não, está sempre presente a "história dos efeitos" (*Wirkungsgeschichte*). Uma obra gera efeitos, tem conseqüências que o autor não vê e não pode ver, mas que determinam aquela situação hermenêutica dentro da qual o intérprete interpreta a obra.

Os efeitos da obra a interpretar estão entre as condições da própria interpretação da obra.

Poderemos compreender isso ainda melhor quando nos dermos conta do quanto é difícil ou, de qualquer forma, problemático interpretar obras contemporâneas, ou então, por exemplo, movimentos artísticos contemporâneos: ainda não tiveram sua história, nós não conhecemos suas conseqüências e seu entrelaçamento mais ou menos fecundo com outros eventos da cultura. A interpretação de uma obra é menos simples quando não conhecemos a história de seus efeitos.

Texto 3

Gadamer durante uma aula.

III. "Preconceito", "razão" e "tradição"

1. Os "idola" de Bacon como "preconceitos"

Gadamer é o filósofo dos "pré-conceitos", isto é, das idéias que entretecem uma tradição ou uma cultura. Para Gadamer, "preconceito" não tem significado depreciativo; equivale a "idéia", "conjetura", "pressuposição". Os que hoje chamamos de "juízos" amanhã serão pré-conceitos, e os pré-conceitos de ontem ou de hoje poderão ser os juízos de amanhã. Por isso, diz ele, *os pré-conceitos do indivíduo são mais constitutivos de sua realidade histórica do que seus juízos*.

Foi Bacon, afirma Gadamer, quem submeteu à análise os preconceitos (ou *idola*) que enjaulam nossa mente. Gadamer não nutre muita estima por Bacon *enquanto metodólogo*: "as propostas por ele formuladas desiludem".

Gadamer vê muito mais o resultado do trabalho de Bacon, percebendo-o no fato "de ter indagado de modo global os preconceitos que aprisionam o espírito humano e que o desviam do verdadeiro conhecimento das coisas; ou seja, de ter operado uma autopurificação metódica da mente, que representa mais uma *disciplina* (no sentido latino) do que uma verdadeira metodologia".

Em suma, Gadamer é da opinião que a análise dos *idola* feita por Bacon é válida.

Mas, para Gadamer, tal análise é válida precisamente por motivos opostos àqueles pelos quais era válida para o próprio Bacon.

Depois de identificar e evidenciar os *idola*, Bacon afirmava que era necessário *expurgar* a mente desses *idola*; ao passo que Gadamer sustenta que, uma vez conscientes de nossos *idola*, devemos submetê-los incessantemente à prova, corrigi-los e eventualmente até eliminá-los, mas *para substituí-los por outros melhores*.

2. A superação de todos os preconceitos propugnada pelos iluministas é um "preconceito" típico

É interessante ver como Gadamer mostra que "somente no Iluminismo o conceito de 'preconceito' adquire a conotação negativa que agora lhe está habitualmente ligada". Os iluministas distinguiam entre preconceitos "devidos ao respeito pela autoridade" e preconceitos "devidos à precipitação". O fato de a autoridade ser fonte de preconceitos é "uma idéia conforme ao conhecido princípio do Iluminismo, que encontra sua formulação ainda em Kant: 'tem a coragem de servir-te de teu próprio intelecto' ".

Entretanto, observa Gadamer, "a superação de todos os preconceitos, que é uma espécie de preceito geral do Iluminismo, apresenta-se ela própria como um preconceito, de cuja revisão depende a possibilidade de conhecimento adequado da finitude que constitui não só nossa essência de homens, mas também nossa consciência histórica".

O Iluminismo afirma, essencialmente, a contraposição *entre fé na autoridade e uso da própria razão*. Naturalmente, diz Gadamer, "à medida que o valor da autoridade toma o lugar de nosso juízo, a autoridade é de fato fonte de preconceitos". Entretanto, e isto é importante, "com isso não se exclui que ela (a autoridade) possa ser também fonte de verdade — e foi o que o Iluminismo desconheceu com sua indiscriminada difamação da autoridade".

3. O conceito romântico de "tradição"

Contra a posição iluminista, temos a concepção que os românticos têm da tradição. Escreve Gadamer: "Há uma forma de autoridade que foi particularmente defendida pelo romantismo: a da tradição. O que é consagrado pela história e pelo uso se reveste de autoridade que já se tornou universal. E nossa finitude histórica define-se precisamente pelo fato de que também a autoridade do que nos é transmitido — e não só do que podemos reconhecer racionalmente como válido — exerce sempre influência sobre nossas ações e nossos comportamentos [...]. O romantismo pensa a tradição em oposição à liberdade da razão, vendo nela um dado análogo ao da natureza. E tanto por querer negá-la com a revolução como querendo conservá-la, a tradição lhe aparece como o oposto exato da livre autodeterminação, já que sua validade não necessita de nenhuma motivação racional, mas nos determina de modo maciço e não problemático".

Essa, em suma, é a posição romântica em relação à tradição. Diante de tal concepção, Gadamer observa justamente que "a crítica romântica contra o Iluminismo certamente não pode valer como exemplo do fato de que a tradição se impõe de modo indiscutido e óbvio, sem que aquilo que nela é transmitido seja atingido pela dúvida e pela crítica. Tem, ao contrário, quando muito, o sentido de uma auto-reflexão crítica que aqui, pela primeira vez, retorna à verdade da tradição e procura renová-la, e que se pode chamar de tradicionalismo".

4. Relação estrutural entre "razão" e "tradição"

Em suma, contra os "iluministas", Gadamer afirma os *eventuais direitos da tradição*, e contra os românticos faz valer a *força da tradição da razão*.

Por isso, Gadamer não vê de modo algum entre *tradição* e *razão* o contraste absoluto visto por muitos. "Por mais que possa ser problemática a restauração deliberada de tradições ou a criação deliberada de tradições novas, igualmente prenhe de preconceitos e, na substância, profundamente iluminista é a fé romântica nas 'tradições arraigadas', diante das quais a razão deveria apenas calar. Na realidade, a tradição é sempre um momento da liberdade e da própria história. Até a mais autêntica e sólida das tradições não se desenvolve naturalmente em virtude da força de persistência do que se verificou outrora, mas tem necessidade de ser aceita, de ser adotada e cultivada. Ela é essencialmente conservação, aquela mesma conservação que está sempre ocorrendo ao lado e dentro de toda mudança histórica. Mas a conservação é ato da razão, naturalmente um ato caracterizado pelo fato de não ser aparente. Por isso, a renovação, o projeto do novo, parece o único modo de operar da razão. Isso, porém, é apenas aparência. Até onde a vida se modifica de modo tempestuoso, como nas épocas de revolução, na pretensa mudança de todas as coisas conserva-se do passado muito mais do que qualquer um possa imaginar, solidificando-se junto ao novo para adquirir validade renovada. Em todo caso, a conservação é ato de liberdade tanto quanto a subversão e a renovação. Por isso, tanto a crítica iluminista da tradição quanto sua reabilitação romântica não captam a verdade de sua essência histórica". Texto 4

GADAMER

1 O que é o "círculo hermenêutico"

Nós interpretamos um texto à luz de nossos preconceitos; e se uma interpretação nossa se choca contra o texto, devemos procurar substituí-la por outra interpretação, mais adequada. A tarefa hermenêutica é tarefa possível e infinita.

Voltemos, portanto, à descrição heideggeriana do círculo hermenêutico, para esclarecer, do ponto de vista de nossas intenções, o novo e fundamental significado que assume aqui a estrutura da circularidade. "O círculo não deve ser degredado como círculo *vitiosus* nem considerado um inconveniente não eliminável. Nele esconde-se uma possibilidade positiva do conhecer mais originário, possibilidade que é apreendida de modo genuíno somente se a interpretação compreendeu que sua tarefa primeira, permanente e última é a de não deixar-se jamais impor pré-disponibilidades, pré-vidências e pré-cognição a partir do acaso ou das opiniões comuns, mas de fazê-las emergir das próprias coisas, garantindo assim a cientificidade do próprio tema".

Aquilo que Heidegger diz aqui não é em primeiro lugar algo que queira valer como um preceito para a prática do compreender, mas descreve o modo de realizar-se do próprio compreender interpretativo como tal. O essencial da reflexão hermenêutica de Heidegger não é a demonstração de que aqui estejamos diante de um círculo, mas consiste em salientar que este círculo tem um significado ontológico positivo. A descrição em si mesma aparecerá de modo transparente a quem quer que se dedique à interpretação, sabendo aquilo que faz. Toda interpretação correta deve se defender da arbitrariedade e das limitações que derivam de hábitos mentais inconscientes, olhando "para as próprias coisas" (as quais, para os filólogos, são textos providos de sentido que por sua vez falam de coisas). O fato de submeter-se de tal modo a seu objeto não é uma decisão que o intérprete toma de uma vez por todas, mas "a tarefa primeira, permanente e última". Aquilo que ele tem a fazer, com efeito, é manter o olhar detido em seu objeto, superando todas as confusões que provêm de seu próprio íntimo. Quem se põe a interpretar um texto realiza sempre um projeto. Sobre a base do mais imediato sentido que o texto lhe exibe, ele esboça preliminarmente um significado do todo. E também o sentido mais imediato é exibido pelo texto apenas enquanto ele é lido com certas expectativas determinadas. A compreensão daquilo que se dá a compreender consiste toda na elaboração deste projeto preliminar, que obviamente é continuamente revisto com base naquilo que resulta da posterior penetração do texto.

Esta descrição é, bem entendido, um esquema extremamente sumário: é preciso, com efeito, levar em conta que cada revisão do projeto inicial comporta a possibilidade de esboçar um novo projeto de sentido; que projetos contrastantes podem se entrecruzar em uma elaboração que no fim leva a uma visão mais clara da unidade de significado; que a interpretação começa com pré-conceitos que são pouco a pouco substituídos por conceitos mais adequados. Justamente esta contínua renovação do projeto, que constitui o movimento do compreender e do interpretar, é o processo que Heidegger descreve. Quem procura compreender se expõe aos erros derivados de pré-suposições que não encontram confirmação no objeto. Tarefa permanente da compreensão são a elaboração e a articulação de projetos corretos, adequados, os quais, como projetos, são antecipações que podem se convalidar apenas em relação ao objeto. A única objetividade aqui é a confirmação que uma pré-suposição pode receber por meio da elaboração. O que é que distingue as pré-suposições inadequadas senão o fato de que, desenvolvendo-se, elas se revelam insubsistentes? Ora, o compreender chega à sua possibilidade autêntica apenas se as pré-suposições das quais parte são arbitrárias. Há, portanto, um sentido positivo em dizer que o intérprete não acessa o texto simplesmente permanecendo no quadro das pré-suposições já presentes nele, porém, muito mais, na relação com o texto, põe à prova a legitimidade, ou seja, a origem e a validade, de tais pré-suposições.

Esta regra fundamental deve ser entendida simplesmente como a radicalização de um modo de proceder que de fato sempre realizamos quando compreendemos. Diante de todo texto se nos impõe a tarefa de não pressupor simplesmente como óbvio que ele fale nossa linguagem, ou, no caso de uma língua estrangeira, a linguagem que aprendemos a conhecer a partir de outros escritores ou do uso quotidiano. Estamos, ao contrário, bem conscientes de que devemos chegar à compreensão do texto partindo do uso específico que a linguagem tem naquela determinada época ou naquele determinado autor. Continua, naturalmente, o problema de como essa regra geral possa ser concretamente realizada. No plano dos significados, com efeito, a ela se opõe o caráter inconsciente do modo com que usamos a linguagem que falamos. Como podemos efetivamente chegar a estabelecer uma diferença entre o uso que fazemos da linguagem e o uso que o texto dela faz?

É preciso dizer que em geral aquilo que nos obriga a refletir, e chama nossa atenção sobre a possibilidade de um uso diverso da linguagem que nos é familiar, é a experiência de um "choque" que se verifica diante de um texto, tanto se o texto não exibe nenhum sentido, como se o sentido dele contrasta irredutivelmente com nossas expectativas. Que todo aquele que fala minha língua assuma as palavras no mesmo sentido que elas têm para mim é um pré-suposto geral que pode se tornar problemático apenas no caso particular; o mesmo se diga no que se refere às línguas estrangeiras: também aqui consideramos conhecer uma língua estrangeira em um nível médio e, na interpretação de um texto, pressupomos sempre este uso médio dela.

Aquilo que vale para esta pré-suposição sobre o uso da língua vale também, ao mesmo título, para as pré-suposições de conteúdo com que lemos os textos, e que constituem nossa pré-compreensão deles. É também aqui o problema que se põe é como em geral se possa sair do círculo das próprias pré-suposições privadas. Não se pode certamente assumir como norma geral que aquilo que um texto tem a dizer-nos se adapte sem dificuldade às nossas opiniões e às nossas expectativas. Mais ainda, aquilo que outro me diz, tanto no diálogo, como em uma carta, em um livro ou de outra forma, se pressupõe sempre que seja justamente sua opinião e não a minha, que ele expressa e da qual devo cientificar-me, sem dever necessariamente compartilhá-la. Mas este pressuposto não é uma condição que facilita a compreensão, e sim que a torna mais difícil, pois minhas próprias pré-suposições, que determinam minha compreensão, podem igualmente escapar da atenção. E se elas dão lugar a mal-entendidos, como será possível que, diante de um texto, em que não há a presença de alguém que de fato nos responda, se possa em geral perceber um mal-entendido? Como se deve fazer para precaver um texto de um mal-entendido?

Se refletirmos mais a fundo, perceberemos que também as opiniões não podem ser compreendidas de modo arbitrário. Como não podemos ignorar determinado uso lingüístico sem que o sentido de seu conjunto se quebre, assim, quando compreendemos a opinião de outro não podemos nos ater cegamente às nossas próprias pré-suposições sobre a questão. Não é que quando alguém ouve algum outro ou vai a uma conferência deva esquecer todas as pré-suposições sobre o argumento do qual se trata e todas as próprias opiniões a respeito. O que se exige é simplesmente que esteja aberto à opinião do outro ou ao conteúdo do texto. Tal abertura sempre implica, porém, que a opinião do outro seja posta em relação com a totalidade das próprias opiniões, ou que nos coloquemos em relação com ela. Ora, é verdade que as opiniões representam multiplicidade de possibilidades (em confronto com o acordo representado pela unidade de uma linguagem ou de um vocabulário), mas dentro desta variedade do opinável, ou seja, daquilo que um leitor pode encontrar provido de sentido e, portanto, pode se aplicar, nem tudo é possível, e quem ouve aquilo que verdadeiramente o outro diz, perceberá no fim que aquilo que ele terá eventualmente entendido mal não se deixa sequer coordenar coerentemente com sua própria expectativa multiforme. Aqui há, portanto, um critério. *A tarefa hermenêutica, em virtude de sua própria essência, assume a fisionomia de um problema objetivo,* e como tal também sempre se determina. Desse modo, o empreendimento hermenêutico encontra-se na posse de um terreno sólido sob os pés. Quem quer compreender não poderá desde o início abandonar-se à casualidade das próprias pressuposições, mas deverá se colocar, com a maior coerência e obstinação possível, na escuta da opinião do texto, até o ponto que esta se faça entender de modo inequívoco e toda compreensão apenas presumida seja eliminada. Quem quer compreender um texto deve estar pronto a deixar que o texto diga alguma coisa. Por isso, uma consciência hermeneuticamente educada deve ser preliminarmente sensível à alteridade do texto. Tal sensibilidade não pressupõe nem uma "neutralidade" objetiva nem um esquecimento de si mesmo, mas implica uma precisa tomada de consciência das próprias pré-suposições e dos próprios preconceitos. É preciso estar consciente das próprias prevenções, para que o texto se apresente em sua alteridade e tenha concretamente a possibilidade de fazer valer seu conteúdo de verdade em relação às pré-suposições do intérprete.

É uma perfeita descrição fenomenológica a que Heidegger deu com seu esclarecimento, naquilo que pretende ser um puro "ler" o que "está escrito", a estrutura da pré-compreensão. [...] Um compreender realizado com consciência metodológica não deve tender a levar simplesmente à realização as próprias antecipações, mas a torná-las conscientes para podê-las controlar, e fundamentar assim a compreensão, sobre o próprio objeto a ser interpretado. É isso que Heidegger pretende quando exige que o tema da pesquisa seja "assegurado" sobre a base do próprio objeto por meio de uma elaboração explícita das componentes pré-constitutivas da situação hermenêutica (pré-disponibilidade, pré-vidência, pré-cognição).

De modo nenhum se trata, portanto, de pôr-se a seguro contra a voz que nos fala a partir do texto, mas, ao contrário, de manter distante tudo aquilo que pode impedir-nos de ouvi-la de modo adequado. São os preconceitos dos quais não estamos conscientes que nos tornam surdos à voz do texto.

H. G. Gadamer,
Verdade e método.

2 "Preconceito" de modo nenhum significa juízo falso

Gadamer reabilita o conceito de "preconceito" (Vor-urteil). Foi o Iluminismo que desacreditou o conceito de "preconceito". A crítica iluminista da religião acoplou ao conceito de preconceito o significado de "juízo infundado".

Gadamer reavalia o conceito de "preconceito", entendendo como pré-conceitos as idéias que tecem nossa Vor-vertändnis, isto é, nossa pré-compreensão, as quais continuamente subjazem à prova da experiência.

No uso jurídico, preconceito é uma decisão judiciária que prevê a verdadeira e própria sentença definitiva. Para quem é chamado a juízo, a emanação de tal sentença prévia contrária representa obviamente uma limitação das probabilidades de vencer. *Préjudice*, como *praejudicium*, também significa, assim, simplesmente limitação, desvantagem, dano, prejuízo. Mas este caráter negativo é apenas uma conseqüência. É justamente a validade positiva, o valor pré-judicial da decisão precedente – como, justamente, de um "precedente" – que fundamenta a conseqüência negativa.

"Preconceito", portanto, não significa de fato juízo falso; o conceito implica que ele pode ser avaliado tanto positiva como negativamente. Se nos reportamos ao latim *praejudicium* torna-se mais fácil ver como, ao lado do sentido negativo, a palavra possa ter também um sentido positivo. Há *préjugés légitimes*. Isso está muito longe do uso comum que o termo tem hoje. A palavra alemã *Vor-urteil*, preconceito – como o *préjugé* francês, mas de modo mais acentuado – parece ter sido reduzida, pelo Iluminismo e por sua crítica da religião, a significar exclusivamente um "juízo infundado" [ou um "conceito sem fundamento"]. Apenas a fundamentação, a verificação conforme um método (e não em primeiro lugar a pertinência concreta à situação), dá a um juízo sua dignidade. A falta de uma fundamentação neste sentido não dá lugar, para o Iluminismo, a outros tipos de certeza, mas significa que o juízo não tem nenhum fundamento no objeto, que ele é "infundado". Essa é uma conclusão de pura marca racionalista. Sobre ela se fundamenta o descrédito em que caem os preconceitos em geral e a pretensão de que o conhecimento científico avança quando deles prescinde completamente.

H. G. Gadamer,
Verdade e método.

3 A idéia de "história dos efeitos"

Conforme o princípio da Wirkungsgeschichte, uma hermenêutica adequada deve estar consciente também da realidade de que o próprio compreender tem uma história. Há uma história da pesquisa sobre um objeto histórico ou uma obra a nós transmitida, e sobre seu destino e seus efeitos: trata-se, justamente, da história dos efeitos (Wirkungsgeschichte). História dos efeitos que "é sempre indispensável quando se quer esclarecer plenamente o significado autêntico de uma obra ou de um dado histórico [...]". A distância temporal do intérprete em relação à obra a ser interpretada não é, desse modo, um obstáculo para a compreensão da própria obra.

Um pensamento autenticamente histórico deve estar consciente também de sua própria historicidade. Somente assim não se reduzirá a perseguir o fantasma de um objeto histórico

– aquele que seria objeto de uma pesquisa que se desenvolve progressivamente como a da ciência natural –, mas será um modo de reconhecer aquilo que é diferente de si, reconhecendo assim, com o outro, a si mesmo. O verdadeiro objeto da história não é de fato um objeto, mas a unidade destes dois termos, uma relação em que consiste tanto a realidade da história, como, ao mesmo tempo, a realidade da compreensão histórica. Uma hermenêutica adequada deveria esclarecer a realidade da história também no próprio compreender. Chama aquilo que forma o objeto desta exigência de *Wirkungsgeschichte*, história dos efeitos ou das determinações. O compreender é, em sua essência, um processo que está inserido dentro desta história e a deve levar em conta.

Que o interesse histórico não se dirija apenas ao fenômeno histórico como tal ou à obra que nos foi transmitida pela história, isoladamente entendida, mas também, em uma tematização secundária, a seu "destino" e a seus efeitos na história (que, em última análise, compreendem também a própria história da pesquisa sobre aquele tema), é algo que se admite geralmente em termos de simples complementação do delineamento de um problema histórico, e que, do *Raffaello* de Hermann Grimm a Gundolf para diante, deu lugar a uma grande colheita de válidas obras históricas. Nestes termos, aquilo que chamei de história dos efeitos não é nada de novo. Mas dizer que tal história dos efeitos é sempre indispensável quando se quiser esclarecer o significado autêntico de uma obra ou de um dado histórico, subtraindo-o a um estado em que oscila entre história e tradição, isto é na verdade algo de novo, a enunciação de uma exigência – tornada válida não tanto em relação à pesquisa, e sim à própria consciência metodológica – que deriva como resultado necessário a partir da reflexão sobre a consciência histórica.

É claro que não se trata de um preceito hermenêutico no sentido do conceito tradicional de hermenêutica. Não se quer dizer, com efeito, que a pesquisa deva desenvolver tal história dos efeitos, *ao lado* do estudo da obra como tal. O preceito tem, ao contrário, um significado teórico. A consciência histórica deve tomar consciência do fato de que na pretensa imediatez com a qual ela se põe diante da obra ou do dado histórico, age também sempre, embora inconsciente e, portanto, não controlada, essa estrutura da história dos efeitos. Quando nós, a partir da distância histórica que caracteriza e determina em seu conjunto nossa situação hermenêutica, nos esforçamos para entender determinada manifestação histórica, já estamos sempre submetidos aos efeitos da *Wirkungsgeschichte*. Esta decide antecipadamente sobre aquilo que se apresenta a nós como problemático e como objeto de pesquisa, e nós esquecemos a metade daquilo que é, ou melhor, esquecemos toda a verdade do fenômeno histórico se assumirmos tal fenômeno, em sua imediatez, como toda a verdade.

Na ingenuidade presumida de nossa compreensão, na qual seguimos o critério da compreensibilidade, o outro se mostra a tal ponto apenas em base àquilo que é nosso, pois um e outro elemento não são mais nitidamente distinguíveis. O objetivismo historicista, mantendo-se em sua metodologia crítica, fecha os olhos diante da trama da história dos efeitos, em que a própria consciência histórica se encontra envolvida. Ele de fato elimina, por meio de seu método crítico, toda ocasião de arbitrário, casual ou demasiadamente desenvolvido tratamento do passado em base à atualidade; todavia, modelando para si ao mesmo tempo uma boa consciência com a negação de todos os pressupostos, também aqueles de modo nenhum arbitrários e casuais, que na realidade guiam sua compreensão, deixa escapar a verdade que, embora no caráter finito de nossa compreensão, seria possível alcançar. O objetivismo historicista pode ser nisso comparado à estatística, que é um tão poderoso meio de propaganda justamente porque deixa que os fatos falem e, desse modo, dá a ilusão de uma objetividade que na realidade depende da legitimidade de suas exposições iniciais.

Não se quer, todavia, afirmar que a história dos efeitos deva ser desenvolvida como nova disciplina auxiliar das ciências do espírito; mas que é preciso aprender a compreender melhor a si mesmos, reconhecendo que em toda compreensão, estejamos ou não conscientes de modo explícito, sempre está em ação esta história dos efeitos. Onde ela for negada em base a uma ingênua fé absoluta na força do método, pode acontecer que se tenham, como conseqüência, verdadeiras e próprias deformações objetivas do conhecimento. Na história da ciência temos exemplos de demonstrações irrefutáveis de algo que é claramente falso. Mas no conjunto a força da história dos efeitos não depende do fato de ser reconhecida. Justamente esta é a força da história em relação à consciência finita do homem: ela triunfa também ali onde o homem, por causa de sua fé no método, nega a própria historicidade. A exigência desta tomada de consciência da história dos efeitos é urgente justamente pelo fato de ser uma exigência essencial para a consciência científica. Isso não significa, porém, que o problema posto por ela possa ser resolvido de uma vez por todas e de modo unívoco. Que da história dos efeitos possamos nos tornar conscientes de uma vez por todas de modo completo é uma afirmação híbrida como a pretensão hegeliana do saber absoluto, no qual a história teria chegado à plena autotransparência e, portanto, à pureza do conceito. Mais que isso, a consciência da determinação histórica (*wirkungsgeschichtliches Bewusstsein*) é um momento do próprio processo da compreensão, já está presente na *proposição correta do problema*.

A consciência da determinação histórica é, em primeiro lugar, consciência da situação hermenêutica. A tomada de consciência de uma situação, porém, é sempre tarefa carregada de dificuldade peculiar. O conceito de situação implica, de fato, como sua característica essencial, que ela não é algo *diante do qual* nos encontramos e do qual possamos ter um conhecimento objetivo. A situação é algo dentro do qual estamos, no qual nos encontramos já sempre a existir, e a clarificação dela é tarefa que jamais se conclui. Isso vale também para a situação hermenêutica, ou seja, para a situação em que nos encontramos em relação ao dado histórico transmitido, e que temos de compreender. Também a clarificação dessa situação, isto é, a reflexão sobre a história dos efeitos, não é algo que se possa concluir; tal impossibilidade de concluir não é, porém, um defeito da reflexão, mas está ligada à própria essência do ser histórico que somos nós. *Ser histórico significa não poder jamais se resolver totalmente em autotransparência*. Todo saber de si surge em uma datação histórica, que podemos chamar, com Hegel, de substância, enquanto constitui a base de toda reflexão e comportamento do sujeito e, portanto, define e circunscreve também toda possibilidade, por parte do sujeito, de entender um dado histórico transmitido em sua alteridade. A tarefa da hermenêutica filosófica pode, portanto, sobre esta base, ser definida como a de remontar ao itinerário da *Fenomenologia do espírito* hegeliana, até esclarecer em toda subjetividade a substancialidade que a determina.

Todo presente finito tem limites. O conceito de situação pode ser definido justamente com base no fato de que a situação representa um ponto de vista que limita as possibilidades de visão. Ao conceito de situação, portanto, está essencialmente ligado o de *horizonte*. Horizonte é aquele círculo que abraça e compreende tudo aquilo que é visível a partir de certo ponto. Aplicando o conceito ao pensamento, costumamos falar de limitação de horizonte, possível alargamento de horizonte, abertura de novos horizontes etc. A linguagem filosófica, a partir de Nietzsche e Husserl, empregou em particular esse termo para indicar o fato de que o pensamento está ligado à sua determinação finita e para salientar a gradualidade de todo alargamento da perspectiva. Quem não tem um horizonte é um homem que não vê suficientemente longe e, por isso, supervaloriza aquilo que está mais próximo. Ter um horizonte significa, ao contrário, não estar limitado àquilo que se encontra mais próximo, mas saber ver para além dele. Quem tem um horizonte sabe avaliar corretamente dentro dele o significado de cada coisa segundo a proximidade ou distância, segundo as dimensões grandes e pequenas. Em conformidade com isso, elaborar a situação hermenêutica significa adquirir o justo horizonte problemático para os problemas propostos com os dados históricos transmitidos.

H. G. Gadamer,
Verdade e método.

4 Teoria da tradição

"Tanto a crítica iluminista da tradição como sua reabilitação romântica não captam a verdade de sua essência histórica". Enganam-se os românticos ao sacralizar a tradição; enganam-se os iluministas ao desacreditá-la. Cada um de nós já está dentro dos "preconceitos" (idéias e ideais) da própria tradição; preconceitos que serão aceitos ou rejeitados e que, em todo caso, passam a cada dia no crivo da experiência. Da "verdade" não perguntamos a data de nascimento.

Para isso podemos retomar a crítica romântica do Iluminismo. Há uma forma de autoridade que foi particularmente defendida pelo romantismo: a da tradição. Aquilo que é consagrado pela história e pelo uso é provido de uma autoridade que doravante se tornou universal, e nossa finitude histórica define-se justamente pelo fato de que também a autoridade daquilo que nos foi transmitido, e não só aquilo que podemos racionalmente reconhecer como válido, exerce sempre uma influência sobre nossas ações e sobre nossos comportamentos. Toda educação se fundamenta sobre isso; e embora no caso da educação o "tutor", com a maturidade da maioridade alcançada, perca sua função, e a autoridade do educador deixe o lugar para o julgamento e a decisão do indivíduo, este chegar à maturidade não significa de modo nenhum que o homem se torne senhor de si mesmo no sentido de se tornar livre de toda tradição e de toda ligação com o passado. A realidade dos costumes, por exemplo, tem uma validade, em larga medida ligada à transmissão e à tradição. Os costumes são aceitos livremente, mas não são produzidos nem fundamentados em sua validez por meio de uma decisão livre. Ao contrário, com o termo tradição nós indicamos exatamente o fundamento de sua validade. De fato, é ao romantismo que devemos esta correção da proposta iluminista, motivo pelo qual além da motivação racional também a tradição possui certo direito e determina em larga medida nossas posições e nossos comportamentos. E a superioridade da ética antiga sobre a filosofia moral moderna caracteriza-se também pelo fato de que aquela fundamenta justamente sobre a base da não-prescindibilidade da tradição a passagem da ética para a "política", a arte de fazer boas leis. O Iluminismo moderno, ao contrário, tem neste sentido uma posição abstrata e revolucionária.

O conceito de tradição, todavia, tornou-se não menos ambíguo do que o de autoridade, e pelas mesmas razões, uma vez que é a oposição abstrata ao princípio iluminista que determina o modo romântico de entender positivamente a tradição. O romantismo pensa a tradição em oposição à liberdade da razão, e vê aí uma determinação análoga à da natureza. E quer se queira depois negá-la com a revolução, quer se queira conservá-la, a tradição lhe aparece como o oposto abstrato da livre autodeterminação, pois sua validade não tem necessidade de nenhuma motivação racional, mas nos determina de modo maciço e não problemático. Mas a crítica romântica contra o Iluminismo não pode sem dúvida valer como um exemplo do fato de que a tradição se impõe de modo indiscutido e óbvio, sem que aquilo que nela é transmitido seja atingido pela dúvida e pela crítica. Tem, ao contrário, o sentido de uma auto-reflexão crítica, que aqui pela primeira vez retorna à verdade da tradição e procura renová-la, e que se pode chamar de tradicionalismo.

Parece-me, todavia, que entre tradição e razão não exista tal contraste absoluto. Por mais que possa ser problemática a restauração deliberada de tradições ou a criação deliberada de tradições novas, igualmente carregada de preconceitos e, em substância, profundamente iluminista é a fé romântica nas "tradições enraizadas" diante das quais a razão deveria apenas calar. Na verdade, a tradição é sempre um momento da liberdade e da própria história. Também a mais autêntica e sólida das tradições não se desenvolve naturalmente em virtude da força de persistência daquilo que uma vez se verificou, mas tem necessidade de ser aceita, de ser adotada e cultivada. Ela é essencialmente conservação, a mesma conservação que está em ação ao lado e dentro de toda mudança histórica. Mas a conservação é um ato da razão, sem dúvida um ato caracterizado pelo fato de não ser vistoso. Por isso a renovação, o projeto do novo parece o único modo de operar da razão. Mas é apenas aparência. Até onde a vida se modifica de modo tempestuoso, como nas épocas de revolução, na pretensa mudança de todas as coisas se conserva do passado muito mais do que se possa imaginar, e se solda junto com o novo, adquirindo validade renovada. Em todo caso, a conservação é um ato da liberdade não menos do que a subversão e a renovação. Por isso, tanto a crítica iluminista da tradição como sua reabilitação romântica não captam a verdade de sua essência histórica.

Somos, portanto, levados a nos perguntar se nas ciências do espírito não devam ser justamente reconhecidos fundamentalmente os direitos da tradição. A pesquisa das ciências do espírito não pode pensar nossa relação de seres históricos com o passado em termos de oposição simplista. Em todo caso, nossa relação com o passado, na qual estamos continuamente empenhados, não se define em primeiro lugar pela exigência de uma separação e de uma libertação daquilo que foi transmitido. Ao contrário, estamos constantemente dentro de tradições, e isso não é um comportamento objetivante que se ponha diante daquilo que tais tradições dizem como a algo diferente de nós, estranho; ao contrário, é algo que já sempre sentimos como nosso, um modelo positivo ou negativo, um reconhecer-se, no qual o julgamento histórico sucessivo não verá um conhecimento, mas um livre apropriar-se da tradição.

H. G. Gadamer,
Verdade e método.

Capítulo décimo quarto

Desenvolvimentos recentes da teoria da hermenêutica

I. Emílio Betti e a hermenêutica como método geral das ciências do espírito

• Emilio Betti (1890-1968), fundador – na Universidade de Roma em 1955 – do Instituto de teoria da interpretação, deve ser recordado como autor de uma obra monumental de teoria hermenêutica: *Teoria geral da interpretação* (1955).

Há um mundo inteiro a interpretar e entender: gestos, ações, projetos, traços e testemunhos de idéias, de ideais e de suas realizações. Pois bem, para Betti a tarefa do intérprete é a de *re*-conhecer e *re*-construir a mensagem, as intenções, o sentido; em poucas palavras, por exemplo: o pensamento que se encontra neste testamento ou naquela lápide, em um gesto ou em um manifesto, ou então em uma página de jornal.

O intérprete deve re-conhecer uma mensagem presente no objeto → § 1-2

• Betti acusa certos teóricos da hermenêutica – como Heidegger, Gadamer e Bultmann – de não levar na devida conta os direitos do objeto. Estes, na opinião de Betti, impõem o sentido ao objeto (um papiro, um gesto, uma descoberta arqueológica etc.), mais do que extraem do objeto o sentido que nele está contido.

Uma coisa – diz Betti – é uma *doação de sentido* (*Sinngebung*) e outra coisa, bem diferente, é uma *interpretação* (*Auslegung*) do sentido encarnado em um objeto.

Sensus nos est inferendus, sed efferendus: o sentido não deve ser imposto, mas extraído.

O sentido não deve ser imposto ao objeto, mas extraído dele → § 3-4

• Com o objetivo de delinear uma hermenêutica que garanta direitos ao objeto, Betti propõe quatro cânones do procedimento hermenêutico:
1) cânon da *autonomia*: "o sentido deve ser aquilo que se encontra no dado e dele se extrai, e não um sentido que para ele se transfere a partir de fora";
2) cânon da *totalidade*: as partes de um texto são iluminadas pelo sentido do texto inteiro, e o texto em seu conjunto se compreende no contínuo confronto com suas partes;
3) cânon da *atualidade do compreender*: a atitude do intérprete não deve ser "passivamente receptiva, mas factualmente reconstrutiva": isto quer dizer que seria absurdo se a subjetividade do intérprete (e seus preconceitos, suas expectativas) fosse cancelada; o importante é que não seja imposta arbitrariamente sobre o objeto;
4) cânon da *adequação do compreender*: o intérprete deve estar congenialmente disposto em relação ao objeto a interpretar, no justo nível espiritual para uma compreensão adequada.

Quatro regras para uma boa interpretação → § 5

1. A vida e as obras

Emílio Betti nasceu em Camerino no dia 20 de agosto de 1890. Laureou-se primeiro em direito em 1911, e depois em letras clássicas em 1913. Livre-docente em 1915, ensinou na Universidade de Camerino e sucessivamente em Macerata, Messina, Parma, Florença, Milão e, por fim, a partir de 1947, em Roma.

Sempre em Roma, começando de 1960, foi professor de *ius romanum* na Pontifícia Universidade Lateranense.

Betti deu cursos em diversas Universidades estrangeiras. Na Faculdade de jurisprudência em Roma, Betti fundou, em 1955, o Instituto de teoria da interpretação.

Suas publicações jurídicas são numerosíssimas — mais de duzentas —, e contemplam os mais diversos campos: do direito romano ao direito processual, do civil e comercial à história e política internacional.

Sua obra em âmbito hermenêutico é monumental: *Teoria geral da interpretação*, publicada em 1955.

Em 1960 Gadamer publicou *Verdade e método*. Dois anos depois, em 1962, Betti publicou em alemão o ensaio *Die Hermeneutik als allgemeine Methodik der Geisteswissenschaften* (A hermenêutica como método universal das ciências do espírito), e isso para tornar conhecidas na Alemanha as linhas fundamentais de sua *Teoria geral da interpretação* que, ao aparecer, passara substancialmente inobservada entre os estudiosos alemães, e que será traduzida em alemão em 1967.

Emílio Betti morreu no dia 11 de agosto de 1968.

2. Interpretar é entender

"Nada é tão caro ao ser humano quanto entender-se com seus semelhantes. Nenhum apelo dirigido à sua inteligência é tão convincente quanto o que vem de pegadas humanas desaparecidas, que voltam à luz e lhe falam. Em todo lugar em que nos encontramos na presença de formas sensíveis por meio das quais outro espírito fala a nosso espírito, aí entra em movimento nossa atividade interpretativa, para entender que sentido têm aquelas formas. Todos, da palavra fugaz, falada no árido documento e no mudo achado arqueológico, da escrita à cifra e ao símbolo artístico, da declaração ao comportamento pessoal, da expressão do rosto ao estilo da postura e do caráter, tudo aquilo que nos chega do espírito de *outrem*, dirige um apelo à nossa sensibilidade e inteligência para ser compreendido". Isso é salientado por Betti em *A hermenêutica como método geral das ciências do espírito*.

Existe, portanto, o mundo do espírito objetivo, isto é, de fatos e eventos humanos, de gestos e de ações, de pensamentos e projetos e de vestígios e testemunhos de idéias, de ideais, de realizações. Todo este mundo humano deve ser interpretado.

A *interpretação*, escreve Betti, é "um procedimento cujo objetivo e cujo resultado adequado é um *entender*". O intérprete deverá reconhecer nas objetivações do espírito "o pensamento criativo que o anima"; deverá *re*-conhecer e *re*-construir um sentido, evocar novamente a intuição que aí se revela. E, deste modo, ele atua uma *inversão* do processo criativo: "uma inversão pela qual o intérprete, em seu *iter* hermenêutico, deve percorrer novamente em sentido retrospectivo o *iter* genético, repensando-o em sua interioridade".

Em suma, "a diferença crucial entre o processo interpretativo e qualquer outro processo cognoscitivo, em que se encontram de frente um sujeito e um objeto, está no fato de que na interpretação o objeto é constituído por objetivações do espírito; ao intérprete cabe a tarefa de *re*-conhecer e *re*-construir a mensagem, as intenções manifestadas nas objetivações; é um processo de interiorização, em que o conteúdo destas formas é transposto em uma subjetividade 'outra', diferente".

3. A distinção entre "interpretação do sentido" e "atribuição de sentido"

Determinada assim a tarefa da interpretação, é preciso logo dizer que Betti é crítico em relação aos desenvolvimentos da teoria hermenêutica em Heidegger, Gadamer e Bultmann.

Certamente, também para Betti o intérprete "não deve ser passivamente receptivo, mas factivamente reconstrutivo"; todavia, Betti está persuadido de que "ao salientar isso andou-se [...] demasiado além". Heidegger, Gadamer e Bultmann teriam ido demasiadamente além enquanto, na opinião de Betti, teriam posto o sentido do objeto não no próprio objeto, e sim muito mais na pré-compreensão do sujeito. E Betti anota: a pré-compreensão é "fórmula de certo modo ambígua", e Heidegger é "mestre do sofisma e da expressão hermética".

A hermenêutica como método geral das ciências do espírito leva o seguinte subtítulo: *Ein Beitrag zum Unterschied zwischen Auslegung und Sinngebung* (*Contribuição para a diferenciação entre interpretação e atribuição de sentido*). Pois bem, a hermenêutica existencial de Heidegger, Gadamer e Bultmann, dando excessivo peso à pré-compreensão, é uma hermenêutica que leva a uma "atribuição-de-sentido" (*Sinngebung*); mas aquilo a que devemos visar é o reencontro do sentido que já está em uma inscrição, em uma lápide, em um testamento, ou seja, devemos oferecer uma interpretação (*Auslegung*) do objeto.

Em suma, o que é caro a Betti é a *objetividade da interpretação*. E a fórmula feliz que sintetiza este propósito central de toda a sua obra é aquela pela qual *sensus non est inferendus, sed efferendus*. Texto 1

4 Uma hermenêutica garante dos direitos do objeto

O que dissemos equivale a afirmar que no ato interpretativo o significado não deve ser introduzido e subrepticiamente imposto ao objeto; tal significado deve, ao contrário, ser extraído do objeto. A hermenêutica de Heidegger e Gadamer, diz Betti, é uma teoria de inspiração kantiana e neokantiana, e dirige sua atenção sobre as estruturas transcendentais do sujeito; a hermenêutica de Betti procura se colocar, por sua vez, sobre um plano de realismo que quer tornar-se garante dos direitos do objeto. Betti aceita a distinção idealista e historicista entre ciências da natureza e ciências do espírito, e repete com Dilthey que, diversamente das ciências do espírito, o objeto das ciências da natureza é "um objeto essencialmente diferente de nós".

Em todo caso, Betti é da opinião de que "deve-se decididamente rejeitar a conseqüência apressada que se tirou disso, ou seja, que é impossível manter clara distinção entre o sujeito que conhece e seu objeto, ou que a objetividade dos fenômenos históricos não é mais que um fantasma, isto é, "a ilusão de um modo de pensar objetivante, que tem sua razão de ser, mas não na ciência histórica". A última expressão do trecho foi tirada por Betti de *História e escatologia*, de Rudolf Bultmann.

5 Os quatro cânones do procedimento hermenêutico

São quatro os cânones ou critérios que devem ser seguidos no processo interpretativo. Dois deles, na opinião de Betti, referem-se ao objeto que é interpretado, e os outros dois ao sujeito da interpretação.

1) O primeiro cânon é o da *autonomia* hermenêutica do objeto e diz que o objeto a interpretar é um produto do espírito de um homem e, portanto, há nele uma "intenção formativa já no ato de sua gênese"; e é este sentido a ele imanente que o intérprete deve procurar, respeitando sua alteridade, sua autonomia hermenêutica. *Sensus non est inferendus, sed efferendus*, repete Betti, o qual, em *Teoria geral da interpretação*, escreve: "O sentido deve ser o que se encontra no dado e dele se extrai, e não um sentido que nele se transfere a partir de fora".

2) O segundo cânon, sempre referente ao objeto a interpretar, é o que Betti chama de *totalidade* e coerência da consideração hermenêutica. Deste critério, lembra Betti ainda em *A hermenêutica como método geral das ciências do espírito*, estava bem consciente o jurista romano Celso e, na era romântica, Schleiermacher. Tal critério esclarece "a recíproca relação e a coerência presente entre as várias partes constitutivas do discurso — como o pensamento em geral se comunica — e a referência comum ao todo do qual elas fazem parte [...]. O cânon da totalidade, em palavras simples, diz que as partes de um texto são iluminadas pelo sentido do texto inteiro e que o texto em seu conjunto é compreendido no confronto contínuo com suas partes e no contínuo exame delas.

3) Do objeto para o sujeito da interpretação Betti passa com o terceiro cânon, que ele chama de cânon da *atualidade do compreender*. Tal cânon nos mostra como Betti está bem consciente — assim como o estão Bultmann e Gadamer — do fato de que, no processo interpretativo, o intérprete

não pode de fato despojar-se de sua subjetividade; ao contrário, o intérprete dirige-se à compreensão do objeto, partindo da própria experiência, "transpondo" o objeto da interpretação "no círculo do próprio horizonte espiritual. A atitude do intérprete, em suma, não deve ser "passivamente receptiva, mas factivelmente reconstrutiva". Por conseguinte, "a pretensão de que o intérprete deva cancelar sua própria subjetividade é no mínimo absurda: aquilo que ele deve fazer calar são unicamente os próprios desejos pessoais em relação aos resultados [...]. Mas a intelecção pressupõe a maior vitalidade do sujeito e o máximo desenvolvimento possível de sua individualidade.

4) O quarto cânon é o da correspondência de significado ou consonância hermenêutica ou, se quisermos, da *adequação da intelecção*. Escreve Betti: "Se é verdade que apenas o espírito fala ao espírito, é verdade também que apenas um espírito de igual nível e congenialmente disposto encontra a via para caminhar com o espírito que lhe fala, e está em condição de compreendê-lo de modo adequado". Betti sustenta que não basta ao intérprete um interesse, ainda que vivo, para entender um objeto; também lhe é necessária principalmente "uma abertura espiritual" que lhe permita "colocar-se na perspectiva justa, mais favorável à descoberta e à compreensão". Ainda mais explicitamente, Betti diz que se trata de uma disposição de espírito, tanto moral como teórica, "que poder-se-ia definir negativamente como humildade e abnegação de si, que se manifestam com sincera e decidida superação dos próprios preconceitos [...]; e que pode ser definida positivamente como abertura de visão e riqueza de interesses; capacidade de assumir em relação ao objeto da interpretação uma atitude congenial animada por um sentimento de estreita afinidade".

II. Paul Ricoeur: a falibilidade humana e o conflito das interpretações

• Paul Ricoeur – entre os mais conhecidos filósofos franceses – descreve assim (em 1991) suas raízes filosóficas: "Se reflito, dando um passo para trás de meio século [...], sobre as influências que reconheço ter sofrido, sou grato por ter sido desde o início solicitado por forças contrárias e fidelidades opostas: de uma parte Gabriel Marcel, ao qual acrescento Emmanuel Mounier; de outra, Edmund Husserl". Portanto: Ricoeur forma-se em contato com as idéias do existencialismo, do personalismo e da fenomenologia.

Entre existencialismo, personalismo e fenomenologia → § 1

Suas obras importantes são: *A filosofia da vontade* (primeira parte: *O voluntário e o involuntário*, 1950; segunda parte: *Finitude e culpa*, 1960, em dois volumes: *O homem falível* e *A simbólica do mal*). De 1969 é *O conflito das interpretações*. Em 1975 apareceu *A metáfora viva*.

A relação recíproca entre voluntário e involuntário → § 2

• Em *O voluntário e o involuntário* Ricoeur dirige a atenção sobre a relação recíproca entre voluntário e involuntário, assim como esta relação se configura na tríplice dimensão do decidir, do agir e do consentir. Em poucas palavras: necessidades, emoções, hábitos premem sobre o querer que replica a eles por meio da escolha, do esforço e do consentimento. Escreve Ricoeur: "Eu suporto este corpo que governo".

• Descendo ainda mais em profundidade no interior da existência humana, Ricoeur vê que o homem concreto é vontade falível e, portanto, capaz de mal. A antropologia de Ricoeur delineia um homem frágil, "desproporcionado", sempre sobre o abismo entre o bem e o mal.

A fim de entender o mal e a culpa, o filósofo deve ouvir e interpretar os símbolos que representam a confissão que a humanidade fez de suas culpas; ou seja, deve compreender os mitos que veiculam símbolos como a mancha, o pecado, a culpabilidade etc. E, entre esses mitos, central, no pensamento de Ricoeur, é o mito de Adão: a figura de Adão mostra a universalidade do mal enquanto Adão representa toda a humanidade.

Um homem falível e pecador → § 3-4

• A problemática da simbólica do mal leva Ricoeur ao tema da *linguagem*, ou melhor, ao projeto da construção de uma grande filosofia da linguagem. Projeto que encontra seus inícios com um escrito sobre Freud: *Da interpretação. Ensaio sobre Freud* (1965).

A psicanálise interpreta a cultura e simultaneamente a modifica; assim como marca duravelmente a própria idéia de *consciência*. A realidade é que Freud, junto com Marx e Nietzsche, é um dos três mestres da suspeita, que levaram a dúvida para dentro da fortaleza cartesiana da consciência:

Os mestres da suspeita: Marx, Nietzsche e Freud → § 5

– para Marx não é a consciência que determina o ser, mas é o ser social que determina a consciência;
– para Nietzsche a consciência é a máscara da vontade de poder;
– para Freud, finalmente, o Eu é um infeliz submisso aos três patrões que são o Id, o superego e a realidade ou necessidade.

• A humanidade objetiva nos *símbolos*, nas diversas formas simbólicas, os significados e os momentos mais importantes da vida e de sua história. Daí, se quisermos compreender o homem, a necessidade da interpretação. E justamente a multiplicidade de modelos interpretativos em conflito torna urgente um escrupuloso trabalho que, enquanto de um lado bloqueia as pretensões totalizantes das interpretações particulares, de outro lado dá razão do efetivo, embora limitado, valor de tais interpretações particulares. Mais em particular será necessário pesquisar, nos símbolos, o vetor *arqueológico* e o *teleológico*, ou seja, as razões de suas raízes no passado e as motivações que os tornam úteis ou necessários para o futuro.

A análise das interpretações em conflito → § 6-7

• O sentido do trabalho filosófico de Ricoeur deve ser visto em uma teoria da *pessoa humana*; conceito – o de *pessoa* – reconquistado *no termo* de longa peregrinação dentro das produções simbólicas do homem e *depois* das destruições provocadas pelos mestres da "escola da suspeita". Eis, a propósito, um pensamento do próprio Ricoeur (1983): "Se a pessoa voltar, isso se dará porque ela continua o melhor candidato para sustentar as batalhas jurídicas, políticas, econômicas e sociais".

A reconquista da idéia de "pessoa" → § 8

1. A vida e as obras

Paul Ricoeur nasceu em Valence dia 25 de fevereiro de 1913, de família protestante. Estudou no liceu de Rennes. Em 1935 laureou-se em filosofia, e sucessivamente ensinou durante alguns anos em liceus.

Convocado em 1939, é capturado pelos alemães e permanece prisioneiro até 1945. Na prisão estudou a filosofia de Jaspers e esboçou uma tradução das *Idéias* de Edmund Husserl.

Ao sair da prisão, ensinou filosofia no colégio Cévenol, um centro de cultura cristã dirigido por protestantes e situado no alto Loire. Amigo de E. Mounier e colaborador da revista "Esprit", em 1952 Ricoeur sucede a Jean Hyppolite na cátedra de história da filosofia na Universidade de Estrasburgo. Em 1956 tornou-se professor de filosofia na Sorbonne. Transferindo-se a seguir para a nova faculdade de Nanterre nos anos difíceis da contestação, também foi seu decano. Tornou-se ainda docente na Divinity School da Universidade de Chicago, da qual foi declarado professor emérito.

Ricoeur é um cristão de confissão protestante. Em 1968 a Universidade católica de Nijmegen o distinguiu com a láurea *honoris causa*.

Nessa ocasião o teólogo dominicano E. Schillebeeckx pronunciou as significativas palavras: "O professor Ricoeur é um dos raros filósofos que, embora sendo filósofo na autonomia do pensamento responsável, recusam pôr entre parênteses sua condição existencial de crentes cristãos, e para ele crer é ouvir a interpretação. Mas para ouvir a interpretação é preciso interpretar a mensagem".

Em sua autobiografia intelectual escrita em 1991, Ricoeur recorda: "Se reflito, dando um passo para trás de meio século [...], sobre as influências que reconheço ter sofrido, sinto-me grato de ter sido desde o início instigado por forças contrárias e fidelidades opostas: de uma parte Gabriel Marcel, ao qual acrescento Emmanuel Mounier; de outro lado, Edmund Husserl". Ricoeur, portanto, formou-se em contato com idéias típicas do existencialismo, do personalismo e da fenomenologia.

Todavia, Ricoeur sempre acrescenta: "Não só não lamento ter sido impelido desde o início de meu itinerário por solicitações distintas, ou até divergentes, mas devo a esta polaridade inicial de influências o dinamismo propulsor de toda a minha obra. Rejeitando escolher entre meus mestres, eu estava condenado a procurar meu próprio caminho [...]".

De 1947 é *Karl Jaspers et la philosophie de l'existence* (escrito com M. Dufrenne). No ano seguinte Ricoeur publica o ensaio *Gabriel Marcel et Karl Jaspers. Philosophie du mystère et philosophie du paradoxe*. De 1955 é *Histoire et vérité*.

A primeira parte de sua grande obra *Philosophie de la volonté* sai em 1950 com o título *Le volontaire et l'involontaire*; a segunda parte em 1960, com o título *Finitude et culpabilité*, em dois volumes: *L'homme faillible* e *La symbolique du mal. De l'interprétation*.

Essai sur Freud aparece em 1965; *Le conflit des interprétations* é de 1969; *La métaphore vive* é publicado em 1975. No período 1983-1985 temos os três volumes de *Temps et récit*. De 1986 é *Du texte à l'action. Essais d'herméneutique II*.

Paul Ricoeur morreu no dia 20 de maio de 2005, aos 92 anos.

2. "Eu suporto este corpo que governo"

Le volontaire et l'involontaire oferece uma análise fenomenológica das estruturas do voluntário e do involuntário, dirigindo a atenção sobre sua relação recíproca, que se configura na tríplice dimensão do decidir, do agir e do concordar. Assim, por exemplo, no plano do decidir, a estrutura voluntária é o projeto de quem se empenha responsavelmente na decisão, mas esta decisão encontra suas motivações nos "valores vitais", nos motivos introduzidos por meu corpo, daquele involuntário primeiro que é a existência. Aqui está o ponto central da análise de Ricoeur: na tentativa de descrever a relação entre voluntário e involuntário; em evidenciar *a reciprocidade do involuntário e do voluntário*.

Escreve Ricoeur: "A necessidade, a emoção, o hábito etc., adquirem um sentido completo unicamente em relação com uma vontade que eles solicitam, inclinam e em geral influenciam, e que por sua vez estabelece seu sentido, ou seja, determina-os por meio de seu esforço e os adota por meio de seu consenso".

E, tendo instituído a ligação decisões-motivações, "propõe-se a dualidade e a oposição [...] entre corpo sujeito e corpo objeto, ou entre liberdade e natureza [...]. A decisão, desse modo, será o lugar da dialética de atividade e passividade, centro de relações complexas, resultado de tentativas falidas, de renúncias, de crises e de retomadas" (F. Guerrera Brezzi).

A partir disso vemos, então, que a *existência humana* configura-se como "um diálogo com um involuntário múltiplo e proteiforme — motivos, resistências, situações irremediáveis —, ao qual a vontade replica por meio da escolha, do esforço e do consenso". Escreve Ricoeur: "Eu suporto este corpo que governo". E, mais à frente: "Querer não é criar".

3. Uma vontade humana que erra e que peca

A análise fenomenológica feita sobre as estruturas do voluntário e do involuntário tende a desenhar um *mapa ideal*, essencial, da existência humana. Mas uma antropologia concreta do ser humano deve tomar em consideração o *homem concreto* que é vontade falível e, portanto, capaz do mal. Com o *homem falível* Ricoeur passa do abstrato para o concreto, do mundo das essências para o da existência, da "eidética" para a "empírica" da vontade de uma pessoa para a qual têm importância "pecado e justiça, retidão e erro, força e fraqueza" (P. Secretan).

A idéia de uma vontade que erra e que peca faz compreender que o *mal moral* é constitutivo do homem. "Dizer que o homem é falível — escreve Ricoeur — significa dizer que o limite próprio de um ser que não coincide com si mesmo é a fraqueza originária da qual se origina o mal". "Patética da miséria" é a expressão usada por Ricoeur para designar o sentimento que o homem experimenta a respeito de si próprio enquanto ser frágil, falível, "desproporcionado" entre finitude e infinidade. O homem é limitado — como o testemunha principalmente sua fragilidade afetiva —; "sinônimo da falibilidade", "*esta* limitação é o próprio homem [...]. O homem é a alegria do sim na tristeza do finito".

4. A simbólica do mal

O fio condutor de *O homem falível* é, justamente, o conceito de *falibilidade*, que permite propor uma antropologia da qual emerge um homem frágil, "desproporcionado" e continuamente sobre o abismo entre o bem e o mal, capaz de pecado e de falhas. Pois bem, no segundo volume de *Finitude et culpabilité*, isto é, no *La symbolique du mal*, Ricoeur olha para a humanidade do homem como para o "espaço da manifestação do mal".

Todavia, para compreender o mal e a culpa o filósofo deve remeter-se à linguagem que os manifesta, deve ouvir e interpretar os símbolos que representam a confissão que a humanidade fez de suas culpas, de seus pecados: "A confissão [...] objetiva [...] a angústia, a emoção, o medo, derivados do pecado e da queda. Tais sentimentos [...] são expressos mediante uma linguagem, mediante a palavra" (F. Guerrera Brezzi).

É a esta linguagem e a esta palavra que o filósofo deve se voltar, uma vez que — escreve Ricoeur — "a confissão traz a consciência do pecado à luz da palavra", à luz de símbolos como a *mancha*, o *pecado*, a *culpabilidade*, ou melhor, à luz de *mitos* constituídos pelos *relatos* que veiculam tais *símbolos*.

O primeiro dos mitos analisados por Ricoeur é "o mito da criação do mundo", onde o mal é o caos originário; o segundo mito é o do deus maligno, ciumento do herói, que perde sem sua culpa; o terceiro mito é "o mito de Adão", onde é o homem que é apresentado como origem do mal; o quarto e último mito tomado em consideração por Ricoeur é o da "alma exilada" em um corpo-prisão: é este mito que cria o dualismo antropológico de alma e de corpo.

E, entre estes mitos, central, na opinião de Ricoeur, é o de Adão, onde a função universalizante do mito faz ver na figura de Adão a universalidade do mal enquanto Adão representa toda a humanidade: seu pecado é também nosso pecado; e o novo Adão que deverá substituir o primeiro Adão dá corpo à expectativa escatológica que anulará a queda.

5. A "escola da suspeita"

A análise do simbolismo do mal termina com a afirmação: "o símbolo dá o que pensar". Esta é uma fórmula que pode sintetizar o sentido de toda a obra de Ricoeur, principalmente do modo como ela se configurou a partir da década de 1960. A partir deste período, com efeito, Ricoeur entendeu sua obra como um contributo para "uma grande filosofia da linguagem", em grau de englobar as "múltiplas funções do significar humano e de suas relações recíprocas". É sobre a *linguagem* — escreve Ricoeur — que "se entrecruzam as pesquisas de Wittgenstein, a filosofia lingüística inglesa, a fenomenologia derivada de Husserl, as pesquisas de Heidegger, os trabalhos da escola de Bultamnn e das outras escolas de exegese neotestamentária, a literatura de história comparada das religiões e antropológica sobre o mito, o rito e a crença, e, por fim, a psicanálise". E é justamente uma meditação sobre a obra de Freud seu livro *Da interpretação. Ensaio sobre Freud*, de 1965. Ricoeur volta a ler Freud porque Freud reinterpretou "a totalidade das produções psíquicas que competem à cultura, do sonho à religião, compreendendo a arte e a moral". A psicanálise, diz Ricoeur, pertence à cultura moderna: "Interpretando a cultura, ela a modifica; dando-lhe um instrumento de reflexão, marca-a duravelmente".

Assim como marca duravelmente a própria idéia de *consciência*, assim como foi pensada e nos foi transmitida por Descartes: "o filósofo educado na escola de Descartes sabe que as coisas são dúbias, que não são como aparecem; mas não duvida que a consciência não seja assim como aparece a si própria; nela, sentido e consciência do sentido coincidem". Pois bem, isto — salienta Ricoeur — hoje não é mais possível. Os "mestres da escola da suspeita", ou seja, Marx, Nietzsche e Freud, devastaram também esta certeza: "Depois da dúvida sobre a coisa, para nós é a dúvida sobre a consciência". A dúvida entrou no próprio coração da fortaleza cartesiana: a consciência é "falsa" consciência.

Para Marx não é a consciência que determina o ser, mas é o ser social que determina a consciência; para Nietzsche a vontade de poder é a chave das mentiras e das máscaras; para Freud, finalmente, o Eu é um infeliz "submisso a três senhores: o Id, o superego e a realidade ou necessidade".

Texto 2

6. O conflito das interpretações

Ricoeur eleva ao ponto mais alto o projeto de uma filosofia como hermenêutica em *Le conflit des interprétations*, de 1969. É nos *símbolos*, nas diversas formas simbólicas, que o homem objetiva os significados e os momentos mais importantes da vida e da história da humanidade. Mas o símbolo, para ser compreendido, requer um trabalhoso exercício hermenêutico. "Chamo de símbolo — escreve Ricoeur — toda estrutura de significação em que um sentido direto, primário, literal, designa por acréscimo outro sentido indireto, secundário, figurado, que pode ser apreendido apenas por meio do primeiro".

Daí a necessidade da interpretação: esta "é o trabalho mental que consiste em decifrar o sentido escondido no sentido evidente, ao desdobrar os níveis de significação implícitos na significação literal".

Eis, então, que "símbolo e interpretação tornam-se, deste modo, conceitos correlativos; há interpretação onde há sentido múltiplo, e é na interpretação que a pluralidade dos sentidos se tornou manifesta".

E visto que o trabalho interpretativo se abre em uma multiplicidade de modelos interpretativos em conflito, é preciso um trabalho atento dirigido, de um lado, a bloquear as intenções totalizantes das interpretações particulares e, de outro, a dar razão do efetivo, circunscrito valor dos diversos modelos interpretativos.

7. A realidade do símbolo entre o vetor "arqueológico" e o "teleológico"

Mais particularmente, na realidade do símbolo Ricoeur vê sempre presentes dois vetores, o *arqueológico* e o *teleológico*, que a interpretação tem a tarefa de esclarecer. "Conforme ensina principalmente a hermenêutica desmistificadora freudiana, o homem é continuamente forçado ao ponto inicial do próprio processo de desenvolvimento, porque não pode explicar sua própria atividade, compreendida a tipicamente espiritual, sem repetir os esquemas fixados nas primeiras fases do desenvolvimento; por outro lado, todo retorno daquilo que foi removido representa evidentemente, vendo bem, sempre também um acréscimo de sentido ou, conforme a fenomenologia hegeliana, a realização de um momento mais elevado na vida do espírito" (M. Buzzoni).

O *arché* e o *télos* são o inconsciente e o espírito na vida do homem; são os dois pólos, o regressivo e o progressivo, que a interpretação pesquisa nos símbolos. Ricoeur se pergunta: "Existe, com efeito, um só sonho que não tenha também uma função exploradora, que não esboce 'profeticamente' um caminho de saída para nossos conflitos? E vice-versa: existe um só grande símbolo, criado pela arte e pela literatura, que não mergulhe e não volte a mergulhar no arcaísmo dos conflitos e dos dramas, individuais ou coletivos, da infância? O verdadeiro sentido da sublimação não é talvez o de promover significados novos, mobilizando as energias antigas, primeiro investidas em figuras arcaicas?"

Mais recentemente, em *La métaphore vive* (1975) e em *Temps et récit* (1983-1985), Ricoeur, analisando a metáfora e o relato, quis explorar — contra o determinismo fechado dos estruturalistas — o poder criativo da linguagem. E se a metáfora poética abre novos horizontes de significação e assim descobre e produz novos aspectos do real, com a trama do relato histórico ou fantástico a imaginação criativa oferece a perspectiva instrutiva dos sentidos escondidos ou possíveis.

8. A reconquista da pessoa

Se a esta altura quiséssemos tentar captar o sentido de todo este *trabalho hermenêutico* de Ricoeur, poderíamos dizer que ele é "o longo caminho" da reconquista da pessoa humana *por meio de* uma peregrinação fatigante na floresta das produções simbólicas do homem, e *depois* das devastações produzidas na idéia de consciência pelos mestres da "escola da suspeita".

Ricoeur disse em 1983: "Se a pessoa retorna, isto verifica-se porque ela continua sendo o melhor candidato para sustentar as batalhas jurídicas, políticas, econômicas e sociais". Com efeito, no confronto com a "consciência", com o "sujeito" ou o "eu", a *pessoa* é um conceito que sobreviveu e que hoje voltou a viver com força.

Ainda Ricoeur: "*Consciência?* Como se poderia ainda crer na ilusão de transparência associada a este termo, depois de Freud e da psicanálise? *Sujeito?* Como se poderia alimentar ainda a ilusão de uma fundação última em algum sujeito transcendental, depois da crítica das ideologias efetuadas pela Escola de Frankfurt? O *eu?* Mas quem não sente com força a impotência do pensamento para sair do solipsismo teórico [...]? Eis a razão — conclui Ricoeur — pela qual prefiro dizer *pessoa* em vez de *consciência, sujeito, eu*". E a pessoa é atenazada na dialética entre liberdade e culpa, e se sente só diante de Deus, como o *cavaleiro da fé* de que fala Kierkegaard, cavaleiro que, diante de Deus, "não dispõe em todo caso a não ser de si próprio, em um isolamento infinito.

Paul Ricoeur reconquistou o conceito de "pessoa" depois das destruições provocadas pelos mestres da "escola das suspeitas".

III. Luís Pareyson
e a pessoa como órgão da verdade

• Discípulo de Augusto Guzzo, Luís Pareyson (1918-1991), primeiro professor por breve período em Pavia, e depois na Universidade de Turim, foi diretor da "Revista de estética" de 1956 a 1984; e em 1985 fundou o "Anuário filosófico". De 1940 é *A filosofia da existência e Karl Jaspers*; de 1943 são os *Estudos sobre o existencialismo*.

A obra *Existência e pessoa* aparece em 1950. E eis o núcleo do discurso que Pareyson desenvolve neste livro: Feuerbach e Kierkegaard criticaram Hegel ainda antes que categorias hegelianas como a de totalidade e de progresso necessário aparecessem em toda a sua inconsistência. Feuerbach fez ver que a história humana, mais que história do espírito, é "história de necessidades materiais"; e Kierkegaard, em sua apaixonada defesa do indivíduo, mostrou a irredutibilidade do indivíduo ao sistema, à sociedade ou a qualquer outra coisa. Mas se Hegel errou, então o cristianismo não é mais um momento superado do desenvolvimento da história humana: ele se representa assim, indiscutivelmente, como fé que se propõe à nossa escolha.

> Se Hegel errou o cristianismo não está superado
> → § 1

Importantes são os estudos dedicados por Pareyson ao problema da arte: *Estética. Teoria da formatividade* (1954); *Teoria da arte* (1965).

A defesa da filosofia como pesquisa autônoma da verdade é apresentada por Pareyson em *Verdade e interpretação* (1971).

• Como é possível reconhecer ao pensamento filosófico um *valor de verdade*, depois que desmistificadores – como Hegel, Marx, Nietzsche, Freud ou Dilthey – evidenciaram o condicionamento histórico, ideológico, psicológico, cultural? É possível evitar o *relativismo* sem cair no *dogmatismo*?

Pois bem, a esta interrogação crucial Pareyson responde, em *Verdade e interpretação*, propondo uma idéia de filosofia que "é sempre, *ao mesmo tempo*, expressão de um tempo, interpretação pessoal e dotada de validade especulativa".

> A filosofia é "também" expressão do tempo e é "também" expressão pessoal
> → § 2-3

A filosofia é *também* expressão do tempo – ou seja, do ambiente cultural – em que o filósofo define e põe os problemas e arrisca suas soluções: basta pensar no problema da pretensa auto-evidência dos princípios da geometria euclidiana *depois* de Lobatchevski; ou nos problemas referentes aos conceitos de espaço e de tempo, *depois* de Einstein.

Além de ser *também* expressão de seu tempo, a filosofia é *também* expressão pessoal; o filósofo está de tal modo empenhado e imerso em sua pesquisa que "toda afirmação dele torna-se decisiva para ele [...], e não há resultado que lhe possa ser indiferente".

• Existem, portanto, múltiplas filosofias, entendidas como interpretações pessoais; e nenhuma delas pode apresentar-se como "exclusiva conhecedora da verdade".

Eis, então, que "*a* filosofia é aquela em que todas *as* filosofias particulares se reconhecem". *A* filosofia, em outros termos, é um trabalho incessante para a pesquisa da verdade. "A unidade da filosofia é a *confilosofia*".

> A filosofia é um diálogo entre vozes que comunicam discutindo
> → § 4-6

Toda filosofia autêntica é aberta para outra; é comunicação e discussão. O trabalho filosófico é um diálogo ininterrupto, uma pluralidade de vozes que comunicam discutindo. É assim, então, que a pessoa, "em sua singularidade", é um "órgão revelador da verdade"; o ser humano é, desde o início, um ser que interpreta: "toda relação humana, quer se trate do conhecer ou do agir, do acesso à arte ou das relações entre as pessoas, do saber histórico ou da meditação filosófica, tem sempre um caráter interpretativo".

• A ontologia da liberdade, a problemática do mal são temas que, junto com a *hermenêutica do mito*, atraíram o interesse do último Pareyson.
Em um ensaio significativo com o título *Filosofia e experiência religiosa*, Pareyson afirma sem meios-termos que a existência de Deus é objeto de fé, objeto de uma escolha radical e profunda, e não o resultado de uma demonstração. O Deus dos filósofos – escreve Pareyson – não existe. E ao Deus dos filósofos ele contrapõe o Deus da experiência religiosa, o Deus de Abraão, de Isaac e de Jacó. E esse Deus, o Deus da experiência religiosa, não é atingível pelos conceitos filosóficos. A metafísica peca por antropomorfismo: com efeito, falar de Deus como Princípio, Ser, Causa, Bondade, Providência etc., significa conferir à divindade atributos que são sempre de natureza antropomórfica.

O Deus dos filósofos não existe → § 7-8

• Bem diferentes aparecem as coisas com a linguagem do mito (*Êxodo, Salmos, Gênesis,* livros dos Profetas): esta linguagem – a linguagem reveladora do mito – é a mais adequada para falar da divindade: isso pelo fato de que, contrariamente à linguagem demonstrativa da filosofia – que gostaria de capturar Deus, atribuindo-lhe conceitos predicáveis do homem –, a linguagem do mito alude à divindade por meio de imagens e formas sensíveis das quais quem delas faz uso sabe já de antemão que elas são incapazes de representá-la.

A linguagem reveladora do mito → § 9

1 A vida e as obras

Luís Pareyson nasceu em Piasco (Cuneo), de uma família originária do Vale d'Osta, no dia 4 de fevereiro de 1918. Aluno de Augusto Guzzo, laureou-se em filosofia em Turim em 1939, discutindo uma tese sobre Karl Jaspers. Por breve período ensinou história da filosofia em Pavia, e a partir de 1952 primeiro estética e depois filosofia teórica na Universidade de Turim. Acadêmico dos Linceus, membro do Institut International de Philosophie, Pareyson foi também diretor da "Revista de estética", de 1956 a 1984. Em 1985 fundou o "Anuário filosófico". Pareyson morreu em 1991.

De 1940 é *A filosofia da existência e Karl Jaspers*; os *Estudos sobre o existencialismo* aparecem em 1943. Em 1950 Pareyson publica *Existência e pessoa*, onde afirma que "o existencialismo foi uma retomada da dissolução do hegelianismo". Feuerbach e Kierkegaard criticam Hegel ainda antes que categorias como a de totalidade e de progresso necessário da história aparecessem em toda a sua inconsistência na crise das filosofias historicistas. Feuerbach mostrou que a história, mais que ser história do espírito, é "história de necessidades materiais", e Kierkegaard nos fez ver que o indivíduo é irredutível às leis de um processo inelutável. Mas, se Hegel errou, então não podemos mais pensar que o cristianismo é um momento doravante superado da história da humanidade. Desse modo, a posição de Pareyson "representa em toda a sua força uma figura de pensamento cara a Kierkegaard, a do *aut aut* em relação ao cristianismo, que continua a representar uma questão ineludível" (G. Vattimo).

Em poucas palavras, sobre a base do pensamento de Kierkegaard, a filosofia de Pareyson coloca-se além do hegelianismo e propõe um personalismo ontológico em que a *pessoa* é essencialmente abertura ao ser, órgão da verdade.

O tema da interpretação e da verdade é retomado, no volume de 1971, *Verdade e interpretação*, no mais amplo contexto de uma defesa extrema e resoluta da necessidade e da autonomia da filosofia como pesquisa da verdade, e contra as degenerações do cientificismo, do fideísmo e do pan-politicismo.

Pareyson deixou suas idéias sobre estética em importantes volumes como: *Estética. Teoria da formatividade* (1954); *Teoria da arte* (1965); *Os problemas da estética* (1965); e *Conversações de estética* (1966). A arte tem como característica típica a da "formatividade", a arte é ao mesmo tempo invenção e produção ou, como escreve Pareyson, "fazer com que enquanto faz inventa o modo de fazer", intervindo "sobre a matéria física com base na regra individual da obra a realizar" (F. Sossi). Devem ser lembrados tanto *Fichte. O sistema da liberdade* (1965), como o trabalho mais recente *Filosofia da liberdade* (1989).

2 Condicionalidade histórica, caráter pessoal e validade especulativa da filosofia

"Como é possível filosofar se a filosofia é sempre historicamente condicionada? Como conciliar a consciência histórica com a exigência especulativa? É ainda possível reconhecer para o pensamento filosófico um valor de verdade, depois que os desmistificadores (Hegel, Marx, Nietzsche, Freud, Dilthey) demonstraram sua condicionalidade histórica, material, ideológica, psicológica, cultural?" Pareyson faz-se essas perguntas na *Introdução* à quarta edição de *Existência e pessoa*. E continua: "O reconhecimento de uma multiplicidade essencial da filosofia não comprometerá irremediavelmente a unidade da verdade? É possível uma con-

Luís Pareyson (1918-1991), filósofo católico, interessado no problema da arte; sustentou que toda autêntica filosofia é aberta à outra, é uma pluralidade de vozes que comunicam discutindo.

cepção pluralista mas não relativista da verdade? Qual é o ponto de vista em que pode validamente colocar-se uma afirmação de prospectivismo, que consiga conciliar a unicidade da verdade com a multiplicidade de suas formulações?"

Pois bem, a tais perguntas Pareyson responde, evitando tanto o relativismo de quem concebe as filosofias como "conceitualizações ideológicas de determinadas condições históricas de existência", como o dogmatismo e a incomunicabilidade fechada de quem sustenta a excepcionalidade da filosofia, e afirma que as filosofias particulares são isoladas uma da outra "como perspectivas irrepetíveis e inconfundíveis, interpretações personalíssimas de situações individualíssimas, sem qualquer passagem entre elas e, portanto, absolutas e incomunicáveis".

Estas posições são, na opinião de Pareyson, propostas cripto-hegelianas para sair da dissolução do hegelianismo. Mas da dissolução do conceito hegeliano de totalidade e de inelutável desenvolvimento progressivo da história não se sai com os conceitos de historicidade ou de excepcionalidade da filosofia; daí se sai — afirma Pareyson, em *Fichte* — com "a afirmação da condicionalidade histórica da filosofia estreitamente ligada com a da sua personalidade, e ambas ligadas com a afirmação da validade especulativa da filosofia". O que, em poucas palavras, preme Pareyson, e constitui o núcleo teórico de sua idéia de filosofia, é a afirmação simultânea da *condicionalidade histórica*, do *caráter pessoal* e da *validade especulativa* da filosofia: "uma filosofia é sempre, *ao mesmo tempo*, expressão de um tempo, interpretação pessoal e dotada de validade especulativa".

3. A filosofia é "também" expressão do tempo; e é "também" interpretação pessoal

A filosofia não é *apenas* expressão de um tempo, porque, se assim fosse, ela perderia sua autonomia, suas pretensões de verdade, e seria reduzida a um instrumento pragmático temporário. A filosofia, todavia, é *também* expressão do tempo, "sem dúvida não no sentido de que sua validade esteja circunscrita ao tempo em que surge, nem no sentido de que ela seja determinada pela história da qual emerge, mas no sentido de que toda filosofia é sempre resposta a problemas históricos, que o próprio filósofo define e põe, isolando-os dentro de sua experiência histórica, de modo que por meio do trabalho do filósofo, que toma posição em relação a seu tempo, esse tempo é também refletido em sua filosofia".

Por outro lado, a filosofia é *também* interpretação pessoal: "Com efeito, a própria pessoa do filósofo está empenhada em sua pesquisa: o filósofo não pode indagar o ser sem indagar a si próprio porque ele próprio é: está de tal modo imerso em sua pesquisa que toda afirmação sua torna-se decisiva para ele, toda pesquisa que empreende o modifica a partir do interior, e também não há êxito que possa deixá-lo indiferente".

4. A unidade da filosofia é a "confilosofia"

Todavia, se a filosofia é também interpretação pessoal, então — escreve Pareyson — ter-se-á que, "permanecendo única a verdade, a filosofia é necessariamente múltipla". Contudo, lembra Pareyson, esta multiplicidade de filosofias não pode significar multiplicidade da verdade, "uma vez que não existem *as* verdades, nem, em relação a *uma* verdade, *outras* verdades: há, porém, *a* verdade *de* outros, isto é, a verdade como foi procurada e formulada por outros que *com*-igo e *como* eu procuravam a verdade". Desse modo, entender personalisticamente a unidade da filosofia significa abandonar a concepção de uma filosofia única, última e definitiva capaz de oferecer a verdade total e absoluta. A verdade total — diz Pareyson — "não se oferece ao homem como posse alcançada e definitivamente conquistada, mas está presente nele como exigência e norma: exigência que impele a buscar *a* verdade, e norma para julgar *os* verdadeiros que tal pesquisa alcança". Única é a verdade; múltiplas são as filosofias, entendidas como interpretações pessoais; nenhuma delas consegue ser "exclusiva conhecedora da verdade": mas então eis que "*a* filosofia é aquela em que todas *as* filosofias particulares se reconhecem" A filosofia, em suma, é um incansável e jamais completo trabalho comum para a busca da verdade. Diz ainda Pareyson: "As múltiplas filosofias não estão alinhadas para dar espetáculo cômodo e fácil de si mesmas, nem se empenham na tarefa estéril de falarem e calarem-se mutuamente, mas, cônscias de fazer um trabalho que não pode ser executado a não ser em primeira pessoa, colaboram por meio da discussão e, mesmo quando se põem umas *contra* as outras, trabalham juntas, umas *com* as outras, pela verdade. E esta é de fato *a* filosofia, que força todas as filosofias em um diálogo comum e ininterrupto: a unidade da filosofia é a *confilosofia*, sem a qual nenhuma filosofia é verdadeiramente tal e digna do nome".

5 Pluralidade de vozes que comunicam discutindo

Existe, portanto, abertura de toda filosofia às outras; há uma comunicação, feita também com discussão, que liga todas as filosofias em uma colaboração que se abre para caminhos novos e imprevisíveis: e o fundamento de tudo isso não pode ser mais que "a livre e gratuita inexauribilidade do infinito, que não se gradua em momentos necessários, nem se divide em partes integráveis, nem se revela a um conhecimento privilegiado, mas suscita vozes infinitas que tentam, cada uma de seu modo, de captá-lo e desvelá-lo, e as suscita, mantendo-as em sua autonomia, respeitando-as em sua liberdade, reconhecendo-as em seu valor, de modo que cada uma delas é livre e autônoma em sua própria determinação, é aberta e infinita em sua própria definição". É com base em considerações como as que agora foram expostas que Pareyson vê converter-se a ambígua expressão "unidade da filosofia e multiplicidade de filosofias" na bem mais rica e prenhe fórmula "inexaurível infinidade da verdade e liberdade de quem sob seu estímulo se põe a buscá-la".

6 O homem é um ser interpretante e, enquanto tal, órgão da verdade

O conceito de interpretação explica-se com a "solidariedade original" existente entre pessoa e verdade. A existência é pessoa; e a pessoa, "em sua singularidade", torna-se "órgão revelador" da verdade, órgão "que, longe de querer se sobrepor à verdade, capta-a em sua própria perspectiva". Escreve Pareyson em *Verdade e interpretação*: "Toda relação humana, quer se trate do conhecer ou do agir, do acesso à arte ou das relações entre pessoas, do saber histórico ou da meditação filosófica, sempre tem um caráter interpretativo. Isso não ocorreria se a interpretação não fosse em si originária: ela qualifica tal relação com o ser em que reside o próprio ser do homem; nela se manifesta a primigênia solidariedade do ser com a verdade". Em poucas palavras: "[...] *da verdade não há mais que interpretação e [...] não há interpretação a não ser da verdade*".

A pessoa é órgão da verdade e o é pelo fato de que o ser humano é um ser que interpreta e, enquanto tal, órgão da verdade. O homem — diz Pareyson — deve escolher entre *ser história*, ou seja, identificar-se com suas circunstâncias históricas, ou então *ter história*, isto é, dar uma revelação irrepetível da verdade; entre ser um produto ou uma expressão de seu tempo, ou então "tornar-se perspectiva viva da verdade", capaz de autêntico pensamento revelador, o "*expert* da verdade, ontológico e pessoal ao mesmo tempo". E isso consciente de que a verdade jamais será, em sua totalidade e definitividade, posse de uma perspectiva interpretativa individual.

7 A ontologia do inesgotável contra o misticismo do inefável

A verdade, na opinião de Pareyson, é não objetivável; e o é no sentido preciso de que ela "se manifesta em ulterioridade irrefreável, motivo pelo qual a verdade se entrega às mais diversas perspectivas apenas enquanto não se identifica com nenhuma delas [...]". E justamente contra todos — junto com Heidegger — os que gostariam, com base em sua não-objetividade ou inexauribilidade, entregar a verdade ao silêncio místico, Pareyson empenha-se por "uma ontologia do inexaurível", oposta "ao misticismo do inefável". No fundo, para Pareyson, abandonar-se ao mistério ou ao silêncio equivale a uma "simples reviravolta do culto racionalista do explícito" e a "conservar toda a nostalgia" deste culto: o metafísico, desiludido em suas pretensões de possuidor da única, total e definitiva verdade, se refugia no silêncio, aceitando a lógica do "tudo ou nada". A verdade, sustenta ao contrário Pareyson, vai sempre além de suas diversas formulações históricas, uma vez que o ser é inexaurível; essas formulações históricas, porém, essas palavras, revelam verdade, falam-nos do ser: "se é fato que a palavra jamais pode ser enunciação exaustiva da verdade, também é fato que ela é a sede mais adequada para acolhê-la e conservá-la como inexaurível, uma vez que a verdade não tanto se subtrai a ela para retirar-se no segredo, mas muito mais se concede a ela apenas estimulando-a e permitindo-lhe novas revelações: a verdade não é puramente inapreensível [...], mas é mais uma irradiação de significados, que se fazem valer não com uma desvalorização da palavra, mas com uma transvalorização dela [...]".

8 O Deus dos filósofos e o Deus da experiência religiosa

A ontologia da liberdade e a problemática do mal são temas que interessaram vivamente o último Pareyson. E junto com esses temas há, na sua mais recente tratação, o da *hermenêutica do mito*. Em *Filosofia e experiência religiosa* Pareyson afirma: "O Deus dos filósofos é o Deus da filosofia objetivamente, resultado de pensamento direto. Este Deus propriamente não existe: é puro nome que o filósofo pronuncia em vão, um conceito vazio ao qual não corresponde nenhuma realidade, e ao qual em todo caso seria necessário dar um conteúdo, coisa que não se pode fazer a não ser recorrendo ao mito, à experiência religiosa, à fé. Também para o filósofo, portanto, e em geral para todos, o Deus do qual se fala não pode ser mais que o da fé, que é o único Deus de quem se possa falar". A existência de Deus — salienta Pareyson — é objeto de fé, objeto de escolha radical e profunda, e não o resultado de uma demonstração.

A filosofia, portanto, deve abandonar a tradicional e ilusória pretensão fundante: "sua tarefa não é demonstrativa, mas hermenêutica". Isso quer dizer que a filosofia "não intervém nem para escolher entre a existência e a inexistência de Deus [...], nem para demonstrar eventualmente a existência de Deus [...]. A escolha entre a existência e a inexistência de Deus é um ato existencial de aceitação ou repúdio, em que o homem individual decide, com seu próprio risco, se para ele a vida tem sentido ou então é absurda, uma vez que a esta opção se reduz no fundo e sem resíduo tal dilema". Trata-se, certamente, de uma opção religiosa; e igualmente de modo seguro ela não é um teorema filosófico.

A filosofia, portanto, não tem voz no assunto sobre a questão da existência ou não existência de Deus. O Deus dos filósofos, diz Pareyson, não existe. E ao Deus dos filósofos ele contrapõe o Deus da experiência religiosa. O Deus da religião é algo diferente do Deus dos filósofos: "É o Deus de Abraão, de Isaac e de Jacó, o Deus vivo e vivificante, é um Deus que se trata como tu e ao qual se ora, um Deus ao qual se diz com estremecimento *miserere mei*, e com desespero *ne sileas*, ao qual a pessoa dirige-se perguntando angustiada *quare me dereliquisti?* E suplicando com temor e tremor *ne avertas faciem tuam a me*, ao qual na hora suprema a pessoa se entrega, exclamando *in manus tuas commendo spiritum meum*, e implorando *in te, Domine, speravi: non confundar in aeternum*". Texto 3

9 A linguagem reveladora do mito

O Deus da experiência religiosa não é atingível pelos conceitos filosóficos. Por isso, nota Pareyson, "pode nascer o projeto de buscá-lo e a perspectiva de encontrá-lo em uma zona mais profunda e originária do pensamento; lá onde nenhuma perplexidade ou hesitação pode nascer diante da idéia de que, para o Deus da experiência religiosa, muito mais que os conceitos especificamente filosóficos aparecem adequados e significativos os símbolos da poesia e as figuras antropomórficas do mito, como se encontram, por exemplo, nas teofanias sensíveis do *Êxodo* e dos *Salmos*, nos relatos do *Gênesis* e dos livros apocalípticos, nas grandiosas e flamejantes visões dos profetas".

A linguagem do mito e da poesia pareceria, de certo modo, a menos adequada para falar da transcendência, a qual seria, ao contrário, capturável pelos conceitos "não antropomórficos" da metafísica. Pareyson aqui inverte tal convicção usual: é a metafísica que peca por antropomorfismo e não a linguagem do mito. Conceber Deus como Ser, Princípio, Causa, Pensamento, Razão, Valor, Pessoa, Bondade, Providência significa conferir à divindade atributos de natureza substancialmente, "ainda que de forma larvar", antropomórfica; significa definir Deus "com base em categorias elaboradas pela mente humana e atribuir-lhe propriedades que direta ou indiretamente são inerentes ao homem, ainda que extremamente afinadas e abstratas, e ainda que pensadas em sentido eminente e elevado ao vértice". A linguagem metafísica sobre Deus é, portanto, substancialmente antropomórfica. As coisas ocorrem bem diversamente com a linguagem mítica; e isto porque "a imagem simbólica, justamente em virtude de sua natureza sensível, *toto coelo* diferente da natureza da divindade, presta-se otimamente para representá-la, porque desde o início reconhece sua inadequação total e, reconhecendo-a, a supera e a resgata". Em poucas palavras: se o Deus autêntico é o Deus da experiência religiosa, e não o Deus dos filósofos, então a linguagem mais adequada para falar de Deus não é a linguagem demonstrativa da filosofia (que desejaria capturar Deus atribuindo-lhe conceitos predicáveis do homem), mas a linguagem reveladora do mito (que alude à divindade por meio de imagens e formas sensíveis das quais se sabe já de início que são incapazes de representá-la).

IV. Gianni Vattimo: hermenêutica, pensamento débil, pós-modernidade

• Estudioso de Nietzsche e de Heidegger, discípulo primeiro de Pareyson e sucessivamente de Gadamer, Gianni Vattimo, professor na Universidade de Turim, é autor de obras como: *Poesia e ontologia* (1967); *Schleiermacher, filósofo da interpretação* (1968); *Introdução a Heidegger* (1971); *As aventuras da diferença* (1981); *O fim da modernidade* (1985); *Introdução a Nietzsche* (1986); *A sociedade transparente* (1989); *Para além da interpretação* (1995).

Em defesa do "pensamento débil"
→ § 1-2

Vattimo é defensor daquilo que ele próprio chamou de *"pensamento débil"*. O pensamento débil nos diz que doravante não é mais possível propor uma filosofia que presuma ter a posse de certezas e de *fundamenta inconcussa* para teorias sobre o homem, sobre Deus, sobre a história, sobre os valores.

Os pressupostos hermenêuticos do "pensamento débil"
→ § 3-4

• Os pressupostos teóricos do pensamento débil – pressupostos que tornam impossível uma filosofia fundacional – são encontráveis dentro da hermenêutica. Com efeito, o primeiro pressuposto da hermenêutica é a idéia de que o homem lê a realidade dentro de horizontes lingüísticos que tornam a *evidência* relativa às categorias lingüísticas típicas de tais horizontes; o segundo pressuposto está no fato de que tais aparatos categoriais não são fixos, mas históricos.

• Daí o *fim da modernidade* como fim de uma concepção da história guiada por leis de progresso e de superação; e a manifestação de um tipo de racionalidade (débil, justamente) que "não deve permanecer paralisada pela perda de referência luminosa, única e estável, cartesiana". E, sempre como conseqüências do pensamento débil, contenção da violência, atenção às experiências que um "olhar totalizante" exclui ou espezinha, sempre mais tolerância, interferência com as culturas "diferentes".

Fim da modernidade
→ § 5-6

1. A vida e as obras

Gianni Vattimo foi aluno de Luís Pareyson. Vattimo nasceu em Turim no dia 4 de janeiro de 1936. Laureou-se na Universidade de Turim em 1959. Sucessivamente, estudou em Heidelberg com Gadamer, do qual traduziu para o italiano *Verdade e método*. Estudioso de Nietzsche e Heidegger, Vattimo atualmente ensina filosofia teórica na Universidade de Turim. Dirige a "Revista de estética". Entre suas numerosas publicações devemos lembrar: *Ser, história e linguagem em Heidegger* (1963); *Poesia e ontologia* (1967); *Schleiermacher, filósofo da interpretação* (1968); *Introdução a Heidegger* (1971); *O sujeito e a máscara* (1974); *As aventuras da diferença* (1981); junto com Pier Aldo Rovatti organizou o volume coletivo: *O pensamento débil* (1983); *O fim da modernidade* (1985); *Introdução a Nietzsche* (1986); *A sociedade transparente* (1989); *Além da interpretação* (1995); *Acreditar de crer* (1996).

2. O "pensamento débil"

Justamente no *Prólogo* do volume *O pensamento débil*, *Prólogo,* que Vattimo escreveu junto com Rovatti, lemos que "o debate filosófico tem hoje ao menos um ponto de convergência: não há uma fundação única, última, normativa". E isso equivale a dizer que o pensamento se encontra "no fim de sua aventura metafísica". Vattimo, em suma, insiste no fato de que doravante não é mais possível propor uma filosofia que pretenda certezas e *fundamenta inconcussa* para as teorias sobre o homem, sobre Deus, sobre a história, sobre os valores. Não é mais possível propor uma filosofia fundacional; a crise dos fundamentos doravante se deslocou dentro da própria idéia de *verdade*: as evidências claras e distintas se ofuscaram.

No ensaio *Dialética, diferença e pensamento débil* (no volume *O pensamento débil*) Vattimo escreve que "a filosofia, em seu núcleo mais autêntico, de Aristóteles até Kant, é saber da fundação, saber primeiro". A filosofia, com Aristóteles, pretendia conhecer o estrato primeiro do ser; e com Kant, os modos universais e fixos do conhecer. Pois bem, depois de Nietzsche e Heidegger se desvaneceu — afirma Vattimo — *a idéia da filosofia como saber fundacional*. As razões de tal evento são várias: o mundo do saber se tornou tão complexo que é inverossímil a existência de um saber que "governe todos os outros de modo unitário, fundante"; há uma especialização das esferas da existência, e é óbvio que se imponham "lógicas específicas nos vários setores da vida"; os meios de comunicação nos colocam continuamente em contato com culturas *diferentes*, e todos nós temos "uma experiência da multiplicidade que torna sempre mais difícil a redução de tudo a um único fundamento"; hoje é ilusório voltar às evidências primeiras e indiscutíveis, certificadas pela consciência; seguindo Nietzsche, Vattimo afirma que "a voz da consciência não é mais que a voz do rebanho"; a evidência, em suma, "não deve ser tomada como sinal da verdade, porque a evidência é produzida por hábitos, pressões sociais, convenções, truques da língua, de algum modo". `Texto 4`

3. O pressuposto hermenêutico do pensamento débil

Existem, portanto, boas razões que devastam as pretensões da filosofia fundacional. Todavia, para além destas razões, o motivo de maior peso que torna impossível a filosofia fundacional é justamente dado pela *hermenêutica*, isto é, pela *teoria que se refere à relação entre linguagem e ser*. Não somos capazes de um acesso pré-categorial ou transcategorial para o ser; existir significa estar em relação com um mundo; e esta relação torna-se possível pelo fato de que se dispõe de uma linguagem.

E aqui — afirma Vattimo — é preciso insistir, com a hermenêutica, sobre a "radical historicidade da linguagem". Desse modo vemos que "as coisas vêm ao ser apenas dentro de horizontes lingüísticos, os quais não são a priori eternos, estruturas da razão, mas acontecimentos historicamente qualificados". Categorias, conceitos, teorias (isto é: linguagem) não são estruturas eternas, fixadas a priori para sempre; constituem mais horizontes lingüísticos "epocalmente qualificados", nem estáveis nem eternos, dentro dos quais o homem, que neles é lançado, lê e interpreta o ser e se relaciona com ele. Mas, tratando-se de a priori temporalizados, ou seja, não eternos, é claro que desaparece toda pretensão à posse de um discurso ou teoria eterna e absoluta sobre Deus (ou sobre sua não existência), sobre o homem, sobre o sentido da história ou sobre o destino da humanidade. A aventura do pensamento metafísico chegou a seu fim.

4 O que significa "pensar"; o que significa "ser"

O homem "encontra-se desde sempre lançado em um projeto, em uma língua, em uma cultura que herda". O homem abre-se ao mundo por meio da linguagem que fala; remontar a estas "aberturas lingüísticas" que permitem a "visão do mundo" significa pensar; mas significa também compreender que o ser se dá "como transmissão de aberturas de vez em quando diferentes, assim como são diferentes as gerações dos homens". E "também e em primeiro lugar a consciência da multiplicidade das perspectivas, dos universos culturais, dos a priori que tornam possível a experiência é *herança*".

Os pilares do *pensamento débil* são, de um lado, a idéia que o homem lê o mundo de dentro de horizontes lingüísticos que tornam a *evidência* relativa a tais horizontes ou aparatos categóricos, e, do outro, a idéia segundo a qual tais aparatos categóricos não são fixos, mas históricos. Pois bem, à luz destes pressupostos se dissolvem: os fundamentos certos, a idéia de um conhecimento total do mundo, a de um sentido unitário da história, a idéia de uma verdade certa da qual seríamos capazes. O pensamento débil

*Gianni Vattimo,
um dos pensadores italianos
mais conhecidos pela ressonância de
suas propostas,
é o filósofo do "pensamento débil"
e da "pós-modernidade".*

é "o fim da estrutura estável do ser, portanto, também de toda possibilidade de enunciar que Deus existe ou não existe". O grito de Nietzsche "Deus está morto" deve ser assim entendido, segundo Vattimo: entendido não no sentido da enunciação metafísica da não-existência de Deus, mas muito mais no sentido do fim de um discurso metafísico que pretende dar-nos verdades últimas e definitivas (também o ateísmo, e não só o teísmo, é metafísico).

5 Moderno e pós-moderno

O pensamento débil é o fim da *modernidade*, daquele período que vai de Descartes a Nietzsche e que é dominado "pela idéia da história do pensamento como progressiva 'iluminação' que se desenvolve com base na sempre mais plena apropriação e reapropriação dos 'fundamentos'; estes são pensados também como as 'origens', de modo que as revoluções, teóricas e práticas, da história ocidental se apresentam e se legitimam no mais das vezes como 'recuperações', renascimentos, retornos". A modernidade, em poucas palavras, seculariza a noção cristã de *história da salvação*, e vê a história como *progresso guiado por leis de superação*. Todavia, se para a modernidade a história é progresso, processo de contínua superação, então o pensamento débil é o pós-moderno, o "fim da história". O desaparecimento das certezas fundacionais sobre a natureza humana ou sobre as leis que guiariam toda a história humana, uma prática historiográfica mais consciente, a multiplicidade de diferentes "centros" de história capazes cada um de visões unitárias da história, dissolveram a idéia de uma história como processo unitário e progresso universal e inelutável.

Em *O fim da modernidade* Vattimo escreve: "Se [...] não há uma história unitária, fundamental, e existem apenas diversas histórias, os diversos níveis e modos de reconstrução do passado na consciência e no imaginário coletivo, é difícil ver até que ponto a dissolução da história como disseminação das "histórias" não é também um verdadeiro e próprio fim da história como tal; da historiografia como imagem ainda que variada de um curso de eventos unitários, o qual também, tirada a unidade do discurso que disso falava, perde toda consistência reconhecível".

6 Metamorfoses da idéia de racionalidade

As considerações precedentes levam a concluir que: com o *pensamento débil* muda *a imagem da racionalidade*: "A racionalidade deve, em seu próprio interior, se despotencializar, ceder terreno, não ter medo de retroceder para a suposta zona de sombra, não permanecer paralisada pela perda da referência luminosa, única e estável, cartesiana". Sem dúvida, começa-se com uma perda ou, melhor, com uma renúncia: renúncia a fundamentos certos e destinos últimos. Mas não se tarda a perceber que tal renúncia é "também o afastamento de uma obrigação, a remoção de um obstáculo". Assim, no mundo do *passado* o pensamento débil aproxima-se do filtro teórico da *pietas*, que permite a uma inimaginável quantidade de mensagens serem ouvidas "por um ouvido que se tornou disponível"; no *presente* o pensamento débil dá atenção aos setores da experiência humana que um "olhar totalizante" deve, ao contrário, excluir ou até pisar em cima; em direção ao *futuro* pode-se hipotetizar que a contenção do pensamento forte signifique também a contenção da violência e um pressuposto para a construção de um espaço sempre mais aberto às iniciativas, à liberdade, à tolerância, a interferências com as culturas "diferentes".

BETTI

1 O sentido de um texto deve ser tirado do próprio texto

> Sensus non est inferendus, sed efferendus: isto quer dizer que o significado ou sentido de um texto não deve ser introduzido subrepticiamente nele, mas deve ser dele escrupulosamente tirado.
> Betti está atento em respeitar o sentido de que o texto é portador, evitando enfatizar a pobreza de preconceitos do intérprete.

Dos critérios e dos cânones a seguir, que poderemos chamar de cânones hermenêuticos, alguns se referem ao objeto, e outros mais ao sujeito da interpretação.

Quanto aos cânones relativos ao objeto, um *primeiro cânone* fundamental é imediatamente evidente. Com efeito, se as formas representativas, objeto da interpretação, são por sua natureza objetivações de uma espiritualidade e especificamente manifestações de um pensamento, é evidente que devem ser entendidas segundo o outro espírito que nelas se objetivou, e não tanto segundo um espírito e um pensamento diversos, e menos ainda segundo um significado que pode ser atribuído à forma nua, se ao considerá-la se fizesse abstração da função representativa à qual ela serve em relação àquele determinado espírito e àquele pensamento.

Em uma época não muito distante da nossa, os teóricos da hermenêutica formularam incisivamente o seguinte cânone da *mens dicentis*: *Sensus non est inferendus, sed efferendus*, ou seja, o significado de que se trata não deve indevida e subrepticiamente ser introduzido na forma representativa, mas deve, ao contrário, ser tirado dela.

Eu proporia chamar este primeiro cânone de cânone da *autonomia* hermenêutica do objeto, ou cânone da imanência do critério hermenêutico.

Com isso queremos dizer que as formas representativas devem ser entendidas em sua autonomia, à maneira da própria lei de formação, no contexto a que tendem, segundo uma sua necessidade interior, coerência e racionalidade: devem, portanto, ser avaliadas como imanentes de sua determinação originária, ou seja, determinação à qual a obra deve corresponder, do ponto de vista do autor (poder-se-ia dizer: do demiurgo) e pela sua intenção formativa no ato de sua gênese; e, portanto, não tanto segundo sua idoneidade para servir a este ou aquele objetivo extrínseco, que possa parecer mais óbvio para o intérprete.

E. Betti,
A hermenêutica como método geral
das ciências do espírito.

RICOEUR

2 A escola da suspeita: Marx, Nietzsche e Freud

> Marx, Nietzsche e Freud são três pensadores aos quais é comum a decisão de considerar a consciência como "falsa consciência". Para Descartes podemos duvidar das coisas, mas não da consciência. Marx, Nietzsche e Freud levam a dúvida "no próprio coração da fortaleza cartesiana".

A escola da suspeita: ela é dominada por três mestres que à primeira vista se excluem mutuamente: Marx, Nietzsche e Freud. É mais fácil mostrar sua comum oposição a uma fenomenologia do sagrado, entendida como propedêutica à "revelação" do sentido, do que sua articulação dentro de um único método de desmistificação.

É relativamente fácil constatar não só que estes três empreendimentos têm em comum a contestação do primado do "objeto" em nossa representação do sagrado, mas também o "preenchimento" do alvo intencional do sagrado por meio de uma espécie de *analogia entis* que nos inseriria no ser em virtude de uma intenção assimiladora. Também é fácil reconhecer que se trata de um exercício da suspeita que para cada caso particular é diferente. Sob a fórmula negativa, "a verdade como mentira", poder-se-ia colocar estes três exercícios da suspeita. Mas o sentido positivo destes empreendimentos ainda estamos longe de tê-lo assimilado, estamos ainda demasiado atentos às suas diferenças e às limitações que os preconceitos de seu tempo fazem com que

Capítulo décimo quarto - Desenvolvimentos recentes da teoria da hermenêutica

seus sucessores sofram ainda mais do que os próprios empreendimentos. Ainda se relega Marx ao economicismo e à teoria absurda da consciência-reflexo; remete-se Nietzsche a um biologismo e a um prospectivismo incapaz de enunciar a si próprio sem se contradizer; e Freud é segregado à psiquiatria e se lhe impinge um pan-sexualismo simplista.

Se remontarmos à sua intenção comum, encontramos nela a decisão de considerar em primeiro lugar a consciência em seu conjunto como consciência "falsa". Com isso eles retomam, cada um em registro diverso, o problema da dúvida cartesiana, mas o levam ao próprio coração da fortaleza cartesiana. O filósofo educado na escola de Descartes sabe que as coisas são dúbias, que não são como aparecem; mas não duvida de que a consciência não seja assim como aparece a si própria; nela, sentido e consciência do sentido coincidem; disso, depois de Marx, Nietzsche e Freud, nós duvidamos. Depois da dúvida sobre a coisa, é a vez para nós da dúvida sobre a consciência.

Todavia, estes três mestres da suspeita não são igualmente mestres de ceticismo; indubitavelmente são três grandes "destruidores"; e, no entanto, também esse fato não nos deve enganar; a destruição, afirma Heidegger em *Ser e tempo*, é um momento de toda fundamentação nova, compreendendo a destruição da religião, à medida que ela é, segundo Nietzsche, um "platonismo" para o povo". É além da "destruição" que se põe o problema de saber aquilo que ainda significam pensamento, razão e até mesmo fé.

Ora, todos os três liberam o horizonte para uma palavra mais autêntica, para um novo reino da verdade, não só pelo trâmite de uma crítica "destrutiva", mas mediante a invenção de uma arte de interpretar. Descartes triunfa da dúvida sobre a coisa com a evidência da consciência; da dúvida sobre a consciência eles triunfam por meio de uma exegese do sentido.

A partir deles, a compreensão é uma hermenêutica; procurar o sentido não consiste mais doravante em realizar a consciência do sentido, mas na *decifração das expressões*. O confronto seria, portanto, feito não só entre uma tríplice suspeita, mas entre uma tríplice astúcia. Se a consciência não é aquilo que ela crê ser, entre o patente e o latente deve ser instituída nova relação, que corresponderia àquilo que a consciência instituíra entre a aparência e a realidade da coisa. A categoria fundamental da consciência, para todos os três, é a relação oculto/mostrado ou, caso se prefira, dissimulado/manifesto. Os marxistas podem se obstinar na teoria do reflexo, Nietzsche se contradizer dogmatizando sobre o prospectivismo da *vontade de poder*, Freud mitologizar com sua "censura", seu "vigilante" e seus "travestimentos": o essencial não está nessas dificuldades e aporias. O essencial é que todos os três criam, do modo que lhes é possível, isto é, com e contra os preconceitos do tempo, uma *ciência* mediata do sentido, irredutível à *consciência* imediata do sentido.

O que todos os três tentaram, seguindo caminhos diferentes, foi de fazer coincidir seus métodos "conscientes" de decifração com o *trabalho* "inconsciente" de colocação em cifra que eles atribuíam à vontade de poder, ao ser social, ao psiquismo inconsciente.

O que distingue, portanto, Marx, Freud e Nietzsche é a hipótese geral que se refere ao mesmo tempo ao processo da "falsa" consciência e ao método de decifração. As duas coisas caminham juntas, enquanto o homem que suspeita realiza em sentido inverso o trabalho de falsificação do homem que usa de astúcia.

Freud penetrou no problema da falsa consciência por meio do duplo átrio do sonho e do sintoma neurótico; sua hipótese de trabalho implica os mesmos limites do ângulo de ataque: tratar-se-á, como diremos mais amplamente a seguir, de uma economia dos instintos.

Marx enfrenta o problema das ideologias nos limites da alienação econômica, desta vez no sentido da economia política.

Nietzsche, cujo interesse baseia-se no problema do "valor" – da valoração e da transvaloração –, procura no aspecto da "força" e da "fraqueza" da vontade de poder a chave das mentiras e das máscaras.

No fundo, a *Genealogia da moral* no sentido de Nietzsche, a teoria das ideologias no sentido de Marx, a teoria dos ideais e das ilusões no sentido de Freud, representam procedimentos igualmente convergentes da desmistificação.

Talvez ainda não seja esta a coisa mais forte que têm em comum; seu parentesco subterrâneo vem de mais longe; todos os três começam com a suspeita sobre as ilusões da consciência e continuam com a astúcia da decifração, e, por fim, em vez de serem detratores da "consciência", visam à sua extensão.

Aquilo que Marx deseja é libertar a *práxis* por meio do conhecimento da necessidade; mas tal libertação é inseparável de uma "tomada de consciência" que replique vitoriosamente às mistificações da falsa consciência.

O que Nietzsche deseja é o aumento do *poder* do homem, a restauração de sua *força*; mas aquilo que quer dizer "vontade de poder" deve ser recuperado pela meditação das "cifras" do "super-homem", do "eterno retorno" e de "Dioniso", sem o que tal potência seria apenas a violência de agora.

Aquilo que Freud deseja é que o analisando, apropriando-se do sentido que lhe era estranho, alargue seu próprio campo de consciência, viva em melhores condições e seja finalmente um pouco mais livre e, se possível, um pouco mais feliz. Um dos primeiros reconhecimentos prestados à psicanálise fala de "cura por obra da consciência". A expressão é exata. Com a condição de dizer que a análise pretende substituir a uma consciência imediata e dissimuladora uma consciência mediata e instruída pelo princípio da realidade. Assim, justamente *aquele que duvida*, que representa o Eu como um "infeliz" submisso a três senhores, o Id, o superego e a realidade ou necessidade, é também o exegeta que encontra a lógica do reino do ilógico e que, com um pudor e uma discrição incomparáveis, tem a audácia de concluir seu ensaio sobre *O futuro de uma ilusão* com a invocação do deus Logos, de voz débil mas incansável, do deus sem dúvida não onipresente, mas eficaz apenas com o tempo.

Esta última referência ao princípio da realidade e aos equivalentes em Nietzsche e Marx – compreendendo nisso a necessidade, eterno retorno no outro – esclarece o benefício positivo da ascese requerida por uma interpretação redutora e destrutiva: o confronto com a realidade nua, a disciplina de *Ananke*, da necessidade.

No próprio momento em que nossos três mestres da suspeita encontram sua convergência positiva, eles oferecem à fenomenologia do sagrado e a toda hermenêutica, como meditação do sentido e como reminiscência do ser, a mais radical contraposição.

P. Ricoeur,
Da interpretação. Ensaio sobre Freud.

PAREYSON

3 Como falar de Deus

> *Qual é a linguagem mais adequada para falar de Deus? A pretensão de falar de Deus com os conceitos metafísicos (Princípio, Causa, Razão etc.) é antropomorfismo "oculto e mascarado". "O transcendente entrega-se de bom grado mais ao símbolo, que respeita sua inviolável reserva e invencível esquivança, do que ao conceito, com sua indiscreta vontade de explicitação".*

O problema da experiência religiosa não é o problema metafísico de Deus, como ao invés supõe quem ainda se pergunta se Deus deve ou não ser concebido como substância ou causa ou qualquer outra coisa. Este é, no caso, o "Deus dos filósofos", no qual poderá se interessar – ou, ao menos, ter-se interessado – a filosofia, mas que não se refere, sem dúvida, à religião. O Deus da religião é outra coisa: é o Deus de Abraão, de Isaac e de Jacó, o Deus vivo e vivificante, é um Deus a quem se trata de 'tu' e a quem se ora, um Deus ao qual se diz com trepidação *miserere mei* e com desespero *ne sileas*, ao qual nos voltamos pedindo angustiados *quare me repulisti*? E suplicando com temor e tremor *ne avertas faciem tuam a me*, ao qual na hora suprema nos entregamos, exclamando: *in manus tuas commendo spiritum meum* e implorando *in te, Domine, speravi: non confundar in aeternum.*

Pergunto-me, de resto, quem em concreto tenha hoje interesse em um Deus puramente filosófico: em um Deus que se reduza a mero princípio metafísico, ou que, como realidade existente, deva de algum modo ser relacionado com o ser. A própria filosofia, creio, não pode se encontrar verdadeiramente interessada em uma realidade que, embora declarada suprema, se encontre em certo sentido subordinada como puramente ôntica, e a um conceito que, embora considerado como a pedra angular de um sistema racional, pela sua abstração só possa se apresentar em uma forma tão desencarnada e inerte. Parece-me que se surgir algum interesse de levar ao Deus filosófico, isso ocorre apenas à medida que nele ainda vibre e trepide e esteja vigoroso algum aspecto do Deus da experiência religiosa. [...]

Delineia-se então a possibilidade que na noção de transcendência, de modo nenhum desconhecida à filosofia, pensamento filosófico e experiência religiosa tenham de se encontrar. E, com efeito, pois o Deus autêntico da experiência religiosa não se alcança por conceitos estritamente filosóficos de Deus, embora tão interessantes para uma compreensão filosófica da realidade e da própria filosofia, pode nascer o projeto de procurá-lo e a perspectiva

Capítulo décimo quarto - Desenvolvimentos recentes da teoria da hermenêutica

de encontrá-lo em uma zona mais profunda e originária do pensamento; lá onde nenhuma perplexidade ou hesitação pode nascer diante da idéia de que para o Deus da experiência religiosa, muito mais que os conceitos especificamente filosóficos, pareçam adequados e significativos os símbolos da poesia e as figuras antropomórficas do mito, tais como se encontram, por exemplo, nas teofanias sensíveis do *Êxodo* e dos *Salmos*, nos relatos do *Gênesis* e dos livros apocalípticos, nas grandiosas e flamejantes visões dos profetas.

Assim pode-se dizer que imediatamente eloqüente para a experiência religiosa é o Deus que para comparecer prefere as nuvens e as chamas, mostrando-se de dia como uma coluna de nuvem e de noite como uma coluna de fogo; que se manifesta a Moisés na sarça ardente, *in flamma ignis de medio rubi*, e que, tendo-o chamado do meio de uma nuvem, *de medio caliginis*, lhe aparece como um fogo devorador sobre o cimo do monte, no majestoso cenário da montanha que arde entre as chamas até o céu escurecido por nuvens tenebrosas. Ou o Deus da grandiosa teofania do Salmo 18, que aparece com as narinas fumegantes e a boca lançando línguas de fogo e carvões ardentes, no ato de inclinar os céus para descer sobre as nuvens escuras, de cavalgar um querubim para voar sobre as asas do vento, de envolver-se com águas espessas e densa nuvem como de um manto de escuridão, de fender o granizo fazendo relampejar seu fulgor, de arrastar todas as coisas com o brilho de seus raios e o fragor de seus trovões, de descobrir com o turbilhão que irrompe de suas narinas o leito do oceano e os fundamentos do mundo. Ou o Deus que age no terremoto, fazendo tremer a terra e abalar o solo, fundir como cera as montanhas e saltar o Líbano como um vitelo. Ou o Deus que, para se manifestar, prefere de vez em quando o ímpeto do ciclone ou a leveza da brisa: ora se revela no furacão, entre o ribombar dos trovões e o fulgor dos raios, no meio de montes fumegantes, tendo como voz para falar o trovão, e como trombeta para anunciá-lo o vento, ou então, fazendo-se preceder pela violência da tempestade e pela fúria do terremoto, passa depois como um sopro de leve brisa, *sibilus aurae tenuis*. Ou ainda o Deus que tem o céu como trono e a terra como escabelo, e que esconde a visão do trono em que se assenta estendendo sobre ele uma nuvem. [...]

Pelo seu caráter imaginoso e sensível essa linguagem pode parecer totalmente inadequada para representar uma realidade tão transcendente e inatingível como a divindade, mas é preciso reconhecer que justamente sua imediata e aparente inadequação a destina a um emprego tão evidentemente emblemático e lhe confere um porte tão claramente simbólico, de modo a torná-la não só apta para tal objetivo, mas até a única apta, enquanto idônea a dizer coisas que não se podem dizer a não ser daquele modo, e a representar coisas que não se podem representar de outra forma. Para captar o significado das fantasiosas e coloridas expressões não é de fato necessário submetê-las a um processo de demitização, que, no ato de empobrecer a imagística e de apagar seu brilho, apenas a destituiria não só de todo sentido, mas também de toda eficácia reveladora. Elas se encontram em tão pequeno contraste com a transcendência divina, que se subtraem a toda demitização justamente porque são as mais aptas a revelá-la; a ponto de que quem as considera demasiado rústicas para representar a divindade, arrisca ao invés dar prova da rusticidade de seus próprios pensamentos.

De resto, não se vê com qual tipo de linguagem a demitização poderia substituir essa linguagem imaginosa, que é eloqüente justamente por ser mítica e simbólica. A expressão que pretenda se despojar o mais possível desse caráter poético e antropomórfico, e que pretenda conseguir desse modo captar a divindade e tornar patente sua natureza, arrisca-se a ser justamente a menos reveladora, porque em sua abstração não chega a penetrar a dialética por meio da qual Deus, em sua inexorável e inacessível transcendência, se esconde, e, escondendo-se, se revela, nem se revela a não ser escondendo-se, a ponto que de toda manifestação sua se deve dizer que ela vela no ato que desvela e vice-versa, e não se pode dizer que descubra mais do que sele, nem que oculte mais do que tudo o que não mostre. É absurdo crer que a abstração aumente a adequação: dada a inatingibilidade do "referente", entre os dois termos só pode existir uma proporção inversa. A linguagem abstrata e conceitual torna-se exposta ao perigo da objetivação, e, a menos que seja submetida a uma sutil e perspícua radiografia que refira em função a originária natureza simbólica e a latente vocação de cifra, arrisca sempre ser objetivante, e de prender o não-objetivável na estreita medida de uma metafísica ôntica; ao passo que à elasticidade do símbolo compete a capacidade de projetar, em sua inseparabilidade, transcendência e presença, ulterioridade e disponibilidade, ocultamento e revelação: o não-objetivável como *geheimnisvoll offenbar*.

A soberba pretensão de atingir a divindade com puros conceitos é contraproducente, e distancia e rejeita aquilo que se queria captar e penetrar, enquanto a tal fim consegue ser muito mais eficaz o fascinante encanto da imagem e muito mais captadora a delicada elegância do símbolo. Sem dúvida, em relação à precisão e ao rigor do conceito e à fadiga que acompanha seu árduo caminho o símbolo só pode contrapor seu modesto aspecto sensível e a espontaneidade de seu nascimento poético; mas onde a indeterminação do objeto deve-se não à nebulosidade de uma idéia vaga e indistinta, mas à sua essencial e irredutível ulterioridade, então a simples humildade do símbolo encontra sua compensação à custa da indébita e estéril *hybris* da razão, tornando-se por este caminho pronta para resgatar sua completa remuneração. [...]

Não pretendo com isso descurar a problemática da *analogia*, que percorreu toda a história da filosofia com os mais fecundos resultados nos diversos campos da metafísica, da ontologia, da gnosiologia e da epistemologia, e que assim frutuosamente ainda hoje está presente no debate filosófico atual, tanto mais que é em seu campo que entra o próprio conceito de símbolo tal como estou defendendo. Aquilo que pretendo dizer é que também os aperfeiçoadíssimos instrumentos conceituais elaborados pela filosofia para fornecer uma norma para os procedimentos analógicos, por exemplo, o método da afirmação-negação-eminência, dificilmente conseguem dominar e ordenar a riqueza da linguagem simplesmente poética e misteriosamente antropomórfica, que com o símbolo e com o mito tem tanto lugar na experiência religiosa. [...]

A transcendência divina tem uma profundidade insondável, que torna inexauríveis, os abismos em que ela se esconde, e uma radical indizibilidade, que a isola em cimos de impenetrável e inaudito silêncio. Como se pode pensar que esta enexauribilidade e este silêncio possam ser de algum modo representados pelo conceito, que pela sua explicitação e precisão é unidimensional, privado de espessura, achatado sobre si mesmo? O próprio ato da definição, com sua tendência à explicitação completa e à exata determinação, consuma toda inexauribilidade e dissipa todo silêncio; e, em virtude desta amputação substancial, tudo o que foi dito se resolve em uma objetivação exangue e deformante. Uma representação que queira guardar tal inexauribilidade e preservar tal silêncio deve conter em si própria uma margem, uma espessura, um espaço, como apenas o simbolismo com sua dialética interna pode garantir e fornecer. O transcendente entrega-se de bom grado mais ao símbolo, que respeita sua inviolável reserva e invencível esquivança, do que ao conceito, com sua indiscreta vontade de explicitação. [...]

A linguagem conceitual, que visa à explicitação completa, é ao contrário por si mesma uma violação da inefabilidade do transcendente: sua palavra é a interrupção do silêncio, a dissipação do mistério. Em relação ao não-objetivável, ela não conhece outra alternativa para si mesma do que a cessação do discurso, ou seja, o misticismo: a inevitabilidade sem descanso do silêncio, o abandono total ao mistério. Mas o simbolismo evita estas duas saídas e supera sua alternativa: ele se subtrai à explicitação completa, sem por isso passar para a celebração do silêncio. Simbolismo não é misticismo: o silêncio o preserva no próprio ato que profere a palavra, porque sua palavra não é nem explícita nem muda, mas aberta, radiante, sugestiva; a inefabilidade do transcendente a conserva no ato em que paradoxalmente a transforma em falibilidades infinitas. O simbolismo sabe muito bem que dizer Deus é possível apenas deixando-o não dito, e neste sentido ele é um contínuo e infinito comentário à impenetrabilidade divina. Ele revela e manifesta a coisa indizível, e ao mesmo tempo revela e exprime o silêncio que a acompanha. É assim que o simbolismo foge das conclusões da teologia negativa, e o faz de modo bastante mais livre e eficaz do que o método analógico que se costuma usar para tal fim. Da teologia negativa ele é ao mesmo tempo reconhecimento e retificação, enquanto conserva sua exigência no próprio ato que evita sua conseqüência: o mistério e o silêncio são respeitados, ou melhor, guardados, mas dentro do próprio interior do ato revelador. [...]

Se pensarmos que a representação puramente conceitual da divindade nasceu com a exigência de superar a "fase" do antropomorfismo e de "purificar" o pensamento filosófico de todo resíduo antropomórfico, não podemos deixar de ser atingidos pelo escasso sucesso do empreendimento, uma vez que o resultado se encontra em contraste com as intenções primitivas. Conceber Deus em termos conceituais significa defini-lo em base a categorias elaboradas pela mente humana e atribuir-lhe propriedades que direta ou indiretamente são inerentes ao homem, ainda que extremamente refinadas e abstratas, e ainda que pensadas em sentido eminente e elevadas ao ápice. Em tal sentido, conceber Deus como Ser, Princípio, Causa, Pensamento, Razão, Valor, Pessoa,

Bondade, Providência, e assim por diante, é todavia sempre um *kat'anthropon legein*, que confere a tais concepções da divindade um caráter substancialmente antropomórfico, mesmo que larvar.

A fonte da qual o homem pode tirar uma idéia de razão e de racionalidade, ou de pessoa e de personalidade, é sua própria experiência interna, e em geral os conceitos filosóficos são pensados pela mente humana *ex analogia hominis*. Segue-se daí que definir *filosoficamente* Deus como Razão ou Pessoa, ou atribuir-lhe *conceitualmente* a racionalidade ou a personalidade, ou em geral designá-lo com um conceito filosófico ou pensá-lo com categorias filosóficas é, na realidade, muito mais antropomórfico do que fazer de Deus uma representação claramente simbólica, talvez em forma vistosamente humana; pois os conceitos e as categorias, embora se mostrando como puramente racionais e completamente desumanizados, não conseguem dissimular inteiramente, como gostariam, sua origem analógica, e em todo caso terminam por encerrar o não-objetivável no sistema das categorias do pensamento humano de modo redutivo e objetivante, enquanto a forma humana em seu simbolismo é configurada justamente para oferecer ao não-objetivável uma sede apropriada para sua ulterioridade. O antropomorfismo conceitual resulta, portanto, tão mais antropomórfico do que o antropomorfismo simbólico quanto mais este é expresso e professado, e aquele inconfessado e oculto.

Estas considerações abrem caminho para a distinção de dois gêneros de antropomorfismo: o conceitual, oculto e calado, governado pelo princípio da explicitação objetivante, e o simbólico, consciente e declarado, dominado pela solicitude da inexauribilidade. Em relação à divindade e em relação ao próprio coração da realidade é bastante mais eloqüente, expressivo e sugestivo o antropomorfismo manifesto, expresso pelo símbolo e pelo mito, do que o antropomorfismo oculto, encerrado nas concepções puramente conceituais e filosóficas de Deus. Pode-se falar a respeito de um antropomorfismo simples e genuíno, que é o aberto e reconhecido do símbolo e do mito, e de um antropomorfismo deteriorado e extraviado, que é o latente e oculto em certas doutrinas filosóficas da divindade: apenas o primeiro, patente e declarado, é revelador, enquanto o segundo, oculto e mascarado é, na realidade, falaz e mistificador.

L. Pareyson,
Filosofia e experiência religiosa.

Vattimo

4 O "pensamento débil" como pensamento antifundacional

> *O "pensamento débil" significa que "foi consumada a concepção fundacional da filosofia". Foram dissolvidos fundamentos últimos, princípios irrefutáveis, idéias claras e distintas, valores absolutos, evidências originárias e leis inelutáveis da história.*

O que desejo dizer é que o destino da filosofia militante hoje e o destino público da filosofia parecem-me estreitamente unidos. É este é o motivo pelo qual, contra as atitudes que respeito, mas que não partilho, de outros colegas acadêmicos meus, filósofos, estou muito desejoso, disponível, interessado no contato com um público não especializado, sem seguir os parâmetros de uma conversação técnica. [...] E isso é coerentemente possível apenas se pensarmos em uma filosofia de algum modo militante que hoje – e este é o ponto do discurso sobre a secularização – não se pode pensar a não ser como discurso público, dirigido aos não filósofos, como discurso que defino também, polemicamente, de edificação.

A filosofia militante é ainda possível e deve, a meu ver, desenvolver-se na forma de um discurso que não se dirige exclusivamente aos técnicos da filosofia. [...]

A filosofia, em seu núcleo mais autêntico, desde Aristóteles até Kant, é saber da fundação, saber primeiro. Em Aristóteles este se desenvolvia como individuação de um estrato do ser mais fundamental que todos os outros estratos, para além do movimento, da figura, da quantidade (objeto da matemática, da física), dos quais é o suporte.

É o ser enquanto tal. A filosofia é, portanto, o saber da substância, isto é, o saber primeiro em relação a todos os outros.

Esta noção de saber primeiro se manteve, ao menos fundamentalmente, até Kant. Para este, naturalmente, não se trata mais para o filósofo de conhecer um estrato do ser objetivamente prioritário em relação aos outros. O númeno em Kant é aquilo que se pode apenas pensar, não experimentar. Continua, porém, um saber fundamental porque é o saber do saber, uma espécie de consciência reflexa das condições de possibilidade dos saberes sobre os objetos. Como estar ciente de saber, no fundo.

É duvidoso que Kant quisesse de fato fundar os saberes. Provavelmente, porém, tinha já a exigência, que permanece em nós, de filosofia, a exigência de referir de algum modo os saberes técnicos, especiais, científicos, a uma dominabilidade por parte do indivíduo. A crítica da razão pura não fundava a ciência, mas mais se apropriava dela, não para dominá-la, mas para humanizá-la. Em todo caso, de Aristóteles a Kant, a filosofia mantivera a idéia de ser um saber primeiro, um saber fundamental, no sentido objetivo ou no sentido, poderíamos dizer, epistemológico, crítico, em Kant. Ou pelo fato de conhecer o estrato primeiro do ser em Aristóteles, ou porque conhecia os próprios modos do conhecer em Kant.

Depois de Nietzsche, porém, esta fisionomia fundacional da filosofia dissolveu-se. O nome de Nietzsche simboliza, na realidade, um movimento complexo e vasto que disse respeito a grande parte do saber filosófico entre o século XIX e o século XX. Nietzsche, de resto, em muitas de suas obras apenas expõe questões que encontramos mais academicamente expostas, com maior profissionalidade filosófica, em um pensador como Dilthey, por exemplo, o qual trabalhou longamente em torno do problema da formação e da dissolução da metafísica na tradição ocidental.

Além de Dilthey, manifestações análogas do pensamento filosófico podem se encontrar nas discussões sobre os fundamentos da ciência no início do século XX, na fenomenologia em alguma medida, e naturalmente em Heidegger (que não é apenas um fenomenólogo).

Como então falta a imagem da filosofia como saber fundacional, fundante? Podemos provavelmente indicar duas razões. A primeira está diante dos olhos de todos: a complexificação do mundo do saber torna sempre mais inverossímil a existência de um saber que governe todos os outros saberes de modo unitário, fundante.

Ao lado da especialização dos saberes se tem, além disso, a especialização das esferas de existência, assim como a descreveu Max Weber, o sociólogo da modernidade. A organização racional da sociedade moderna europeu-ocidental desenvolve-se por *especificação de territórios*. Um pouco como ocorre na indústria, a sociedade se "desenvolve" por meio de uma especialização à qual corresponde uma divisão das esferas de existência: impõem-se lógicas específicas nos vários setores da vida. Não só: ao lado da articulação racional especialista da cultura ocidental, tornam-se acessíveis, graças ao desenvolvimento dos meios de comunicação, outras culturas que aparecem também como esferas de existência pouco comensuráveis. No início, essas culturas parecem simplesmente "primitivas", ainda não chegadas ao nosso grau de desenvolvimento. Essa idéia, a seguir, começa a vacilar. Aumentando o conhecimento desses povos se descobre que têm culturas refinadas que compreendem ritos religiosos, danças sagradas, complexas mitologias e máscaras rituais que se tornam até fonte de inspiração para nossa arte. Começa a parecer, portanto, improvável e simplista a idéia de uma única linha de desenvolvimento sobre a qual é possível indicar quem está na frente e quem está atrás. Tem-se, ao contrário, uma experiência de multiplicidade que torna sempre mais difícil a redução de tudo a um único fundamento. A crise da filosofia como metafísica, como pensamento da fundação, no mundo moderno verifica-se justamente por causa destes fenômenos inéditos: a organização racional e sempre mais articulada da sociedade, com conseqüente divisão do trabalho social; a especificação das esferas de existência, a multiplicação das linguagens científicas e a sempre mais acentuada especialização. Portanto, se há metafísica, não há mais sujeito em grau de praticá-la, porque não há ninguém que possa saber tudo. Há outro aspecto da dissolução da idéia de fundação que é muito importante e que está presente principalmente em Nietzsche, e é a idéia da *superficialidade da consciência*.

Para que haja uma metafísica fundacional é preciso que haja de um lado a possibilidade de agarrar um princípio, e do outro que este não seja ilusório: é a evidência da consciência, a idéia clara e distinta de Descartes, que também para não duvidar tem necessidade de pensar em um Deus bom que não nos engane. Para poder pensar o pensamento como fundação é preciso considerar que haja um princípio primeiro (de tipo objetivo, como em Aristóteles, ou crítico-epistemológico, como em Kant), mas igualmente que o ato que o agarra seja também ele primeiro, ou último de algum modo, isto é, que seja um ato do qual se deve não duvidar.

Ora, a evidência da consciência, segundo Nietzsche, é mais ou menos provocada pela má digestão. Nietzsche escreve em algum lugar uma frase muito impressiva: "Ensinaram-me a duvidar das idéias que não me pareciam claras e distintas; pois bem, eu vos digo que deveis duvidar principalmente das idéias que vos parecem mais evidentes", porque a voz da consciência não é mais que a voz do rebanho em vós.

Capítulo décimo quarto - Desenvolvimentos recentes da teoria da hermenêutica

Não devemos, portanto, tomar a evidência como sinal da verdade, porque a evidência é produzida por hábitos, pressões sociais, convenções, truques da língua de algum modo. Nietzsche chega a escrever que não poderemos jamais dispensar Deus até que não modifiquemos a gramática. A teologia, a fé em Deus, está escrita na gramática, na própria estrutura do sujeito e do predicado.

A dissolução da idéia fundacional da filosofia, dissolução que alguns negam, não é demonstrável de modo fundamentado. Seria pretender refutar a metafísica com outra metafísica, ato supremamente contraditório. A fraqueza do pensamento é também o reconhecimento que sucederam fatos que transformam a essência de nosso discurso em alguma outra coisa. Estes fatos, porém, justamente porque fatos, não são uma forma de legitimação coercitiva como a demonstração fundamental. Nietzsche diz: "Deus está morto" e não "Deus não existe", e isso é, a meu ver, fundamental: a profissão de ateísmo é a resposta a uma série de acontecimentos que me falam e que eu interpreto em certa direção, mas jamais posso demonstrar que há uma estrutura do ser em que Deus é excluído. Que Deus esteja morto quer dizer que eu não tenho o que fazer com uma estrutura do ser sempre igual, de outra forma Deus existiria, seria justamente aquela estrutura. Em um labirinto mental que leva talvez à loucura. Provavelmente é verdade o que sustentam os pregadores, que Nietzsche tenha finalmente enlouquecido.

Estes discursos parecem mais problemáticos quando apresentados em um esquema unitário. Mas basta ler os textos filosóficos do fim do século XIX e dos inícios do século XX para compreender como essas idéias circulam difusamente em grande parte da filosofia. Consumou-se a concepção fundacional da filosofia, fala-se de crise da razão. Ninguém jamais demonstrou que não é mais assim, mas, de algum modo, sente-se que não é mais assim, acumularam-se anedotas, historietas, reflexões interiores que levaram a dizer que não é mais assim. [...]

Sem dúvida, o pensamento da secularização, o pensamento que governou Nietzsche e Heidegger, não tem argumentos tão coercitivos para afirmar que a filosofia não funda. Simplesmente, a filosofia se transformou, tornou-se também um pensamento narrativo e nós então contamos histórias. A superficialidade da consciência, porém, não foi teorizada apenas por Nietzsche, mas também, como se sabe, por Freud e por Marx, embora em formas diferentes. Marx na noção de ideologia, Freud na noção de consciência como produto de ações de remoção, como domínio limitado por um domínio diferente que é o do inconsciente, que age de algum modo sobre ela. A consciência: em nossa cultura não é instância última.

Tudo isso leva àquilo que pode ser utilmente definido, no início apenas em sentido metafórico, como "secularização da cultura". A filosofia perdeu as características "fortes" e "elevadas", e isso é comparável à secularização da vida, à perda do sagrado. [...]

Se Heidegger existe, é porque existiu a tradição judeu-cristã, se Heidegger pôde pensar que o ser não existe, mas acontece, é porque leu a Bíblia e, notadamente, o Novo Testamento.

Quando Nietzsche afirma que Deus está morto, diz também que seus fiéis o mataram. De algum modo, conseqüentemente ao conteúdo da revelação religiosa – não existe tudo isso em Nietzsche, mas é sugerido por ele –, a hipótese de Deus como supremo princípio metafísico se torna supérflua.

De algum modo, é graças a Deus que somos, à medida que o somos, ateus. É apenas como continuação de uma vocação profundamente escrita na tradição judeu-cristã, que nos foi transmitida junto com as verdades do pensamento grego, que nós pudemos começar a não pensar mais no ser em termos de princípio, autoridade, fundamento e, portanto, também as estruturas da existência em termos autoritários, rígidos. É apenas graças à pertença a esta tradição que podemos pensar debilmente. No termo "secularização", no uso que dele se faz neste livro, se condensam, explicam-se um pouco todos estes significados, justamente com a intenção de abrir seriamente o diálogo da filosofia com a religião.

G. Vattimo,
O pensamento secularizado.

BERTRAND RUSSELL, LUDWIG WITTGENSTEIN E A FILOSOFIA DA LINGUAGEM

"A filosofia não pode ser fecunda se estiver separada da ciência".

Bertrand Russell

"[...] ainda que todas as possíveis perguntas da ciência recebessem uma resposta, os problemas de nossa vida não seriam sequer tocados".

Ludwig Wittgenstein

"O que é característico da filosofia é a penetração na crosta esclerosada que é constituída pela tradição e pela convenção, rompendo os laços que nos vinculam a heranças precedentes, de modo a chegar a um modo novo e mais poderoso de ver as coisas".

Friedrich Waismann

"Nenhuma conclusão imperativa pode ser validamente deduzida de um conjunto de premissas que não contenham ao menos um imperativo".

Richard M. Hare

QUARTA PARTE

Capítulo décimo quinto
Bertrand Russell e Alfred North Whitehead   295

Capítulo décimo sexto
Ludwig Wittgenstein: do *Tractatus logico-philosophicus* às pesquisas filosóficas   307

Capítulo décimo sétimo
A filosofia da linguagem. O movimento analítico de Cambridge e Oxford   321

Capítulo décimo quinto

Bertrand Russell e Alfred North Whitehead

I. Bertrand Russell: da rejeição do idealismo à crítica da filosofia analítica

• Bertrand Russell (1872-1970) entra com dezoito anos como estudante no Trinity College de Cambridge, onde conhece e se torna amigo de Trevelyan, Mc Taggart, Sidgwick e Moore, e onde a seguir terá como discípulo Ludwig Wittgenstein.

Foi justamente Moore que, por volta de 1898, libertou Russell da "gaiola" idealista em que havia caído lendo Hegel e Bradley. Russel recorda: "Ele [Moore] assumiu a guia da rebelião, e eu o segui com um sentimento de libertação. Bradley havia sustentado que qualquer coisa em que o senso comum crê é mera aparência; nós passamos ao extremo oposto e pensamos que é real toda coisa que o senso comum, não influenciado pela filosofia e pela religião, supõe que seja real".

Fuga do idealismo → § 1

Foi assim, portanto, que Russell voltou para a esteira tradicional da filosofia empirista inglesa, à qual a seguir dará toda uma série de contribuições de primeira linha: *Os problemas da filosofia* (1912); *A análise da mente* (1921); *O conhecimento humano: seu objetivo e seus limites* (1948).

• *Os princípios da matemática* são de 1903, e com eles Russell se propõe mostrar que toda a matemática procede da lógica simbólica. Com os *Principia mathematica* – três volumes escritos com Alfred North Whitehead e aparecidos, respectivamente, em 1910, 1912 e 1913 – ele quer levar a cabo o programa de construção efetiva da matemática a partir dos conceitos da lógica. Para Russell, em poucas palavras, "a matemática pura é a classe de todas as proposições da forma "*p* implica *q*"; não existem conceitos típicos da matemática que não possam ser reduzidos a conceitos lógicos (de lógica das classes).

A matemática reduzida a lógica → § 2

• Contrário ao pragmatismo e aos neopositivistas – Neurath, por exemplo –, os quais pareciam ter esquecido que o objetivo das palavras é o de ocupar-se de coisas diferentes das palavras, Russell criticou duramente tanto o "segundo" Wittgenstein quanto os filósofos de Oxford, uma vez que "discutir ao infinito sobre aquilo que os idiotas entendem quando dizem idiotices pode ser divertido, mas é muito difícil que seja importante". São duas as acusações que Russell lança contra a filosofia analítica: o culto do uso comum da linguagem, e a estéril preocupação pelo uso das palavras.

Contra os filósofos analíticos → § 3-4

> **Pacifista corajoso**
> → § 5
>
> • Pacifista coerente, intelectual sensível às injustiças sociais, o agnóstico Russell criticou os que para ele eram os aspectos obscurantistas da moral cristã. De si próprio disse que havia empenhado a vida por um mundo em que "o espírito criativo é vivaz, em que a vida é uma aventura cheia de alegria e de esperança [...]".

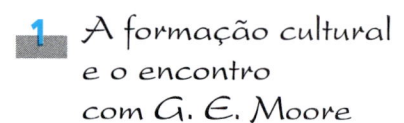

1 A formação cultural e o encontro com G. E. Moore

Bertrand Arthur William Russell nasceu em 18 de maio de 1872 em Ravenscroft, nas proximidades de Tintern, em Monmouthshire. Depois da morte precoce de seus genitores, foi acolhido na casa de sua avó, "Lady John", escocesa e presbiteriana, que defendeu os direitos dos irlandeses e atacou a política imperialista da Grã-Bretanha na África. Russell recebeu sua educação inicial de preceptores particulares agnósticos, aprendeu perfeitamente o francês e o alemão e, na biblioteca de seu avô, adquiriu gosto pela história e descobriu na geometria de Euclides as alegrias que podem ser dadas pelo rigor e a clareza da matemática.

A infância de Russell não foi feliz. Aos dezoito anos, porém, ingressou como aluno no Trinity College de Cambridge. Cambridge lhe revelou "um mundo novo" e ofereceu-lhe "um período de infinita delícia". Foi lá que estreitou laços de amizade com homens como Dickinson, Trevelyan, Mc Taggart, Sidgwick e Moore. Mais tarde, sempre no Trinity, teve como discípulo L. Wittgenstein, o inspirador do neopositivismo do Círculo de Viena e mestre reconhecido do movimento analítico-lingüístico hoje conhecido como Cambridge-Oxford-Philosophy. Falando do encontro com Wittgenstein, Russell disse que representou para ele "uma das aventuras intelectuais mais excitantes de minha vida". Posteriormente, Russell e Wittgenstein afastaram-se cada vez mais, até romperem completamente a amizade.

No Trinity, sob influência de J. M. F. Mc Taggart, durante breve período, Russell foi hegeliano, de um hegelianismo transmitido através de Bradley. Mas em 1898, com a ajuda de Moore, libertou-se do idealismo. Escreve ele: "Em Cambridge, li Kant e Hegel, bem como a *Lógica* de Bradley, que me influenciou profundamente. Durante alguns anos, fui discípulo de Bradley, mas, em torno de 1898, mudei meus pontos de vista, em grande parte por causa das argumentações de G. E. Moore [...]. Ele assumiu a guia da rebelião, e eu o segui com a sensação de libertação. Bradley sustentava que qualquer coisa em que o senso comum crê é mera aparência. Nós passamos ao extremo oposto: passamos a pensar que é real *qualquer coisa* que o senso comum, não influenciado pela filosofia e pela religião, supõe que seja real. Com a sensação de escapar de uma prisão, nos permitimos pensar que a grama é verde, que o sol e as estrelas existiriam ainda que ninguém tivesse consciência de sua existência [...]. E foi assim que o mundo, que até então fora sutil e lógico, de repente tornou-se rico, variado e sólido".

2 O atomismo lógico e o encontro com Peano

Foi desse modo, portanto, que Russell se libertou das cadeias do idealismo e voltou à trilha do tradicional *empirismo* da filosofia inglesa. E passaria a contribuir para essa concepção empírica e realista da filosofia com toda uma longa série de livros relativos a vitais e difíceis questões de gnosiologia e epistemologia: *Os problemas da filosofia* (1912), *Nosso conhecimento do mundo externo* (1914), *Misticismo e lógica* (1918), *A análise da mente* (1921), *A análise da matéria* (1927) e *O conhecimento humano: seu objetivo e seus limites* (1948).

Embora em um desenvolvimento que viu mudados alguns de seus pontos de vista, Russell sempre sustentou que "a filosofia não pode ser fecunda se estiver afastada da ciência". E o Russell da década de 1960 via sua própria concepção do mundo como "uma concepção resultante da síntese de quatro ciências diferentes, ou seja, a física, a fisiologia, a psicologia e a lógica matemática".

Russell fixa em 1899-1900 a data fundamental de seu trabalho filosófico: foi nessa época que ele adotou "a filosofia do atomismo lógico e a técnica de Peano na lógica matemática [...]. A reviravolta desses anos representou uma revolução, ao passo que as mudanças posteriores tiveram o caráter de uma evolução". O *atomismo lógico* pretendia ser uma filosofia emergente da simbiose entre um empirismo radical e uma lógica perspicaz. A lógica oferece as formas-padrão do raciocínio correto e o empirismo oferece premissas, que são proposições atômicas ou proposições complexas, *construídas* a partir das primeiras. A proposição atômica descreve um fato, afirma que uma coisa tem certa qualidade ou que determinadas coisas têm certas relações. Um fato atômico, por seu turno, é o que torna verdadeira ou falsa uma proposição atômica. "Sócrates é ateniense" é uma proposição atômica, que expressa o fato de Sócrates ser cidadão ateniense. "Sócrates é marido de Xantipa" é outra proposição atômica. "Sócrates é ateniense *e* marido de Xantipa" é proposição complexa ou molecular. Veremos essas idéias retornarem no *Tractatus logico-philosophicus*, de L. Wittgenstein.

Em 1903 publicou *Os princípios da matemática*, onde se propõe "a mostrar, em primeiro lugar, que toda a matemática procede da lógica simbólica, depois de descobrir, tanto quanto possível, quais são os princípios da própria lógica simbólica". Pois bem, enquanto ilustrava o primeiro objetivo com o livro citado, Russell pretendeu desenvolver o segundo com os *Principia mathematica*, três grandes volumes elaborados em colaboração com A. N. Whitehead, publicados respectivamente em 1910, 1912 e 1913.

Como as concepções lógicas de Russell serão tratadas no capítulo sobre o desenvolvimento das ciências matemáticas e físico-naturais no século XX, aqui diremos somente que, juntamente com o alemão Gottlob Frege, ele considera *a*) que a matemática pode ser reduzida a um ramo da lógica; *b*) que "a matemática pura é a classe de todas as proposições da forma '*p* implica *q*' "; *c*) que não existem conceitos típicos da matemática que não possam ser reduzidos a conceitos lógicos (de lógica das classes) e *d*) que, com maior razão, não existem procedimentos de cálculo e de derivação dentro da matemática que não possam ser

Bertrand Russell (1872-1970), filósofo, lógico e matemático entre os maiores do século XX.

resumidos em derivações de caráter puramente formal.

3. A teoria das descrições

Próximo a Frege no programa logicista, Russell, em sua reação ao idealismo, também está de acordo com Frege ao sustentar o realismo platônico para os objetos da matemática: os números, as classes, as relações etc., têm *existência* independente do sujeito e da experiência. Uma relação como "Se A = B e B = C, então A = C" existe independentemente do sujeito que a pensa: existe e é *sempre* verdadeira.

Entretanto, há uma questão importante sobre a qual, naquela época, Russell se distanciou de Frege: trata-se da sua *Teoria das descrições* (1905). Frege fizera notar que expressões como "a estrela da manhã" e "a estrela vespertina", embora indicando o mesmo planeta Vênus, dizem coisas diferentes, apresentando sentidos diferentes. Conseqüentemente, ele distinguira entre *sentido* (*Sinn*) e *significado* (*Bedeutung*) ou, em termos clássicos, entre *conotação* e *denotação* ou *intensão* e *extensão*. As duas expressões têm o mesmo significado ou a mesma denotação, ou seja, indicam o mesmo objeto, ao passo que o seu sentido ou conotação, isto é, o que dizem desse objeto, é diferente.

Ora, Alexius Meinong também refletira sobre esses problemas e sobre o *status* de certas frases como "a montanha de ouro não existe" ou "o círculo quadrado não existe". Trata-se de proposições verdadeiras que, em alguns casos, podem também ser úteis. Mas eis o problema: como pode uma proposição ser verdadeira e ter significado se ela se refere ao nada? Pensou-se então que deveria haver algum sentido em que existam tanto as *montanhas de ouro* como os *círculos quadrados*, isto é, os objetos indicados pelas *expressões denotativas*. Em suma, ainda que não existam realmente, as montanhas de ouro, as quimeras e os círculos quadrados devem de alguma forma ter algum tipo de existência se as expressões que os denotam são parte de enunciados que têm significado e são verdadeiros, como é o caso da afirmação "o círculo quadrado não existe".

Russell se rebelou contra o reino das sombras de Meinong. E, para evitar os becos

Bertrand Russell
(aqui com a física francesa
Irène Joliot-Curie)
em Estocolmo em 1950,
por ocasião da entrega
do prêmio Nobel de literatura.

sem saída e os enigmas a que tais expressões denotativas levam, propôs uma análise que visava a fazer desaparecer tais expressões, de modo que, ao invés de dizer "a montanha de ouro não existe", se possa dizer que "não há nenhuma entidade que, ao mesmo tempo, seja de ouro e seja montanha". Tal análise elimina a locução "uma montanha de ouro" e, conseqüentemente, elimina também qualquer razão de crer que o objeto por ela indicado tenha algum tipo de existência. A frase "o círculo quadrado não existe" torna-se "jamais é verdadeiro que x seja circular, y seja quadrado e não seja sempre falso que x e y se identifiquem". Como se vê, nas *reconstruções* de Russell desaparecem as expressões denotativas, e desaparecem as formas do verbo "existir" e do verbo "ser" em função não-copulativa. Exposta em 1905, essa teoria foi depois desenvolvida nos *Principia mathematica,* onde Russell distingue entre *descrições indefinidas* ou *ambíguas* ("um homem", "alguém que caminha" etc.) e *descrições definidas* ("o primeiro rei de Roma", "o assim e assado" etc.). Por esse caminho, Russell pensava eliminar os paradoxos metafísicos da "existência" e os paradoxos dos não-existentes. Em suma, a teoria das descrições de Russell afirma essencialmente que as expressões denotativas são incompletas, ou seja, são incapazes de ter significado por si sós e se distinguem claramente dos nomes próprios (que, tomados isoladamente, têm significado). Texto 1

4 Russell contra o "segundo" Wittgenstein e a filosofia analítica

Atento analista da linguagem, durante toda a sua vida Russell submeteu ao "microscópio da lógica" toda uma série de questões filosoficamente relevantes e amiúde difíceis e complicadas. Mas o fez preocupado sempre com a relação que a linguagem deve ter com os fatos, se deve haver conhecimento válido.

Naturalmente, Russell tem consciência dos *limites* do empirismo. Com efeito, o empirismo pode ser definido com a afirmação de que "todo conhecimento sintético baseia-se na experiência". Mas esse princípio não se baseia na experiência. Conseqüentemente, o empirismo é uma teoria que mostra suas inadequações. E, no entanto, diz Russell, entre as teorias disponíveis, o empirismo é a teoria melhor. Contrário ao pragmatismo, Russell também era avesso àqueles neopositivistas (Neurath, Hempel e outros) que pareciam ter esquecido que o objetivo das palavras "é o de se ocupar de coisas diferentes das palavras".

Mas Russell reservou seus ataques mais ferozes ao "segundo" Wittgenstein e à filosofia da linguagem. Como se verá nas páginas dedicadas tanto ao "segundo" Wittgenstein como à filosofia analítica, as acusações de Russell caem substancialmente fora do alvo, já que a filosofia analítica preocupa-se com as palavras, precisamente porque a filosofia analítica está atenta para uma relação não enevoada ou ilusória entre as palavras e as coisas, ou melhor, entre as palavras e a vida.

Sobre o movimento analítico em seu conjunto, disse Russell: "Pelo que entendi, a doutrina consiste em sustentar que a linguagem da vida cotidiana, com as palavras usadas em seu significado comum, basta para a filosofia, pois esta não teria necessidade de termos técnicos ou de mudanças de significado nos termos comuns. Não consigo absolutamente aceitar essa opinião. Sou contrário a ela: *a)* porque é insincera; *b)* porque é suscetível de desculpar a ignorância da matemática, da física e da neurologia naqueles que tiveram somente uma educação clássica; *c)* porque é apresentada por alguns com o tom de retidão cerimoniosa, como se a oposição a ela fosse pecado contra a democracia; *d)* porque torna esmiuçada e superficial a filosofia; *e)* porque torna quase inevitável a perpetuação entre os filósofos daquela atitude confusa que eles retomaram do senso comum".

Em suma, Russell acredita que os filósofos da linguagem estão praticando a mística do *uso comum.* E rejeita o fato de que os oxfordianos consideram a linguagem comum como o banco de prova de qualquer outra linguagem. Claro, na linguagem comum não queremos de modo algum "ficar discorrendo sobre o sol que surge e que cai. Mas os astrônomos acham melhor uma linguagem diferente, e eu sustento que uma linguagem diferente também é preferível em filosofia".

A outra acusação que Russell faz a Oxford é que a filosofia que nela se faz "parece uma disciplina desprovida de relevância e de interesse. Discutir ao infinito o que os tolos entendem quando dizem tolices pode ser divertido, mas é muito difícil que seja importante".

São duas, portanto, as acusações que Russell levanta contra a filosofia analítica: por um lado, ela praticaria o culto ao *uso comum* da linguagem, a despeito de toda linguagem técnica; por outro lado, ao invés de buscar o sentido das coisas e da realidade, ela se ocuparia de modo estéril com o sentido das palavras. Texto 2

5. Russell: a moral e o cristianismo

Persuadido de que os valores não podem ser deduzidos logicamente do conhecimento, Russell foi tenaz defensor da liberdade do indivíduo contra toda ditadura e contra os abusos do poder. Sensível às injustiças sociais, Russell também foi convicto defensor do pacifismo.

Com suas dilacerações e seus sofrimentos, amiúde inúteis, a vida irredutível e obstinada levou Russell do céu da matemática à terra dos homens sofredores. Adversário das injustiças do capitalismo, Russell não foi menos duro em relação aos métodos do bolchevismo. Em *Teoria e prática do bolchevismo* (1920), podemos ler: "O sectarismo e a crueldade mongólica de Lênin (com quem Russell manteve longa conversa em 1920) gelaram-me o sangue nas veias". Em 1952, Russell pediu ao governo norte-americano que fosse libertado Morton Sobell (acusado por Rosenberg em 1951), que fora condenado a trinta anos de prisão por espionagem. Em 1954, apoiado por Einstein, promoveu uma campanha contra os armamentos atômicos. Durante a crise de Cuba, escreveu a Kennedy e a Kruschev duas cartas memoráveis. Alguns meses mais tarde, escreveu ao *Izvestia* para combater a hostilidade russa em relação aos judeus. Pacifista durante a Primeira Guerra Mundial, colocou-se do lado dos aliados na Segunda Guerra. Horrorizado com os crimes nazistas, criou posteriormente a "Fundação Atlântica da Paz" para despertar a consciência das massas contra a guerra dos Estados Unidos no Vietnã, e inspirou o "Tribunal Russell" para desmascarar os crimes de guerra contra o Vietnã.

Pacifista coerente e desmitificador corajoso, Russell pagou pessoalmente por seus ideais. Foi processado várias vezes, esteve preso, enfrentou a impopularidade, foi-lhe tirada a cátedra de filosofia no City College de Nova Iorque.

Russell defendeu o amor livre. Casou-se quatro vezes e, evidentemente, divorciou-se três vezes. Em 1927, juntamente com a segunda mulher, Dora Winefred Black, chegou a fundar uma escola baseada em princípios educativos "revolucionários": nela, rapazes e moças liam aquilo que quisessem, nunca eram punidos, tomavam banho juntos, e corriam nus pelo parque. A escola faliu.

No fundo, para Russell, somente as afirmações tautológicas da matemática e as afirmações sintéticas das ciências empíricas têm sentido. E, com base nesses fundamentos, é óbvio que caem por terra toda fé, toda visão metafísica do mundo e toda religião. Como todas as outras religiões, ele considerou o cristianismo do ponto de vista teórico, como um conjunto de contra-sensos e, do ponto de vista ético, como implicando moral desumana e obscurantista. A respeito desse ponto, porém, surge a forte suspeita de que Russell não tenha querido reconhecer outra interpretação histórica do cristianismo diferente da visão imperante na Inglaterra, no cinzento período da época vitoriana.

Russell dedicou sua vida a um mundo novo, no qual, como fazia questão de dizer, "o espírito criativo é vivaz, e em que a vida é uma aventura cheia de alegria e de esperança [...], um mundo no qual o afeto tenha livre trânsito, e onde a crueldade e a inveja tenham sido afugentadas pela felicidade e pelo desenvolvimento livre e solto de todos aqueles instintos que constroem a vida e a enchem de delícias intelectuais". Russell também escreveu uma brilhante *História da filosofia ocidental* (4 vols., 1934), onde tenta mostrar que "os filósofos são o resultado de seu meio social". Bertrand Russell morreu na noite de 3 de fevereiro de 1970, uma segunda-feira. Texto 3

II. Alfred North Whitehead: processo e realidade

• Alfred North Whitehead (1861-1947) – matemático que depois ensinará filosofia em Harvard – é autor, com Bertrand Russell, dos *Principia mathematica*. Entre suas obras filosóficas devemos recordar: *A ciência e o mundo moderno* (1925); *O futuro da religião* (1926); *Aventuras de idéias* (1933).

Whitehead é convicto da necessidade de mútua relação entre ciência e filosofia: "Cada uma das duas ajuda a outra". À luz desta convicção Whitehead propõe uma teoria metafísica onde toda a história do universo, e não só a da humanidade, aparece como *processualidade*: o universo inteiro não é estático, mas muito mais um *processo*; não é máquina mas organismo que "co-cresce", com um sujeito, isto é, a autoconsciência, que não é o ponto de partida do processo, e sim o ponto de chegada.

> O universo não é máquina, mas um organismo
> → § 1-2

1 A inter-relação entre ciência e filosofia

Alfred North Whitehead nasceu em Ramsgate, no Kent, em 1861. Sem deixar de lado as línguas clássicas e a história, dedicou-se ao estudo da matemática. Em 1898, publicou o seu *Tratado de álgebra universal*. Juntamente com Russell, escreveu os *Principia mathematica* (1910-1913). Ensinou matemática em Cambridge e depois em Londres até 1924. Nesse ano, aposentou-se como professor de matemática, mas, ao mesmo tempo, foi chamado a ensinar filosofia na Universidade de Harvard. Deu aulas até 1937 e morreu em 1947. Suas obras filosóficas são numerosas: *A ciência e o mundo moderno* (1925), *O futuro da religião* (1926), *Aventuras de idéias* (1933), *Modos do pensamento* (1938). Sua obra filosófica principal é *Processo e realidade*, de 1929.

Substancialmente, a intenção de fundo de Whitehead é a de construir uma metafísica ou visão de mundo que se baseie, se entrelace e esteja em mútua relação com as generalizações mais avançadas das ciências. Há uma inter-relação entre ciência e filosofia: "Cada uma das duas ajuda a outra. A função da filosofia é trabalhar pela concordância das idéias que aparecem ilustradas pelos fatos concretos do mundo real. [...] Ciência e filosofia se criticam reciprocamente, e cada qual fornece à outra o material imaginativo. Um sistema filosófico deveria apresentar a elucidação do fato concreto que as ciências abstraem. E as ciências deveriam encontrar seus princípios nos fatos concretos que um sistema filosófico apresenta. A história do pensamento é a história da medida, da falência e do sucesso dessa empresa comum". Em outros termos, afirma Whitehead em *Aventuras das idéias,* "a ciência pode apresentar fatos irredutíveis e obstinados" contra os quais chocam-se as generalizações filosóficas, ao passo que, por outro lado, vemos que "intuições filosóficas" se transformaram (e se transformam) em "método científico", e que "o ofício próprio da filosofia é de desafiar as meias-verdades que constituem os princípios primeiros da ciência" e de chegar à "visão orgânica" em que tais princípios são vistos em suas relações recíprocas.

2 O universo como "processo"

Na opinião de Whitehead, não só a vida da humanidade, mas toda a história do universo é *processualidade* no espaço e no tempo. Na realidade, nós não experimentamos substâncias e qualidades, mas muito mais um *processo* constituído pela incessante verificação de *eventos* uns em relação com os outros. Portanto, não é a idéia de *substância* o instrumento eficaz para compreender o mundo, e sim a idéia de *evento*. A idéia de substância, de "matéria inerte" e de tempo e espaço absolutos eram os conceitos da física newtoniana. Mas é a física contemporânea que nos força a abandonar tais categorias e falar de "acontecimentos ligados por suas relações espaciotemporais".

Assim, o universo inteiro não é mais coisa estática, mas um *processo*. Ele não é uma máquina, mas um organismo que "co-cresce", onde vemos que o sujeito não é, como pretendem os idealistas, o ponto de partida do processo, e sim um ponto de chegada, no sentido de que a autoconsciência é aquele acontecimento bastante raro que se realiza a partir de outro conjunto de acontecimentos que é o corpo humano.

O universo é um organismo onde não se esquece o passado; pelo contrário, condiciona a *criação* de sínteses sempre *novas*, que encarnam aqueles "objetos eternos" que Platão chamava de "essências" ou "formas", que são potencialidades e possibilidades que o processo da realidade seleciona e realiza. Desse modo, o processo é permanência e emergência.

E Whitehead chama a totalidade dos objetos eternos de Deus. Ou melhor, como *natureza originária*, Deus contém em si objetos eternos e, como *natureza conseqüente*, Deus é o princípio da realidade concreta, vive no processo, co-cresce com o universo. Escreve Whitehead: "Deus não é o criador do mundo, mas seu salvador". As "entidades atuais" realizam valores, isto é, objetos eternos. E são estes — e, portanto, Deus — que dão sentido ao mundo. Como *natureza originária*, Deus é a harmonia de todos os valores; como *natureza conseqüente*, é a realização do valor no processo.

Alfred North Whitehead (1861-1947) propôs uma teoria metafísica em que toda a história do universo aparece como processualidade.

Russell

1 O que significa "ser racionais"

> A racionalidade nas opiniões está no "hábito de levar em conta todas as provas importantes antes de chegar a crer em uma coisa"; "a racionalidade, na prática, pode ser definida como o hábito de recordar todos os nossos desejos importantes, e não apenas aquele que no momento nos parece mais forte do que qualquer outro".

Costumo considerar-me racionalista, e racionalista, creio, deve ser quem quer que deseje que os homens sejam racionais. Mas em nossos tempos a racionalidade sofreu diversos e duros golpes, de modo que é difícil saber o que se entende com essa palavra, ou, caso se saiba, se ela exprime algo que os seres humanos podem alcançar. O problema da definição da racionalidade tem dois aspectos, um teórico, o outro prático: o que é a opinião racional? E o que é a conduta racional? O pragmatismo salienta a irracionalidade da opinião, e a psicanálise a da conduta. Um e outra induziram muitos a crer que não existe nenhum ideal de racionalidade ao qual a opinião e a conduta possam proficuamente se conformar. Pareceria seguir-se disso que, se tu e eu sustentamos opiniões diversas, é inútil recorrer a uma discussão ou procurar o arbítrio de um estranho imparcial: não resta mais que lutar, com os métodos da retórica, da publicidade ou da guerra, segundo o grau de nossa força financeira e militar. Esta convicção, a meu ver, é muito perigosa e, a longo prazo, não poderá deixar de ser fatal para a civilização. Procurarei por isso demonstrar que o ideal da racionalidade não é minimamente tocado pelas idéias que são consideradas fatais para ele, e que conserva toda a importância que uma vez se lhe atribuía como guia do pensamento e da vida.

Para começar com a racionalidade nas opiniões, eu deveria defini-la como o hábito de levar em conta todas as provas importantes antes de chegar a crer em uma coisa. Onde a certeza não é alcançável, o homem racional dará maior peso à opinião mais provável, embora conservando em sua mente, como hipóteses que provas sucessivas poderiam demonstrar preferíveis, as outras opiniões notavelmente prováveis. Isso, naturalmente, presume que seja possível em muitos casos verificar fatos e probabilidades com um método objetivo, ou seja, um método que leve duas pessoas quaisquer, mas determinadas, a um mesmo resultado.

Até aqui estamos considerando apenas o lado teórico da racionalidade. O lado prático, ao qual dirigimos agora nossa atenção, é mais difícil. As divergências de opinião sobre problemas práticos nascem de duas fontes: primeiro, das diferenças entre os desejos dos que disputam; segundo, das diferenças de avaliação dos meios necessários para realizar seus desejos. As diferenças da segunda espécie são na realidade teóricas, e apenas em um segundo momento se tornam práticas. Por exemplo, alguns técnicos sustentam que nossa primeira linha de defesa deva ser formada por navios de guerra, enquanto outros por aviões. Neste caso a divergência existe não sobre o fim proposto, isto é, a defesa nacional, mas apenas quanto aos meios. A discussão pode, portanto, desenvolver-se de um modo puramente científico, uma vez que o desacordo que causa a disputa vige apenas quanto aos fatos, presentes ou futuros, certos ou prováveis. A todos estes casos aplica-se aquela espécie de racionalidade que defini como teórica, embora se trate de uma questão prática. [...]

Permanece, todavia, algo que não pode ser tratado com métodos puramente intelectuais. Os desejos de um homem jamais se harmonizam completamente com os de outro homem. Dois concorrentes da Bolsa de valores podem estar perfeitamente de acordo sobre os efeitos desta ou daquela operação, mas isso não produz harmonia prática, uma vez que cada um deseja enriquecer-se à custa do outro. Mas também aqui a racionalidade pode evitar a maior parte do dano que de outra forma haveria. Dizemos que um homem é irracional quando ele age por paixão, quando quebra o nariz por despeito ao rosto. É irracional porque esquece que, cedendo ao desejo que mais fortemente se lhe dá de experimentar naquele momento, obstaculiza outros desejos que com o tempo serão bem mais importantes para ele. Se os homens fossem racionais, olhariam para seus interesses de modo mais correto do que aquele com que os olham hoje; e se todos os homens agissem sob o impulso de seu próprio iluminado interesse, o mundo seria um paraíso em relação àquilo que é agora. Não digo que não haja nada de melhor do que o interesse pessoal como motivo de ação; mas digo que o interesse pessoal, como o altruísmo, é mais vantajoso quando iluminado do que quando é cego. Em uma comunidade ordenada é bastante raro que o interesse de um indivíduo possa provocar dano aos outros. Quanto menos o homem é racional, tanto mais freqüentemente falta a percepção de como aquilo que danifica os outros danifica também ele próprio, pois o ódio e a inveja o cegam. Por isso, embora não pretendendo que o interesse pessoal iluminado seja a mais alta forma de moralidade, sustento que, caso se tornasse comum, faria do mundo um lugar infinitamente melhor do que é.

A racionalidade na prática pode se definir como o hábito de recordar todos os nossos desejos importantes, e não apenas aquele que no momento nos parece mais forte do que qualquer outro. Como a racionalidade na esfera da opinião, é uma questão de medida. A racionalidade completa é indubitavelmente um ideal inatingível, mas enquanto continuarmos a classificar como loucos alguns homens é claro que consideraremos alguns homens mais racionais do que outros. Creio que o único progresso consiste em aumentar a racionalidade, tanto prática como teórica. Pregar uma moral altruísta parece-me inútil, uma vez que a pregação teria efeito apenas sobre aqueles que já experimentassem desejos altruístas. Mas pregar a racionalidade é algo bem diverso, pois a racionalidade nos ajuda a realizar nossos desejos no todo, sejam quais forem. Um homem é racional à medida que sua inteligência informa e controla seus desejos. Creio que o controle de nossos atos por parte de nossa inteligência seja no fim das contas aquilo que mais importa, e aquilo que unicamente tornará possível a continuação da vida social em um tempo em que a ciência aumenta os meios à nossa disposição, para nos danificarmos reciprocamente. A escola, a imprensa, a política, a religião, em poucas palavras, todas as grandes forças do mundo, estão no momento do lado da irracionalidade: elas estão nas mãos de homens que adulam o povo soberano para conduzi-lo fora do caminho justo. O remédio encontra-se não em algo heroicamente catastrófico, mas nos esforços dos indivíduos em direção a uma concepção mais sã e equilibrada de nossas relações com o próximo e com o mundo.

B. Russell, *Ensaios céticos*.

2 O "segundo" Wittgenstein "cansou-se de pensar seriamente"

> *Bertrand Russell é contrário à filosofia analítica de Cambridge e de Oxford e, de modo especial, ao modo de filosofar do "segundo" Wittgenstein: esta filosofia "se fosse verdadeira [...] seria, no pior dos casos, uma ociosa brincadeira de salão".*

Lendo as obras desta escola [dos filósofos analíticos de Cambridge e de Oxford] experimento uma sensação curiosa, semelhante à que Descartes teria experimentado se fosse milagrosamente trazido à vida na época de Leibniz e de Locke. Desde 1914 dediquei grande parte de meu tempo e de minha energia a matérias diferentes da filosofia. Durante o período sucessivo a 1914 três filosofias dominaram sucessivamente o mundo filosófico britânico: primeiro a do *Tractatus* de Wittgenstein, depois a dos positivistas lógicos, e finalmente a das *Philosophical Investigations*, de Wittgenstein. Destas, a primeira teve influência muito considerável sobre meu pensamento, ainda que agora não creia que tal influência tenha sido totalmente positiva. A segunda escola, a dos positivistas lógicos, teve em linha geral minha simpatia, embora eu estivesse em desacordo com algumas de suas doutrinas mais características. A terceira escola, que por comodidade indicarei com a sigla WII para distingui-la das doutrinas do *Tractatus* que chamarei de WI, continua para mim completamente incompreensível. Os aspectos positivos de tal doutrina me parecem óbvios; e os negativos, infundados. Não encontrei nada de interessante nas *Philosophical Investigations* de Wittgenstein, e não entendo porque uma escola inteira encontre sabedoria autêntica nessas páginas. A coisa é surpreendente do ponto de vista psicológico. O primeiro Wittgenstein, que eu conhecia intimamente, era um homem dedicado de modo intenso e apaixonado ao pensamento filosófico, profundamente consciente dos problemas difíceis de que eu, como ele, percebia a importância, e em posse (ao menos assim pensava eu) de um verdadeiro gênio filosófico. O novo Wittgenstein, ao contrário, parece ter-se cansado de pensar seriamente e parece ter inventado uma doutrina apta a tornar não necessária esta atividade. Não creio sequer por um instante que a doutrina que tem estas conseqüências melancólicas seja verdadeira.

Percebo, porém, que nutro uma prevenção extraordinariamente forte contra ela: com efeito, se fosse verdadeira, a filosofia seria, no melhor dos casos, um pequeno auxílio para os autores de vocabulários, e, no pior dos casos, uma ociosa brincadeira de salão [...].

Admiro o *Tractatus* de Wittgenstein, mas não suas obras sucessivas, que me parecem implicar uma renúncia a sua melhor inspiração, muito semelhante às renúncias de Pascal e de Tolstoi. [...]

Analogamente a todos os filósofos precedentes a WII, meu objetivo fundamental foi o de entender o mundo da melhor maneira possível, e de distinguir aquilo que pode ter valor de conhecimento daquilo que deve ser rejeitado como hipótese sem fundamento. Segundo WII, eu não teria esclarecido esse objetivo, que teria dado como admitido. Agora nos contam, ao contrário, que não é o mundo que devemos tentar entender, mas apenas as frases, e afirma-se que todas as frases podem ser tomadas como verdadeiras, exceto aquelas pronunciadas pelos filósofos. Isto porém, talvez seja um exagero.

B. Russel,
Minha vida em filosofia.

3 "Ideais" para a política

"As instituições políticas e sociais devem ser julgadas conforme o bem e o mal que fazem aos indivíduos. Encorajam a criatividade mais que a avidez? Exprimem e alimentam o sentimento de reverência entre os seres humanos? Mantêm o respeito?"

Nos dias obscuros os homens têm necessidade de fé clara e de esperança bem fundada; e, conseqüência destas, da coragem calma que não teme as dificuldades ao longo do caminho. Os tempos que estamos atravessando [a guerra de 1914-1918] deram a muitos de nós a confirmação de tudo o que acreditávamos. Vemos que as coisas que considerávamos mal são verdadeiramente mal e sabemos, mais seguramente do que antes, as direções nas quais os homens devem se mover para que um mundo melhor surja das ruínas daquele que agora está se precipitando para a destruição. Vemos que os projetos políticos dos homens, tanto de uns como dos outros, se baseiam sobre ideais totalmente errados. Apenas ideais totalmente diferentes poderão impedir que continuem a ser fonte de sofrimentos, destruições e pecados.

Os ideais políticos devem basear-se sobre ideais para a vida individual. O objetivo dos homens políticos deveria ser o de tornar melhor a vida dos indivíduos. O homem político não deve levar em consideração, nem fora nem acima, nada mais além dos homens, das mulheres e das crianças que compõem o mundo. O problema da política é estabelecer as relações entre os seres humanos de modo que cada um deles tenha em sua própria existência tanto bem quanto seja possível. E esse problema requer antes de tudo a consideração daquilo que nos parece belo na vida individual.

Apenas para começar, não queremos que todos os homens sejam iguais. Não queremos estabelecer um sistema ou um tipo aos quais os homens devam ser obrigados a uniformizar-se, de um modo ou de outro. [...]

Não se quer um ideal só para todos os homens, mas um ideal separado para cada um dos homens: é preciso chegar a isso. [...]

Existem duas espécies de impulsos, correspondentes às duas espécies de bens: os impulsos *possessivos*, que visam a adquirir ou a manter bens pessoais que não se podem repartir e se concentram no impulso da propriedade. E há impulsos *criativos* ou construtivos, que visam a levar para o mundo, e a tornar disponível para o uso, o gênero de bens para os quais não existe posse ou exclusividade.

A vida melhor é aquela em que os impulsos criativos ocupam a parte mais vasta, e os impulsos possessivos a mais restrita. Esta descoberta não é nova. O Evangelho diz: "Não se preocupem, pensando: O que comeremos? O que beberemos? Com que nos vestiremos?". Os pensamentos que dedicamos a estas coisas são desviados de argumentos de maior importância. E, o que é pior, o hábito mental gerado por pensar nessas coisas é um hábito feio; traz consigo concorrência, inveja, prepotência, crueldade, e quase todos os males morais que infestam o mundo. Em particular, leva ao uso da força como meio para caçar a presa.

Os bens materiais podem ser obtidos com a força e fruídos por aquele que deles se apodera.

Os bens espirituais não podem ser obtidos desse modo. É possível matar um artista ou um pensador, mas não adquirir sua arte ou seu pensamento. Pode-se condenar à morte um homem porque ele ama seus semelhantes, mas dessa forma não se adquire o amor que fazia a felicidade dele. Nestes casos a força é impotente; é eficaz apenas quando se trata de bens materiais. Por essa razão os homens que acreditam na força são os homens cujos pensamentos e desejos são inspirados pelo interesse pelos bens. [...]

Aqueles que percebem o mal que se pode fazer a outros com o uso da força e o escasso valor dos bens que se podem adquirir com a força, terão grande respeito pela liberdade dos outros, não procurarão entravá-la ou limitá-la; serão lentos para o julgamento e rápidos na compreensão; tratarão qualquer ser humano com uma espécie de ternura, porque nele o princípio do bem é ao mesmo tempo frágil e infinitamente precioso. Não condenarão aqueles que são diferentes; saberão e sentirão que a individualidade requer a diversidade e que a uniformidade significa morte. Desejarão que qualquer ser humano esteja o quanto mais possível vivo e o menos possível seja produto mecânico; amarão uns nos outros apenas as coisas que o contato brutal de um mundo desapiedado destruiria. Em poucas palavras, em todas as suas relações com os outros serão inspirados por um profundo sentimento de reverência.

Já está claro aquilo que deveremos desejar para os indivíduos: fortes impulsos criativos que superem e absorvam o instinto de posse; reverência para com os outros; respeito pelo impulso criativo fundamental em nós mesmos. Certa dose de auto-respeito e de orgulho natural é necessária para a vida; um homem, para permanecer íntegro, não deve experimentar a sensação de uma absoluta derrota interior, mas deve ter a coragem, a esperança e a vontade de viver segundo o melhor que nele existe, sejam quais forem os obstáculos internos e externos que acaso aconteça de encontrar. Os homens têm o poder de realizar as melhores possibilidades de vida se possuem três coisas: impulsos criativos mais que possessivos, reverência para com os outros, e respeito pelo impulso fundamental em si mesmos.

As instituições políticas e sociais devem ser julgadas conforme o bem e o mal que fazem aos indivíduos. Encorajam a criatividade mais que a avidez? Exprimem e alimentam o sentimento de reverência entre os seres humanos? Mantêm o respeito?

B. Russell,
Minhas idéias políticas.

Bertrand Russell, além de filósofo e lógico, foi também um pacifista convicto.

Capítulo décimo sexto

Ludwig Wittgenstein: do *Tractatus logico-philosophicus* às pesquisas filosóficas

• Descendente de uma das mais importantes famílias vienenses, discípulo de Bertrand Russell em Cambridge, prisioneiro dos italianos no fim da Primeira Guerra Mundial, mestre de escola elementar de 1920 a 1926, a partir de 1930 docente de filosofia em Cambridge, Ludwig Wittgenstein (1889-1951) com o *Tractatus logico-philosophicus* (1921) influenciará pesadamente os neopositivistas do Círculo de Viena, e com *Pesquisas filosóficas* (e ainda mais com seu ensinamento) dará enorme impulso à filosofia analítica.

Mestre de escola elementar e grande filósofo → § I.1

• A tese central do *Tractatus* é que o pensamento ou proposição *representa projetivamente* o mundo. A cada elemento da realidade corresponde um elemento da linguagem (ou pensamento). A realidade consta de fatos que se resolvem em fatos atômicos, por sua vez compostos de objetos simples. Por sua vez, a linguagem consta de proposições moleculares (ou complexas), compostas por proposições atômicas não mais divisíveis em outras proposições, as quais são combinações de nomes correspondentes aos objetos. Nós, portanto, fazemo-nos representações do mundo; e as representações que têm sentido são unicamente as proposições da ciência natural, "e a filosofia não é uma ciência natural". "A filosofia não é doutrina, mas atividade" que esclarece nossa linguagem.

A linguagem representa projetivamente o mundo → § II.1-2

• O *Tractatus* foi interpretado pelos membros do Círculo de Viena como se fosse a bíblia do neopositivismo, sobre a linha do princípio de verificação e no mais estrito rigor antimetafísico. Todavia – conforme salientou Paul Engelmann, amigo de Wittgenstein – Wittgenstein, como os neopositivistas, queria compreender o funcionamento da linguagem da ciência, mas isso não porque pensasse, como ao invés pretendiam os neopositivistas, que além da ciência não houvesse nada a dizer; ao contrário dos neopositivistas, Wittgenstein se preocupava muito com aquilo que a ciência não pode dizer: "Sentimos que, ainda que todas as possíveis perguntas da ciência recebessem uma resposta, os problemas de nossa vida não seriam sequer tocados". A ciência cala-se sobre tudo o que para nós é mais importante: a ética e a religião.

A ciência se cala sobre tudo o que para nós é mais importante → § II.3-4

• Em 1929 Wittgenstein volta a Cambridge. A volta para Cambridge é a volta para a filosofia; para uma filosofia que parte de uma cerrada crítica da concepção da linguagem como denominação de objetos. A teoria da representação alimenta nosso cérebro com uma dieta unilateral; impele-nos a crer que nós, com nossa linguagem, fazemos uma só coisa: denominamos. A verdade, porém, é bem diversa, uma vez que com nossa linguagem fazemos as mais variadas coisas: pedimos, agradecemos, saudamos, xingamos, descrevemos, inventamos histórias etc. São inumeráveis os "jogos lingüísticos": "tipos inumeráveis diferentes

A linguagem é um conjunto de "jogos de língua" → § III.1-3 de emprego de tudo aquilo que chamamos de 'sinais', 'palavras', 'proposições' ". A linguagem é um conjunto de jogos de língua. "O significado de uma palavra é o uso dela na linguagem". E o uso tem regras. Mas não raramente a linguagem entra em férias, e então surgem os problemas filosóficos. Daí a necessidade de uma filosofia como "terapia lingüística".

I. A vida

1 Professor de escola elementar e grande filósofo

Ludwig Wittgenstein nasceu em Viena, em 1889. Encaminhado pelo pai (Karl Wittgenstein, fundador da indústria do aço no império dos Hasburgos) para estudar engenharia, inscreveu-se na Technische Hochschule de Berlim-Charlottenburg (1906-1907). Posteriormente (1908-1911), transferiu-se para a Faculdade de Engenharia de Manchester, de onde, em 1911, a conselho de G. Frege, foi para Cambridge (Trinity College) para estudar os fundamentos da matemática, sob a guia de Betrand Russell.

Em 1914, com a explosão da Primeira Guerra Mundial, alistou-se como voluntário no exército austríaco. Preso pelos italianos em 1918, passou quase um ano no campo de prisioneiros de Cassino. Libertado em agosto de 1919, encontrou-se logo depois com Russell na Holanda para discutir o manuscrito do trabalho que seria publicado em 1921 com o título, proposto por G. E. Moore, de *Tractatus logico-philosophicus*.

De 1920 a 1926, ensinou como professor primário em três pequenas localidades

Ludwig Wittgenstein (1889-1951) com o Tractatus *influenciou o neopositivismo e, sucessivamente, na década de 1930, foi o maior representante da filosofia analítica.*

da Baixa Áustria. De 1926 a 1928, projetou e supervisionou os trabalhos de construção da casa vienense de uma de suas irmãs.

Retornou a Cambridge em 1929, onde lhe foi conferida a láurea em junho. Em 1930 tornou-se professor no Trinity College, iniciando sua atividade de ensino superior. Em 1939, sucedeu a G. E. Moore na cátedra de filosofia.

Durante a Segunda Guerra Mundial, por algum tempo trabalhou como carregador de feridos no Guy's Hospital de Londres. Depois, trabalhou num laboratório médico em Newcastle. Deu suas últimas aulas em 1947. Transcorreu o ano de 1948, em solidão, na Irlanda. Em 1949 foi para os Estados Unidos, em visita a seu ex-aluno e amigo Norman Malcolm. Voltando a Cambridge, descobriu que estava com câncer. Morreu em 29 de abril de 1951 na casa de seu médico, o dr. Bevan, que o hospedara.

II. O Tractatus logico-philosophicus

1. As teses fundamentais

O *Tractatus logico-philosophicus* saiu em 1921, em alemão, nos "Annalen der Naturphilosophie" (vol. XIV, 3-4, pp. 185-262), e foi publicado em inglês em 1922, acompanhado do texto alemão, pelo editor Kegan Paul de Londres, com uma introdução de Bertrand Russell.

As teses fundamentais do *Tractatus* são as seguintes:

"O mundo é tudo o que acontece".

"O que acontece, o fato, é a existência dos fatos atômicos".

"A representação lógica dos fatos é o pensamento".

"O pensamento é a proposição exata".

"A proposição é uma função de verdade das proposições elementares". "A forma geral da função de verdade é $[r, x, N(x)]$: essa é a fórmula geral da proposição".

"Aquilo de que não se pode falar, deve-se calar".

Em uma primeira consideração, encontramos no *Tractatus* uma *ontologia*: "O mundo divide-se em fatos". Mas o próprio fato é divisível: "Aquilo que acontece, o fato, é a existência de fatos atômicos". E os fatos atômicos, por seu turno, são constituídos por objetos simples: estes são a substância do mundo. "O fato atômico é uma combinação de objetos (entidades, coisas)". "O objeto é simples". "Os objetos constituem a substância do mundo. Por isso não podem ser compostos". "O fixo, o consistente e o objeto são uma só coisa". "O objeto é o fixo, o consistente; a configuração é o mutável, o instável".

2. Realidade e linguagem

À teoria da realidade corresponde a teoria da linguagem. Segundo o Wittgenstein do *Tractatus* (ou, como se diz, o "primeiro" Wittgenstein), a linguagem é uma *representação projetiva* da realidade. "Nós fazemos representações dos fatos". "A representação é um modelo da realidade". E "o que a representação deve ter em comum com a realidade para poder representá-la — exata ou falsamente —, segundo seu próprio modo, é a forma de representação". Sem dúvida, diz Wittgenstein, "à primeira vista não parece que a proposição — assim como, por exemplo, a que está estampada no papel — seja representação da realidade de que trata. Mas a notação musical também não parece, à primeira vista, representação da música, assim como nossa escritura fonética (ou letras) também não parece uma representação de nossa linguagem falada. E, no entanto, esses símbolos se revelam, também no sentido comum do termo, como representações daquilo que representam". "O disco fonográfico, o pensamento musical, a notação, as ondas sonoras, estão todos, entre si, naquela relação interior representativa que se estabelece entre língua e mundo. O que é comum a todas essas coisas é a estrutura lógica (como, na fábula, os dois jovens, seus dois cavalos e seus lírios, que são todos, em certo sentido, uma só coisa)".

Por conseguinte, o pensamento ou proposição representa ou *espelha projetivamente a realidade*. E a cada elemento constitutivo do real corresponde outro elemento no pensamento. A realidade consta de fatos que se resumem em fatos atômicos, compostos por seu turno de objetos simples. Analogamente, a linguagem é formada de proposições complexas (moleculares), que podem ser divididas em proposições simples ou atômicas (elementares), não ulteriormente divisíveis em outras proposições. Essas proposições elementares constituem o correspondente dos fatos atômicos. E são combinações de nomes, correspondentes aos objetos: "O nome significa o objeto. O objeto é seu significado [...]". Para exemplificar, "Sócrates é ateniense" é uma proposição atômica, que descreve o fato atômico de que Sócrates é ateniense; já "Sócrates é ateniense e mestre de Platão" é proposição molecular, que reflete o fato molecular de que Sócrates é ateniense *e* mestre de Platão. A proposição atômica é a menor entidade lingüística da qual se pode proclamar o verdadeiro ou o falso. O fato atômico é o que torna verdadeira ou falsa uma proposição atômica. O fato molecular é uma combinação de fatos atômicos que torna verdadeira ou falsa uma proposição molecular. **Texto 1**

3. A parte "mística" do Tractatus

São essas, em resumo, as idéias centrais do *Tractatus*. Mas Wittgenstein se dá conta de que, embora a ciência represente projetivamente o mundo, entretanto, além da ciência e do mundo, "há verdadeiramente o inexprimível. *Mostra-se*; é aquilo que é místico". "O que é místico não é *como* o mundo é, mas *que ele é*".

"O sentido do mundo deve se encontrar fora dele. No mundo, tudo é como é, e acontece como acontece: nele não há nenhum valor — e, se houvesse, não teria nenhum valor [...]".

E "nós sentimos que, ainda que todas as possíveis perguntas da ciência recebessem

---

■ **Proposição atômica.** Esta é uma idéia central do *Tractatus logico-philosophicus* de Wittgenstein.
Eis como Bertrand Russell, em sua *Introdução* ao *Tractatus*, esclarece tal idéia: "Nós podemos explicar-nos, dizendo que os fatos são aquilo que torna as proposições verdadeiras ou falsas. Os fatos podem conter, ou não conter, partes que são elas próprias fatos. Por exemplo: 'Sócrates foi um sábio ateniense' consiste de dois fatos: 'Sócrates foi um sábio', e 'Sócrates foi um ateniense'. Um fato, que não tenha partes que sejam fatos, é chamado por Wittgenstein um *Sachverhalt*, um fato atômico. Um fato atômico, embora não contendo partes que são fatos, todavia contém partes. Se podemos considerar 'Sócrates é sábio' um fato atômico, percebemos que ele contém os constituintes 'Sócrates' e 'sábio'. [...] O mundo é descrito completamente se forem conhecidos todos os fatos atômicos. [...] Uma proposição (verdadeira ou falsa) que afirma um fato atômico, denomina-se de proposição atômica. Todas as proposições atômicas são logicamente independentes uma da outra. Nenhuma proposição atômica implica outra. Assim, toda a questão da inferência lógica refere-se a proposições que não são atômicas: as proposições moleculares".

Wittgenstein em divisa de oficial austríaco durante a Primeira Guerra Mundial (1914-1918), em uma foto tirada da carteira de identidade de junho de 1918, com carimbo do regimento de artilharia na montanha.

resposta, os problemas de nossa vida não seriam sequer arranhados. Sem dúvida, não resta então nenhuma pergunta — e esta é precisamente a resposta". "O problema da vida resolve-se quando se desvanece". Nessas afirmações consiste precisamente a denominada *parte mística* do *Tractatus*.

Texto 2

4. A interpretação não-neopositivista do *Tractatus*

Lido, discutido, pesquisado nos pressupostos e nos diversos núcleos teóricos, interpretado com base em perspectivas diversas, o *Tractatus* foi um dos livros filosóficos mais influentes do século XX. E a influência mais consistente foi a que exerceu sobre os neopositivistas, que, embora rejeitando a parte mística, aceitaram sua antimetafísica, retomaram a teoria da tautologicidade das assertivas lógicas, interpretaram as proposições atômicas como protocolos das ciências empíricas e assumiram sua idéia de que a filosofia é atividade clarificadora da linguagem científica e não doutrina.

Tanto mediante a *Introdução* de Bertrand Russell ao *Tractatus* como mediante a interpretação dos neopositivistas, o *Tractatus* foi visto pela maior parte dos estudiosos como a bíblia do neopositivismo. Entretanto, em nossos dias, essa imagem do *Tractatus* foi justamente abandonada.

Wittgenstein não apenas não foi membro do *Wiener Kreis* e nunca participou das sessões do Círculo, mas também nunca foi neopositivista. Suas intenções eram bem diversas das intenções dos neopositivistas, como nos revelam suas *Cartas a Ludwig von Ficker* (1969), as *Cartas a Engelmann* (1967) e as reflexões do próprio Engelmann.

Na realidade, em 1919 (portanto, três anos antes que M. Schlick, o fundador do *Wiener Kreis*, fosse chamado a Viena), Wittgenstein escreveu uma carta a L. von Ficker, com o qual estava tratando da publicação do *Tractatus*. Entre outras coisas, podemos ler nessa carta: "Talvez lhe seja útil que eu lhe escreva algumas palavras sobre o meu livro: com efeito, o senhor não extrairá grande coisa de sua leitura, essa é minha opinião exata. De fato, o senhor não o compreenderá; o tema lhe parecerá totalmente estranho. Na realidade, porém, ele não lhe é estranho, já que o sentido do livro é um *sentido ético*. Certa vez, pensei em incluir no prefácio uma proposição, que agora de fato não está lá, mas que escreverei neste momento para o senhor, porque talvez constitua para o senhor uma chave para a compreensão do trabalho. Com efeito, eu queria escrever que meu trabalho consiste em duas partes: aquilo que escrevi e, além disso, tudo aquilo que *não* escrevi. E precisamente esta segunda parte é a importante [...]".

Ou seja, o que não está escrito, o que não é dito porque não é dizível cientificamente é a parte mais importante: a ética e a religião. E é assim que se reconciliam em um todo consistente a "lógica" e a "filosofia" do *Tractatus* com a "mística" do próprio *Tractatus*.

Na opinião de A. Janik e S. Toulmin (*A grande Viena*, 1973), este era o problema de fundo de Wittgenstein: "Poder encontrar um método qualquer para reconciliar a física de Hertz e Boltzmann com a ética de Kierkegaard e Tolstoi".

Mas os neopositivistas, devido a seus interesses e perspectivas, não souberam ver esse problema profundo e condenaram como contra-senso a mística de Wittgenstein. Engelmann comenta: "Toda uma geração de alunos considerou Wittgenstein positivista, já que ele tinha em comum com os positivistas algo de enorme importância: traçara uma linha de separação entre aquilo de que se pode falar e aquilo que se deve calar, coisa que os positivistas também haviam feito. A diferença está apenas no fato de que eles não tinham nada sobre o que calar. O positivismo sustenta — e esta é sua essência — que aquilo de que podemos falar é tudo o que conta na vida. Wittgenstein, ao contrário, crê apaixonadamente que tudo o que conta na vida humana é precisamente aquilo sobre o qual, no seu modo de ver, devemos calar. Apesar disso, quando ele toma grande cuidado em delimitar o que não é importante, não é a costa daquela ilha que ele quer examinar tão acuradamente, e sim os limites do oceano". Texto 3

III. As Pesquisas filosóficas

1. A volta à filosofia

No *Prefácio ao Tractatus*, Wittgenstein escrevia que "a veracidade das idéias aqui transmitidas é intocável e definitiva" e pensava "ter, no essencial, resolvido definitivamente os problemas". Por conseguinte, Wittgenstein calou-se. Os problemas estavam definitivamente resolvidos. Por isso, em 4 de julho de 1924, Wittgenstein escrevia a J. M. Keynes (que, juntamente com o matemático F. P. Ramsey, preocupava-se em fazer o filósofo austríaco retornar a Cambridge): "O senhor me pergunta se pode fazer algo para tornar-me novamente possível o trabalho científico. Não, a esse respeito não há mais nada a fazer; com efeito, não tenho mais nenhum forte impulso interior para tal ocupação. Tudo o que eu realmente tinha a dizer, já o disse. E, com isso, a fonte se esgotou. Isso pode soar estranho, mas é assim mesmo".

Na realidade, não seria assim por muito tempo. Com efeito, em janeiro de 1929 Wittgenstein estava novamente em Cambridge. E o retorno a Cambridge era o retorno à filosofia. Em suma, Wittgenstein percebeu que os problemas filosóficos não haviam sido *definitivamente resolvidos*. Embora o chamado a retomar o trabalho filosófico pareça encontrar sua motivação em uma conferência que o matemático intuicionista L. E. Brouwer pronunciou em Viena em março de 1928, com a presença de Wittgenstein, não devemos esquecer três coisas em relação a seu retorno à filosofia:

a) os encontros que Wittgenstein manteve com alguns membros do Círculo de Viena — sobretudo Schlick e Waismann —, de cujas conversações temos hoje os relatos que nos foram deixados por Waismann no livro *Wittgenstein e o Círculo de Viena* (1967);

b) os "inumeráveis colóquios" que Wittgenstein diz ter mantido com Ramsey, tendo por objeto a revisão dos *Principia mathematica* e as teses do *Tractatus* sobre a lógica e sobre os fundamentos da matemática;

c) o contato com "a linguagem real das crianças" das escolas primárias.

Esses três fatos — a reflexão sobre a matemática intuicionista, os colóquios com Ramsey e a linguagem das crianças — levaram Wittgenstein a assumir nova perspectiva teórica na interpretação da linguagem.

E, em um esforço intenso, que vai das *Observações filosóficas* (1929-1930) — através da *Gramática filosófica* (1932-1934), *O livro azul e o livro marrom* (1933-1935), *Observações sobre os fundamentos da matemática* (1937-1944) e *Da certeza* (1950-1951) — às *Pesquisas filosóficas* (Parte I, 1945; Parte II, 1948-1949), Wittgenstein afasta-se das soluções do *Tractatus* e elabora sua nova perspectiva filosófica, da qual as *Pesquisas filosóficas* (*Philosophische Untersuchungen*) representam o documento mais elaborado.

2. A teoria dos "jogos de língua"

As *Pesquisas filosóficas* se iniciam com uma crítica cerrada ao esquema tradicional de interpretação que vê a linguagem como um conjunto de nomes que denominam ou designam objetos, nomes de coisas e de pessoas, unidos pela aparelhagem lógico-sintática constituída por termos como "e", "o", "se... então" etc.

É óbvio que, assim concebendo a linguagem, o *compreender* se reduz a dar *explicações* que se resumem em *definições ostensivas*, que postulam toda aquela série de *atos e processos mentais* que deveriam explicar a passagem da linguagem à realidade. Como se vê, a teoria da representação, o atomismo lógico e o mentalismo estão estreitamente conjugados.

Na realidade, porém, o jogo lingüístico da denominação (*Benennungssprachspiel*) não é de modo nenhum primário. Com efeito, se eu digo, indicando uma pessoa ou um objeto, "este é Mário" ou "isto é vermelho", haverá sempre para quem me escuta certa ambigüidade, já que não sabe a que propriedade da pessoa ou do objeto me referi. "Dizendo 'cada palavra desta linguagem designa alguma coisa', não dizemos *absolutamente* nada [...]", escreve Wittgenstein nas *Observações sobre os fundamentos da matemática*. "Pensa-se que aprender a linguagem consiste em denominar objetos, isto é, homens, formas, cores, dores, estados de espírito, números etc. A denominação é semelhante a pendurar em uma coisa um cartãozinho com um nome. Pode-se dizer que isso é uma preparação para o uso da palavra. Mas para que nos prepara?".

A teoria da representação sustenta que, com nossa linguagem, nós fazemos apenas uma coisa: denominamos. Mas Wittgenstein está persuadido de que, "ao contrário, com nossas proposições, fazemos as coisas mais diversas. Basta pensar nas exclamações, com suas tão diferentes funções:

Água!
Fora!
Ai!
Socorro!
Lindo!
Não!

E agora, ainda estás disposto a chamar essas palavras de 'denominação de objetos'?".

Com a linguagem, fazemos as coisas mais variadas. Os "jogos lingüísticos" são *inumeráveis*: "São inumeráveis os tipos diferentes de emprego de tudo o que chamamos 'sinais', 'palavras', 'proposições'. E essa multiplicidade não é algo fixo ou algo dado de uma vez por todas, mas novos tipos de linguagem, novos jogos lingüísticos, como poderíamos dizer, surgem continuamente, enquanto outros envelhecem e são esquecidos (uma *imagem aproximada* disso poderia ser dada pelas mudanças da matemática)".

Texto 4

3 O princípio de uso e a filosofia como terapia lingüística

A linguagem é um conjunto de jogos de linguagem. O significado de uma palavra é seu uso. E o uso tem regras. Por outro lado, "seguir uma regra é análogo a obedecer a uma ordem: somos adestrados para obedecer à ordem". "Seguir uma regra, fazer uma comunicação, dar uma ordem ou jogar uma

Retrato fotográfico de L. Wittgenstein.

partida de xadrez são *hábitos* (usos, instituições)". E essas regras que aprendemos através do adestramento são públicas: "No sentido em que existem processos (também processos psíquicos) característicos do compreender, o compreender não é processo psíquico".

Mas uma *imagem* nos mantinha prisioneiros. E ela fez com que o mundo de nossa mente se povoasse de espectros, isto é, de problemas filosóficos: "Eles não são naturalmente problemas empíricos, mas problemas que se resolvem penetrando na operação de nossa linguagem de forma a reconhecê-la, *contra* uma forte tendência a subentendê-la. Os problemas não se resolvem mais produzindo novas experiências, mas sim ajustando aquilo que já nos é conhecido há tempo. A filosofia é batalha contra o encantamento de nosso intelecto, por meio de nossa linguagem".

"Os problemas filosóficos surgem [...] quando *falta* a linguagem". E esses problemas se resolvem dissolvendo-os. "Quando os filósofos usam uma palavra — 'saber', 'ser', 'objeto', 'eu', 'proposição', 'nome' — e tentam captar a essência da coisa, devemos sempre perguntar: essa palavra é efetivamente usada assim na linguagem, na qual tem sua pátria?"

"*Nós* utilizamos as palavras, no seu emprego metafísico, na trilha do seu emprego cotidiano". E isso porque a linguagem "faz parte de nossa história natural, como o caminhar, o comer, o beber, o brincar". A linguagem opera sobre o fundo de necessidades humanas, na determinação de um ambiente humano. E como "o significado de uma palavra é seu uso na linguagem", a função da filosofia é puramente descritiva. Como na psicanálise, a diagnose é a terapia: "o filósofo trata uma questão como uma doença".

Não busqueis o significado, buscai o uso — repetia Wittgenstein em Cambridge. E acrescentava: "O que vos dou é a morfologia do uso de uma expressão. Demonstro que ela tem usos com os quais jamais havíeis sonhado. Em filosofia, as pessoas sentem-se *forçadas* a ver um conceito de determinado modo. Pois o que faço é propor ou até inventar outros modos de considerá-lo. Sugiro possibilidades nas quais jamais havíeis pensado. Acreditáveis que só existisse uma possibilidade ou, no máximo, duas. Mas eu vos fiz pensar em outras possibilidades. Além disso, mostrei que era absurdo esperar que o conceito se adequasse a possibilidades tão restritas assim. Desse modo, vos libertei de vossa cãibra mental; agora, podeis olhar em volta, no campo do uso da expressão, e descrever seus diversos tipos de uso". Em suma, a filosofia é a terapia das doenças da linguagem. "Qual é o teu objetivo em filosofia? Indicar à mosca o caminho de saída de dentro da garrafa".

WITTGENSTEIN

1 A linguagem representa projetivamente o mundo

> "A proposição é uma imagem da realidade"; "A imagem concorda com a realidade ou não; ela é correta ou incorreta, verdadeira ou falsa"; "A totalidade das proposições verdadeiras é a ciência natural toda (ou a totalidade das ciências naturais)"; "A filosofia não é uma das ciências naturais"; "Objetivo da filosofia é o esclarecimento lógico dos pensamentos. A filosofia não é uma doutrina, mas uma atividade [...]. A filosofia deve esclarecer os pensamentos que, de outra forma, [...] seriam turvos e indistintos".

1 O mundo é tudo aquilo que acontece.

1.1 O mundo é a totalidade dos fatos, não das coisas.

1.11 O mundo é determinado pelos fatos e por serem eles *todos* os fatos. [...]

2.063 A realidade inteira é o mundo.

2.1 Nós nos fazemos imagens dos fatos.

2.11 A imagem apresenta a situação no espaço lógico, a existência e a não existência de estados de coisas.

2.12 A imagem é um modelo da realidade.

2.13 Aos objetos correspondem na imagem os elementos da imagem.

2.131 Os elementos da imagem são representantes dos objetos na imagem.

2.14 A imagem consiste no fato de seus elementos estarem em determinada relação um com o outro.

2.141 A imagem é um fato.

2.15 Que os elementos da imagem estejam em determinada relação um com o outro mostra que as coisas estão nessa relação uma com a outra.

Essa conexão dos elementos da imagem será chamada estrutura da imagem; a possibilidade da estrutura [será chamada] forma da representação da imagem.

2.151 A forma da figuração é a possibilidade que as coisas estejam uma para a outra na mesma relação que os elementos da imagem. [...]

2.2 A imagem tem em comum com o figurado a forma lógica da figuração.

2.201 A imagem figura a realidade, representando uma possibilidade da existência e da não existência de estados de coisas.

2.202 A imagem representa uma possível situação no espaço lógico.

2.203 A imagem contém a possibilidade da situação que ela representa.

2.21 A imagem concorda com a realidade ou não; ela é correta ou incorreta, verdadeira ou falsa.

2.22 A imagem representa aquilo que representa, independentemente da própria verdade ou falsidade, por meio da forma da figuração.

2.221 Aquilo que a imagem representa é o próprio sentido.

2.222 Na concordância ou discordância do sentido da imagem com a realidade consiste a verdade ou a falsidade da imagem.

2.223 Para reconhecer se a imagem é verdadeira ou falsa devemos confrontá-la com a realidade.

2.224 A partir da imagem apenas, não se pode reconhecer se ela é verdadeira ou falsa.

2.225 Uma imagem verdadeira a *priori* não existe.

3 A imagem lógica dos fatos é o pensamento.

3.001 "Um estado de coisas é pensável" quer dizer: "Nós podemos fazer dele uma imagem".

3.01 A totalidade dos pensamentos verdadeiros é uma imagem do mundo.

3.02 O pensamento contém a possibilidade da situação que ele pensa. Aquilo que é pensável é também possível.

3.03 Não podemos pensar nada de ilógico, pois, de outra forma, deveríamos pensar ilogicamente. [...]

4 O pensamento é a proposição provida de sentido.

4.001 A totalidade das proposições é a linguagem.

4.002 O homem possui a capacidade de construir linguagens, com as quais todo sentido pode ser expresso, sem suspeitar como e o que cada palavra signifique. Da mesma forma como se fala sem saber como os sons particulares são emitidos.

A linguagem comum é uma parte do organismo humano, e não menos complicada que ele.

É humanamente impossível extrair dela imediatamente a lógica da linguagem.

A linguagem traveste os pensamentos. E precisamente de tal modo que, pela forma exterior da veste, não se pode concluir sobre a forma do pensamento revestido; porque a forma exterior da veste é formada para objetivos bem diferentes que o de tornar reconhecível a forma do corpo.

Os entendimentos tácitos para a compreensão da linguagem comum são enormemente complicados.

4.003 A maioria das proposições e questões que foram escritas sobre coisas filosóficas não é falsa, mas insensata. Por isso, a questões desta espécie não podemos de fato responder, mas podemos apenas estabelecer sua insensatez. A maioria das questões e proposições dos filósofos se funda sobre o fato de que nós não compreendemos nossa lógica da linguagem.

(Elas são da espécie da questão de se o bem é mais ou menos idêntico ao belo).

Não é de admirar que os problemas mais profundos propriamente *não* sejam problemas.

4.0031 Toda a filosofia é "crítica da linguagem". (Não, porém, no sentido de Mauthner.) Mérito de Russell é ter mostrado que a forma lógica aparente da proposição não é necessariamente sua forma real.

4.01 A proposição é imagem da realidade.

A proposição é um modelo da realidade tal qual nós a pensamos.

4.011 À primeira vista, a proposição – tal como, por exemplo, está impressa sobre o papel – não parece ser uma imagem da realidade da qual trata. Todavia, nem a notação musical, à primeira vista, parece ser uma imagem da música, nem nossa grafia fonética (o alfabeto) parece uma imagem dos fenômenos de nossa linguagem.

No entanto, essas linguagens de sinais, mesmo no sentido costumeiro desse termo, se demonstram imagens daquilo que representam. [...]

4.1 A proposição representa a existência e a não existência dos estados de coisas.

4.11 A totalidade das proposições verdadeiras é a ciência natural toda (ou a totalidade das ciências naturais).

4.111 A filosofia não é uma das ciências naturais.

(A palavra "filosofia" deve significar alguma coisa que está acima ou abaixo, e não junto das ciências naturais).

4.112 Objetivo da filosofia é o esclarecimento lógico dos pensamentos. A filosofia não é uma doutrina, mas uma atividade.

Uma obra filosófica consta essencialmente de ilustrações. Resultado da filosofia não são "proposições filosóficas", mas o esclarecimento de proposições.

A filosofia deve esclarecer e delimitar nitidamente os pensamentos que, de outra forma, eu diria, seriam turvos e indistintos. [...]

6.53 O método correto da filosofia seria propriamente o seguinte: nada dizer senão aquilo que se pode dizer; portanto, proposições da ciência natural – portanto, algo que nada tem a ver com a filosofia –, e depois, toda vez que outro queira dizer algo de metafísico, mostrar-lhe que não deu nenhum significado a certos sinais em suas proposições. Esse método seria insatisfatório para o outro – ele não teria a sensação de que lhe ensinamos filosofia –, e apesar de tudo seria o único rigorosamente correto.

6.54 Minhas proposições elucidam do seguinte modo: aquele que me compreende, no final as reconhece como insensatas, caso tenha subido por meio delas – sobre elas – para além delas. (Ele deve, por assim dizer, jogar fora a escada depois de por ela ter subido).

Ele deve superar estas proposições, e então verá o mundo corretamente.

7 Sobre aquilo de que não se pode falar, deve-se calar.

L. Wittgenstein,
Tractatus logico-philosophicus
e *Cadernos 1914-1916*.

2 A parte "mística" do *Tractatus*

> *Wittgenstein, com seu* Tractatus, *havia-se proposto saber como era feita a ciência; não, porém, porque pensasse que fora da ciência não houvesse nada de importante. Queria saber como era feita a ciência – o dizível da ciência – para proteger o inefável (em relação à ciência). Aquilo que a ciência não pode dizer é o que mais importa para nós.*

6.4 Todas as proposições são de igual valor.

6.41 O sentido do mundo deve estar fora dele. No mundo tudo é como é, e tudo acontece como acontece; não há *nele* nenhum valor, nem, se houvesse, teria um valor.

Se existe um valor que tem valor, deve estar fora de todo devir e de ser-assim. Com efeito, todo devir e ser-assim é acidental.

Aquilo que os torna não-acidentais não pode estar *no* mundo, pois, de outra forma, seria, por sua vez, acidental.

Deve estar fora do mundo.

6.42 Não podem, portanto, existir proposições da ética.

As proposições não podem exprimir nada que seja mais elevado.

6.421 É claro que a ética não pode ser formulada.

A ética é transcendental. [...]

6.431 Como também o mundo, com a morte, não se altera, mas acaba.

6.4311 A morte não é evento da vida. A morte não se vive.

Se por eternidade se entende não infinita duração no tempo, mas intemporalidade, vive eternamente aquele que vive no presente.

Nossa vida é tão sem fim, do mesmo modo que nosso campo visual é sem limites.

6.4312 A imortalidade temporal da alma do homem e, portanto, sua eterna sobrevivência mesmo depois da morte, não só não é de modo nenhum garantida, mas, quando a supomos, não alcançamos de fato aquilo que, ao supô-la, sempre perseguimos. Talvez se torne resolvido um enigma pelo fato de que eu sobreviva eternamente? Não é talvez esta vida eterna tão enigmática como a presente? A resolução do enigma da vida no espaço e no tempo está *fora* do espaço e do tempo.

(Não são problemas de ciência natural aqueles que aqui se procura resolver).

6.432 *Assim como* o mundo é, é coisa de fato indiferente para aquilo que é mais elevado. Deus não revela a si mesmo *no* mundo.

6.4321 Os fatos pertencem todos apenas ao problema, não à solução.

6.44 O místico não existe *como* o mundo existe, mas *que* ele existe.

6.45 Intuir o mundo *sub specie aeterni* é intuí-lo como totalidade – limitada.

O místico é sentir o mundo como totalidade limitada.

6.5 De uma resposta que não se pode formular também não se pode formular a pergunta.

O *enigma* não existe.

Se uma pergunta pode ser levantada, ela também *pode* ter resposta. [...]

6.52 Sentimos que, mesmo depois que todas as *possíveis* perguntas científicas tiverem sido respondidas, nossos problemas vitais ainda não terão sido sequer tocados. Sem dúvida, então não restará mais nenhuma pergunta; e esta é justamente a resposta.

6.521 A solução do problema da vida se percebe quando ele desaparece.

(Não é talvez por isso que os homens, cujo sentido da vida – após longas dúvidas – se tornou claro, não souberam depois dizer em que consistia tal sentido?).

6.522 Existe de fato o inefável. Ele *mostra a si mesmo*, é o místico.

L. Wittgenstein,
Tractatus logico-philosophicus.

3. O sentido do *Tractatus logico-philosophicus* "é um sentido ético"

> *Com esta carta escrita a Ludwig von Ficker entre o final de outubro e os inícios de novembro de 1919, Wittgenstein precisa que o sentido de seu* Tractatus logico-philosophicus *"é um sentido ético".*
> *Comentando esta carta, Paul Engelmann – um amigo de Wittgenstein – escreveu: "O positivismo sustenta, e esta é sua essência, que aquilo de que podemos falar é tudo aquilo que importa na vida. Wittgenstein, ao contrário, crê apaixonadamente que tudo aquilo que importa na vida humana é justamente aquilo sobre o que, segundo seu modo de ver, devemos calar. Quando, apesar de tudo, ele se preocupa em delimitar aquilo que não é importante, não é a costa daquela ilha que ele quer examinar com tão meticulosa exatidão, e sim os limites do oceano".*

Caro Sr. v. Ficker,
junto com esta carta, envio-lhe o manuscrito. Por que eu não pensei logo no senhor? Todavia, creia, desde o primeiro momento pensei no senhor. Mas isto, na verdade, aconteceu em um tempo em que o livro não podia ser ainda publicado, dado que ele ainda não estava pronto. E, quando ficou pronto, estávamos em guerra, e assim de novo não podia pensar em uma ajuda sua. Mas agora conto com o senhor. E talvez lhe seja de ajuda que eu lhe escreva algumas palavras sobre meu livro: da leitura dele, com efeito, o senhor, e esta é minha exata opinião, não tirará grande coisa. O senhor, de fato, não o entenderá; o assunto lhe parecerá totalmente estranho. Na realidade, porém, ele não lhe é estranho, pois o sentido do livro é um sentido ético. Uma vez eu queria incluir no prefácio uma proposição, que agora de fato não há ali, mas que agora escreverei para o senhor, pois ela constituirá talvez para o senhor uma chave para a compreensão do trabalho. Com efeito, eu queria escrever que meu trabalho consiste de duas partes: daquilo que escrevi e, além disso, de tudo aquilo que *não* escrevi. E justamente esta segunda parte é a importante. Por obra de meu livro, o ético é delimitado, por assim dizer, a partir de dentro; e estou convicto de que o ético deve ser delimitado *rigorosamente apenas deste modo*.

Em poucas palavras, creio que tudo aquilo sobre o que *muitos* hoje *falam à toa*, eu em meu livro o coloquei firmemente em seu lugar, simplesmente calando sobre isso. E, por isso, o livro, a menos que eu não me engane completamente, dirá muitas coisas que também o senhor quer dizer, mas não percebe talvez que já foram ditas nele.

Eu o aconselharia que lesse o *prefácio* e a *conclusão*, pois são essas partes que levam o sentido do livro à sua expressão mais imediata [...].

Receba as mais cordiais saudações de seu devoto
Ludwig Wittgenstein

L. Wittgenstein,
Carta a Ludwig von Ficker.

4. A teoria dos jogos-de-língua

> *A teoria da linguagem como representação está errada. Não devemos procurar o significado de uma palavra, e sim seu uso: o uso de uma palavra ou de uma expressão é seu significado. Existem, em suma, funções diferentes das palavras, diferentes jogos-de-língua.*
> *"Para uma grande classe de casos – ainda que não para todos os casos – em que deles nos servimos, a palavra 'significado' pode ser definida: o significado de uma palavra é seu uso na linguagem".*
> *A filosofia tem exatamente a tarefa de descrever o funcionamento dos diferentes jogos-de-língua.*

11. Pense nos instrumentos que se encontram em uma caixa de utensílios: há um martelo, uma tenaz, um serrote, uma chave de fenda, um metro, uma panelinha para a cola, a cola, pregos e parafusos. São diferentes as funções destes objetos, assim como são diferentes as funções das palavras. (E há semelhanças aqui e acolá).

Naturalmente, o que nos confunde é a uniformidade no modo de apresentação das palavras que nos são ditas, ou que encontramos escritas e impressas. Com efeito, seu *emprego* não está diante de nós de modo igualmente evidente. E especialmente quando fazemos filosofia!

12. Assim como quando olhamos na cabine de uma locomotiva: nela há alavancas que têm

todas, mais ou menos, o mesmo aspecto. (Isso é compreensível, uma vez que todas devem ser pegas com a mão). Mas uma é a alavanca de uma manivela que pode ser deslocada de modo contínuo (regula a abertura de uma válvula); outra é a alavanca de um interruptor que permite apenas duas posições úteis: para cima e para baixo; uma terceira é parte da alavanca de freio: quanto mais fortemente é puxada, mais energicamente se freia; uma quarta é a alavanca de uma bomba: funciona apenas enquanto a movemos para cima e para baixo.

13. Dizendo: "cada palavra desta linguagem designa alguma coisa" ainda não dissemos *exatamente* nada; a menos que tenhamos determinado *qual* distinção desejamos fazer. [...]

14. Imagine que alguém diga: "*Todos* os instrumentos servem para modificar alguma coisa. O martelo, a posição de um prego; o serrote, a forma de uma tábua etc.". – E o que modificam o metro, o recipiente da cola, os pregos? – "Nosso conhecimento do comprimento de um objeto, da temperatura da cola, da solidez da caixa". Contudo, com esta assimilação da expressão ter-se-ia ganho alguma coisa?

15. A palavra "designar" encontra talvez sua aplicação mais direta nos casos em que o sinal é colocado sobre o objeto que ele designa. Suponha que os instrumentos que A utiliza para a construção tenham certos sinais. Se A mostra ao ajudante um destes sinais, ele lhe trará o instrumento provido com aquele sinal.

Assim, ou de modo mais ou menos semelhante, um nome designa uma coisa, e é dado um nome a uma coisa. Freqüentemente, enquanto filosofamos, revela-se útil dizer a nós mesmos: "Denominar uma coisa é como prender a um objeto um cartão que traz o nome dele". [...]

18. [...] Nossa linguagem pode ser considerada como uma velha cidade: um labirinto de ruas e de praças, de casas velhas e novas, e de casas com partes agregadas em tempos diferentes; e o todo circundado por uma rede de novos subúrbios com ruas retas e regulares, e casas uniformes. [...]

23. Todavia, quantos tipos de proposições existem? Por exemplo: afirmação, pergunta e ordem? Há *inumeráveis* tipos como esses, inumeráveis tipos diferentes de emprego de tudo aquilo que chamamos de "sinais", "palavras", "proposições". E essa multiplicidade não é algo fixo, dado de uma vez por todas; mas novos tipos de linguagem, novos jogos lingüísticos, como poderemos dizer, surgem e outros envelhecem e são esquecidos. (As mudanças da matemática poderiam dela nos dar uma imagem aproximativa).

Aqui a palavra "jogo lingüístico" destina-se a pôr em evidência o fato de que o *falar* uma linguagem faz parte de uma atividade, ou de uma forma de vida.

Considere a multiplicidade dos jogos lingüísticos contidos nestes (e em outros) exemplos:

- mandar, e agir conforme a ordem;
- descrever um objeto com base em seu aspecto ou em suas dimensões;
- construir um objeto com base em uma descrição (desenho);
- referir um acontecimento;
- fazer conjecturas a respeito do acontecimento;
- elaborar uma hipótese e pô-la à prova;
- representar os resultados de um experimento por meio de tabelas e diagramas;
- inventar uma história e lê-la;
- recitar no teatro;
- cantar em uma roda;
- "matar" charadas;
- fazer uma piada; contá-la;
- resolver um problema de aritmética aplicada;
- traduzir de uma língua para outra;
- pedir, agradecer, xingar, saudar, orar.

É interessante confrontar a multiplicidade dos instrumentos da linguagem e de seus modos de emprego, a multiplicidade dos tipos de palavras e de proposições, com aquilo que os lógicos disseram sobre a estrutura da linguagem. (É também o autor do *Tractatus logico-philosophicus*).

24. Quem não tem presente a multiplicidade dos jogos lingüísticos tenderá, talvez, a fazer perguntas como esta: "O que é uma pergunta?". É a constatação que não sei certa coisa assim e assim, ou a constatação que desejo que outro me diga...? Ou é a descrição de meu estado de espírito de incerteza? É o grito "Socorro!" – seria uma descrição desse tipo?

Pense em quantas coisas disparatadas são chamadas de "descrição": descrição da posição de um corpo por meio de suas coordenadas; descrição de uma expressão do rosto; descrição de uma sensação tátil, de um humor.

Naturalmente, podemos substituir a forma costumeira da pergunta com a da constatação, ou descrição: "Quero saber se...", ou então:

"Estou em dúvida se..."; porém, desse modo os diferentes jogos lingüísticos não foram muito aproximados um do outro.

A importância destas possibilidades de transformação, por exemplo, de todas as proposições assertivas em proposições que começam com a cláusula "Eu penso" ou "Eu creio" (e, portanto, por assim dizer, em descrições de *minha* vida interior) aparecerá mais clara em outro lugar. (Solipsismo).

25. Por vezes se diz: os animais não falam porque carecem das faculdades espirituais. E isso quer dizer: "não pensam e, portanto, não falam". Mas, exatamente: não falam. Ou melhor: não empregam a linguagem – se excetuarmos as formas lingüísticas mais primitivas –. O mandar, o interrogar, o contar, o conversar fazem parte de nossa história natural, assim como o caminhar, o comer, o beber, o brincar.

26. Pensamos que aprender a linguagem consiste em denominar objetos. Ou seja: homens, formas, cores, dores, estados de espírito, números etc. Conforme foi dito, denominar é semelhante a prender a uma coisa um cartão com um nome. Pode-se dizer que esta é uma preparação para o uso da palavra. Todavia, *para o quê* nos prepara?

27. "Nós as denominamos de coisas, e assim podemos delas falar, referirmo-nos a elas no discurso". Como se com o ato de denominar já estivesse dado aquilo que faremos a seguir. Como se houvesse uma só coisa que se chama "falar das coisas". Ao contrário, com nossas proposições, fazemos as coisas mais diversas. Pensemos apenas nas exclamações, com suas funções completamente diferentes.
Água!
Fora!
Ah!
Socorro!
Belo!
Não!
Agora você ainda está disposto a chamar estas palavras de "denominações de objetos"?

L. Wittgenstein,
Pesquisas filosóficas.

Capítulo décimo sétimo

A filosofia da linguagem. O movimento analítico de Cambridge e Oxford

I. A filosofia analítica em Cambridge

• A filosofia analítica inglesa ou filosofia da linguagem se desenvolveu sobretudo em dois centros: Cambridge e Oxford. Tal filosofia é mais um movimento do que uma escola. Entre os analistas (nem todos ingleses; mas em todo caso de língua inglesa) não há um *corpus* unitário de doutrinas; comum é, muito mais, entre eles uma espécie de ofício, um tipo de trabalho que se exerce "sobre" a língua para compreender melhor o funcionamento da "linguagem" e, portanto, ver melhor no mundo e nas experiências às quais a linguagem se refere.

> A filosofia analítica é mais um movimento do que uma escola
> → § 1

• Os três grandes filósofos de Cambridge são Bertrand Russell, George E. Moore (1873-1958) e Ludwig Wittgenstein. O interesse de Russell pela lógica e pela linguagem da ciência, o princípio de uso e a teoria dos jogos de língua do "segundo" Wittgenstein, e a filosofia de Moore estão na base da imponente tradição analítica de Cambridge, onde, entre outras coisas, nasceu (em 1933) a revista "Analysis".

O pensamento de Russell e Wittgenstein já foi exposto anteriormente. Da filosofia de Moore eis, a seguir, os pontos centrais: rejeição do idealismo, defesa da verdade do senso comum; proposta, na ética, da teoria intuicionista (segundo a qual o "bem" é uma noção indefinível, como o "amarelo"); um trabalho de análise que consiste no exame paciente e destrutivo (das "monstruosas" afirmações dos filósofos: "o tempo é irreal", "não existe o mundo externo" etc.). De Moore é preciso lembrar: *A rejeição do idealismo* (1903); *Principia ethica* (1903); *Defesa do senso comum* (1925).

> O trabalho de Russell e Wittgenstein; os núcleos teóricos da filosofia de Moore
> → § 1-2

• Sucessor de Moore na cátedra de Cambridge foi Wittgenstein, que depois de seu falecimento em 1951 foi sucedido por John Wisdom. Wisdom escreveu coisas interessantes sobre "mentes alheias". Também revalorizou com muita agudez a aventura metafísica. As afirmações metafísicas "são sintomas de penetração lingüística"; e os "paradoxos metafísicos" têm a função de abrir fendas entre os muros de nossos aparatos intelectuais, de escancarar novos horizontes, pôr novos problemas. Wisdom é autor de: *Problemas da mente e da matéria* (1934); *Outras mentes* (1952); *Filosofia e psicanálise* (1953).

> Wisdom e a função dos "paradoxos metafísicos"
> → § 3

• Em um olhar de conjunto, podemos dizer que a análise filosófica em Cambridge se configura como uma espécie de "terapia lingüística". Para Moore muitas confusões dos filósofos derivam do fato de que estes tentam dar respostas sem

> **A linguagem filosófica é uma linguagem doente que deve ser curada**
> → § 4
>
> compreender as perguntas. Wittgenstein está persuadido de que "o filósofo trata uma questão como uma doença". E Wisdom sustentou que uma perplexidade filosófica deve ser tratada como na psicanálise, no "sentido que o tratamento é o diagnóstico e o diagnóstico é a descrição completa dos sintomas".

1 Os filósofos de Cambridge: Russell, Moore e Wittgenstein

A filosofia analítica inglesa (ou, como também se diz, filosofia da linguagem) desenvolveu-se em dois centros, Cambridge e Oxford, tanto que se fala de *Cambridge-Oxford Philosophy*. E trata-se mais de *movimento* do que de escola. Entre os analistas (nem todos ingleses, mas, de qualquer forma, de língua inglesa), com efeito, não há um *corpus* unitário de doutrinas e *freqüentemente* não há concordância quanto aos resultados obtidos. *O que existe de comum é uma espécie de ofício*, uma mentalidade, um tipo de trabalho, que se exerce sobre a "língua" para ver como funciona a "linguagem", de modo que, entre outras coisas, o mundo (que para ser lido usamos a linguagem) nos apareça mais claramente e sempre mais profundamente. Em suma, na Cambridge-Oxford Philosophy respira-se *ar de família*.

Bertrand Russell foi estudante e professor em Cambridge. Além do seu, os nomes mais prestigiosos de Cambridge são os de G. E. Moore (1873-1958) e de L. Wittgenstein. A filosofia de Moore centrou-se na rejeição ao idealismo (*A rejeição ao idealismo*, 1903) e na defesa da veracidade do senso comum (*Defesa do senso comum*, 1925). Em filosofia da ética (*Principia ethica*, 1903), Moore combateu a "falácia naturalista" (segundo a qual o "bem" é uma qualidade observável nas coisas), e defendeu a que depois seria uma das correntes mais influentes da metaética analítica, isto é, o intuicionismo, ou seja, a idéia da indefinibilidade do "bem" (o "bem" é noção indefinível, como o "amarelo"). Moore foi substancialmente estranho ao mundo da ciência. Entretanto, era atraído pelas monstruosas afirmações daqueles intérpretes solitários do universo que são os filósofos ("o tempo é irreal", "não existe o mundo externo" etc.). E seu trabalho consistiu na análise paciente dessas monstruosas afirmações. Assim, Moore foi "o filósofo dos filósofos" e ensinou a fazer filosofia analítica.

Sucessor de Moore na cátedra de Cambridge, L. Wittgenstein, cuja "segunda" filosofia (a primeira é a do *Tractatus*) está centrada no *princípio de uso* e na teoria dos *jogos de língua*. Wittgenstein costumava repetir: "Não busqueis o significado, buscai o uso". E também: "O significado de uma palavra é o seu uso na língua". E a língua, no sentido já explicado acima, é um conjunto de "jogos de língua" *aparentados* um ao outro de modos diferentes. A função da filosofia é a de *descrever os usos* que fazemos das pa-

Bertrand Russel por ocasião da entrega do prêmio Kalinga em Paris, 1958.

lavras, e fazer emergir o conjunto das *regras* que regulam os diversos jogos de linguagem, que operam sobre o fundo das necessidades humanas, na determinação de um ambiente humano. E isso com o objetivo de eliminar as "cãibras mentais" originadas pelas confusões dos jogos de linguagem e pelo fato de se jogar um jogo com as regras de outro. Não se pode jogar xadrez com as regras do rúgbi. "O filósofo trata uma questão como uma doença". A filosofia é a batalha contra o enfeitiçamento lingüístico do intelecto.

2 A revista "Analysis"

Em Cambridge, portanto, Russell, Moore, Wittgenstein, M. E. Johnson, C. D. Broad e F. P. Ramsey, apesar das diversidades, sustentaram todos que a filosofia é *análise*, clarificação da linguagem e, portanto, do pensamento. E um produto dessa atmosfera foi a revista "Analysis", que, dirigida por A. Duncan-Jones, apareceu em 1933, e com a qual colaboraram, entre outros, L. S. Stebbing, C. A. Mace e o oxfordiano G. Ryle. "Analysis" se propunha a "publicar breves artigos sobre questões filosóficas circunscritas e definidas com precisão, questões relativas à clarificação de fatos conhecidos, ao invés de prolixas generalizações e abstratas especulações metafísicas sobre fatos possíveis ou sobre o mundo em sua totalidade".

Embora havendo acordo em torno desse programa máximo, imediatamente aflorou o problema: o que a análise analisa? Foi assim que Srta. Stebbing e John Wisdom, que depois sucedeu a Wittgenstein na cátedra de Cambridge, dedicaram-se a analisar o conceito de análise.

3 John Wisdom e as afirmações metafísicas como "paradoxos de exploração"

Wisdom (nascido em 1904) é hoje o mais conhecido filósofo de Cambridge. Profundamente interessado pelo problema da arte, da religião e das relações humanas, escreveu coisas refinadíssimas sobre as "mentes alheias" e analisou com simpatia a aventura metafísica, embora sem voltar às pretensões pré-neopositivistas dos metafísicos.

Para ele, "a metafísica é paradoxo", é "tentativa de dizer o que não se pode dizer"; as afirmações metafísicas são "sintomas de penetração lingüística". Os paradoxos (paradoxos em relação aos padrões "normais" de nossos usos lingüísticos) metafísicos — como as assertivas do solipsista, do defensor da irrealidade do mundo externo etc. — têm a função de abrir brechas entre as muralhas de nossos quadros intelectuais, de abrir novos horizontes, de nos propor novos problemas: com efeito, questões que não encontram resposta podem gerar problemas que têm solução.

Em suma, o filósofo é um *criador*. Deve ser "como quem viu muito e não esqueceu nada, e como quem vê cada coisa pela primeira vez". "Não apenas Cristóvão Colombo e Pasteur realizaram descobertas, mas também Tolstoi, Dostoiewski e Freud. Não são apenas os cientistas com seus microscópios que nos revelam coisas, mas também os poetas, os profetas, os pintores". Wisdom escreve: "Os artistas que mais fazem por nós não nos falam somente de países de fadas. Proust, Manet, Bruegel, até Botticelli e Vermeer, nos mostram a realidade. E no entanto, por um momento nos dão alegria sem ansiedade, paz sem tédio [...]".

4 A análise filosófica como "terapia lingüística"

Além de John Wisdom, é preciso recordar também G. A. Paul, M. Lazerowitz e N. Malcolm.

É certamente difícil, senão impossível, etiquetar o tipo de trabalho realizado em Cambridge. Mas, se o devêssemos fazer, diríamos que a característica desse trabalho é a análise filosófica concebida como *terapia*.

Moore estava persuadido de que muitas das confusões dos filósofos derivam do fato de que eles tentam dar respostas sem antes ter analisado as perguntas às quais respondem.

Para Wittgenstein, o filósofo trata de uma questão como de uma doença, e resolve assim os problemas, desatando os intricados nós lingüísticos de nosso cérebro.

E Wisdom é da opinião que uma perplexidade filosófica deve ser tratada como na psicanálise, "no sentido de que o tratamento é a diagnose e a diagnose é a descrição completa dos sintomas".

II. A filosofia analítica em Oxford

• No segundo pós-guerra o cenário intelectual de Oxford foi dominado por Gilbert Ryle e John L. Austin.

> *Ryle: a argumentação filosófica é uma reductio ad absurdum*
> → § 1

Ryle (1900-1976) é autor de um livro sobre Platão (*O progresso de Platão*, 1966) e do mais conhecido volume *O espírito como comportamento* (1949; título inglês: *The Concept of Mind*), em que se tenta eliminar a idéia de que exista uma alma em um corpo, o dualismo cartesiano de *res extensa* e *res cogitans*, o mito oficial do "espectro na máquina".

Preocupado com o tipo de trabalho exercido pelo filósofo, Ryle tratou disso em *Categorias* (1937) e *Argumentações filosóficas* (1945): aqui ele sustentou que o tipo de argumentação própria do pensamento filosófico é a *reductio ad absurdum*.

Filósofo da linguagem comum, Ryle distinguiu bem entre *uso da linguagem comum* e *uso comum da linguagem*; e a propósito veja-se o ensaio de 1953: *Linguagem comum*.

• O apelo à linguagem comum adquire maior peso em John L. Austin (1911-1960). A linguagem comum deve ser tomada em consideração porque é "rica" e, portanto, pode constituir um instrumento útil de análise e comparação para o filósofo que trabalha em áreas "filosoficamente quentes" e que se desenvolveram talvez sob o signo da super-simplificação.

> *Austin: A linguagem comum é a primeira e não a última palavra em filosofia*
> → § 2

Assim, se na linguagem comum se encontram, digamos, setenta expressões que graduam a atribuição de responsabilidade, quem pode dizer que tal riqueza de linguagem – surgida porque requerida por situações concretas – não poderá ser útil para o filósofo que está se ocupando da questão da responsabilidade?

Naturalmente – observa Austin – este apelo à linguagem comum não é a *última* palavra em filosofia; mas, notemos, ela é a *primeira*. "Utilizamos – escreve Austin em *Uma defesa para as desculpas*, 1956 – uma refinada consciência dos termos para afinar nossa percepção dos fenômenos". Em *Como fazer coisas com palavras* (1962) Austin examinou as expressões (enunciandos performativos) com as quais nós não tanto falamos de coisas e sim muito mais fazemos coisas (por exemplo: "Te prometo..."; "Declaro aberta a manifestação").

• "Filósofos da linguagem comum", no sentido anteriormente precisado, os filósofos de Oxford prestaram atenção:

– à *linguagem ético-jurídica* (basta recordar aqui *A linguagem da moral*, 1952, de Richard M. Hare; e *Filosofia moral contemporânea*, 1967, de Geoffrey J. Warnock);

– à *linguagem historiográfica* (Patrick Gardiner: *A natureza da explicação histórica*, 1961; William Dray: *Leis e explicações em história*, 1957);

> *Análise da linguagem moral, historiográfica, religiosa e metafísica*
> → § 3-6

– à *linguagem religiosa* (A. Flew, R. M. Hare, J. Hick, B. Mitchell etc.);

– à *linguagem metafísica* (P. F. Strawson, R. M. Hare, S. Hampshire, F. Waismann etc.).

1. G. Ryle: o trabalho do filósofo como correção dos "erros categoriais"

A partir de 1951, o movimento analítico de Oxford veio se afirmando sempre mais, até quantitativamente, ao contrário do de Cambridge, tanto que em 1953 havia em Oxford cerca de um milhar de pessoas interessadas em filosofia, enquanto em Cambridge elas não passavam de trinta.

Em Oxford, a cena intelectual foi dominada até duas décadas atrás por G. Ryle e J. L. Austin. Formado na Escola do realismo neo-aristotélico de Cook Wilson e seus discípulos, Ryle (1900-1976) escreveu um livro sobre Platão (*O progresso de Platão*, 1966), mas seu ponto de partida foi Aristóteles. Interessado pelas idéias de Husserl e Meinong no início dos seus estudos, estudou depois os positivistas lógicos. Em 1932, publicou o ensaio *Expressões sistematicamente desviantes*, onde, nas pegadas do primeiro Wittgenstein, expressões sistematicamente desviantes são aquelas cuja forma gramatical não corresponde à "estrutura lógica dos fatos", sendo reconhecíveis quando se vê que as suas conseqüências dão origem a antinomias e paralogismos.

Em *Categorias*, de 1937, Ryle sustenta que o ofício do filósofo deve se exercer sobre a linguagem para descobrir, corrigir e prevenir os erros lógicos, ou "erros categoriais", que consistem em atribuir um conceito a uma categoria à qual ele efetivamente não pertence, mas que apresenta com ela unicamente afinidades gramaticais. Em 1945, em *Argumentações filosóficas*, ele se propôs "mostrar a estrutura lógica de um tipo de argumento próprio do pensamento filosófico": para ele, esse tipo de argumento é a *reductio ad absurdum*.

Pois bem, o "ofício do filósofo", delineado nesses verdadeiros manifestos metodológicos e em outros ensaios, é exercido por Ryle em seu livro mais conhecido, *O espírito como comportamento*, de 1949, onde se analisam os *poderes lógicos* dos conceitos mentais e, através da *reductio ad absurdum*, procura eliminar aquele *erro categorial* que gerou o mito oficial do "espectro da máquina", ou seja, o mito dualista cartesiano de corpo e alma.

Gilbert Ryle (1900-1976) é o filósofo inglês conhecido por sua crítica ao dualismo cartesiano de "alma" e "corpo".

2. J. L. Austin: a linguagem comum não é a última palavra em filosofia

Filósofo da linguagem comum (cf. *Dilemas*, 1966), Ryle distinguiu oportunamente entre *uso da linguagem comum* e *uso comum da linguagem* (cf. *Linguagem comum*, 1953). E o recurso à *linguagem comum* torna-se ainda mais relevante em J. L. Austin (1911-1960).

Para Austin, com efeito, a linguagem comum deve ser tomada em consideração em si mesma, porque é "linguagem rica", já que a análise de áreas lingüísticas filosoficamente candentes (a percepção, a responsabilidade etc.) pode mostrar toda uma gama de expressões que existem porque são exigidas e, se são exigidas, é porque "dizem algo", ao passo que ficam de fora as super-simplificadoras dicotomias dos filósofos. Assim, por exemplo, se na linguagem comum encontramos cerca de setenta expressões que indicam gradações na atribuição de responsabilidades, por que o filósofo não deveria levá-las em conta? E mais: a análise da linguagem comum nos mostra entidades lingüísticas com as quais nós não tanto dizemos coisas, e sim fazemos coisas.

Em *Como fazer coisas com palavras* (1962), Austin justamente desenvolve a diferença entre enunciado constatativo ou indicativo e enunciado realizador ou executivo: o primeiro pode ser verdadeiro ou falso ("amanhã parto para São Paulo"), o segundo pode ser feliz ou infeliz ("eu te prometo que...", "juro que...", "declaro aberta a manifestação"). No curso da análise, porém, essa distinção vai se diluindo, pois também o enunciado indicativo parece ser realizador: com efeito, "amanhã parto para São Paulo" não é equivalente ao realizador "garanto e dou minha palavra de honra que amanhã parto para São Paulo"?

Sendo assim, Austin enfrentou a questão de outro ponto de vista. Realizando um ato rético, isto é, usando palavras segundo certo vocabulário e determinada gramática, cumpre-se um *locutionary act*. Por outro lado, ao dizer algo (*by saying something*) realiza-se um *illocutionary act* direto a partir daquilo que Austin chama de *illocutionary forces*: pergunta, prece, informação, ordem etc. Mas se *in saying something* se realiza um específico *illocutionary act*, com o dizer algo (*by saying something*) nós realizamos um *perlocutionary act*, por meio do qual produzimos sobre os outros determinados efeitos: nós os convencemos, surpreendemos, informamos, enganamos etc. Essas distinções já constituem patrimônio comum da filosofia analítica, assim como o sentido de seu apelo à linguagem comum e à visão da finalidade da análise. "A linguagem comum *não* é a última palavra: em princípio, ela pode ser sempre integrada, melhorada e superada. Mas deve-se notar que ela é a primeira palavra". E assim: "Nós não consideramos somente palavras [...], mas também a realidade, para falar da qual usamos palavras. Nós utilizamos uma consciência refinada dos termos para afinar nossa per-

Frontispício da primeira edição da obra de John Langshaw Austin (1911-1960) Como fazer coisas com palavras, que reúne um ciclo de aulas dadas em 1955.

cepção dos fenômenos" (*Uma defesa para as desculpas,* 1956).

3. A filosofia de Oxford e a análise da linguagem ético-jurídica

Ao lado dos nomes de Ryle e Austin, também destacam-se em Oxford os nomes de P. F. Strawson, A. J. Ayer, S. Hampshire, H. L. A. Hart, S. E. Toulmin, R. M. Hare, I. Berlin, D. Pears, A. Montefiore, P. Nowell-Smith e G. J. Warnock. Devido à diversidade de formação desses pensadores, e à diferença de seus âmbitos de investigação, também aqui é difícil, se não impossível, dizer o que é comum a todos eles. Mas, seja como for, a atenção à *linguagem comum* é mais ou menos constante na filosofia de Oxford. R. M. Hare, A. Montefiore, H. L. A. Hart, P. Nowell-Smith, G. J. Warnock e, pelo menos em grande parte, o próprio S. E. Toulmin, interessaram-se sobretudo (mas não exclusivamente) pelo problema ético, ou seja, a análise da linguagem moral e, de quando em vez, pela linguagem jurídica e política.

No livro *Pensamento e ação* (1960), S. Hampshire indagou a questão da liberdade humana e de sua relação com o conhecimento, tema ao qual voltou em 1965 com o livro *Liberdade do indivíduo.* Hampshire repele decididamente a idéia cristalizada de que quanto mais conhecemos os mecanismos da mente humana, mais se restringe a área da decisão livre; na opinião de Hampshire, ocorre o contrário, ou seja, quanto mais conheço minha mente, mais estou em condições de agir de modo livre e consciente.

4. P. F. Strawson e a metafísica descritiva

Peter F. Strawson é hoje uma figura de primeiro plano entre os filósofos de Oxford. Sua *Introdução à teoria lógica* é de 1952, trabalho com o qual se propunha os seguintes objetivos complementares: "O primeiro é o de destacar alguns pontos de contraste e de contato entre o comportamento das palavras na linguagem comum e o comportamento dos símbolos em um sistema lógico; o segundo é o de esclarecer, em nível introdutório, a natureza da própria lógica formal".

Seu livro mais conhecido, de 1959, é *Indivíduos. Ensaio de metafísica descritiva,* onde, por "metafísica descritiva", Strawson entende exatamente a descrição dos conceitos de fundo com os quais nos relacionamos com a realidade. Essa metafísica descritiva deve-se distinguir da metafísica revisionista, preocupada em mudar as estruturas de leitura do mundo.

O livro *Indivíduos* está dividido em duas partes. "A primeira parte procura estabelecer a posição central que os corpos materiais e as pessoas ocupam entre os particulares em geral. Mostra-se que, em nosso esquema intelectual, assim como ele é, os particulares dessas duas categorias são particulares básicos ou fundamentais, que os conceitos de outros tipos de particulares devem ser secundários em relação aos conceitos delas. Na segunda parte do livro, o objetivo é o de estabelecer e explicar a conexão entre a idéia de um particular em geral e a de um objeto de referência ou sujeito lógico". Em suma, para Strawson, o conceito de pessoa é conceito primitivo. Ele está persuadido de que a concepção comum ignora a noção cartesiana de estados de consciência estritamente privados. E isso porque admite "um tipo de entidade em que *tanto* os predicados que atribuem estados de consciência *como* os predicados que atribuem características morais, uma situação física etc., são aplicáveis a todo indivíduo desse tipo".

5. S. Hampshire e A. J. Ayer: um desacordo sobre a volta a Kant

Como se vê, a metafísica descritiva de Strawson é uma volta a Kant, realizada por via lingüística: com efeito, o *a priori* de Kant é projetado nas estruturas lingüísticas em Strawson. Nessa questão Hampshire está muito próximo de Strawson. E a propósito ele escreve que, "como mostraram Kant e Wittgenstein [...], é preciso que comecemos da situação real humana que condiciona todo nosso pensamento e linguagem". E isso porque, na opinião dele, "sob todas as gramáticas particulares das diversas línguas, há uma gramática mais profunda, que reflete os aspectos universais da experiência humana.

A tarefa que nos espera como filósofos é a de penetrar nessa gramática mais profunda".

Mas esse "projeto" de Hampshire não parece ter a concordância de A. J. Ayer, autor daquele que foi um verdadeiro clássico do neopositivismo na Inglaterra, isto é, *Linguagem, verdade e lógica* (1936). Profundamente interessado pelos problemas do conhecimento por ele analisados na e através da linguagem, Ayer escreveu que "há um perigo em seguir Kant: é o perigo de sucumbir a um tipo de antropologia apriorística e presumir que certas características fundamentais do sistema conceitual próprio a nós são necessidades de linguagem, que é o equivalente moderno da necessidade de pensamento".

6. F. Waismann: a filosofia não pode ter apenas uma tarefa terapêutica

No espírito do convencionalismo lingüístico também se situa o pensamento de F. Waismann, sempre elegante e agudo em seus límpidos escritos. Waismann iniciou seu trabalho em filosofia como assistente de Schlick e, portanto, como neopositivista. Mas desde o início ele se aproximou das perspectivas de Wittgenstein, como testemunham o ensaio sobre a *probabilidade* publicado em "Erkenntnis" em 1930 e sua *Introdução ao pensamento matemático,* de 1936, onde rejeita decididamente a idéia de que a matemática possa se "basear na lógica". Waismann afirma que "a matemática não se baseia em nada": "Nós podemos descrever a matemática, isto é, indicar suas regras, mas não baseá-la em algo. Ademais, o método de basear uma idéia sobre outra não pode bastar para nós, o que deriva desta simples consideração: em algum ponto ele tem de acabar, remetendo-nos a alguma idéia que, por seu turno, não pode se basear em nada. A última base é constituída unicamente pela postulação. Tudo aquilo que tem o aspecto de uma *fundamentação* já contém algo de falso, o que não pode satisfazer".

Esse convencionalismo permeia toda a produção filosófica de Waismann. Aqui, basta recordar seu ensaio *Verificabilidade*, no qual Waismann sustenta que uma experiência "fala por" ou "fala contra", "mais fortemente", "corrobora" ou "enfraquece" uma proposição, mas nunca a confirma ou não a confirma. Analogamente, em sua inacabada série de artigos sobre "Analytic-Synthetic", publicada em "Analysis" (1949-1952), Waismann se opõe à tendência "dos filósofos da linguagem comum" a acentuar as "regras" e a "correção". Ele tenta eliminar as barreiras que separam tipos de proposições: a correção, escreve ele, é o último refúgio daqueles que não têm nada a dizer.

E é precisamente por isso que Waismann não quer atribuir à filosofia uma função puramente terapêutica, vendo muito mais nela um elemento criativo, que a leva a destruir as ferrugens lingüísticas que nos paralisam.

"A filosofia — escreve Waismann — é visão. O característico da filosofia é a penetração na crosta enrijecida constituída pela tradição e pela convenção, rompendo as amarras que nos vinculam a heranças anteriores, de modo a alcançar um modo novo e mais poderoso de ver as coisas".

III. A filosofia analítica e a "redescoberta" do significado da linguagem metafísica

> • Na atmosfera liberalizada a partir das cerradas críticas ao princípio de verificação (por meio do qual os neopositivistas vienenses haviam rejeitado como cúmulo de não-sensos qualquer metafísica), a partir da introdução do princípio de uso do "segundo" Wittgenstein, a partir do mesmo critério popperiano de fasificabilidade (que é um critério de demarcação entre ciência empírica e não-ciência, e não um critério de significância, árbitro do senso ou não-senso das proposições), e na convicção de que a filosofia não pode ser apenas terapia, mas que ela, em suas expressões maiores é, para dizer com Waismann, visão – em tal atmosfera e à luz desta convicção em Oxford desapareceu a angústia em relação à metafísica.
>
> A "redescoberta" da metafísica → § 1-2
>
> Portanto, é um não senso afirmar que a metafísica é um não senso; a metafísica é uma visão que nos permite ver a realidade de modo novo; é visão e, portanto "paradoxo", enquanto deve romper com os esquemas conceituais velhos; algumas metafísicas podem gerar hipóteses científicas: "aquilo que começa como metafísica pode terminar como ciência" (P. F. Strawson); no mais das vezes as teorias metafísicas desenvolvem funções morais, políticas, de substituição ou negação ou apoio de fés religiosas.
>
> O papel da metafísica → § 3

1. Grandes problemas que os filósofos analíticos procuraram resolver

Pesquisas específicas foram realizadas pelos filósofos analíticos não só sobre a *linguagem comum*, mas também, por exemplo, sobre a *linguagem política*, a *ética*, a *historiográfica*, a *jurídica* e a *religiosa*.

– O que é típico de uma norma ética? Como a linguagem da ética se distingue das ciências empíricas? Como as normas éticas "se fundamentam"?

– O historiador, quando escreve sobre história, constrói uma ciência como a física, ou a história é uma ciência *sui generis*? Que tipo de explicação é uma explicação histórica? Qual é a função das leis gerais na historiografia? O que é que transforma um fato qualquer em um fato histórico?

– Qual significado têm termos da linguagem religiosa que não podem se referir a experiências observáveis? Que tipos de critérios é possível exibir para a aceitação de uma fé religiosa? Como é possível falar de Deus?

Estes são problemas (alguns "clássicos") que os filósofos da linguagem procuraram e procuram resolver.

2. Nova atitude em relação à metafísica

Mas, em todo caso, é de grande importância ver como na filosofia analítica tenha mudado a atitude iconoclástica que os neopositivistas tinham assumido em relação à *linguagem metafísica*. Com efeito, os filósofos do *Wiener Kreis*, equipados com o princípio de verificação, sustentaram que os discursos metafísicos são discursos privados de significado próprio porque não verificáveis e, portanto, não redutíveis à linguagem "coisal" das ciências físico-naturalistas.

O princípio de verificação, porém, deve ter tido vida dura:

1) em primeiro lugar tal princípio parece autocontraditório;

2) em segundo lugar, não é preciso saber muito para compreender que ele, enquanto tribunal de última instância, era

criptometafísico: quer-se jogar xadrez com as regras do rúgbi;

3) e além disso ele — doente de finitismo e indutivismo — não se mostrou capaz de satisfazer as leis universais das ciências empíricas.

E foi assim que todas estas críticas levaram de um lado à proposta, por parte de Popper, do critério de falsificabilidade como critério de demarcação (e não de significância, como era, ao contrário, o princípio de verificação) entre teorias empíricas ou científicas e teorias não empíricas mas que todavia têm seu sentido, e do outro à introdução, por parte de Wittgenstein, do princípio de uso.

Pois bem, na atmosfera liberalizada pelo critério de falsificabilidade e pelo princípio de uso, na filosofia de língua inglesa desapareceu a angústia neopositivista em relação à metafísica. Sem dúvida, *as asserções metafísicas não são nem tautológicas nem falsificáveis, mas não estão privadas de sentido*. Também elas têm um uso, ou melhor, usos que é preciso individuar e não tanto condenar.

3. Os resultados mais significativos na reflexão sobre a metafísica

Em síntese, os seguintes pontos representam os resultados mais significativos que, a partir da filosofia analítica, foram obtidos na reflexão sobre a metafísica.

1) É um não senso afirmar que a metafísica é um não senso.

2) A "cãibra mental" na reflexão sobre a metafísica aparece quando pretendemos que a metafísica seja "informativa" da mesma forma que as ciências empíricas.

3) A metafísica é um *new way of seeing*, um *blick* (o termo foi cunhado por Hare e corresponde, grosso modo, a "perspectiva"), uma visão que nos permite olhar o universo inteiro como se este se encontrasse em sua primeira manhã. Junto com o Wittgenstein das *Pesquisas* poderemos repetir ao metafísico: "Descobriste, antes de tudo, um novo modo de conceber as coisas. Como se tivesses encontrado um novo modo de pintar; ou então um novo metro, ou um novo gênero de canções".

4) A metafísica é visão e, portanto, paradoxo. Os paradoxos, ou seja, as asserções metafísicas, são terremotos de nosso *establishment* lingüístico-conceitual. As metafísicas proíbem a esclerose do pensamento.

5) As funções realizadas pelas metafísicas são tarefas morais, políticas, de asseguração psicológica, de apoio ou de substituição dos fins da religião.

6) As metafísicas podem desenvolver a importante função de gerar hipóteses científicas. São questões cientificamente insolúveis que põem, todavia, na maioria das vezes, problemas que encontram depois uma solução. De fato, disse Strawson, "aquilo que começa como metafísica pode acabar como ciência". E isso porque "uma reconstrução filosófica sistemática de conceitos e de formas de linguagem pode por vezes ter uma aplicação em ramos de conhecimento diferentes da filosofia". E não diversamente de Strawson pensa, a propósito de tal questão, K. R. Popper, para o qual "a maior parte dos sistemas metafísicos pode ser reformulada de modo tal a se tornarem problemas de método científico". A metafísica, portanto, pode ser a aurora da ciência. Descartes gerou Newton, Hegel alguns historiadores, e Marx muita sociologia e muita historiografia.

7) Se a metafísica é visão, ou seja, "um modo de ordenar ou de organizar o conjunto das idéias com as quais lemos o mundo, então, se não somos reformadores metafísicos, uma tarefa útil é a de penetrar naquela gramática mais profunda que reflete os pressupostos de todo nosso pensamento e experiência". E com isso estamos naquela que Strawson chamou de *metafísica descritiva* e da qual nos ofereceu um ensaio em *Indivíduos*.

8) A metafísica não é um conjunto de proposições ligadas aos dois extremos da eternidade. As metafísicas, em outras palavras, não devem ser vistas como animais empalhados, mas dinamicamente, como outros organismos que nascem, crescem, proliferam e morrem.

STRAWSON

1. O que começa como metafísica pode terminar como ciência

> *Idéias que permaneceram, por períodos mais ou menos longos, empiricamente incontroláveis – e, portanto, metafísicas – sucessivamente se tornaram, com o crescimento do saber de fundo, teorias científicas; o exemplo clássico é o do atomismo antigo. Uma concepção análoga à que Strawson defende aqui pode ser encontrada também em pensadores como Popper e em não poucos historiadores da ciência.*

O que dizer do aspecto imaginativo da filosofia? Obviamente nem a habilidade no uso das técnicas para a construção dos sistemas nem o olho arguto para os fatos lingüísticos é de auxílio direto para a tarefa *explicativa*. Mas, quando nos voltamos para o aspecto *inventivo* ou *construtivo* – também se poderia dizer o aspecto metafísico – a coisa mostra-se diferente. Aquele que constrói um sistema, guiado por ideais de elegância e exatidão quase matemática, fornece-nos os modelos dos modos segundo os quais poderíamos ter pensado e falado, caso tivéssemos sido criaturas menos complexas e menos diferentes do que somos. Ao assim proceder, como já disse, ele pode lançar muita luz, tanto direta como indireta, sobre os aspectos fundamentais dos modos com que nós de fato pensamos e falamos. E isso não é tudo. Uma reconstrução sistemática dos conceitos e das formas lingüísticas, realizada pelo filósofo, por vezes pode ter uma aplicação em ramos do conhecimento diversos da filosofia. Pode fornecer instrumentos úteis e também indispensáveis para o progresso da matemática e das ciências a ela ligadas. E nessa atividade de novo há uma concordância com as especulações inventivas da metafísica mais tradicional. O que começa como metafísica pode terminar como ciência.

P. F. Strawson,
Construção e análise, em W.AA.,
A reviravolta lingüística em filosofia.

GRICE, PEARS, STRAWSON

2. O metafísico "re-projeta todo o mapa do pensamento"

> *A metafísica é um empreendimento teórico em que se tenta re-ordenar ou re-organizar o conjunto das idéias por meio das quais pensamos e lemos o mundo e a realidade.*

O empreendimento metafísico emerge, principalmente, como tentativa de re-ordenar ou de re-organizar o conjunto das idéias com as quais pensamos o mundo; assimilando uma à outra coisas que em geral distinguimos, distinguindo outras delas que, ao contrário, normalmente assemelhamos, promovendo certas idéias a posições-chave, e degradando ou eliminando outras. É em primeiro lugar um tipo de revisão conceitual que o metafísico empreende, um re-projetar o mapa do pensamento – ou parte dele – em novo plano. Naturalmente, tais revisões são freqüentemente empreendidas *dentro* de setores particulares do pensamento humano e, então, não são empreendimentos metafísicos. Mas a revisão que o metafísico empreende, por mais que possa ser empreendida nos interesses – ou nos supostos interesses – da ciência, ou à luz da história, ou por causa de uma crença moral qualquer, é sempre de ordem diferente de uma revisão puramente setorial. Com efeito, entre os conceitos que ele manipula há sempre alguns – como conhecimento, existência, identidade, realidade – que, como disse Aristóteles, são comuns a todas as disciplinas setoriais. Em parte por esta razão, a revisão metafísica volta-se para a globalidade, re-sistematiza tudo [...]. O metafísico *par excellence* [...] com mais ou menos temeridade, ingenuidade e imaginação, re-projeta todo o mapa [do pensamento].

H. P. Grice,
D. F. Pears,
P. F. Strawson,
Metaphysics, em W.AA.,
The Nature of Metaphysics.

WAISMANN

3 "É um *nonsense* dizer que a metafísica carece de sentido"

> *A característica mais essencial da metafísica é que a filosofia é visão. "Todo grande filósofo é guiado pelo sentido da visão: sem ele ninguém teria podido dar nova direção ao pensamento humano ou abrir janelas para o ainda-não-visto".*

Perguntar: "Qual é o vosso objetivo em filosofia?" e responder: "Mostrar à mosca o caminho de saída da garrafa", é... bem, por respeito, vou calar aquilo que estava para dizer. Exceto isto: existe algo de profundamente excitante em torno da filosofia, e esse fato permanece incompreensível de um ponto de vista tão negativo. Não é uma questão de "esclarecimento dos pensamentos", nem de "uso correto da linguagem", nem de qualquer outra dessas malditas coisas. O que é, então? A filosofia é muitas coisas, e não há fórmula capaz de compreendê-las todas. Todavia, caso se peça para exprimir em uma só palavra qual é sua característica mais essencial, eu diria sem hesitação: a visão. No fundo de toda filosofia digna deste nome existe a visão, e é daí que ela brota e toma sua forma visível. Quando digo "visão", é exatamente isso que entendo: não quero fazer-me de romântico. O que é característico da filosofia é a penetração naquela crosta esclerosada que é constituída pela tradição e pela convenção, rompendo aqueles laços que nos vinculam a preconceitos herdados, de modo a chegar a um modo novo e mais poderoso de ver as coisas. Sempre se teve a sensação de que a filosofia devesse revelar-nos aquilo que está escondido. (E eu de fato não sou insensível aos perigos de uma concepção desse tipo). Todavia, de Platão a Moore e Wittgenstein, todo grande filósofo foi guiado por um sentido da visão: sem ele ninguém teria podido dar uma nova direção ao pensamento humano ou abrir janelas para o ainda-não-visto. [...] O que é decisivo é um novo modo de ver e, em concomitância com isso, a vontade de transformar todo o cenário intelectual. Este é o elemento essencial e qualquer outra coisa está subordinada a isso [...].

Vamos dar um único exemplo de visão em filosofia. Wittgenstein viu um grande erro de seu tempo. Sustentava-se então por muitíssimos filósofos que a natureza de coisas como a esperança e o temor, ou como o entendimento, o significado e a compreensão, pudesse ser descoberta por meio da introspecção, enquanto outros, especialmente os psicólogos, procuraram chegar a uma resposta por meio do experimento, tendo apenas noções obscuras a respeito do significado de seus resultados. Wittgenstein mudou todo o modo de enfrentar a questão, dizendo: aquilo que estas palavras significam revela-se pelo modo com que são usadas; a natureza do compreender se revela na gramática, e não no experimento. Esta foi então uma autêntica revelação e veio-lhe, pelo que me lembro, de improviso.

A concepção aqui sustentada é que no centro vivo de toda filosofia há uma visão e que ela deveria ser julgada conseqüentemente. As questões realmente importantes que devem ser discutidas na história da filosofia não são se Leibniz ou Kant fossem coerentes, como eram, em seus raciocínios, mas muito mais o que se esconde por trás dos sistemas que construíram. É aqui desejo terminar, dizendo algo sobre a metafísica.

É carente de sentido dizer que a metafísica é carente de sentido. Dizendo isto não se reconhece o imenso papel desenvolvido, ao menos no passado, por aqueles sistemas. Por que sejam assim, por que eles tenham tal influência sobre a mente humana, não tentarei sequer discutir sobre isso. Os metafísicos, como os artistas, são as antenas de seu tempo: têm o faro para farejar por qual caminho o espírito se move. (Sobre este assunto há uma poesia de Rilke). Há algo de visionário nos grandes metafísicos, como se tivessem o poder de ver além dos horizontes de seu tempo. Tomemos, por exemplo, a obra de Descartes. Que ela tenha dado origem a infinitas cavilações metafísicas, é sem dúvida uma coisa que depõe em seu desfavor. Todavia, quando se dá mais atenção ao espírito do que às palavras, estou muito inclinado a dizer que nela há certa grandeza, um aspecto profético da compreensibilidade da natureza, uma corajosa antecipação daquilo que muito mais tarde foi adquirido pela ciência. Os verdadeiros sucessores de Descartes foram aqueles que traduziram o espírito daquela filosofia nos fatos, não Spinoza ou Malebranche, mas Newton e os fautores da descrição matemática da natureza.

F. Waismann,
Análise lingüística e filosofia.

ESPIRITUALISMO, NOVAS TEOLOGIAS E NEO-ESCOLÁSTICA

"O presente e o futuro, a experiência e a esperança se contradizem na escatologia cristã, que não leva o homem a resignar-se e pôr-se em acordo com a realidade dada, mas o envolve no conflito entre esperança e experiência.

Jürgen Moltmann

"Nosso passado inteiro nos segue em cada momento [...]; o que ouvimos, pensamos e quisemos desde a primeira infância está lá, inclinado sobre o presente, que está para absorver em si, premente à porta da consciência".

Henri Bergson

"Cristo não auxilia em virtude de sua onipotência, mas em virtude de sua fraqueza, de seu sofrimento: aqui reside a diferença determinante em relação a qualquer outra religião".

Dietrich Bonhoefer

QUINTA PARTE

Capítulo décimo oitavo

O espiritualismo como fenômeno europeu _____ 335

Capítulo décimo nono

Henri Bergson e a evolução criadora _____ 347

Capítulo vigésimo

A renovação do pensamento teológico no século XX _____ 363

Capítulo vigésimo primeiro

A neo-escolástica, a Universidade de Louvain, a Universidade Católica de Milão e o pensamento de Jacques Maritain _____ 385

Capítulo décimo oitavo

O espiritualismo como fenômeno europeu

I. O espiritualismo: gênese, características e expoentes

> • O espiritualismo é um fenômeno europeu; e é uma das formas da reação ao positivismo que teve lugar entre o século XIX e o século XX.
> O propósito de fundo dos *espiritualistas* foi o de estabelecer – contra o positivismo – a irredutibilidade do *homem* à *natureza*. Um programa desse tipo pressupõe que a filosofia não possa ser absorvida pela ciência, pois há problemas, soluções e procedimentos de pesquisas próprios dela. E focaliza a especificidade do *homem* em relação à *natureza*, pois o homem é *interioridade* e *liberdade*, *consciência* e *reflexão*.
> O instrumento de pesquisa – ignorado pelos positivistas – é a escuta das vozes da consciência ou, para usar as palavras de Plotino, "a volta da alma a si própria". Deus enquanto *espírito absoluto* e o homem enquanto *espírito finito* constituem os dois núcleos mais consistentes da filosofia espiritualista.

A tarefa dos espiritualistas: defender a irredutibilidade do homem à natureza
→ § 1-2

1. A reação ao "reducionismo" positivista

Entre o século XIX e o século XX ocorreu na Europa uma reação ao positivismo que teve em suas primeiras fileiras toda uma gama de pensadores que podem muito bem ser reunidos sob o nome de *espiritualistas*. Em primeiro lugar, deve-se dizer logo que a preocupação mais premente do espiritualismo, em suas várias manifestações, é a de estabelecer a irredutibilidade do *homem* à *natureza*, contrariamente ao positivismo.

Esse programa voltou-se para a identificação de grupos de acontecimentos (valores estéticos, valores morais, liberdade da pessoa, finalismo da natureza, transcendência de Deus) que constituem o "mundo do espírito" e para a elaboração de caminhos ou procedimentos típicos para indagar e falar sobre o mundo do espírito, caminhos ou procedimentos irredutíveis aos que são próprios das ciências da natureza.

Não que o positivismo desleixasse os "fatos humanos"; pelo contrário. O que o positivismo fazia era reduzir os fatos humanos, *todos* os fatos humanos, à *natureza*. E quem deveria se ocupar da natureza humana e de seus produtos (jurídicos, morais, econômicos, estéticos, religiosos etc.), com método não muito diferente do das ciências naturais, seria a sociologia ou a economia ou, por exemplo, a historiografia, entendidas como ciências positivas.

Não existe nada fora dos *fatos* — dos fatos positivos. E é preciso encontrar as leis que determinam esses fatos positivos. Desse modo o positivismo, enquanto por um lado cancelava a pretensão da filosofia tradicional de se posicionar como conjunto de teorias precisamente filosóficas (ou metafísicas) não redutíveis às da ciência, teorias filosóficas construtíveis e justificáveis com métodos diferentes dos da ciência, por outro lado negava precisamente esses "fatos" (como a liberdade da pessoa humana, a interioridade da consciência, a irredutibilidade dos valores a fatos ou à transcendência de Deus) que, para o espiritualismo, são "fatos" tão obstinadamente *reais* quanto os fatos naturais, "fatos" que é preciso tratar por caminhos independentes dos fatos da ciência.

2 As idéias básicas do espiritualismo

Determinados esses dados, já não é difícil fixar alguns dos pilares em torno dos quais se articula o programa do espiritualismo.

1) A filosofia não pode, de modo nenhum, ser absorvida pela ciência. Ela se distingue da ciência pelos problemas de que trata, pelos resultados que obtém e pelos procedimentos que adota.

2) Essa idéia de filosofia tem como pressuposto a constatação da especificidade do homem em relação a toda a natureza: o homem é *interioridade* e *liberdade*, *consciência* e *reflexão*.

3) Essa especificidade do homem exige instrumento de investigação desconhecido aos positivistas, ou seja, ouvir as vozes da *consciência* ou, para falar com Plotino, "o retorno da alma para si mesma".

4) A realização dos objetivos do espiritualismo implica não somente a crítica ao cientificismo positivista, mas também a investigação sobre a estrutura e os limites do saber científico propriamente dito.

5) Se o espiritualismo pode ser visto como reação ao positivismo, em nome de interesses morais e religiosos insubstituíveis, ele também entra em confronto com o idealismo romântico, que identifica o infinito com o finito: o espiritualismo enfatiza a transcendência do absoluto ou de Deus em relação às consciências individuais.

6) Para o espiritualista, Deus também é igualmente transcendente em relação à natureza, que é causalmente determinada, mas com base em desígnio finalista e providencial superior.

7) O termo "espiritualismo" remonta a Cousin, mas — como foi bem ressaltado pelos estudiosos — a atitude própria da filosofia espiritualista é muito antiga: basta pensar em Plotino, em Agostinho e na "verdade que habita na interioridade da alma", no "cogito" de Descartes, no "esprit de finesse" de Pascal, na "autoconsciência" e na "consciência" dos românticos, ou na "experiência interior" dos empiristas.

8) Deus enquanto *espírito absoluto* e o homem enquanto *espírito finito* são os pólos de atração da filosofia espiritualista. E o homem é espírito, como escreve Louis Lavelle, já que é a única atividade que merece esse nome. Com efeito, enquanto toda outra atividade material é causada e sofrida, o homem é atividade causante e agente: "Não apenas o espírito é aquilo que nunca é coisa ou objeto, existindo unicamente por força do seu próprio exercício, mas, além disso, sejam quais forem as condições que supõe, ele é sempre livre iniciativa e primeiro começo de si mesmo. Ele se cria a partir de si mesmo em cada instante". E, produzindo-se a si mesmo, "produz também, não as coisas, mas o sentido das coisas".

Victor Cousin (1792-1867) é o filósofo francês ao qual remonta o termo "espiritualismo". Aqui é reproduzido um retrato de L. H. Mouchot (Museu de Versailles).

II. As diversas manifestações do espiritualismo na Europa

• O representante mais conhecido do espiritualismo inglês é – além do psicólogo James Ward (1843-1925) – Clement C. J. Webb (1865-1954), autor de *Deus é personalidade* (1919) e crítico, em nome de um Deus-pessoa, do absoluto impessoal dos idealistas.

Os espiritualistas na Inglaterra → § 1

• São muitos os filósofos espiritualistas na Alemanha: o filho de Fichte, Hermann Fichte (1796-1879); Eduard von Hartmann (1842-1906, autor da *Filosofia do inconsciente*, 1869); Afrikan Spir (1837-1890); Rudolph Eucken (1846-1926, prêmio Nobel em 1908, autor de *A validade da religião*, 1901).

Em todo caso, o mais influente espiritualista alemão foi Rudolph Hermann Lotze (1817-1881), médico e professor de filosofia primeiro em Göttingen e depois em Berlim. Autor de uma *Metafísica* (1841) e de uma importante obra em três volumes com o título *Microcosmo. Idéias sobre a história natural e sobre a história da humanidade* (1856-1864), Lotze aceita o mecanicismo; mas este é um *fato* que deve ser explicado; e sua explicação leva a concluir que "todo o ser não pode existir assim como é, a não ser pelas razões de que assim e não de outro modo nele se manifesta o valor eterno do bem".

Na Alemanha → § 2

• Na Itália o espiritualismo encontra um expoente ilustre em um pensador, grande conhecedor da filosofia contemporânea, e homem de nobre coerência moral: Pedro Martinetti (1872-1943), um dos pouquíssimos professores universitários que souberam renunciar à cátedra em vez de jurar fidelidade ao fascismo. Suas obras de relevo são: *Introdução à metafísica* (1904); *A liberdade* (1929); *Razão e fé* (1934); *Jesus Cristo e o cristianismo* (1936).

Na Itália → § 3

"A religião, para Martinetti, é essencialmente *mística*, e, quando tende a enrijecer-se em fórmulas, tem necessidade da filosofia para rejuvenescer, renovando seus símbolos" (V. Mathieu).

• A série dos espiritualistas franceses é cerrada e rica de valiosas idéias. Recordamos apenas Jules Lequier (1814-1862), Félix Ravaisson (1813-1900), Émile Boutroux (1845-1921) e Maurice Blondel (do qual falaremos à parte).

Boutroux quis defender o espiritualismo levando o ataque para dentro da própria ciência. Ele – em um trabalho destinado a grande notoriedade: *Da contingência das leis da natureza* (1874) – insiste sobre o fato de que a ciência nos revela *ordens de realidades irredutíveis*; assim, matéria, mundo orgânico e homem são ordens de realidade cada uma das quais não é explicável com base na anterior, pelo fato de que contém elementos *originais, novos* e, portanto, *contingentes*. Contingentes no sentido de que não derivam necessariamente dos graus inferiores.

Na França → § 4

Desse modo Boutroux pode opor ao determinismo seu contingentismo: há um *salto* da ordem química para a biológica; e há um salto da ordem biológica para a espiritual: "a vida espiritual é irredutível à vida orgânica, ao menos porque, na vida interior do homem, o *motivo* não é a causa necessitante".

1 O espiritualismo na Inglaterra

É verdade o que Lavelle escreveu, isto é, que "a filosofia francesa é, por excelência, uma filosofia da consciência". E também é verdade que o espiritualismo alcançaria seus resultados de maior relevância precisamente na França (com Ravaisson, Boutroux, Blondel e, sobretudo, com Bergson). Entretanto, não podemos silenciar sobre um fato de notável importância, ou seja, que o espiritualismo se configurou como *grande fenômeno europeu*, envolvendo o pensamento inglês, alemão e italiano, além do francês.

Os representantes mais conhecidos do espiritualismo inglês são Arthur James Balfour (1848-1930), Clement C. J. Webb (1865-1954), o psicólogo James Ward (1843-1925) e Andrew Seth Pringle-Pattison (1856-1931).

Este último desenvolveu seu espiritualismo polemizando contra a abstração lógica hipostatizada que é a "consciência absoluta" dos neo-idealistas como Green ou Bradley.

Webb também criticou o absoluto impessoal dos idealistas e afirmou (em trabalhos como *Os problemas da relação entre o homem e Deus*, 1911, e *Deus é personalidade*, 1919) que somente um Deus-pessoa satisfaz as exigências mais profundas de experiência religiosa autêntica. E é por essa razão que Webb chega a definir a experiência religiosa como a certeza de uma relação pessoal com Deus.

James Ward (*Naturalismo e agnosticismo*, 1899; *O reino dos fins ou pluralismo e teísmo*, 1911) voltou-se, por sua vez, contra o naturalismo e o agnosticismo. Ward vê na natureza e na história a ação de multiplicidade de *mônadas*, que, em diversos graus de desenvolvimento, tendem à autoconservação, avançando finalisticamente na direção de uma coordenação progressiva, que pressupõe, como já vira Leibniz, um teísmo, ainda que, para Ward, esteja claro que a única prova da existência de Deus, como ocorria para Kant, baseia-se na vida moral e se resolve, portanto, no âmbito da fé e não no âmbito do saber.

2 O espiritualismo na Alemanha

Na Alemanha o espiritualismo encontrou seus mais autorizados defensores em Immanuel Hermann Fichte (1796-1879; filho de Fichte; autor de muitos escritos, entre os quais uma *Antropologia*, 1856), Afrikan Spir (1837-1890), Eduard von Hartmann (1842-1906; autor da *Filosofia do inconsciente*, 1869), Rudolf Eucken (1846-1926; professor em Jena; prêmio Nobel em 1908; autor, entre outros livros, de *A validade da religião*, 1901, e *O sentido e o valor da vida*, 1908), e Rudolph Hermann Lotze (1817-1881; médico e professor de filosofia, primeiro em Göttingen e depois em Berlim; autor de uma *Metafísica*, 1841, e de uma obra mais importante, intitulada *Microcosmo. Idéias sobre a história natural e sobre a história da humanidade*, 3 vols., 1856-1858, 1864).

Para o Fichte júnior, uma função inadiável da filosofia está na defesa da *concepção finalista* do mundo, o qual se lhe apresenta como "uma série gradual de meios e fins". E essa ordem pressupõe um ordenador e criador do próprio mundo. Daí brota a idéia de Fichte de que a ciência, "que, em si, não é ateísta nem antiteísta", constitui "o mais sólido ponto de apoio para uma concepção teísta", já que mostra claramente, em toda a natureza orgânica e psíquica, "um finalismo interno e ordenação total e completa".

Spir combateu com todas as forças, de um lado, as filosofias materialistas e, do outro, as filosofias românticas que tendem a identificar o incondicionado com a natureza. Bem diferente das posições de Spir revela-se a concepção filosófica de Eucken, embora também ele parta daquele contraste entre espírito e natureza que se manifesta em nossa consciência. Com efeito, nossa vida, por um lado, põe-se como continuação da natureza sensível, mas, por outro, prorrompe em atividades estéticas, éticas e religiosas que testemunham um *estatuto ontológico superior do homem* em relação à natureza.

Von Hartmann, por sua vez, apresenta o princípio de sua filosofia como síntese do *espírito absoluto* de Hegel, da *vontade* de Schopenhauer e do *inconsciente* de Schelling. O princípio do mundo é um *absoluto espiritual inconsciente* que se manifesta no finalismo inconsciente da natureza, na organização do mundo orgânico, no instinto etc.

Apesar do sucesso de Spir, Eucken e von Hartmann, o pensador mais articulado e influente entre os espiritualistas alemães foi certamente Lotze, o qual não pensa de modo nenhum que as aspirações da alma estejam em contraste com os resultados da ciência e com a imagem mecanicista do mundo, que então a ciência pressupunha e reafirmava. O mecanicismo mostra que a natureza é regulada por leis necessárias, mas esse *fato* — o mecanicismo — é explicável por seu turno, pois não se trata de fato último: ele só se torna compreensível como meio destinado a realizar valores. Em suma, a ordem da máquina *demonstra um plano racional*. Assim como o demonstraria um mecanicismo em condições de provar que toda a realidade se desenvolve em um processo evolutivo que termina na vida espiritual do homem: este seria o fim, e a evolução um meio. É desse modo que a matéria se espiritualiza: transformando-se em meio para os valores. E, na realidade, Lotze distingue três reinos: o dos fatos, o das leis universais e o dos valores. O mecanicismo expressa aquela ordem necessária do mundo, através da qual Deus realiza os seus fins.

3. O espiritualismo na Itália

Na Itália, o espiritualismo se desenvolveu em período cronologicamente posterior àquele em que se deu em outros países, polemizando não somente com o positivismo, mas também tendo de se defrontar com o idealismo, que, entrementes, se impusera na Itália. Pedro Martinetti (1872-1943) foi estudioso dos clássicos (Platão, Spinoza, Kant, Schopenhauer) e profundo conhecedor da filosofia alemã contemporânea, que ele difundiu na Itália, e foi um exemplo de vida moral. Sua obra *A liberdade* é de 1929. Mas já em 1904 ele publicara a *Introdução à metafísica*, onde, desde as primeiras páginas, afirma existirem problemas urgentes aos quais as ciências particulares não respondem, mas que esperam resposta racional: "O que sou? O que é a realidade que me circunda? De que modo devo agir? [...]. O próprio fato de aceitar determinado sistema de vida é, de fato, aceitar determinada hipótese acerca da realidade das coisas e do valor da vida humana".

Para Martinetti, a metafísica não se distingue das outras ciências pelo método, e sim "pela universalidade da função": ela tenta aquela unificação total da experiência "que, porém, por sua natureza, o intelecto nunca poderá alcançar". Por isso, é necessário o exame gnosiológico das soluções históricas propostas ao problema metafísico. E esse exame crítico e histórico mostrará que *todos os sistemas filosóficos*, em seu conjunto, constituem uma progressiva ascensão ao conhecimento do divino. Nesse sentido, a filosofia "não é uma série de soluções, mas uma solução única, uma visão única".

Entretanto, essa ascensão em direção à unidade encontra um obstáculo naquele mal, naquela "obscura e incriada potência, inseparável do mundo, que devemos vencer em nós com a boa vontade e dissolver em torno de nós com a luz da verdade". Esse profundo dualismo faz com que Martinetti sinta-se próximo a Buda, a Kant (cujo pensamento culmina "em moral de caráter religioso"), ou a Spir. Outras obras significativas de Martinetti, além das citadas, são *Razão e fé* (1934) e *Jesus Cristo e o cristianismo* (1936).

Se o espiritualismo de Martinetti se aproxima do de Spir, o espiritualismo de Bernardino Varisco (1850-1935) revela-se próximo à concepção de Lotze. Pantaleão Carabellese (1877-1948) foi aluno de Varisco. A partir de aprofundado estudo de Kant, ele nega tanto o idealismo absoluto, que exclui a multiplicidade dos sujeitos e resume o ser na consciência, como o realismo absoluto, que põe o ser fora da consciência. A realidade, portanto, não é constituída somente pelos corpos materiais (como sustenta o materialismo), e tampouco se resume em puro sujeito (como afirma o idealismo), nem ainda nela devemos ver aqueles dois mundos paralelos que seriam a natureza e o espírito (como diz o realismo). Para Carabellese, a realidade é feita de concretos, e o concreto é a unidade entre sujeito e objeto.

4. O espiritualismo na França e o contingentismo de Boutroux

Do início do século XIX é a filosofia de Maine de Biran, pensador ao qual, em seguida, se referiram todos os filósofos que constituiriam a numerosa e viva fileira dos espiritualistas franceses. Entre eles, não devemos esquecer Jules Lequier (1814-1862), Félix Ravaisson (1813-1900), Émile Boutroux (1845-1921), e principalmente Maurice Blondel, que representa certa "variante" e que, portanto, trataremos à parte, no próximo parágrafo.

Discípulo de Ravaisson, cunhado e amigo de Poincaré, professor na École Normale

Bernardino Varisco (1850-1933), junto com Pedro Martinetti e Pantaleão Carabellese, foi um dos maiores representantes do espiritualismo italiano.

e na Sorbonne, Émile Boutroux procura chegar ao espiritualismo transportando a crítica para dentro da ciência e voltando-se para as dificuldades, em sua opinião evidenciáveis, da ciência contemporânea. Essa crítica à ciência constitui um elemento de novidade para o espiritualismo, novidade que, depois, Bergson desenvolveria ainda mais. Na obra *Da contingência das leis da natureza* (1874), Boutroux aceita a classificação das ciências proposta por Comte, acrescentando-lhe apenas alguns retoques. Entretanto, insiste sobre o fato de que cada ciência nos revela uma ordem da realidade irredutível às outras ordens. Em outros termos, a matéria, o mundo orgânico e o homem, por exemplo, são ordens de realidade de tal tipo que cada uma delas não é explicável com base na anterior, pelo fato de que contém elementos *originais, novos* e, portanto, *contingentes*: contingentes no sentido de que *não derivam necessariamente* dos graus inferiores.

Existe *um salto* da ordem química para a ordem biológica, assim como há um salto da ordem biológica para a ordem espiritual.

Boutroux opõe ao determinismo seu *contingentismo*. O determinismo afirma que "tudo o que acontece é um efeito proporcional à causa", mas Boutroux sustenta que ordens de realidade inferiores não podem produzir as ordens superiores: com efeito, por um lado, "as leis da fisiologia se apresentam [...] irredutíveis" (às da física e da química) e, por outro lado, "a vida espiritual é irredutível à vida orgânica, ainda que pelo simples fato de que, na vida interior do homem, o *motivo* não é a causa necessitante".

O efeito, portanto, não é proporcional à causa: nele há "algo mais", de novo e imprevisível. Ele é, portanto, contingente. A vida espiritual não se reduz à ordem material das coisas, como também revela a originariedade da vida moral, que se baseia no dever-ser e no ideal. E a ciência não pode incomodar em nada a fé religiosa, já que "a religião tem objeto diferente do da ciência". A religião não pretende ser "a explicação dos fenômenos" e, por isso, "não pode sentir-se atingida pelas descobertas científicas relativas à natureza e à origem objetiva das coisas".

III. Maurice Blondel e a "filosofia da ação"

• A filosofia da ação é uma filosofia com resultados religiosos. O mais famoso representante da filosofia da ação é Maurice Blondel (1861-1949), cuja obra mais incisiva é *A ação. Ensaio de uma crítica da vida e de uma ciência da prática* (1893).

Escreve Blondel: "A ação, em minha vida, é um fato, o mais geral e constante de todos". A experiência humana, em outros termos, não se caracteriza pela razão, e sim muito mais pela ação. E na ação o homem expressa o mais profundo de si: sua vontade.

Mas sempre, na própria experiência, o homem percebe a desproporção entre a própria vontade e a obra. Assim, por exemplo, primeiro entregamo-nos às *sensações*; estas, porém, são interpretadas e enquadradas em generalidades empíricas; mas estas generalidades empíricas – que constituem a ciência – não conseguem dar ao intelecto e à vontade a paz cheia da certeza e do pleno sucesso prático. Não há paz sequer na ciência. Nem a ciência está em grau de resolver o enigma do destino humano; a ciência, além de tudo, está suspensa ao elemento subjetivo que "cria o mundo e os símbolos da imaginação".

O método da imanência de Blondel: reconhecer na natureza finita do homem a exigência de Deus → § 1-3

Se depois do universo do conhecimento nos deslocamos para o universo da família e do social, ou seja, o universo dos valores, percebemos que o desacordo entre ser e dever-ser, entre vontade que quer e realizações, mais se acentua do que se extingue: o plano do finito não consegue satisfazer aquela que é uma sede inextinguível. É preciso, portanto, transcender o plano do finito. "Querer tudo aquilo que queremos com plena sinceridade de coração é pôr em nós o ser e a ação de Deus".

Nisso consiste exatamente o *método da imanência*: em reconhecer na natureza finita do homem a exigência de Deus. O reconhecimento da insuficiência da ordem natural permite ao homem reconhecer e receber o sobrenatural. Afirma Blondel: "Da mesma forma que nós, agindo, encontramos uma desproporção infinita em nós próprios, somos obrigados a buscar a equação de nossa ação ao infinito".

• Ligado à filosofia da ação e ao método da imanência de Blondel está o modernismo, movimento religioso condenado pelo papa Pio X com a Encíclica *Pascendi*, de 8 de setembro de 1907. Os expoentes principais do modernismo foram o abade Lucien Laberthonnière (1860-1932) e Alfred Loisy 1857-1940), na França; George Tyrrell (1861-1909) na Inglaterra; e na Itália: Antonio Fogazzaro (1842-1911), Rômolo Murri (1870-1944) e sobretudo Ernesto Bonaiuti (1881-1946), autor, entre outras coisas, de um conhecido *Programa dos modernistas* (1911).

O modernismo → § 4

• Em *O realismo cristão e o idealismo grego* (1904) Laberthonnière afirma que a Escolástica, sob o peso das categorias lógico-metafísicas do mundo grego, teria perdido a descoberta cristã da subjetividade e da interioridade. Nos *Ensaios de filosofia religiosa* (1903) Laberthonnière escreve: "É *na* natureza humana que se encontram de novo as exigências do sobrenatural".

Laberthonnière: a exigência do sobrenatural está na natureza humana → § 4

1. Os precedentes da filosofia da ação

Uma variante do espiritualismo é a *filosofia da ação*. Como o espiritualismo, a filosofia da ação também é uma filosofia de resultados decididamente religiosos. E, como o espiritualismo, também a filosofia da ação estabelece a consciência como base da filosofia, que se exerce como escuta e descrição da vida da consciência. Somente que, diversamente do que ocorre entre os outros espiritualistas, a consciência dos filósofos da ação não é contemplação teórica, e sim muito mais *vontade e ação*.

O maior representante da filosofia da ação é Maurice Blondel (1861-1949). Entretanto, deve-se recordar que ele deve a orientação de suas pesquisas a seu mestre Léon Ollé-Laprune (1830-1899), devendo-se recordar também que pode ser igualmente considerado o iniciador da filosofia da ação o filósofo John Henry Newman (1801-1890, anglicano de origem, que se converteu ao catolicismo em 1845, e tornou-se cardeal em 1879).

Autor de um célebre *Ensaio de uma gramática do assentimento* (1870), Newman sustentava que, quando uma idéia é verdadeiramente viva, ela não é pura e simples questão intelectual, mas envolve também a vontade humana. Para Newman, o cristianismo é precisamente a grande idéia que conquistou a humanidade e continua a plasmá-la em seu desenvolvimento.

Por seu turno, em *A certeza moral* (1880), Ollé-Laprune defendeu a idéia de que, na vida do espírito, o predomínio cabe à vontade. Esta é certamente insuficiente e necessita da graça divina; entretanto, sua função verdadeiramente dominante está fora de discussão, inclusive no seio das atividades racionais. Com efeito, escreve Ollé-Laprune: "A vontade, a boa vontade, exerce em toda parte, inclusive na pura ordem científica,

Maurice Blondel (1861-1949) foi o maior representante da filosofia da ação: uma filosofia de resultados decisivamente religiosos e interligada com o movimento de pensamento modernista.

uma influência que nada pode conseguir substituir".

2. A dialética da vontade

Dito isso, vamos a Blondel. Em 1893, ele publicou sua obra mais conhecida e importante: *A ação. Ensaio de uma crítica da vida e de uma ciência da prática*.

O livro se abre com a seguinte interrogação: "A vida humana tem ou não tem sentido? O homem tem ou não tem destino?" Para poder responder à pergunta sobre o sentido da vida, devemos interrogar a própria vida, diz Blondel. Entretanto, se interrogarmos a vida e tentarmos descrevê-la, devemos tomar consciência de que "é preciso transportar para a ação o centro da filosofia, já que lá se encontra também o centro da vida". *A experiência humana não é tipificada pela razão, mas precisamente pela ação:* "Em minha vida, a ação é fato, o mais geral e constante de todos".

O homem age e deve agir. É na ação que ele expressa o mais profundo de si mesmo, sua vontade. E é precisamente na ação que a filosofia deve procurar a orientação, o fim a ela imanente. E é assim que o núcleo central em torno do qual se articula *A ação* é dado pela *dialética da vontade*.

Com efeito, a dialética da vida não é a dialética da razão, como para Hegel, e sim da vontade. A vida é tecida pelo contraste entre vontade que quer ("*quod procedit ex voluntate*") e vontade querida, isto é, o resultado efetivo ("*quod voluntatis objectum fit*").

3. O método da imanência

Em sua própria experiência, por conseguinte, o homem sempre percebe a desproporção entre a vontade e a obra, entre a vontade que quer e a vontade querida. E o apoiar-se em um resultado logo se revela ilusório, posto que tal resultado não tardará a mostrar sua parcialidade, insuficiência e provisoriedade. Assim, inicialmente nos entregamos às *sensações*, apesar de as sensações deverem ser interpretadas em e ligadas por generalidades empíricas. Essas generalidades empíricas que relacionam, interpretam e superam as sensações constituem a ciência, e "os símbolos instituídos pelo cientista acabam por ser tão coerentes entre si e por ter tal eficácia [...] que o cientista se vê fortemente tentado a considerar todo esse simbolismo como imagem fiel da realidade, como a própria realidade".

Mas isso, diz logo Blondel, é "erro fundamental que se deve combater". E é erro que devemos combater pelo fato de que também na ciência não há paz: o dissídio se apresenta nela, por exemplo, entre relações universais e intuições do particular. Tampouco a ciência está em condições de resolver o enigma do destino humano. Aliás, ao contrário, é o destino humano que fornece o sustentáculo para a ciência, enquanto esta "permanece como que suspensa" ao elemento subjetivo. A consciência — e, portanto, a ação — foge à ciência, "já que é precisamente ela que cria o mundo e os símbolos da imaginação". No fundo e em sua essência, "a ação é sempre um além [...]. Para a frente e para o alto, só assim a ação é ação".

Mas a ação "é uma função social por excelência [...]; agir quer dizer evocar outras energias, chamar testemunhas, oferecer-se ou impor-se à sociedade dos espíritos". E assim nasce a abertura para os outros na família, na pátria e na humanidade. Desse modo, tenta-se satisfazer aquele desejo único que é "expandir-se e crescer". Aqui, porém, longe de se extinguir, acentua-se o dissídio entre o dever-ser e o ser, entre vontade que quer e vontade querida: o plano

---

■ **Método da imanência.** É o método feito justamente por Maurice Blondel, Lucien Laberthonnière – e não só por eles – para construir uma apologética da fé cristã; apologética que, tornando aguda a consciência da natureza finita e constitutivamente insatisfeita do homem, mostra que o divino é imanente no homem, pelo menos sob a forma de aspiração ou exigência.
Blondel: "Querer tudo aquilo que queremos com plena sinceridade de coração é pôr em nós o ser e a ação de Deus".
Laberthonnière: "É na natureza humana que encontramos de novo as exigências do sobrenatural".

do finito não consegue aplacar uma sede inextinguível. E, no fim, confessa Blondel, encontro-me "dividido entre o que faço sem querer e o que quero sem fazer". Por isso, "para querer-me a mim mesmo plenamente, é necessário que eu queira mais do que até agora soube encontrar", ou seja, é preciso transcender o plano do finito. Somente Deus pode preencher o vazio entre minha vontade e suas realizações: "Querer tudo o que queremos com plena sinceridade de coração é pôr em nós o ser e a ação de Deus".

Com isso, chegamos plenamente ao *método da imanência*. Esse método (como Blondel esclarecerá na *Carta sobre as exigências do pensamento contemporâneo em matéria de apologética*, 1896) consiste em reconhecer na *natureza finita* do homem a exigência de Deus. Texto 1

4. A filosofia da ação e suas relações com o modernismo

Ligado à *filosofia da ação* e ao *método da imanência* de Blondel é o *modernismo*, movimento de pensamento religioso que apareceu na França no início do século XX, e que foi logo depois condenado pelo papa Pio X, com a encíclica *Pascendi*, de 8 de setembro de 1907. Os principais expoentes do modernismo foram o abade Lucien Laberthonnière (1860-1932) e Alfred Loisy (1857-1940). Edouard Le Roy, sucessor de Bergson no Colégio da França, também se inseriu no movimento modernista, tentando uma síntese com o bergsonismo. Na Inglaterra, as idéias modernistas foram difundidas por George Tyrrell (1861-1909), ao passo que na Itália seus representantes foram Antônio Fogazzaro (1842-1911), Rômolo Murri (1870-1944) e, sobretudo, Ernesto Bonaiuti (1881-1946), autor, entre outras coisas, de um *Programa dos modernistas* (1911).

Laberthonnière (diretor dos "Anais de filosofia cristã", que foram publicados de 1905 a 1913), em sua obra *O realismo cristão e o idealismo grego* (1904), põe em contraste a filosofia grega, que faz de Deus uma idéia suprema e o arquétipo da natureza, e a descoberta cristã do sujeito. Essa intuição cristã essencial, isto é, a descoberta da subjetividade e da interioridade, segundo Laberthonnière, ter-se-ia perdido quando a Escolástica tornou suas as categorias lógico-metafísicas do mundo grego. Mas, diz ele nos *Ensaios de filosofia religiosa* (1903), a revelação não pode ser imposta ao homem de fora, recorrendo à autoridade ou por meio da demonstração racional. A verdade religiosa deve brotar da interioridade do homem: a verdade da revelação só tem valor para o homem na condição de que ele a recrie por sua própria conta. É "*na* natureza humana que se encontram as exigências do sobrenatural".

Exegeta e historiador do cristianismo, Loisy é autor de obras famosas, como *O evangelho e a Igreja* (1902), *A religião de Israel* (1901), *O quarto evangelho* (1903) e *Os evangelhos sinóticos* (1907-1908). Loisy procurou distinguir a exegese puramente crítica e histórica da exegese "teológica e pastoral", que extrai das Escrituras respostas adequadas às necessidades atuais dos crentes. Ele sustentava que alguns livros da Bíblia foram transformados e enriquecidos por obra das gerações posteriores. E isso também teria ocorrido no caso dos evangelhos sinóticos. Substancialmente, Loisy sustenta que "o Evangelho não entrou no mundo como absoluto incondicionado, que se resume em verdade única e imutável, mas como uma crença viva, concreta e complexa, cuja evolução procede, sem dúvida, da força íntima que o tornou duradouro, mas nem por isso deixou de ser influenciado em tudo, desde o início, pelo ambiente em que se produziu e no qual cresceu". Daí brota a idéia segundo a qual o dogma tem uma *história*. Portanto, o que conta, para Loisy, não é tanto a defesa de definições historicamente datadas, e sim muito mais a acentuação do significado moral da religião. Em poucas palavras, o modernismo procurou uma mediação do dogma com a subjetividade humana e uma mediação da verdade supra-histórica da revelação cristã com a evolução histórica da humanidade.

BLONDEL

1 O homem: um ser finito que tende "naturalmente" ao "absoluto"

> *A idéia de Deus nasce necessariamente do dinamismo da vida interior: "A pretensão que o homem tem de se bastar a si mesmo cai no vazio [...]. O homem sente até a angústia de não ser seu próprio autor e seu próprio senhor".*

O homem aspira a ser plenamente aquilo que quer e não pode absolutamente sê-lo a despeito de si mesmo. A vontade só existe à medida que se manifesta e se ratifica, à medida que penetra, domina e suscita até seus órgãos de expressão. Naquilo que quer a vontade encontra invencíveis obstáculos ou odiosos sofrimentos, naquilo que faz insinuam-se incuráveis fraquezas ou culpas das quais não pode cancelar as conseqüências; e a morte por si só compendia todos estes ensinamentos.

Sofrer aquilo que não se quer, não fazer tudo aquilo que se quer, fazer aquilo que não se quer e acabar por querê-lo; nunca escapamos totalmente desta fatalidade humilhante e dolorosa.

Os atos fora de nós agem sem nossa intervenção, vivem e são indestrutíveis. A ação é indelével; nenhuma indenização é jamais uma reparação absoluta. Suas conseqüências se desenvolvem ao infinito, no tempo e no espaço.

Se a incapacidade em que o homem se sente de levar a termo sozinho a mínima de suas obras o levou a todas as formas da superstição, a impossibilidade em que se encontra de dirigir soberanamente a própria vida e de se purificar sozinho lhe inspirou toda a verdade das súplicas, das preces, dos sacrifícios propiciatórios. Mais sabe mais tem, mais é e mais nele se aviva a consciência de não ter, de não ser aquilo que quer.

Seja o que for que se tiver ganho daquilo que quisemos, a bancarrota, colocando-se na própria ordem das coisas queridas, é inevitável. O sentimento da aparente falência de nossa ação é um fato apenas enquanto implica em nós uma vontade superior às contradições da vida e aos desmentidos empíricos.

A presença em nós daquilo que não é querido põe em evidência a vontade que quer em toda a sua pureza; e esse mecanismo interno não faz mais que manifestar a necessidade em que se encontra a vontade de se querer e de se pôr por si mesmo; o tanto de ser que possuímos nós o sofremos, mas apesar disso não podemos deixar de adotá-lo como de nossa plena satisfação.

A vida é mais sutil do que qualquer análise, mais lógica do que qualquer dialética. [...]

Uma inquietação, uma aspiração natural para o melhor, o sentimento de uma função a realizar, a busca do significado da vida, portanto, eis aquilo que marca a conduta humana com um selo necessário. O homem sempre coloca em seus atos, por mais obscura que seja a consciência que tenha disso, esse caráter de transcendência. Este é o princípio que anima todo o movimento da vida em nós; sob qualquer forma, clara ou confusa, aprovada ou rejeitada, confessada ou anônima que se revele à consciência a verdade desta presença, ela tem uma eficácia certa.

A idéia de Deus, quer se saiba ou não, é o complemento inevitável da ação humana, mas a ação humana tem, além disso, a inevitável ambição de alcançar e empregar, de definir e realizar em si esta idéia da perfeição. Não podemos conhecer Deus sem querer nos tornarmos Deus de algum modo. A idéia viva que dele temos é e continua viva apenas se nos voltarmos para a prática, caso nossa ação dela viva e dela se nutra. A opção nos é imposta, mas é por meio dela que nos tornamos aquilo que queremos; qualquer coisa que dela resulte nós apenas a podemos atribuir a nós mesmos. Assim, em última análise, não é a liberdade que se absorve no determinismo, mas é o determinismo total da vida humana que se torna suspenso nesta suprema alternativa: ou excluir de nós toda outra vontade exceto a nossa, ou abandonarmo-nos ao ser que não somos como ao único salvador. O homem aspira a representar-se como deus: ser deus sem Deus e contra Deus, ou ser deus por meio de Deus e com Deus: eis o dilema. Por meio desta opção ele se torna aquilo que quer, e de sua livre iniciativa depende sua destinação.

Diante do ser e do ser somente se aplica a lei de contradição em todo o seu rigor e se exercita a liberdade com toda a sua força. Onde quer que se vá, ou para perder-se ou para salvar-se, se terá querido.

A necessidade para o homem de optar apenas manifesta sua vontade de ser aquilo que quer; sua ação, portanto, tem um ser necessário, mas este ser, caso pretenda encontrá-lo ou conservá-lo todo em si mesmo, volta-se contra si mesmo. Não poderá viver, portanto, a não ser renascendo para uma ação diferente da sua.

M. Blondel,
A filosofia da ação.

Capítulo décimo nono

Henri Bergson e a evolução criadora

• *Ensaio sobre os dados imediatos da consciência* (1889); *Matéria e memória* (1896); *A evolução criadora* (1907); *As duas fontes da moral e da religião* (1932): são estas as obras mais significativas de Henri Bergson (1859-1941), o mais influente filósofo francês no período entre as duas guerras; seu propósito de fundo foi a defesa da criatividade e da irredutibilidade da consciência ou espírito, contra toda tentativa reducionista de tipo positivista.

Uma filosofia em defesa da irredutibilidade da consciência → § 1

De origem judaica, nos últimos anos de sua vida Bergson se aproximou do catolicismo, que ele via como realização do judaísmo. Todavia, dado o anti-semitismo que proliferava na época, ele renunciou à conversão verdadeira e própria: "Eu quis permanecer – assim havia escrito em seu testamento – entre aqueles que amanhã serão os perseguidos". Bergson faleceu em 1941, em uma Paris ocupada pelos nazistas.

• O estudo dos *Primeiros princípios* de Spencer leva Bergson diante de "uma surpresa", ou seja, ao fato de que à mecânica foge o *tempo da experiência concreta*. No *Ensaio sobre os dados imediatos da consciência* Bergson mostra como o tempo da mecânica é uma série de posições dos ponteiros do relógio: um instante segue-se ao outro, cada instante é igual ao outro, nenhum instante é mais intenso ou mais importante que o outro. O tempo da mecânica é tempo espacializado (medir o tempo equivale a controlar que o movimento de um objeto em um espaço coincida com o movimento dos ponteiros dentro do espaço que é o quadrante do relógio).

Duração e liberdade → § 2-3

Bem diferente é o tempo da experiência concreta: se a espacialidade é a característica das coisas, a *duração* é a característica da consciência. A consciência capta imediatamente o tempo como duração. E duração quer dizer que *o eu vive o presente com a memória do passado e a antecipação do futuro*.

E exatamente sobre a idéia de duração Bergson baseia sua defesa da liberdade. Se, com efeito, os eventos são um externo ao outro, em um tempo espacializado, é possível determinar o evento sucessivo por meio do precedente: é o que se faz na ciência com a explicação das causas. Ora, isso é impossível para a consciência: a vida da consciência foge do determinismo. A consciência conserva os traços do próprio passado. Nela não existem dois átimos iguais, dois eventos idênticos: e onde nada existe de idêntico, não existe nada de previsível.

• A oposição entre tempo espacializado e tempo da experiência concreta se repercute na contraposição entre a *matéria* e a *memória*; entre uma realidade externa jamais nova, mecânica e sempre repetitiva, e uma realidade interna sempre criativamente nova. Bergson identifica a *memória* com a *consciência*; na memória todo o nosso passado (experiências, pensamentos, avaliações etc.) nos segue inteiro e está aí "inclinado sobre o presente, que ele está para absorver".

A memória como espírito, e o corpo como percepção → § 4-5

A consciência é diferente da percepção: o corpo está orientado para a ação sobre os outros corpos, e faz isso por meio da *percepção*. É a lembrança, como imagem do passado, que orienta a percepção presente.

Memória, portanto, como *espírito*; percepção como *corpo*. Daí a necessidade de notar que espírito e matéria constituem, para Bergson, dois pólos da mesma realidade, e não duas realidades distintas. A vida – escreve Bergson em *A evolução criadora* – "é uma realidade que se destaca nitidamente sobre a matéria bruta". A vida é evolução criadora, impulso vital, criação livre e imprevisível.

• A evolução criadora é comparada por Bergson à explosão de uma granada cujos fragmentos explodem por sua vez. A vida se espalhou em direções diferentes, em bifurcações nas quais o impulso vital dispersa sua unidade originária.

A primeira bifurcação é a que existe entre as plantas e os animais; estes "explodem" em direções posteriores, como a dos insetos onde o *instinto* alcança formas excelentes, e como a do homem, onde aparece a inteligência.

As diferenças entre instinto e inteligência; e a intuição como órgão da metafísica → § 6-7

E eis as diferenças que Bergson traça entre instinto e inteligência. O instinto funciona por meio de órgãos naturais, a inteligência cria instrumentos artificiais; o instinto é hereditário, a inteligência, ao contrário, não é; o instinto se dirige a uma coisa, a inteligência é conhecimento das relações entre as coisas; o instinto é repetitivo e rígido, a inteligência é criativa.

A inteligência produz conhecimento, conhecimento científico por meio de *conceitos* que estabelecem relações entre as coisas, permitindo assim a previsão. Mas o conhecimento das relações entre as coisas não é conhecimento das coisas. Estas podem ser conhecidas apenas por meio da intuição. A intuição é o instrumento da metafísica. A intuição procede por meio da simpatia: com ela nos faz entrar em contato com as coisas e nos faz captar o que nas coisas há de único e inexprimível (pelos conceitos da ciência).

• O impulso vital se exprime no homem em atividades criadoras como a arte, a filosofia, a moral e a religião. É em *As duas fontes da moral e da religião* que Bergson analisa a criatividade moral e religiosa. Na sua opinião, a moral tem duas fontes:

a) a pressão social;
b) o impulso de amor.

A moral da sociedade aberta; e a religião dos místicos → § 8-9

Na verdade, não há – como queriam os positivistas – apenas a moral da sociedade fechada; há também – afirma Bergson – a moral *absoluta* da sociedade aberta: a moral do cristianismo, dos sábios da Grécia e dos profetas de Israel. Dessa moral o fundamento é a pessoa criadora; o fim é a humanidade; o conteúdo é o amor por todos os homens.

Analogamente, ao lado da religião *estática* – entretecida de mitos e de fábulas que têm objetivos eminentemente vitais, como o reforço das ligações sociais – Bergson põe a *religião dinâmica*, ou seja, a religião dos *místicos* (como são Paulo, são Francisco de Assis, santa Teresa, santa Catarina de Sena, santa Joana D'Arc), nos quais o amor de Deus é amor pelo homem. E da religião dos místicos tem urgente necessidade a humanidade atual: esta ampliou – por meio da técnica – sua própria ação sobre a natureza; podemos dizer assim que a humanidade cresceu seu corpo: agora – afirma Bergson – este corpo crescido "espera um suplemento de alma".

1. A originalidade do espiritualismo de Bergson

A filosofia de Henri Bergson pode ser definida com o nome de *evolucionismo espiritualista*. Ela constitui o ponto de referência do pensamento francês entre o fim do século XIX e as primeiras décadas do século XX. Nessa filosofia, fundem-se os temas do espiritualismo antigo (como o de Agostinho) e os da tradição introspectivo-espiritualista francesa, que encontra suas maiores expressões em Descartes e Pascal. Esses temas, em uma síntese rica e original, convergem com as instâncias do evolucionismo spenceriano e com a crítica das "verdades" científicas. Em linhas gerais, Bergson desenvolve o espiritualismo de Maine de Biran e de Ravaisson e, ao mesmo tempo, seu pensamento apresenta-se como continuação articulada das reflexões filosóficas de Boutroux.

Bergson é considerado como o mais importante filósofo francês de sua época. Na realidade, foi notável a influência de seu pensamento, não apenas sobre o pragmatismo norte-americano no modelo de James, mas também sobre a reflexão acerca da ciência, da arte, da concepção de sociedade e da religião.

Bergson nasceu em Paris em 1859. Em sua juventude, cultivou estudos de matemática e mecânica. Posteriormente, decidiu dedicar-se à filosofia e, na *École Normale*, seguiu os cursos de Ollé-Laprune e de Boutroux.

Depois de laureado, ensinou durante alguns anos em diversos liceus. Em 1889 publicou sua tese de doutorado na Sorbonne: *Ensaio sobre os dados imediatos da consciência*. O livro alcançou grande sucesso. E sucesso ainda maior obteve seu segundo trabalho, *Matéria e memória*, que é de 1896.

Em 1900, Bergson foi chamado para a cátedra de filosofia do Collège de France, cátedra que manteria até o ano de 1924. Sua coletânea de ensaios *O riso* é de 1900. O subtítulo dessa obra é *Ensaio sobre o significado do cômico*. Em 1903 Bergson publicou a *Introdução à metafísica*, sucinta e brilhante síntese de suas idéias. *A evolução criadora*, a obra mais sistemática e de maior relevância teórica de Bergson, saiu em 1907. Eleito membro da Academia Francesa, em 1928 Bergson foi galardoado com o prêmio Nobel de literatura. Em 1932, saiu sua última obra: *As duas fontes da moral e da religião*.

Bergson era de origem judaica, mas nos últimos anos de sua vida aproximou-se progressivamente do catolicismo, já que, como declarou, ele constituía o elemento que completava o judaísmo. Entretanto, devido ao anti-semitismo que se disseminava naquela época, renunciou à conversão propriamente dita, como depois se soube pelo seu testamento: "Eu quis permanecer entre aqueles que amanhã serão perseguidos". Quando os nazistas ocuparam Paris, dispensaram Bergson, então muito famoso, mas já bastante doente, de se apresentar à vistoria a que tinham de se submeter os judeus. Mas ele não aceitou, indo pessoalmente fazer sua ficha. Morreu em 1941, em uma Paris ocupada pelos nazistas.

O objetivo de fundo da filosofia de Bergson é *a defesa da criatividade e da irredutibilidade da consciência ou espírito*, contra toda tentativa reducionista de matriz positivista. Mas a defesa do *espírito* elaborada por Bergson adquire sua peculiaridade precisamente porque ele, a fim de entender plenamente a vida concreta da consciência,

*Henri Bergson (1859-1941)
foi o teórico da fidelidade
a uma realidade não reduzida
nem distorcida nos estreitos "fatos" dos positivistas,
mas aberta para a dimensão do espírito.
Aqui é retratado em 1883, em Clermont-Ferrand,
onde ensinava filosofia no liceu da cidade.*

torna seus os resultados da ciência e não minimiza em absoluto a presença do corpo e a existência do universo material. Escreveu Bergson em *A evolução criadora*: "O grande erro das doutrinas espiritualistas foi o de acreditar que, isolando a vida espiritual de todo o resto, suspendendo-a o mais alto possível sobre a terra, se estava colocando-a ao abrigo de todo atentado".

Entretanto, com tais operações, os espiritualistas fizeram com que a vida espiritual ficasse exposta a ser confundida "com o efeito de uma miragem". Para Bergson, as coisas são diferentes: a consciência ou vida espiritual é irredutível à matéria; ela é uma energia criadora e finita, continuamente às voltas com condições e obstáculos que podem bloqueá-la e degradá-la. Em suma, *o pensamento de Bergson é uma filosofia que pretende ser fiel à realidade, mas onde a realidade não é concebida como reduzida nem envolvida pelos "fatos" dos positivistas.*

2. O tempo espacializado e o tempo como duração

Justamente por ser fiel à realidade, em sua juventude Bergson se entusiasmou pela filosofia evolucionista de Spencer. E, como confessará mais tarde, ele não queria então nada mais que aperfeiçoar e consolidar os *Primeiros princípios* de Spencer, sobretudo no que se refere à mecânica. Mas foi exatamente através desse trabalho que Bergson se deu conta de que o positivismo não manteve em absoluto sua promessa de fidelidade aos fatos, como se observa, por exemplo, no tratamento do problema do tempo. Dedicado a tal questão, Bergson diz que "aqui nos esperava uma surpresa".

A surpresa consistia no fato de que o *tempo* da experiência concreta escapa à mecânica. Como podemos ler no *Ensaio sobre os dados imediatos da consciência*, para a mecânica, o tempo é uma série de instantes, um ao lado do outro, como se vê nas sucessivas posições dos ponteiros do relógio. Por isso, o tempo da mecânica é *tempo espacializado*. E, com efeito, medir o tempo significa comprovar que o movimento de certo objeto em um espaço determinado coincide com o movimento dos ponteiros dentro daquele espaço que é o quadrante do relógio. Mas, além de espacializado, o tempo da mecânica é tempo *reversível*, já que podemos voltar atrás e repetir infinitas vezes o mesmo experimento. Além disso, para a mecânica, todo momento é *externo* ao outro e é *igual* ao outro: um instante se sucede ao outro e não há um instante diferente do outro, mais intenso ou mais importante do que o outro.

Ora, tais características do tempo da mecânica não conseguem de modo algum dar conta do que é o *tempo* da experiência concreta. Se a espacialidade é a característica das coisas, a duração é a característica da consciência. A consciência capta imediatamente o tempo como *duração*. *Duração quer dizer que o eu vive o presente com a memória do passado e a antecipação do futuro.* Fora da consciência, o passado não existe mais e o futuro ainda não existe. Passado e futuro só podem viver em uma consciência que os liga no presente. A duração vivida, portanto, não é o tempo espacializado da mecânica.

Naturalmente, o tempo espacializado e, portanto, quantitativo e mensurável, cristalizado em uma série de momentos externos uns aos outros, funciona bem para as finalidades práticas da ciência, que tem por função construir teorias úteis porque ricas de previsões, que se reduzem de tal modo a instrumentos eficazes para controlar as situações que, de quando em vez, devem ser confrontadas. Se Bergson, de um lado, retoma a doutrina da economicidade da ciência proposta pelos empiriocriticistas, do outro ele percebe, na ciência da natureza e em seus métodos, uma *total incapacidade e inadequação para o exame dos dados da consciência*.

Para Bergson, a realidade apresenta aspectos diversos, que, se quisermos permanecer fiéis à experiência, devem ser estudados com método próprio. É aí que, em sua opinião, o positivismo falha: na concepção de que a natureza dos fatos é única e ao pretender julgar todos os fatos com o mesmo método. Texto 1

3. Por que a duração funda a liberdade

Bergson liga à idéia de *duração*, como característica fundamental da consciência, sua defesa da liberdade e sua crítica ao determinismo, quando este presume poder explicar a vida da consciência. Na realidade, se os objetos "não levam a marca do tempo transcorrido", ou seja, se eles existem um externamente ao outro em um tempo espacializado, então a determinação de um acontecimento posterior por meio de um acontecimento anterior, diferente dele, torna-se possível: primeiros acontecimentos idênticos (as causas) explicam posteriores acontecimentos idênticos (os efeitos). Mas o que é possível — e útil — no âmbito dos objetos espacializados revela-se logo impossível para a consciência.

A consciência conserva os traços do próprio passado: nela nunca há dois acontecimentos idênticos, razão por que a determinação de acontecimentos idênticos sucessivos torna-se impossível. A vida da consciência não é divisível em estados distintos, e o eu é unidade em devir — e onde não há nada de idêntico, não há nada de previsível.

Tanto os deterministas como os sustentadores da doutrina do livre-arbítrio, segundo Bergson, estão errados, porque aplicam à consciência as categorias típicas do que, ao contrário, é externo à consciência. Os deterministas buscam as *causas* determinantes da ação, e não percebem que o único motivo profundo é a consciência toda, com sua história. Da mesma forma se comportam os sustentadores do livre-arbítrio, que estabelecem a *causa* da liberdade na vontade. Substancialmente, tanto os defensores como os detratores da liberdade da consciência pressupõem uma idéia de consciência como uma soma de atos distintos, ao passo que o eu é unidade em devir, razão por que nós "somos livres quando os nossos atos emanam de toda a nossa personalidade, quando a expressam".

■ **Duração.** Este é o conceito fundamental da filosofia de H. Bergson. O tempo mensurável da ciência é o tempo da mecânica, ou seja, um tempo *espacializado*, como o tempo do relógio, que é um conjunto de posições dos ponteiros sobre o quadrante; este é um tempo *reversível*, no sentido de que em um fenômeno mecânico é possível voltar atrás e partir novamente do início; no tempo da mecânica cada momento é *externo* ao outro, é igual ao outro: um instante segue o outro e nenhum instante é diferente, mais intenso ou mais importante que o outro.

O tempo da experiência concreta é uma coisa bem diferente do tempo da mecânica. E isso porque o tempo concreto é "uma duração vivida, irreversível, nova a cada instante [...]" (V. Mathieu). A consciência capta imediatamente o tempo como *duração*. E *duração* quer dizer que o eu vive o presente com a memória do passado e a antecipação do futuro.

A imagem adequada do tempo concreto da consciência é a de um novelo de fio que cresce, conservando a si próprio na vida da consciência; com efeito, "nosso passado nos segue e aumenta sem trégua com o presente que recolhe ao longo da estrada". E isso enquanto a concepção espacializada do tempo encontra uma boa comparação na imagem de um colar de pérolas, todas iguais e externas umas às outras.

4 Matéria e memória

No *Ensaio sobre os dados imediatos da consciência*, o tempo espacializado da ciência se opõe à duração da consciência ou tempo da experiência concreta. Essa oposição repercute na outra contraposição entre uma realidade externa, mecânica, nunca nova por ser sempre repetitiva, e uma realidade interna, fundida na unidade do eu, sempre criativamente nova. Chegando a esse ponto, Bergson não podia evitar o problema da relação, ou melhor, da *passagem entre as duas realidades*. O problema se impunha também pela razão de que, na consciência, ele vira sua possibilidade de solidificar-se e quase se petrificar em situações de repetitividade mecânica.

A questão da passagem entre a realidade externa (a matéria) e a interna (o espírito) é enfrentada por Bergson no livro *Matéria e memória*, onde procura "captar mais claramente a distinção do corpo e do espírito e penetrar mais intimamente no mecanismo de sua união". Diz Bergson que, no que se refere ao problema da relação entre a matéria ou o corpo e o espírito, alguns pensadores sustentam a teoria do paralelismo psicofísico, segundo a qual os estados *mentais* e os estados *cerebrais* são dois modos diversos de falar da mesma coisa ou processo. Contra a redução do espírito à matéria, Bergson propõe e reafirma a idéia de que o cérebro não explica o espírito e que "na consciência humana há infinitamente mais do que no cérebro correspondente".

Para iluminar essa tese, Bergson assume os dados das descobertas de psicofisiologia efetuadas na época, e realiza uma análise aprofundada da atividade da consciência, distinguindo três momentos distintos dela, ou seja, a *memória*, a *recordação* e a *percepção*. A memória coincide e se identifica com a própria consciência. E é precisamente pela e na memória que "nosso passado inteiro nos segue a cada momento", e o que "ouvimos, pensamos e quisemos desde a primeira infância está lá, inclinado sobre o presente, que está por absorver em si, premente à porta da consciência".

Dessa memória espiritual — que é a "duração" da consciência — podemos distinguir a *recordação*. Nosso ser mais verdadeiro e mais profundo está na memória espiritual, mas a vida nos impõe prestar atenção ao presente e toma do passado unicamente o que é necessário para que possamos nos orientar no presente. E essa obra de seleção da recordação útil e do esquecimento do que não serve ao presente é realizada pelo corpo e pelo cérebro: eles tiram do fluxo até abissal da consciência aquelas recordações funcionais para a inserção de nosso organismo na situação do presente, através das percepções. Em suma, pelo cérebro passa apenas uma parte, parte muito pequena, daquilo que é o processo da consciência, ou seja, passa unicamente o que pode se traduzir em movimento. Assim, podemos compreender melhor Bergson quando diz que na consciência há infinitamente mais do que no cérebro correspondente.

Para se realizar, a memória espiritual necessita dos mecanismos ligados ao corpo — já que é através do corpo que agimos sobre os objetos do mundo —, mas é independente do corpo, de modo que uma lesão do cérebro não atinge a consciência, e sim muito mais a vinculação entre a consciência e a realidade: a consciência permanece intacta, ainda que perdendo o contato com as coisas. Para Bergson, a realidade é que, "sempre orientado para a ação, o corpo tem como função essencial a de limitar a vida do espírito, tendo em vista a ação". E faz isso através da *percepção*, que é "a ação possível de nosso corpo sobre os outros corpos". A percepção é o poder de ação de nosso corpo, que se move com destreza entre as "imagens" dos objetos. Como imagem do passado, a recordação orienta a percepção presente, pelo fato de agirmos sempre com base nas experiências passadas.

Assim, "todo o passado da pessoa encontra-se aberto" até o extremo, que é a ação no presente. Em cada instante de nossa vida temos, pois, uma ligação entre memória e percepção, em vista da ação.

Desse modo, a *memória* e a *percepção* se identificam respectivamente com o *espírito* e o *corpo*.

A memória funde em uma totalidade a vida vivida; a percepção consiste "em destacar, no conjunto dos objetos, a ação possível de meu corpo sobre eles. A percepção, por conseguinte, nada mais é do que uma seleção". Conseqüentemente, a liberdade da consciência encontra suas limitações na percepção. E a percepção, por seu turno, entra no fluxo da vida do eu, fundindo-se na memória ou consciência. Eis, portanto, segundo Bergson, em que consiste a verdadeira relação entre espírito e matéria e entre alma e corpo: por um lado, a memória "assume o corpo de uma percepção qualquer em que ele se insere" e, por outro lado, a percepção é reabsorvida pela memória e se torna pensamento. Texto 2

5. Impulso vital e evolução criadora

Bergson não vê o universo conforme Descartes, como dividido entre a *res cogitans* e a *res extensa*. No fundo, para Bergson, o espírito e a matéria, assim como a alma e o corpo, são dois pólos da mesma realidade e não duas realidades diferentes. E precisamente em *A evolução criadora* (de 1907) — obra que James definiu como "uma aparição divina" — Bergson passa da análise dos dados imediatos da consciência para a elaboração de uma visão global da vida e da realidade, propondo a idéia de um evolucionismo cosmológico.

As teorias da evolução se distinguem em duas grandes classes: as *mecanicistas* e as *finalistas*.

O evolucionismo mecanicista explica a evolução em termos da causa eficiente, o evolucionismo finalista com base na causa final; um com base em razões que *determinam* a evolução por meio do passado, o outro com base em razões que *determinam* a evolução por meio do futuro. Por conseguinte, tanto o evolucionismo mecanicista como o finalista são *deterministas* – e justamente por isso deixam escapar a realidade da evolução. Com efeito, diz Bergson, a exemplo da vida da consciência, a vida biológica não é máquina que se repete, sempre idêntica a si mesma, mas é uma constante e incessante novidade, é criação e imprevisibilidade, é vida sempre nova que, englobando e conservando todo o passado, cresce sobre si mesma.

A idéia de *evolução criadora* nos permite ir além das dificuldades e das falsidades do mecanicismo e do finalismo, já que a vida "é realidade que se destaca claramente da matéria bruta". *A vida*, em suma, *é evolução criadora*, criação livre e imprevisível, é "impulso vital", que "não precisa se distender para se estender". E a matéria nada mais é que o momento de parada desse impulso vital. A vida é o impulso pelo qual ela tende "a crescer em número e em riqueza, pela multiplicação no espaço e pela complicação no tempo"; trata-se de uma contínua criação de formas, onde o que vem depois não é de modo algum simples recombinação dos elementos que já antes existiam; ela é "ação que continuamente se cria e se enriquece", ao passo que a matéria é "ação que se dissolve e desgasta", que progressivamente se despotencializa e degrada, o que é atestado até pelo segundo princípio da termodinâmica.

Para Bergson, "não há coisas, mas apenas ações". A matéria é impulso vital degradado, impulso que perdeu em criativi-

Retrato fotográfico de Henri Bergson em idade madura.

dade e que, desse modo, torna-se obstáculo para o impulso seguinte, como a onda do mar que, retornando, transforma-se em obstáculo para a onda que se levanta. A vida, ao contrário, é "corrente que, atravessando os corpos que ela pouco a pouco organizou e passando de geração em geração, dividiu-se entre as espécies e se dispersou entre os indivíduos [...]". Para Bergson, a matéria é um *refluxo* do impulso vital, que, a partir de unidade originária, se irradia e *recai* em uma multiplicidade de elementos cujo impulso e cuja criatividade vão se extinguindo.

A evolução criadora, portanto, não é um processo uniforme. Ela é comparável à explosão de uma granada cujos fragmentos, por seu turno, também explodem. Ela também se assemelha a um feixe de colunas, cada uma das quais representa um caminho diferente da evolução, uma das bifurcações na qual o impulso vital dispersa sua unidade originária. Em outros termos, a evolução se abre em leque, em direções divergentes, com os seres vivos se especializando em funções específicas e precisas. A primeira bifurcação fundamental é a que se tem entre as plantas e os animais. Enjauladas na noite da inconsciência e da imobilidade, as plantas armazenam energia potencial; os animais, móveis, vão à procura do alimento. E a consciência nasce precisamente dessa busca. Os animais, por seu turno, se bifurcam ou "explodem" em outras direções, uma das quais leva às formas mais perfeitas de instinto, como nos himenópteros, ao passo que outra, a dos vertebrados, leva, com a inteligência humana, para além do instinto. A realidade é que "em todos os outros pontos a consciência acabou em um beco sem saída; apenas com o homem ela prosseguiu seu caminho". **Texto 3**

6. Instinto, inteligência, intuição

A vida animal não se desenvolveu em uma direção única. E em algumas dessas direções, como aquela em que acabaram os moluscos, ela encontrou becos sem saída. Entretanto, no que se refere à mobilidade e à consciência, encontrou seu maior sucesso nos artrópodes e nos vertebrados. A evolução dos artrópodes manifesta sua melhor expressão nos insetos, especialmente nos himenópteros, ao passo que a dos vertebrados se manifesta no homem. Enquanto, na linha dos artrópodes, a evolução leva a formas sempre mais perfeitas de instintos, na segunda ela leva à inteligência, embora certa "franja de inteligência" acompanhe o instinto e um "halo de instinto" permanece em torno da inteligência.

Mais precisamente, porém, o que é o *instinto*, e em que consiste a *inteligência*? Como escreve Bergson, "o instinto é a faculdade de utilizar e também de construir instrumentos orgânicos, a inteligência é a faculdade de fabricar e empregar instrumentos inorgânicos [...]. Instinto e inteligência representam, portanto, duas soluções divergentes, mas igualmente elegantes, do mesmo problema".

E esse é o problema da vida (de modo que se compreende que, originariamente, o homem é *homo faber* e não *homo sapiens*). O instinto funciona por meio de órgãos naturais, a inteligência cria instrumentos artificiais. O instinto é hereditário e a inteligência não; o instinto volta-se para uma coisa, já a inteligência é conhecimento das relações entre coisas; o instinto é inconsciente, a inteligência consciente; o instinto é repetitivo, ao passo que a inteligência é criativa. O instinto, justamente, é repetitivo e rígido, é hábito; ele apresenta soluções adequadas, mas para um só problema, incapaz de variar. Por seu turno, a inteligência não conhece as próprias coisas, mas as relações entre coisas. Por isso, mediante os *conceitos*, ela conhece as "formas" e, afastando-se da realidade imediata, pode prever a realidade futura. Por razões práticas, pois, a inteligência analisa e abstrai, classifica e distingue, subdividindo a duração real — como em uma película cinematográfica — em uma série de diferentes estados. Mas "mil fotografias de Paris não são Paris".

Assim, nem o instinto nem a inteligência (e a ciência que esta produz) nos dão a realidade: "Há coisas que somente a inteligência é capaz de procurar, mas que nunca encontrará por si só; somente o instinto poderia descobri-las, mas este não as procurará jamais".

7. A intuição como órgão da metafísica

Entretanto, a situação não é desesperadora. E não o é porque a inteligência, que nunca está completamente separada do instinto, pode voltar *conscientemente* para o instinto. E, quando isso acontece, temos a *intuição*, que é "instinto que se tornou desinteressado, consciente de si, capaz de refletir sobre seu próprio objeto e de ampliá-lo indefinidamente".

A inteligência gira em torno do objeto e toma o maior número possível de visões dele a partir do exterior, mas não entra nele; mas, "ao contrário, a intuição é que nos conduzirá ao interior da vida". A inteligência produz análise e despedaça o devir. Mas a *intuição* atua através da *simpatia;* e, com ela, "nos transporta para o interior de um objeto para coincidir com o que tal objeto tem de único e, portanto, de inexprimível" (inexprimível através dos símbolos e conceitos da inteligência). A intuição "é a visão do espírito pelo espírito": ela é imediata como o instinto e consciente como a inteligência.

Que a *intuição* seja um processo real é demonstrado pela intuição estética, onde as coisas aparecem privadas de todos os laços com as necessidades cotidianas e com as premências da ação. E é também a intuição que nos revela a duração da consciência e o tempo real, e que nos torna conscientes da liberdade que somos nós mesmos. A intuição é o órgão da metafísica: a ciência analisa, mas a metafísica intui, fazendo-nos assim entrar em contato direto com as coisas e com aquela essência da vida que é a duração.

A intuição é sondagem da essência do real e a metafísica é "a ciência que se propõe superar a barreira dos símbolos construídos pelo intelecto". A intuição, como escreve Bergson, "alcança a posse de um fio: e ela própria deverá ver se esse fio sobe até o céu ou se se detém a alguma distância da terra. No primeiro caso, a experiência metafísica se vinculará à dos grandes místicos — e eu posso constatar, por minha conta, que essa é a verdade. No segundo caso, as experiências metafísicas permanecerão isoladas umas das outras, sem, no entanto, contrastar entre si. Em todo caso, a filosofia nos terá erguido acima da condição humana".

8. Sociedade fechada e sociedade aberta

O impulso vital, que se detém nas outras espécies vivas, enrijecendo-se na repetição fixa de comportamentos sempre idênticos, no homem supera os obstáculos, expressando-se na *atividade criadora* humana, cujas principais formas são a arte, a filosofia, a moral e a religião. Em sua última obra, *As duas fontes da moral e da religião* (1932), Bergson dirigiu sua atenção precisamente para o tema da criatividade moral e religiosa do homem. Assim, partindo do estudo da consciência, ele, com A *evolução criadora,* passa para uma teoria do universo e conclui com uma teoria dos valores (morais e religiosos).

Em sua opinião, as normas morais têm duas fontes: *a)* a *pressão social* e *b)* o *impulso de amor.*

a) No primeiro caso, as normas são precisamente o fruto da pressão social e expressam as exigências da vida associada dos diversos grupos humanos, assim como eles se deram e se dão na história. E é a história que nos ensina que o indivíduo se encontra em sua sociedade de modo análogo ao modo em que uma célula está no organismo ou uma formiga no formigueiro. Geralmente, o indivíduo segue o caminho que encontra já trilhado pelos outros e codificado pelas normas de *sua* sociedade, conforma-se às regras dessa sociedade, exalta seus ideais e procura se adequar a eles. O que está na base da sociedade é apenas *o hábito de contrair hábitos.* E, em análise profunda, isso é o único fundamento da obrigação moral. Mas essa moral da obrigação e do hábito é a moral da *sociedade fechada,* onde o indivíduo age como parte do todo e esse todo é um grupo determinado, como a nação, a família ou o clube.

b) Entretanto, segundo Bergson, a pressão social não é a única fonte da moralidade e não consegue, como pretenderam os positivistas, explicar a vida moral do homem em sua totalidade e em suas características mais típicas. Na realidade, não existe somente a moral da obrigação e do hábito, isto é, a moral relativa às várias sociedades fechadas da história, mas também existe a *moral absoluta,* que é a moral da *sociedade aberta.* Essa é a moral do cristianismo, dos sábios da Grécia e dos profetas de Israel. Essa moral é obra criadora — criadora de valores universais — de heróis morais como Sócrates ou Jesus, que vão além dos valores do grupo ou da sociedade a que pertencem para ver o homem enquanto homem, a humanidade inteira — *e a humanidade inteira é a sociedade aberta. O fundamento da moral aberta é a pessoa criadora; seu fim é a humanidade; seu conteúdo é o amor para com todos os homens; sua característica é a inovação moral, capaz de romper com os esquemas fixos das sociedades fechadas.* A

Pintura que retrata Henri Bergson.

moralidade aberta é algo que não se ensina: é a moral dos grandes místicos e reveladores, e de todos os que seguem a inspiração que os induz a segui-los.

9 Religião estática e religião dinâmica

Como na vida moral, também na vida religiosa Bergson distingue entre *religião estática* e *religião dinâmica*. Tecida de mitos e fábulas, a religião estática é resultado do que Bergson chama de *função fabuladora*, que se desenvolve durante a evolução para objetivos eminentemente vitais. O ser humano tem inteligência, que representa ameaça contínua, sempre pronta a voltar-se contra a vida. O ser inteligente tende ao egoísmo e a infringir suas relações sociais; ele tem consciência de sua própria moralidade; conhece a imprevisibilidade do futuro e a precariedade dos empreendimentos humanos. Com suas fábulas, seus mitos e suas superstições, a religião reforça os laços sociais entre o homem e seus semelhantes. Por isso, "a religião primitiva [...] é uma precaução contra o perigo que se corre, quando se começa a pensar, a pensar somente em si". Além disso, a religião dá a esperança da imortalidade, oferece ao homem a idéia de defesa contra a imprevisibilidade e a precariedade do futuro, e lhe dá o sentido de proteção sobrenatural e a crença de poder influir sobre a realidade, especialmente quando a técnica se mostra impotente.

Assim, a religião é a defesa da ameaça da inteligência contra o homem e a sociedade. Nesse sentido, ela é religião *natural*, fruto e função da evolução natural. Para Bergson, essa religião estática e natural é infra-intelectual. Mas ela não é a única forma de religião. Ao lado dela, há a religião supra-intelectual, a religião dinâmica para a qual os dogmas são apenas cristalizações e que mergulha no impulso vital e o continua. Essa religião, a religião dinâmica, é o *misticismo*, cujo resultado, como escreve Bergson, "é a tomada de contato e, conseqüentemente, a coincidência parcial com o esforço criador que a vida manifesta. Esse esforço é de Deus, se não for o próprio Deus". O amor do místico por Deus, na opinião de Bergson, coincide com o amor de Deus pelo próprio Deus: "Deus é amor e objeto de amor: nisto reside todo o misticismo."

Enquanto o misticismo neoplatônico ou o misticismo oriental é contemplativo e, por isso, não crê na eficácia da ação, Bergson vê o misticismo adequado naqueles místicos (como são Paulo, são Francisco de Assis, santa Teresa, santa Catarina de Sena ou Joana D'Arc) para os quais o êxtase constitui ponto superior de impulso para a ação no mundo. E, assim, o amor a Deus torna-se amor pela humanidade.

E, além disso, só a experiência mística está em condições de fornecer a única prova da existência de Deus; a concordância dos místicos, não somente cristãos, mas também de outras religiões, mostra precisamente a existência real daquele Ser com o qual a intuição mística põe em contato.

A religião dinâmica ou aberta é a religião dos místicos. E, como destaca Bergson, a humanidade tem urgente necessidade de gênios místicos nos dias de hoje. Com efeito, a humanidade, através da técnica, ampliou sua ação incisiva sobre a natureza e, desse modo, podemos dizer que o corpo do homem se engrandeceu além da medida. Pois bem, esse corpo engrandecido, diz Bergson, "espera um suplemento de alma, e a mecânica exigiria uma mística". Esse suplemento de alma é necessário para curar os males do mundo contemporâneo.

BERGSON

1 Em que consiste a duração real

> *"Dentro de mim se desenvolve um processo de organização ou de compenetração mútua dos fatos de consciência, que constitui a verdadeira duração".*

Mas para nós é incrivelmente difícil representar a duração em sua pureza originária; e isso sem dúvida provém do fato de que nós não somos os únicos a durar: as coisas externas – parece – duram como nós, e, considerado a partir deste último ponto de vista, o tempo se assemelha muito a um meio homogêneo. Não só os momentos desta duração parecem ser externos uns aos outros, como o seriam os corpos no espaço, mas o movimento percebido pelos nossos sentidos é, de algum modo, o sinal tangível de uma duração homogênea e mensurável. Mas há mais: o tempo entra nas fórmulas da mecânica, nos cálculos do astrônomo e até do físico, sob a forma de quantidade. Mede-se a velocidade de um movimento, o que implica que também o tempo seja uma grandeza. É a própria análise que acabamos de tentar deve ser completada, pois se a duração propriamente dita não é medida, o que medem então as oscilações do pêndulo? Admitir-se-á, a rigor, que a duração interna, percebida pela consciência, se confunde com o encaixar-se dos fatos de consciência uns nos outros, com o enriquecimento gradual do eu; mas, dir-se-á, o tempo que o astrônomo introduz em suas fórmulas, o tempo que nossos relógios dividem em pequeninas partes iguais, esse tempo é outra coisa, é uma grandeza mensurável e, portanto, homogênea. Todavia, não é assim: um exame acurado dissipará também esta última ilusão.

Quando sigo com os olhos no quadrante de um relógio o movimento do ponteiro que corresponde às oscilações do pêndulo, não meço a duração, como poderia parecer; ao contrário, limito-me a contar simultaneidades, coisa muito diferente. Fora de mim, no espaço, há uma única posição do ponteiro e do pêndulo, enquanto não resta nada das posições passadas. Dentro de mim desenvolve-se um processo de organização ou de mútua compenetração dos fatos de consciência, que constitui a verdadeira duração: represento para mim aquilo que chamo de oscilações passadas do pêndulo, no mesmo tempo em que percebo a oscilação atual, justamente porque persisto deste modo. Suprimamos agora, por um instante, o eu que pensa estas assim chamadas oscilações sucessivas; teremos apenas a duração heterogênea do eu, sem momentos externos uns aos outros, sem relação com o número. Assim, em nosso eu, há sucessão sem exterioridade recíproca; fora do eu, exterioridade recíproca sem sucessão: exterioridade recíproca, enquanto a oscilação presente é radicalmente distinta da oscilação precedente que não existe mais; mas ausência de sucessão, enquanto a sucessão existe apenas para um expectador consciente, que recorde o passado e justaponha as duas oscilações ou seus símbolos em um espaço auxiliar. Ora, entre esta sucessão sem exterioridade e esta exterioridade sem sucessão realiza-se uma espécie de troca, bastante similar à que os físicos chamamos de fenômeno de endosmose. Como cada uma das fases sucessivas de nossa vida consciente, que, todavia, se compenetram entre si, corresponde a uma oscilação do pêndulo a ela simultânea, e como de outro lado essas oscilações são claramente distintas, pois quando uma se produz a outra não existe mais, contraímos o hábito de estabelecer a mesma distinção entre os momentos sucessivos de nossa vida consciente: as oscilações do balanceiro a decompõem, por assim dizer, em partes externas umas às outras. Daqui a idéia errônea de uma duração interna homogênea, análoga ao espaço, cujos momentos idênticos se sucederiam sem se compenetrar. Mas, de outro lado, as oscilações pendulares, que são distintas apenas porque quando uma aparece a outra se dissolve, tiram de algum modo vantagem pela influência que assim exerceram sobre nossa vida consciente. Graças à recordação de seu conjunto que nossa consciência organizou, elas se conservam para depois se alinhar: em poucas palavras, criamos para elas uma quarta dimensão do espaço, que chamamos o tempo homogêneo, e que permite ao movimento pendular, embora se produza sempre no mesmo lugar, justapor-se indefinidamente a si mesmo. Eis, de fato, o que descobrimos agora, experimentando estabelecer qual papel cabe exatamente ao real e qual, ao invés, ao imaginário, dentro deste processo muito complexo. Existe um espaço real, sem duração, mas em que certos fenômenos aparecem e desaparecem simultaneamente a nossos estados de consciência. Existe uma duração real, cujos momentos heterogêneos se compenetram, mas cada momento da qual pode ser aproximado de um estado contemporâneo do mundo externo e, por causa do efeito desta própria aproximação, separado dos outros momentos. Do confronto dessas duas realidades gera-se uma representação simbólica da duração, extraída do espaço. A duração assume assim a forma ilusória de um meio homogêneo, e a ligação entre estes dois termos – o espaço e a duração – é a simultaneidade, que se poderia definir como a intersecção entre o tempo e o espaço [...].

Dizíamos, portanto, que diversos estratos de consciência se organizam entre si, se compenetram, se enriquecem sempre mais, e que a um eu que ignorasse o espaço, eles poderiam fornecer assim o sentimento da duração pura; mas, já para empregar o termo "diversos", tínhamos isolado esses estados uns dos outros e os tínhamos exteriorizado, um em relação aos outros, em suma, nós os tínhamos justapostos; e assim, a mesma expressão a que tivemos de recorrer, traía nosso hábito enraizado de desdobrar o tempo no espaço. É é necessariamente a partir da imagem desse desdobramento, uma vez que ele se tenha realizado, que tomamos de empréstimo os termos destinados a exprimir o estado de um espírito que não o tenha ainda realizado: esses termos são, portanto, marcados por um vício originário, e a representação de uma multiplicidade sem relação com o número ou com o espaço, embora seja clara para um pensamento que entre em si mesmo e se abstraia, não pode ser traduzida na linguagem do senso comum. Todavia, se paralelamente não considerarmos aquilo que chamamos de multiplicidade qualitativa, não poderemos sequer formular a idéia de uma multiplicidade distinta. Não é talvez verdade que, quando contamos explicitamente unidades, alinhando-as no espaço, ao lado desta adição cujos termos idênticos se enfileiram sobre um fundo homogêneo, nas profundidades do espírito essas unidades continuam a se organizar umas com as outras, processo de fato dinâmico, bastante semelhante à representação puramente qualitativa que uma bigorna sensível poderia ter do número crescente das batidas de um martelo?

H. Bergson,
Ensaio sobre os dados imediatos da consciência,
em *Obras (1889-1896)*.

2 O grande problema da união entre alma e corpo

> "Em todas as doutrinas a obscuridade do problema [da união entre alma e corpo] deriva da dupla antítese que nosso intelecto estabelece entre o extenso e o inextenso, de um lado, e, do outro, entre a qualidade e a quantidade."

Salientamos ao longo do caminho um problema metafísico que não gostamos de deixar em suspenso e, do outro, embora sejam antes de tudo psicológicas, nossas pesquisas nos deixaram entrever, mais de uma vez, se não um meio para resolver o problema, pelo menos o lado pelo qual poder enfrentá-lo.

Esse problema é nada menos que o da união entre a alma e o corpo. Ele se impõe a nós com força, para que distingamos profundamente a matéria do espírito. É não podemos considerá-lo insolúvel porque definimos o espírito e a matéria por meio de caracterizações positivas, e não por meio de negações. É, efetivamente, é exatamente na matéria que nos colocaria a percepção pura, assim como, com a memória, poderemos já penetrar realmente no próprio espírito. Mas, de outro lado, a mesma observação psicológica, que nos revelou a distinção entre a matéria e o espírito, põe-nos diante de sua união. Assim, ou nossas análises estão marcadas por um vício originário, ou então devem nos ajudar a sair das dificuldades que levantam.

Em todas as doutrinas a obscuridade do problema provém da dupla antítese que nosso intelecto estabelece entre o extenso e o inextenso, de um lado, e, do outro, entre qualidade e a quantidade. É incontestável que o espírito se opõe à matéria em primeiro lugar como uma unidade pura a uma multiplicidade essencialmente divisível, e que, além disso, nossas percepções se compõem de quantidades heterogêneas, enquanto o universo percebido parece que se resolva em mudanças homogêneas e calculáveis. Haveria, portanto, de um lado o inextenso e a qualidade, e, do outro, a extensão e a quantidade. Rejeitamos o materialismo, que pretende derivar o primeiro termo do segundo; mas também não aceitamos o idealismo, que pretende que o segundo seja simplesmente uma construção por parte do primeiro. Sustentamos, contra o materialismo, que a percepção ultrapassa infinitamente o estado cerebral; mas, contra o idealismo, procuramos estabelecer que a matéria supera de todos os lados a representação que dela temos, representação que o espírito, por assim dizer, nela captou graças a uma escolha inteligente. Estas duas doutrinas opostas atribuem, uma ao corpo e a outra ao espírito, o dom de uma verdadeira e própria criação, a partir do momento que a primeira pretende que o cérebro gere a representação, e a segunda que nosso intelecto delineie o plano da natureza. E, contra essas duas doutrinas, invocamos sempre o mesmo testemunho, o da consciência, a qual nos mostra que nosso corpo é uma imagem como as outras, e que nosso intelecto é uma faculdade determinada de dissociar, de distinguir e de opor logicamente, mas não de criar ou de construir. Assim, prisioneiros voluntários da análise psicológica e, por conseguinte, do senso comum, parece que, depois de ter levado ao desespero os conflitos que o dualismo vulgar levanta, fechamos todas as saídas que a metafísica podia abrir para nós.

Todavia, exatamente porque rejeitamos ao extremo o dualismo, nossa análise talvez tenha conseguido dissociar seus elementos contraditórios. A teoria da percepção pura, de um lado, e a da memória pura, do outro, abririam então o caminho para uma aproximação entre o inextenso e o extenso, entre a qualidade e a quantidade.

Queremos considerar a percepção pura? Fazendo do estado cerebral o início de uma ação e não a condição de uma percepção, rejeitamos a imagem percebida das coisas para fora da imagem de nosso corpo e, portanto, recolocamos a percepção nas próprias coisas. Mas então, como nossa percepção faz parte das coisas, estas últimas participam da natureza de nossa percepção. A extensão material não é, e não pode mais ser, a extensão múltipla de que fala o estudioso de geometria; ela se assemelha mais exatamente à extensão indivisa de nossa representação. O que significa que a análise da percepção pura nos fez entrever na idéia de *extensão* uma possível aproximação entre o extenso e o inextenso.

Todavia, nossa concepção da memória pura nos deveria levar, por um caminho paralelo, a atenuar a segunda oposição, a que existe entre a qualidade e a quantidade. Com efeito, separamos radicalmente a lembrança pura do estado cerebral que a prolonga e a torna eficaz. A memória, portanto, não é, em nenhum nível, emanação da matéria; ao contrário, é a matéria, do modo em que a captamos em uma percepção concreta, que ocupa sempre certa duração, que deriva em grande parte da memória. Ora, onde está precisamente a diferença entre as qualidades heterogêneas que se sucedem em nossa percepção concreta e as mudanças homogêneas que a ciência situa por trás dessas percepções no espaço? As primeiras são descontínuas e não podem ser deduzidas umas das outras; as segundas, ao contrário, se prestam ao cálculo. Mas para isso não há, de fato, necessidade de transformá-las em quantidades puras: seria o mesmo que reduzi-las a nada. É suficiente que sua heterogeneidade seja, de algum modo, diluída o suficiente, a fim de que, de nosso ponto de vista, se torne praticamente negligenciável. Ora, se toda percepção concreta, por mais breve que a suponhamos, é já a síntese, operada pela memória, de uma infinidade de "percepções puras" que se sucedem, não se deve talvez pensar que a heterogeneidade das qualidades sensíveis derive de sua contração em nossa memória, e a homogeneidade relativa das mudanças objetivas de seu abrandamento natural? E então, assim como as considerações sobre a extensão diminuíam o intervalo entre o extenso e o inextenso, as considerações sobre a *tensão* não poderiam talvez diminuir o intervalo entre a quantidade e a qualidade?

H. Bergson,
Matéria e memória,
em *Obras (1889-1896)*.

3 Impulso vital e adaptação ao ambiente

> *"[...] A evolução não traça um caminho único, mas empenha-se em várias direções, aliás, sem visar a objetivos, e permanece inventiva em suas próprias adaptações".*

Que a condição necessária da evolução seja a adaptação ao ambiente, de modo nenhum o podemos negar. É demasiado evidente que, quando uma espécie não se submete às condições de vida que lhe são colocadas, ela desaparece. Mas outra coisa é reconhecer nas circunstâncias externas forças com as quais a evolução deve se confrontar, e outra é ver aí as causas determinantes da evolução. Esta última tese é própria do mecanicismo. Ela exclui absolutamente a hipótese de um impulso originário, ou seja, de um ímpeto interior que levaria a vida, através de formas cada vez mais complexas, a destinos sempre mais elevados. Esse impulso, todavia, é constatável; e um simples golpe de

Capítulo décimo nono – Henri Bergson e a evolução criadora

vista sobre as espécies fósseis nos mostra que a vida teria podido deixar de evolver-se, ou evolver-se dentro de limites muito restritos, se tivesse tomado o partido, muito mais cômodo, de se mumificar em suas formas primitivas. Certos foraminíferos não mudaram desde o período siluriano até hoje, impassíveis testemunhas das inumeráveis revoluções que abalaram a terra; as línguas são hoje aquilo que eram nos tempos mais remotos da era paleozóica. A verdade é que a adaptação explica as sinuosidades do movimento evolutivo, mas não suas direções gerais, e muito menos o movimento em si mesmo. O caminho que leva ao povoado é, de fato, obrigado a subir encostas e descer declives: ele *se adapta* às acidentalidades do terreno; mas estas não são a causa do caminho nem lhe imprimiram sua direção. Em todo momento fornecem-lhe o indispensável: o próprio solo sobre o qual se estende; mas, caso se considere o caminho em seu conjunto e não mais cada um de seus elementos, os acidentes do terreno não parecem mais que obstáculos, ou causas de retardo, porque o caminho apontava simplesmente para o povoado, e teria querido ser uma linha reta. O mesmo vale para a evolução da vida e as circunstâncias que ela atravessa; com a diferença, todavia, que a evolução não traça um caminho único, mas empenha-se em várias direções, aliás, sem visar a objetivos, e que permanece inventiva em suas próprias adaptações.

Todavia, se a evolução da vida é bem diferente de uma série de adaptações a circunstâncias acidentais, ela não é também a realização de um plano. Um plano é dado antecipadamente, é representado, ou ao menos representável, antes de ser realizado nos particulares. Sua execução completa pode ser remetida a um futuro longínquo, e até retardada indefinidamente: sua idéia não deixa por isso de ser formulável desde já em termos dados. Ao contrário, se a evolução é uma criação sempre renovada, ela cria pouco a pouco não só as formas da vida, mas também as idéias que poderiam permitir que uma inteligência as compreendesse, os termos que poderiam servir para exprimi-las. Isso significa que seu futuro excede os limites de seu presente e não poderia desenhar-se nele em idéia.

Este é o primeiro erro do finalismo. Ele traz consigo outro ainda mais grave. Se a vida realizasse um plano, ela deveria manifestar uma harmonia tanto mais elevada à medida que mais avança. Assim, a casa revela sempre melhor a idéia do arquiteto à medida que as pedras são acrescentadas às pedras. Ao contrário, se a unidade da vida se encontra totalmente no impulso que a impele sobre o caminho do tempo, a harmonia não estará na frente, mas atrás. A unidade vem de uma *vis a tergo*: da-se no início como um impulso, não posta no fim como um ponto de atração. Comunicando-se, o impulso divide-se sempre mais. À medida que progride, a vida se dissemina em manifestações que a comunhão de origem tornará sem dúvida complementares, sob certos aspectos, mas que não deixarão, por isso, de ser antagonistas e incompatíveis entre si. Por isso a desarmonia entre as espécies se acentuará. E aqui enunciamos apenas a causa essencial; para simplificar, supusemos que toda espécie acolhesse o impulso recebido para transmiti-lo a outras, e que, em todos os sentidos em que a vida se evolve, a propagação tenha lugar em linha reta. Na realidade, há espécies que se detêm e outras que invertem o caminho. A evolução não é apenas um movimento para frente: em muitos casos nós a vemos marcar passo, mais freqüentemente ainda desviar-se, ou então voltar para trás. É necessário que seja assim, como mais adiante mostraremos: as mesmas causas que dividem o movimento evolutivo fazem de fato com que a vida, evolvendo-se, se desvie com freqüência de si mesma, fixando-se sobre a forma que, um momento antes, produziu.

H. Bergson,
A evolução criadora.

Capítulo vigésimo

A renovação do pensamento teológico no século XX

I. A renovação da teologia protestante

• A teologia protestante do século XIX e da primeira metade do século XX foi dominada pela *teologia liberal*, que encontra seus representantes de maior relevo em Albrecht Ritschl (1822-1889) e em seu discípulo Adolf von Harnack (1851-1930), autor da obra-prima que é *A história dos dogmas* (3 vols., 1886-1889). O que se tem a dizer a respeito da teologia liberal é que ela, em linha geral, é uma concepção em que se tende a mostrar um substancial acordo entre cristianismo e cultura.

Contra tal posição levantou-se a voz de Karl Barth (1886-1968), chefe da *teologia dialética*: em seu comentário à *Epístola aos Romanos* de são Paulo – saído em 1919 e, em segunda edição, em 1922 – denuncia todas as tentativas de engaiolar a Palavra de Deus nas redes da razão humana, reafirma a infinita distância qualitativa entre o homem e Deus, salienta a oposição substancial entre Deus e tudo aquilo que é humano. Deus é o "totalmente outro", e não podemos alcançá-lo com a filosofia ou a razão. A fé é, de um lado, a intervenção milagrosa de Deus na vida do homem e, do outro, um abandonar-se existencial do homem a Deus.

> Barth:
> Deus é
> "o totalmente outro"
> → § 1

• Também para Paul Tillich (1886-1965) – autor de *Teologia sistemática* (3 vols., 1951-1963) – as provas racionais da existência de Deus não são válidas.

De acordo com Barth, Tillich escreve: "Se Deus é derivado do mundo, não pode ser aquele que o transcende infinitamente".

Todavia, em desacordo com Barth, Tillich não pensa que a fé seja obra exclusiva de Deus: a fé, com efeito, é a resposta de Deus à pergunta de um homem consciente de sua própria miséria ontológica.

> Tillich:
> a fé é a resposta de Deus
> à pergunta de um homem ontologicamente miserável
> → § 2

• Teórico da demitização é Rudolf Bultmann (1884-1976). Com a obra *Novo Testamento e mitologia. O problema da demitização da mensagem neotestamentária* (1941) ele pretendeu, justamente, "demitizar" a narração evangélica, descobrir o significado profundo escondido sob as concepções mitológicas; quis distinguir entre o *conteúdo essencial* do Evangelho e a *forma mitológica* assumida por esse conteúdo.

E o significado mais profundo da pregação de Jesus é – afirma Bultmann em *Jesus Cristo e mitologia* (1958) – que é preciso estar abertos ao futuro de Deus, estar prontos "para receber este futuro que pode sobrevir como um ladrão na noite [...]".

> Bultmann:
> descobrir o conteúdo essencial do Evangelho para além da forma "mitológica"
> → § 3

> • De Dietrich Bonhoeffer – nascido em 1906 e morto pelos nazistas no dia 9 de abril de 1945, com 39 anos – são conhecidos principalmente dois livros: *Ética* (1949) e *Resistência e submissão* (1951). O mundo é autônomo e Deus não é um Deus-tapa-buracos: é o que o homem contemporâneo adverte. Deus se deixa expulsar do mundo e se faz crucificar. O Deus cristão é impotente, mas aqui está a diferença do cristianismo em relação às outras religiões: "Cristo não ajuda por causa de sua onipotência, mas por causa de sua fraqueza, de seu sofrimento". E a Igreja – nota Bonhoeffer – é ela própria quando participa da vida dos homens "não para dominá-los, mas para ajudá-los e servi-los".
>
> *Bonhoeffer: Cristo ajuda por causa de sua fraqueza → § 4*

1. Karl Barth: a "teologia dialética" contra a "teologia liberal"

A teologia protestante alemã do século XIX e da primeira metade do século XX foi dominada pela *teologia liberal* que, inspirando-se em Schleiermacher, Hegel e também em David Strauss, encontra em Albrecht Ritschl (1822-1889) e em seu discípulo Adolf von Harnack (1851-1930) seus representantes mais ilustres. A obra-prima de von Harnack é *A história dos dogmas* (3 vols., 1886-1889), que tem como idéia central a de que o método histórico-crítico é o único método que pode nos oferecer uma interpretação científica das Escrituras e da Tradição. Trilhando esse caminho, embora permanecendo cristão convicto, ele chega a negar tanto os milagres como os dogmas. Em sua opinião, os milagres seriam resultado da mentalidade mágica dos primeiros discípulos, e os dogmas seriam fruto da helenização do cristianismo. Como quer que seja, em linhas gerais, a teologia liberal tendia a mostrar um *acordo substancial entre cristianismo e cultura*, quando não se arriscava à redução do cristianismo à cultura.

Essa teologia, ligada à cultura, isto é, à filosofia e, no fundo, à política de sua época, sofreu também o destino de sua época. As agitações políticas das primeiras duas décadas de nosso século, juntamente com o aparecimento de novas orientações filosóficas, como, por exemplo, o existencialismo, certamente contribuíram para o nascimento e o desenvolvimento daquela revolução teológica representada pela *teologia dialética*, que encontrou em Karl Barth (1886-1968) seu mais eminente representante.

Em 1919, Barth publicou seu comentário à *Epístola aos Romanos*, de são Paulo, saindo em 1922 a importante segunda edição revista da obra. Referindo-se a Kierkegaard (para o qual existe "infinita diferença qualitativa" entre Deus e o homem, e que havia dito que, para o crente, a razão serve unicamente para estabelecer que ele "crê contra a razão"), Barth, em apaixonado protesto, denunciou *todas as tentativas de aprisionar a Palavra de Deus nas grades da razão humana*. E, contra a teologia liberal, que considerava a Revelação cristã como termo final ou desenvolvimento harmônico da natureza e da razão humana, Barth reafirmou não apenas a *infinita distância qualitativa entre o homem e Deus*, mas também a *oposição substancial* entre Deus e tudo aquilo que é humano, vale dizer, a razão, a filosofia, a cultura. Diz Barth que os teólogos liberais, com sua pretensão de tornar a fé popular com a ajuda da ciência das religiões, do método histórico e da filosofia, injuriaram a transcendência de Deus. E "uma canonização geral da cultura, como a que foi feita por Schleiermacher, não pode ser levada em conta por nós". Deus é "o totalmente outro", e é inútil pensar em alcançá-lo com a razão, com a filosofia, com a religião ou com a cultura.

A *razão* da teologia liberal pretende que a fé não seja um risco ou um salto. Mas Barth, ao contrário, quer preservar a alteridade de Deus, o seu ser "totalmente outro".

A fé não se apóia na força da razão; ela é muito mais o milagre da intervenção radical de Deus na vida do homem, ao passo que a submissão do homem a Deus é o paradoxo "irracional" de um abandono existencial. E é aqui que encontramos as motivações dos ataques de Barth contra a *analogia entis*.

Capítulo vigésimo – A renovação do pensamento teológico no século XX

Para Barth, qualquer pretenso conhecimento racional de Deus constitui uma "culpada arrogância religiosa". Entretanto, no mundo católico sustenta-se a teoria da *analogia entis*, isto é, a idéia de que é possível dizer algo de Deus, de sua existência e de seus atributos partindo do ser das criaturas e, portanto, partindo do conhecimento e da linguagem do homem.

Mas Barth contesta essas teses. E na *Dogmática eclesial* (que começa a ser publicada em 1932), ele escreve que, "se nós conhecemos Deus como Senhor (criador, reconciliador e redentor), não é porque conhecemos outros senhores e senhorias. Também não é verdade que o nosso conhecimento de Deus como Senhor deve-se em parte a nosso conhecimento de outros senhores e senhorias, e em parte à revelação. Nosso conhecimento de Deus como Senhor deve-se total e exclusivamente à revelação de Deus". Conseqüentemente, não *analogia entis*, e sim *analogia fidei*. Texto 1

2 Paul Tillich e o "princípio da correlação"

Assim como Barth, Paul Tillich (1886-1965) estava persuadido de que a teologia natural não é válida. Nas provas da existência de Deus tenta-se derivar Deus do mundo, mas, escreve Tillich em *Teologia sistemática* (3 vols., 1951-1963), "se Deus deriva do mundo, não pode ser aquele que o transcende infinitamente". Desde a Primeira Guerra Mundial (da qual participou como capelão militar), Tillich rejeitou a imagem tradicional de Deus.

Mas, então, como dar nova expressão à mensagem cristã, expressão adequada e compreensível para o homem moderno? Também para Tillich a fé é dom de Deus. Entretanto, diferentemente de Barth, Tillich não pensa que a fé seja obra exclusiva de Deus. Ao contrário, ele afirma que ela não é possível sem a participação do homem. O

Karl Barth (1886-1968) foi o maior teólogo protestante do século XX, e concebeu a fé como o milagre da intervenção vertical de Deus na vida do homem.

homem é o sujeito da fé. A fé é uma "possibilidade humana".

A fé pressupõe que, consciente de sua própria miséria ontológica, o homem seja capaz de compreender "o significado do último, do incondicionado, do supremo, do absoluto, do infinito". A fé, portanto, é a resposta de Deus à "pergunta de uma vida não ambígua".

Entre o homem (ontologicamente miserável e psicologicamente desesperado) que pede e Deus que dá, o que existe é uma *correlação* (e não aquele abismo afirmado por Barth).

3. Rudolf Bultmann: o método "histórico-morfológico" e a "demitização"

Embora Bultmann (1884-1976) se tenha imposto no campo das ciências religiosas como exegeta do Novo Testamento (*História da tradição sinótica*, 1921; *O Evangelho de João*, 1941; *O cristianismo primitivo no quadro das religiões antigas*, 1949), ele deve sua notoriedade no campo filosófico-teológico à teoria da *demitização*, com a publicação, em 1941, do escrito: *Novo Testamento e mitologia. O problema da demitização da mensagem neotestamentária*. Por "mito" Bultmann entende "a descrição do transcendente sob roupagem humana, das coisas divinas como se se tratasse de coisas humanas". Diz ele: *"A representação neotestamentária do universo é mítica.* Considera-se o mundo articulado em três planos. Ao centro encontra-se a terra, acima dela o céu e abaixo dela os infernos. O céu é a morada de Deus e das figuras celestes, os anjos; o mundo subterrâneo é o inferno, o lugar dos tormentos. Mas nem por isso a terra é exclusivamente lugar do acontecimento natural-cotidiano, ou seja, das solicitudes e do trabalho, onde reinam a ordem e a norma: é também o teatro de ação dos poderes sobrenaturais de Deus e seus anjos, de Satanás e seus demônios [...]". E, acrescenta Bultmann, também "a representação do acontecimento da salvação, *que constitui o conteúdo específico do anúncio neotestamentário*, é coerente com essa imagem mítica do mundo".

Diante desse dado de fato, Bultmann, distinguindo entre o *conteúdo essencial* do Evangelho e a *forma estrutural* (mítica, metafísica, científica) que esse conteúdo pode assumir, afirma que "a pregação cristã" não pode pretender do homem moderno que ele reconheça como válida uma imagem mítica do mundo. Por isso é preciso *demitizar*. E demitizar significa "procurar descobrir o significado mais profundo que está oculto sob as concepções mitológicas".

E, escreveu Bultmann em *Jesus Cristo e mitologia*, de 1958, esse "significado mais profundo da pregação de Jesus é o seguinte: estar aberto para o futuro de Deus, futuro que, para cada um de nós, é verdadeiramente iminente; estar preparado para receber esse futuro, que pode vir como ladrão na noite, no momento em que menos o esperamos; manter-se pronto, porque esse futuro será o juízo de todos os homens que estão apegados ao mundo, que não são livres nem abertos para o futuro de Deus".

4. Dietrich Bonhoeffer e o mundo saído da "tutela de Deus"

Dietrich Bonhoeffer nasceu em Breslau em 1906 e foi morto pelos nazistas dia 9 de abril de 1945, com 39 anos. São famosas sua *Ética* (1949) e as cartas da prisão, publicadas postumamente com o título *Resistência*

■ **Demitização.** É um termo que o pensamento teológico contemporâneo deve a Rudolf Bultmann, para o qual *"mítica"* é uma narração de acontecimentos em que "intervêm forças ou pessoas sobrenaturais ou sobre-humanas".

Ora, a mensagem cristã é, segundo Bultmann, mensagem sempre atual mas que tem necessidade de ser "demitizada", no sentido de que ela, para captar sua autenticidade, deve ser despojada das representações mitológicas nas quais foi expressa na pregação primitiva, e que chocam a mentalidade científica dos homens de nossos dias.

e submissão, em 1951. Sua notoriedade cresceu de forma notável no pós-guerra.

Escreveu Bonhoeffer: "O problema que jamais me deixa tranqüilo é o de saber o que é verdadeiramente para nós, hoje, o cristianismo, ou até quem é Cristo". E isso constitui problema hoje porque o homem moderno "aprendeu a enfrentar qualquer *problema*, até importante, sem recorrer à hipótese da existência e da intervenção de Deus".

O mundo é autônomo, e Deus não é um tapa-buracos. O que importa, diz Bonhoeffer, é ver que é "o próprio Deus [que] nos ensina que nossa vida de homens deve prosseguir como se ele não existisse". O Deus que nos permite viver em um mundo autônomo, "o Deus que nos faz viver num mundo sem a hipótese de trabalho 'Deus', é o Deus em cuja presença estamos a cada momento. Com Deus e na presença de Deus, nós vivemos sem Deus. Deus deixa-se expulsar do mundo: sobre a cruz, Deus é impotente e fraco no mundo, mas é assim e somente assim que ele permanece conosco e nos ajuda. Mateus 8,17 é claríssimo: Cristo não ajuda em virtude de sua onipotência, mas sim em virtude de sua fraqueza, de seu sofrimento — aqui está a diferença determinante em relação a qualquer outra religião".

E, como Bonhoeffer deixa escrito em *Anotações para um livro*, se o cristão "encontra o Deus vivo participando dos sofrimentos de Deus na vida do mundo", "a Igreja só é verdadeiramente ela própria unicamente quando existe para a humanidade [...]; a Igreja deveria tomar parte da vida social dos homens, não para dominá-los, e sim para ajudá-los e servi-los". Texto 2

Dietrich Bonhoeffer nasceu em 1906 e foi morto pelos nazistas no dia 9 de abril de 1945; aqui é retratado no cárcere de Tegel em 1944.

II. A renovação da teologia católica

> *Rahner: o homem é abertura a Deus → § 1*
>
> • **Karl Rahner (1904-1984)** pensa a teologia como interpretação da Revelação por meio de categorias filosóficas e, jesuíta aluno de Heidegger, usou em suas pesquisas teológicas a filosofia de santo Tomás de Aquino, desenvolvendo-a, porém, em sentido antropocêntrico e não cosmológico (não se chega a Deus partindo do movimento, do finalismo etc.).
> Para Rahner o homem é *espírito* porque é o único ente que se põe a pergunta sobre o sentido do ser. O homem – escreve Rahner em *Ouvintes da palavra* (1941) – é tensão contínua para o absoluto, é constitutivamente abertura para Deus. E por isso ele é "ouvinte da palavra", enquanto é "pelo menos o ser que tem o dever de ouvir uma revelação desse Deus livre em uma *palavra humana*".
>
> *Von Balthasar: Deus fala na experiência estética → § 2*
>
> • *Derrubar os bastiões* é a obra que o jesuíta **Hans Urs von Balthasar (1905-1988)** publica em 1952. É urgente – diz ele – que a Igreja saia do fechamento das muralhas que colocou entre si, de um lado, e a cultura e a ciência, do outro. Mas para fazer isso é necessário fazer teologia. E fazer teologia significa falar da Revelação de um ponto de vista, assim como ocorreu com a *analogia entis* (Tomás e a Escolástica sustentam que a razão pode falar de Deus em analogia com os seres humanos, sem comprometer sua transcendência), com o princípio antropológico (Rahner), com o princípio de correlação (Tillich). Balthasar não avalia negativamente essas tentativas, mas diz possuir um instrumento melhor para tornar acessível e crível a Revelação aos homens de nossos dias: esse instrumento é o conceito transcendental de *beleza*. A beleza – escreve Balthasar em *Glória* (1961-1965) – é o modo com o qual se comunica a bondade de Deus e no qual se exprime a verdade que Deus quer participar aos homens.

1 Karl Rahner e as "condições a priori" da possibilidade da Revelação

Karl Rahner (nascido em Friburgo na Brisgóvia em 1904 e morto em Innsbruck em 1984) é certamente o teólogo católico hoje mais conhecido. Para ele, a obra do teólogo consiste na interpretação da Revelação mediante conceitos filosóficos. E, embora aprecie as concepções e tentativas da filosofia moderna (que levam "a estruturar o próprio sistema de modo novo e original e a superar todo formalismo estereotipado e todo verbalismo"), ele assume como válida para seu trabalho teológico a filosofia de santo Tomás, desenvolvendo-a, porém, em sentido *antropocêntrico* (diversamente da Escolástica).

Isso significa que Rahner, seguindo nesse ponto seu mestre Heidegger, propõe os problemas filosóficos fundamentais não partindo do mundo, e sim partindo do homem. Rahner não parte do mundo (do movimento, do finalismo etc.) para chegar a Deus. A sua perspectiva, precisamente, não é cosmocêntrica, e sim antropocêntrica.

Depois do assalto à possibilidade da metafísica desferido por Hume e Kant, a teologia não pode mais evitar o seguinte problema: como pode o homem ouvir Deus e como pode o homem captar a Revelação?

São essas as interrogações que Rahner procura resolver em *Espírito no mundo* (1939) e *Ouvintes da palavra* (1941). Pois bem, para Rahner o homem é antes de mais nada "espírito". E o é porque o homem é o único ente que se propõe a questão do sentido do ser. Mas, propondo-se essa questão, o homem abre-se para o ser como para o horizonte de toda realidade possível.

Ele é espírito que está essencialmente à escuta da *possível* Revelação de Deus. Escreve Rahner em *Ouvintes da palavra:* "O homem é espiritual, isto é, vive sua vida em contínua tensão na direção do absoluto, em abertura para Deus". E isso não é um fato acidental, e sim "a condição que faz o homem ser aquilo que é e deve ser, estando presente também nas ações banais da vida cotidiana. Ele é homem só porque está a caminho rumo a Deus". Desse modo, na concepção de Rahner, o homem se configura como "ouvinte da palavra": "Afirmamos agora...] que o homem é pelo menos o ser que tem o dever de ouvir uma revelação desse Deus livre em *palavra humana*".

Nessas idéias encontra-se o núcleo da "metafísica transcendental" ou da "antropologia transcendental" de Rahner. Assim como Kant tomou a ciência e procurou ver as condições *a priori* que a tornam possível, da mesma forma Rahner quis explorar as condições *a priori* que tornam possível a teologia, justamente interrogando-se sobre as condições da possibilidade da Revelação em geral. Textos 3 4

2 Hans Urs von Balthasar e a estética teológica

Von Balthasar (nascido em Lucerna em 1905 e morto em Basiléia em 1988) foi aluno de Erich Przywara, o célebre jesuíta autor de *Analogia entis* (1932). Em seu livro, Przywara faz ver por que a *analogia entis* constitui ponto básico da teologia católica. Diz ele que é em virtude da analogia entre os vários graus do ser que nos é possível subir do mundo para Deus, já que a razão pode falar de Deus analogicamente sem comprometer sua transcendência (como temia Barth). Foi com Przywara que von Balthasar aprendeu a conhecer o pensamento de santo Tomás. Posteriormente, em Lyon, onde conheceu também Paul Claudel, von Balthasar encontrou o padre Henri De Lubac, que o introduziu na Patrística e na história da teologia. (O padre De Lubac, que o teve como discípulo, considerou von Balthasar "o homem mais culto de nossa época".) Mais tarde, em Basiléia, ele terá freqüentes contatos com Barth, sobre o qual escreveria uma obra considerada muito penetrante pelo próprio Barth.

Em 1952, von Balthasar publicou *Derrubar os bastiões*, onde sustenta que a Igreja deve sair do fechamento das muralhas que, há séculos, ela pôs entre si e o mundo, entre ela de um lado, e a ciência e a cultura, do outro, entre os católicos e os outros cristãos. E precisamente por isso ele afirma a urgência de se fazer teologia. A teologia não foi feita de uma vez por todas. Trata-se de uma atividade que não deve cessar nunca.

Mas, para fazer teologia, ou seja, para falar da Revelação, é preciso ter um ponto de vista. O passado nos mostra diferentes pontos de vista usados como instrumentos para aproximar-se da Escritura: a *analogia entis,* o princípio antropológico, o princípio de correlação etc.; von Balthasar aprecia essas tentativas, mas, no entanto, sustenta estar de posse de um instrumento melhor, capaz de tornar a Revelação acessível e crível para os homens de hoje: para ele, esse instrumento é o conceito transcendental de *beleza*.

Somente na experiência estética é que o objeto nos aparece mais próximo. Escreve von Balthasar em *Glória* (*Herrlichkeit*), obra que, quando for concluída, constituirá a sua *Summa Theologica:* "Na luminosa figura do belo, o ser do ente torna-se visível como em nenhuma outra parte; por isso, em todo conhecimento e tendência espiritual, deve estar presente um elemento estético".

A beleza, como podemos ler ainda em *Glória,* "é a última aventura na qual a razão raciocinante pode se arriscar, já que a beleza nada mais faz do que circundar com um impalpável esplendor a dupla fisionomia da verdade e da bondade, e sua indissolúvel reciprocidade". A beleza é o modo pelo qual a bondade de Deus se transmite e pelo qual se expressa a verdade que Deus transmite aos homens. *Glória* é justamente a categoria estética adequada ao amor de Deus.

III. A "teologia da morte de Deus" e sua "superação"

> • A teologia da morte de Deus foi um movimento de pensamento que se desenvolveu nos Estados Unidos nos inícios da década de 1960, cujos representantes mais conhecidos são Gabriel Vahanian, William Hamilton, Thomas J. J. Altizer e Paul M. van Buren.
>
> Eles sustentaram que a sociedade secularizada, em que vivemos, é uma sociedade livre de qualquer vínculo religioso, privada de qualquer ser sobrenatural; e dessa premissa tiraram a conclusão de que o homem contemporâneo, o homem que opera dentro da sociedade secularizada, pode certamente continuar a crer em Cristo mas não pode mais crer em Deus.
>
> *Pode-se crer em Cristo, mas não em Deus* → § 1
>
> *O significado secular do Evangelho* (1963), obra de Paul M. van Buren, é talvez o texto mais conhecido da teologia da morte de Deus, e nele o autor relê o Evangelho, tentando mostrar como o discurso religioso não se refere a Deus, mas ao homem. Assim, por exemplo, a *criação* não nos diz que Deus criou o mundo, mas que este mundo é aceitável; a *Revelação* não seria o autodesvelamento de Deus, mas muito mais a aquisição da liberdade cristã por obra da lembrança de Jesus Cristo.
>
> • A superação desta posição – que relembra a de Feuerbach – foi tentada, em anos sucessivos, pelo próprio Paul M. van Buren, que, em *As fronteiras da linguagem* (1972) – munido de instrumentos hermenêuticos forjados no arsenal do "segundo" Wittgenstein (princípio de uso, teoria dos jogos de língua) –, oferece uma interpretação muito interessante do funcionamento da linguagem religiosa, uma linguagem que, com seus "paradoxos" e seus "balbucios" e o próprio "silêncio", consegue guardar o senso do mistério.
>
> *van Buren: a teologia da morte de Deus é superada* → § 2
>
> Alguns anos mais tarde, em 1974, em *Teologia hoje* van Buren dirá que a *salvação* vem apenas de Deus: "Apenas aquilo que é impossível e incoerente, empiricamente insignificante e irrelevante, pode libertar: apenas o Deus que é graça".

1 Pode-se continuar a crer em Cristo, mas não em Deus

A teologia radical ou teologia da morte de Deus é (ou, melhor, foi) um movimento de pensamento que se desenvolveu nos Estados Unidos no último pós-guerra, movimento que, ligando-se à teologia da secularização (sobretudo ao anti-sobrenaturalismo que John A. T. Robinson expôs em *Deus não é assim*, 1963, e à politização dos conceitos bíblicos propostos por H. Cox em *A cidade secular*, 1965), sustentou o que foi chamado de "ateísmo cristão".

Os representantes mais conhecidos desse movimento são Gabriel Vahanian, William Hamilton, Thomas J. J. Altizer e Paul M. van Buren. Sua idéia de fundo é a de que o homem moderno, que vive em uma época já secularizada, pode continuar a crer em Cristo, mas não pode mais crer em Deus.

Por "secularização", escreve H. Cox, entende-se "a libertação do homem antes de mais nada do controle religioso, e depois do controle metafísico sobre a mente e sobre sua linguagem [...]. A secularização é o homem que retira sua atenção do outro mundo para concentrá-la neste mundo e neste tempo (*saeculum* = a época presente)". A sociedade secularizada é uma sociedade despida de qualquer vínculo religioso e privada de qualquer

Ser sobrenatural. E, segundo esses teólogos, a secularização seria o fruto maduro do próprio cristianismo, que, com a revelação da transcendência absoluta de Deus, desvelou para o homem um mundo dessacralizado e a total autonomia do próprio homem.

A partir do pressuposto de que nós vivemos em um mundo e em uma sociedade secularizados, os *teólogos da morte de Deus* sustentaram que a teologia não deve se deixar seduzir pelas miragens do além, e que sua função é mostrar que o discurso religioso não é discurso que diz respeito a Deus, e sim um discurso do homem relativo exclusivamente ao homem e à sua vida aqui na terra. Foi precisamente isso o que quis mostrar, em seu livro O *significado secular do evangelho* (1963), o mais conhecido dos teólogos da morte de Deus, isto é, Paul M. van Buren (nascido em Norfolk, Virgínia, em 1924, e morto em 1998; aluno de Barth em Basiléia; professor em Filadélfia).

A *Revelação*, portanto, não deve ser entendida como autodesvelamento de Deus, e sim muito mais como conquista da *liberdade cristã*, graças à recordação de Jesus Cristo; a doutrina da *criação* não significa que Deus criou o mundo, mas que o mundo é aceitável; a *santificação* representa o convite para se fazer tudo o que Cristo fez, ou seja, a se comportar de determinado modo; a pregação faz com que quem escuta "veja o mundo em que vive à luz de Jesus de Nazaré, libertador de todo o mundo".

2 A superação da tipologia da morte de Deus

Van Buren escrevera O *significado secular do evangelho* com a convicção de aplicar à teologia os instrumentos de interpretação criados pela filosofia da linguagem. Entretanto, logo teve de constatar que a filosofia da linguagem por ele utilizada não ia além do princípio de verificação do neopositivismo. Assim, indo além das estreitezas

Harvey Cox, teólogo protestante americano, em sua obra A cidade secular *propõe a politização dos conceitos bíblicos.*

e do dogmatismo do verificacionismo neopositivista, e utilizando o "princípio de uso" segundo Wittgenstein, van Buren, com *As fronteiras da linguagem* (1972), apresenta nova e mais adequada interpretação da experiência e da linguagem religiosas. Para tanto, constrói um modelo da linguagem humana, vendo-a como plataforma sobre a qual nos movemos e que continuamente ampliamos.

No centro dessa plataforma está a linguagem na qual nos movemos bem, isto é, a linguagem "regulada" pela ciência e pela vida cotidiana. Fora do centro, na periferia, estendem-se as normas de uso válidas no centro, e temos então as metáforas, as analogias etc. Aqui, a linguagem atua fora de casa, mas atua, pois ainda é regulada, tanto que podemos dizer que "uma brincadeira é pesada", "explodiu um problema" e assim por diante. Indo além, podemos ainda tentar nos afastar da periferia, mas então corremos o risco de cair. Permanecendo na periferia, podemos dizer que "um computador pensa", mas poderíamos dizer "o computador nos ama"? Será possível dizer que "o cão pensa em ter medo amanhã?" Podemos dizer que "uma cidade cresce", mas poderemos dizer que "uma pedra cresce?" Aqui, a corda se rompeu e a brincadeira acabou. E caímos, caímos no contra-senso. Obviamente, podemos decidir permanecer no centro da plataforma, onde a vida estará cheia de "fatos". Mas, em torno desses homens que decidiram viver no centro da plataforma, há outros para os quais essa vida é insuportável: esses se sentirão atraídos pelas *fronteiras da linguagem,* persuadidos de que, "quanto mais amplo é o espectro da linguagem que se adota, mais rico é o mundo no qual se encontra". Esses homens amam o "paradoxo" e rompem com os esquemas usuais da linguagem: é o caso dos artistas, mas também dos humoristas. O que seria de uma vida sem amor? E, no entanto, também o apaixonado usa linguagem às vezes à beira do precipício do contra-senso. E se podemos dizer com T. S. Elliot que a poesia é "irrupção no inarticulado", é certo que também o metafísico, com seus conceitos e suas teorias, nos força a caminhar nos limites de nosso pensamento, levando-nos à fronteira da linguagem. É exatamente aí, na fronteira da linguagem, que vive e palpita o discurso religioso. Os paradoxos, os balbucios e o próprio silêncio do discurso cristão não têm sentido no centro, e sim nas fronteiras da linguagem. Quando dizemos que "Jesus morreu durante o consulado de Pôncio Pilatos", estamos nos movendo no centro da plataforma; quando dizemos que "Jesus morreu pela nossa salvação", estamos na periferia; mas, quando os evangelistas nos dizem que "Jesus ressuscitou dos mortos", então estamos na última fronteira. Nesse ponto afloramos o limite, e então o cristão grita a palavra "Deus". E deve gritá-la, deve arriscar-se ao contra-senso, se quiser que a vida *tenha algum sabor.* Em suma, a fé do cristão rompe o acinzentado de um mundo de "fatos" todos iguais e sem sentido e, com seus paradoxos e suas violências contra a linguagem "sensata" do centro da plataforma, custodia o sentido do mistério e aquela luz única que pode iluminar as trevas de nossos dias.

Com efeito, vemos que o *cosmo* tornou-se um *caos,* e percebemos que nos aproximamos sempre mais do momento em que a terra não suportará mais uma vida vivida tão estupidamente como insistimos em fazer hoje. A década de 1970 nos adverte sobre a precariedade da condição humana. Nela podemos ler a frase *"Memento mori"*: é o que escreve van Buren em *Teologia hoje,* de 1974. A condição humana é uma condição de indigência ontológica. A humanidade não é absoluta, pode desaparecer inteiramente. É nessa situação que a teologia deve dizer palavras de libertação e esperança. Esperança e libertação que, embora se solidarizando com a libertação da mulher, com a libertação dos negros ou com a libertação dos oprimidos, sejam bem mais radicais do que elas, no sentido de que estamos em condições de anunciar um sentido de vida que não pode ser construído de outro modo. Desse modo, a *teo-logia* será "serviço da palavra de Deus".

E como o teólogo é incapaz de falar do que é totalmente transcendente, então seu esforço se transforma em cristologia. Pergunta-se van Buren: quem nos libertará deste corpo mortal? Ou seja, quem poderá dar um sentido à aventura da humanidade sobre a face da terra, humanidade finita em sua inteireza? Ele próprio responde: "Não serão os homens, certamente. Não serão os movimentos de libertação, ainda que seja impossível não ser solidários com todos os que gritam sua raiva e sua frustração pelos horrores que estamos fazendo [...]. Somente o que é impossível e incoerente, empiricamente insignificante e irrelevante, pode libertar: somente Deus que é graça. É isso o que todos nós devemos recordar, se deve haver para nós uma teologia hoje".

IV. A teologia da esperança

• A teologia da morte de Deus é uma resposta da filosofia americana (empirista, pragmatista, analítica) ao problema teológico; a teologia da esperança é, ao contrário, a resposta que ao problema de Deus dá uma tradição do pensamento europeu: a hegeliana-marxista.

O pioneiro da teologia da esperança é o teólogo protestante Jürgen Moltmann, nascido em Hamburgo em 1926; professor em Bonn, e autor do trabalho fundamental *Teologia da esperança* (1964). Para Moltmann a teologia cristã tem um só problema: o problema do futuro. É a *escatologia*, portanto, o coração da reflexão teológica de Moltmann, ou seja, a promessa divina das "realidades últimas" que dão sentido à vida de cada homem individual e de toda a história humana, e iluminam a vida presente, relativizando *todos* os seus resultados e *todas* as suas instituições à luz da promessa do futuro. E é claro que quem alimenta a esperança cristã *"não poderá jamais se adaptar às leis e às fatalidades inelutáveis desta terra"*.

> Moltmann: a teologia cristã tem um único problema verdadeiro: o do futuro
> → § 1

• Também Wolfhardt Pannenberg – nascido em Stétin em 1928 e professor de teologia em Munique – sustenta que a esperança cristã age sobre o mundo histórico em direção contestatária. E em *O Deus da esperança* (1967) ele estabelece sua distância do Deus dos filósofos em favor do Deus bíblico: este é "o Deus das promessas, que conduz, na história, para um novo futuro, Deus do reino futuro que cunhou a experiência do mundo e a situação humana".

> Pannenberg: o Deus bíblico é o Deus das promessas que leva a um novo futuro
> → § 2

• Dentro do mundo católico foi Johannes B. Metz, nascido em 1928, e professor de teologia fundamental em Münster, que suscitam – com obras como *Sobre a teologia do mundo* (1968) e *O futuro da esperança* (1970) – a reflexão teológica sobre o tema da *esperança*. A velha metafísica, afirma Metz, não serve mais como instrumento de interpretação da Revelação; também é inadequada a perspectiva existencialista, uma vez que tal perspectiva "privatiza" a mensagem cristã e considera "dispensáveis" a realidade social e o empenho político. A mensagem cristã, porém – e isso é o que Metz mais preza –, não é uma questão privada: "As promessas escatológicas da tradição bíblica – liberdade, paz, justiça – não se deixam privatizar. Elas nos remetem necessariamente, incessantemente, diante de nossa responsabilidade social".

> Metz: as promessas escatológicas da Bíblia não se deixam privatizar
> → § 3

• Teólogo da esperança é também o dominicano holandês Edward Schillebeeckx, nascido em Anvers em 1914; professor primeiro em Louvain e depois em Nijmegen, foi o principal inspirador do *Novo catecismo holandês*.

O homem vive tenso para o futuro; seu interesse está exatamente no futuro. E é justamente essa orientação para o futuro – à luz da qual o homem de hoje olha sua história, a si próprio e aos outros – que nos leva a redescobrir uma imagem de Deus autenticamente bíblica: "É a noção de Deus, entendido como 'nosso futuro' [...], o Deus que em Jesus Cristo nos dá a possibilidade de tornar tudo novo".

> Schillebeeckx: o Deus que está em Jesus Cristo nos dá a possibilidade de tornar tudo novo
> → § 4

1. Moltmann e a contradição entre "esperança" e "experiência"

Se a teologia da morte de Deus é a teologia que contabiliza e usa as categorias típicas da filosofia empirista e analítica anglo-americana, a teologia da esperança corresponde à filosofia hegeliana-marxista do continente europeu: essencialmente, ela pretende responder ao desafio marxista, permanecendo principalmente em estreito contato com a obra de Ernst Bloch, em cujo *O princípio esperança* Jürgen Moltmann e, com ele, muitos outros teólogos da esperança viram o instrumento hermenêutico adequado para a interpretação da Revelação harmônica e compreensível para os homens de nossos dias. Como dirá outro teólogo da esperança, Wolfhardt Pannenberg, foi o marxista Ernst Bloch que "nos ensinou a compreender novamente a força maravilhosa de um futuro ainda aberto e da esperança, que nela se baseia, para a vida e o pensamento do homem".

O fundador da teologia da esperança foi o teólogo protestante alemão Jürgen Moltmann (nascido em Hamburgo em 1926, professor de teologia sistemática em Bonn). Em seu trabalho fundamental *Teologia da esperança* (1964), Moltmann parte da *escatologia*, isto é, da promessa divina daquelas "realidades últimas" que dão sentido à história e iluminam a vida presente, relativizando todos os seus resultados à luz da promessa do "futuro".

Moltmann afirma que a teologia cristã "tem um único problema verdadeiro, que lhe é imposto por seu próprio objeto e que, através dela, é proposto para a humanidade e para o pensamento humano: o problema do futuro". E isso pelo fato de que "o elemento escatológico não é um dos componentes do cristianismo, mas, em sentido absoluto, é o trâmite da fé cristã, é a nota pela qual todo o resto se afina, é a aurora do esperado novo dia, que ilumina todas as coisas com sua luz. Com efeito, a fé cristã vive da ressurreição de Cristo crucificado e se projeta na direção das promessas do futuro universal de Cristo".

Todavia, precisa Moltmann, "a escatologia não pode vagar nas nuvens, e sim formular suas afirmações de esperança em contradição com a experiência presente do sofrimento, do mal e da morte. Assim, é quase impossível desenvolver uma escatologia em si mesma. É muito mais importante mostrar que a esperança é o fundamento e o motor do pensamento teológico enquanto tal, e introduzir a perspectiva escatológica nas afirmações teológicas sobre a revelação de Deus, a ressurreição de Cristo, a missão da fé e a história". Todas essas reflexões sobre a esperança nada mais significam do que o fato "de que *quem tem essa esperança nunca poderá se adaptar às leis e às fatalidades inelutáveis desta terra*". Texto 5

2. Pannenberg: "a prioridade pertence à fé, mas o primado à esperança"

A ação da esperança cristã sobre o mundo histórico em sentido contestatório é uma concepção que também pode ser encontrada em Wolfhardt Pannenberg (nascido

---

■ **Escatologia.** O termo (do grego *éschata* = as coisas últimas) indica, no pensamento cristão, a parte da teologia dogmática em que se tratam os *novíssimos*: morte, juízo, inferno e paraíso.
No Antigo Testamento as expectativas escatológicas foram expressas nos livros de Isaías, Daniel, Ezequiel e Zacarias.
No cristianismo a ressurreição de Cristo se tornou o evento escatológico que marca a vitória sobre a morte, na espera do advento do Reino com a segunda vinda de Cristo. Os primeiros cristãos acreditavam que a segunda vinda de Cristo seria iminente. E, dado que isso não aconteceu, os trechos escriturísticos que falam de um fim dos tempos muito próximo foram reinterpretados diversamente, em chave alegórica, por exemplo.
Na tradição teológica, a escatologia foi identificada, como dissemos, com a tratação dos "novíssimos". Na teologia contemporânea o interesse pela questão "escatológica" é muito vivo, especialmente entre os teólogos da esperança. O tema foi estudado principalmente por Jürgen Moltmann.

em Stétin em 1928, professor de teologia em Munique).

A cristologia de Pannenberg põe desde o início a esperança como seu fulcro. E esse fato aparece inteiramente explícito em seu ensaio intitulado O *Deus da esperança* (1967). Afirma Pannenberg que o Deus do teísmo tradicional é "um ser ao lado dos outros seres" e que, por isso, a crítica filosófica, de Nietzsche a Sartre, ataca *a finitude e o antropomorfismo* do Deus dos filósofos. Entretanto, essa crítica não ataca em nada o conceito bíblico de Deus, isto é, "o Deus das promessas, que leva a um novo futuro na história, Deus do Reino futuro que cunhou a experiência do mundo e a situação humana". Substancialmente, para Pannenberg, "se o *regnum venturum* for biblicamente caracterizado como reino de Deus, então teremos esse primado ontológico do futuro do reino sobre todo o real presente e também sobre o presente psíquico. Com efeito, biblicamente, o ser de Deus e o ser do reino são idênticos, porque o ser de Deus é seu poder".

Em substância, na opinião de Pannenberg, "a fé diz respeito ao futuro. E, em sua essência, o futuro é confiança: a confiança volta-se essencialmente para o futuro, sendo justificada ou frustrada pelo futuro. Mas não se tem confiança cegamente, e sim com base em algo de tangível em que consideramos poder confiar. A verdadeira fé não é credulidade cega. Os profetas puderam conclamar Israel a ter confiança nas promessas de Javé porque Israel já havia experimentado, durante uma longa história, que podia confiar nesse seu Deus. E o cristão empenha sua confiança, sua vida e seu futuro pelo fato de que Deus se revelou na sorte de Jesus".

Desse modo, o cristão torna-se partícipe da glória de Deus "somente se deixar para trás de si o que já é e o que encontra como condição de seu mundo. Não por meio de uma fuga do mundo, e sim por meio de uma mudança ativa do mundo, que é expressão do amor divino, do poder de seu futuro sobre o presente, por meio de sua mudança para a glória de Deus".

3 Metz: a teologia da esperança como teologia política

No âmbito católico, foi Johannes B. Metz (nascido em 1928; professor de teologia fundamental na Universidade de Münster) quem se empenhou na elaboração da *teologia da esperança*, que nele, depois, adquiriu a fisionomia de *teologia política*. Autor de *Sobre a teologia do mundo* (1968) e de *O futuro da esperança* (1970), aberto ao diálogo e influenciado por Rahner, mas também por Ernst Bloch e pela Escola de Frankfurt, Metz sustenta que, se a velha metafísica (privada de autêntica dimensão do futuro) é inadequada como instrumento de interpretação da Revelação, também são inadequadas as concepções existencialista e personalista de que se valeram muitos teólogos contemporâneos. E essas concepções são inadequadas porque privatizam a mensagem cristã, reduzem "a prática da fé à decisão privada do indivíduo, afastado do mundo" e, desse modo, nada mais vêem na realidade sociopolítica do que "uma realidade negligenciável". Segundo Metz, essa interpretação é equivocada pela simples razão de que no cristianismo não existe uma salvação privada. A mensagem cristã não se deixa privatizar porque "as promessas escatológicas da tradição bíblica — liberdade, paz, justiça, reconciliação — não se deixam privatizar. Elas nos remetem necessária e incessantemente à nossa responsabilidade social".

E é precisamente assumindo a "esperança" como centro de sua perspectiva que a Igreja, "portadora da memória subversiva da liberdade", pode exercer função crítica sobre o mundo e, ao mesmo tempo, lançar propostas construtivas. A Igreja deve proclamar incessantemente "a promessa escatológica de Deus" diante dos sistemas políticos que tentam bloquear a história e proibir o futuro do homem: "Com sua 'promessa escatológica', diante de toda concepção abstrata do progresso e de todo ideal humanista abstrato, a Igreja faz cair por terra as tentativas de considerar o indivíduo vivo no momento atual como material ou meio de construção de um futuro tecnológico inteiramente planificado".

4 Schillebeeckx: "Deus é aquele que virá"

O homem vive voltado para o futuro. O futuro é seu interesse. Com efeito, ainda que viva mergulhado no presente e esteja marcado pelo passado, o homem não é de modo nenhum prisioneiro do passado e transcende continuamente seu próprio tempo, como o testemunha o incessante desenvolvimento que ele imprime à filosofia e à arte, e que realiza, por exemplo, na ciência e na tecnologia. Essa é a orientação do nosso mundo e esse é o modo pelo qual o homem percebe a si mesmo e à sua história. Então, sendo assim, escreve o teólogo católico Edward Schillebeeckx (dominicano, nascido em 1914 em Anvers; autor, entre outras obras, de *Deus e o homem; Revelação e teologia; O mundo e a Igreja*: trata-se de livros que, a partir de 1964, reúnem ensaios e artigos publicados isoladamente), "a situação exige que falemos de Deus de modo muito *diferente* daquele que estávamos acostumados a falar no passado. E se deixarmos de fazê-lo [...], nosso testemunho e nosso discurso sobre Deus serão recebidos pela maioria das pessoas com incredulidade".

Assim, para que o teólogo não se torne culpado da extinção da força da experiência religiosa em um mundo secularizado, deve reinterpretar o conceito de Deus. E, sendo dever, é também algo possível, já que não é difícil ver que, a cada estágio de desenvolvimento da humanidade e a cada cultura corresponde um modo específico de experimentar Deus.

A teologia, diz Schillebeeckx, "é a fé do homem que pensa; é reflexão sobre a fé". Mas a fé não é a fé de homens que vivem fora da história e do tempo, não é a fé de todos e de ninguém, é a fé de homens que constroem seu mundo e sua cultura e, através dela, de quando em vez, vêem de modo diverso o mundo, a história e a si mesmos. E a orientação para o futuro, que é a perspectiva característica com que o homem contemporâneo vê o mundo, a história e a si mesmo, nos leva a redescobrir a imagem de Deus que, profundamente bíblica, fora ocultada posteriormente: "É a noção de Deus entendido como 'nosso futuro', o Deus que chega, 'aquele que vem'; não o 'totalmente outro', mas o 'totalmente novo' que é nosso futuro, o Deus que, em Jesus Cristo, nos dá a possibilidade de tornar tudo novo".

BARTH

1 "Nós pedimos fé, nada mais e nada menos"

> *"Não pretendemos nossa fé a partir de outros homens; pois, se outros crerem, eles o farão como nós mesmos, com o próprio risco e com promessa própria".*

A fé é a conversão, a radical nova orientação do homem que está nu diante de Deus, que para adquirir a pérola de grande preço tornou-se pobre, que por causa de Jesus está pronto para perder sua alma. A própria fé é fidelidade de Deus, sempre ainda e sempre de novo escondida atrás e acima das afirmações, e das boas disposições, das conquistas espirituais do homem em relação a Deus. A fé, por isso, jamais está realizada, dada, assegurada, é sempre e sempre de novo, do ponto de vista da psicologia, o salto no incerto, no escuro, no vazio. A carne e o sangue não nos revelam isso (Mt 16,17): nenhum homem pode dizê-lo a outro, nenhum pode dizê-lo a si mesmo. Aquilo que ouvi ontem, devo ouvi-lo também hoje, deverei ouvi-lo também amanhã, como uma coisa nova, e sempre o revelador é o Pai celeste de Jesus, apenas ele. A revelação em Jesus, exatamente enquanto é revelação da justiça de Deus, é também a que envolve Deus no mais profundo segredo e o torna incognoscível. Em Jesus, Deus se torna verdadeiramente mistério, faz-se conhecer como o Desconhecido, fala como o eterno silencioso. Em Jesus Deus se premune contra toda confidencialidade indiscreta, toda impudência religiosa. Revelado em Jesus, Deus torna-se um escândalo para os judeus e uma loucura para os gregos. Em Jesus a comunicação de Deus começa com uma repulsa, com a abertura de um abismo intransponível, com a oferta consciente do mais grave escândalo: "Se for tirada a possibilidade do escândalo, como foi feito na cristandade, todo o cristianismo se torna participação direta e então todo o cristianismo é abolido. Ele se tornou coisa leve e superficial, a qual não fere de modo suficientemente profundo, nem cura, torna-se a invenção especiosa de uma compaixão apenas humana, que esquece a infinita diferença qualitativa entre Deus e o homem" (Kierkegaard). A fé em "Jesus" é o radical "Apesar de tudo!", como também seu conteúdo, a justiça de Deus, é um radical "Apesar de tudo!". A fé em Jesus é essa coisa inaudita: sentir e compreender o amor de Deus, dar a Deus, em sua total invisibilidade e segredo, o nome de Deus. A fé em Jesus é o risco de todos os riscos. Este "Apesar de tudo!", este ato inaudito, este risco é o caminho que indicamos.

Nós pedimos fé, nada mais e nada menos. Nós a pedimos, não em nosso nome, mas em nome de Jesus, em quem essa exigência se impôs a nós sem escapatória. Não pedimos fé em nossa fé; pois sabemos que, em nossa fé, aquilo que é nosso é incrível. Não pretendemos nossa fé para outros homens; pois, se outros crerem, eles o farão como nós mesmos, com o próprio risco e com promessa própria. Nós pedimos fé em Jesus. Nós a pedimos a todos, a todos aqui e agora, no plano de vida em que exatamente eles se encontram. Não há nenhuma pressuposição humana (pedagógica, intelectual, econômica, psicológica etc.) que deva ser preenchida como preliminar da fé. Não há nenhuma introdução humana, nenhum itinerário de salvação, nenhuma escala graduada para a fé que deva ser de algum modo percorrida. A fé é sempre o início, a pressuposição, o fundamento. Pode-se crer como judeu e como grego, como criança e como ancião, como homem culto e como ignorante, como homem simples e como homem complicado, pode-se crer na tempestade e na bonança, pode-se crer em todos os graus de todas as imagináveis escalas humanas. A exigência da fé corta transversalmente todas as diferenças da religião, da moral, da conduta e da experiência da vida, da penetração espiritual e da posição social. A fé é para todos igualmente fácil e igualmente difícil. A fé é sempre o mesmo "Apesar de tudo!", a mesma coisa inaudita, o mesmo empreendimento arriscado. A fé é para todos a mesma necessidade e a mesma promessa. A fé é para todos o mesmo salto no vazio. Ela é possível a todos, porque é igualmente para todos impossível.

K. Barth,
Epístola aos Romanos.

Bonhoeffer

2 "Quem está ligado a Cristo encontra-se seriamente sob a cruz"

> *Seguimento e cruz: "A cruz é [...] sofrer e ser rejeitados. E também aqui no verdadeiro sentido de ser rejeitados por causa de Jesus Cristo, não por causa de outro comportamento ou de outra fé".*

E começou a lhes ensinar: "É preciso que o Filho do Homem sofra muitas coisas, que seja rejeitado pelos anciãos, pelos sumos sacerdotes e pelos escribas, que seja morto e que depois de três dias ressuscite". E dizia isso abertamente. Então Pedro, tomando-a à parte, começou a reprová-lo. Mas ele, virando-se e vendo seus discípulos, reprovou Pedro e disse: "Afasta-te de mim, Satanás, porque não pensas conforme Deus, mas conforme os homens". E depois de ter convocado a multidão junto com seus discípulos, disse-lhes: "Se alguém de vós quiser vir atrás de mim, renegue a si mesmo, tome sua cruz e me siga. Porque quem quiser salvar sua vida a perderá, mas quem perder sua vida por causa de mim e por causa do evangelho a salvará. De que adianta, com efeito, ao homem ganhar todo o mundo se perder sua vida? Porque, o que dará o homem em troca de sua vida? Com efeito, quem se envergonhar de mim e de minhas palavras nesta geração adúltera e pecadora, também o Filho do Homem se envergonhará dele quando vier na glória de seu Pai com os santos anjos" (Mc 8,31-38).

O convite a seguir Jesus está ligado, nesta passagem, com o anúncio da paixão de Jesus. Jesus Cristo deve sofrer e ser rejeitado. É a necessidade da promessa de Deus, a fim de que as Escrituras se cumpram. Sofrer e ser rejeitados não é o mesmo. Também na paixão Jesus podia ainda ser o Cristo festejado. A paixão podia ser ainda causa de profunda compaixão e admiração por parte do mundo. A paixão em sua tragicidade poderia ainda ter um valor intrínseco, uma glória e dignidade intrínsecas. Mas Jesus é o Cristo rejeitado na paixão. O fato de ser rejeitado tira da paixão toda dignidade e glória. Deve ser uma paixão infame. Sofrer e ser rejeitado é a expressão que resume a cruz de Jesus. Morrer sobre a cruz significa padecer e morrer sendo rejeitado, expulso. Jesus deve sofrer e ser rejeitado por necessidade divina. Toda tentativa de impedir aquilo que deve acontecer é diabólico, mesmo e justamente se provém do círculo dos discípulos, porque não quer permitir que Cristo seja o Cristo. O fato de que justamente Pedro, a rocha da Igreja, aqui se torne culpável imediatamente depois da confissão de fé em Jesus Cristo e depois de sua consagração por parte deste, indica que a própria Igreja, desde o início, se escandalizou do Cristo sofredor. Não quer um Senhor semelhante, e como Igreja de Cristo não quer deixar-se impor a lei da paixão. O protesto de Pedro vem de sua recusa a aceitar a dor. E dessa forma Satanás penetrou na Igreja; ele quer arrancá-la da cruz de seu Senhor.

Por isso Jesus deve agora referir a necessidade da paixão clara e inequivocamente também para seus discípulos. Como Cristo é o Cristo apenas se padece e é rejeitado, também o discípulo é discípulo apenas se padece e é rejeitado, se é crucificado com seu Senhor. Seguir Jesus, isto é, estar ligado à pessoa de Jesus Cristo, quer dizer, para quem o segue, ser posto sob a lei de Cristo, isto é, sob a cruz.

O anúncio desta verdade inalienável aos discípulos começa estranhamente com a concessão da plena liberdade. Jesus diz: "Se alguém quiser vir atrás de mim [...]". Não é uma coisa óbvia sequer para os discípulos. Ninguém pode ser obrigado; mais ainda, isso verdadeiramente não pode sequer ser esperado de alguém; "se alguém", malgrado todas as outras ofertas que lhe são feitas, quiser seguir Jesus... Ainda uma vez tudo depende da decisão; enquanto os discípulos se encontram já no seguimento de Jesus, mais uma vez tudo é interrompido, tudo permanece em aberto, não se espera nada, não se impõe nada; tão radical é aquilo que agora será dito. Portanto, mais uma vez, antes que seja anunciada a lei da obediência, os discípulos devem reaver sua plena liberdade.

"Se alguém quiser vir atrás de mim, renegue a si mesmo". Como Pedro, quando renegou Cristo, disse: "Eu não conheço este homem", da mesma forma, quem quiser seguir Cristo, deve falar a si mesmo. A renegação de si mesmos não pode jamais se exprimir em uma quantidade, por maior que seja, de atos particulares de martírio auto-imposto ou de

Capítulo vigésimo – A renovação do pensamento teológico no século XX

exercícios ascéticos; não se trata de suicídio, porque também nisso poderia prevalecer ainda o egocentrismo do homem. Renegar a si mesmo quer dizer conhecer apenas Cristo, não mais a si mesmos, ver apenas ele que precede, e não mais o caminho que é demasiado difícil para nós. Renegar a si mesmos significa: ele precede, apega-te a ele.

"[...] e tome sua cruz sobre si mesmo". Jesus, por graça, preparou seus discípulos para esta palavra por meio das palavras da renegação de si mesmos. Apenas se real e completamente nos esquecermos de nós, se não conhecermos mais a nós mesmos, podemos estar prontos para carregar sua cruz por causa dele. Se conhecermos apenas ele, então não conheceremos mais os sofrimentos de nossa cruz, porque só vemos a ele. Se Jesus não nos tivesse tão benevolamente preparado para esta palavra, nós não poderíamos suportá-la. Ao contrário, dessa forma ele nos pôs em grau de sentir também esta dura palavra como graça. Ele nos alcança enquanto o seguimos com alegria e nos confirma nesse caminho.

A cruz não é incômodo e duro destino, mas a dor que nos atinge apenas por causa de nosso apego a Jesus Cristo. A cruz não é uma dor casual, mas é necessária. A cruz não é a dor inerente em nossa existência normal, mas dor que depende do fato de ser cristãos. A cruz em geral não é apenas essencialmente dor, mas sofrer e ser rejeitados; e também aqui no verdadeiro sentido de ser rejeitados por causa de Jesus Cristo, não por causa de algum outro comportamento ou de outra fé. Uma cristandade que não tomava mais a sério o compromisso de seguir Jesus, que tinha feito do Evangelho apenas uma consolação barata, e para a qual, de resto, a vida natural e a vida cristã coincidiam sem nenhuma diferença, devia ver na cruz o incômodo quotidiano, a dificuldade e a angústia de nossa vida natural. Havia-se esquecido que a cruz significa sempre ao mesmo tempo ser rejeitados, que a vergonha da dor é parte da cruz. Uma cristandade que não sabe distinguir vida civil de vida cristã não pode mais compreender o sinal essencial da dor da cruz, isto é, o ser na dor expulsos, abandonados pelos homens, como o salmista lamenta sem fim.

Cruz significa sofrer com Cristo, paixão de Cristo. Apenas quem está ligado a Cristo, como ocorre para quem o segue, encontra-se seriamente sob a cruz.

D. Bonhoeffer, *Seguimento*.

Rahner

3 Tarefa e compromissos da teologia do futuro

> "A teologia de amanhã deverá [...] infundir nos cristãos e nas Igrejas a coragem de tomar decisões, de realizar atos concretos válidos naquela época determinada. Poderá fazê-lo do modo que lhe é próprio apenas caso se atribua uma função de conselho e de advertência, de profecia e de estímulo, embora sempre reconhecendo à práxis sua inteligibilidade específica [...]".

A teologia do futuro, permanecendo firme a unidade do credo perene, será caracterizada por um vasto e inevitável pluralismo das teologias. Hoje cada campo da história está estreitamente ligado a todos os outros, tanto como resultado da racionalidade moderna como da técnica. Isso leva a uma cultura única e cósmica com forte diferenciação interna – terreno, portanto, sobre o qual mais decisivamente as teologias se diversificarão. Elas permanecerão sempre ligadas à única fé da Igreja, mas seu método, sua estrutura e suas perspectivas, terminologias e reflexos na ação resultarão tão variados de modo a não se reconhecerem, sequer como denominador comum, em nenhuma teologia homogênea. De resto, uma operação deste gênero resulta impossível já pelo fato de que o indivíduo cristão e teólogo, com suas únicas forças e no breve arco de tempo de seu trabalho, não estará em grau de reduzir à unidade e integrar em sua própria teologia o enorme material científico, social e histórico sobre o qual cada teologia particular deverá trabalhar.

O diálogo entre as várias teologias existirá sempre e será necessário, mas não existirá, ao contrário, uma teologia da Igreja, mas muitas teologias eclesiais, cuja distinção (não contradição) em relação ao único credo será percebida com maior clareza pelas consciências dos fiéis de amanhã. Isso significa também que o magistério, legitimamente sempre empenhado na defesa da unidade do credo, deverá conceder às diversas teologias maior responsabilidade, quando elas procuram sua relação específica com o credo perene. Esse pluralismo futuro das teologias abrirá, consideramos, também possibilidades novas para enfrentar sem falsos nivelamentos, em uma teologia falsamente e superficialmente unitária, o pluralismo confessional das teologias, de modo nenhum causa necessária de divisão entre as Igrejas.

A teologia do futuro não poderá renunciar, sequer com seu pluralismo, à coragem de refletir com todas as energias e todos os meios à disposição do homem, ou seja, à coragem de fazer filosofia no sentido mais amplo do termo. Mas a teologia do futuro não poderá mais partir da premissa de uma filosofia comum, já elaborada quase em todo particular e, como tal, oferecendo-se ao início do trabalho teológico verdadeiro e próprio. Em certo sentido as teologias deverão criar sob sua própria responsabilidade as filosofias sobre as quais depois inserirão seu trabalho. Naturalmente não poderão pressupor nem desenvolver uma filosofia que declaradamente se coloque em contradição com uma filosofia aceita ou elaborada pelas outras teologias eclesiais. Todavia, as teologias eclesiais de amanhã podem tranqüilamente confiar em filosofias diversas, em certo sentido disparatadas e estranhas uma à outra, sendo impossível, pensamos, uma integração superior em um sistema único e considerado absoluto. Tal pluralismo insuperável das filosofias, levadas adiante pelos próprios teólogos, constituirá um motivo e um momento do pluralismo das teologias eclesiais. [...]

A teologia do futuro terá marca ecumênica. A teologia ecumênica não será amanhã uma disciplina ao lado das outras, mas se tornará um momento que caracterizará profundamente todo o pensamento e todo o trabalho do teólogo. E isso será necessário ao menos pelo motivo de que toda disciplina deve estar a serviço da vida da Igreja, mas justamente tal vida é, sempre e em todo lugar, vontade ecumênica voltada para a unidade das Igrejas e para a múltipla variedade dentro da única Igreja. [...]

Apresentará [a teologia do futuro] um caráter antropocêntrico? Isso não deveria estar em oposição com seu teocentrismo radical. Basta pensar, com efeito, que o homem realiza sua própria essência teológica apenas se confia totalmente sua própria existência ao mistério inefável, que nós chamamos Deus. [...]

Uma teologia do futuro será estruturada com base no empenho para uma contínua crítica das ideologias, voltada para as ideologias profanas, para as falsas utopias sociais, mas também para uma desconfiança ideológica em relação à mensagem do evangelho e da Igreja? A teologia do futuro realizará um diálogo com as ciências modernas, que será mais imediato e explícito do que o foi no passado, e eventualmente terminará por se tornar seu próprio princípio estruturante? Não nos esqueçamos de que tais ciências hoje querem ser consideradas autônomas, porque a filosofia sempre mais claramente se separa e se distancia das ciências, nem estas lhe permitem mais que ela se proponha como o único centro de elaboração da autocompreensão profana do homem, da revelação e da teologia. A teologia do futuro deverá ser estruturada de modo diferente também no que se refere a sua temática? Com efeito, como ocorre com as outras ciências, não deverá talvez refletir com muito maior intensidade e empenho sobre seus próprios métodos e sobre sua própria hermenêutica, até se tornar em certo sentido também ela "metateologia", embora dessa forma encontrando-se exposta a um perigo mortal: sufocar-se em uma reflexão estéril sobre si própria, sem jamais chegar à coisa? A teologia do futuro deverá refletir com mais resolução de modo transcendental sobre a historicidade formal da história da salvação, à qual naturalmente sempre permanece ligada? Ou poderá, no caso, com liberdade e espontaneidade novas, confiar-se mais imediatamente à história e a seu caráter de história aberta para o futuro?

Eis algumas perguntas sobre temas que talvez a teologia de amanhã acabará por privilegiar. E muitas outras semelhantes poderíamos colocar. Mas hoje é quase impossível encontrar uma resposta para elas. De resto, sua própria multiplicidade nos recorda mais uma vez o pluralismo, que no futuro da teologia sem dúvida se manifestará.

A teologia do futuro, no modo que lhe é próprio, deverá infundir nos cristãos e nas Igrejas a coragem de tomar decisões, de realizar atos concretos válidos naquela época determinada. Poderá fazê-lo do modo que lhe é próprio apenas caso se atribua uma função de conselho e de advertência, de profecia e de estímulo, embora sempre reconhecendo à práxis sua inteligibilidade específica [...].

A teologia do futuro será mais consciente, esperamos, de seu caráter de serva da existência cristã e da realização religiosa que o homem deve dar a si próprio. Não é ciência com fim em si mesma e, talvez, como tal, não deverá ser teologia apenas orante e genuflectente, pois não pode eximir-se de se tornar crítica. E, todavia, mais ainda do que nos últimos cem anos, deveria brotar da oração, não se esgotar unicamente na doutrina teológica, histórica ou teórica. Até aonde possível, deveria iluminar a existência do homem empenhado na vida real, infundir-lhe a coragem de se entregar em espírito de adoração à incompreensibilidade da existência, em cujo fundo reina Deus com sua graça; entregar-se a essa incompreensibilidade com corajosa esperança e com o amor que abraça, unidos, Deus e o homem.

K. Rahner,
Novos ensaios.

4. A missão da Igreja: indicar a salvação ao mundo inteiro

> *O cristianismo: uma religião para toda a humanidade? Karl Rahner em diálogo com Gwendoline Jarczyk (Paris, 1983).*

Nosso mundo atual é composto pela multiplicidade de culturas. Como é possível formular para tal mundo uma mensagem salvífica em grau de ser compreendida e aceita por todas as culturas?

A teologia moderna não pode e não deve ser mais que teologia de uma Igreja em nível universal. Sem dúvida, é bastante difícil dar uma resposta à pergunta sobre a possibilidade de uma inculturação autêntica do cristianismo nos continentes da África, da América do Sul e, com maior razão, da Ásia oriental. Este problema não foi levado pela teologia em suficiente consideração.

À parte as Igrejas orientais anteriores a Calcedônia, relativamente modestas, e as da Ortodoxia também, porém, de cunho ocidental, até a metade do século XX existia apenas uma teologia européia que era "exportada" para todo o mundo. Essas exportações naturalmente foram possíveis apenas sob a onda do colonialismo europeu. Hoje a coisa não é mais admissível: o acolhimento do cristianismo por parte de outras culturas não pode mais ser motivado pelo recurso à superioridade das culturas européias e ocidentais. É necessário concretizar um cristianismo que possa de fato ser acolhido, em uma síntese interna e essencial, pelas outras culturas. E já se vêem os primeiros sinais desse processo.

É um dado de fato que o Concílio Vaticano II, diversamente do Vaticano I, tenha sido não mais um concílio de bispos europeus com bispos de origem européia postos na chefia de dioceses em terras de missão, mas um Concílio que viu reunido um verdadeiro episcopado mundial. Isso assinalou o início de uma teologia não mais européia, mas realmente marcada pelas várias culturas. Naturalmente isso não significa que o problema esteja resolvido. Ao contrário: tem-se, por diversos lados, até a impressão de que Roma esteja demasiadamente cautelosa a respeito. Por exemplo, reage com muita desconfiança às solicitações que provêm da teologia da libertação, na América do Sul. Talvez o Vaticano ainda não compreendeu que o cristianismo da Ásia oriental ou da África terá uma configuração necessariamente diferente daquela da Europa! Outro exemplo: evidentemente, em Roma não se compreendeu sequer com suficiência que também em relação à estrutura e à interpretação do matrimônio existem na África pressupostos completamente diferentes dos do mundo ocidental. Ou então: até hoje os textos litúrgicos das nações não ocidentais foram simples traduções, em suas respectivas línguas, dos elaborados na Europa. Mas isso é suficiente? Por que Roma se opõe a tentativas mais decididas por uma autêntica inculturação? Dependerá, sem dúvida, do desejo, por si mais que compreensível, de salvaguardar a unidade em matéria de fé e de moral cristã. Por outro lado, a situação atual do cristianismo é verdadeiramente nova do ponto de vista histórico.

É preciso considerar que até hoje, em toda a história do mundo e da humanidade, jamais existiu uma religião que não fosse exclusivamente própria de determinada civilização. Poder-se-ia observar que uma religião deveria assumir a configuração de um humanismo abstrato para poder ser professada em todo o mundo. O cristianismo, todavia, não pode constituir o modelo de um humanismo desse tipo. Ele é, com efeito, essencialmente a religião fundada sobre a revelação histórica de Deus, a qual, a partir de Israel, se tornou aquilo que é hoje no âmbito da civilização ocidental. Ora, como uma religião desse tipo, que tem essencialmente uma origem histórica, possa se tornar religião de todas as civilizações, sem perder sua própria identidade é, como já dissemos, um problema aberto para a Igreja e para sua teologia.

Acrescente-se, no entanto, outro problema: o confronto com o ateísmo, que tem, hoje, dimensão mundial. O cristianismo se encontra, portanto, diante de dupla dificuldade, mesmo que esses dois aspectos estejam, em sentido positivo, mais estreitamente ligados do que estamos em grau de compreender. Mas, também sobre isso, a meu ver, ainda não se fez nenhuma reflexão na Igreja. Por este motivo, há algum tempo pedi pessoalmente que o Papa escreva ampla encíclica sobre o ateísmo. Compreendo muito bem que até agora tenha havido motivos justos e compreensíveis para não fazê-lo: a tarefa apresenta-se, de fato, demasiadamente árdua. Todavia, todos os homens, apesar das diferenças culturais e existenciais devidas às várias situações, estão em relação com o mistério absoluto do Deus uno e eterno, e em grau de compreender que se pode morrer em comunhão e união com o único Jesus, crucificado e ressuscitado. Pode-se, portanto, exigir para todos os homens uma única fé! Posso, com efeito, dizer a todo homem: "Existe o mistério incompreensível de Deus, e nele deves morrer. Porém, em Jesus, que de resto foi um europeu, tens a promessa de que este salto na incompreensibilidade de Deus terá um resultado positivo". Nessa luz, apesar da problemática acenada, é possível ter também hoje a confiança serena de que a mensagem da Igreja pode ser ouvida em todo o mundo. Em qual medida esta mensagem depois será ou não de fato ouvida, é uma questão aberta, estreitamente ligada ao problema se a Igreja, sacramento fundamental de salvação para todo o mundo e para todos os homens, deva ter, forçosamente, cá embaixo, uma valência numérica e histórica, ou possa renunciar a isso sem por isso faltar automaticamente à sua missão de indicar a salvação ao mundo inteiro.

O senhor salienta sempre que todo homem tem a experiência da transcendência, mesmo que não conheça Deus e a Revelação. A este propósito, o senhor sustenta que também entre os não crentes contam-se numerosos "cristãos anônimos". O que o senhor entende com esse conceito?

De fato, não sei se fui eu ou outros que cunharam o termo de "cristão anônimo", ou se primeiro foi inventada a idéia de "cristianismo anônimo"; entre as duas coisas, com efeito, há certa diferença. Sem dúvida minha teologia encontra-se em estreita relação com este conceito. Antes de tudo, porém, gostaria de dizer que o termo em si não é de importância fundamental para mim. Se por um motivo qualquer de pedagogia religiosa ou de outro gênero ele fosse considerado como perigoso ou passível de equívoco, poderia também ser abandonado. Todavia, depois do Vaticano II não se pode, de fato, pôr em dúvida que os homens divinizados pela graça na fé, esperança e caridade não coincidem com o número daqueles que estão em uma relação de fé explícita com Jesus Cristo e são batizados. O número dos "justificados", para usar um termo escolástico, ou então, na terminologia do Concílio Tridentino, dos "justificados na graça de Deus", e o número dos batizados e pertencentes à Igreja Católica ou às Igrejas cristãs, não é idêntico. Como já sabia Agostinho, muitíssimos parecem estar dentro e, na realidade, estão fora, e muitíssimos parecem estar fora e, ao contrário, pertencem à Igreja invisível daqueles que se encontram em estado de graça. Neste sentido, a existência de "cristãos anônimos" é certa. Quantos estes sejam, no momento em que, através da morte, entram no estado definitivo de sua existência? Como esses homens, embora não pertencendo à Igreja visível e não tendo uma fé explícita com conteúdos especificamente cristãos, possam ser crentes? Perguntas desse tipo, obviamente, são difíceis. A teologia está longe de tê-las esclarecido suficientemente. Todavia, é possível e urgente não digo saber, mas esperar que, prescindindo de todas as diferenças ideológicas e do horror da história profana do mundo, em muitos e talvez até em todos os homens, vencerá a graça de Deus, indébita, mas superabundante. Convicção esta que se pode e se deve ter.

Um luterano tradicional diria, talvez: "Não digo que possam ser salvos apenas os batizados. Sobre a salvação eterna dos não batizados nada sei". No passado, também a teologia escolástica teria talvez respondido desse modo. Na Igreja, desde os tempos de santo Agostinho e na prática até hoje, considerou-se comumente que apenas de modo excepcional se alcança a salvação por meio da graça indébita de Deus. A perdição – permanecer na massa condenada, para usar a expressão de Agostinho – era considerada mais ou menos a norma. Apenas dentro da multidão dos batizados, segundo essa visão, podia existir, talvez, uma relação ligeiramente melhor entre perdidos e salvos. Hoje, porém, se deveria dizer: "Espero que o resultado final da história humana não deixará subsistir para a eternidade aquele 'lixo' que a teologia tradicional chama de 'inferno' ". Obviamente, não pretendo saber o modo com que no fim a misericórdia infinita de Deus, exaltada também pelo Papa atual, poderá coexistir com sua justiça e com a possibilidade que um homem se perca por sua livre decisão. Não pretendo ter encontrado uma síntese clara a respeito. Como católico comum e como teólogo digo que todo homem deve tomar em consideração a possibilidade da perdição eterna. Todavia, nada me obriga a afirmar que eu saiba com precisão que essa indiscutível possibilidade será definitivamente realizada! Posso dizer que espero uma coisa e temo a outra. Temo as catástrofes particulares, definitivas, e espero na possibilidade, infelizmente sempre desmentida pela experiência humana, de uma definitiva "*apokatástasis pantôn*" (salvação de todos). Com todo o respeito por santo Agostinho, eu precisaria perguntar-lhe:

"Como podes ter fé na vitória da cruz do Filho eterno de Deus e ao mesmo tempo não perceber nenhum problema na hipótese segundo a qual uma enorme multidão de homens incorrerá na perdição eterna? Não seria isso um sinal da frieza indescritível de teu coração?"

Entende-se que, depois de Auschwitz e depois de tantos fatos terríveis também de nossos dias, não é lícito engolir de modo simplista um otimismo cristão tão liberal. Admito que não se pode afirmar de modo simplista que a história do mundo se concluirá com uma harmonia de maravilhosa bem-aventurança. Ao mesmo tempo, porém, não tenho sequer o direito de renunciar à esperança para todos!

Nutro grande respeito pela teologia genial de Tomás de Aquino. Todavia, não posso absolutamente assinar uma afirmação dele. Tomás diz, com efeito, que é possível esperar para si mesmos, mas não para os outros. A este respeito só posso objetar: como homem sou obrigado a amar os outros até o fim; por isso tenho também o dever de esperar por todos, e apenas por isso também tenho o direito de esperar para mim, pobre e miserável pecador.

K. Rahner,
Confirmar a Fé.

MOLTMANN

5 A fé é escopo e não meio

"Se não for o fim último e não tiver sentido e valor por si mesma, a religião de fato não tem nenhum objetivo e valor".

Para que serve a igreja, perguntam-se muitos com admiração. Para alguns esta é uma pergunta de despedida [...].

Para outros, esta é uma questão angustiante. Eles se identificaram plenamente com a igreja, motivo pelo qual, diante da crescente perda de importância da igreja, caem em uma crise de identidade. Aqueles que experimentam sobre si esta crise podem ser comodamente divididos em dois grupos.

Uns desejariam uma igreja mais moderna, mais atualizada e mais incidente. Como a política determina o destino dos homens, eles desejariam um radical compromisso político da igreja nas questões vitais do povo e da humanidade dilacerada de hoje. Eles desejariam ver a igreja como vanguarda política no caminho da justiça e da liberdade no mundo dos conflitos de interesse e nas lutas entre as potências. Para eles a igreja ideal torna-se o modelo moral de um mundo melhor.

Os outros, ao contrário, afirmam que uma igreja social e politicamente atual e incidente extravia seu eu íntimo, seu *proprium* cristão. Eles não podem mais reconhecer a igreja de Cristo e a igreja de seus pais em uma igreja que tenha se tornado, por exemplo, uma instituição moderna para a terapia social. Também eles percebem que o número daqueles que se reconhecem cristãos praticantes torna-se sempre mais exíguo. Mas a culpa desse fato eles não a atribuem à igreja ou a si mesmos, e sim ao espírito do mundo moderno. Caem no pânico e celebram o pequeno número como a fileira dos últimos fiéis em meio à apostasia de Deus, por parte da humanidade do fim dos tempos. Retiram-se em si próprios e no círculo daqueles que a pensam da mesma maneira, a fim de encorajar-se mutuamente. Eles fazem de sua indigência uma virtude e transformam a igreja em seita. Mas isso, diante da adaptação ativa ao mundo moderno, não é mais que uma adaptação passiva. Diante da maré crescente da incredulidade, que eles lamentam, sua fé torna-se pusilanimidade. Eles confiam apenas no que crêem, nada mais. Combatem pelo Papa e pela Igreja ou pela Bíblia e pela confissão. Eles não querem "experimentos", novas experiências e nada de diálogo com os não-cristãos. No mais, combatem aqueles que, embora passando através da própria crise de identidade, se comportam diversamente, e assim provocam a dilaceração da igreja. A mentalidade de gueto continua a crescer. Entre o auto-isolamento ortodoxo e o compromisso que leva a se assimilar divide-se a consciência da igreja. A pergunta, para que serve a igreja, encontra uma infinidade de respostas à luz das diversas necessidades, mas não mais uma resposta clara e inadiável.

Tempo atrás a igreja era considerada a coroação da sociedade. O estado e os grupos sociais existiam para a igreja do mesmo modo que a igreja existia para Deus e para a necessária adoração de Deus sobre a terra. Mas, a seguir, os estados e os grupos se libertaram de seu objetivo religioso de adoração de Deus e assumiram, com Maquiavel a seu serviço, a religião e as igrejas. "Os chefes de um Estado livre ou de um reino devem conservar as colunas da religião". Desse modo eles poderão conservar mais facilmente "religioso e, portanto, bom e unido seu Estado, pois a religião traz grande contribuição para que os exércitos se mantenham na obediência, o povo na concórdia e os homens estejam bem", aconselhava Maquiavel em seu célebre escrito *O príncipe*, muito lido por príncipes e políticos. Para Rousseau todo Estado tem necessidade de uma "religião citadina" como vínculo ideal e simbólico de comunhão entre seus cidadãos. A religião não é mais considerada na óptica de seu fim peculiar, e sim apenas condenada ou valorizada conforme sua utilidade para alcançar outros objetivos. A religião é útil para manter o respeito para com a autoridade dos príncipes, dos juízes, dos mestres e dos pais. A religião é útil para desfraldar diante de grupos e partidos contestadores o imperativo supremo da unidade. A religião é necessária para defender o direito e a ordem, o costume e a moral da sociedade. "Deixai ao povo a religião!". A religião, portanto, não é mais o fim último, mas apenas um meio para alcançar o fim; os fins, ao contrário, são postos pela moral e pela política.

Todavia, uma vez que a religião, a igreja e a fé tenham sido subordinadas ao ponto de vista da oportunidade e da utilidade da sociedade, elas se desintegram, tão logo se pense poder alcançar esses objetivos também com outros meios. Então se dirá: "O mouro realizou sua tarefa, o mouro pode ir embora". Não se terá mais necessidade da fé em Deus para explicar o enigma da natureza ou as debandadas da história. Poder-se-ão explicar natureza e história *etsi Deus non daretur*, mesmo que Deus não existisse. Não se terá mais necessidade da fé em Deus para levar uma vida honesta. A moral e a responsabilidade ética brotarão das funções de um grupo. Não se terá mais necessidade da igreja para afirmar a autoridade nos diversos campos da vida. As responsabilidades se democratizarão e as autoridades se consolidarão também sem a religião. [...]

A crise de identidade do cristianismo não é de hoje. Ela foi discutida desde o início do Iluminismo europeu. De tal discussão retomamos as idéias que Schleiermacher sustentou em seus *Discursos sobre a religião*, de 1799, dirigindo-se "às pessoas cultas que a desprezam". Schleiermacher partia da idéia que a religião, vista como meio para alcançar os objetivos de outro, não pode ser mais que uma religião abusada e falsa. Não é essa religião que ele queria apresentar às pessoas cultas de seu tempo. "Peço-vos apenas para não temer que eu recorra ainda ao meio costumeiro de apresentar para vós o quanto a religião seja necessária para conservar o direito e a ordem no mundo, e de vir em auxílio da miopia da visão humana e aos estreitos limites do poder do homem, fazendo apelo a um olho onividente e a um poder infinito; ou de fazer ver como ela seja uma fé amiga e um sustentáculo benéfico da moralidade". Com efeito, seria esta uma "bela vantagem para ela, a celeste rainha, se pudesse atender de modo tão tolerável aos assuntos terrenos dos homens! [...] Por tão pouco ela não desce ainda do céu para vós".

Se não for o fim último e se não tiver sentido e valor por si mesma, a religião de fato não tem nenhum objetivo e valor. Ela não dá nenhuma resposta à questão a respeito de seu valor de uso social e de sua utilidade moral. Sua dignidade está justamente no fato de que é preciso deixar de lado essas questões preocupadas consigo e com o ter, caso se queira compreendê-la e dela fazer parte. Aqueles que querem defender a religião, demonstrando sua necessidade e sua utilidade, são no fundo seus inimigos mais sem piedade. "Aquilo que é amado e apreciado apenas por causa de uma vantagem que lhe é estranha pode sim ser necessário, mas não é em si necessário: ele pode sempre permanecer um pio desejo que não chega jamais à existência, e um homem razoável não lhe atribui nenhum valor extraordinário, mas apenas o preço que lhe é proporcional. E esse preço seria, para a religião, bastante pequeno; eu pelo menos por ela ofereceria um bem pequeno, uma vez que – não posso deixar de confessar isso – não creio que tenhamos tanta necessidade dela para as ações más que ela deveria impedir e para as ações morais que ela deveria produzir". Assim pensava Schleiermacher. A religião, portanto, não comparece de novo no circuito universal do processo dos valores da sociedade moderna. Se nela fosse inserida, ela se desagregaria e se aniquilaria por si mesma.

Todavia se, como freqüentemente se escreveu, o mundo moderno do Estado, o da economia, da escola e da moral se emanciparam da influência da religião, de Deus, da fé e da Igreja, e procuram funcionar autonomamente, então isso equivale indubitavelmente, em sentido negativo, ao fim da posição de privilégio da religião, mas, em sentido positivo, devemos também dizer que a religião, Deus, a fé e a igreja estão finalmente liberados de suas funções de suplência e podem se apresentar em seu ser genuíno. Não é necessário cair no pânico se desmoronam para a religião aquelas velhas incumbências. Deveríamos, ao contrário, refletir sobre as possibilidades positivas surgidas com a nova situação. Elas podem se entrever na conversão agostiniana da relação entre a religião e a vida.

J. Moltmann,
Em jogo.

Capítulo vigésimo primeiro

A neo-escolástica, a Universidade de Louvain, a Universidade Católica de Milão e o pensamento de Jacques Maritain

I. Origens e significado da filosofia neo-escolástica

• Devemos aqui logo precisar que filosofia neo-escolástica e filosofia cristã não são a mesma coisa.

O Ocidente teve – desde Agostinho, e ainda antes dele, até Mounier, e até nossos dias – muitas filosofias cristãs: filosofias que ou derivam do cristianismo ou o suportam, ou ainda são compatíveis com ele.

A filosofia neo-escolástica (e o neotomismo que é uma especificação dela) é uma filosofia cristã que escolhe aquela que foi uma filosofia cristã – a Escolástica – e, em um confronto com o pensamento moderno, dela retoma, muitas vezes reelaborando-os, os conceitos de fundo para interpretar e falar das "verdades de fé", ou para estabelecer os *preambula fidei,* ou para compreender a *natureza* humana, ou para enuclear os fundamentos racionais das normas éticas fundamentais.

Em que sentido a neo-escolástica é uma filosofia cristã → § 1

A neo-escolástica é ciosa da autonomia da razão, embora considerando-se a *ancilla theologiae,* cristãmente consciente de que "a filosofia não salva".

• Múltiplos foram e são os alvos polêmicos dos neo-escolásticos; recordemos: o racionalismo de derivação iluminista; o imanentismo idealista; o materialismo positivista e o dialético marxista; o laicismo e a secularização; e, em política, todas as posições que proíbem ou sufocam a liberdade da pessoa humana.

Os alvos polêmicos dos neo-escolásticos → § 1

• Foram duas as encíclicas pontifícias que acompanharam o movimento neo-escolástico: a *Aeterni Patris* (1879), de Leão XIII, e a *Pascendi* (1907), de Pio X.

Com a *Aeterni Patris* Leão XIII quis "pôr novamente em uso a doutrina sagrada de santo Tomás", persuadido de que a Escolástica era "o baluarte da fé" e que Tomás, "acima de todos os doutores escolásticos, voa como guia e mestre".

A *Pascendi,* ao contrário, foi a condenação dos modernistas, ou seja, dos católicos que tentavam uma apologética cristã sobre bases diferentes da Escolástica. A *Pascendi* favoreceu a retomada e o desenvolvimento do pensamento escolástico, mas enrijeceu o diálogo entre mundo católico e cultura contemporânea.

Leão XIII escolhe a neo-escolástica como "a sã filosofia" → § 2-3

A atenção ao diálogo com o mundo contemporâneo é um traço característico do Concílio Vaticano II e do papa João Paulo II, o qual se empenhou em precisar que a preferência da Igreja pelo tomismo não compromete "a grande pluralidade das culturas": o tomismo é uma filosofia do ser e, portanto, está aberto a toda a realidade; o Papa vê o tomismo como uma filosofia em diálogo com as correntes filosóficas contemporâneas, que são "parceiras dignas de atenção e de respeito".

A neo-escolástica e a Universidade de Louvain → § 4

• Foi o sacerdote belga Désiré Mercier (1851-1926) que sustentou que, para combater a filosofia positivista e o idealismo, era necessário opor *sistema* a *sistema*. E foi em Louvain que ele conseguiu fundar a mais florescente escola européia de neo-escolástica. Em 1894 fundou também a "Revue Néoscolastique de Philosophie". Formou numerosos discípulos, entre os quais deram grandes contribuições ao pensamento neo-escolástico D. Nys, M. de Wulf, L. de Raeymaeker.

O trabalho mais importante de Mercier é a *Criteriologia geral* (1899), uma obra de teoria geral do conhecimento, em que o argumento crucial é a descoberta de um *critério* para distinguir a verdade do erro, e no qual o confronto com a filosofia moderna, e principalmente com Kant, é cerrado.

E grande tentativa de superar a filosofia de Kant por meio de uma crítica que parte das mesmas concepções de Kant encontra-se em *O ponto de partida da metafísica* (1926), obra de outro importante pensador neo-escolástico, ou seja, Joseph Maréchal (1878-1944).

A neo-escolástica e a Universidade Católica do Sagrado Coração de Milão → § 5

• Além de Louvain, outro grande centro de estudos neo-escolásticos é a Universidade Católica do Sagrado Coração de Milão. Foi o franciscano Agostinho Gemelli (1878-1959), médico e depois psicólogo de grande fama, quem fundou em 1909 a "Revista de filosofia neo-escolástica" e instituiu em 1921 a Universidade Católica do Sagrado Coração. Aí atuaram docentes como Francisco Olgiati (1886-1962), Amato Masnovo (1880-1955), e sucessivamente mestres como Gustavo Bontadini (1903-1990) e Sofia Vanni Rovighi (1908-1990), à qual devemos uma série de estudos históricos muito apreciados, tanto sobre o pensamento medieval quanto sobre a filosofia moderna e contemporânea.

1 As razões do renascimento do pensamento escolástico

Filosofia neo-escolástica e *filosofia cristã*, note-se bem, não são a mesma coisa. O Ocidente filosofou dentro do cristianismo durante dois milênios. E, de Agostinho a Barth, Rahner ou Mounier, o leque das filosofias cristãs, isto é, dos sistemas filosóficos que derivam do cristianismo e/ou dão suporte é bastante amplo. A filosofia neo-escolástica (e aquele seu aspecto específico que é o neotomismo) é filosofia cristã, mas filosofia que escolhe um "pensamento cristão" já construído na Idade Média, confronta-o com o pensamento contemporâneo, explicita potencialidades suas que não se expressaram, e utiliza seus conceitos para interpretar e falar das "verdades de fé", para estabelecer os *preambula fidei* (como as provas da existência de Deus), para compreender a *essência* do homem ou até a *racionalidade* das normas morais, todas coisas que, na opinião dos neo-escolásticos, poderiam ser descobertas pela razão humana e não puras verdades de fé. Para os neo-escolásticos, claro, a fé dá o essencial: somente ela "salva". Mas a razão não é indiferente para a fé, e a *philosophia* se configura como *ancilla theologiae* (serva de teologia).

São múltiplas as razões que levaram ao renascimento do pensamento escolástico. Os pensadores neo-escolásticos reagiram:

a) ao racionalismo de origem iluminista,

b) ao imanentismo idealista;

c) ao materialismo positivista e ao dialético marxista;

d) ao aspecto para eles sempre mais inquietante do liberalismo político, isto é, ao laicismo e à secularização;

e) às correntes culturais européias, sempre mais contrárias ao dado revelado e à teologia cristã.

2. As encíclicas "Aeterni Patris" e "Pascendi"

Duas encíclicas pontifícias acompanharam o movimento neo-escolástico: a *Aeterni Patris* de Leão XIII (1879), e a *Pascendi* de Pio X (1907). A encíclica leonina teve a função de reagir à atonia dos católicos diante do vivaz dinamismo laico (científico, cultural, industrial, imperialista) da Europa na segunda metade do século XIX. A encíclica *Pascendi,* ao invés foi uma condenação drástica do movimento modernista, isto é, daquela "cultura" de católicos que pretendiam adotar as correntes de pensamento mais atuais a fim de criar uma nova teologia.

Leão XIII sugerira que se buscasse a sabedoria de santo Tomás em suas próprias fontes, para evitar os repensamentos dos seguidores do Doutor Angélico, repensamentos nem sempre oportunos e nem sempre esclarecedores. E, por fim, o Papa alertava contra a excessiva sutileza dos filósofos escolásticos e contra todas as teorias medievais que fossem *claramente superadas.*

Pio X, ao contrário, viu no modernismo a síntese de todas as heresias e tentou cortar a "erva daninha" pela raiz. Desse modo, favoreceu indubitavelmente o movimento neo-escolástico, mas tornou difícil o diálogo com a cultura contemporânea.

Pio XII (cujo pontificado foi de 1939 a 1958) considerava que a sã filosofia, segundo a experiência de muitos séculos, se identificaria com o pensamento de santo Tomás, rico de método eficaz, bem fundamentado e bem harmonizado com os dados da Revelação divina. Pio XII expressou a mais profunda motivação de seu chamado à sã filosofia quando acrescentou que seu dever "também era o de vigiar sobre as próprias ciências filosóficas, para que aos dogmas católicos não advenha algum dano de opiniões incorretas".

3. O Concílio Vaticano II e o pós-concílio

O Concílio Vaticano II (1962-1965) não enfrentou *diretamente* o problema de uma filosofia inspirada no cristianismo, mas ofereceu aos pensadores cristãos de todo o mundo novos espaços de pesquisa e diálogo, favorecendo uma atitude de grande atenção ao pensamento contemporâneo, juntamente com a fidelidade essencial à mensagem revelada. Os fiéis são contemporaneamente convidados a entrar em diálogo com as diversas formas de cultura, porque a Igreja é chamada a estabelecer relação fecunda com as diferentes culturas, para difundir e explicar a mensagem cristã.

Depois do Concílio, temos um famoso discurso de João Paulo II por ocasião do centenário da encíclica *Aeterni Patris* (1979), que reafirma a preferência da Igreja católica pelo tomismo. Entretanto, afirma ele que o pensamento tomista não compromete "a justa pluralidade das culturas", precisamente porque é a filosofia do ser, estando, portanto, aberta para toda a realidade, sem reduções, sem unilateralidade, sem possibilidade de absolutizar elementos relativos. Na linha do Concílio, o Papa considera o tomismo como filosofia em diálogo com as correntes filosóficas contemporâneas, "parceiras dignas de atenção e respeito". Segundo João Paulo II, as filosofias contemporâneas são úteis para analisar o ser humano e seu lugar no mundo: nesse sentido, são "aliadas naturais" de uma metafísica medieval mais atenta à grande sistemática, caracterizada pela visão orgânica de toda a experiência. Para ele, o próprio santo Tomás representa um testemunho dessa abertura para todas as contribuições genuínas do pensamento, pois afirmou: "*Ne respicias a quo sed quod dicitur*", ou seja, "não olhes para quem fala, mas sim para aquilo que diz".

4. O cardeal Mercier e a neo-escolástica em Louvain

O sacerdote belga Désiré Mercier (1851-1926) percebeu logo que a cultura eclesiástica, fragmentária e por vezes caótica, não bastava para enfrentar a imperante filosofia positivista e o ainda influente sistema idealista; ao contrário, era preciso opor *sistema* a *sistema.* Mercier encontrou nos primeiros neo-escolásticos italianos e alemães a indicação justa para retomar um sistema filosófico completo de inspiração cristã. Conseqüentemente, entregou-se com entusiasmo ao estudo do tomismo. Nesse meio tempo, Leão XIII chamou por algum tempo a Roma o jovem e promissor filósofo belga, apostando em sua cultura e em sua capacidade organizadora para defender o neotomismo. Depois, voltando à Bélgica, Mercier conseguiu implantar na Universidade de Louvain a mais florescente escola européia de neo-escolástica. Em 1894 fundou também a "Revue Néoscolastique de Philosophie". E formou numerosos alunos, capazes de suceder-lhe no ensino junto ao *Institut Supérieur de Philosophie* (D. Nys, M. de Wulf, L. de Raeymaeker e outros). Outro prestigioso pensador neo-escolástico foi Joseph Maréchal (1878-1944), que, em *O ponto de partida da metafísica* (5 vols., 1926), procurou superar a posição kantiana através de uma crítica que nasce do interior das próprias concepções de Kant.

O núcleo central do pensamento de Mercier foi a *criteriologia*: esse foi o nome dado por Mercier à gnosiologia. E *Criteriologia geral* (1899) foi sua maior obra, na qual é forte o confronto com a filosofia moderna, sobretudo com Kant. O filósofo belga considera que o problema da *verdade* constitui a questão mais candente da pesquisa filosófica e que, portanto, é preciso absolutamente encontrar o *critério* para distinguir a verdade do erro. Com efeito, o que importa é "investigar se o espírito humano é capaz de verdade". A verdade, de qualquer modo, reside no juízo, isto é, em ver "a identidade entre o sujeito e o predicado de um juízo, entre um sujeito atualmente apreendido e um dado abstrato já conhecido antes".

A verdade, portanto, devia ser considerada como a relação entre os dois termos do juízo. Mas, nesse ponto, surgia forçosamente uma pergunta: quem nos garante que os termos do juízo estão em correspondência adequada com as coisas? A resposta de Mercier é a seguinte: "O objeto das formas inteligíveis está contido nas formas sensíveis, das quais em princípio ele foi tirado e às quais é presentemente aplicado pelo ato do juízo. Ora, o objeto das formas sensíveis é dotado de realidade. Assim, as formas inteligíveis também são realidades objetivas". Em suma, a experiência dos fatos sensíveis, quando repetida, ou seja, quando verificada, nos permite alcançar a forma inteligível das coisas e nos dá suficiente garantia de objetividade. Desse modo, Mercier professava o realismo gnosiológico, a teoria da abstração, o método da indução. Assim, ele se colocou no extremo oposto a Descartes e de grande parte do pensamento moderno, centrado na análise do sujeito cognoscente. E considerava estar dando um sólido fundamento às ciências experimentais, libertando-as da incerta gnosiologia positivista. Com efeito, segundo Mercier, os positivistas eram maus defensores da ciência, porque restringiam todo nosso conhecimento unicamente à experiência sensível e, assim, podiam no máximo garantir certezas simples — como, com efeito, são todas as experiências sensíveis — e não conceitos universais e teorias gerais. Diante dessas verdades de *ordem real*, Mercier analisa também as proposições de *ordem ideal*. E, nesse ponto, ele se mostra alinhado com o pensamento contemporâneo mais avançado. As proposições de ordem ideal são *juízos analíticos*; nelas existe identidade entre sujeito e predicado, no sentido de que há "pertença objetiva do predicado ao sujeito".

Contra Kant, Mercier mostra que os juízos matemáticos são juízos analíticos (que, porém, ampliam nosso conhecimento). E afirma também que as *assertivas metafísicas*, como o princípio de causalidade, são assertivas analíticas. Quando estabelecemos o princípio pelo qual "a existência do que é contingente exige uma causa", somos forçados à concordância, já que nesse princípio existe identidade entre sujeito e objeto (com efeito, "contingente" é o que exige uma causa, razão por que o princípio torna-se o seguinte: "o que exige uma causa, exige uma causa").

Com base nesses fundamentos gnosiológicos, Mercier desenvolveu as outras teses típicas da neo-escolástica, como a distinção entre matéria e forma e entre potência e ato; a alma como forma do corpo; as provas da existência de Deus extraídas do movimento, da série de causas etc. Entretanto, o filósofo belga perguntava-se, não retoricamente: "Para quem queremos filosofar, se não para os homens do nosso tempo? E com que objetivo filosofamos senão para propor uma solução para as dúvidas que assaltam nossos contemporâneos?" A filosofia tomista, portanto, não deve ser considerada como dissecação histórica de pensamentos mortos. A filosofia tomista é uma filosofia viva e válida, ainda que, para Mercier, o sistema tomista não devesse ser visto como irreformável.

5. A neo-escolástica na Universidade Católica de Milão

Um dos centros de estudos neo-escolásticos mais importantes na Europa é o da Universidade Católica do Sagrado Coração em Milão. O franciscano Agostinho Gemelli (1878-1959), embora sendo médico e depois psicólogo de grande prestígio mas não propriamente um filósofo, pôs as condições para criar uma escola filosófica de alto nível, fundando em 1909 a "Revista de filosofia neo-escolástica" e instituindo, em 1921, a Universidade Católica do Sagrado Coração.

O verdadeiro teórico da neo-escolástica milanesa foi monsenhor Francisco Olgiati (1886-1962), a quem logo se juntou Amato Masnovo (1880-1955). Seguiram-se filósofos agudos e mestres eficazes como G. Zamboni, U. A. Padovani, G. Bontadini, S. Vanni Rovighi e outros ainda.

De modo particular, deve-se dizer que devemos a Vanni Rovighi toda uma série de estudos históricos (muito apreciados e de alto nível) sobre o pensamento medieval, sobre a filosofia moderna e contemporânea (basta recordar aqui seus trabalhos sobre Husserl) e sobre a história do problema gnosiológico (*Gnosiologia*, 1963). Também não devemos esquecer que sobre os penetrantes escritos teóricos de Bontadini (*Ensaio de uma metafísica da experiência*, 1938; *Da problematização à metafísica*, 1952; *Conversações sobre metafísica*, 2 vols., 1971) foram formados numerosos discípulos, alguns dos quais, como E. Severino (que propõe uma volta integral a Parmênides), tomaram caminhos em que o mestre não se reconhece mais; enquanto outros, como Evandro Agazzi, deram contributos à filosofia da ciência e sobre problemas da mais ampla filosofia teórica.

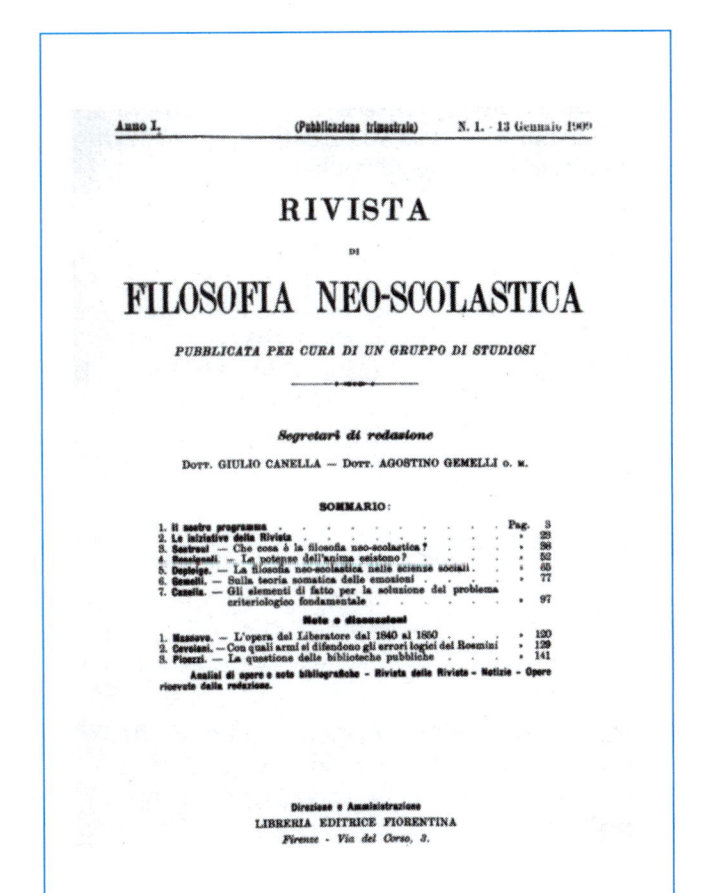

Frontispício do primeiro número (13 de janeiro de 1909) da "Revista de filosofia neo-escolástica". O teórico da neo-escolástica milanesa foi F. Olgiati, ao qual se uniram A. Masnovo, G. Zamboni, U. A. Padovani, G. Bontadini, S. Vanni Rovighi.

II. O pensamento de Jacques Maritain e a neo-escolástica na França

J. Maritain: o ser é analógico
→ § 1.1.-1.1.2

• Jacques Maritain (1882-1973) é o filósofo francês mais conhecido entre os que repropõem o tomismo como filosofia em grau de enfrentar e resolver problemas de nosso tempo. A obra teórica principal de Maritain é *Distinguir para unir: os graus do saber* (1932). Distinguir para unir: e isso por meio da lei da analogia, que é lei da semelhança entre os diversos seres e que nos permite não naufragar na ilimitada variedade das realidades do universo, e ao mesmo tempo não pretende unificar todas as coisas em uma totalidade indistinta e enganosa.

A educação deve ser uma ars cooperativa naturae
→ § 1.3

• Sobre a base de tais pressupostos aristotélico-tomistas, Maritain deu contribuições de relevo sobre três problemáticas do mais amplo interesse: a pedagogia, a arte e a política. *Educação na encruzilhada* é de 1943. A arte da educação – escreve Maritain – deveria ser comparada à da medicina: "uma *ars cooperativa naturae*, uma arte ministerial, uma arte a serviço da natureza. E assim é para a educação". E ele salienta que se a obra de guia intelectual do mestre constitui um fator dinâmico da educação, todavia "o agente principal, o fator dinâmico primordial, a força propulsora primeira na educação é o princípio vital imanente no próprio sujeito a educar". Contrário à assim chamada educação pela palmatória, Maritain também foi contrário a toda forma de permissivismo (a autoridade moral e a guia positiva do mestre "são indispensáveis").

A arte se enraíza no intelecto
→ § 1.4

• Em âmbito estético, são dois os trabalhos mais significativos de Maritain: *Arte e escolástica* (1920) e *A intuição criativa na arte e na poesia* (1953).
A arte, para Maritain, enraíza-se no intelecto. Por trás dos fenômenos artísticos e da poesia há uma razão intuitiva, criativa, animada pela imaginação e que mergulha suas raízes nos níveis inconscientes e pré-conscientes da alma.

Para "uma cidade leiga em uma sociedade cristã"
→ § 1.5

• A idéia de uma sociedade nova, animada e motivada por princípios cristãos, e na qual simultaneamente as instituições leigas mantêm sua autonomia, é a proposta ético-política que Maritain adianta naquele que, sem dúvida, é seu livro mais conhecido: *Humanismo integral* (1936).
A idéia que ele delineia é a de "cidade leiga em modo vital cristã", ou de "Estado leigo constituído de modo cristão", ou seja, de "um Estado no qual o profano e o temporal tenham plenamente sua tarefa e sua dignidade de fim e de agente principal, mas não de fim último e de agente principal mais elevado".
Adversário de qualquer forma de totalitarismo, Maritain era da opinião que não há poder sem responsabilidade, isto é, todos os poderes devem prestar contas do que fizeram. E salientou que "em democracia, o uso dos meios incompatíveis com a justiça e com a liberdade deveria, por isso mesmo, ser uma operação de autodestruição".

E. Gilson: o valor do tomismo
→ § 2

• Historiador valorizado e intérprete arguto do pensamento tomista foi Étienne Gilson (1884-1978), autor de *A filosofia na Idade Média desde as origens até o fim do século XIV* (1922), mas cuja obra mais conhecida é *O espírito da filosofia medieval* (1932). Ele, especialmente, salientou a distinção entre essência e existência, considerando-a o núcleo mais significativo do tomismo.

1 Jacques Maritain: os "graus do saber" e o "humanismo integral"

1.1 A grande escolha: viver segundo a verdade

Os jovens noivos Raissa e Jacques Maritain viveram um momento trágico de luta espiritual. Insatisfeitos com a cultura oficial parisiense, tomados de angústia metafísica, dispostos a aceitar uma vida dolorosa, mas não uma vida absurda, decidiram-se por uma opção radical.

Conta Raissa: "Durante uma tarde de verão estávamos passeando, Jacques e eu, no Jardim Botânico, nome pleonástico de lugares solitários e fascinantes [...]. Havíamos acabado de nos dizer naquele dia que, se a nossa natureza era tão desgraçada a ponto de possuir somente uma pseudo-inteligência, capaz de alcançar tudo, menos a verdade, se, julgando-se a si mesma, devia humilhar-se até esse ponto, então não podíamos pensar nem agir dignamente [...]. Antes de deixar o Jardim Botânico, tomamos uma decisão solene que nos devolveu a paz: não queríamos aceitar nenhuma máscara e nenhuma manobra dos grandes homens, adormecidos em sua falsa segurança [...]. Decidimos, portanto, depositar confiança no incógnito ainda por algum tempo; estávamos por dar crédito à existência [...]. E se aquela experiência não tivesse êxito, a solução teria sido o suicídio: o suicídio, antes que os anos houvessem acumulado seu pó, antes que nossas jovens forças se houvessem consumido. Se não fosse possível viver conforme a verdade, queríamos morrer com uma rejeição livre".

1.2 O eixo central do pensamento de Maritain: "distinguir para unir"

O episódio do Jardim Botânico de Paris mostra a sinceridade extrema com que Jacques Maritain (1882-1973) enfrentou os problemas filosóficos, a desilusão provocada pelas proposições especulativas dos positivistas, o início daquele caminho de conversão em que Bergson e Léon Bloy tiveram papel tão importante.

Maritain é o filósofo francês mais conhecido entre os que repropõem o tomismo para resolver os problemas característicos de nosso tempo.

O lema que sintetiza seu pensamento é "distinguir para unir" (sua obra principal intitula-se precisamente *Distinguir para unir: os graus do saber*, 1932), porque o ser abrange toda a realidade, mas é analógico e, portanto, permite a unidade do todo juntamente com a distinção das partes.

A analogia é a lei da semelhança entre os diversos seres, lei que permite não naufragar diante da ilimitada variedade presente no universo e, por outro lado, não pretende unificar todas as coisas em uma unidade indistinta e enganosa.

Em outras palavras, a analogia permitiria à razão a suprema empresa de falar de toda a realidade, já que todos os seres são semelhantes, mas, por outro lado, não permite à razão confundir as naturezas diversas das coisas, porque todos os seres também são dessemelhantes. A analogia, portanto, é

Jacques Maritain (1882-1973) é a figura de maior relevo – tanto por razões teóricas como por razões sociais – da neo-escolástica no século XX.

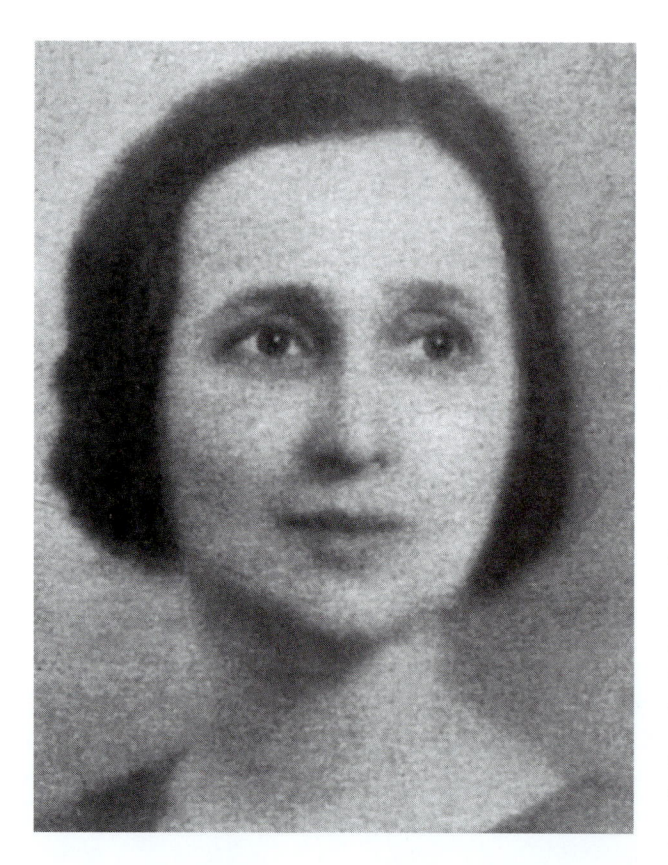

Raissa Maritain (1883-1960), esposa de Jacques.

aquele modo de julgar a realidade que vê nos seres aspectos iguais e aspectos diversos.

Para Maritain, conhecer não é permanecer aprisionado dentro do espetáculo de sua própria consciência, e sim uma presença originária do ente ("conhecer é *tornar-se outro diferente de si mesmo*", *intencionalmente*): no conhecimento, a coisa está imediatamente presente para o sujeito cognoscente. E está presente não em adequação absoluta, mas sempre sob *algum aspecto*. Nós não conhecemos uma representação da coisa e sim "a própria coisa", mas "captada sob esta ou aquela determinação dela".

1.3 A concepção da educação e seus fundamentos

Inspirando-se nessa antiga ontologia aristotélico-tomista, Maritain apresenta estudos notáveis sobre três temas característicos de nossa cultura: a pedagogia (*Educação na encruzilhada*, 1943), a arte (*Arte e escolástica*, 1920; *A intuição criativa na arte e na poesia*, 1953), a política (*Humanismo integral*, 1936). Para Maritain, a educação é uma sabedoria prática, que tende à formação da *pessoa*. A educação é uma arte ministerial que serve à natureza humana, para torná-la mais livre. A educação procura alcançar a plenitude pessoal e social, sendo, portanto, *formação para a vida democrática*.

Os meios da educação não são a violência e a imposição, mas os valores humanistas e científicos e, sobretudo, a ação moral do próprio educador, que coopera com o educando: cooperação que é possível porque, mais uma vez, encontramos semelhança de natureza entre o educador e o educando. Escreve Maritain: "A arte da educação deveria mais ser comparada com a arte da medicina. A medicina lida com o ser vivo, com o organismo que possui vitalidade interna e princípio interno de saúde [...]. Em outros termos: a medicina é *ars cooperativa naturae*, uma arte ministerial, arte a serviço da natureza. E o mesmo se dá com a educação [...]."

Disso, continua Maritain, deriva "que a atividade natural da inteligência daquele que aprende e a obra de guia intelectual daquele que ensina constituem ambos fatores dinâmicos da educação, mas o agente principal, o fator dinâmico primordial ou a força propulsora primeira, na educação, é o princípio vital imanente ao próprio sujeito a educar". É essa a razão por que Maritain é inimigo declarado da chamada *educação com a palmatória*: "Continua sendo verdadeiro que a palmatória e o chicote são péssimos instrumentos de educação".

Entretanto, ele também rejeita toda forma de permissivismo, afirmando que o educador "é causa eficiente e agente real — ainda que somente auxiliar e colaborador da natureza —, causa que verdadeiramente transmite, e cujo dinamismo, autoridade moral e guia positiva são indispensáveis". Essencialmente, Maritain quer que o fruto da educação seja o homem *"que existe de bom grado"*, por se sentir respeitado em sua personalidade, reconhecer-se inserido na comunidade humana sem ser esmagado, e poder expressar seu próprio desejo de verdade e sua própria tendência para o bem.

Texto 1

1.4 A concepção da arte

No que se refere à arte, o pensamento estético de Maritain torna-se relevante quando se opõe às estéticas românticas.

Segundo Maritain, a arte está *radicada no intelecto*. É por isso que a arte moderna tenta libertar-se inutilmente da razão. Como quer que seja, a razão que preside à arte não é a razão lógica e discursiva, e sim a razão intuitiva, animada pela imaginação, vitalizada por fatores inconscientes e pré-conscientes da alma. Há razão e razão. E o poeta se qualifica pela razão criativa, que se assenhoreia de todos os tesouros da terra para alimentar a centelha de sua própria inspiração.

Entretanto, para realizar seu objeto de arte, o artista deverá recorrer à razão conceitual e discursiva, mas essa razão terá função secundária e instrumental.

1.5 Humanismo integral e concepção da política

Dando agora uma olhada às concepções políticas de Maritain, podemos ver que, em *Humanismo integral*, ele distingue Igreja e Estado como duas instituições de fins diversos, autônomas em seu próprio campo e inconfundíveis em sua natureza.

Na Idade Média, também as instituições tinham caráter sacro. Hoje, isso não é mais possível. Desse modo, é necessário pensar uma nova civilização, um *humanismo integral,* no qual a inspiração cristã seja fator motivador e animador, mas onde as instituições leigas mantenham toda a sua *autonomia* própria.

Mais uma vez, encontramos aqui a unidade de duas realidades, Igreja e Estado, cooperando pela comunidade humana, mas em distinção muito clara das instituições. Apenas Deus constitui a fonte da soberania. Ele investe primeiro o povo, de modo que o Estado é instrumento nas mãos do povo para a realização dos fins sociais. A Igreja aprecia esses fins sociais e os serve, mas *a seu modo*.

E assim se precisa a idéia de "cidade leiga vitalmente cristã", ou de "Estado leigo cristãmente constituído", isto é, de um "Estado no qual o profano e o temporal tenham plenamente sua função e sua dignidade de fim e de agente principal, mas não de fim último e de agente principal mais elevado".

Maritain considerava que a democracia devia rejeitar os maquiavelismos e propor a *questão moral*: "No processo de racionalização moral da vida política, os meios devem ser necessariamente morais. Para a democracia, o fim é tanto a justiça como a liberdade. Na democracia, o uso de meios incompatíveis com a justiça e a liberdade seria por isso mesmo uma operação de autodestruição". E, conseqüentemente, a justiça e o respeito aos valores morais não são indicadores de fraqueza. A força não é forte se for elevada a regra única da existência política: "Na realidade, a força só é decididamente forte se a norma suprema for a justiça, não a força". E o mal, a longo prazo, é incapaz de alcançar êxito.

Segundo Maritain, a derrota das potências totalitárias na Segunda Guerra Mundial constitui o testemunho de que "o poder das nações que combatem pela liberdade também pode ser maior do que o poder das nações que combatem pela servidão". Maritain acreditava profundamente na necessidade de *valores morais para sustentar o Estado* e, precisamente por isso, não queria que o Estado fosse considerado *soberano*. E nem mesmo o povo deve ser visto como soberano: "Deus é a fonte verdadeira da autoridade de que o povo reveste homens e órgãos, mas estes não são vigários de Deus. Eles são vigários do povo; por isso, não podem ser separados do povo por nenhuma qualidade essencial superior".

O filósofo francês era inimigo dos poderes absolutos e dos poderes supremos. Todos os poderes devem prestar contas de suas ações: não há poder sem responsabilidade. Há uma lei natural, não escrita, que todos devem respeitar. Pertence à lei natural "o direito do homem à existência, à liberdade pessoal e à obtenção da perfeição da vida moral". Os valores morais não dependem da hegemonia de um homem ou de uma classe, mas, ao contrário, julgam as ações de cada homem ou classe.

2 Étienne Gilson: por que não se pode eliminar o tomismo

Étienne Gilson (1884-1978) foi apreciado historiador da filosofia medieval e intérprete agudo do pensamento tomista. Sua obra mais conhecida é *O espírito da filosofia medieval* (1932), mas também foi muito valorizada *A filosofia na Idade Média, das origens até o fim do século XIV* (primeira edição, 1922; segunda edição muito ampliada, 1945). São muito apreciados também os estudos gilsonianos sobre

Abelardo, Dante, são Boaventura e outros. Gilson chegou à especulação filosófica partindo de estudos de história moderna, já que a análise do pensamento cartesiano levou-o a se interessar pelas fontes medievais da filosofia moderna; por fim, chegando às teorias escolásticas, achou que o sistema tomista, mais que todos os outros, merecia atenção e adesão.

Segundo Gilson, santo Tomás descobriu a chave metafísica decisiva, desconhecida para Aristóteles: a distinção entre *essência* e *existência*. Aristóteles distinguiu potência e ato no devir, e matéria e forma no ser, mas não chegou a distinguir *essência* e *existência*. A isso chegou Tomás, porque a Revelação de um Deus *criador* permitiu-lhe pensar a natureza das coisas à espera de se tornarem existentes. Em outros termos, enquanto a filosofia grega vê em Deus aquele que dá forma à matéria, Tomás vê em Deus o criador, que não é simplesmente uma essência, um *aliquid*, mas o *esse* visto como *actus essendi*. A distinção entre essência e existência constitui o âmago de uma visão de mundo dualista, perfeitamente harmonizável com as verdades cristãs. A essência é simplesmente a natureza de cada coisa, mas é como que inerte e vazia sem a intervenção do *actus essendi*, isto é, a existência entendida como concretização da essência. Gilson escreve em *A filosofia da Idade Média*: "Todo ser é algo que é. E qualquer seja a natureza ou essência da coisa considerada, ela jamais inclui sua existência. Um homem, um cavalo ou uma árvore são seres reais, isto é, substâncias; nenhum deles é a própria existência, mas apenas um homem que existe, um cavalo que existe ou uma árvore que existe. Assim, pode-se dizer que a essência de todo ser real é distinta de sua existência. E, a menos que suponhamos que aquilo que não existe por si mesmo possa dar a existência a si mesmo, o que é absurdo, deve-se admitir que tudo aquilo cuja existência é diversa de sua natureza recebe de outro sua existência". Partindo dessa teoria e seguindo santo Tomás, Gilson chega à existência de Deus. Com efeito, todas as coisas que têm essência distinta da existência exigem uma Causa Primeira que exista em si mesma, isto é, um Ser cuja essência e existência sejam uma só coisa: "O que existe por meio de outro não pode ter outra causa primeira senão o que existe por si mesmo [...]. É esse ser que nós chamamos Deus".

Maritain

1 Assim como a medicina, a educação é uma *ars cooperativa naturae*

> "A palmatória e o chicote são péssimos instrumentos de educação [...], e uma educação que considera o mestre como o agente principal perverte a própria natureza da tarefa educativa".

A arte da educação deveria ser [...] comparada à da medicina. A medicina trata de um ser vivo, com um organismo que possui vitalidade íntima e um princípio interior de saúde. O médico exerce uma causalidade real na cura de seu doente, é verdade, mas de certa maneira particular, ou seja, imitando os caminhos da própria natureza em sua maneira de operar, e ajudando a natureza, prescrevendo uma dieta e remédios apropriados de que a própria natureza se servirá, conforme seu próprio dinamismo em ação para o equilíbrio biológico. Em outras palavras, a medicina é *ars cooperativa naturae*, uma arte ministerial, uma arte a serviço da natureza. E assim é a educação. Esta verdade tem implicações que vão muito longe.

Contrariamente a tudo o que acreditava Platão, o conhecimento não existe de uma vez por todas nas almas humanas. Mas o princípio vital e ativo do conhecimento existe em cada um de nós. O poder íntimo de visão da inteligência, que naturalmente e desde o primeiro início percebe, dentro e através da experiência dos sentidos, as primeiras noções de que depende todo conhecimento, é justamente por isso capaz de proceder daquilo que já conhece para aquilo que ainda não conhece. Um exemplo disso nós o temos em Pascal que descobre, sem o auxílio de qualquer mestre e em virtude de seu próprio gênio, as primeiras 32 proposições do primeiro livro de Euclides. Este princípio vital interno é aquilo que o educador deve respeitar acima de qualquer outra coisa. [...]

Nós, professores e educadores, podemos alguma vez consolar-nos de nossos insucessos — pensando que eles sejam devidos à culpa do agente principal, do princípio interno no estudante — mais do que de nossas insuficiências. Como desculpa, é às vezes válida. Mas, deixando de lado esta espécie de consolação para os educadores, as considerações simplicíssimas que expus, ou agora parafraseando Tomás de Aquino, são, a meu ver, importantíssimas para a filosofia da educação. Penso que elas iluminam todo o conflito que opõe os métodos de educação com a palmatória e os métodos progressivos atuais que insistem sobre a liberdade e a vitalidade natural interna da criança, e sobre elas se concentram.

A educação com a palmatória é positivamente má. Se, por amor de paradoxo, eu tivesse algo a dizer em sua defesa, observaria apenas que ela foi capaz, de fato, de produzir algumas personalidades fortes, pois é difícil matar o princípio de espontaneidade interior nas criaturas vivas, e porque este princípio se desenvolve ocasionalmente de forma mais poderosa quando reage e alguma vez se revolta contra a obrigação, o medo e as punições, mais do que quando cada coisa lhe é tornada fácil, doce e ágil e psicotecnicamente acomodada. É bastante estranho que nos possamos perguntar se uma educação que se dobra completamente à soberania da criança, e que suprime todo obstáculo a superar, não obtenha o resultado de tornar os estudantes ao mesmo tempo indiferentes e demasiado dóceis, e demasiado passivamente permeáveis a qualquer coisa dita pelo mestre. De todo modo continua sempre verdadeiro que a palmatória e o chicote são péssimos instrumentos de educação, e que uma educação que considera o mestre como o agente principal perverte a própria natureza da tarefa educativa.

O mérito real das concepções da pedagogia moderna depois de Pestalozzi, Rousseau e Kant foi a redescoberta desta verdade fundamental de que o agente principal e o fator dinâmico principal não é a arte do mestre, mas o princípio íntimo de atividade, o dinamismo íntimo da natureza e da mente. Se tivéssemos tempo, poderíamos demonstrar a este propósito que a pesquisa de novos métodos e de uma nova inspiração, sobre a qual insistem tanto a educação progressiva e aquilo que na Europa se chama de "escola ativa", deveria ser avaliada, encorajada e ampliada, com a condição de que a educação progressiva renuncie a seus preconceitos de um racionalismo ultrapassado e à sua filosofia utópica da vida, e não esqueça que também o mestre é uma causa eficiente e um agente real — embora apenas auxiliar e cooperador da natureza —, uma causa que verdadeiramente dá, e cujo dinamismo, autoridade moral e guia positiva são indispensáveis. Se esse aspecto complementar é esquecido, as melhores tentativas saídas do culto e da veneração da liberdade da criança se perderão na areia.

A liberdade da criança não é a espontaneidade da natureza animal, que desde a origem move-se diretamente ao longo do trilho fixado pelo instinto (ao menos é desse modo que habitualmente representamos o instinto animal, coisa que implica certa simplificação, pois o instinto animal comporta um primeiro período de fixação progressiva). A liberdade da criança é a espontaneidade de uma natureza humana e racional, e essa espontaneidade, amplamente *indeterminada*, tem seu princípio íntimo de determinação final apenas na razão, que ainda não se desenvolveu na criança.

A liberdade plástica e sugestionável da criança é danificada e dispersa ao acaso se não for ajudada e guiada. Uma educação que desse à criança a responsabilidade de adquirir noções a respeito daquilo que ela não sabe que ignora, uma educação que se contenta de olhar o desenvolvimento dos instintos da criança, e que faça do mestre um complacente e supérfluo assistente, seria tão-somente a bancarrota da educação e da responsabilidade dos adultos em relação à juventude. O direito da criança de ser educada requer que o educador tenha sobre si a autoridade moral, e esta autoridade não é mais que o dever do adulto para com a liberdade da criança.

J. Maritain,
A educação na encruzilhada.

Jacques Maritain, recebido por Paulo VI na praça de São Pedro em Roma.

O PERSONALISMO

- **Mounier**
- **Weil**

"O personalismo é um esforço integral para compreender e superar a crise do homem do século XX em sua totalidade".

Emmanuel Mounier

"Não esqueçamos que queremos fazer do indivíduo, e não da coletividade, o valor supremo".

Simone Weil

SEXTA PARTE

Capítulo vigésimo segundo

O personalismo: Emmanuel Mounier e Simone Weil

Capítulo vigésimo segundo

O personalismo: Emmanuel Mounier e Simone Weil

I. O personalismo: uma filosofia, mas não um sistema

• O personalismo nasce na França nos inícios da década de 1930, a partir da contribuição teórica fornecida por Emmanuel Mounier, o fundador da revista "Esprit" – cujo primeiro número saiu em outubro de 1932.
O fulcro do pensamento personalista é exatamente a idéia de *pessoa*, considerada em sua não-objetivação, inviolabilidade, criatividade, liberdade e responsabilidade; de uma pessoa encarnada em um corpo, situada na história e constitutivamente comunitária. O personalismo apresenta uma possibilidade de saída da crise na "revolução personalista e comunitária".

A idéia de "pessoa" → § 1-3

• Na França os representantes do pensamento personalista (G. Izard, P. Ricoeur, N. Berdjaev, J. Maritain, E. Mounier, M. Nédoncelle etc.) se reúnem em torno da revista "Esprit".
Fora da França o personalismo encontra expoentes de relevo na Inglaterra (J. B. Coates) e nos Estados Unidos (G. H. Howison, E. S. Brightman, W. E. Hocking, e outros ainda).
Na Holanda o personalismo nasceu em um campo de prisioneiros e se desenvolveu sucessivamente no plano político.
Defensores suíços das idéias personalistas se reúnem ao redor dos "Cahiers Suisse Esprit".
Na Itália os dois maiores representantes do personalismo foram Armando Carlini e Luís Stefanini.

Filósofos personalistas de maior saliência → § 4

1. Características da "pessoa"

Como fenômeno histórico o *personalismo* nasceu na França, com Emmanuel Mounier, e desenvolveu-se em torno da revista "Esprit" (fundada por Mounier), cujo primeiro número saiu em outubro de 1932. A idéia central do pensamento personalista é a idéia de *pessoa*, na sua não-objetivação, inviolabilidade, liberdade, criatividade e responsabilidade; de pessoa encarnada em um corpo, situada na história e constitutivamente comunitária. Escreve um de seus expoentes mais representativos, Jean Lacroix: "O personalismo, de certa forma, gostaria de situar-se como sucessor das filosofias do eu para refutá-las no mundo físico e social". E em nome da *pessoa* e sob o signo dessa idéia, o personalismo se apresenta como análise do mundo moderno, impõe-se (escreve Mounier) como protesto contra "seu estado de putrefação avançada" e, considerando "a derrocada de sua estruturação verminosa", projeta uma saída para a crise através de uma "revolução personalista e comunitária", fundamentada na fé cristã aceita para além de qualquer reserva e vivida sem compromissos.

2. O contexto histórico em que surgiu o personalismo

O personalismo, afirma Mounier, "surgiu da crise de 1929, que fez soar claramente o fim da prosperidade européia e chamou a atenção para a revolução em curso. Diante das inquietações e desventuras que então começavam, alguns deram uma explicação puramente técnica, outros puramente moral. Alguns jovens, porém, acharam que o mal era ao mesmo tempo econômico e moral, inserido nas estruturas sociais e nos corações, e que o remédio para ele, portanto, não deveria prescindir nem da revolução econômica, nem da revolução espiritual; e que, por fim, posto que o homem é constituído assim como é, devia-se encontrar estreitas conexões entre uma e outra. Era necessário, antes de mais nada, analisar as duas crises para desatravancar os dois caminhos".

"Esprit" não foi apenas o ponto de reunião das contribuições teóricas dos personalistas, mas também o centro de irradiação de uma série de iniciativas "políticas" significativas, como a posição em favor dos republicanos espanhóis, a breve posição de expectativa em relação ao governo de Vichy e depois, ao contrário, a passagem para a Resistência, o apoio à liberdade argelina e depois ainda à revolução húngara.

De qualquer forma, como na raiz do movimento personalista existe a intenção decidida de *testemunhar a verdade em toda circunstância,* o personalismo não podia se ligar – e não se ligou – aos particularismos táticos de um ou de outro partido. Ele nasceu e se desenvolveu como *movimento,* feito de idéias, críticas, estímulos, controvérsias e iniciativas, jamais pretendendo se esclerosar na forma de partido, bloqueado em uma ideologia fixa e apriosionado pela máquina burocrática.

Isso nos permite compreender melhor a afirmação de Mounier no sentido de que "o personalismo é uma filosofia, não uma simples atitude; é uma filosofia, não, porém, um sistema".

3. As regras e as estratégias do personalismo

E eis como Mounier estabelece, no ensaio *O personalismo e a revolução do século XX,* algumas normas da estratégia personalista.

1) "Pelo menos como ponto de partida, uma posição de independência em relação aos partidos e aos agrupamentos constituídos torna-se necessária para uma nova avaliação das diversas perspectivas, sem com isso se afirmar uma posição anárquica ou um apoliticismo de princípio. Além disso, onde quer que a adesão do indivíduo a uma ação coletiva deixe a esse indivíduo uma liberdade de ação suficiente, ela deve ser preferida ao isolamento.

2) Como o espírito não é uma força absurda ou mágica, a simples afirmação dos valores do espírito periga ser enganosa quando não se acompanha de rigorosa delimitação da atividade e de seus meios.

3) A união estreita entre o 'espiritual' e o 'material' implica em que, em toda questão, deve-se levar em conta toda a problemática, que vai dos dados 'vis' aos dados 'nobres', com extremo rigor tanto em um como em outro sentido. A tendência à confu-

---

■ **Personalismo.** Dentro do pensamento contemporâneo o termo "personalismo" foi introduzido em 1903 por Charles Renouvier (1815-1903) para indicar uma concepção filosófica – a própria – para salvaguardar os direitos, ou seja, a dignidade e o valor, da pessoa humana em relação ao panteísmo da filosofia idealista alemã e do naturalismo positivista francês. Com Emmanuel Mounier – e a contribuição de pensadores reunidos em torno da revista "Esprit" (que começa a sair em 1932) – o personalismo caracteriza-se pela fusão do momento *personalista* (independência, liberdade, responsabilidade, crescimento da pessoa humana) com o *comunitário* (solidariedade); em claro e declarado contraste com a "subversão da ordem econômica" que seria o capitalismo, e com a negação da pessoa que seria o coletivismo totalitário marxista.

são é o primeiro inimigo de um pensamento que parte de ampla perspectiva.

4) O sentido da liberdade e do real nos impõe que, na investigação, nos libertemos de qualquer a priori doutrinário e estejamos positivamente prontos para tudo, inclusive a mudar de direção para permanecer fiéis à realidade e ao próprio espírito.

5) A cristalização compacta da desordem do mundo contemporâneo levou alguns personalismos a definirem-se como revolucionários [...]. O sentido da continuidade histórica nos impede de aceitar o mito da revolução como 'tabula rasa', já que uma revolução nunca deixa de ser uma crise morbosa, que não leva automaticamente a uma solução. Revolucionário significa uma coisa muito simples, mas também significa que não se remedia o caos tão radical e tão tenaz de nosso tempo sem contramarcha, sem profunda revisão de valores, sem reorganização das estruturas e sem renovação das classes dirigentes".

4 Os representantes do pensamento personalista

Mas quem eram os *jovens* que pensavam essas coisas? Em suma, por quem era formado o grupo de "Esprit"? Entre os primeiros colaboradores da revista, encontramos G. Izard, A. Délèage, G. Duveau, N. Berdjaev, M. Lefrancq, A. Philip, J. Maritain, René Biot, P. Verité e P.-A. Touchard. Mas não foram somente esses que aderiram ao movimento personalista, movimento que, além disso, se expressou em correntes diversificadas, como observa o próprio Mounier: "Poderíamos identificar uma tendência existencialista do personalismo (que reuniria Berdjaev, Landsberg, Ricoeur e Nédoncelle), uma tendência marxista, freqüentemente paralela à primeira, e uma tendência mais clássica, que se insere facilmente na tradicional corrente introspectiva da filosofia francesa (Lachièze-Rey, Nabert, Le Senne, Madinier e Jean Lacroix)".

Para Lacroix, o personalismo "é a própria intenção que anima o homem: construir sua própria personalidade e a personalidade alheia tendo em vista a construção da humanidade". Mas, para esse objetivo, são insuficientes tanto o marxismo, que aniquila o indivíduo nas estruturas econômicas da história, como o existencialismo, que se transforma em solipsismo na teoria e em individualismo na prática. É esse o motivo por que Lacroix não hesita em se distanciar também de Kierkegaard: "O tema da solidão é o mais perigoso de todos. [...] O 'nós' não deriva da concordância entre os vários 'tu', mas acompanha sua atividade".

O personalismo encontrou a sua origem, no início da década de 1930, na França, em torno de Emmanuel Mounier e do grupo de "Esprit", situando-se no leito da tradição *introspectiva* típica da filosofia francesa de Descartes em diante, apresentando precursores como Sócrates ("o 'conhece-te a ti mesmo' foi a primeira grande revolução personalista de que se tem notícia", escrevia Mounier), Leibniz e Kant (aos quais o personalismo muito deve, sempre segundo Mounier), Pascal ("o maior mestre" do personalismo), Maine de Biran ("o moderno precursor do personalismo francês"); encontra concordâncias substanciais com não poucas idéias de Max Scheler e Martin Buber.

Fora da França, o personalismo era defendido na Inglaterra pelo *Personalist Group* de J. B. Coates. Nos Estados Unidos, a filosofia personalista encontrou seus representantes em G. H. Howison, B. P. Bowne, E. S. Brightman e W. E. Hocking; foram os alunos de Bowne e de Howison que fundaram a revista "The Personalist".

Na Holanda, o personalismo nasceu em 1941, num campo de prisioneiros; desenvolveu-se no plano político e procurou concretizar uma espécie de novo socialismo através do "Movimento popular holandês", que subiu ao poder depois da Libertação, antes de unir-se ao partido socialista.

Na Suíça, as idéias personalistas encontraram seu centro nos "Cahiers Suisse Esprit".

Na Itália, Armando Carlini e Luís Stefanini foram os dois pensadores mais representativos do personalismo.

II. Emmanuel Mounier e "a revolução personalista e comunitária"

O projeto de uma "revolução personalista e comunitária" → § 1

• Depois da habilitação, Emmanuel Mounier (1905-1950) escolheu ensinar na escola não-estatal. Aos inícios da década de 1930 remontam seu encontro com Jacques Maritain e seus contatos com Gabriel Marcel e Nicolai Berdjaev. Em 1932 inicia a publicação de "Esprit". Durante a guerra paga com a prisão sua aversão ao nazismo. Eis os títulos de algumas obras suas: *Tratado do caráter* (1946); *O que é o personalismo?* (1947); *O personalismo* (1949). *Refazer a Renascença* é o título do artigo de fundo do primeiro número de "Esprit", de 1932: assim como a Renascença foi a solução da crise da Idade Média, da mesma forma "a revolução personalista e comunitária" resolverá a crise do século XX.

A pessoa não é objetivável → § 2

• A pessoa, para Mounier, está encarnada em um corpo e imersa na história, e é comunitária por sua natureza. Todavia, permanece não objetivável, não pode ser capturada por nenhuma definição, nenhuma descrição pode retratá-la em sua inteireza: *"Minha pessoa – escreve Mounier – não coincide com minha personalidade. Ela está além do tempo, é uma unidade dada, não construída, mais vasta do que as visões que dela tenho, mais íntima do que as reconstruções por mim tentadas. Ela é uma presença para mim"*. A pesquisa da própria vocação, o empenho em uma obra como sinal da própria encarnação, e a renúncia a si próprios em favor dos outros: estes são os três exercícios essenciais da pessoa.

Os inimigos da pessoa: moralismo, individualismo, capitalismo, marxismo → § 3

• Contrário ao moralismo ("mudai o homem e as sociedades ficarão curadas!"), Mounier vê no individualismo o pior inimigo do personalismo: o capitalismo é a metafísica do primado do proveito, é "uma subversão total da ordem econômica". E Mounier não cede também nem às sereias do marxismo, e isso porque:
a) o marxismo é outro tipo de capitalismo, capitalismo de Estado;
b) o marxismo exalta o homem coletivo e anula a pessoa;
c) o marxismo levou a regimes totalitários.

Por uma sociedade personalista → § 4-5

• Mounier tende a uma nova sociedade: uma sociedade personalista na qual a pessoa "toma sobre si, assume o destino, o sofrimento e a alegria, o dever dos outros". Tratar-se-ia de uma sociedade onde "o Estado existe para o homem e não o homem para o Estado"; e de um Estado onde – em defesa da pessoa contra os abusos do poder – existem poderes divididos e contrapostos. E uma defesa da perigosa mitização e absolutização de uma coletividade, de um partido, de um chefe, a pessoa a encontra na tensão escatológica do cristianismo.

1. Vida e obra

Nascido em Grenoble em 1905, Mounier, depois de estudar filosofia com Jacques Chevalier em Grenoble, prosseguiu seus estudos na Sorbonne, em Paris, onde, em 1928, no exame de habilitação, obteve o segundo lugar, depois de Raymond Aron. Passou a ensinar filosofia em escola particular, primeiro no Colégio de Santa Maria de Neuilly e depois no Liceu Saint-Omer. Seu encontro com Jacques Maritain remonta ao início da década de 1930: freqüentando

Capítulo vigésimo segundo – O personalismo: Emmanuel Mounier e Simone Weil

*Emmanuel Mounier (1905-1950)
foi o teórico da revolução
personalista e comunitária,
contrária tanto ao capitalismo quanto ao marxismo.*

Bruxelas, onde ensina no Liceu francês. Convocado para o serviço militar em 1939, foi feito prisioneiro pelos alemães. Libertado, retoma em 1940 e 1941, entre muitas dificuldades, a publicação de "Esprit". Contrário ao governo de Pétain depois de breve hesitação, Mounier foi preso. Reconquistada a liberdade, em agosto de 1941 "Esprit" é supresso. Em janeiro de 1942 Mounier foi preso novamente, sob a acusação de ser um dos principais inspiradores do movimento clandestino "Combat". Libertado em 26 de fevereiro, foi preso outra vez em 21 de abril, realizando então uma greve de fome. Depois do processo e absolvição, passou a viver sob nome falso até o fim da guerra, quando retorna a Paris e retoma a publicação de "Esprit".

O período do pós-guerra foi de intensa atividade para Mounier. Publicou o *Tratado do cárcere, Liberdade condicional* e *Introdução aos existencialismos,* todos em 1946; *O que é o personalismo?* é de 1947; em 1949, saiu *O personalismo,* ao passo que, em 1948, haviam sido publicados *O despertar da África negra* e *O pequeno medo do século XX.*

Morreu de infarto cardíaco no dia 22 de março de 1950.

2. As dimensões da "pessoa"

Refazer a Renascença é o título do artigo de fundo do primeiro número de "Esprit", de 1932. Assim como a Renascença saiu da crise da Idade Média e a resolveu, a "revolução personalista e comunitária", segundo Mounier, resolverá a crise do século XX: "O personalismo constitui o esforço integral para compreender e superar a crise do homem do século XX em sua totalidade". E isso só será possível na condição de se inserir a *pessoa* no centro da discussão teórica e da ação prática. Mas de que modo se poderia clarificar a idéia de 'pessoa'? Antes de mais nada, afirma Mounier em *Revolução personalista e comunitária,* "minha pessoa não é a consciência que eu tenho dela. Toda vez que eu realizo um ato de levantamento de minha consciência, o que descubro? No mais das vezes, se não me mantiver muito firme, descubro somente fragmentos efêmeros de individualidade, lábeis como o ar do dia". Em mim, "tudo ocorre como se minha pessoa fosse um centro invisível, ao qual tudo se reporta; bem ou mal, ela se manifesta através

sua casa, participa dos encontros que ali se realizam. É nessa época que entra em contato com Gabriel Marcel e Nicolai Berdjaev. Nesse período, Mounier desenvolve intensa atividade como publicista, sobretudo no campo do esforço cristão na escola. Colaborou com a revista "Aux Dévidées", dirigida pela srta. Silve, que fundara uma obra para os professores cristãos das escolas leigas.

Em 1932, depois de vários encontros preparatórios, Mounier publicou a revista "Esprit". Escolhera "um caminho sem volta", pelo qual sacrificou a carreira acadêmica, para influenciar sobre a sociedade não tanto como professor, e sim muito mais como publicista engajado.

Em 1935, reuniu seus principais escritos publicados em "Esprit" no livro *Revolução personalista e comunitária.* Desse mesmo ano é o ensaio *Da propriedade capitalista à propriedade humana,* escrito que delineia o programa social do movimento personalista.

Ainda em 1935, Mounier casa-se com Henriette Leclercq, passando a viver em de alguns sinais como hóspede secreto dos mínimos gestos de minha vida, mas não pode ficar diretamente sob o olhar de minha consciência". Por isso, *"minha pessoa não coincide com minha personalidade. Ela se encontra além do tempo, é uma unidade dada, não construída, mais vasta do que as visões que eu tenho dela, mais íntima do que as reconstruções por mim tentadas. Ela é uma presença em mim"*.

Assim, Mounier especifica o que a pessoa *não* é. E realiza essa operação, visto que a *pessoa* é não-objetivável. Aquilo que se pode dizer da pessoa é que ela "é o volume total do homem [...]. Há em cada homem uma tensão entre suas três dimensões espirituais: aquela que sai de baixo e a encarna em um corpo; aquela que se dirige para o alto e a eleva em um universal; aquela que se volta para a amplidão e a leva para uma comunhão. *Vocação, encarnação e comunhão são as três dimensões da pessoa"*. O homem precisa meditar sobre sua vocação, sobre seu lugar e sobre seus deveres na comunhão universal. Por outro lado, a pessoa está sempre encarnada em um corpo e situada em condições históricas precisas. Por conseguinte, "a questão não está em se evadir da vida sensível e particular, que se desenvolve entre as coisas, no seio de sociedades limitadas, através dos acontecimentos, e sim em transfigurá-la". Além disso, a pessoa só pode alcançar a si mesma dando-se à comunidade superior, que chama e integra as pessoas individuais. Decorre daí, segundo Mounier, que os três exercícios essenciais para alcançar a formação da pessoa são: "a meditação, para a busca da minha vocação; o engajamento, a adesão a uma obra, que é reconhecimento da própria encarnação; a renúncia a si mesmo, que é iniciação ao dom de si e à vida em outros". Para Mounier, se a pessoa faltar em relação a um desses exercícios fundamentais, estará condenada ao insucesso. **Texto 1**

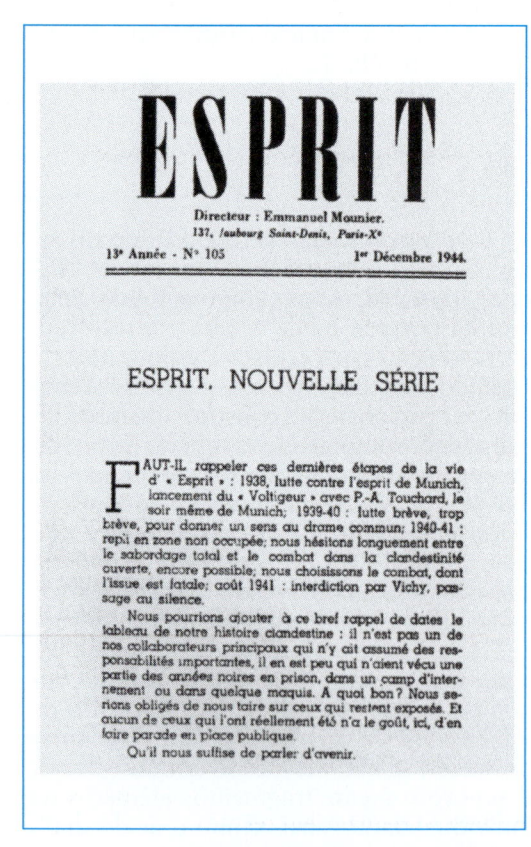

Primeira página da nova série da revista "Esprit" de 1º de dezembro de 1944, e frontispício da tradução de Revolução personalista e comunitária, *organizada por L. Fuá para* Edições de Comunidade *em 1949.*

3. O personalismo contra o moralismo, o individualismo, o capitalismo e o marxismo

A pessoa é inobjetivável; a pessoa está encarnada em um corpo e na história; a pessoa, por sua natureza, é comunitária. Entretanto, lembra Mounier, a solução biológica e econômica de um problema humano continuará frágil e incompleta se não se considerarem as mais profundas dimensões do homem.

Contrário ao moralismo ("mudai o homem, e as sociedades se curarão") e, como veremos, contrário ao marxismo ("mudai a economia, e o homem será salvo"), Mounier considera *o individualismo como o pior inimigo do personalismo*. Isso deve-se ao fato de que, no personalismo, a pessoa é uma presença voltada para o mundo e para as outras pessoas: "As outras pessoas não a limitam; ao contrário, permitem-lhe ser e se desenvolver. Ela (a pessoa) só existe enquanto voltada para os outros, só se conhece através dos outros, só se encontra nos outros". Tudo isso é quase o mesmo que dizer que eu só existo enquanto existo para os outros e que, no fundo, "ser significa amar".

Mounier vê no capitalismo "a subversão total da ordem econômica". O capitalismo é a metafísica do primado do lucro. Um primado do lucro que "vive de dupla forma de parasitismo: um contra a natureza, baseado no dinheiro; o outro contra o homem, baseado no trabalho". O capitalismo consagra o primado do dinheiro sobre a pessoa, do "ter" sobre o "ser". No capitalismo, afirma Mounier, o dinheiro transforma-se em tirania. Inimigo do trabalho digno da pessoa, o capitalismo também é inimigo da propriedade privada, já que priva o assalariado de seu lucro legítimo e defrauda *regularmente* o poupador através de "especulações catastróficas".

Nem por isso, contudo, Mounier caiu nos braços do marxismo. Embora reconhecendo ao marxismo perspicácia em muitas análises, dedicação à causa dos mais fracos e anseio de justiça, Mounier rejeita-o por diversas razões:

1) porque o marxismo é filho rebelde do capitalismo, mas apesar disso é seu filho, enquanto também o marxismo reafirma o primado da matéria;

2) porque o marxismo substitui o capitalismo por outro capitalismo: o capitalismo de Estado;

3) porque o marxismo professa "o otimismo do homem coletivo que implica o pessimismo radical da pessoa", coisa que um personalista não pode aceitar;

4) porque o marxismo, no plano histórico, levou a regimes totalitários;

5) porque não é inimaginável que, a um imperialismo capitalista, se suceda um imperialismo socialista.

Além disso, Mounier sempre afirmou claramente que "o cristão não pode dar adesão doutrinária completa a uma filosofia que negue ou subestime a transcendência, avilte a interioridade e tenda a unir a crítica fundamental da religião à justa crítica da evasão idealista".

4. Em direção à nova sociedade

Depois de tudo isso, não é difícil compreender por que Mounier considerava que o personalismo, conforme a expressão de Nédoncelle, não é "uma filosofia para as tardes de domingo".

Mas, depois das críticas ao espiritualismo, ao moralismo, ao individualismo, ao capitalismo e ao marxismo, que tipo de sociedade Mounier estaria em condições de anunciar e prenunciar?

A sociedade pregada por Mounier é precisamente a sociedade *personalista e comunitária*. É um tipo de sociedade distante das agregações de indivíduos que correspondem à *massa* (com a sua *tirania do anônimo*), à sociedade *fascista* (com seu chefe carismático e sua *febre mística*), à sociedade fechada de tipo *organicista-biológico*, ou ainda à sociedade baseada no direito (ou seja, a sociedade do jusnaturalismo iluminista, pois o contrato que está em sua base não é uma relação interpessoal, e sim muito mais um *compromisso de egoísmos*). O que Mounier põe no vértice da socialidade é a sociedade personalista, baseada no amor que se realiza na *comunhão*, quando a pessoa "chama a si e assume o destino, o sofrimento, a alegria e o dever dos outros".

Esse tipo de sociedade é uma idéia-limite de natureza teológica (basta pensar na idéia cristã de *corpo místico*) que nunca poderá se realizar em termos políticos, mas que funciona como ideal normativo e critério de juízo para as mudanças políticas reais e para as possíveis.

Mounier pensava em um socialismo que fosse obra dos próprios operários e em uma sociedade onde "o Estado exista para o homem e não o homem para o Estado". Portanto, "a pessoa deve ser protegida contra os abusos do poder", pois todo poder não controlado tende ao abuso, diz Mounier.

A defesa personalista da pessoa se expressou por meio da idéia de um "Estado pluralista", "dotado de poderes divididos e contrapostos, a fim de se garantirem mutuamente contra o abuso; mas a fórmula periga parecer contraditória, pois seria preciso falar muito mais de um Estado articulado a serviço de uma sociedade pluralista". Esse seria o Estado mais próximo a serviço da pessoa.

5 O cristianismo deve romper com todas as desordens estabelecidas

A atitude do personalista em relação à história, para Mounier, é a do *otimismo trágico*. O otimismo é dado pela convicção de que, de qualquer forma, a verdade está destinada ao triunfo. A tragicidade desse otimismo já depende da aceitação realista da crise em que somos chamados a atuar. O otimismo trágico de Mounier é expressão da lucidez da inteligência diante da realidade social e, ao mesmo tempo, da esperança de que a ação personalista influa sobre a crise que assola o mundo.

Desse modo, o personalismo rejeita e contrasta com o que Mounier chama de "o pequeno medo" do século XX. Por volta do ano 1000, o medo dos medievais diante do iminente fim do mundo constituiu o estímulo para a construção de uma sociedade melhor, foi um aguilhão que levou à melhoria, para que os homens não tivessem de se apresentar de mãos vazias diante de Deus.

Pois o século XX também tem o seu medo, o grande medo de que toda a humanidade possa desaparecer. Mas, segundo Mounier, esse medo não gera atividade operosa, e sim muito mais parece bloquear qualquer iniciativa, lançando as consciências no aturdimento das evasões e nas jaulas do egoísmo. Por isso, embora em sua trágica vastidão, o medo do século XX, para Mounier, é "um pequeno medo", medo mesquinho, que inibe o amor e agiganta o ódio.

É a fé cristã, portanto, que pode transformar o "pequeno medo" do século XX em "*grande medo*", cheio de iniciativas prenhes de força libertadora. Mas, para que a fé possa readquirir tal força, o cristianismo contemporâneo deve acabar com os compromissos que constituem suas incrustações históricas: "a velha tentação teocrática da intervenção do Estado nas consciências; o conservadorismo sentimental que liga a sorte da fé à sorte de regimes já superados; a dura lógica do dinheiro, que guia o que, ao contrário, deveria servir".

O cristianismo não se identifica e não se reduz a nenhuma ordem estabelecida, pois a tensão escatológica do cristianismo não permite considerar nenhuma situação de fato como perfeita ou absoluta. O importante, por conseguinte, é que o cristianismo não se torne o selo da esclerose das situações de fato (regimes, partidos etc.). E mais essencial ainda é que o mundo não perca os valores cristãos, já que — e essa, segundo Mounier, é uma lição evidente do século XIX — "onde quer que esses valores desapareçam, com sua fisionomia cristã, as formas religiosas reaparecem sob outros aspectos: divinização do corpo, da coletividade, da espécie em seu esforço ascensional, de um líder, de um partido etc." Os traços característicos da religião podem ser encontrados nessas coisas de forma degradada e danosa para o homem. Todavia, justamente isso demonstra, precisamente, a impossibilidade de renunciar à dimensão religiosa.

III. Simone Weil:
entre ação revolucionária e experiência mística

• Vivamente anti-religiosa quando jovem; operária na Renault; presa, durante a guerra, sob a acusação de gaullista; na América, em 1942, e também aí próxima dos pobres, os do Harlem; de novo na Europa para participar da Resistência francesa, Simone Weil morre no sanatório de Ashford dia 24 de agosto de 1943. Nascera dia 3 de fevereiro de 1909, filha de um médico alsaciano de origem israelita e de mãe originária da Rússia.

Uma vida que dá testemunho dos grandes valores → § 1-2

• Weil vê que a sociedade já se tornou "máquina para comprimir coração e espírito e para fabricar a inconsciência, a estupidez, a corrupção, a desonestidade e principalmente a vertigem do caos". Na história humana duas foram e continuam a ser as principais formas de opressão: a escravidão exercida em nome da força; e a sujeição em nome da riqueza transformada em capital. E Weil pensava que estava para cair sobre os homens outra, e nova, forma de opressão: "a opressão exercida em nome da função", fruto maduro do trabalho fragmentado, típico do capitalismo.

A sociedade é "máquina para comprimir corpo e espírito" → § 3

• Pois bem, diante deste "estado doloroso", Simone Weil apela para uma *obrigação eterna*: a dirigida ao ser humano enquanto tal. O homem não pode ser *objeto*. O indivíduo é o *valor supremo*. Um valor pisado também pelos movimentos que se remetem a Marx. E que vem, ao contrário, incrementado por aquela revolução que equivale a "invocar com os próprios desejos e ajudar com as próprias ações tudo aquilo que pode, direta ou indiretamente, aliviar ou eliminar o peso que esmaga a massa dos homens, as cadeias que envilecem o trabalho; rejeitar as mentiras por meio das quais se quer mascarar ou desculpar a humilhação sistemática da maioria deles". A revolução é, portanto, um *ideal*, um *juízo de valor*, uma *vontade*.

A revolução é um ideal, um juízo de valor, uma vontade → § 4

• A libertação da opressão social é sacrossanta porque o indivíduo é o valor supremo. Esta libertação, porém, não é a redenção de sua infelicidade ontológica. Infeliz é quem experimenta a ausência de Deus; quem está distante de Deus. E foi justamente a cruz que aproximou Weil do Deus cristão. "A cruz é nossa pátria", escreve Weil. "As religiões que apresentam uma divindade que exerce seu domínio em todo lugar que lhe for possível, são falsas. Ainda que monoteístas, são idólatras". E, por fim: "Em qualquer época, em qualquer país, em todo lugar em que há um sofrimento, a cruz de Cristo é sua verdade".

A cruz é "nossa pátria" → § 5-7

1. A vida e as obras

Simone Weil nasceu em Paris no dia 3 de fevereiro de 1909, filha de um médico alsaciano judeu e agnóstico e de mãe originária da Rússia. Em família, cresceu em clima de "completo agnosticismo", e no liceu foi aluna de Ernest-René Le Senne. Estudou na École Normale Supérieure, onde obteve o título de *agrégée* em filosofia em 1931. "Durante os anos de estudo — recorda padre J. M. Perrin, que terá muitos encontros com Weil — demonstrou-se vivamente anti-religiosa; seu rigor era tal que chegou a ponto de romper a amizade com uma companheira que se convertera ao catolicismo. Foi nessa época que entrou em contato com o movimento sindicalista e com as idéias da revolução proletária".

Atenta aos sofrimentos dos mais pobres, dividiu seu ganho como professora com os deserdados. E em 1934 decidiu viver a condição operária: começa a trabalhar na Renault com a intenção de "participar da situação dos últimos". Em 1936 toma parte na guerra civil espanhola, do lado dos republicanos, aos quais, todavia, aparece como "companheira incômoda". Por ter-se queimado com óleo fervente, teve de deixar o *front*. Entrementes, em 1939, estoura a Segunda Guerra Mundial. Simone deixa Paris e se transfere para Marselha, onde as alcançam as medidas administrativas contra os judeus. No vale do Ródano conhece a dureza do trabalho agrícola. Escreve também para os "Cahiers du Sud". É presa sob a acusação de gaullismo; é interrogada longamente e recebe a ameaça de ser jogada no cárcere — "a senhora, professora" — junto com as prostitutas. Simone respondeu ao juiz: "Sempre desejei conhecer esse ambiente, e o único modo de poder nele entrar seria para mim justamente a prisão". A essas palavras — escreve padre Perrin — o juiz fez um aceno ao secretário para deixá-la em liberdade como uma louca inócua!

Dia 16 de março de 1942, junto com os genitores, Simone Weil embarca para os Estados Unidos. Também em Nova Iorque a encontramos entre os mais pobres do Harlem. E sofre por ter abandonado a França. Quer ir para Londres para se tornar ativa da Resistência francesa. E chega a Londres pelo fim de novembro de 1942. Pede para poder ser utilizada em alguma missão perigosa, pois queria sacrificar-se utilmente. Em abril de 1943 teve de se recuperar em um hospital; daí foi transferida para o sanatório de Ashford, onde morre no dia 24 de agosto, sempre de 1943. As obras de Simone Weil apareceram postumamente, sob a organização do padre J. M. Perrin e G. Thibon, com o auxílio de A. Camus.

2 Gabriel Marcel e Charles De Gaulle julgam Simone Weil

"Filósofa, sindicalista, operária, guerrilheira, camponesa, exilada, resistente [Simone Weil] consegue dar à própria feminilidade, fisicamente, o menos, o mínimo, um corpo, que logo, depois dos vinte anos, deixa emagrecer e murchar pelas fadigas, pelas apostas e desafios que lhe impõe: até o último desafio, isto é, quando consegue morrer de inanição na clínica londrina como solidariedade real e ideal com os judeus que morrem incinerados nos lager nazistas". Assim escreve Nazareno Fabbretti em seu livro *Simone Weil: irmã dos escravos*, livro que começa com dois julgamentos sobre Weil, um do filósofo católico Gabriel Marcel e o outro de Charles De Gaulle. Marcel definiu Simone Weil como "testemunha do absoluto". Charles De Gaulle, então chefe — na Inglaterra — da Resistência francesa contra os alemães, diante do esboço de um projeto idealizado por Weil para as enfermeiras na primeira linha, desacredita-a sem piedade, dizendo: "Esta é louca!"

3 Escravidão em nome da força e escravidão em nome da riqueza

Em *Oposição e liberdade* Simone Weil escreve: "Jamais o indivíduo foi assim completamente abandonado a uma coletividade cega, nunca os homens foram mais incapazes, não só de submeter suas ações aos próprios pensamentos, mas até de pensar". O indivíduo humano parece ter perdido sua humanidade. E a causa desse "doloroso estado" é, na opinião de Weil, por demais evidente: "Vivemos em um mundo onde nada está na medida do homem; onde há uma desproporção monstruosa entre o corpo do homem, seu espírito e as coisas que constituem atualmente os elementos da vida humana; onde, em uma palavra, tudo é desequilíbrio". *Impotência* e *angústia* experimentam os homens dentro de uma sociedade que se tornou "máquina para comprimir coração e espírito e para fabricar a inconsciência, a estupidez, a corrupção, a desonestidade e sobretudo a vertigem do caos".

Weil vê a história humana como "história da escravização dos homens". E são duas, segundo ela, as formas principais da opressão: "uma, a escravidão ou servidão, exercida em nome da força armada; a outra, em nome da riqueza transformada em capital". E aqui Weil se pergunta se não estaria para cair sobre os homens uma terceira, e totalmente nova, forma de opressão: "a opressão exercida em nome da função", e que é o fruto maduro da divisão do trabalho e das especializações típicas do capitalismo.

Diante de tal situação, Simone Weil apela para uma *obrigação eterna*: é a obrigação para com o ser humano enquanto tal. "Existe obrigação para com cada ser humano, pelo único fato de ser um ser humano, sem que nenhuma outra condição intervenha; e até quando nenhuma outra lhe seja reconhecida". Essa obrigação deve ser traduzida no dever preciso de "devolver ao homem, isto é, ao indivíduo, o domínio que é sua tarefa exercer sobre a natureza, sobre os instrumentos de trabalho, sobre a própria sociedade". É preciso, além disso, dirigir a atenção sobre a "degradante divisão do trabalho" em trabalho intelectual e trabalho manual. E mais que abolir a propriedade privada, esta deve ser transformada em instrumento de trabalho livre e associado. O homem, em suma, não pode ser objeto: ele é sujeito. Afirma Weil: "Não esqueçamos que queremos fazer do indivíduo, e não da coletividade, o valor supremo". Aqui está a verdadeira revolução: tornar o homem fim e não meio da produção, e estabelecer que é a produção que deve ser o meio e não o fim: "o trabalho humano — escreve Weil em *Reflexões sobre as causas da liberdade e da opressão social* — deve se tornar o valor supremo, não certamente pela sua relação com aquilo que produz, e sim pela sua relação com o homem que o realiza".

4 O que significa ser revolucionários

Pois bem, para chegar a estas altas finalidades não é de modo nenhum suficiente Marx com sua idéia de uma "matéria social" concebida como "máquina apta a fabricar o bem" — diz ainda Weil em *Opressão e liberdade*. E acrescenta que "a matéria social" deixada a si mesma produz outras escravidões, transforma-se em falsa e opressiva divindade, entre outras coisas desviando o olhar do verdadeiro bem. O poder é força e se exerce com a força: o proletariado no poder não exerceria esse poder com a força, não seria também ele força opressora? Os movimentos sociais inspirados em Marx estão "todos falidos", diz Weil; e isso ao menos pela razão de terem ignorado "a única idéia preciosa" que se encontra na obra de Marx, ou seja, o *método materialista*, o instrumento de análise dos fatos sociais por meio do recurso às causas econômicas.

Se não podemos esperar uma melhoria da situação social pela ação dos movimentos que se apóiam em Marx, também não podemos nos enfileirar com aqueles revolucionários que esperam, para um futuro próximo, "uma catástrofe feliz, uma subversão que realize cá embaixo parte das promessas do Evangelho, dando-nos finalmente uma sociedade onde os últimos serão os primeiros". Tal posição é fatalismo, desinteresse por quem sofre no momento. Eis, então, que se compreendem as razões pelas quais, para Simone Weil, "ser revolucionário significa invocar com os próprios desejos e ajudar com as próprias ações tudo aquilo que pode, direta ou indiretamente, aliviar ou suprimir o peso que esmaga a massa dos homens, as correntes que envilecem o trabalho, rejeitar as mentiras por meio das quais se quer mascarar ou desculpar a humilhação sistemática da grande maioria deles". Entendida nestes termos, a revolução é um *ideal*, um *juízo de valor*, uma *vontade*; e não tanto "uma interpretação da história ou do mecanismo social", mesmo que esta pressuponha um sério e aprofundado estudo da situação social. E é também claro que o espírito revolucionário, considerado em tal perspectiva, "é tão antigo quanto a própria opressão, e durará o tanto que ela durar, ou melhor, ainda mais tempo [...]".

5 Fomos colocados aos pés da cruz

A libertação da opressão social equivale a uma revolução em grau de fazer do indivíduo o *valor supremo*. Esta libertação, todavia, não é a salvação do homem, não é a redenção de sua *infelicidade* constitutiva. O infeliz é quem prova a ausência de Deus, quem se sente coisa e coisa indigna no vórtice imenso da grande máquina do universo. E o infeliz caminha à beira de um abismo: está pronto para a perdição, mas pode tomar o caminho da salvação.

A infelicidade é um engenhoso dispositivo da técnica divina excogitada para "fazer entrar na alma de uma criatura finita a imensidade da força cega, brutal e fria. A distância infinita que separa Deus da criatura concentra-se inteiramente em um ponto para ferir a alma em seu centro". O infeliz é quem prova a ausência de Deus, quem não vê nenhuma luz em sua vida, nenhum sentido do sofrimento, nenhum escopo no esforço da humanidade. Escreve Weil, em *O amor de Deus*, que a alma ferida no centro pela infelicidade "debate-se como uma borboleta que é espetada viva com um alfinete sobre um álbum". O infeliz está distante de Deus. Mas o próprio Deus no ato da criação se distanciou do criado para que este pudesse existir, ser: "A criação é, da parte de Deus, um ato não de expansão de si, mas de limitação, de renúncia. Deus, com todas as suas criaturas, é algo de menos que Deus sozinho [...]. Deus permitiu que existissem outras coisas, diferentes dele [...]. Com o ato criador ele negou a si mesmo, assim como Cristo nos ordenou para negarmos a nós mesmos". Sendo assim, afirma Weil, para derrotar a infelicidade, o homem deve eliminar esta distância em relação a Deus, ou seja, deve realizar o caminho oposto ao da criação: deve pôr em ato uma *descriação*, deve anular seu ser algo, destruir seu próprio eu. A anulação do eu se tem no sofrimento, na humilhação, no esmagamento repentino, no embrutecimento dos campos de concentração. Um eu que se anula é um eu com-crucificado. Todavia, sobre a cruz, nessa aparente ausência de Deus, Deus está secretamente presente. "A cruz — afirma Simone Weil – é nossa pátria". E é exatamente o grito de Cristo agonizante sobre a cruz — "Deus meu, por que me abandonaste?" — a fazer com que Weil se convença da divindade do cristianismo: "As religiões que apresentam uma divindade que exerce seu domínio em todo lugar que lhe seja possível, são falsas. Mesmo que monoteístas, são idolátricas". É verdade que Simone Weil, além de ser atraída pelo mistério da cruz ("perfeito sofrimento") é atraída também pelo mistério da Trindade ("alegria perfeita"); ela, porém, se apressa em dizer que neste mundo "nós fomos colocados, pela condição humana, infinitamente distantes da Trindade, aos pés da cruz". E ainda: "Em qualquer época, em qualquer país, em todo lugar onde houver um sofrimento, a cruz de Cristo é sua verdade".

6 Cristo é o contrário da força: é um Deus que morre na cruz

A diferença entre o mundo (onde sabemos que existe o mal) e Deus (que é bem) está, na opinião de Weil, no fato de que o Onipotente é fraco; mas é esta fraqueza que exerce sobre ela uma força de arrebatadora atração. Lemos em *Carta a um religioso*: "Se o evangelho omitisse qualquer aceno à ressurreição de Cristo, a fé me seria mais fácil. A cruz apenas me basta. A prova para mim, a coisa verdadeiramente milagrosa, é a perfeita beleza dos relatos da paixão, unidos a alguma página fulgurante de Isaías: 'Injuriado, maltratado, não abriu a boca'; e de são Paulo: '[...] Tornou-se obediente até a morte e morte na cruz [...]. Tornou-se maldição'. É isso que nos obrigou a crer". E se Cristo abdicou a si mesmo, também nós como ele devemos rejeitar a existência que nos foi dada. A realidade é que Deus, para Weil, deve ser pensado como um mendigo: "Perpetuamente, ele mendiga junto a nós esta existência que nos dá. Ele a dá para mendigá-la". E a retoma, por exemplo, quando ele ama em nós os desventurados: "No verdadeiro amor não somos nós que amamos os desventurados em Deus, é Deus que os ama em nós. Quando estamos na desventura, é Deus em nós que ama aqueles que nos querem bem. A compaixão e a gratidão provêm de Deus, e quando elas são dadas por meio de um olhar, Deus está presente no ponto em que os dois olhares se encontram. O desventurado e o outro se amam partindo de Deus, por meio de Deus, mas não por amor de Deus; amam-se por amor um do outro. E como esse amor é algo de impossível, apenas Deus pode suscitá-lo".

A força é o instrumento do poder e da violência. Trotski (que Weil hospedou em sua casa) não podia compreender Weil. Cristo não é a *força*; Cristo é o contrário da força; Cristo é um Deus que morre na cruz. E esta fraqueza dele é para Weil o sinal mais indiscutível de sua divindade. Texto 2

7 A presença de Cristo

Simone Weil recusou o batismo até o fim. Padre Perrin diz que Weil em todo caso se fez batizar, justamente no último instante, por uma amiga sua, Simone Deitz, com água de torneira, no hospital. E Nazareno Fabbretti anota: "Seu breve, intenso, apaixonado caminho de vida e de pensamento para o absoluto, para Cristo, não por acaso teve a marca de uma radical pobreza de sinais exteriores: o quarto de uma clínica, a água de uma torneira, uma leiga que a batizou".

A vida de Simone Weil se consumou no amor ao próximo, na expectativa de um aceno da parte de Deus. Na *Espera de Deus* Weil escreve: "Não depende da alma crer na realidade de Deus, se o próprio Deus não lhe revela esta realidade". Pois bem, em 1935, em uma aldeia portuguesa de pescadores, Weil assiste a uma procissão durante a festa do padroeiro. "Lá — conta Weil — me foi impressa para sempre a marca da escravidão, aquela que os romanos imprimiam com ferro em brasa sobre a fronte de seus escravos mais desprezados. Daí por diante sempre me considerei uma escrava [...]. As mulheres dos pescadores faziam em procissão o giro das barcas levando as velas, e cantavam cantos sem dúvida muito antigos, de uma tristeza lancinante. Nada pode dar uma idéia disso. Jamais ouvi um canto tão doloroso, a não ser o dos bateleiros do Volga. Lá, de repente, tive a certeza de que o cristianismo é por excelência a religião dos escravos, que os escravos não podem deixar de aderir a ele, e eu com eles".

Em 1937 Simone Weil passa "dois dias maravilhosos" em Assis. E na capela da Porciúncula, onde "são Francisco pregou tão freqüentemente", justamente na Porciúncula — confirma Weil — "algo mais forte do que eu me obrigou, pela primeira vez em minha vida, a ajoelhar-me".

Em 1938, em Solesmes, Weil segue as cerimônias da paixão. E foi aí que teve pela primeira vez a idéia de uma força sobrenatural dos sacramentos, e a teve olhando "o esplendor verdadeiramente angélico" de que parecia revestido o rosto de um jovem inglês depois de ter comungado. Foi esse jovem, o "mensageiro", que a fez conhecer a poesia *Amor* do poeta inglês George Herbert (1593-1633). Pois bem, Weil aprende de cor a poesia; recita-a durante as crises violentas de dor de cabeça: "Acreditava recitá-la apenas como bela poesia, enquanto, sem saber, aquela recitação tinha a força de uma oração. Foi justamente enquanto a recitava que Cristo [...] desceu e me tomou [...]. Por vezes também, enquanto recito o *pai-nosso* ou então em outros momentos, Cristo está presente em pessoa, mas com uma presença infinitamente mais real, mais tocante, mais clara, mais cheia de amor do que a primeira vez em que me tomou". E ainda: "Em meus raciocínios sobre a insolubilidade do problema de Deus eu jamais havia previsto esta possibilidade de um contato real, de pessoa para pessoa, cá embaixo, entre um ser humano e Deus [...]. Por outra parte, nem os sentidos nem a imaginação tiveram a mínima parte nessa conquista repentina de Cristo; apenas senti, por meio do sofrimento, a presença de um amor análogo ao que se lê no sorriso de um rosto amado".

MOUNIER

1 Para uma teoria da "pessoa humana"

> "Vocação, encarnação e comunhão são as três dimensões da pessoa".

Minha pessoa não é a consciência que tenho dela. Toda vez que realizo um ato de levantamento de minha consciência, o que descubro? No mais das vezes, se não me mantiver bem firme, apenas fragmentos efêmeros de individualidade, instáveis como o ar do dia.

Se eu for um pouco além, encontro personagens que represento, nascidos do casamento entre meu temperamento e algum capricho intelectual, ou alguma astúcia, ou alguma surpresa: personagens que fui no passado e que sobrevivem por inércia ou por velhacaria; personagens que eu acredito ser, porque os invejo ou os represento, ou permito que me modelem conforme queira a moda; personagens que eu gostaria de ser e que me garantem uma boa consciência unicamente com a presença de minha aspiração que reflete sua imagem. Ora um ora outro me dominam, e nenhum me é estranho, porque cada um aprisiona uma chama tirada do fogo invisível que queima em mim; mas cada um é para mim um refúgio contra este fogo mais secreto que poderia iluminar todas as suas pequenas vidas.

Despojemos os personagens, andemos mais a fundo. Encontro meus desejos, minhas vontades, minhas esperanças, meus anseios. Basta isso para fazer meu eu? Uns, que têm tão belo aspecto, sobem de baixo. Minhas esperanças, minhas vontades me parecem mais parecidas com pequenos sistemas obstinados e limitados que se opõem à vida, ao abandono e ao amor. Minhas ações, nas quais creio finalmente encontrar-me, são também elas simples palavras e as melhores me parecem as mais estranhas, como se no último momento outras mãos tivessem substituído minhas mãos.

Tudo acontece, portanto, como se minha pessoa fosse um centro invisível para o qual tudo converge; bem ou mal, ela se manifesta por meio de tais sinais como um hóspede secreto dos mínimos gestos de minha vida, mas não pode cair diretamente sob o olhar de minha consciência. Aquele que não sabe ver senão as coisas visíveis jamais conseguirá apoderar-se da pessoa, nem mesmo com as palavras, porque as palavras são feitas para uma linguagem impessoal. A pessoa se anunciará aos outros como o resíduo vivo de todas as suas análises, e se revelará quando estiverem mais atentos à sua vida interior.

Se definirmos personalidade esse eterno deslocado que a cada momento é em nós o vicário da pessoa – isto é, um compromisso entre o indivíduo, os personagens e as aproximações mais sutis de nossa vocação pessoal – se, em poucas palavras, definirmos personalidade como a síntese no presente do trabalho de personalização, *minha pessoa não coincide com minha personalidade*. Ela está além, além da consciência e além do tempo, *é unidade determinada, não construída*, mais vasta do que as visões que dela tenho, mais íntima do que as reconstruções por mim tentadas. Ela é uma *presença* em mim.

Podemos, apesar disso, descrever a pessoa em base ao volume em que se manifesta essa presença. Não basta imaginá-la simplesmente sob a forma de um ponto invisível de convergência que esteja além de todas as suas manifestações. A pessoa não é um lugar no espaço, um domínio circunscrito, que pode ser anexado a outros domínios do homem que se lhe acrescentam de fora. A pessoa é o volume total do homem. É equilíbrio em comprimento, em largura e em profundidade, é em cada homem uma tensão entre suas três dimensões espirituais: a que sobe de baixo e a encarna em um corpo; a que se dirige para o alto e a eleva a um universal; a que se dirige para a amplitude e a leva para uma comunhão. *Vocação, encarnação e comunhão são as três dimensões da pessoa*.

Minha pessoa é em mim a presença e a unidade de uma vocação que não tem limites no tempo, que me exorta a andar indefinidamente para além de mim mesmo, e opera, através da matéria que a refrata, uma unificação sempre imperfeita dos elementos que se agitam em mim e que é preciso sempre recomeçar desde o início. A primeira missão de todo homem é de descobrir sempre mais este único número que designa seu lugar e seus deveres na comunhão universal, e de dedicar-se a esta obra de reunião, de recolhimento das próprias forças.

Minha pessoa está encarnada. Portanto, jamais pode se libertar completamente, nas condições em que se encontra, da escravidão da matéria. Mas não basta: ela não pode se levantar a não ser apoiando-se sobre a matéria. Querer fugir desta lei significa condenar-se de antemão ao insucesso; quem quer ser apenas anjo torna-se animal. O problema não está em evadir da vida sensível e particular, que se desenvolve entre as coisas, no seio de sociedades limitadas, através dos acontecimentos, mas em transfigurá-la.

Minha pessoa, por fim, não alcança a si mesma a não ser dando-se à comunidade superior que chama e integra as pessoas individuais.

Os três exercícios essenciais para chegar à formação da pessoa são, portanto: a meditação, para a busca de minha vocação; o empenho, a adesão a uma obra que é reconhecimento da própria encarnação; a renúncia a si mesmo, que é iniciação ao dom de si e à vida para outros. Se a pessoa carecer de um destes exercícios essenciais, está condenada ao insucesso.

E. Mounier,
Revolução personalista e comunitária.

WEIL

2 Deus vem a nós despojado de seu poder e de seu esplendor

Eis o núcleo do comentário que Simone Weil faz da fábula escocesa do "Duque de Noruega": "Deus procura o homem com sofrimento e fadiga, e chega a ele como mendigo".

FÁBULA ESCOCESA DO "DUQUE DE NORUEGA"

(Esta fábula encontra-se no folclore russo, alemão etc.)

Um príncipe (chamado aqui de "duque ou norueguês") tem, de dia, forma animal e, apenas de noite, forma humana. Uma princesa o desposa. Certa noite, cansada da situação, ela destrói a aparência animal de seu marido. Mas então ele desaparece. Deverá procurá-lo.

Procura-o ininterruptamente, caminhando por bosques e vales. No decorrer de seu vaguear encontra uma velha que lhe dá três nozes maravilhosas para que delas se sirva em caso de necessidade. Ela anda errante ainda por muito tempo. Encontra finalmente um palácio onde está o príncipe, seu esposo, sob sua forma humana. Mas ele a esqueceu e está para se casar dentro de alguns dias com outra mulher. A princesa, depois de sua viagem interminável, está em um estado miserável, coberta de farrapos. Entra no palácio como empregada de cozinha. Quebra uma das nozes, e nela encontra uma veste maravilhosa. Oferece a veste à noiva, em troca do privilégio de passar uma noite inteira com o príncipe. A noiva hesita, depois, seduzida pela veste, aceita; mas faz com que o príncipe beba um narcótico que o mantém adormecido a noite inteira. Enquanto ele dorme, a empregada, que é sua verdadeira esposa, mantém-se a seu lado e canta sem parar:

Far hae I sought ye, near am I brought to ye;
Dear Duke o' Norroway, will ye return and speak to me?

Distante te procurei, fui conduzida a teu lado,
caro duque de Noruega, queres virar-te e falar comigo?

Ela canta *till her heart was like to break, and over again like to break*, "tão longamente que seu coração esteve a ponto de se despedaçar, e ainda a ponto de se despedaçar". Ele não desperta, e pela aurora ela deve deixá-lo. Tudo isso recomeça uma segunda noite, e depois uma terceira. Então, logo antes do alvorecer, o príncipe desperta, reconhece sua esposa e manda a outra embora.

Também esta fábula representa, a meu ver, a busca da alma por parte de Deus. Também esta busca contém os dois momentos da captura do homem por parte de Deus. O primeiro se realiza na noite da inconsciência, quando a consciência do homem ainda é totalmente animal e sua humanidade permanece nele escondida: somente Deus quer trazê-la à luz; o homem foge, desaparece para longe de Deus, o esquece e se prepara para uma união adúltera com a carne. Deus procura o homem com sofrimento e fadiga, e chega a ele como mendigo. Ele seduz a carne por meio da beleza e obtém assim acesso à alma, mas encontra-a adormecida. Um tempo limitado é concedido à alma para se despertar. Se a alma desperta um átimo antes que esse prazo expire, reconhece Deus e o escolhe: estará salva.

Sexta parte - O personalismo

Simone Weil (1909-1943) denunciou, em seu breve e apaixonado caminho para Cristo e mediante uma lúcida análise, as profundas injustiças estruturais e o vazio espiritual da sociedade contemporânea.

O fato de que o príncipe desperte apenas um átimo antes da terceira e última aurora, indica que no momento decisivo a diferença entre a alma que se salva e aquela que se perde não é mais que um infinitésimo em relação a todo o conteúdo psicológico da alma. É isso que indica, também no Evangelho, a comparação do reino dos céus com o grão de mostarda, o fermento, a pérola etc., como o gomo de romã de Prosérpina.

O aspecto miserável da princesa, sua entrada no palácio em vestes de empregada de cozinha, indica que Deus vem a nós completamente despojado não só de seu poder, mas também de seu esplendor. Vem a nós mascarado, e a salvação consiste em reconhecê-lo.

Há outro tema de folclore que, sem dúvida, tem relação com a mesma verdade; é o da princesa que parte, acompanhada por uma escrava, para ir longe a fim de desposar um príncipe (em certas fábulas, é um príncipe com seu escravo que vai desposar uma princesa). No decorrer da viagem um evento a obriga a trocar de roupa e de trabalho com sua escrava, e a jurar que jamais revelará sua identidade. O príncipe se prepara para desposar a escrava, e só no último instante reconhece sua verdadeira noiva.

Os dois temas podem também ser considerados como evocadores da paixão. Na fábula do "Duque de Noruega", o caminho interminável, desgastante, da esposa legítima, que a faz chegar ao palácio do príncipe em condições precárias, descalça, coberta de farrapos, convém perfeitamente a esta evocação. As palavras "distante te procurei, fui conduzida a teu lado" adquirem então um significado lancinante. E também as palavras: "Ela cantou tão longamente que seu coração esteve a ponto de se despedaçar, e ainda a ponto de se despedaçar".

S. Weil,
A Grécia e as intuições pré-cristãs.

SÉTIMA PARTE

LIBERDADE DO INDIVÍDUO E TRANSCENDÊNCIA DIVINA NA REFLEXÃO FILOSÓFICA HEBRAICA CONTEMPORÂNEA

- Buber
- Lévinas

"Tenho origem exatamente de minha relação com o Tu; quando eu me torno Eu, então digo Tu".

Martin Buber

"O termo Eu significa eis-me aqui, respondendo sobre tudo e sobre todos".

Emmanuel Lévinas

Capítulo vigésimo terceiro
Martin Buber e o princípio dialógico _____ 417

Capítulo vigésimo quarto
Emmanuel Lévinas e a fenomenologia da face do Outro _____ 423

Capítulo vigésimo terceiro

Martin Buber
e o princípio dialógico

• Martin Buber (1878-1965) foi aluno, em Berlim, de Simmel e Dilthey. Estudioso do hassidismo; sustentador do sionismo entendido como "educação", como ânsia de conhecimento das próprias raízes, e não tanto como doutrina política a ser colocada como base deste ou daquele partido; a partir de 1938 Buber se transferiu para Israel, onde ensinou sociologia até 1951. Já ultrapassara os oitenta anos, quando teve de enfrentar uma intensa campanha antipopular, por causa do fato de que manifestou sua contrariedade na execução de Eichmann, um dos máximos responsáveis pelo Holocausto.

Por um sionismo entendido como "educação"
→ § 1

• A obra filosófica mais conhecida de Buber remonta a 1923, e é *O princípio dialógico*.
As palavras-chave do modo de ser do homem são duas: Eu-Tu e Eu-Esse. O *Esse* é uma realidade objetivada, é o conjunto dos objetos da ciência e da tecnologia. O *Tu*, ao contrário, não é um objeto, mas uma presença que irrompe em minha vida. E é o *Tu* que me torna *Eu*; o Eu se constitui na presença do Tu. E se na relação com o Esse, o Eu *fala do* Esse, na relação com o Tu, o Eu *fala ao* Tu, dialoga com o Tu: *a realidade humana é este diálogo*.

O Eu se constitui na presença do Tu
→ § 2-5

E, em outro plano, encontra-se fora do caminho toda teologia que queira ser discurso-sobre-Deus, que queira reduzir Deus a um objeto de conhecimento, a uma coisa. Mas o Deus-coisa, afirma Buber, é um Deus falso: "pode-se falar com Deus; não se pode falar de Deus".

1. A vida e as obras

Martin Buber nasceu em Viena no dia 8 de fevereiro de 1878. Com três anos, depois da separação dos genitores, foi confiado aos avós que viviam em Lemberg (Leópolis), na Galícia. Aí ele viveu até a idade de quatorze anos, e sofreu a forte influência do avô Salomon, estudioso da tradição midráxica; e foi sempre em Lemberg que Buber conheceu o hassidismo, isto é, o movimento místico-popular que, embora presente nos séculos anteriores em outros países, tinha um notável seguimento na Europa oriental — Podólia, Volínia, Galícia, Ucrânia — a partir do século XVIII. Ainda jovem defronta-se com os textos de Pascal, Nietzsche e Kierkegaard. Inscreveu-se na Universidade de Leipzig; daí passa para a de Berlim, onde segue os cursos de Georg Simmel e Wilhelm Dilthey. De Berlim transferiu-se para Basiléia, e finalmente para Zurique. Com vinte anos, em 1898, Buber adere ao movimento sionista, fundado por Theodor Herzl. E no ano seguinte, 1899, delegado ao III Congresso Sionista de Basiléia, Buber faz uma declaração na qual, afastando-se das posições de Herzl, propõe um sionismo como "educação".

Para ele o sionismo não é uma doutrina política que possa sustentar este ou aquele partido. Para Buber o sionismo é ânsia de conhecimento das próprias raízes, consciência da profunda identidade hebraica em grau de abrir o judeu ao compromisso e ao confronto no mundo. Sua idéia política foi a de que os judeus deveriam em todo lugar constituir uma comunidade "na forma de

> ■ **Hassidismo.** Com este termo (de *hassid*, hebraico, que significa "piedoso") indica-se o movimento místico-popular judaico que, embora presente em séculos anteriores em outros países, teve influência notável e amplo seguimento na Europa oriental – Podólia, Volínia, Galícia, Ucrânia – a partir do século XVIII.
> Na Podólia o movimento foi iniciado por Israel ben Eliezer (ca. de 1700-1760), chamado de Baal Shem Tov ("senhor do Nome bom"). A mística difundida pelo Baal Shem é mística popular, compreensível a homens e mulheres comuns, e centrada sobre a figura carismática do çaddiq ("o santo" ou "o justo"), que leva consigo os pecadores até a união com Deus.
> Ênfase sobre a salvação pessoal, apego a Deus em toda ação da vida, oposição à fuga do mundo: são estas algumas características do hassidismo. Existem em nossos dias grupos hassídicos, e o mais conhecido deles é o hassidismo Kabod que, ao lado do aspecto especulativo, de modo nenhum descurou a atividade educativa e social.

como uma espécie de manifesto do sionismo antinacionalista. No início da Primeira Guerra Mundial Buber organiza em Berlim o comitê nacional para a assistência dos hebreus das regiões orientais. De 1923 é sua obra filosófica de maior relevo: *Ich und Du* (*Eu e Tu* — também chamada de *O princípio dialógico*). Em 1925 Buber inicia a tradução da *Bíblia* em alemão, que o empenhará por cerca de quarenta anos. Inicialmente a tradução foi obra comum de Buber e Franz Rosenzweig. Rosenzweig, porém, morreu em 1929, e Buber continuou sozinho até completar todo o empreendimento, em 1961. Também esse trabalho foi para Buber "o exemplo de uma possibilidade de diálogo entre a cultura alemã e a tradição hebraica" (P. Ricci Sindoni). E da meditação sobre a tradição hebraica nascem livros importantes como: *Königtum Gottes*, 1932 (*A realeza de Deus*), *Der Glaube der Propheten*, 1942 (*A fé dos profetas*), *Moses*, 1945 (*Moisés*). Entrementes, por causa da perseguição nazista, Buber, em 1938, havia deixado a Alemanha e se transferira para Jerusalém. Aí ensinou sociologia até 1951. Dez anos depois, quando já passara dos oitenta anos, Buber enfrentou forte campanha antipopular, pois

estabelecimentos hebraicos na Palestina, que escolhessem como norma própria o diálogo eu-tu, e que contribuíssem com os árabes para transformar a mãe-pátria comum em uma república na qual ambos os povos tivessem a possibilidade de livre desenvolvimento" (F. Jesi).

A partir de 1904, depois da ruptura com Herzl, Buber dedica-se ao estudo do hassidismo, passando do apreço estético dele para uma interpretação religiosa que vê nos textos dos relatos do hassidismo o senso sagrado da vida. Fruto deste seu intenso interesse são: *Die Geschichten des Rabbi Nachman*, 1906 (*As histórias do Rabbi Nachman*). *Die Legende des Baal Shem*, 1908 (*A lenda do Baal Shem*); *Ekstatische Konfessionen*, 1909 (*Confissões estáticas*); *Daniel: Gespräche von der Verwicklung*, 1913 (*Daniel: diálogos sobre a realização*).

Em 1909, 1910 e 1911 Buber faz três discursos na organização hebraica dos estudantes de Praga, discursos que foram vistos

> ■ **Sionismo.** Designa-se com este termo o movimento cultural e político hebraico, nascido pela metade do século XIX, que tende à volta na e à reapropriação da terra de Israel, como traços constitutivos da identidade do povo judeu. Foi Moses Hess (1812-1875) que lançou a idéia de uma volta à terra de Israel em seu livro *Roma e Jerusalém* (1862).
> Em todo caso, o sionismo assumiu a consistência de um movimento e de um projeto com a obra de Theodor Herzl (1860-1904) e o primeiro congresso de Basiléia (1897).
> O projeto sionista se desenvolveu em mais de uma direção: sionismo "socialista"; sionismo "espiritual"; sionismo "religioso"; sionismo "sintético". O sionismo encontrou a oposição tanto no judaísmo assimilado em outras nações como na ortodoxia que considera a diáspora como essencial à condição hebraica.

Martin Buber (1878-1965) é o pensador judaico conhecido pela elaboração do "princípio dialógico".

2. O Eu fala das coisas mas dialoga com o Tu

Em *O princípio dialógico* Martin Buber escreve: "O modo de ser do homem é dúplice, em conformidade com o dualismo das palavras-base, que ele pode pronunciar.

As palavras-base não são palavras singulares, mas pares de palavras.

Uma palavra-base é o par Eu-Tu.

Outra palavra-base é Eu-Esse; sem mudar esta palavra-base, pode-se substituir Esse também por Ele e Ela.

Com isso também o Eu do homem tem duas faces.

Porque o Eu da palavra-base Eu-Tu não é o mesmo Eu da palavra-base Eu-Esse

[...]. Quando se pronuncia o Tu, com isso pronuncia-se também o Eu do par Eu-Tu.

Quando se pronuncia o Esse, pronuncia-se também o Eu do par Eu-Esse [...].

Não há um Eu em si, mas apenas o Eu do par Eu-Tu e o Eu do par Eu-Esse.

Quando o homem diz 'Eu', entende um desses dois [...]".

Nesta página fundamental de *O princípio dialógico*, Buber descreve os dois gêneros de relações típicas da existência humana: a relação com o mundo das coisas e a relação com os outros seres humanos. No primeiro caso, na relação com o mundo (o Eu que se relaciona com o Esse), a pessoa humana encontra-se diante de um mundo de coisas, de objetos a serem conhecidos, investigados experimentalmente, utilizados; o Esse é realidade *objetivada*, é o complexo dos objetos da ciência e da tecnologia. No segundo caso, na relação Eu-Tu, o Tu não é um objeto, é muito mais uma presença que irrompe em minha vida. E a essência do Eu — afirma Buber — "é fundamentalmente relação com

---

declarou sua contrariedade pela execução de Eichmann, um dos máximos responsáveis pelo Holocausto. Buber morreu em Jerusalém no dia 12 de junho de 1965.

um Tu". Um Tu que não é objeto de pesquisas, mas que "vem ao meu encontro", e se impõe a mim como presença.

3. A diferença entre a relação "Eu-Esse" e a relação "Eu-Tu"

Sobre a diferença existente entre a palavra-base "Eu-Esse" e a palavra-base "Eu-Tu", diz ainda Martin Buber:
"O Eu da palavra-base Eu-Esse aparece como uma individualidade e adquire consciência de si como sujeito (do experimentar e do utilizar).
O Eu da palavra-base Eu-Tu aparece como pessoa e adquire consciência de si como subjetividade (sem um genitivo dependente).
A individualidade aparece enquanto se distingue de outras individualidades.
A pessoa aparece enquanto entra em relação com outras pessoas [...].
A finalidade da relação é [...] o contato com o Tu; pois mediante o contato todo Tu capta um hálito do Tu, isto é, da vida eterna.
Quem está na relação participa de uma realidade, isto é, de um ser, que não está puramente nele nem puramente fora dele. Toda a realidade é um agir do qual eu participo sem poder me adaptar a ela. Onde não há participação não há realidade. A participação é tanto mais completa quanto mais imediato é o contato com o Tu".

4. É o Tu que me torna Eu

Aqui é necessário salientar que o indivíduo existe enquanto se distingue de outros indivíduos, e que o Eu (a pessoa) se constitui unicamente entrando em relação com outras pessoas. É o Tu que me torna Eu; é na presença do Tu que se constitui o Eu, que o Eu toma consciência de não ser aquele Tu com o qual entrou em relação. E se, na relação com o Esse, o Eu *fala do Esse*, constrói sobre ele teorias e o utiliza; na relação com o Tu, o eu *fala ao Tu, dialoga com* o Tu: a realidade humana é esse diálogo, essa relação. Quem diz Esse, possui; quem diz Tu, dialoga. O Tu não é um objeto; é sujeito desde o começo. E esse sujeito-Tu é indispensável para que apareça o sujeito-Eu. Buber afirma: "Eu tenho origem exatamente de minha relação com o Tu; quando eu me torno Eu, então digo Tu".

5. Pode-se falar com Deus, não se pode falar de Deus

O Tu é uma presença não-objetivável; o Tu não pode se tornar um objeto qualquer entre outros objetos, um objeto de experimentação e de uso. O desaparecimento do Tu significaria simultaneamente o embrutecimento e o desaparecimento do Eu. Por isso a existência autêntica é a que está empenhada em não desvirtuar e sepultar no mundo do Esse as presenças humanas que se apresentam a seu Eu. Mas no mundo do Esse, no mundo dos objetos — e, portanto, nossa presumida posse — Deus é reduzido pela teologia. A teologia quer ser discurso-sobre-Deus, conhecimento de Deus; é assim, então, que por ela Deus se torna objeto-de-conhecimento, um Deus-coisa. Pois bem, Deus reduzido a coisa, a objeto a ser possuído, não é — sustenta decisivamente Buber — o Deus verdadeiro e vivo da Bíblia; não é o Deus que nos chama à existência, que nos dá força, que nos envia ao mundo e que nos pedirá contas daquilo que fizemos neste mundo, de como usamos o tempo que ele nos concedeu. A relação entre o homem e Deus não é uma relação Eu-Esse, mas uma relação Eu-Tu. E é exatamente no Tu eterno que convergem e adquirem seu pleno valor todas as possíveis relações. Diz Buber: "As linhas das relações, prolongadas, se interseccionam no eterno Tu. Todo Eu particular é um canal de observação dirigido ao Tu eterno. Através de cada Tu particular a palavra-base se endereça ao eterno".

Deus não é objeto; o Deus-coisa é um falso Deus. O verdadeiro Deus é o Deus cuja presença pede a nós obediência, requer empenho e garante o significado da existência. "Pode-se falar com Deus; não se pode falar de Deus". E, portanto, "a revelação [...] não é uma comunicação de verdades sobre Deus, sobre o homem e sobre o mundo que possa ser cristalizada dogmaticamente ou reatualizada culturalmente; a revelação é um evento, o acontecimento de uma presença que não "captura" Deus dentro do mundo do Esse, mas escancara o caminho do encontro, da relação entre o Eu e o Tu" (P. Ricci Sindoni). Texto 1

BUBER

1 A Jesus cabe um grande lugar na história da fé de Israel

> *Eis como Martin Buber, importante figura do judaísmo, percebe a figura de Cristo: "Minha relação pessoal de abertura fraterna a Jesus tornou-se sempre mais forte e mais pura, e hoje olho para ele com um olhar mais intenso e mais límpido do que nunca".*

Há cerca de cinqüenta anos tornei objeto conspícuo de meus estudos o Novo Testamento, e considero-me um bom leitor que presta ouvidos sem preconceitos àquilo que é dito.

Desde a juventude percebi Jesus como um grande irmão meu. O fato de que o cristianismo o tenha considerado e o considere como Deus e Redentor para mim sempre pareceu um dado de fato da máxima seriedade, que devo procurar entender tanto em si mesmo como para mim. Neste livro está depositado algum resultado dessa minha vontade de entender. Minha relação pessoal de abertura fraterna a Jesus tornou-se sempre mais forte e mais pura, e hoje olho para ele com um olhar mais intenso e mais límpido do que nunca.

Para mim é mais certo do que nunca que a Jesus cabe um grande lugar na história da fé de Israel, e que esse lugar não pode ser definido com nenhuma das categorias usuais. Por "história da fé" entendo a história da participação humana (de nós conhecida) naquilo que ocorreu entre Deus e o homem. Por conseguinte, por história da fé de Israel entendo a história da participação (de nós conhecida) de Israel naquilo que aconteceu entre Deus e Israel. Na história da fé de Israel há algo que pode ser conhecido apenas a partir de Israel, assim como na história da fé do cristianismo há algo que pode ser conhecido apenas a partir do cristianismo. A este último "algo" me dediquei apenas com o profundo e imparcial respeito daquele que ouve a palavra.

M. Buber, *Dois tipos de fé: fé hebraica e fé cristã*.

Jerusalém, a cidade santa dos judeus e cristãos, em uma gravura do século XIV.

Capítulo vigésimo quarto

Emmanuel Lévinas
e a fenomenologia da face do Outro

> • Lituano de origem, Emmanuel Lévinas (1905-1995) com 12 anos está na Ucrânia, onde, adolescente, é testemunha da revolução russa; no fim da década de 1920 Lévinas está em Friburgo, na Brisgóvia, para assistir às aulas de Husserl; em Friburgo conhece também Heidegger. E de um e do outro, em primeiro lugar tornará conhecido o pensamento na França, onde se estabelecera desde 1923.
>
> A grande obra de Lévinas *Totalidade e infinito* sai em 1961, em grande parte dedicada à *fenomenologia da face*.
>
> "A relação com a face é imediatamente ética". Com efeito, a face do Outro vem ao teu encontro e te diz: "Não matarás". A face do Outro entra em nosso mundo, é uma "visitação". É responsabilidade: olha e volta a me olhar, torna-me imediatamente responsável. Responsável também do Outro a quem podes fazer mal: daqui nasce a necessidade do Estado: não basta a caridade, é necessária também a justiça.

A face do Outro impõe responsabilidade e justiça
→ § 1-5

1 A vida e as obras

Emmanuel Lévinas nasceu em Kaunas, na Lituânia, em dezembro de 1905. Seu pai era papeleiro e livreiro. Desde muito jovem, portanto, Lévinas teve meios de familiarizar-se com os grandes escritores da literatura russa: Dostoiewski, Puskin e Gogol. Com 12 anos está na Ucrânia, adolescente e testemunha da revolução russa.

Em 1923 Lévinas se transfere para a França; e em Estrasburgo segue os cursos de filosofia. Remonta a esse período a amizade entre Lévinas e Maurice Blanchot. Sucessivamente, em 1928-1929, Lévinas dirige-se para Friburgo na Brisgóvia para assistir aos cursos de Husserl. Em Friburgo teve meios de conhecer Heidegger. Tanto de um como do outro, Lévinas estará entre os primeiros a tornar conhecidas as obras e o pensamento na França. Traduz, juntamente com a srta. Peiffer, as *Meditações cartesianas* de Husserl. Influenciado pelo "rigor radical" de Husserl, Lévinas não o foi menos por *Ser e tempo* de Heidegger. E o primeiro estudo em francês sobre Heidegger é justamente de Lévinas: *En découvrant l'existence avec Husserl et Heidegger*, aparecido na "Revue philosophique de la France et de l'étranger". Lévinas jamais desconheceu sua dívida em relação a Heidegger. Todavia, não conseguiu perdoar-lhe seu comprometimento com o nazismo. Dirá Lévinas: "A muitos alemães se pode perdoar, mas há alemães aos quais é difícil perdoar. É difícil perdoar Heidegger".

Depois da guerra, Lévinas dirige a Escola Normal Israelita Oriental. A partir de 1957 Lévinas comenta o Talmud no decorrer dos "Colóquios" dos intelectuais hebreus franceses. Sua grande obra *Totalité et infini* (*Totalidade e infinito*) sai em 1961. Ensina primeiro na Universidade de Poitiers e depois, a partir de 1967, na de Nanterre. Desde 1973 foi professor na Sorbonne. De 1974 é *Autrement qu'être ou au-delà de l'essence* (*Diversamente que ser ou para além da essência*). De 1982 é *De Dieu qui vient à l'idée* (*De Deus que vem à idéia*).

Lévinas morreu em 1995.

2 Onde nasce o existente

A *Théorie de l'intuition dans la phénoménologie de Husserl* (Teoria da intuição na *fenomenologia de Husserl*) é de 1932. Este é o primeiro livro francês que faz referência à obra de Husserl. A fenomenologia oferece, na opinião de Lévinas, "um método para a filosofia". É uma reflexão sobre si mesmos que quer ser radical: "Ela não leva em conta apenas aquilo que a consciência espontânea intenciona, mas pesquisa tudo aquilo que foi dissimulado na mira do objeto. Na fenomenologia [...] o objeto é restituído a seu mundo e a todas as intenções esquecidas pelo pensamento que nele se imergia, segundo um modo de pensar concreto".

De l'existence à l'existant é publicado apenas depois da guerra, em 1947. Com o cenário do pensamento de Heidegger, Lévinas analisa a noção de *il y a* (*há, existe*) e mostra como um existente surge e emerge da existência neutra, anônima, impessoal. O *il y a*, escreve Lévinas, é o ser em geral. O *il y a* é "experiência do não-sentido; ou, melhor, a experiência do ser como não-sentido, como não sendo o ser de nenhuma coisa; em um horror do vazio" (S. Malka). E o existente sai da existência, o "sensato" nasce não da angústia — como quer Heidegger — mas muito mais quebrando a neutralidade do ser. O ser, a realidade, é puro não-sentido; quem tem sentido e quem dá sentido é o existente, o homem. E o existente destaca-se de uma realidade amorfa, rompe com o *il y a* que é o ser — aquilo que existe — mudo de significado, apenas na relação inter-humana, unicamente na "epifania" da face do Outro.

3 A face do Outro nos vem ao encontro e nos diz: "Tu não matarás"

A face do Outro não é um objeto de um pensamento pelo qual o Outro é um dado; não é um objeto capturável por uma verdade concebida como adequação. O Outro

Emmanuel Lévinas (1905-1995) é o primeiro filósofo que tornou conhecido na França o pensamento de Husserl e Heidegger, e depois aprofundou a relação ética inter-humana.

não é um "dado" que é *agarrado*, como se pudéssemos estender as mãos sobre ele. O Outro se impõe com sua irredutível alteridade: o Outro me olha e se refere a mim, e se desfaz da idéia que dele tenho em mente. Escreve Lévinas em *Totalidade e infinito* — uma obra em grande parte dedicada à fenomenologia da face —: "Nós chamamos de face o modo com o qual se apresenta o Outro, que supera a *idéia do Outro em mim*. Este *modo* não consiste em assumir, diante de meu olhar, a figura de um tema, em mostrar-se como um conjunto de qualidades que formam uma imagem. A face do Outro destrói a cada instante e ultrapassa a imagem plástica que ele me deixa". Uma imagem, como na foto, vive sempre em um contexto. A face do Outro tem significado por si mesma, impõe-se para além do contexto físico e social: "A face é significação e significação sem contexto". O Outro "não é uma personagem no contexto". Em poucas palavras: o *sentido* da face não consiste na relação com alguma outra coisa: "[...] a face é sentido apenas para si. Tu és tu". E assim, comenta Lévinas, "pode-se dizer que a face não é 'vista'. Ela é aquilo que não pode se tornar um conteúdo captável pelo pensamento; é o incontível, e te leva para o além". A face do Outro sai do anonimato do ser. E faz sair de tal anonimato.

E isso porque "a relação com a face é imediatamente ética". A face do Outro vem ao teu encontro e te diz: "Tu não matarás". Sem dúvida, apesar da proibição, pode haver o assassínio, mas a malignidade do mal reaparecerá nos remorsos da consciência do assassino.

4 O Outro me olha e se refere a mim

A face do Outro entra em nosso mundo; ela é uma "visitação"; é responsabilidade: ela me olha e se refere a mim. A face de Outro me impõe uma atitude ética: "é o pobre pelo qual posso tudo e ao qual devo tudo". É assim que a face se subtrai à posse; a face do Outro — afirma Lévinas — "me fala e me convida a uma relação que não tem medida comum com um poder que se exerce, ainda que fosse prazer ou conhecimento".

A face do Outro, portanto, me co-envolve, me põe em questão, torna-me imediatamente responsável. A responsabilidade na relação com o Outro se configura, no pensamento de Lévinas, como a *estrutura originária do sujeito*. Desde o início, "o Estranho que 'não concebi nem dei à luz', já o tenho nos braços". E minha responsabilidade em relação ao Outro chega até o ponto que eu me deva sentir responsável também pela responsabilidade dos outros. E isso comporta a construção das instituições e também do Estado. Com efeito, escreve Lévinas, "o Outro pelo qual sou responsável pode ser o algoz de um terceiro que também é meu Outro". Daqui a necessidade de uma justiça e, portanto, das instituições e do Estado. Disse Lévinas em uma entrevista: "Se tivéssemos existido em dois, na história do mundo teríamos parado na idéia de responsabilidade. Mas, do momento em que nos encontramos em três, põe-se o problema da relação entre o segundo e o terceiro. À caridade inicial se acrescenta uma preocupação de justiça e, portanto, a exigência do Estado, da política. A justiça é uma caridade mais completa". **Texto 1**

5 Quando o Eu é refém do Outro

Em *Diversamente que ser ou para além da essência* Lévinas chega a ver na responsabilidade pelo Outro "uma *designação* a responder pelo Outro, uma *expiação* pelo Outro, uma *substituição* do Outro". A esse respeito, Lévinas afirma: "O sujeito é refém". E pouco mais adiante: "O termo *Eu* significa *eis-me aqui*, respondendo por tudo e por todos". E é apenas por meio da condição de refém — escreve Lévinas — que no mundo pode haver "piedade, compreensão, perdão e proximidade". E por trás dessa posição ética, na opinião de Lévinas, está Deus: Deus está como inspiração, embora não como desvelamento de si mesmo. Salomon Malka comenta este ponto da seguinte forma: "Deus — ou a palavra de Deus — vem-me à idéia concretamente, diante da face do outro homem em que leio o mandamento *Tu não matarás*. A proibição escrita sobre a face não pode ser considerada como uma prova da existência de Deus. Mas é a circunstância em que a palavra de Deus adquire sentido". Lévinas continua: "Eu não gostaria de definir nada por meio de Deus, uma vez que conheço o humano. É Deus que posso definir por meio das relações humanas, e não o contrário". Em Lévinas, a ética torna-se vigia de um Deus presente e inatingível, próximo e diferente.

LÉVINAS

1 O Outro não pode nos deixar indiferentes

> *Em diálogo com Emmanuel Lévinas: "a responsabilidade não é cedível, e é na responsabilidade que sou chamado como único".*

Pergunta: Em uma entrevista o senhor afirmou: "A responsabilidade é uma individuação, um princípio de individuação. Em relação ao famoso problema 'o homem se individua por meio da matéria ou por meio da forma?', eu afirmo a individuação por meio da responsabilidade por outros". Poderia precisar esta sua afirmação interessante?

Resposta: Trata-se da individuação dos outros na unicidade do "amado", que é "único em seu gênero"; individuação, por outro lado, do eu responsável em sua não-intercambiabilidade de responsável que é uma "escolha". A responsabilidade não é cedível e é na responsabilidade que sou chamado como único. [...] Mas este *proceder junto* não é a unidade de um gênero, mas a Não-In-Diferença própria da alteridade (como, talvez, é a diacronia do tempo).

Pergunta: Em seus escritos é possível encontrar várias vezes o termo "criação"; ele parece intervir principalmente onde se trata de esclarecer a idéia-chave de uma passividade do sujeito mais passiva do que qualquer outra passividade, passividade irrecuperável, apesar de não ser simplesmente um defeito ou uma negação. Qual função ocupa tal termo dentro de sua reflexão?

Resposta: A passividade do Eu, que não é o Sujeito transcendental operante na síntese, não é, todavia, em sua *humanidade*, fraqueza descurável, mas sacrifício "criador" "que oferece mais do que aquilo que possui".

Pergunta: A relação Outros (*Outrem*)-Deus constitui um elemento central de sua filosofia; com insistência o senhor afirma que Outros não é Deus, não é a imagem de Deus, não é Seu ícone etc. Todavia, "Outros é justamente o lugar da verdade metafísica, indispensável à minha relação com Deus". Poderia esclarecer mais uma vez o tipo de ligação que existe a seu ver entre Outros e Deus e precisar esta afirmação: "Não é uma metáfora: nos outros há uma *presença real de Deus* [...]. Não é uma metáfora, não é apenas uma coisa extremamente importante: é *literalmente verdadeiro*. Não digo que outros seja Deus, mas em seu Rosto eu sinto a palavra de Deus"?

Resposta: Quando digo que não é metáfora pretendo dizer que não é uma metáfora de simples semelhança; na realidade o literalmente verdadeiro, o ser verdadeiro literalmente é outra metáfora! Outros não só é o próprio lugar de minha relação com Deus, mas essa relação!

Pergunta: Em seus escritos mais recentes, um tema parece assumir sempre mais importância, o da Europa e da Europa cuja "herança bíblica *implica* a necessidade da herança grega". Poderia precisar o sentido de tal implicação que não depende, como o senhor mesmo afirma, de "simples confluência de duas correntes culturais"?

Resposta: É o tema da aparição do *terceiro*; o "primeiro a vir" para mim e para o outro seria também o terceiro que nos reúne e que sempre nos acompanha. O terceiro é também o meu outro, o terceiro é também o meu próximo. Onde está a prioridade? É necessária uma decisão. A Bíblia pede justiça e deliberação! Do seio do amor, do seio da misericórdia. É preciso julgar e concluir: é necessário um saber, é necessário verificar, é necessária a ciência objetiva e o sistema. É preciso reunir os únicos do amor, exteriores a todo gênero, à comunidade e ao mundo. Primeiras violências na misericórdia! É preciso, por meio do amor do único, renunciar ao único. É necessário que a humanidade do Humano encontre um novo lugar no horizonte do Universal. Instruir-se junto aos gregos e aprender seu verbo e sua sabedoria. O grego, inevitável discurso da Europa que a própria Bíblia recomenda.

E. Lévinas, *Colóquio*,
S. Petrosino e J. Rolland (orgs.),
em *De Deus que vem à idéia*.

OITAVA PARTE

O MARXISMO DEPOIS DE MARX E A ESCOLA DE FRANKFURT

"Todo ser finito – e a humanidade é finita – que se pavoneia como o valor último, supremo e único, torna-se um ídolo, que tem sede de sacrifícios de sangue".

Max Horkheimer

"Nem sequer o advento definitivo da liberdade pode redimir aqueles que morrem sofrendo".

Herbert Marcuse

"O que importa é aprender a esperar".

Ernst Bloch

Capítulo vigésimo quinto
O marxismo depois de Marx —————————————— 429

Capítulo vigésimo sexto
A Escola de Frankfurt ————————————————— 469

Capítulo vigésimo quinto

O marxismo depois de Marx

I. O "revisionismo" do "reformista" Eduard Bernstein

• A *Primeira Internacional* fora fundada por Marx em 1864; ela terminou oficialmente com o Congresso de Filadélfia de 1876.

A *Segunda Internacional* cobre os anos que vão de 1889 a 1917: ela é guiada substancialmente pela social-democracia alemã, cujo ideólogo reconhecido é Karl Kautsky. No Congresso de Londres (1896) a Internacional decidiu a expulsão dos anarquistas; e no Congresso de Amsterdam (1904) condena-se o revisionismo de Eduard Bernstein.

Com a Primeira Guerra Mundial a Internacional mostrou todas as suas fraquezas, enquanto os partidos socialistas foram incapazes de criar solidariedade de classe entre os trabalhadores das diversas nações; e a guerra estourou também com a aprovação, ou a neutralidade, de diversos partidos socialistas.

A Primeira, a Segunda e a Terceira Internacional → § 1

Em 1919 houve a repressão feita pelo partido social-democrata alemão, então no governo, contra a revolução armada da esquerda socialista chefiada por Karl Liebknecht e Rosa de Luxemburgo.

A *Terceira Internacional* foi fundada em 1919 e teve como partido-guia o partido bolchevista (que havia levado a termo a revolução vitoriosa na Rússia) e como doutrina de fundo a *dialética*.

• O "revisionismo" é um termo ligado principalmente à doutrina de Eduard Bernstein (1850-1932). Em 1888 Bernstein está em Londres; e na Inglaterra ele se liga em amizade com Friedrich Engels; e foi justamente a Bernstein e não a Kautsky que Engels – falecido em 1895 – confiou os cuidados por suas obras póstumas.

No entanto, entre 1896 e 1898 Bernstein critica em uma série de artigos aparecidos em "Tempo novo" ("Die neue Zeit") a ortodoxia marxista aceita pelo partido social-democrata, e começa a defender a *política reformista*.

Por que para Bernstein é urgente "rever" a teoria de Marx → § 2

Bernstein percebera lucidamente que a história havia invalidado a teoria marxista com claros fatos que haviam contradito as previsões feitas por Marx a respeito do crescente pauperismo, da proletarização da classe média, do acirramento de conflitos de classe, das crises econômicas repetidas, do "desmoronamento" inevitável do capitalismo etc. Tudo isso tornava urgente uma "revisão" da teoria marxista, o que Bernstein faz de modo sistemático com o volume: *Os pressupostos do socialismo e as tarefas da social-democracia* (1889).

• Bernstein rejeita em primeiro lugar a concepção *dialética da história*: esta "é o elemento falso da doutrina marxista"; e o é porque com ela Marx e Engels

> *Reformas e não revolução → § 3-4*
>
> contrabandearam como uma necessidade histórica aquilo que era um valor a buscar, um ideal de justiça e de igualdade. Rejeita como "cultura inferior" e como "atavismo político" a ditadura do proletariado. Também não é verdade que o Estado seja necessariamente órgão de opressão e administrador dos interesses dos capitalistas; as lutas dos trabalhadores, dentro das regras democráticas, levaram a reformas importantes das instituições e mais justiça, sem revolução e sem derramamento de sangue. *Reformas e não revolução*: este é o núcleo central da concepção política de Bernstein, que está persuadido de que "*a democracia é a alta escola do compromisso*".

1. A Primeira, a Segunda e a Terceira Internacional

A *Primeira Internacional* fora fundada por Marx em 1864. Depois do insucesso da *Comuna* de Paris, ela entrou em crise e, de fato, deixou de existir depois do Congresso de Haia (2-7 de setembro de 1872), ainda que, oficialmente, só tenha cessado suas atividades com o Congresso de Filadélfia de 1876.

Com a *Segunda Internacional* (1889-1917), a função de guia do movimento operário internacional foi assumida pela social-democracia alemã, cujo ideólogo reconhecido é Karl Kautsky. No primeiro Congresso da Segunda Internacional, que se realizou em Bruxelas em agosto de 1891, foram apresentadas propostas para alcançar objetivos como a jornada de trabalho de oito horas, adequada legislação trabalhista ou da luta pela paz que deveriam ser desenvolvidas pelos partidos socialistas. No Congresso de Londres, de 1896, a Internacional decidiu expulsar os anarquistas da organização e, no Congresso de Amsterdam (1904), foi o revisionismo (Bernstein) a ser condenado. Este foi um momento central da história do socialismo, já que assinala um dos primeiros atos do confronto que não mais cessaria entre a alma reformista e a alma totalitária do movimento operário que se reconhece na "tradição" marxista. Outro Congresso de grande relevo foi o sexto, que se realizou em Stuttgart em agosto de 1907, no qual, depois da falência da revolução russa de 1905, foram discutidos os problemas do militarismo e do colonialismo, a questão da greve geral e o problema da atitude que os partidos socialistas deveriam assumir diante de eventual conflito. A propósito deste último ponto, aprovou-se uma decisão que comprometia os partidos socialistas, diante da ameaça de guerra, a procurar impedi-la por todos os meios e, se a guerra se desencadeasse, a interferir com o objetivo de fazê-la terminar o mais rápido possível. Entretanto, com a aproximação da Guerra de 1914/1918, a Segunda Internacional comprovou suas fraquezas, visto que os partidos socialistas foram incapazes de pôr a solidariedade de classe entre os trabalhadores dos diversos países acima dos "interesses" nacionais. E a guerra explodiu também com a aprovação ou, pelo menos, com a neutralidade de muitos partidos socialistas. A isso se devem debitar as razões do fim (1917) da Segunda Internacional. Depois, em 1919, houve a repressão desencadeada pelo partido social-democrata alemão, então no governo, contra a revolução armada da esquerda socialista, liderada por Karl Liebknecht e Rosa de Luxemburgo.

Até aí, a evolução do ponto de vista político. Na perspectiva da história das idéias, a Segunda Internacional apresenta interpretações do marxismo que, enquanto se distanciam dos temas hegelianos do próprio marxismo, lêem essa doutrina mediante as categorias do positivismo e/ou mediante o ponto de vista da teoria evolucionista, ou então tentam "revê-lo" e "revisá-lo" a partir da perspectiva e por meio dos instrumentos conceituais do neokantismo.

Com o nascimento da *Terceira Internacional* (fundada em 1919, tendo como partido-guia o partido bolchevique, que liderou a revolução vitoriosa na Rússia), procurou-se superar essas orientações de interpretação com a releitura de Marx efetuada na ótica de Hegel. A conseqüência foi que a temática da *dialética* voltou ao primeiro plano, em luta renhida contra as infiltrações positivistas, darwinianas, neokantianas e empiriocriticistas na "genuína" tradição hegeliano-marxista. O advento do nazismo e do fascismo, a Segunda Guerra Mundial, a posterior divisão política do mundo em dois blocos (pacto de Yalta) e as mais recentes vicissitudes sociopolíticas, como veremos, assinalariam os desenvolvimentos do pensamento marxista.

2. Eduard Bernstein e as razões da falência do marxismo

O reformismo já aparecera no interior do movimento operário social democrático desde quando se constituíra. E havia provocado a crítica raivosa de Marx e Engels. Entretanto, após a morte de Marx e Engels, tem-se o desenvolvimento propriamente dito do reformismo com Eduard Bernstein (1850-1932). Depois de algumas experiências políticas efetuadas no âmbito da democracia social, Bernstein emigrou para Londres em 1888, onde viveu em estreita amizade com Engels até a morte deste, em 1895. E foi a Bernstein e não a Kautsky que Engels confiou a edição de suas obras póstumas. Bernstein só pôde voltar à Alemanha em 1901. Mas, nesse meio tempo, sua permanência na Inglaterra indubitavelmente influíra em seu amadurecimento político e filosófico. Tanto é verdade que, entre 1896 e 1898, em uma série de artigos publicados em "Novo Tempo" ("Die neue Zeit"), ele criticou a *ortodoxia* marxista aceita sem discussão pelo partido social-democrata, e se alinhou em defesa da *política reformista* que os sociais-democratas já praticavam há tempo. O trabalho em que Bernstein articulou de modo sistemático seu *"reformismo"* foi Os *pressupostos do socialismo e as tarefas da democracia social* (1889). Suas concepções reformistas, que "reviam" e corrigiam teses centrais do marxismo, foram precisamente chamadas com o nome de "revisionismo". E, com o acirramento da polêmica entre "ortodoxos" e "revisionistas", Bernstein acabou se tornando o símbolo do revisionismo e do reformismo. Bernstein foi um homem corajoso que, com lucidez sem igual, viu já então os pontos fracos do marxismo e soube extrair de suas críticas as devidas conseqüências.

Antes de mais nada, Bernstein mostra que as previsões centrais feitas pela teoria marxista revelaram-se privadas de fundamento e foram desmentidas pela história: "O agravamento da situação econômica não se realizou do modo representado pelo *Manifesto*. Esconder isto não só é inútil, mas também verdadeira loucura. O número dos proprietários não diminuiu, e sim aumentou. O enorme aumento da riqueza social não foi acompanhado pela diminuição numérica dos magnatas do capital, mas pelo aumento do número de capitalistas de todos os tipos. Os segmentos intermediários mudam suas características, mas não desaparecem do quadro social. Do ponto de vista político, vemos que os privilégios da burguesia capitalista cederam gradualmente espaço às instituições democráticas em todos os países desenvolvidos. Sob a influência destas e sob o impulso da agitação sempre mais vigorosa do movimento operário, produziu-se uma reação social contra as tendências exploradoras do capital, que hoje, na verdade, avança ainda muito timidamente e tateando, mas continua existindo e atrai para sua área de influência setores sempre mais vastos da vida econômica". A história, portanto, invalidou a teoria marxista, contradizendo suas previsões com os fatos: pauperismo crescente, proletarização da classe média, aguçamento dos conflitos de classe, crises econômicas repetidas, "derrocada" inevitável do capitalismo, e assim por diante. Para Bernstein, a realidade é que o marxismo está dilacerado por insolúvel dualismo entre "a influência determinante da economia sobre o poder político e uma verdadeira fé milagrosa na virtude do poder político".

3. Contra a "revolução" e a "ditadura do proletariado"

Bernstein rejeita, em primeiro lugar, a dialética ("o elemento falso da doutrina marxista, a insídia que macula toda consideração coerente das coisas"). E a rejeita porque, com ela, Marx e Engels contrabandearam como necessidade histórica aquilo que, ao contrário, era valor ideal, ou seja, sua exigência de justiça e igualdade.

Bernstein também rejeita a *ditadura do proletariado*: "A *ditadura de classe* pertence a uma *cultura inferior* e, prescindindo da utilidade e da viabilidade das coisas, o surgimento da idéia de que a *superação* da sociedade capitalista pela sociedade socialista *deva necessariamente se verificar nas formas de desenvolvimento de uma época que ainda não conhecia de modo nenhum*, ou somente de forma muito incompleta, os métodos atuais de propagação e de obtenção das leis e carece dos órgãos adequados para esse fim, deve ser considerado somente como recaída, ou seja, como *atavismo político*".

A ditadura do proletariado, em suma, é idéia que, na opinião de Bernstein, baseia-se em análise radicalmente errada da situação. O Estado não é somente órgão de opressão e administrador delegado dos proprietários. Apresentá-lo sob essa ótica é o único caminho de todos os elucubradores de sistemas anárquicos. O Estado não é necessariamente um instrumento de espoliação. Ele, sob o impulso das lutas operárias, conheceu uma autêntica *metamorfose*.

4. A democracia como "alta escola do compromisso"

Assim, no plano teórico, a filosofia marxista foi ao encontro dos mais severos desmentidos da história; tem dentro de si componentes metafísicos e míticos, como a dialética, que é preciso eliminar, ao menos para que não se chegue à deletéria confusão dos *fatos econômicos* e sociais com os que são *valores morais*, em detrimento de uma visão *realista* das situações e do mais sério compromisso ético. No plano da prática, a "revisão" da filosofia marxista por Bernstein leva-o à defesa coerente da *política reformista*.

Reformas e não revolução. Reformas no interior de um Estado regulado pelas instituições democráticas: "*A democracia é início e fim ao mesmo tempo*. Ela é o meio *para impor* o socialismo e é *forma de realização do socialismo* [...]. Em princípio, a democracia é supressão do domínio de classe, embora não seja ainda a supressão efetiva das classes [...]. *A democracia é a alta escola do compromisso*".

E, para Bernstein, "compromisso" não significa "a sujeira do oportunismo", já que "*luta de classes e compromisso são tão pouco antíteses absolutas quanto a estática e a dinâmica; são formas do movimento e o próprio movimento é eterno*". O marxista ortodoxo pensa em uma sociedade perfeita, acredita ter identificado "o objetivo final do socialismo" e pensa assim realizar o paraíso na terra, o melhor dos mundos possíveis. Já o revisionista enfrenta os *problemas reais*, e seu objetivo é o de fazer da sociedade em que lhe cabe viver uma sociedade melhor, mais justa, mais culta, mais livre, e essa tarefa não tem fim.

O marxista ortodoxo é um totalitário, o revisionista é um reformista democrático.

Texto 1

II. O debate sobre o "reformismo"

• Líder importante da Segunda Internacional, Karl Kautsky (1854-1938) foi um decidido crítico do reformismo, e contra Bernstein pretendeu reforçar – por meio de um determinismo evolucionista em campo social – a tese marxista a respeito da inevitável queda do capitalismo. Isso mesmo que o próprio Kautsky tenha sido obrigado a admitir, a respeito da relação entre estrutura e superestrutura, que "elas se condicionam mutuamente em *interação contínua*".

Kaustky: crítico do reformismo e também da ortodoxia → § 1

Kautsky corrigiu também outro ponto fundamental do marxismo: mais que falar de desenvolvimento dialético, ele insistiu sobre a interação entre o *organismo* e o *ambiente*.

Depois da conquista do poder na Rússia por parte dos bolcheulques, Kautsky os combateu porque haviam pisoteado os princípios socialistas para manter-se no poder. Lênin não tardou a atacar o "renegado" Kautsky.

• Contrária a Bernstein e a todo tipo de reformismo, crítica em relação ao fatalismo evolucionista de Kautsky, Rosa de Luxemburgo (1870 ou 1871-1919) é autora de *A acumulação do capital* (1913), obra entendida como contribuição à crítica do imperialismo.

Luxemburgo: o socialismo é fruto do proletariado organizado e consciente → § 2

Para Luxemburgo o socialismo não é de modo nenhum uma inelutável saída do desenvolvimento da história; é muito mais uma tendência dentro deste desenvolvimento, tendência que poderá ser realizada apenas pela ação de um proletariado organizado e consciente.

Em 1914, Rosa de Luxemburgo participou na fundação do Spartakus-Bund, do qual nasceu o partido comunista alemão. Foi assassinada, junto com Karl Liebknecht, no dia 15 de janeiro de 1919.

1. Karl Kautsky e a "ortodoxia"

Os ortodoxos tiveram em Karl Kautsky (1854-1938) um líder de grande prestígio na crítica às teses do reformismo. Nascido em Praga em 1854, Kautsky estudou história e ciências naturais em Viena. Depois transferiu-se para Zurique, onde foi redator do "Sozialdemokrat". Em 1881, teve ocasião de visitar Marx em Londres. E, em 1883, assumiu a direçao da "Die neue Zeit" ("Tempo Novo"), a recém-fundada revista teórica do partido social-democrata alemão. Foi ele quem redigiu a parte teórica do *Programa de Erfurt* (1891). Seu comentário a esse novo programa do partido social-democrata constituiu um verdadeiro catecismo para os simpatizantes e militantes da Segunda Internacional.

Contra Bernstein, Kautsky (que, anteriormente, colaborara com Bernstein) reafirmou a teoria marxista, e observou que o desenvolvimento do capitalismo e a conquista de novos mercados através da expansão colonial confirmam as previsões de Marx sobre o aguçamento da crise econômica e a necessidade histórica da passagem para a revolução. Kautsky chega até a enrijecer a tese marxista da derrocada inevitável do capitalismo e da inelutabilidade *da revolução, defendendo o determinismo evolucionista no campo social*. Mas, para realizar essa operação, Kautsky é obrigado a "rever" e rejeitar alguns pontos fundamentais da teoria marxista. Assim, a propósito da relação entre estrutura e superestrutura, ele dirá que "não podemos nos limitar à simples afirmação de que na estrutura há somente coisas materiais e na superestrutura só pensamentos e sentimentos. Não se pode negligenciar em ambos os setores os objetos materiais nem a atividade espiritual. Há mais, porém. Com efeito, não se pode sequer dizer que estrutura e superestrutura estejam *sempre em relação de causa e efeito*; ao contrário, elas se condicionam uma à outra em *interação contínua*".

Essa, portanto, é a revisão que Kautsky realiza do *materialismo histórico*. E a propósito da *dialética,* Kautsky afirmará que, "para a aplicação materialista (do esquema dialético hegeliano), não se deve apenas repô-lo de pé, mas também é necessário mudar inteiramente o caminho trilhado pelos pés". Não mais desenvolvimento dialético, e sim interação entre *organismo* e *ambiente*: nisso consiste o naturalismo de Kautsky ou, se preferirmos, seu darwinismo social.

Depois da conquista do poder na Rússia pelos bolcheviques, Kautsky pôs-se a combater Lênin, suas idéias e as realizações do bolchevismo (e Lênin apressou-se logo a atacar o "renegado" Kautsky). Kautsky combatia os bolcheviques pelo fato de que "eles se mantiveram no poder somente retrocedendo um passo depois do outro, para finalmente chegar ao pólo oposto daquele que haviam pretendido alcançar. Para chegar ao poder começaram por lançar ao mar seus princípios democráticos. E depois, para se manterem no poder, fizeram o mesmo com seus princípios socialistas". Na opinião de Kautsky, os bolcheviques sacrificaram seus princípios; trata-se portanto de oportunistas. Os bolcheviques triunfaram na Rússia "precisamente porque ao socialismo coube total derrota".

2. Rosa de Luxemburgo: "a vitória do socialismo não cai do céu"

Rosa de Luxemburgo é uma das personalidades mais destacadas do movimento marxista. Nascida de família judaica em Zamosc, na fronteira russo-polonesa, em 1870 ou 1871 (a data é incerta), Rosa de Luxemburgo estudou inicialmente em Zurique e, depois, juntamente com Leo Jogiches, dirigiu o partido socialista polonês. Crítica do revisionismo (seu *Reforma social ou revolução?* é de 1899), em 1903 bateu-se pela greve geral como instrumento para abrir o caminho do poder para o proletariado. Em 1907 começou a ensinar economia política na escola do partido em Berlim. Sua obra principal, *A acumulação do capital* (que representa notável contribuição à teoria do imperialismo), é de 1913. Presa várias vezes, em 1914 participa da fundação do Spartakus-Bund, do qual nasceu, em 1918, o partido comunista alemão. Foi assassinada em 15 de janeiro de 1919, juntamente com Karl Liebknecht.

Contrária a Bernstein e a todo gênero de reformismo, Rosa de Luxemburgo também tinha posição crítica em relação ao fatalismo evolucionista de Kautsky. Em sua opinião, o socialismo não é resultado inelutável do desenvolvimento da história, mas muito mais uma tendência no interior desse desenvolvimento, tendência que somente a ação de um proletariado organizado e consciente pode levar à realização.

Com o desencadeamento da guerra, em 1914, Rosa de Luxemburgo ficou contra a posição dos socialistas em relação à questão da guerra, denunciou o "patriotismo social" da democracia social, e lançou um apelo em favor de manifestações revolucionárias em *todos* os países contra a guerra e contra o sistema que deseja e alimenta a guerra. Posteriormente, em um primeiro momento saudou com entusiasmo a Revolução de Outubro. Depois, porém, escreveu aguda crítica em relação à teoria e à prática do bolchevismo, crítica que se configurou como autêntica acusação.

Rosa de Luxemburgo (1870 ou 1871-1919).
Para ela o socialismo não é um resultado inelutável do desenvolvimento da história.

A propósito, Rosa de Luxemburgo afirmava que Lênin "erra completamente nos meios que utiliza. Decretos, poderes ditatoriais aos diretores de fábricas, penas draconianas e governo baseado no terror nada mais são do que paliativos". O único caminho de recuperação "é a escola da vida pública em si mesma, a mais ilimitada e mais ampla democracia e opinião pública".

III. O austromarxismo

• Os representantes de maior relevo do austromarxismo foram: Max Adler, Otto Bauer, Karl Renner e Rudolf Hilferding.
Sob a influência dos neokantianos (Windelband, Rickert, Cohen) e de Mach, mas também de Kelsen e da Escola austríaca de economia (Menger, Böhm-Bawerk, Mises etc.), os austromarxistas procuraram resolver principalmente:
a) o problema de quanta ciência há no marxismo ou de quanta ciência pode dele derivar;
b) o problema da fundamentação dos valores do socialismo.

Os problemas dos austromarxistas → § 1

• Max Adler (1873-1937) é certamente – junto Otto Bauer – a figura mais importante do austromarxismo. Adler sustenta que o materialismo histórico – entendido como doutrina segundo a qual a superestrutura "ideológica" é produzida pela estrutura "econômica" – não encontra uma base nos textos de Marx e de Engels: "aí se encontra, ao contrário, a indicação contínua de que elas estão *necessariamente ligadas uma à outra*".
Em outras palavras – afirma Adler em *Problemas marxistas* – o materialismo histórico não seria uma metafísica, e sim uma indicação programática a levar em conta, nas pesquisas histórico-sociais, o aspecto econômico.
A dialética marxista não seria, também, uma doutrina metafísica. Para Adler, a dialética não é mais que a constatação "da oposição existente entre o interesse próprio do indivíduo e as formas sociais em que ele é comprimido".

Materialismo histórico e materialismo dialético reduzidos a regras de método científico → § 2

• Ora, porém, uma vez que nos tenhamos desembaraçado da dialética, considerada como lei inelutável da história na base de um processo que ao mesmo tempo teria realizado um progresso, onde se fundariam os valores socialistas?
Aqui, justamente, temos a referência a Kant: a idéia política dos socialistas, seu empenho pela justiça e pela liberdade, se fundamentam sobre o imperativo categórico de Kant, que "pretende que em cada um seja respeitada a humanidade e que ninguém seja considerado apenas como um meio, e sim, ao mesmo tempo, também como fim".

As razões da referência ao imperativo categórico de Kant → § 3

1. Gênese e características do austromarxismo

Se o revisionismo teve a função de suscitar fortes dúvidas sobre a validade de alguns pontos centrais da teoria marxista, especialmente a função de desencadear a controvérsia entre o "espírito reformista" e o "espírito totalitário" da democracia social, já ao *austromarxismo* deve ser reconhecido sobretudo o mérito de ter delineado:
a) a questão do que existe de ciência no marxismo ou de que ciência é dele derivável;

b) a tematização da questão referente ao problema da fundamentação dos valores do socialismo.

Os austromarxistas propuseram-se o primeiro problema sob a influência da filosofia neokantiana e das concepções de Mach. O segundo problema surgiu tanto sob a influência dos neokantianos como pelo estímulo que eles receberam de pensadores como Hans Kelsen. Tanto na primeira como na segunda problemática, os austromarxistas sofreram a influência de Carl Menger e da "escola vienense de economia".

Mas quem eram esses austromarxistas? Um deles, Otto Bauer, descreve a gênese do austromarxismo nos seguintes termos: "Surgiu [...] do movimento estudantil socialista vienense uma jovem escola marxista, cujos representantes de maior prestígio, no fim da década de 1990, eram Max Adler, Karl Renner e Rudolf Hilferding; a esses, pouco tempo depois, uniram-se Gustav Eckstein, Friedrich Adler e eu". Eles haviam crescido em uma época em que neokantianos como Windelband, Rickert e Cohen, ou pensadores como Kelsen, desenvolveram "uma crítica a Marx que, valendo-se de argumentos kantianos, gnosiocríticos, contesta a possibilidade de uma ciência de leis causais do desenvolvimento social. Desse modo, a teoria marxista da necessidade histórica e da ineutabilidade da revolução social devia ser superada e o socialismo reduzido a um postulado ético, a princípio de avaliação e de ação no âmbito da ordenação social existente".

É isso o que diz Bauer a propósito do confronto entre o austromarxismo e o neokantismo. Mas ele ainda nos informa também o seguinte: "Se Marx e Engels haviam partido de Hegel, e os marxistas posteriores do materialismo, os mais jovens 'austromarxistas' partiram em parte de Kant e em parte de Mach. Por outro lado, nos meios universitários austríacos, eles deviam se confrontar com a chamada escola austríaca de economia – e esse confronto também influenciou o método e a estrutura de seu pensamento. Por fim, na velha Áustria abalada pelos conflitos de nacionalidade, todos tiveram de aprender a aplicar a concepção marxista da história a fenômenos complexos, que não toleravam o uso superficial e esquemático do método de Marx".

Foi assim, portanto, que se constituiu a "comunidade espiritual" (*Geistesgemeinschaft*) que ficou conhecida pelo nome de *austromarxismo*. A comunidade se dividirá no começo da guerra. E as divergências aumentarão durante e depois da guerra, sobre questões como a da guerra, da nacionalidade, da avaliação da Revolução Russa, ou a questão democracia-ditadura. A propósito da avaliação da Revolução Russa, Adler, embora pertencendo à esquerda da democracia social austríaca, sustentava que "a ditadura bolchevique acabara *por se transformar em ditadura dirigida contra grande parte do proletariado*".

2. Max Adler e o marxismo como "programa científico"

Tendo precisado os traços de fundo do austromarxismo, podemos agora descer a outros pormenores, analisando mais particularmente as obras de Max Adler (1873-1937). Pressionado pela premência de dar fundamento teórico válido à sociologia, distinguir a ciência (que descreve) da ética (que prescreve), e eliminar os elementos mítico-metafísicos do marxismo, Max Adler, diante da tese marxista de que o desenvolvimento histórico fará acontecer o que é bom que aconteça, põe logo em evidência que "o *progresso* não é conceito pertinente às leis da natureza, mas somente às leis do espírito, não podendo, portanto, ser explicado e demonstrado, mas apenas criado e crido pelos homens".

Em suma, um *processo* ou *desenvolvimento* histórico ainda não constitui um *progresso*: ele torna-se tal se aquele evento que ocorre realiza ou incrementa um daqueles valores (justiça, liberdade, igualdade etc.) que os homens criam e nos quais crêem, mas que não podem ser fundamentados e demonstrados através de argumentações científicas. E, com efeito, existem explicações científicas, mas não existem explicações éticas ou estéticas: existem apenas avaliações éticas ou estéticas.

Então, o que explica o marxismo? A concepção marxista da história, por exemplo, é científica, estando assim em condições de apresentar explicações abalizadas dos acontecimentos históricos, ou então se trata de hipóteses metafísicas não passíveis de controle, construídas no ar?

Posto diante desse problema ineludível e central, Adler sustenta que o materialismo histórico, entendido como a teoria segundo a qual a ideologia é *produzida* pela base econômica, é uma tese que *"não pode sequer se referir à letra* dos textos de Marx e Engels. Não encontramos neles sequer uma passagem que sustente que a situação material produz ou tem por efeito a situação espiritual. Mas, ao contrário, encontramos continuamente a indicação de que elas estão *necessariamente vinculadas uma à outra".* Por isso, escreve Adler em *Problemas marxistas* (1920), "o 'materialismo' da concepção marxista da história e da sociedade nada mais é do que a acentuação polêmica e programática do ponto de vista empírico".

Portanto, na opinião de Adler, o materialismo histórico não é tanto uma metafísica da história, mas muito mais a indicação programática que, na análise científica dos fatos históricos, relaciona-se ao aspecto econômico.

Esta, pois, é a primeira operação interpretativa que Adler realiza a partir dos textos de Marx e de Engels.

E ele realiza uma operação análoga a propósito da *dialética*. Se entendermos por dialética *"um modo do ser",* ou seja, "o contraste entre as coisas como gênese de todo o acontecer", então a dialética passa a indicar "uma estrutura essencial do ser" e, conseqüentemente, é *metafísica*. Entretanto, na opinião de Adler, a dialética em Marx e Engels não é de modo nenhum uma visão do mundo, uma cosmovisão, ou uma metafísica; na forma em que se apresentaria em Marx e Engels, ela é "um *princípio de investigação* para o estudo da vida social". Em suma, a dialética marxista "não tem mais *nada a ver com a questão da natureza do ser*, mas simplesmente constata a oposição existente entre o interesse próprio do indivíduo e as formas sociais às quais ele é forçado". Adler vê na dialética marxista um puro e simples "princípio de investigação".

3. O neokantismo dos austromarxistas e a fundamentação dos valores do socialismo

Assim, o materialismo histórico e o materialismo dialético de Marx e Engels são interpretados por Adler como *princípios heurísticos*.

Não é só isso, porém. Como o marxismo fundamenta os valores do socialismo? Se cair por terra a metafísica materialístico-dialética, que fundia em um todo indistinto os fatos e os valores, então onde estes últimos encontram seu fundamento? Ou deveremos aceitar um relativismo extremo?

Na realidade, escreve Adler, "o *conhecer teórico*, sempre, *só* tem a ver com um *ser* ou *acontecer das coisas*. O problema da ética, ao contrário, consiste na distinção entre o bem e o mal". Por conseguinte, "a idéia política do socialismo motiva-se tão-somente naquela versão do imperativo categórico que pretende que a humanidade seja respeitada em cada um, e que ninguém seja considerado apenas como um meio, mas, ao mesmo tempo, também como fim".

Texto 2

IV. O marxismo na União Soviética

Plekanov: defesa da ortodoxia e crítica a Lênin → § 1

• Apóstolo do marxismo ortodoxo foi, na Rússia, Georgij Valentinovich Plekanov (1856-1918). Em nome do materialismo histórico ele criticou Lênin: a história tem suas leis subjetivas e imanentes; e Lênin fez mal ao forçar o curso dos acontecimentos. Contra aqueles que "confundiam" a dialética com a teoria *vulgar* da evolução, Plekanov quer restabelecer os direitos da dialética. No último período de sua vida tomou distância também da Revolução de Outubro, por ele vista como um golpe de mão de tipo blanquista.

Lênin: o partido comunista como grupo escolhido de revolucionários profissionais → § 2

• Em *O que fazer?* – publicado em 1902 – Lênin (1870-1924) ataca, de um lado, os revisionistas e, do outro, os teóricos da espontaneidade revolucionária da classe operária, todos os que sustentavam que a consciência de classe e a revolução teriam sido produto espontâneo do desenvolvimento do capitalismo. Lênin é decididamente contrário a tal concepção. O proletariado, a seu ver, não é capaz de chegar por si a uma consciência revolucionária; essa consciência, por meio da teoria revolucionária, o proletariado a recebe de uma patrulha "aristocrática" de intelectuais burgueses que sabem e que, portanto, têm o direito e o dever de se colocar como guia da humanidade na luta que esta faz por sua libertação final. Luta que – contra o Estado burguês e sem esperar o inevitável desmoronamento do capitalismo e a revolução espontânea por parte das massas – deve ser confiada ao partido, que Lênin vê como um grupo selecionado de homens "cuja profissão é a ação revolucionária".

Em suma, "para obter sua emancipação, o proletariado – escreve Lênin em *Estado e revolução* (1917) – deve derrubar a burguesia, conquistar o poder político, instaurar sua ditadura revolucionária".

1 Plekanov e a difusão da "ortodoxia"

Quem difundiu o marxismo na Rússia foi Georgij Valentinovich Plekanov (1856-1918). Inicialmente partidário da organização populista "Terra e liberdade", mais tarde passou a combater precisamente o populismo, a partir da perspectiva do marxismo ortodoxo, depois de ter estudado Marx. Escreve ele nas *Questões fundamentais do marxismo* (1908): "Está fora de dúvida que as relações políticas influem sobre o movimento econômico, mas também está igualmente fora de dúvida que, antes de influir sobre tal movimento, elas foram por ele criadas".

Esta é a razão por que se equivocam os populistas (que pensam que a revolução na Rússia pode se realizar sem passar pelo capitalismo). A história tem suas *leis objetivas e imanentes*. E essas leis não podem ser ignoradas. E, na opinião de Plekanov, Lênin fez mal ao forçar o andamento da história.

Assim, ortodoxo no que se refere ao materialismo histórico, Plekanov também o é no que se refere ao materialismo dialético: "Muitos confundem a dialética com a *teoria da evolução*. E, no entanto, ela *difere essencialmente* da vulgar 'teoria da evolução', que se baseia no princípio de que nem a natureza nem a história dão saltos e que todas as mudanças no mundo se realizam gradualmente. Hegel já demonstrara que, entendida nesse sentido, a teoria da evolução era inconsistente e ridícula".

Crítico também dos "construtores de Deus", isto é, dos que, como M. Gorkij, pensavam inserir o marxismo científico em um misticismo religioso, Plekanov, no último período de sua vida, também se distanciou do partido "jacobino" e "ditatorial" de Lênin e rejeitou a Revolução de Outubro, enquanto a via como golpe de mão de tipo blanquista, como tentativa realizada em uma situação ainda não madura para o objetivo.

Voltando à Rússia depois da revolução, Plekhanov foi acusado de traição pela maioria bolchevique, que traçou clara distinção entre os "bons trabalhos" do primeiro Plekanov e os "maus trabalhos" do Plekanov "revisionista".

2 Lênin

2.1 O partido como vanguarda armada do proletariado

Nascido em 1870 em Simbirsk, no médio Volga, Vladimir Ilic Ulianov (chamado *Lênin*) foi o terceiro de seis filhos. Em 1887, seu irmão maior Aleksandr, em um grupo de estudantes niilistas, participou de atentado contra o czar. Descoberto, foi preso e executado. Esse trágico acontecimento deixou impressão enorme sobre o jovem Lênin, que se convenceu de que o caminho anarquista não era praticável para abater o czarismo.

Depois de formado, Lênin passou a estudar os problemas econômicos da Rússia e começou a ler as obras de Marx e Engels. Convencido da justeza de suas idéias, passou a combater os "populistas" e, depois de breve estadia na Suíça (1895) — onde contactou com alguns exilados, entre os quais Plekanov —, voltou para a Rússia, com a intenção de dar vida ao partido social democrata russo (filiado à Segunda Internacional). Entretanto, foi preso e deportado para a Sibéria, onde ficou três anos. Em 1900, Lênin consegue sair do país, ficando durante cinco anos na Europa Ocidental. Em 1903, o partido social democrata russo realizou um congresso em Bruxelas e a corrente de Lênin conseguiu se impor, ainda que por pequena margem. Desde então, essa corrente passou a ser chamada *bolchevique* (*bolche* em russo significa "de mais"), ao passo que o grupo adversário passou a ser chamado de *menchevique* (*menche* significa "de menos"). A falência da revolução de 1905 obrigou Lênin a fugir novamente da Rússia, onde reentrara há pouco. Mas em 1917 foi protagonista de vanguarda da Revolução de Outubro. Eleito presidente do *Conselho dos comissários do povo*, levou a fundo sua batalha contra todos os adversários da Revolução, embora em certo momento tenha sido obrigado a reintroduzir os mecanismos da economia de mercado (a NEP, Nova Política Econômica). Atingido por doença em 1922, morreu em 21 de janeiro de 1924.

Em 1902, Lênin publicou O *que fazer?*, que constitui o ato de nascimento do *bolchevismo*. Nessa obra, por um lado ataca o "revisionismo" (que, para ele, nada mais é do que "oportunismo", "ecletismo" e "falta de princípios"; Bernstein deforma "grosseiramente" e "monstruosamente" o pensamento de Marx) e, por outro lado, os teóricos da espontaneidade revolucionária da classe operária. Estes últimos, seguidores ortodoxos do materialismo histórico, reduziam a política a reflexo da economia e, portanto, sustentavam que a consciência de classe e a revolução seriam o *produto espontâneo* do desenvolvimento do capitalismo. Mas Lênin rebela-se contra essa idéia: afirma ele que a história mostra que, por si só, o proletariado não está em condições de amadurecer uma séria consciência política revolucionária; por si só, chega unicamente às reivindicações e não à revolução; mas "sem teoria revolucionária não pode haver movimento revolucionário". E o proletariado recebe a teoria revolucionária de um "aristocrático" esquadrão de intelectuais burgueses que a sabem e, sabendo-a, têm o direito e o dever de colocar-se à frente da humanidade no processo de sua libertação final. Somente assim, na opinião de Lênin, o movimento operário poderia se tornar "um movimento invencível"

Para Lênin, a consciência política identifica-se com a ideologia marxista, que é a *doutrina oficial* do partido revolucionário, e que "é onipotente porque é justa", escreve Lênin em *Três fontes e três partes integrantes do marxismo*. É ela que institui o partido, que por sua vez torna-se a custódia de sua pureza. Ela não deve ser criticada, já que "*toda* diminuição da ideologia socialista, *todo afastamento* dela implica necessariamente o fortalecimento da ideologia burguesa". E isso significaria abdicar do objetivo de fundo que é o de derrubar a burguesia. Porém, insiste Lênin, para derrubar a burguesia a classe operária deve ter uma direção, que deve ser confiada a um destacamento selecionado de homens "cuja profissão é a ação revolucionária", como podemos ler em O *que fazer?* Pois bem, esse destacamento selecionado de revolucionários profissionais é o partido

Vladimir Ilich Ulianov, chamado Lênin (1870-1924), foi o líder teórico e prático da Revolução de Outubro.

comunista, entendido como o estado maior do exército proletário, como vanguarda armada do proletariado.

2.2 Estado, revolução, ditadura do proletariado e moral comunista

Lênin escreveu *Estado e revolução* em 1917. Marx sustentava que o Estado nada mais é do que "o poder organizado de uma classe para a opressão de outra", considerando-o simplesmente um "comitê que administra os assuntos de toda a classe burguesa como um todo". Lênin assume sem reservas essa teoria marxista: o Estado "é o instrumento de exploração da classe oprimida nas mãos da classe dominante"; o Estado de direito, em suma, é o *gendarme* da propriedade privada e o policial pessoal da classe dos proprietários. "A sociedade civil divide-se em classes hostis — e, mais ainda, inconciliavelmente hostis —, cujo armamento espontâneo determina a luta armada entre elas".

Agora, porém, as análises históricas e sociais levavam Lênin à conclusão de que, por meio do Estado, a burguesia tinha total controle econômico e cultural sobre o proletariado, e que este não possuía nem meios econômicos, nem cultura, nem organização política. É nesse ponto, portanto, que Lênin — rejeitando a tese marxista da inevitabilidade da derrocada do capitalismo e da revolução espontânea pelas massas oprimidas, teoriza o partido como destacamento selecionado de revolucionários profissionais, temperados por férrea disciplina de tipo militarista, com o objetivo de organizar o proletariado e, mediante a violência e a luta armada, derrubar o domínio classista da burguesia. Ainda em *Estado e revolução*, escreve Lênin: "Para alcançar sua emancipação, o proletariado deve derrubar a burguesia, conquistar o poder político e instaurar sua ditadura revolucionária".

E essa ditadura será a ditadura exercida "com mão de ferro" pelo partido em nome do proletariado. **Texto 3**

V. O "marxismo ocidental" de Lukács, Korsch e Bloch

• A Terceira Internacional, sob a guia do partido bolchevique russo, levou a reler Marx à luz de Hegel. A questão dominante torna-se o tema da *dialética*; isso já se vê em obras como *História e consciência de classe* de Lukács e *Marxismo e filosofia* de Korsch.

Para o húngaro Giörgy Lukács (1885-1971) a ortodoxia marxista refere-se exclusivamente ao *método*. O método correto para compreender as vicissitudes humanas é o marxista, ou seja, o dialético. E isso significa que a sociedade deve ser estudada como um *todo*, como algo *inteiro*, procurando investigar as conexões que ligam *dialeticamente* os eventos e seus aspectos.

Lukács: a ortodoxia marxista está no método → § 1.1-1.2

Escreve Lukács: "A categoria da totalidade, o domínio determinante e onilateral do todo sobre as partes é a essência do método que Marx assumiu de Hegel, reformulando-o de modo original e pondo-o na base de uma ciência inteiramente nova". E a consciência de classe do proletariado é – segundo Lukács – o conhecimento da realidade social em sua totalidade, das contradições dessa realidade, e da solução destas contradições em sua totalidade: "Apenas a consciência do proletariado pode encontrar um caminho de saída da crise do capitalismo".

• Não devemos nos esquecer do Lukács autor de ensaios literários (*Ensaio sobre o realismo*, 1948 e 1955); *Thomas Mann*, 1949 etc.) e do Lukács teórico do realismo marxista em estética (*Teoria do romance*, 1920): a arte, da mesma forma que a ciência, reflete "a totalidade da vida humana em seu movimento, em seu desenvolvimento e evolução". E o instrumento que permite refletir *artisticamente* a realidade é o "tipo": no "tipo" o particular é iluminado pelo universal e o universal fala por meio do particular. "Na representação do tipo, na arte típica, fundem-se a concretude e a norma, o elemento humano eterno e o historicamente determinado, a individualidade e a universalidade social. Por isso, na criação de tipos, na apresentação de caracteres e de situações típicas, as mais importantes tendências da evolução social recebem adequada expressão artística".

A estética realista marxista → § 1.3

• *Marxismo e filosofia* de Karl Korsch (1886-1961) é de 1923. Nessa obra Korsch critica Lênin por ter sustentado que a consciência de classe deveria ser levada de "fora" para o proletariado; critica-o pela sua primitiva concepção gnosiológica do "espelhamento" (o conhecimento seria "espelhamento" da matéria); critica-o, além disso, por ter instaurado na Rússia não uma ditadura *do* proletariado e sim muito mais uma ditadura *sobre* o proletariado. Em perspectiva propositiva Korsch refuta a validade da "dialética materialista": a dialética constitui "o fundamento metodológico necessário do 'socialismo científico' ".

Korsch: os erros de Lênin → § 2

• Criticado pelos marxistas ortodoxos pelo seu revisionismo e suas "heresias", Ernst Bloch (1885-1977) expôs seu mais maduro pensamento na obra *O princípio esperança* (3 vols.: 1954, 1955, 1959).

"O que importa – escreve Bloch – é aprender a esperar". E a verdade é, a seu ver, que o homem, "em forma originária, vive unicamente em tensão para o futuro". Na raiz última das coisas, Bloch encontra o *possível*, ou seja, o "não-ainda", o incompleto suscetível de realização; e esta abertura, esta incompletude, é uma condição positiva, é o caminho para a emancipação humana.

Bloch: o homem vive unicamente aberto ao futuro → § 3

> Daqui a relação que liga Bloch ao marxismo, apesar de todas as críticas que lhe dirige e as dissensões com os teóricos do *Diamat*: também o marxismo é uma filosofia dirigida ao futuro, uma filosofia que, em vez de contemplar o mundo, procura transformá-lo; é uma teoria e uma proposta para libertar o homem das cadeias da alienação. E nesse horizonte teórico o julgamento marxista sobre a religião como "ópio do povo" deve ser revisto, uma vez que "onde há esperança há religião", afirma Bloch, que analisa a corrente "crítica" do cristianismo que é contestação autêntica daquilo que existe. A propósito, vejam-se as obras *Thomas Münzer como teólogo da revolução* (1921) e *Ateísmo no cristianismo* (1968).

1 György Lukács

1.1 Totalidade e dialética

Se os marxistas da Segunda Internacional (1889-1917) interpretaram Marx à luz do positivismo e do darwinismo, os austromarxistas leram Marx na perspectiva do neokantismo. A Terceira Internacional, que nasceu em 1919 e que teve como partido-guia o partido bolchevique russo, levou a uma releitura de Marx do ponto de vista de Hegel, repropondo firmemente o tema da *dialética* como questão dominante. Os expoentes mais destacados dessa nova orientação são o húngaro György Lukács e o alemão Karl Korsch, que, no mesmo ano, 1923, deram à luz as suas respectivas obras mais relevantes: *História e consciência de classe* (Lukács) e *Marxismo e filosofia* (Korsch).

Lukács (Budapeste, 1885-1971) desde jovem se interessou por literatura. Depois de dois anos de permanência na Itália, a partir de 1912 passou a viver em Heidelberg, onde, como aluno e amigo de Max Weber, aproximou-se do neokantismo e da sociologia. Atraído por Kierkegaard e Dostoweski, sobre os quais escreveu ensaios, iniciou a leitura de Hegel por estímulo de Ernst Bloch, daí passando ao estudo das obras de Marx. Em 1918, aderiu ao partido comunista húngaro, participando da experiência da República Soviética de Bela Kún. Depois da derrota dessa experiência, passou a viver em Viena, onde, precisamente em 1923, apareceu sua coletânea de ensaios *História e consciência de classe*.

Nessa obra, o que Lukács pretende pôr em primeiro plano é o marxismo ortodoxo. Entretanto, "o marxismo ortodoxo não significa a aceitação crítica dos resultados da pesquisa marxista, não significa um 'ato de fé' nesta ou naquela tese de Marx e tampouco a exegese de um livro 'sagrado'. No que se refere ao marxismo, a ortodoxia diz respeito exclusivamente ao *método*. Trata-se da convicção científica de que, no marxismo dialético, descobriu-se o método correto de investigação" e que, embora tal método possa ser "potencializado, desenvolvido e aprofundado", "todas as tentativas de superá-lo ou de 'melhorá-lo' tiveram e não poderiam ter outro efeito senão o de torná-lo superficial, banal e eclético". Conseqüentemente, o método correto para compreender a história humana é o método *marxista,* isto é, o método *dialético*.

O método dialético nos proíbe de olhar para *fatos* fracionados, atomizados, não vinculados a uma *totalidade* (o que faz a ciência social burguesa).

A afirmação de Marx, segundo a qual as relações de produção de cada sociedade formam um todo, "é a premissa metodológica e a chave do conhecimento histórico das relações sociais". Em suma, a sociedade *deve ser estudada como um todo*; não a compreenderemos se estudarmos somente este ou aquele aspecto, mas somente se soubermos perceber as conexões profundas que ligam *dialeticamente* fatos e acontecimentos entre si. Quando se rejeita ou dissolve o método dialético, "perde-se ao mesmo tempo a cognoscibilidade da história".

A categoria da *totalidade*, portanto, não suprime os aspectos ou elementos individuais de um acontecimento, mas, muito mais, tende a subtraí-los de seu isolamento, não os considerando mais como átomos vagantes no processo histórico e não os vendo como estáticos, autônomos ou independentes um do outro, porém considerando-os como "momentos dialético-dinâmicos de um todo que, ele próprio, também é dialético-dinâmico".

E o ponto de vista do todo, a perspectiva da totalidade, "determina a *forma de objetualidade* de cada objeto do conhecimento". Para especificar esse ponto, Lukács cita mais uma vez Marx: "Um negro é um negro. Somente em determinadas condições é que se torna *escravo*. A máquina de fiar algodão é máquina de fiar algodão. Somente em determinadas condições ela se torna *capital*. Subtraída a essas condições ela não é mais capital, do mesmo modo que o ouro em si e por si não é *dinheiro*, e o açúcar não é o *preço* do açúcar". Eis, portanto, um dos pilares da filosofia de Lukács: "A categoria da totalidade, o domínio determinante e multilateral do todo sobre as partes é a essência do método que Marx assumiu de Hegel, reformulando-o de modo original e pondo-o na base de uma ciência inteiramente nova".

Desse modo, Lukács chegou à solução do problema das relações entre estrutura e superestrutura: estas estão em relação dialética. Naturalmente, "na luta pela consciência, cabe um papel decisivo ao materialismo histórico", mas, também, devemos sublinhar que "a crescente compreensão da essência da sociedade, na qual se reflete a lenta luta da burguesia com a morte, representa constante aumento de poder para o proletariado. Para o proletariado, a verdade é uma arma que leva à vitória, e isso tanto mais quanto mais despreconceituosa ela for". Texto 4

1.2 Classe e consciência de classe

As ciências da natureza se diferenciam das ciências histórico-sociais não somente pelo objeto, mas também pelo método (e aqui Lukács censura Engels por ter estendido indevidamente a dialética ao mundo da natureza). E, para Lukács, as ciências histórico-sociais teriam um método diverso enquanto assumem a perspectiva da *totalidade*. A sociedade deve ser estudada como um todo; a realidade só pode ser captada, no além das aparências, apenas em sua totalidade. Mas *quem* pode compreender e penetrar a sociedade em sua totalidade? Responde Lukács: "Somente um sujeito que seja ele próprio uma totalidade está em

György Lukács (1885-1971), ligado às categorias da dialética e da totalidade, dirigidas à compreensão do mundo histórico-social, construiu uma estética marxista articulada.

condições de realizar essa penetração". E esse sujeito é a *classe*: "*somente a classe pode penetrar a realidade social, através da ação, e modificá-la em sua totalidade*".

O sujeito da história, portanto, é o proletariado consciente, isto é, a consciência de classe. E só o proletariado pode ter a *verdadeira* consciência de classe, ao passo que a consciência da burguesia chegou à consciência clara das contradições que inevitavelmente dilaceram a sociedade capitalista, mas não pode eliminá-las sob pena de desaparecer, já que é sobre elas que a burguesia baseia seu domínio. Conseqüentemente, tenta de todos os modos negar tais contradições, abafá-las, escondê-las. "O limite que torna 'falsa' a consciência de classe da burguesia é objetivo: é a própria situação de classe".

O proletariado, ao invés, tende a negar-se a si mesmo enquanto proletariado e a construir uma sociedade sem classes: sua consciência de classe é o conhecimento da realidade social em sua totalidade, das reais e profundas contradições da realidade social, da solução dessas contradições em sua totalidade. E essa consciência é verdadeira porque não defende os interesses de ninguém, porém muito mais a liberdade de todos: "*Somente a consciência do proletariado pode encontrar uma saída para a crise do capitalismo*". Com efeito, o proletariado "não pode se subtrair à sua missão. Trata-se apenas de saber o quanto ele ainda deve sofrer antes de alcançar a maturidade ideológica, o justo conhecimento de sua situação de classe: a consciência de classe".

1.3 A estética marxista e o "realismo"

No campo da estética, Lukács empenhou-se na construção de uma verdadeira *estética marxista*. Entre os seus ensaios estético-literários devemos recordar, além do trabalho juvenil *Teoria do romance* (1920), também os *Ensaios sobre o realismo* (1948 e 1955), *Thomas Mann* (1949), *Realistas alemães do século XIX* (1951), *Contribuições à história da estética* (1953), *O romance histórico* (1955), *Sobre a categoria da particularidade* (1957), e os dois volumes da *Estética* (1963).

Persuadido de que a concepção de mundo do proletariado está em condições "de acolher criticamente toda a herança da cultura progressista", Lukács afirma que, para o marxismo, arte é reflexo da realidade, teoria que não é absolutamente nova na história de nossa cultura.

Para o materialismo dialético, tomar consciência do mundo externo — que existe independentemente de nossa consciência — significa que a realidade se reflete e se espelha nos pensamentos, representações e sensações dos homens. Pois bem, "a criação artística, enquanto é uma forma de espelhamento do mundo externo na consciência humana, insere-se, portanto, na teoria geral do conhecimento própria do materialismo dialético".

A estética marxista, portanto, "situa o realismo no centro da teoria da arte". E o realismo marxista é contrário tanto ao "naturalismo", que pretende fazer a cópia fotográfica da superfície da realidade, como ao "formalismo", que se propõe a perfeição das formas, prescindindo da realidade ou pretendendo transformá-la ou então estilizá-la. A exemplo da ciência, a arte espelha sempre a realidade, reflete "a totalidade da vida humana em seu movimento, em seu desenvolvimento e evolução". E o instrumento que permite refletir *artisticamente* a realidade é o "tipo".

"Na representação do tipo — escreve Lukács — na arte típica, fundem-se a concretude e a norma, o elemento humano eterno e o historicamente determinado, a individualidade e a universalidade social. Por isso, na criação de tipos e na apresentação de características e situações típicas, as mais importantes tendências da evolução social recebem adequada expressão artística". A concepção marxista do realismo, portanto, afirma que a arte é criação de "tipos", onde *o particular é iluminado pelo universal e o universal fala através do particular*. Por isso, a fantasia não é proibida, ao contrário, desde que consiga construir o "tipo" e, através dele, fazer falar a realidade: "Até o mais desenfreado jogo da fantasia poética e a mais fantasiosa representação dos fenômenos são plenamente conciliáveis com a concepção marxista do realismo".

É precisamente por meio da idéia de "tipo" que Lukács consegue recuperar boa parte da grande arte do passado: um escritor (por exemplo, Balzac) pode pertencer à classe burguesa, mas sua arte pode ser realista e progressista se, como exatamente no caso de Balzac, ele consegue construir "tipos" e, por meio deles, captar "as mais importantes tendências da evolução social". **Texto 5**

Lukács em seu escritório em Budapeste, em uma fotografia de 1965.

2. Karl Korsch entre "dialética" e "ciência"

Em um pós-escrito a *Marxismo e filosofia* (1923), Karl Korsch (1886-1961) registrou o seguinte: "Somente enquanto escrevia este ensaio é que apareceu o livro de György Lukács *História e consciência de classe*. Pelo que pude constatar até agora, não posso deixar de aprovar com alegria as exposições do autor, fundamentadas em base filosófica mais ampla, que muitas vezes abordam questões de que trato neste meu ensaio".

E o livro de Korsch também foi condenado pelas mesmas razões pelas quais foi condenado o livro de Lukács pela Terceira Internacional. Em 1925 ele acabou expulso do partido comunista alemão.

Em 1930, Korsch publicou a segunda edição de *Marxismo e filosofia*, não se limitando mais a criticar Kautsky e o marxismo ortodoxo, mas também atacando duramente Lênin, especialmente por ter considerado a teoria e a consciência de classe como algo que deve ser levado "de fora" para a práxis do proletariado. Também o critica em relação à teoria gnosiológica do "reflexo", enquanto essa teoria representa somente uma *"concepção primitiva, pré-dialética e até pré-transcendental da relação entre consciência e ser"*. Sustenta, além disso, que a ditadura instaurada por Lênin na Rússia não é ditadura *do* proletariado, mas ditadura *sobre* o proletariado; que ela não é a ditadura de uma classe, e sim "do partido e da cúpula do partido", constituindo "uma forma de constrição ideológica".

Korsch faz todas essas críticas em nome do que ele considera o núcleo autêntico da filosofia de Marx, ou seja, a *dialética*. E "a essência da [...] 'dialética materialista' do proletariado consiste [...] precisamente no fato de resolver concretamente a contradição material existente entre riqueza burguesa (o 'capital') e miséria proletária, com a supressão dessa sociedade burguesa e de seu Estado na realidade material da sociedade comunista sem classes. A dialética materialista, portanto, enquanto 'expressão teórica' da luta histórica do proletariado por sua libertação, constitui o fundamento metodológico necessário do 'socialismo científico' ".

Isso, porém, significa dizer e implica que a dialética não pode ser concebida, nas pegadas de Engels, como teoria a ser ensinada: "A 'dialética materialista' do proletariado não pode ser ensinada abstratamente ou servindo-se dos chamados 'exemplos', como se se tratasse de uma 'ciência' particular, dotada de objeto particular. Pode-se apenas aplicá-la *concretamente,* na práxis da revolução proletária e em uma teoria que é um componente imanente e real dessa práxis revolucionária". Portanto, a superestrutura ideológica e, com ela, a filosofia, não têm caráter fictício; pelo contrário, Korsch insiste na "influência e no peso das ideologias na vida dos homens e das sociedades, influência e peso que fazem delas não um eterno supramundo, mas uma força real, um agente histórico".

3 Ernst Bloch

3.1 A vida de um "utopista"

Ao "neomarxismo" de Lukács e Korsch (avessos às interpretações positivistas, "mecanicistas" e anti-humanistas do marxismo) está ligada a original *filosofia da esperança* de Ernst Bloch, com sua apaixonada insistência no futuro, entendido como a mais autêntica dimensão do homem.

Bloch nasceu em Ludwigshafen, em 1885, de genitores pertencentes à burguesia média judaica. Muito jovem ainda, já havia lido Hegel, por quem conservaria por toda a vida elevado respeito. Escreverá ele, em 1949, em *Sujeito-objeto. Comentário a Hegel*: "Quem subestima Hegel no estudo da dialética histórico-materialista não tem nenhuma possibilidade de conquistar inteiramente o materialismo histórico-dialético". Bloch laureou-se em Würzburg sob a direção de Külpe. Em Berlim, teve Simmel por mestre. Em Heidelberg, juntamente com Lukács e Jaspers, freqüentou o círculo de Max Weber. Com o advento do nazismo, Bloch, que se inscrevera no partido comunista, foi obrigado a um longo exílio, que o vê passar por Zurique, Viena, Praga e Cambridge (Massachussets, EUA). Em 1949, quando se constituiu a República Democrática Alemã, Bloch tornou-se professor em Leipzig. Entretanto, por divergências com os teóricos do *Diamat* (*materialismo dialético*), foi obrigado a deixar sua cátedra.

Criticado por seu revisionismo e por suas "heresias", acusado de corromper a juventude, foi-lhe retirada a direção da "Revista alemã de filosofia" e, além de ser confiscado seu livro *O princípio esperança*, foi-lhe proibido publicar outros livros. Seus amigos e melhores alunos foram presos. W. Harich foi condenado a dez anos de prisão, G. Zehm a quatro, M. Hertwig a dois. Em 1961, ano em que foi erguido o muro de Berlim, Bloch, que naquele período se encontrava na Bavária, pediu asilo político e decidiu não voltar mais à Alemanha Oriental. Aceita ensinar na Universidade de Tübingen, cidade onde residiu até sua morte, ocorrida em 1977. Dez anos antes, em 1967, fora-lhe conferido o Prêmio da Paz pelos editores alemães, honra que, antes dele, já coubera, entre outros, a personagens como Romano Guardini, Paul Tillich, Karl Jaspers, Martin Buber e Gabriel Marcel.

Durante a Primeira Guerra Mundial, pacifista convicto que era, Bloch se retirara para a Suíça, onde escreveu a primeira de suas obras importantes, *Espírito da utopia* (1918), trabalho que contém *in nuce* os conceitos de fundo daquela visão filosófica que depois encontrará sua articulação mais madura em *O princípio esperança* (3 vols., 1954, 1955 e 1959). Seu estudo sobre *Thomas Münzer como teólogo da revolução* é de 1921; a coletânea de ensaios (escritos entre 1924 e 1933) intitulada *Herança deste tempo* é de 1935. A obra *Sujeito-objeto. Comentário a Hegel* foi publicada em 1949. Em 1961 saiu *Questões filosóficas fundamentais para uma ontologia do não-ainda-ser*, e de 1968 é *Ateísmo no cristianismo*.

3.2 "O que importa é aprender a esperar"

A esperança não é questão de pouca monta na vida humana. Ao contrário, ela é a primeira coisa fundamental que o homem tem a aprender. Escreve Bloch em *O princípio esperança:* "O que importa é aprender a esperar".

Capítulo vigésimo quinto - O marxismo depois de Marx

Ernst Bloch (1885-1977), expoente da "filosofia da esperança", sustentou que "o homem é a criatura que, por essência, projeta-se no possível.

Outros filósofos puseram no centro de suas reflexões o ser, o conhecimento, o Estado, a consciência, e assim por diante. Bloch, ao contrário, centrou sua filosofia na *esperança*. E o fez por estar persuadido de que o homem, "originariamente, vive unicamente direcionado para o futuro; o passado só chega mais tarde e o verdadeiro presente ainda não chegou".

O homem vive em tensão para o futuro. Bloch é de opinião que, em toda a realidade, não somente na realidade humana como também na realidade natural, está presente e ativo um impulso originário que a impele adiante, em direção à novidade do *futuro*, que a guia para a realização do *possível*. Bloch chama de *fome* a dimensão cósmica desse impulso, e de *esperança* ou *desejo* suas manifestações na vida humana. Conseqüentemente, podemos ver que, em Bloch, o princípio da esperança não é simples questão psicológica: é *princípio ontológico* genuíno, é o princípio da ontologia do "não-ainda-ser". Com efeito, na raiz última das coisas, Bloch encontra o *possível*, isto é, o "não-ainda", ou seja, o ainda não realizado passível de realização: "uma abertura, conseqüência de condição não ainda inteiramente suficiente e, portanto, que se projeta como mais ou menos inadequada".

E essa abertura, esse estado incompleto, não é condição negativa. Pelo contrário, é muito mais condição positiva, constituindo o caminho para o cumprimento, para a emancipação humana: o impulso de esperar "amplia o horizonte do homem, longe de restringi-lo". Mas, para que esse horizonte se amplie mais, precisamos de "homens que se lancem ativamente dentro do devir do qual são parte".

3.3 "O marxismo deve ser fielmente ampliado"

"A função utópica do projetar e modificar consciente do homem representa a sentinela mais avançada e ativa do trabalhoso direcionamento para a aurora que aflige o mundo, do dia cheio de sombras em que todas as marcas do real, ou seja, as formas do processo, ainda ocorrem e têm lugar". O homem projeta e modifica conscientemente o mundo e a si mesmo — e o faz no "espaço da utopia".

É exatamente nesse ponto que, baseando-se em pressupostos marxistas, a filosofia de Bloch ao mesmo tempo tende a desenvolver conseqüências que Marx não viu. Se a esperança é o elemento de impulsão e de fundo da vida humana, se o homem é chamado a se superar continuamente, projetando e criando o futuro, e se ele "é a criatura que, por essência, se projeta no possível que está diante de si", então se pode compreender muito bem qual é o nexo que vincula Bloch a Marx: também a filosofia marxista propõe-se como objetivo inadiável o de transformar o mundo, não contemplá-lo. O marxismo também é uma filosofia voltada para o futuro, para o que ainda não é.

A filosofia da esperança, portanto, a exemplo da filosofia marxista, é filosofia do futuro. E, analogamente à filosofia marxista, tem como fundamento a tese de que o homem encontra-se em estado de alienação. Entretanto, enquanto a alienação de que fala Marx brota de motivos econômicos, Bloch faz sua alienação remontar a razões mais profundas e universais, a *razões ontológicas*. O homem é alienado porque é incompleto, incompleto como o universo de que é parte: "O homem é a criatura que, *por essência*, projeta-se no possível [...]".

Por outro lado, o marxismo deve ser ampliado. E deve ser ampliado pelo fato de que o exame fenomenológico da subjetividade humana nos mostra que o homem não se reduz a seu passado nem é absorvido pelo presente. O "calor vermelho" do futuro impele o homem a transcender incessantemente as situações presentes e a superar os resultados adquiridos; impele-o a conteúdos de esperança, em direção a mundos possíveis, no rumo da "utopia". É uma "corrente de calor" que agita a esperança indestrutível de vida nova, de um *novum ultimum*.

3.4 "Onde há esperança, há religião"

A religião, na opinião de Bloch, não é apenas a expressão da alienação do homem. Essa, por exemplo, é a idéia de Feuerbach e Marx. Mas também nesse ponto Marx, ou melhor, o marxismo vulgar, que interpreta a religião como ópio do povo, deve ser revisto e ampliado.

"Onde há esperança, há religião", afirma Bloch, que, em *Thomas Münzer como teólogo da revolução* e depois no mais recente *Ateísmo no cristianismo*, distingue a dimensão "teocrática" do cristianismo de sua dimensão "herética". A primeira aniquila o homem, destruindo sua abertura para o novo, ao passo que a segunda é dimensão subversiva, é contestação do existente, é o "fio vermelho" que atravessa toda a Bíblia, onde explode "[...] o sofrimento de quem não quer permanecer assim, a espera premente do êxodo, das reparações, do tornar-se diferente". No *Antigo Testamento* existe a revolta do homem contra Deus: nô-lo mostra o pecado original ou, por exemplo, o livro de Jó. E o que mais conta no *Novo Testamento* é o anúncio escatológico que Jesus faz do Reino — e o Reino é "um acontecimento do cosmo, que se abre para a nova Jerusalém".

Naturalmente, a escatologia mencionada por Bloch não vai além da terra; é completamente intraterrena. E, no entanto, como já vimos, alguns dos mais engajados teólogos contemporâneos foram buscar elementos do instrumental conceitual de Bloch para seu trabalho.

VI. O neomarxismo na França

• Convicto de que os erros do sistema soviético (a invasão da Tchecoslováquia, a repressão dos intelectuais dissidentes na URSS, as sanções econômicas contra a China, o anti-semitismo na Polônia e em Leningrado etc.) eram conseqüências do próprio sistema, Roger Garaudy (1913-1996) – filósofo que também foi secretário do partido comunista francês – quis propor um *Marxismo humanista* como alternativa ao leninismo stalinista.

Em *A alternativa* (1972) Garaudy afirma que "nossa sociedade está a ponto de se desintegrar", e que para sair de tal crise "é necessária uma transformação dos fundamentos". É necessária mudança radical não só no plano da propriedade e das estruturas do poder, mas também no plano "da cultura e da escola, da religião e da fé, da vida e de seu sentido".

Claro sobre as diferenças entre a concepção marxista e a cristã, Garaudy – que na tardia maturidade se tornou muçulmano – realizou com os cristãos um *diálogo fecundo*, com a esperança de que uma colaboração com os comunistas sobre problemas concretos levasse os cristãos a encontrar "sobre a nossa terra um início do céu deles".

> Garaudy: um encontro com os cristãos para uma alternativa ao leninismo stalinista
> → § 1

• Radicalmente contrário à interpretação "humanista" de Marx foi Louis Althusser (1918-1990). Autor de *Para Marx* (1965) e, em colaboração, de *Ler o Capital* (1965), Althusser – contra as tentativas de extrapolar a teoria marxista com Hegel ou com Husserl – pretende voltar ao *verdadeiro* Marx.

E o verdadeiro Marx é o filósofo do anti-humanismo. "O sujeito – escreve Althusser em *Ler o Capital* – não é mais que o suporte das relações de produção. Sua realidade não é mais consistente do que a de um suporte sutil". É possível conhecer o homem – lemos em *Para Marx* – apenas com a condição de que abandonemos o mito filosófico de um homem livre, criador, senhor de seu destino e da história humana. Nessas idéias está a razão pela qual a obra de Althusser é no mais das vezes enquadrada dentro do *estruturalismo*.

> Althusser: contra o mito de um homem livre, criador do próprio destino
> → § 2

1 Roger Garaudy

1.1 Os erros do sistema soviético

"Depois da excomunhão da Iugoslávia em 1948, depois da revelação dos crimes do período stalinista no XX Congresso do Partido Comunista Soviético, depois das revoltas dos operários de Berlim e de Poznan em 1956, depois do levante húngaro de 1956, quando os estudantes e operários insurgiram-se contra o modelo stalinista de Rakosi, que ofereceu suas melhores cartas à contra-revolução, depois das sanções econômicas contra a China em 1958 e as campanhas de calúnias que levaram a um cisma no movimento comunista, depois da invasão da Tchecoslováquia e dos crimes da 'normalização', depois da inquisição intelectual na União Soviética, do processo Siniavski à campanha de desonra contra Solgenitsin, depois da explosão de anti-semitismo na Polônia e a seguir em Leningrado, depois do massacre dos operários poloneses em greve — e deixo o resto de lado —, depois de tudo isso não é possível dizer, como se fez até agora ao fim de cada catástrofe: trata-se de 'erros'. O que nós consideramos 'erros' não serão conseqüências do próprio sistema? Não do sistema socialista, mas do sistema soviético tal como foi concebido de Stálin a Breznev? E não deveríamos refletir sobre a necessidade de proceder a uma grande inversão, tentando conceber um socialismo que não seja construído só do 'alto', mas também de 'baixo'?"

Essas palavras foram pronunciadas por Roger Garaudy em 23 de janeiro de 1971, expressando muito bem o desafio que o filósofo francês (1913-1996) lançou contra os "novos czares" do Kremlin, com o objetivo de libertar o marxismo daquelas deformações stalinistas que transformaram a ditadura *do* proletariado em ditadura *sobre* e *contra* o proletariado, impedindo a teoria marxista de se desenvolver em seus elementos vitais e bloqueando a participação consciente e responsável das massas na construção do socialismo. Na opinião de Garaudy, os dirigentes soviéticos aferraram-se a um *centralismo burocrático sufocante,* incapaz de aceitar o menor "impulso de baixo", mas, ao contrário, pronto para rechaçar toda tentativa de renovação. Assim, tornaram-se responsáveis pela degeneração teórica do marxismo e pela prática criminosa exercida pelo onipotente poder policialesco na Rússia e nos países satélites. Em poucas palavras, o que os soviéticos temem e combatem é o socialismo de rosto humano. Texto 6

1.2 A alternativa

Desse modo, Garaudy leva ao pleno amadurecimento a corrente do marxismo "personalista" que, de certa forma, havia encontrado, antes e além de Garaudy, seus antecessores em Henri Lefebvre (1901-1979), Lucien Goldmann (1913-1970) e, depois, sobretudo, em Sartre.

Garaudy propõe e defende um marxismo humanista. Mais em pormenores, porém, e com maior clareza, o que propõe Garaudy? Qual é a sua *alternativa* ao leninismo stalinista? Escreve Garaudy, justamente em *A alternativa* (1972), que "nossa sociedade está a ponto de se desintegrar". Por isso, "é necessária uma transformação de suas bases, a qual, porém, não é possível com os métodos tradicionais. Para ser resolvida, uma crise de tal amplitude precisa de algo mais que revolução: exige transformação radical, não somente no plano da propriedade e das estruturas do poder, mas também da cultura e da escola, da religião e da fé, da vida e de seu sentido. É preciso mudar o mundo e mudar a vida [...]. A única hipótese a excluir é continuar no caminho atual". Não é preciso "criar um partido, mas um espírito", conscientes de que "não temos a possibilidade de escolha entre a ordem e a mudança, mas entre uma revolução convulsionada e uma revolução construtiva".

1.3 Marxismo e cristianismo

Em 1960 (em *Moral cristã e moral marxista*), Garaudy afirmava: "Em relação ao marxismo, a teologia cristã representa o que a alquimia medieval representa em relação à física nuclear moderna: o sonho impotente da transmutação da matéria tornou-se a realidade de nossas técnicas, exatamente como as exigências escatológicas de amor e de dignidade humana encontram no marxismo as condições para sua encarnação, não mais em outro mundo, duplicação ilusória do primeiro, e sim em nosso mundo". Três anos mais tarde, em 1963, no ensaio *O que é a moral marxista?,* Garaudy evidencia dois pontos essenciais da moral cristã.

a) Em primeiro lugar, "o cristianismo criou uma nova dimensão do homem: a dimensão da pessoa humana. Essa noção era tão estranha ao racionalismo clássico que os Padres gregos se encontraram na impossibilidade de achar na filosofia grega as categorias e palavras para expressar essa nova realidade. O pensamento helênico não estava em condições de conceber que o infinito e o universal pudessem se expressar em uma pessoa".

b) A segunda contribuição do cristianismo, prossegue Garaudy, "consiste na grande aspiração por um mundo em que reine perfeita reciprocidade das consciências, no qual nenhuma pessoa seja um meio para a outra".

Não se pretende que o cristão se torne marxista ou que o marxista se torne cristão. As diversidades continuam, como podemos ler em *Do anátema ao diálogo* (1965): "Cristãos e marxistas vivem a exigência do mesmo infinito, só que, para os primeiros, o infinito é presença, mas para os outros é ausência." Para os cristãos, o homem não é tal sem Deus; para os marxistas, só existe o homem. Entretanto, para além das diferenças, é possível um *diálogo* fecundo. Por isso, diz Garaudy, "nós comunistas não desprezamos nem escarnecemos do cristão por sua fé, por seu amor, por seus sonhos, por suas esperanças. Nossa tarefa é trabalhar e lutar para que tais coisas não permaneçam eternamente distantes ou ilusórias [...], para que os próprios cristãos encontrem sobre a nossa terra um início do céu deles".

2 Louis Althusser

2.1 A "ruptura epistemológica" do Marx de 1845

Radicalmente contrário à interpretação "humanista" de Marx é Louis Althusser, nascido em 1918 em Birmandreis (nas proximidades de Argel). Aluno de Bachelard, foi depois professor na École Normale Supérieure de Paris até 1981, ano em que foi tragicamente colhido pela doença mental. Faleceu em 1990. É autor de dois livros bem conhecidos: *Para Marx* (1965) e, em colaboração, *Ler o Capital* (1965).

Posicionando-se contra a revalorização do "jovem Marx" dos *Manuscritos*, contra as tentativas de camuflar Marx com Hegel ou com Husserl, com o risco de não mais se reconhecer o *verdadeiro* Marx, Althusser determinou-se a evidenciar a *especificidade* da teoria marxista. E o faz usando instrumentos intelectuais provenientes do estruturalismo e da epistemologia de Bachelard.

Antes de mais nada, no prefácio ao livro *Para Marx*, ele mostra que, por longo período, a filosofia marxista desenvolveu, de maneira exclusiva, três funções:

1) a *função apologética* (no sentido de que era praticada a fim de justificar uma política bem precisa e uma práxis bem determinada);

2) a *função exegética* (consistindo no comentário a textos reputados como verdades definitivas);

3) a *função prática* (tendendo a "dividir o mundo com corte claro", com base na contraposição das classes, introduzindo essa divisão na própria ciência, que assim era cindida em "ciência burguesa" e "ciência proletária").

Althusser reage a esses usos da filosofia marxista. Ele não distingue mais entre ciência burguesa e ciência proletária, e sim entre ciência e ideologia (e, para ele, a *ideologia* não é uma teoria descritiva da realidade, e sim muito mais "uma vontade [...], ou uma esperança, ou uma nostalgia", dispondo-se então a "buscar a nova concepção de ciência na qual se baseia *O Capital*".

2.2 Por que o marxismo é "anti-humanismo" e "anti-historicismo"

O humanismo é ideologia, porque fala de um "homem" completamente imaginário; o humanismo fixa o "homem" no centro e não percebe que ele desenvolve papel decididamente secundário. Em *Ler o Capital*, Althusser afirma: "O sujeito *nada mais é do que o suporte das relações de produção* [...]. Sua realidade não é mais consistente do que a de um sutil suporte". Em suma, é preciso compreender que "não temos a ver com homens concretos, mas com homens enquanto exercem certas funções determinadas na estrutura: portadores de força de trabalho, representantes do capital [...]. Os homens aparecem na teoria apenas sob forma de suporte das relações implicadas na estrutura, e as formas de sua individualidade como efeitos particulares da estrutura [...]. Os indivíduos são apenas os efeitos da estrutura". Essa, portanto, é a razão por que *O Capital* constitui autêntica ruptura com as idéias marxistas anteriores a ele: *O Capital* nos dá os princípios necessários a fim de definir, para o modo de produção capitalista, "as diversas *formas de individualidade exigidas e produzidas* por esse modo de produção, segundo as funções das quais os indivíduos são *suportes*".

O anti-humanismo teórico de Marx, portanto, é a condição para o conhecimento do mundo humano e para sua transformação prática. Em *Para Marx* podemos ler: "Não é possível *conhecer* alguma coisa sobre os homens a não ser sob a absoluta condição de reduzir a pó o mito filosófico (teórico) do homem. Desse modo, todo pensamento que se remetesse a Marx para restaurar de um ou de outro modo uma antropologia ou um humanismo filosóficos *teoricamente* nada mais seria do que pó". O marxismo, porém, "em virtude da única ruptura epistemológica que o fundamenta", não somente é anti-humanismo, mas é também "anti-historicismo".

A história não se desenvolve de modo linear, nem se aproxima progressiva e inevitavelmente de uma meta prefixada. Althusser sustenta que Marx só teria herdado de Hegel a idéia de que a história é "processo sem sujeito", e não a doutrina da dialética. A história não se realiza conforme um plano ou, de qualquer modo, de maneira unilinear, e sim por *rupturas sucessivas*. Não é a dialética, mas a sobredeterminação que constituiria "a especificidade da contradição marxista". E a sobredeterminação é o efeito gerado pelo conjunto das circunstâncias concretas ou, se assim se preferir, pela convergência dos elos estruturais. Por isso,

Louis Althusser (1918-1990), autor de Para Marx, *foi radicalmente contrário à interpretação "humanista" de Marx.*

a contradição econômica é "determinante, mas ao mesmo tempo determinada pelos diversos *níveis* e pelas diversas *instâncias* da formação social que anima".

Por conseguinte, pode parecer que, mesmo não negando o caráter fundamental do momento econômico, Althusser, precisamente em razão do seu anti-historicismo, tende a atenuar o economicismo marxista. Por outro lado, continua afirmando Althusser, se é verdade que a ciência não é ideologia, também é verdade que nenhuma sociedade humana pode prescindir da ideologia. A ideologia é *"a relação vivida pelos homens com o mundo"*. A ideologia é a moral, a religião, a arte, a política. E todas essas coisas são ideologia porque, nelas, "a função prático-social prevalece sobre a função teórica (ou função de conhecimento)". E é "no seio dessa inconsciência ideológica (que) os homens *conseguem modificar suas relações vividas com o mundo"*. Mas não se deve pensar que são o homem e a ação de uma classe que fazem a história, nem que esta se dirija de modo necessário em direção a um fim *progressivo* (entre outras coisas, os *fatos* não são *valores*). Para Althusser, a história deve ser vista muito mais como série descontínua de conjunturas de várias estruturas, e os indivíduos, como as classes, não são compreensíveis fora das estruturas e de suas conjunturas.

VII. O neomarxismo na Itália

• Antônio Labriola (1843-1904) foi estudioso e difusor do marxismo na Itália. Aluno de Spaventa em Nápoles e depois professor em Roma, autor da obra *Do materialismo histórico* (1897), Labriola não nega a tese central do materialismo histórico, ou seja, a tese da primariedade da estrutura econômica sobre a superestrutura das idéias; ele, todavia, adverte sobre o fato de que tal tese "não pode, à guisa de talismã, valer continuamente, e à primeira vista, como meio infalível" para compreender os fatos sociais. As formas de consciência também são história, e a relação de derivação delas da estrutura é "bastante complicada" e "nem sempre decifrável".

> Labriola: a relação entre estrutura e superestrutura é "bastante complicada"
> → § 1

• Antônio Gramsci (1891-1937), o mais original pensador marxista italiano, esteve, em 1921, entre os fundadores do partido comunista. Preso pela polícia fascista em novembro de 1926, em 1928 Gramsci foi condenado a vinte e quatro anos de prisão na casa penal de Turi. Tendo-lhe sido reduzida a pena, Gramsci foi liberto em abril de 1937; doravante, porém, fisicamente debilitado, consumiu-se em uma clínica romana, alguns dias depois de ter obtido a liberdade. Cheias de humanidade são suas *Cartas do cárcere*. O pensamento de Gramsci – uma das *reelaborações* mais notáveis do marxismo neste século – foi desenvolvido principalmente nos *Cadernos do cárcere*.

> Gramsci: um adversário do regime fascista
> → § 2.1

• Querendo inserir o marxismo dentro da tradição cultural italiana, Gramsci foi obrigado a confrontar-se com a presença maciça, na cultura italiana, da filosofia de Benedetto Croce. Gramsci explica o sucesso das idéias de Croce pelo fato de que, relativamente a outras filosofias "especulativas", a de Croce expressou "maior aderência à vida", ou seja, aos problemas assim como historicamente se dão. Em todo caso, mesmo a de Croce é, na opinião de Gramsci, uma "filosofia especulativa", uma metafísica da história. E a ela Gramsci opõe sua *filosofia da práxis*, concepção imanentista, sem dúvida, mas reduzida a pura história, privada, portanto, de elementos metafísicos; e, portanto, contrária a conceber a estrutura econômica de modo especulativo e doutrinário como se fosse "um deus oculto". O materialismo histórico é um erro. A alma do marxismo é o método dialético, que permite compreender as contradições sociais, as situações concretas em que vivem homens concretos. É esta a lição que tiramos de Lênin: como sintetizar teoria e práxis de modo a chegar à conquista do poder, qual estratégia usar para penetrar na cidadela do comando e dela se apoderar. A lição de Lênin é importante – sustenta Gramsci – não porque devamos *repeti-la*, e sim pela razão de que ela delineia o caminho para construir – em condições históricas a serem analisadas de quando em vez – a sociedade socialista. E é sobre essas premissas que se insere a teoria gramsciana da *hegemonia*.

> A filosofia da práxis: uma concepção da vida "reduzida a pura história"
> → § 2.2-2.3

• A sociedade divide-se em classes; e para que uma classe possa se tornar sujeito histórico, ou seja, guia da sociedade, deve tornar-se *classe dirigente*. A classe dirigente é aquela que – pela força de sua própria organização, de sua própria ideologia, de uma superioridade moral e da capacidade de resolver os problemas – obtém o consenso das outras classes, formando assim um *bloco histórico*, e dessa forma está pronta para se tornar classe dominante.

Em poucas palavras, "a supremacia de um grupo social – escreve Gramsci – manifesta-se de dois modos, como 'domínio' e como 'direção intelectual

> *A teoria da hegemonia*
> → § 2.4-2.6
>
> e moral'". E apenas entrando na sociedade civil (a imprensa, a escola, os sindicatos etc.) e difundindo-se com um trabalho incansável as próprias crenças e os próprios ideais, a classe que tende à hegemonia pode lançar as bases de seu domínio. Aqui insere-se a figura do *intelectual orgânico*, o qual, no pensamento de Gramsci, se identifica com o dirigente ou responsável de partido; e o partido comunista – que é a encarnação da vontade revolucionária jacobina – "representa a totalidade dos interesses e das aspirações da classe trabalhadora".

1 Antônio Labriola

1.1 "O marxismo não é positivismo nem naturalismo"

O pensador mais original do neomarxismo italiano, sem dúvida, foi Antônio Gramsci (1891-1937). Entretanto, antes dele, o marxismo fora estudado, interpretado e difundido sobretudo por Antônio Labriola (1843-1904), que foi aluno de Spaventa em Nápoles e depois professor em Roma. Aproximando-se de Hegel por influência de Spaventa, Labriola, em um segundo momento — nas décadas de 1870/1880 —, manifestou acentuado interesse por Herbart, até que, por volta de 1880, converteu-se ao marxismo. O escrito *Em memória do manifesto dos comunistas* é de 1896, e *Sobre o materialismo histórico* é de 1897.

Antes de mais nada, Labriola procura acentuar a distinção entre marxismo e positivismo. Do positivismo, Labriola aceita o método científico, mas rejeita a visão materialista do universo. A palavra *matéria*, escreve ele, "é sinal ou recordação de uma cogitação metafísica ou [...] é expressão do último substrato hipotético da experiência naturalista". Entretanto, o *materialismo histórico* não é metafísica da *matéria* nem opera "no campo da física, da química, da biologia".

Em suma, o marxismo não é materialismo metafísico nem naturalismo. Insiste Labriola: a *cultura* não é *natureza*, ainda que os dois momentos se entrelacem continuamente. Não se trata "de indagar sobre o viver humano, isto é, estudar "as condições explícitas do viver humano, no sentido de que ele não é mais simplesmente animal".

1.2 A concepção materialista da história

E aqui se inserem as convicções de Labriola sobre a *vexata quaestio* que, no desenvolvimento do marxismo, diz respeito às relações entre estrutura e superestrutura. Somente "o amor pelo paradoxo, sempre inseparável do zelo dos divulgadores apaixonados de uma doutrina nova, pode ter induzido alguns à crença de que, para escrever a história, basta evidenciar unicamente o 'momento econômico' (freqüentemente ainda não identificado e muitas vezes não identificável em absoluto) para se poder atirar fora todo o resto, como fardo inútil". Engels (com quem Labriola manteve correspondência) já evidenciara que os fatos históricos são explicáveis por meio da estrutura econômica a eles subjacente apenas "em última instância".

Com isso não se está de modo algum dizendo que Labriola rejeita a tese central do materialismo histórico. Ao contrário, escreve ele, "é indiscutível [...] para nós o princípio de que não são as formas da consciência que determinam o ser do homem, mas que é precisamente o modo de ser que determina a consciência". Mas, prossegue Labriola, "*essas formas da consciência, como são determinadas pelas condições de vida, constituem também a história*, que não é somente anatomia econômica [...]". A teoria do materialismo histórico, isto é, a teoria da primariedade da estrutura econômica sobre a superestrutura das idéias, "não pode, à maneira de talismã, valer continuamente e à primeira vista como meio infalível para resumir em elementos simples a imensa maquinaria e a complicada engrenagem da sociedade". E isso pelo fato de que "a estrutura econômica subjacente, que determina todo o resto, não é um simples mecanismo do qual brotam, como efeitos automáticos

Antônio Gramsci (1891-1937) teve como intenção de fundo a de inserir Marx na tradição italiana, e sustentou que a Revolução de Outubro foi uma revolução contra O Capital.

e maquinais imediatos, as instituições, leis, costumes, pensamentos, sentimentos e ideologias. Daquele substrato para todo o resto, o processo de derivação e mediação é muito complexo, freqüentemente sutil e tortuoso, nem sempre decifrável".

2. Antônio Gramsci

2.1 A vida e a obra

Desenvolvido sobretudo nos seus *Cadernos do cárcere*, o pensamento de Antônio Gramsci constitui uma das mais notáveis *reelaborações* do marxismo neste século, seja por sua constante referência a problemas sociais, culturais e políticos concretos, seja por sua intenção de *inserir o marxismo na tradição italiana*. A esse objetivo, precisamente, correspondem, por exemplo, seus estudos sobre Maquiavel, sobre a Renascença italiana, sobre a questão meridional, sobre os católicos, sobre suas instituições e organizações, sobre os movimentos operários, sobre as camadas intelectuais italianas, sobre as formas de greve e os conselhos operários, sobre a filosofia de Benedetto Croce.

Nascido em Ales (na província de Cágliari) em 1891, Gramsci, que provinha de família pobre, conseguiu se matricular na Universidade de Turim, depois de concluídos seus estudos secundários, graças a uma bolsa de estudos. Por volta de fins de 1914, porém, deixou a universidade para se dedicar à atividade política. Juntamente com outros, foi promotor da experiência turinense dos "conselhos de fábrica". Sempre mais insatisfeito com a política do partido socialista, em 1921 estava entre os fundadores do partido comunista. Já em 1919, juntamente com Palmiro Togliatti, dera vida ao "Nova Ordem", inicialmente semanário e depois diário. Em 1922, convidado pela Internacional para ir a Moscou, Gramsci conheceu Lênin. Voltando à Itália em 1924, foi eleito deputado e passou a dirigir o "Unità", órgão do partido comunista. Preso pela polícia fascista em novembro de 1926, foi condenado em 1928 pelo tribunal especial a vinte e quatro anos de prisão, a serem cumpridos na penitenciária de Turi. Obtendo redução da pena, Gramsci foi libertado em abril de 1937, mas sua condição física já era muito precária. Morreu em uma clínica romana uma semana depois de ter obtido a liberdade.

Suas *Cartas da prisão* são profudamente humanitárias.

2.2 A "filosofia da práxis" contra a "filosofia especulativa" de Croce

Assim, uma das intenções de fundo da reflexão filosófica de Gramsci foi a de inserir o marxismo na tradição italiana. Foi por essa razão que, antes de mais nada, ele teve de se defrontar com a filosofia de Benedetto Croce e com a hegemonia que essa filosofia conquistara na cultura italiana. Gramsci achava que um dos motivos do sucesso do historicismo croceano foi o fato de Croce ter lutado com eficácia "contra a transcendência e a teologia em suas formas peculiares ao pensamento religioso-confessional". Ligado a isso também se encontra o fato de que a filosofia de Croce, em comparação com as outras filosofias tradicionais, expressou "maior adesão à vida", afirmando que "a filosofia deve resolver os problemas que, em seu desenvolvimento, o processo histórico apresenta a cada vez".

Entretanto, na opinião de Gramsci, Croce permanece ligado a uma "filosofia especulativa", a uma *metafísica* da história, pela qual "no processo dialético se pressupõe 'mecanicamente' que a tese deva ser 'conservada' pela antítese para não destruir o próprio processo, que assim é 'previsto', como uma repetição ao infinito, mecânica e arbitrariamente prefixada".

Desse modo, a filosofia de Croce é uma "filosofia especulativa" e Gramsci lhe opõe sua *Filosofia da práxis* ou historicismo absoluto, entendido como "a mundanização e terrenidade absolutas do pensamento, um humanismo absoluto da história". Em outros termos, "a filosofia da práxis deriva certamente da concepção imanentista da realidade, mas depurada de todo aroma especulativo e reduzida a pura história, historicidade ou puro humanismo". **Texto 7**

2.3 O "método dialético"

A filosofia da práxis elimina "todo resíduo de transcendência e de teologia". E, por outro lado, não pode conceber a *estrutura* de maneira especulativa e doutrinária, como se fosse "um deus oculto". A estrutura, ao contrário, deve ser concebida "historicamente como o conjunto das relações sociais em que os homens reais se movem e agem [...]".

As filosofias especulativas idealistas não servem, portanto, para compreender a história, mas também são inadequados os esquemas simplistas do marxismo vulgar. A compreensão da história necessita de um método próprio: o *método dialético*, que foi domesticado por Croce, não foi compreendido pelos marxistas vulgares e foi ignorado pelos sociólogos. Somente a dialética nos permite compreender o que é a realidade, enquanto ela é a consciência das contradições sociais em que vivem homens reais e que, em situações concretas, devem ser enfrentadas por homens reais, que têm às suas costas uma tradição específica e não outra qualquer.

2.4 A teoria da hegemonia

Com base nisso, não é difícil perceber que a filosofia da práxis de Gramsci constitui uma concepção do marxismo contrária às interpretações de cunho positivista e mecanicista. É uma concepção na qual os acontecimentos estruturais se entrelaçam e interagem com elementos humanos como a vontade e o pensamento. Essa, portanto, é a lição que se deve aprender de Lênin: como *sintetizar dialeticamente* teoria e práxis de modo a chegar à conquista do poder por uma força emergente que visa à criação de uma nova civilização. A lição de Lênin é importante não porque devamos *repeti-la*, mas porque nos indica a estratégia para penetrar (em condições diversas, a serem analisadas) na cidadela, a fim de criar a sociedade socialista. É precisamente aqui que se insere a teoria gramsciana da "hegemonia".

A sociedade se estrutura em classes. Ora, para que uma classe possa se colocar como sujeito histórico, isto é, como motor que guia e plasma a sociedade inteira, deve "distinguir-se" e conquistar "autoconsciência crítica", ou seja, deve configurar-se como força que, com base na própria ideologia, na própria organização e na própria superioridade moral e intelectual, possa configurar-se como classe *dirigente*. Ora, uma classe torna-se dirigente quando, tendo forjado as energias e capacidades necessárias e percebendo seu direito de dirigir a sociedade inteira, obtém o consentimento das classes subalternas, fundando assim um *bloco histórico,* isto é, um sistema articulado e orgânico de alianças sociais ligadas por uma ideologia comum e por uma cultura comum. Escreve Gramsci: "Nunca existiu um Estado sem hegemonia" e, em substância, a luta entre duas classes pelo domínio é "luta entre duas hegemonias". Por tudo isso, devemos distinguir entre a *classe dominante* e a *classe dirigente*: "A supremacia de um grupo social manifesta-se de dois modos: como 'domínio' e como 'direção intelectual e moral' ".

O comando entra em crise quando a classe dominante perde a capacidade de encontrar as soluções dos novos problemas. E ela a perde porque nesse meio tempo nasceu e se desenvolveu uma nova classe dirigente e hegemônica que, todavia, ainda não é dominante, mas que, percebendo com prepotência seu direito de sê-lo, ela assim se tornará e, se for preciso, com a violência.

2.5 Sociedade política e sociedade civil

Mas deve-se ir além; a distinção entre domínio e hegemonia permite a Gramsci traçar outra distinção significativa: entre *sociedade política* e *sociedade civil*. A sociedade política é dada pelo Estado, isto é, pelo poder como força, ou seja, pela máquina jurídico-coercitiva; já a sociedade civil é dada pela trama das relações que os homens estabelecem em instituições como os sindicatos, os partidos, a Igreja, a imprensa, a escola e assim por diante.

E é exatamente nas instituições da sociedade civil que a classe que tende à hegemonia deve difundir, através de ação cotidiana e incessante, seus valores, suas crenças, seus ideais, criando assim a unidade moral e intelectual entre os diversos grupos sociais, e criando o consenso em torno de uma cultura que se apresenta com os sinais da validade universal e com a força persuasiva da capacidade de resolver os problemas prementes da vida nacional. E, criando consenso, o grupo social hegemônico cria a base do domínio. Desse modo, a história não é mais concebida, segundo o esquema clássico marxista, como a história do desenvolvimento das forças produtivas, e sim muito mais como a história (densa de contrastes, de inter-relações, de crise de diversos tipos) da gênese e da expansão de princípios hegemônicos ou modelos culturais diferentes, ou até antagônicos. Portanto, *no desenvolvimento da história é a superestrutura que se torna fundamental*.

> ■ **Hegemonia (teoria da hegemonia).** Com esse conceito Gramsci denota a capacidade de *direção* que – graças à própria organização, à sua própria superioridade moral e intelectual – uma classe que aspira ao poder fará valer com o fim de obter o necessário consenso, que fará com que ela se torne *classe dominante*.
> E uma classe jamais poderá ser dirigente e depois dominante sem organizar-se; e não há organização sem intelectuais, ou seja, sem organizadores e dirigentes, isto é, "sem que o aspecto teórico da ligação teoria-prática se distinga concretamente em um estrato de pessoas 'especializadas' na elaboração conceitual e filosófica".
> Essas pessoas "especializadas" na elaboração conceitual e filosófica são os intelectuais orgânicos, os quais dão ao proletariado "a consciência de sua missão histórica" e, ao mesmo tempo, as armas que permitirão a ele conquistar as várias instituições da *sociedade civil* (imprensa, escola, sindicatos etc.), até que a Cidadela de comando caia em mão socialista.

2.6 O intelectual "orgânico", e o partido como "príncipe moderno"

O grupo social que pretende conquistar a Cidadela, portanto, deve, antes de mais nada, elaborar uma cultura própria, uma visão de mundo e um conjunto de ideais que o ponham em condições de apresentar sua candidatura à direção da sociedade nacional. Mas isso não basta, já que também deve se organizar para difundir essa cultura entre as massas e fazê-la transformar-se em patrimônio nacional. Ao mesmo tempo, deve dar vida a um organismo autônomo que discipline de modo férreo as forças sociais interessadas na mudança e que pretendem instituir nova organização social.

Aí estão precisamente as raízes das duas grandes questões enfrentadas por Gramsci: a *função dos intelectuais* e a *natureza do partido*. E isso pelo fato de que "a 'massa' não se 'distingue' e não se torna 'independente' sem se organizar. E não há organização sem intelectuais, isto é, sem organizadores e dirigentes, ou seja, sem que o aspecto teórico do nexo teoria-prática se distinga concretamente em uma camada de pessoas 'especializadas' na elaboração conceitual e filosófica".

Os intelectuais, portanto, são necessários para a construção do socialismo: eles são os "representantes da ciência e da técnica" que dão "ao proletariado a consciência de sua missão histórica". Desse modo, o intelectual não é mais o desinteressado pesquisador da verdade; ele configura-se como agente do partido. Deve transformar-se, escreve Gramsci, "em político, em dirigente orgânico de partido".

O intelectual é um "funcionário", um "persuasor permanente", um "agente da classe dominante". Mas, enquanto os intelectuais italianos, da Renascença em diante, não souberam unificar culturalmente a sociedade e, como Croce e Gentile, pretenderam representar a "alta cultura" oposta à e separada da "cultura popular", o intelectual marxista é, ao contrário, um *intelectual orgânico*. Na realidade, escreve Gramsci, "toda relação hegemônica é necessariamente uma relação pedagógica". *Na visão de Gramsci, portanto, o intelectual orgânico tende a se identificar com o dirigente ou o responsável do partido*. E o próprio partido, interpretando os interesses e as aspirações dos seus membros e oferecendo-lhes "todas as satisfações que encontravam antes em uma multiplicidade de organizações", tende a situar-se como intelectual orgânico por excelência. "O partido comunista representa a totalidade dos interesses e das aspirações da classe trabalhadora", é a encarnação da vontade coletiva revolucionária jacobina; é, portanto, o príncipe moderno. Texto 8

Fotografia da redação de "Nova Ordem", da qual Gramsci foi um dos fundadores.

BERNSTEIN

1 "A democracia é a arte elevada do compromisso"

> "A democracia é ao mesmo tempo meio e fim [...]; e o direito de voto se torna o instrumento para transformar realmente os representantes do povo, de patrões em servidores do povo".

A democracia é ao mesmo tempo meio e fim. É o meio da luta pelo socialismo, e é a forma da realização do socialismo. Ela não pode fazer milagres, é verdade. Não pode, em um país como a Suíça, cujo proletariado industrial representa a minoria da população (nem meio milhão contra dois milhões de adultos), entregar a este proletariado o poder político. Não pode sequer, em um país como a Inglaterra em que o proletariado representa há muito tempo a classe mais numerosa da população, fazer deste proletariado o patrão da indústria, se o próprio proletariado em parte não tem nenhuma vontade de se tornar isso, e em parte não se sente ou ainda não se sente maduro para as tarefas que lhe são inerentes. Todavia, na Inglaterra e na Suíça, na França e nos Estados Unidos, nos países escandinavos etc., ela se demonstrou uma alavanca poderosa do progresso social. A quem não dá importância às etiquetas, mas ao conteúdo, bastará passar em revista a legislação inglesa a partir da reforma eleitoral de 1867, que concedeu o direito ao voto para trabalhadores urbanos, para constatar que importante progresso se fez na direção do socialismo, ou até no socialismo. É dessa época que existe em três quartos do país a escola elementar pública, enquanto até então existiam apenas as escolas privadas e clericais. A freqüência à escola abrangia em 1872 4,3% da população, mas em 1896 havia subido para 14,2%; em 1872 o Estado expendia apenas 15 milhões de marcos por ano somente para as escolas elementares; em 1896, 127 milhões. A administração da escola e da assistência pública, nos condados e nas comunas, deixou de ser monopólio dos proprietários e dos privilegiados, e a massa dos trabalhadores tem o mesmo direito de voto que o maior proprietário de terras e do mais rico capitalista. Os impostos indiretos sofreram uma redução constante, e os diretos um aumento constante (em 1866 foram recolhidos 100 milhões de marcos em cifra redonda de impostos sobre rendimentos; em 1898, 330 milhões, aos quais se acrescentam como mínimo entre 80 a 100 milhões de marcos de entradas suplementares devidas ao aumento do imposto de sucessão). A legislação agrária se libertou do temor reverencial pelo absolutismo proprietário, e o direito de expropriação, até agora reconhecido apenas por motivos de viação e de higiene, agora investe também em linha de princípio as transformações econômicas. É conhecido depois o quanto tenha radicalmente mudado a política do Estado a respeito dos trabalhadores por ele direta ou indiretamente ocupados, e qual extensão tenha sofrido a legislação de fábrica a partir de 1870. Todas estas medidas, e a imitação que em grau variado elas tiveram no continente, foram devidas não exclusivamente, mas sem dúvida substancialmente, à democracia ou àquela margem de democracia efetiva de que dispõem os respectivos países. E se é fato que para questões particulares a legislação dos países politicamente avançados não procede com a mesma rapidez que por vezes se encontra em países que, embora estando em condições políticas relativamente mais atrasadas, foram estimulados por monarcas ou ministros empreendedores, em troca, porém, nos países de democracia enraizada, jamais há um regresso nessa direção.

O princípio da democracia é a supressão do domínio de classe. Fala-se, e em certos aspectos justamente, do caráter conservador da democracia. O absolutismo ou o semi-absolutismo engana fautores e adversários sobre a entidade de seu poder. De onde, nos países em que ele domina ou suas tradições sobrevivem, os projetos extravagantes, a linguagem forçada, a política tortuosa, o medo da revolução e a esperança na opressão. Na democracia os partidos, e as classes que estão por trás dos partidos, aprendem logo a conhecer os limites de seu poder e a delinear toda vez apenas aquelas ações que eles esperam poder razoavelmente realizar com base nas circunstâncias objetivas. Mesmo quando impelem suas reivindicações para além de seu pensamento secreto, para poder ceder no momento do inevitável compromisso – e a democracia é a elevada escola do compromisso – fazem-no sempre com moderação. É assim que em democracia a própria extrema esquerda aparece no mais das vezes em uma luz conservadora, e a renovação, porque mais uniforme, aparece mais lenta do que é na realidade. Mas sua direção é inconfundível. O direito de voto, em democracia, torna virtualmente seu titular participante da coisa pública, e essa participação virtual deve-se traduzir, a longo prazo, em uma participação efetiva. Para uma classe operária numérica e intelectualmente não desenvolvida, o direito de voto pode parecer por muito tempo ainda o direito de escolher para si seu próprio "açougueiro", mas, com o desenvolvimento numérico e intelectual dos trabalhadores, ele se torna o instrumento para transformar realmente os representantes do povo, de patrões em servidores do povo. Se, nas eleições parlamentares, os operários ingleses votam para os membros dos velhos partidos, e isso os faz parecer formalmente como cauda dos partidos burgueses, resta o fato de que nas circunscrições eleitorais industriais é sobretudo essa "cauda" que faz mover a cabeça, e não o contrário. Prescindindo depois do fato de que a extensão do direito de voto realizada em 1884, unida à reforma das representações comunais, adquiriram para a social-democracia na Inglaterra o direito de cidadania como partido político.

E é substancialmente diferente a situação em outros lugares? O sufrágio universal na Alemanha pôde também servir transitoriamente para Bismarck como instrumento, mas no fim obrigou Bismarck a servir ele próprio como instrumento para o sufrágio universal; pôde temporariamente favorecer os *Junker* do Elba oriental, mas há muito se tornou sua besta negra; pôde permitir a Bismarck, em 1878, forjar a arma da lei sobre os socialistas, mas foi justamente sobre o sufrágio universal que essa arma se embotou e se enfraqueceu, e foi justamente mediante o sufrágio universal que se conseguiu finalmente fazê-la cair das mãos de Bismarck. Se, em 1876, Bismarck, em vez de fazer uma lei excepcional policialesca, tivesse feito, com a maioria de que dispunha então, uma lei excepcional política que excluísse de novo os operários do direito de voto, ele teria desferido na social-democracia, por longo período, um golpe mais forte do que aquele que lhe desferiu com a outra. Todavia, não há dúvida de que nesse caso teria atingido também outras pessoas. O sufrágio universal, como alternativa para a revolução, tem dois gumes.

Mas o sufrágio universal é apenas um fragmento de democracia, mesmo que seja um fragmento que, a longo prazo, é destinado a atrair os outros, como o ímã atrai os fragmentos de ferro. É um processo que certamente avança mais lentamente do que muitos desejam e, todavia, está em ato. Para favorecer este processo, a social-democracia não tem instrumento melhor do que aquele de se pôr sem reticências, também no plano doutrinal, no terreno do sufrágio universal e da democracia, com todas as conseqüências que daí derivam para sua tática.

Praticamente, ou seja, em seus atos, a social-democracia, no fundo, sempre fez isto: freqüentemente não o fizeram e ainda hoje não o fazem seus representantes literários em suas declarações. Frases formuladas em um período em que em todo lugar na Europa dominava sem contrastes o privilégio da propriedade – e que, portanto, eram explicáveis e em certa medida também justificadas naquelas circunstâncias, mas que hoje são apenas um peso morto – são tratadas com tal temor reverencial, como se o avanço do movimento dependesse delas e não do conhecimento vivo daquilo que se pode fazer e é urgente fazer. Ou talvez tem um sentido, por exemplo, agarrar-se à frase da ditadura do proletariado em um período em que, em todo lugar, os representantes da social-democracia se põem praticamente no terreno da ação parlamentar, da representação proporcional e da legislação pública, coisas todas que contradizem a ditadura? Hoje aquela frase sobreviveu a si própria a tal ponto que a única possibilidade de conciliá-la com a realidade é despojar o termo "ditadura" de seu significado efetivo, e de atribuir-lhe um sentido mais matizado. Toda a atividade prática da social-democracia dirige-se à criação de situações e de pressupostos que tornam possível e garantem uma ultrapassagem sem rupturas violentas da ordem social moderna para uma ordem superior. Se pela consciência de serem os pioneiros de uma civilização superior os sociais-democratas atingem o entusiasmo que os inflama, sobre tal consciência apóia-se também, em última análise, a justificação ética da expropriação social a que eles visam. A ditadura de classe, ao contrário, pertence a um nível de civilização mais atrasado, e também abstraindo da racionalidade e da realizabilidade da coisa, apenas uma recaída no atavismo político pode evocar a idéia de que a passagem da sociedade capitalista para a sociedade socialista deva necessariamente realizar-se dentro de formas evolutivas de uma época que ainda não conhecia, ou conhecia apenas imperfeitamente, os métodos atuais de propagação e de conquista das leis, e que carecia dos órgãos aptos para tal escopo.

E. Bernstein,
*Os pressupostos do socialismo
e as tarefas da social-democracia.*

ADLER

2 Onde Marx se assemelha a Kant

> *Para Adler a concepção da história proposta por Kant é assimilável ao materialismo dialético de Marx: "É principalmente o conceito kantiano do antagonismo que mostra não só uma semelhança extrínseca com o conceito marxista da dialética, mas deve até ser diretamente indicado como o lado interior, psicossocial, desta última".*

A concepção da história, como em Marx, também em Kant constitui parte integral de sua concepção geral, embora em ambos os casos jamais seja exposta de modo sistemático, mas encontra-se entrelinhada um pouco em todo lugar nas obras dos dois pensadores. Kant, todavia, delineou um esboço bastante significativo de sua concepção da história em um breve mas notabilíssimo escrito, que apenas nos últimos anos assumiu maior importância, ou seja, no ensaio *Idéia para uma história universal do ponto de vista cosmopolítico* (1874). Aqui, a idéia fundamental que penetra todo o pensamento kantiano do ponto de vista teórico (isto é, *compreender tudo aquilo que ocorre sob leis*) é pela primeira vez aplicada à história de modo grandioso. O conceito de uma "história universal" deveria compreender tudo e apenas aquilo que vale para toda e qualquer história, aquilo que, portanto, refere-se à conformidade a leis dos acontecimentos históricos que se desdobram em representações tão variadas de povos e governos de diferentes tipos. Partindo daqui, a história doravante não é mais concebida como mistura desordenada de casualidade e heroísmo, como a interligação de ação de sábios legisladores, grandes capitães e massas desenfreadas, mas como *processo*, isto é, como um desenvolvimento que progride segundo leis. E esse desenvolvimento não é carente de meta, mas permite reconhecer um progresso contínuo, dirigido a uma progressão sempre maior da cultura da sociedade humana. O modo pelo qual, porém, conforme Kant, esse processo se realiza constitui o elemento verdadeiramente grande e operante em sua teoria da história.

Com efeito, o progresso não é de modo nenhum o resultado de uma capacidade de impor-se de modo definitivo que caracterize o ideal da humanidade, nem em geral de uma atividade finalista dos homens conscientemente nela inspirada, e nem sequer de uma obra da providência ou do supremo amor divino, mas muito mais o *resultado necessário e cego justamente dos instintos vulgares da humanidade*, de todos os seus nus e crus instintos de conservação e das paixões dirigidas a satisfazer os próprios interesses. O progresso se verifica *não tanto por meio de*, e sim, por assim dizer, *contra a*, e em todo caso (ao menos até agora) *sem a vontade* da humanidade. O mesmo mecanismo que regula conforme uma ordem sublime a história natural do céu *apenas graças a suas forças materiais*, sem nenhuma intervenção de uma divindade ou de outros poderes conscientes, cria também na história dos homens uma ordem finalista, tirando-a do caos das forças puramente humanas.

Já a partir destas lapidares idéias fundamentais o socialismo moderno, construído pelo pensamento de Marx e de Engels, sente-se atraído de modo particular. Com efeito, algumas das idéias fundamentais da concepção materialista da história estão aqui já expressas com clareza extraordinária e também com agudez polêmica: que a história é um processo puramente humano, conforme a leis causais (mesmo que de tipo particular); que nesse processo têm importância decisiva justamente aquelas tendências que estão dirigidas à conservação da existência; que na história abre caminho uma conformidade a leis, que é completamente diferente da dos esforços da vontade dos indivíduos; e que junto com todo interesse particular do agir humano vai-se, todavia, manifestando uma solidariedade sempre maior entre os homens. Mas, se examinarmos o modo com que Kant pensa a ação das forças humanas na produção dessa conformidade peculiar a leis, desse mecanismo do progresso, então obteremos, por assim dizer, uma complementação da concepção marxista da história, que aprofunda o aspecto interior e sociopsicológico desse problema, por Marx pouco tratado. [...] No aprofundamento desse problema, Kant encontra uma contradição particular entre as disposições naturais do caráter humano, que determinam o querer. [...] Essa contradição fundamental e característica nas disposições naturais humanas, ou seja, a contradição entre o ser social e o ser não-social, não se deve entender tão simplesmente como se no comportamento do homem se aproximassem alternativamente dois estados de espírito opostos, um altruísta e humanitário, e o outro friamente egoísta. Isso equivaleria, de fato, a degradar à trivialidade aquela que é, ao contrário, uma noção sociológica profunda. Além disso, com essa contradição entende-se o fato de que essas tendências contrapostas entre si estão *contemporaneamente uma ao lado da outra* em toda ação do homem, o qual, como diz Kant, "não pode *suportar* seus consócios, mas também não pode *estar sem eles*". Por isso, essa contradição não deve ser entendida em geral em *sentido psicológico* (como se com ela se pretendesse uma qualidade do caráter de um ser humano, por meio da qual ele seria ora egoísta, ora altruísta), mas muito mais em *sentido sociológico*, como *forma* comum de todo o seu agir em geral, que, tanto em suas ações humanitárias quanto nas misantrópicas é, por assim dizer, tecido em uma forma fundamental do agir humano em geral, que consiste na tensão entre o interesse egoísta e o condicionamento social. Por isso Kant chama de *antagonismo* essa contradição, indicando com esse termo o fato de estar mutuamente ligado, a inseparável polaridade dos opostos; o que, de resto, é depois expresso ainda mais plasticamente na esplêndida fórmula da *insociável sociabilidade*. Ela é, portanto, o meio mediante o qual desenvolve-se todo movimento da história, e representa a principal conformidade a leis, por assim dizer, o esquema fundamental de toda causalidade que age no processo da história, por meio da qual, finalmente, realiza-se o *progresso histórico*. [...] É, portanto, a própria natureza que garante, justamente por meio do *mecanismo* das disposições naturais do homem, dentro do qual apenas todas as forças históricas podem desdobrar sua eficácia, um progresso na história, direcionado para formas sempre mais vastas de socialização, para constituições sempre mais livres, para a paz perpétua na federação dos povos. O jogo dos antagonismos opera como "máquina" na história, e sua meta é a de introduzir entre os povos uma ligação tal que eles possam conviver unidos entre si mediante seus próprios interesses e sem atritos, justamente "como um mecanismo automático pode se manter por si mesmo".

Toda essa grandiosa série de idéias da filosofia kantiana da história mostra uma extraordinária e, à primeira vista, surpreendente afinidade com as idéias fundamentais da concepção materialista da história. É sobretudo o conceito kantiano do antagonismo o que mostra não só uma semelhança extrínseca com o conceito marxista da dialética, mas deve até ser diretamente indicado como o lado interior, psi-cossocial, desta última. Se a dialética em Marx mostra como o desenvolvimento social se realiza quando as formas dos níveis de produção econômica pouco a pouco conquistados entram em contradição com as forças produtivas que nelas se desdobram, esta vida, em si própria aparentemente mística, das categorias econômicas é reconduzida, por meio do antagonismo kantiano, à sua célula germinal psicossocial, na natureza sociável-insociável da vida espiritual individual. Esta natureza humana, com seu fundamental caráter antagônico de uma tendência não-social à conservação e à expansão, que apesar de tudo pode se manifestar apenas em formas sociais e, embora isso a danifique, subjaz até à própria desaprovação, constitui a incessante força motora, por assim dizer, aquela irritabilidade nas engrenagens do mecanismo social, que permite um movimento apenas no sentido das formas sociais, isto é, apenas com a transferência contínua do egoísmo para formas sempre mais elevadas de existência, de modo que a tal propósito possa delas derivar um progresso. E justamente porque Marx eliminou a forma metafísica da dialética como ainda subsistia em Hegel, reduzindo-a a um processo *humano*, ao movimento de homens ligados entre si por vínculos econômicos, o antagonismo kantiano entre os homens aparece apenas como contribuição posterior para a humanização da própria dialética, mas ao mesmo tempo também como confirmação, tanto mais apreciável enquanto alcançada a partir de um ponto de partida completamente diferente, deste conceito fundamental da concepção materialista da história.

Mas também os outros elementos da concepção kantiana da história mostram uma concordância fundamental com a orientação mental de Marx nesse campo. Isso deve ser dito principalmente da idéia, que constitui a essência autêntica da filosofia kantiana da história, ou seja, que o objetivo da história brota de sua causalidade, e que, portanto, a teleologia da história não está em contraste com sua legalidade causal, e sim muito mais é justamente um resultado inevitável procedente dos fatores dessa mesma legalidade. Como para Marx, a história não é dominada por uma idéia superior, por uma razão, e sim a razão se realiza, sem dúvida de modo definitivo e necessário, mas apenas depois de um processo evolutivo bastante longo e atormentado. Aquilo que Marx e Engels tão freqüentemente salientaram é também a opinião de Kant: os homens fazem sua história, mas não conscientemente, não com base em pressupostos escolhidos por eles mesmos e com resultados por eles desejados. Dela brota sempre alguma coisa diferente daquilo que havíamos previsto e desejado, mas essa alguma coisa nos leva a todos necessariamente para um progresso comum.

M. Adler,
Kant e o socialismo.

LÊNIN

3 O ideal ético dos comunistas

A moral comunista "está subordinada completamente aos interesses da luta de classe do proletariado". Este é o núcleo do discurso pronunciado por Lênin no dia 2 de outubro de 1920, no terceiro Congresso da Juventude comunista russa.

Em primeiro lugar me ocuparei da questão da moral comunista. Deveis dar-vos uma educação comunista. A tarefa da Federação jovem é de regular sua atividade prática de modo que os jovens que a formam, estudando, organizando-se, cerrando as fileiras, combatendo, dêem a si próprios e aos jovens que os seguem uma educação comunista. Todo o trabalho de educação, de ensino e de cultura deve inculcar na juventude contemporânea a moral comunista.

Existe, porém, uma moral comunista?

Sem dúvida. Imaginamos freqüentemente que não temos nossa moral própria, e a burguesia, nos reprova muitas vezes, a nós, comunistas, de repudiar toda moral. É um modo como outro de falsificar as idéias, de jogar areia nos olhos dos operários e dos camponeses.

Em que sentido repudiamos a moral?

No sentido da moral pregada pela burguesia, que a deduz dos mandamentos de Deus. Naturalmente, nós dizemos que não cremos em Deus, que sabemos muito bem que o clero, os proprietários fundiários, a burguesia, invocam a divindade para defender seus interesses de desfrutadores. Ou então, ao invés de deduzir a moral dos mandamentos da ética, dos mandamentos de Deus, ela é deduzida de frases idealistas ou semi-idealistas que, em última análise, têm sempre a máxima semelhança com os mandamentos de Deus.

Nós rejeitamos toda moral desse tipo, estranha à humanidade, estranha às classes sociais. Dizemos que ela não é mais que mentira, engano, embutimento de crânios para os operários e os camponeses, no interesse dos proprietários fundiários e dos capitalistas.

Dizemos que nossa moral é completamente subordinada aos interesses da luta de classe do proletariado. Nossa moral descende dos interesses da luta de classe do proletariado.

A velha sociedade estava fundada sobre a opressão dos operários e dos camponeses por parte dos capitalistas e dos proprietários fundiários. Nós devíamos destruí-la, devíamos abater seus dominadores, e para esse fim devíamos nos unir. O bom Deus não cria uma união como aquela de que tínhamos necessidade.

Apenas as fábricas, as oficinas, o proletariado educado e sacudido de seu antigo letargo podiam dar-nos essa união.

Apenas depois da formação da classe proletária começou o movimento de massa que desembocou na reviravolta de que hoje somos testemunhas, na vitória da revolução proletária em um dos países mais fracos e onde, apesar de tudo, a revolução já resistiu por três anos às agressões da burguesia de todo o mundo. E vemos a revolução proletária se avolumar em todo o mundo. A experiência nos autoriza agora a dizer que apenas o proletariado podia constituir a força homogênea que os camponeses disseminados e esparsos seguem, e que resistiu a todas as ofensivas dos desfrutadores. Apenas essa classe pode ajudar as massas trabalhadoras a se reunir, a se unir, a instaurar definitivamente, a consolidar definitivamente, a edificar para sempre a sociedade comunista.

Por isso dizemos: a moral concebida independentemente da sociedade humana não existe para nós, é uma mentira. A moral está subordinada aos interesses da luta de classe do proletariado.

Lênin,
Sobre a religião.

LUKÁCS

4 A sociedade não pode ser compreendida com o método das ciências naturais

> A consideração dialética da totalidade "é o único método para captar a realidade e reproduzi-la no pensamento".

A totalidade concreta é [...] a categoria autêntica da realidade. A justeza desta concepção, todavia, revela-se claramente apenas quando pomos no centro de nossa atenção o substrato real, material, de nosso método, a sociedade capitalista, com o antagonismo que lhe é imanente entre forças de produção e relações de produção. O método das ciências da natureza, o ideal metodológico de toda ciência reflexiva e de todo revisionismo, não conhece nenhuma contradição, nenhum antagonismo no próprio material. Se entre teorias particulares não subsiste nenhuma contradição, isso é apenas um sinal do grau ainda imperfeito até agora alcançado pelo conhecimento. As teorias que parecem contradizer-se mutuamente devem encontrar nessas contradições seus limites, e ser por isso assumidas, depois de ter sofrido transformações oportunas, dentro de teorias mais gerais, das quais as contradições definitivamente desapareceram. Em relação à realidade social, ao contrário, estas contradições não são sinais de uma compreensão científica da realidade ainda imperfeita, mas *pertencem muito mais de forma inseparável à essência da própria realidade, à essência da sociedade capitalista*. No conhecimento da totalidade elas não são superadas a ponto de *cessar de serem contradições*. Ao contrário, elas são compreendidas como contradições necessárias, como fundamentos antagônicos dessa ordenação da produção. A teoria, como conhecimento da totalidade, pode mostrar um caminho para a superação dessas contradições, para sua supressão, apenas enquanto indica as tendências reais do processo de desenvolvimento social que, no decorrer desse desenvolvimento, estão destinadas a suprimir *realmente* essas contradições na realidade social.

Desse ponto de vista, a própria luta entre o método dialético e o método crítico (ou materialista vulgar, machista etc.) é um problema social. O ideal cognoscitivo das ciências naturais que, aplicado à natureza, serve justamente de modo único ao progresso da ciência, quando é referido ao desenvolvimento social apresenta-se como meio da luta ideológica da burguesia. Para esta é uma questão de vida, de um lado, compreender a própria ordenação produtiva como se a forma dela fosse determinada por categorias válidas fora do tempo e, portanto, destinadas por leis eternas da natureza e da razão para uma permanência eterna e, do outro lado, avaliar como meros fenômenos de superfície, em vez de inerentes à essência dessa ordenação da produção, as contradições que inevitavelmente reemergem.

G. Lukács,
História e consciência de classe.

5 O papel do "tipo" na estética realista

> A categoria fundamental da literatura realista é o "tipo": "aquela síntese particular que, tanto no campo das características como no das situações, une organicamente o genérico e o individual".

Realismo significa reconhecimento do fato de que a criação não se funda sobre uma "média" abstrata, como crê o naturalismo, nem sobre um princípio individual que dissolve a si próprio e desaparece no nada, sob uma expressão exasperada daquilo que é único e irrepetível. A categoria central, o critério fundamental da concepção literária realista é o tipo, ou seja, aquela síntese particular que, tanto no campo das características como no das situações, une organicamente o genérico e o individual. O tipo torna-se tipo não pelo seu caráter médio, e nem apenas pelo seu caráter individual, por mais que seja aprofundado, e sim pelo fato de que nele confluem e se fundem todos os momentos determinantes, humana e socialmente essenciais, de um período histórico: pelo fato de que ele apresenta esses momentos em seu desenvolvimento máximo, na plena realização de suas possibilidades imanentes, em uma extrema representação de extremos, que concretiza tanto os vértices como os limites da completitude do homem e da época.

O verdadeiro grande realismo representa [...] o homem completo e a sociedade completa, em vez de se limitar a alguns de seus aspectos [...].

O problema estético central do realismo é a reprodução artística adequada do "homem total". Mas, como em toda filosofia profunda da arte, o ponto de vista estético, coerentemente pensado até o fundo, leva à superação da estética pura: o princípio artístico, justamente em sua mais profunda pureza, está saturado de momentos sociais, morais, humanistas. As exigências da criação realista do tipo se opõem tanto às correntes em que toma um relevo excessivo o lado fisiológico da existência humana e do amor (como em Zola e na escola), quanto àquelas que sublimam o homem em processos puramente psíquicos. Tal posição no plano da avaliação estética formal seria indubitavelmente arbitrária, porque – unicamente do ponto de vista do "belo escrever" – não se poderia compreender porque o conflito erótico, com os inerentes conflitos morais e sociais, deve ser de ordem superior em confronto com a espontaneidade elementar da pura sexualidade. Apenas quando consideramos o conceito do homem completo como tarefa social e histórica atribuída à humanidade, apenas quando entrevemos a função da arte em fixar as etapas mais importantes no caminho daquela tarefa, em toda a riqueza dos fatores nelas operantes; apenas quando a estética estabelece para a arte a tarefa de iluminar e guiar a humanidade, apenas nesse caso o conteúdo da vida poderá se dispor em planos mais essenciais e menos essenciais, em planos que esclareçam o tipo e indiquem o caminho, e outros que necessariamente os deixem no escuro. Apenas neste caso se compreenderá que uma descrição, por mais também particularizada e literalmente perfeita, de processos puramente fisiológicos – mesmo que se trate do ato sexual ou de tormentos e sofrimentos –, comporta um nivelamento da essência social histórica e moral das figuras. Ela não é um meio, e sim um obstáculo no caminho de exprimir de modo artístico os conflitos humanos mais essenciais, mais indicativos e mais intimamente ligados com a causa do humanismo, e de exprimi-los em toda a sua complexidade e plenitude.

G. Lukács,
Ensaios sobre o realismo.

GARAUDY

6 Refutação do stalinismo

> *"Depois de toda catástrofe ou depois de todo crime [...] entrou o costume de dizer: foram cometidos erros; não é este o socialismo que construiremos. Doravante, esta práxis não é mais possível".*

É impossível, hoje, subtrair-se a um exame crítico radical do "modelo" de socialismo elaborado nos tempos de Stalin, conservado em substância na União Soviética sob Breznev, e imposto aos outros países socialistas por meio de pressões econômicas, ideológicas e militares. Como se poderia crer que se trata apenas de erros marginais, depois da excomunhão e do boicote econômico da Jugoslávia em 1948, depois das insurreições operárias de Poznan e de Berlim e da revolta húngara, em 1956, dos estudantes e dos operários contra o modelo stalinista de Rakosi que ofereceu à contra-revolução o pretexto mais plausível, revolta esmagada no fim apenas pelos carros armados soviéticos; depois das sanções econômicas e técnicas contra a China, em 1958; e a odiosa campanha de calúnias que determinaram um terrível cisma no movimento revolucionário mundial. O enfraquecimento do movimento é tão preocupante que numerosos partidos, como o italiano e o espanhol, o rumeno ou o jugoslavo, têm agora intenção de reatar os laços com a China e de cumprir sua tarefa de internacionalismo proletário, a despeito dos dirigentes soviéticos preocupados exclusivamente em conservar sua hegemonia.

Depois da intervenção militar que recuperou, sob a etiqueta da "normalização", a Tchecoslováquia; depois da inquisição cultural na União Soviética, do processo Siniavski à campanha contra Solgenitsin; depois do desencadeamento anti-semita que se manifestou em Leningrado, onde a ausência de toda prova contra os acusados levou a um processo a portas fechadas, como no pior período dos processos de Moscou e das "confissões" de Rajk e de London; depois do massacre de operários poloneses em greve, não é mais possível evitar uma reflexão de fundo para definir o "modelo" de socialismo que propomos ao povo francês, para que se tornem claras as providências que pretendemos tomar para fugir a essa perversão. Depois de toda catástrofe ou depois de todo crime, e principalmente depois da queda do dirigente que antes era responsável (e cujas teses, de Rakosi a Gomulka, foram aceitas e aprovadas até o último dia) entrou o costume de dizer: foram cometidos erros; não é este o socialismo que construiremos.

Doravante esta práxis não é mais possível. Quando Copérnico constatou certo número de "erros" nas trajetórias das estrelas, assim como eram traçadas conforme o sistema ptolomaico, ele se perguntou se se tratava de fato de um conjunto de "erros" ou se, ao contrário, justamente o "sistema" não era a fonte de todos os inconvenientes. Dessa forma, mudou o "sistema", partindo da hipótese de que a terra girasse em torno do sol, e não vice-versa.

Hoje é necessária uma revisão dolorosa desse tipo. Não para pôr em discussão o "sistema" socialista, mas sua versão soviética e a exportação de tal versão nos países socialistas. Não é preciso talvez tentar conceber um socialismo que não se edificará apenas "do alto", mas "de baixo"?

R. Garaudy,
Reconquista da esperança.

GRAMSCI

7. As razões da crítica a Croce

> *"É preciso reconhecer os esforços de Croce para fazer aderir à vida a filosofia idealista [...]. Mas que Croce tenha conseguido sua intenção de modo conseqüente não é possível admitir: a filosofia de Croce permanece uma filosofia 'especulativa'".*

Croce aproveita toda ocasião para pôr em relevo como ele, em sua atividade de pensador, tenha estudiosamente procurado eliminar de sua filosofia todo traço e resíduo de transcendência e de teologia e, portanto, de metafísica, entendida no sentido tradicional. Assim ele, diante do conceito de "sistema", valorizou o conceito de problema filosófico, e dessa forma negou que o pensamento produz outro pensamento, abstratamente, e afirmou que os problemas que o filósofo deve resolver não são uma filiação abstrata do pensamento filosófico precedente, mas são propostos pelo desenvolvimento histórico atual etc. Croce chegou até a afirmar que sua ulterior e recente crítica da filosofia da práxis está justamente ligada a esta sua preocupação antimetafísica e antiteológica, enquanto a filosofia da práxis seria teologizante e o conceito de "estrutura" não seria mais que a representação ingênua do conceito de um "deus escondido". É preciso reconhecer os esforços de Croce para fazer aderir à vida a filosofia idealista, e entre suas contribuições positivas para o desenvolvimento da ciência dever-se-á incluir a luta contra a transcendência e a teologia em suas formas peculiares ao pensamento religioso-confessional. Mas que Croce tenha conseguido sua intenção de modo conseqüente não é possível admitir: a filosofia de Croce permanece uma filosofia "especulativa", e nisso não existe apenas um traço de transcendência e de teologia, mas existe toda a transcendência e a teologia, apenas libertas da mais grosseira casca mitológica. A mesma impossibilidade em que Croce parece se encontrar para compreender o assunto da filosofia da práxis (de modo tal a dar a impressão de que se trata não de uma grosseira *ignorantia elenchi*, mas de um ardil polêmico, mesquinho e advocatício) mostra como o preconceito especulativo o cega e o desvia. A filosofia da práxis deriva certamente da concepção imanentista da realidade, mas dela enquanto depurada de todo perfume especulativo e reduzida a pura história ou historicidade, ou a puro humanismo. Se o conceito de estrutura é concebido "especulativamente", sem dúvida ele se torna um "deus escondido"; mas justamente ele não deve ser concebido especulativamente, e sim historicamente, como o conjunto das relações sociais em que os homens reais se movem e operam, como um conjunto de condições objetivas que podem e devem ser estudadas com os métodos da "filologia" e não da "especulação". Como um "certo" que será também "verdadeiro", mas que deve ser examinado antes de tudo em sua "certeza" para ser examinado como "verdade". A filosofia da práxis está ligada não só ao imanentismo, mas também à concepção subjetiva da realidade, enquanto justamente a revira, explicando-a como fato histórico, como "subjetividade histórica de um grupo social", como fato real, que se apresenta como fenômeno de "especulação" filosófica e é simplesmente um ato prático, a forma de um conteúdo concreto social e o modo de conduzir o conjunto da sociedade a modelar para si uma unidade moral. A afirmação de que se trata de "aparência" não tem nenhum significado transcendental e metafísico, mas é a simples afirmação de sua "historicidade", de seu ser "morte-vida", de seu tornar-se caduca porque uma nova consciência social e moral está se desenvolvendo, mais compreensiva, superior, que se põe como única "vida", como única "realidade", em confronto com o passado morto e duro de morrer ao mesmo tempo. A filosofia da práxis é a concepção historicista da realidade, que se libertou de todo resíduo de transcendência e de teologia, mesmo em sua última encarnação especulativa; o historicismo idealista de Croce permanece ainda na fase teológico-especulativa. [...]

Croce combate com demasiado furor a filosofia da práxis [...]. Esse furor é suspeito, e pode revelar-se um álibi para negar uma prestação de contas. É preciso, ao contrário, comparecer a esta prestação de contas, do modo mais amplo e aprofundado possível. Um trabalho de tal gênero, um *Anti-Croce* que na atmosfera cultural moderna pudesse ter o significado e a importância que teve o Anti-Dühring para a geração que precedeu a guerra mundial, valeria a pena que todo um grupo de homens dedicasse a isso dez anos de atividade.

A. Gramsci,
A filosofia de Benedetto Croce,
em *Cadernos do cárcere*, vol. II.

8 A função dos intelectuais

> "A massa humana não se 'distingue' e não se torna independente 'por si', sem se organizar [...] e não há organização sem intelectuais, ou seja, sem organizadores e dirigentes".

A consciência de ser parte de uma determinada força hegemônica (isto é, a consciência política) é a primeira fase para uma posterior e progressiva autoconsciência em que teoria e prática finalmente se unificam. Também a unidade de teoria e prática não é, portanto, um dado de fato mecânico, mas um devir histórico, que tem sua fase elementar e primitiva no sentido de "distinção", de "destaque", de independência apenas instintiva, e progride até a posse real e completa de uma concepção do mundo coerente e unitária. Eis por que se deve colocar em relevo como o desenvolvimento político do conceito de hegemonia representa um grande progresso filosófico além de político-prático, porque necessariamente envolve e supõe uma unidade intelectual e uma ética conforme a uma concepção do real que superou o senso comum e se tornou crítica, embora dentro de limites ainda restritos.

Todavia, nos mais recentes desenvolvimentos da filosofia da práxis, o aprofundamento do conceito de unidade da teoria e da prática ainda se encontra em fase apenas inicial: permanecem ainda resíduos de mecanicismo, pois fala-se de teoria como "complemento", "acessório" da prática, de teoria como serva da prática. Parece justo que também esta questão deva ser delineada historicamente, ou seja, como um aspecto da questão política dos intelectuais. Autoconsciência crítica significa histórica e politicamente a criação de uma elite de intelectuais: a massa humana não se "distingue" e não se torna independente "por si" sem se organizar (em sentido largo), e não há organização sem intelectuais, isto é, sem organizadores e dirigentes, ou seja, sem que o aspecto teórico da ligação teoria-prática se distinga concretamente em um estrato de pessoas "especializadas" na elaboração conceitual e filosófica. Mas este processo de criação dos intelectuais é longo, difícil, cheio de contradições, de avanços e retrocessos, de dispersões e de reaproximações, em que a "fidelidade" da massa (e a fidelidade e a disciplina são inicialmente a forma que assume a adesão da massa e sua colaboração para o desenvolvimento de todo o fenômeno cultural) põe-se por vezes em dura prova. O processo de desenvolvimento está ligado a uma dialética intelectuais-massa; o estrato dos intelectuais desenvolve-se quantitativa e qualitativamente, mas todo salto para uma nova "amplitude" e complexidade do estrato dos intelectuais está ligado a um movimento análogo da massa de pessoas simples, que se eleva a níveis superiores de cultura e alarga simultaneamente seu círculo de influência, como indivíduos de ponta ou também de grupos mais ou menos importantes para o estrato dos intelectuais especializados. No processo, porém, repetem-se continuamente momentos em que, entre massa e intelectuais (ou certos deles, ou um grupo deles) forma-se uma separação, uma perda de contato e, portanto, a impressão de "acessório", de complementar, de subordinado. Insistir sobre o elemento "prático" da ligação teoria-prática, depois de ter dividido, separado e não apenas distinguido os dois elementos (operação meramente mecânica e convencional) significa que se atravessa uma fase histórica relativamente primitiva, uma fase ainda econômico-corporativa, em que se transforma quantitativamente o quadro geral da "estrutura", e a qualidade-superestrutura adequada está em via de surgimento, mas não se encontra ainda organicamente formada. Deve-se ressaltar a importância e o significado que, no mundo moderno, os partidos políticos têm na elaboração e difusão das concepções do mundo enquanto essencialmente elaboram a ética e a política conforme a elas, ou seja, funcionam quase como "experimentadores" históricos dessas concepções. Os partidos selecionam individualmente a massa operante, e a seleção ocorre tanto no campo prático como no teórico de modo conjunto, com uma relação tanto mais estreita entre teoria e prática quanto mais a concepção é vital e radicalmente inovadora e antagônica em relação aos velhos modos de pensar. Por isso pode-se dizer que os partidos são os elaboradores das novas intelectualidades integrais e totalitárias, ou seja, o cadinho da unificação de teoria e prática, entendida como processo histórico real, e se compreende como é necessária a formação para uma adesão individual e não do tipo "trabalhista" porque, caso se trate de dirigir organicamente "toda a massa economicamente ativa", trata-se de dirigi-la não segundo velhos esquemas, mas inovando, e a inovação não pode se tornar de massa, em seus primeiros estágios, a não ser para o trâmite de uma elite em que a concepção implícita na atividade humana já tenha se tornado, em certa medida, consciência atual, coerente e sistemática, e vontade precisa e decidida.

A. Gramsci,
Cadernos do cárcere, vol. II.

Capítulo vigésimo sexto

A Escola de Frankfurt

I. Gênese, desenvolvimentos e programa da Escola de Frankfurt

• A Escola de Frankfurt surgiu do *Instituto de Pesquisa Social*, fundado em Frankfurt nos inícios da década de 1920. Em 1931 Max Horkheimer torna-se diretor do Instituto; com ele a Escola se caracterizou como centro de elaboração e propagação da *teoria crítica da sociedade*.

De orientação "socialista" e "materialista", a Escola elaborou suas teorias e desenvolveu suas pesquisas à luz das categorias de *totalidade* e de *dialética*: a pesquisa social não se dissolve em pesquisas especializadas e setoriais; a sociedade deve ser pesquisada "como um todo" nas relações que ligam uns aos outros os âmbitos econômicos com os culturais e psicológicos.

É aqui que se instaura a ligação entre *hegelianismo, marxismo* e *freudismo*, que tipificará a Escola de Frankfurt.

A teoria crítica pretende fazer emergir as contradições fundamentais da sociedade capitalista e aponta para "um desenvolvimento que leve a uma sociedade sem exploração".

A teoria crítica: uma ligação entre hegelianismo, marxismo e freudismo → § 1

• Com a tomada do poder por parte de Hitler o grupo de Frankfurt emigra primeiro para Genebra, depois para Paris e, finalmente, para Nova York.

Depois da Segunda Guerra Mundial Marcuse, Fromm, Löwenthal e Vittfogel permanecem nos Estados Unidos; ao passo que Adorno, Horkheimer e Pollock voltam para Frankfurt, onde, em 1950, renasce o Instituto para a pesquisa social.

Diáspora e volta a Frankfurt → § 2

1. Totalidade e dialética como categorias fundamentais da pesquisa social

A Escola de Frankfurt teve sua origem no *Instituto de Pesquisa Social* fundado em Frankfurt no início da década de 1920, com um legado de Félix Klein, homem abastado e progressista. O primeiro diretor do Instituto foi Karl Grünberg, marxista austríaco, historiador da classe operária. Sucedeu-lhe inicialmente Friedrich Pollock e mais tarde, em 1931, Max Horkheimer. E foi precisamente com a nomeação de Horkheimer como diretor que o Instituto passou a adquirir importância sempre maior, assumindo a fisionomia de uma Escola, que elaborou o *programa* que passou para a história das idéias com o nome de "teoria crítica da sociedade".

A revista do Instituto era o "Arquivo de história do socialismo e do movimento operário", onde não apareciam somente estudos sobre o movimento operário, mas também escritos de Karl Korsch (inclusive seu trabalho *Marxismo e filosofia*), György Lukács e David Riaznov, diretor do Instituto Marx-Engels de Moscou.

Em 1932, porém, Horkheimer deu vida à "Revista de pesquisa social", que pretendia retomar e desenvolver a temática do "Arquivo", mas que se apresentava com um posicionamento certamente "socialista" e "materialista", cuja tônica, porém, era posta na *totalidade* e na *dialética*: a pesquisa social é "a teoria da sociedade como um todo"; ela não se resume ou se dissolve em investigações especializadas e setoriais, mas tende a examinar as relações que ligam reciprocamente os âmbitos econômicos com os históricos, bem como os psicológicos e culturais, a partir de uma visão global e crítica da sociedade contemporânea.

É aqui que se instaura o *laço entre hegelianismo, marxismo* e *freudismo* que caracteriza a Escola de Frankfurt e que, embora nas diversas variantes apresentadas pelos vários pensadores da Escola, viria a ser um constante ponto de referência da *teoria crítica da sociedade*.

Na intenção de Horkheimer, a teoria crítica da sociedade surge para "encorajar uma teoria da sociedade existente considerada como um todo", mas precisamente uma teoria *crítica*, ou seja, capaz de fazer emergir a contradição fundamental da sociedade capitalista. Em poucas palavras: o teórico crítico é "o teórico cuja única preocupação consiste no desenvolvimento que conduza à sociedade sem exploração". A teoria crítica pretende ser uma compreensão totalizante e dialética da sociedade humana em seu conjunto e, para sermos mais exatos, dos mecanismos da sociedade industrial avançada, a fim de promover sua transformação racional que leve em conta o homem, sua liberdade, sua criatividade, seu desenvolvimento harmonioso em colaboração aberta e fecunda com os outros, ao invés de um sistema opressor e de sua perpetuação.

Para compreendê-las corretamente, as teorias da Escola de Frankfurt devem ser adequadamente enquadradas no arco do período histórico em que foram elaboradas: trata-se do período do pós-guerra, que fez a experiência do fascismo e do nazismo no Ocidente, e a do stalinismo na Rússia; que depois foi atravessado pelo furacão da Segunda Guerra Mundial e que assistiu ao desenvolvimento maciço, onipresente e irrefreável da sociedade tecnológica avançada.

Desse modo, podemos encontrar no centro das reflexões da Escola de Frankfurt tanto as mais importantes questões políticas como também os problemas teóricos sobre os quais se delongara o marxismo ocidental (Lukács, Korsch), em contraste com pensadores como Dilthey, Weber, Simmel, Husserl ou os neo-kantianos, contraste que os francofortianos ampliarão também para o existencialismo e o neopositivismo.

O fascismo, o nazismo, o stalinismo, a guerra fria, a sociedade opulenta e a revolução não realizada, por um lado; e, por outro lado, a relação entre Hegel e o marxismo e entre este e as correntes filo-

---

■ **Teoria crítica da sociedade.** É a teoria proposta e desenvolvida pela Escola de Frankfurt, contrária ao tipo de trabalho da sociologia empírica americana.

Para os de Frankfurt (Adorno, Horkheimer, Marcuse etc.), a sociologia não se reduz nem se dissolve em pesquisas setoriais e especializadas, em pesquisas de mercado (típicas, estas, da sociologia americana).

A pesquisa social para eles é, ao contrário, "a teoria da sociedade como um todo", uma teoria posta sob o signo das categorias da *totalidade* e da *dialética*, e dirigida ao exame das relações existentes entre os âmbitos econômicos, psicológicos e culturais da sociedade contemporânea.

Tal teoria é *crítica* enquanto dela emergem as contradições da sociedade industrializada moderna e particularmente da sociedade capitalista.

Para maior precisão: o teórico crítico "é o teórico cuja única preocupação consiste em um desenvolvimento que leve a uma sociedade sem exploração".

O primeiro trabalho importante da Escola de Frankfurt é o volume coletivo *Estudos sobre a autoridade e sobre a família* (1936): a família – assim como a escola ou as instituições religiosas – é vista aqui como trâmite da autoridade e da inserção desta na estrutura psíquica dos indivíduos.

Um trabalho análogo será sucessivamente projetado na América: seus resultados estão publicados no volume *A personalidade autoritária*.

sóficas contemporâneas, como também a arte de vanguarda, a tecnologia, a indústria cultural, a psicanálise e o problema do indivíduo na sociedade moderna são temas que se interligam na reflexão dos expoentes da Escola de Frankfurt.

2. Da Alemanha para os Estados Unidos

Mas quem são esses expoentes da Escola de Frankfurt? Os primeiros membros do grupo foram os economistas Friedrich Pollock (autor da *Teoria marxista do dinheiro*, 1928, e da *Situação atual do capitalismo e perspectivas de reordenação planificada da economia*, 1932), e Henryk Grossmann (autor de *A lei da acumulação e da derrocada no sistema capitalista*, 1929), o sociólogo Karl-August Wittfogel (célebre autor de *Economia e sociedade na China*, 1931, e do escrito sobre o *Despotismo oriental*, 1957, ensaio no qual analisa também a sociedade soviética), o historiador Franz Borkenau e o filósofo Max Horkheimer, aos quais se uniria pouco depois o filósofo, musicólogo e sociólogo Theodor Wiesengrund Adorno.

Entrariam depois para o grupo o filósofo Herbert Marcuse, o sociólogo e psicanalista Erich Fromm, o filósofo e crítico literário Walter Benjamin (autor, entre outras coisas, de *A origem do drama barroco alemão*, 1928, e de *A obra de arte na época de sua reprodutibilidade técnica*, 1936), o sociólogo da literatura Leo Löwenthal (autor de *Sobre a situação social da literatura*, 1932) e o politólogo Franz Neumann.

Com a tomada do poder por Hitler, o grupo de Frankfurt foi obrigado a emigrar, primeiro para Genebra, depois para Paris e, por fim, para Nova York. Mas, apesar das peripécias e dificuldades, foi nesse período que apareceram alguns dos trabalhos de maior destaque da Escola de Frankfurt, como os *Estudos sobre a autoridade e a família* (Paris, 1936) e *A personalidade autoritária* (obra que seria ultimada em 1950). Este último trabalho coletivo (de Adorno e colaboradores) é desenvolvimento muito sagaz dos *Estudos sobre a autoridade e a família*.

Entretanto, também por causa dos exemplos escolhidos somente entre os estudantes norte-americanos, este último trabalho apresenta-se como obra certamente menos estimulante do que a primeira, onde, ao contrário, o leque das temáticas típicas da Escola de Frankfurt encontra tratamento muito preciso. Ela, com efeito, discute a centralidade e a ambigüidade do conceito de autoridade, a família como lugar privilegiado para a reprodução social do consenso, a aceitação pelos homens de condições insuportáveis vividas como naturais e imodificáveis, a crítica da racionalidade tecnológica, a necessidade de uma colocação metodológica em condições de neutralizar os defeitos das pesquisas setoriais "positivistas", e assim por diante.

Depois da Segunda Guerra Mundial, Marcuse, Fromm, Löwenthal e Wittfogel ficaram nos Estados Unidos, ao passo que Adorno, Horkheimer e Pollock voltaram para Frankfurt. Aliás, em 1950 renasceu o "Instituto de pesquisa social", dele saindo sociólogos e filósofos como Alfred Schmidt, Oskar Negt e Jürgen Habermas, o mais conhecido de todos (de cujas obras deve-se recordar pelo menos *A lógica das ciências sociais*, 1967, e *Conhecimento e interesse*, 1968).

II. Theodor Wiesengrund Adorno

> • É com *Dialética negativa* (1966) que Adorno (1903-1969) rejeita a dialética da síntese e da conciliação; e escolhe a *dialética negativa*, uma perspectiva que desengonça as pretensões da filosofia de agarrar, com a força do pensamento, toda a realidade, e de revelar seu "sentido" escondido e profundo. Apenas negando a identidade de ser e pensamento é possível desmascarar os sistemas filosóficos (idealismo, positivismo, marxismo oficial, iluminismo etc.) que "eternizam" o estado presente, proíbem qualquer mudança e tentam ocultar aquilo que, ao contrário, a *dialética negativa* traz à luz: o individual, o diferente, o marginal, o marginalizado.
>
> *Adorno e a dialética negativa → § 1*
>
> A teoria crítica quer ser uma defesa do individual, do qualitativo. E coloca-se como denúncia de uma cultura "culpada e miserável": "toda a cultura depois de Auschwitz [...] é varredura".
>
> • Adorno é tenaz e duro crítico da cultura contemporânea, uma vez que ela serve ao poder ao invés de dar voz à realidade arruinada da sociedade capitalista. *Dialética do Iluminismo* (1949) é um livro que Adorno escreve junto com Horkheimer para combater aquele tipo de *razão* que de Xenófanes em diante pretendeu *racionalizar* o mundo para torná-lo manipulável e subjugável por parte do homem; essa razão é razão *instrumental*: cega em relação aos fins; prepara instrumentos para atingir fins desejados e controlados pelo "sistema".
>
> *Crítica da razão instrumental → § 2-3*
>
> Assim como acontece com a *indústria cultural*, ou seja, com o aparato poderoso, constituído essencialmente pelos *mass-media* (cinema, televisão, rádio, discos, publicidade, material ilustrado etc.), por meio do qual o poder impõe valores e modelos de comportamento, cria necessidades e estabelece a linguagem. O homem desejado pela indústria cultural é um ser funcional, "é o absolutamente substituível, o puro nada". E é exatamente pelo motivo do fato de que esta é a situação, que aquilo que então é preciso é "conservar, estender, ampliar a liberdade, em vez de acelerar [...] a corrida para o mundo da organização".

1. A "dialética negativa"

Em *Dialética negativa* (1966), Adorno (1903-1969) faz uma opção precisa pelo Hegel "dialético" em contraposição ao Hegel "sistemático"; escolhe o potencial crítico (ou "negativo") da dialética desenvolvida na *Fenomenologia do espírito*, rejeitando a dialética como sistema, assim como ela se delineia na *Lógica* e na *Filosofia do Direito*. Contra a dialética da síntese e da conciliação, Adorno baseia-se na dialética da negação, na *dialética negativa*, isto é, na dialética que nega a identidade entre realidade e pensamento e que, portanto, desbarata as pretensões da filosofia de captar a totalidade do real, revelando seu "sentido" oculto e profundo.

Em seu trabalho de 1931 (*A atualidade da filosofia*) Adorno já dissera que "quem escolhe hoje o trabalho filosófico como profissão deve renunciar à ilusão da qual partiam anteriormente os projetos filosóficos: a ilusão de que, por força do pensamento, é possível captar a totalidade do real". Trata-se precisamente de uma ilusão, como o demonstra a falência das metafísicas tradicionais, da fenomenologia, do idealismo, do positivismo, do marxismo oficial ou do Iluminismo. Quando essas teorias se apresentam como *teorias positivas*, elas se transformam em ideologias, como escreve Adorno: "A filosofia, como hoje é apresentada, serve apenas para mascarar a realidade e eternizar seu estado presente".

Somente afirmando a não-identidade entre ser e pensamento é que se pode ga-

Theodor Wiesengrund Adorno (1903-1969) foi filósofo e musicólogo, expoente entre os mais significativos filósofos da Escola de Frankfurt.

rantir a não-camuflagem da realidade, que não se nos apresenta em absoluto de forma harmônica ou, de qualquer modo, dotada de sentido: nós vivemos *depois de Auschwitz*, e "o texto que a filosofia deve ler é incompleto, cheio de contrastes e lacunas, onde muito pode ser atribuído ao gênio maléfico".

Somente afirmando a não-identidade entre ser e pensamento podemos esperar desmascarar os sistemas filosóficos que tentam "eternizar" o estado presente da realidade e bloquear qualquer ação transformadora e revolucionária.

A dialética é a luta contra o domínio do *idêntico*, é a rebelião dos particulares contra o mau universal. Na verdade, escreve Adorno nos *Três estudos sobre Hegel* (1963), "a razão torna-se impotente para captar o real, não por sua própria impotência, mas porque o real não é razão". Por isso, é função da *dialética negativa* subverter as falsas seguranças dos sistemas filosóficos, trazendo à luz o não-idêntico que eles reprimem, e chamando a atenção para o individual e o diferente que eles deixam de lado.

Em suma, a *dialética negativa* de Adorno procura quebrar as "totalidades" em filosofia e na política. Trata-se de uma salvaguarda das diferenças, do individual e do qualitativo. Pretende ser defesa contra uma cultura "culpada e miserável", já que, como diz Adorno em *Dialética negativa*, ninguém pode esconder o fato de que, "depois de Auschwitz, toda a cultura é [...] varredura". **Texto 1**

2. Adorno e sua colaboração com Horkheimer: a dialética do Iluminismo

Uma vez entendida a intenção de fundo da dialética negativa, não é mais difícil compreender o modo como Adorno se defronta não somente com as correntes da filosofia moderna e contemporânea, mas também com as concepções políticas, os movimentos artísticos e as mudanças sociais de nossa época.

Declaradamente próximo ao marxismo, Adorno também não deixa de rejeitar todas as suas formas dogmáticas que, a priori, sabem em que prateleira devem catalogar um fenômeno, sem, porém, nada conhecer do fenômeno. Contrário à sociologia de tipo humanista ("a sociologia não é ciência do espírito", já que seus problemas não são os da consciência ou do inconsciente, porém problemas referentes "à relação ativa entre o homem e a natureza e às formas objetivas da associação entre homens, não redutíveis ao espírito como estrutura interior do homem"), Adorno criticou duramente, como veremos melhor adiante, a sociologia de tipo empirista (ou positivista), pois ela seria incapaz de captar a peculiaridade típica dos fatos humanos e sociais em relação aos fatos naturais.

Esse ataque frontal (às vezes violento, às vezes injusto, mas só raramente pouco interessante) contra a cultura contemporânea, com efeito, é ataque contra aquelas imagens que Adorno considera imagens desviantes da realidade, para onde tudo volta; imagens que, assim, não desenvolvem outra função senão a de servir ao poder, ao invés de dar voz a uma realidade desordenada como a da sociedade capitalista.

E é exatamente dessa sociedade capitalista, ou melhor, da sociedade moderna, capitalista e comunista, que Adorno e Horkheimer nos apresentam seu juízo na conhecida obra *Dialética do Iluminismo* (1949), que se apresenta como análise da sociedade tecnológica contemporânea.

Por *Iluminismo* os dois autores não entendem somente o movimento de pensamento que caracterizou a era das luzes; eles pensam muito mais em um itinerário da razão, que, partindo já de Xenófanes, pretende *racionalizar* o mundo, tornando-o manipulável pelo homem. "O Iluminismo, no sentido mais amplo de pensamento em contínuo progresso, sempre perseguiu o objetivo de tirar o medo dos homens e torná-los senhores de si próprios. Mas a terra inteiramente iluminada resplandece sob a égide de triunfal desventura".

Com efeito, o Iluminismo vai ao encontro da autodestruição. E isso ocorre porque ele ficou "paralisado pelo medo da verdade". Prevaleceu nele a idéia de que o saber é mais uma técnica do que uma crítica. E o medo de afastar-se dos fatos "é coisa estreitamente unida ao medo do desvio social". Desse modo perdeu-se a confiança na *razão objetiva*, pois o que importa não é a veracidade das teorias, e sim sua funcionalidade, funcionalidade em vista de fins sobre os quais a razão perdeu todo direito.

Em outros termos, a razão é pura razão *instrumental*. Ela é inteiramente incapaz de fundamentar ou propor em discussão os objetivos ou finalidades com que os homens orientam suas próprias vidas. A razão é razão *instrumental* porque só pode identificar, construir e aperfeiçoar os *instrumentos* ou meios adequados para alcançar *fins* estabelecidos e controlados pelo "sistema".

Nós vivemos em sociedade *totalmente administrada,* na qual "a condenação natural dos homens é hoje inseparável do progresso social". Com efeito, "o aumento da produtividade econômica, que, por um lado, gera condições para um mundo mais justo, por outro lado propicia ao instrumental técnico e aos grupos sociais que dele dispõem imensa superioridade sobre o resto da população. Diante das forças econômicas, o indivíduo é reduzido a zero. Estas, ao mesmo tempo, levam a nível jamais alcançado o domínio da sociedade sobre a natureza. Enquanto o indivíduo desaparece diante da máquina a que serve, é por ela aprovisionado melhor do que jamais o fora. No Estado injusto, a impotência e a dirigibilidade da massa crescem com a quantidade de bens que lhe são fornecidos". Texto 3

3. A indústria cultural

Para alcançar sua funcionalidade, o "sistema", que é a sociedade tecnológica contemporânea, entre seus principais instrumentos, pôs em funcionamento uma poderosa máquina: a *indústria cultural*.

Esta é constituída essencialmente pela *mídia* (cinema, televisão, rádio, discos, publicidade etc.). É com a mídia que o poder impõe valores e modelos de comportamento, cria necessidades e estabelece a linguagem. E esses valores, necessidades, comportamentos e linguagem são uniformes porque devem alcançar a todos; são amorfos, assépticos; não emancipam, nem estimulam a criatividade; pelo contrário, bloqueiam-na, porque habituam a receber passivamente as mensagens. "A indústria cultural perfidamente realizou o homem como ser genérico. Cada qual é cada vez mais somente aquilo pelo qual pode substituir qualquer outro: ser consumível, apenas exemplar. Ele próprio, como indivíduo, é o absolutamente substituível, o puro nada [...]".

E isso pode ser visto também no *divertimento,* que não é mais o lugar da recreação, da liberdade, da genialidade, da verdadeira alegria. É a indústria cultural que fixa o divertimento e seus horários. E o indivíduo se submete. Como também submete-se às regras do "tempo livre", que é tempo programado pela indústria cultural. "A apoteose do tipo médio pertence ao culto daquilo que é barato". Desse modo, a indústria cultural não vincula propriamente uma ideologia: ela própria é ideologia, a ideologia da aceitação dos fins estabelecidos por "outros", isto é, pelo sistema.

Foi assim que o Iluminismo transformou-se no seu contrário. Queria eliminar os mitos, mas criou-os desmedidamente. Na definição de Kant, "o Iluminismo é a saída do homem de um estado de menoridade do qual ele próprio é culpado. Menoridade é a incapacidade de valer-se de seu próprio intelecto sem a guia de outro". Entretanto, hoje o indivíduo é zero e é guiado por "outros". Outrora, dizia-se que o destino do indivíduo estava escrito no céu; hoje, podemos dizer que é fixado e estabelecido pelo "sistema".

Para Adorno e Horkheimer, portanto, a situação está assim. Mas eles não se desesperaram, advertindo que, "se o Iluminismo não capta a consciência desse momento regressivo, está assinando sua própria condenação", o que não deve acontecer, pois o que é necessário é "conservar, ampliar e desdobrar a liberdade, ao invés de acelerar [...] a corrida em direção ao mundo da organização".

Adorno foi crítico tenaz do aparato constituído pela "indústria cultural".

III. Max Horkheimer: o eclipse da razão

• Para Max Horkheimer (1895-1973) o *perfil* desejado pelos capitalistas e o *controle do plano* desejado pelo comunismo sempre geraram maior repressão. E tudo isso aconteceu – escreve Horkheimer em *Eclipse da razão. Crítica da razão instrumental* (1947) – porque a cultura industrial moderna está viciada por uma *razão* que renunciou à sua autonomia e que é doravante *ancilla administrationis* (serva da administração).

> A razão, doravante, é apenas uma ancilla administrationis → § 1-3

A razão, hoje, não oferece mais verdades objetivas e universais às quais poder-se agarrar; proporciona unicamente instrumentos para objetivos estabelecidos por quem detém o poder. Estamos em plena decadência do pensamento; uma decadência que favorece a obediência aos poderes constituídos, "sejam estes representados pelos grupos que controlam o capital ou por aqueles que controlam o trabalho". E nessa situação desesperada, o melhor serviço que a razão pode prestar à humanidade é precisamente "a denúncia daquilo que é comumente chamado razão".

• E é uma razão habilidosa e consciente aquela que, na opinião de Horkheimer, não nos permite absolutizar nada, nem mesmo o marxismo.

> A esperança de que a injustiça não seja a última palavra → § 4

Nós, homens, somos *seres finitos* e não podemos absolutizar nenhum produto nosso (uma política, uma teoria, um Estado). Mas é justamente desta nossa finitude e precariedade e, ao mesmo tempo, da constatação das tantas injustiças sofridas no passado e no presente que desemboca *a nostalgia do totalmente Outro*. Neste sentido, "a teologia é [...] a esperança de que, apesar dessa injustiça que caracteriza o mundo, possa acontecer que a injustiça não seja a última palavra".

1. O "lucro" e o "planejamento" como geradores de repressão

Em 1939, Horkheimer (1895-1973) afirma que "o fascismo é a verdade da sociedade moderna". Mas acrescenta logo que "quem não quer falar do capitalismo deve calar também sobre o fascismo". E isso porque, em sua opinião, o fascismo está dentro das leis do capitalismo: por trás da "pura lei econômica" — que é a lei do mercado e do lucro —, está a "pura lei do poder".

E o comunismo, que é capitalismo de Estado, constitui uma variante do Estado totalitário. As organizações proletárias de massa também constituíram estruturas burocráticas e, na opinião de Horkheimer, nunca foram além do horizonte do capitalismo de Estado. Aqui, o princípio do plano substituiu o do lucro, mas os homens continuam como objetos de administração, de administração centralizada e burocratizada.

O *lucro* por um lado e o *controle do plano* por outro geraram repressão sempre maior. Portanto, o que estrutura a sociedade industrial é uma lógica pérfida. E a intenção do trabalho de Horkheimer intitulado *Eclipse da razão. Crítica da razão instrumental* (1947) é a de "examinar o conceito de racionalidade que está na base da cultura industrial moderna, e procurar estabelecer se esse conceito não contém defeitos que o viciam de modo essencial".

2. A razão instrumental

Digamos logo que, segundo Horkheimer, o conceito de racionalidade que está na base da civilização industrial é podre na raiz: "A doença da razão está no fato de que ela nasceu da necessidade humana de dominar a natureza [...]".

Essa vontade de dominar a natureza, de compreender suas "leis" para submetê-la, exigiu a instauração de uma organização *burocrática* e *impessoal*, que, em nome do triunfo da razão sobre a natureza, chegou a reduzir o homem a simples instrumento. Ao progresso dos recursos técnicos, que poderiam servir para "iluminar" a mente do homem, acompanha um processo de desumanização, de tal modo que o progresso ameaça destruir precisamente o objetivo que deveria realizar: a idéia do homem. E a idéia do *homem*, isto é, sua humanidade, sua emancipação, seu poder de crítica e de criatividade acham-se ameaçados porque o desenvolvimento do "sistema" da civilização industrial substituiu os fins pelos meios e transformou a razão em instrumento para atingir fins, dos quais a razão não sabe mais nada.

Em outros termos, "o pensamento pode servir para qualquer objetivo, bom ou mau. É instrumento de todas as ações da sociedade, mas não deve procurar estabelecer as normas da vida social ou individual, que se supõe serem estabelecidas por outras forças".

A razão, portanto, não nos dá mais verdades objetivas e universais às quais possamos nos agarrar, mas somente instrumentos para objetivos já estabelecidos. Não é ela que fundamenta e estabelece o que sejam o bem e o mal, como base para orientarmos nossa vida; quem decide sobre o bem e o mal é agora o "sistema", ou seja, o poder. A razão é agora *ancilla administrationis* e, "tendo renunciado à sua autonomia, a razão tornou-se um instrumento. Texto 3

3 A filosofia como denúncia da razão instrumental

Diante desse vazio terrível, procura-se remediá-lo voltando a sistemas como a astrologia, a ioga ou o budismo; ou então são propostas adaptações populares de filosofias clássicas objetivistas ou, ainda, "recomendam-se para o uso moderno [...] as ontologias medievais".

As panacéias, porém, não deixam de ser panacéias. A realidade, no entanto, é que:

1) "A natureza é concebida hoje, mais do que nunca, como simples instrumento do homem; é o objeto de exploração total, à qual a razão não atribui nenhum objetivo e que, portanto, não conhece limites".

2) "O pensamento que não serve aos interesses de um grupo constituído ou aos objetivos da produção industrial considera-se inútil e supérfluo".

3) Essa decadência do pensamento "favorece a obediência aos poderes constituídos, sejam eles representados pelos grupos que controlam o capital, ou pelos grupos que controlam o trabalho".

4) A cultura de massa "procura 'vender' aos homens o modo de vida que já levam e que odeiam inconscientemente, ainda que o louvem com palavras".

5) "Não só a capacidade de produção do operário é hoje comprada pela fábrica e subordinada às exigências da técnica, mas também os chefes dos sindicatos estabelecem sua medida e a administram".

6) "A deificação da atividade industrial não conhece limites. O ócio é considerado uma espécie de vício, quando vai além da medida do que é necessário para restaurar as forças e permitir retomar o trabalho com maior eficiência".

7) O significado da produtividade é medido "com critérios de utilidade em relação à estrutura de poder, não mais em relação às necessidades de todos".

Nessa situação desesperada, "o maior serviço que a razão poderia prestar à humanidade" seria o da "denúncia do que é comumente chamado de razão". Escreve ainda Horkheimer: "Os verdadeiros indivíduos de nosso tempo são os mártires que passaram por infernos de sofrimento e degradação em sua luta contra a conquista e a opressão, não mais as personagens da cultura popular, infladas pela publicidade. Aqueles heróis, que ninguém cantou, expuseram conscientemente sua existência individual à destruição sofrida por outros sem ter consciência disso, como vítimas dos processos sociais. Os mártires anônimos dos campos de concentração são o símbolo de uma humanidade que luta para vir à luz. A função da filosofia é a de traduzir o que eles fizeram em palavras que os homens possam ouvir, ainda que suas vozes mortais tenham sido reduzidas ao silêncio pela tirania".

4 A nostalgia do "totalmente Outro"

Marxista e revolucionário quando jovem, Horkheimer foi se afastando pouco a pouco de suas posições juvenis.

Não podemos absolutizar nada (deve-se recordar que Horkheimer é de origem judaica) e, portanto, também não podemos absolutizar o marxismo. "Todo ser finito — e a humanidade é finita — que se pavoneia como o valor último, supremo e único, torna-se ídolo, que tem sede de sacrifícios de sangue".

Marxista por ser contrário ao nacional-socialismo, Horkheimer desde o início nutriu dúvidas sobre o fato de "se a solidariedade do proletariado pregada por Marx era verdadeiramente o caminho para chegar a uma sociedade justa". Na realidade — observa Horkheimer em *A nostalgia do totalmente Outro* (1970) — as ilusões de Marx logo vieram à tona: "A situação social do proletariado melhorou sem a revolução, e o interesse comum não é mais a transformação radical da sociedade, e sim a melhor estruturação material da vida". E, na opinião de Horkheimer, existe uma solidariedade que vai além da solidariedade de determinada classe: é a solidariedade entre todos os homens, "a solidariedade que deriva do fato de que todos os homens devem sofrer, devem morrer e são finitos".

Se assim é, então "todos nós temos em comum um interesse originariamente humano: o de criar um mundo no qual a vida de todos os homens seja mais bela, mais longa, mais livre da dor e, gostaria de acrescentar, mas não posso acreditar nisso, um mundo que seja mais favorável ao desenvolvimento do espírito".

Diante da dor do mundo e diante da injustiça, não podemos ficar inertes. Mas nós, homens, somos *finitos*. Por isso, embora não devamos nos conformar, também não podemos pensar que algo histórico — uma política, uma teoria, um Estado — seja algo absoluto. Nossa finitude, ou seja, nossa precariedade, não demonstra a existência de Deus. Entretanto, existe a necessidade de uma teologia, não entendida como ciência do divino ou de Deus, e sim como "a consciência de que o mundo é fenômeno e, portanto, não a verdade absoluta que só a realidade última pode ser. A teologia — e aqui devo me expressar com muita cautela — é a esperança de que, apesar dessa injustiça que caracteriza o mundo, possa acontecer que essa injustiça não seja a última palavra". Assim para Horkheimer, portanto, a teologia é "expressão de uma nostalgia segundo a qual o assassino não possa triunfar sobre sua vítima inocente".

Portanto, "nostalgia de justiça perfeita e consumada". Esta jamais poderá ser realizada na história, diz Horkheimer. Com efeito, "ainda que a melhor sociedade viesse a substituir a atual desordem social, não será reparada a injustiça passada e não se anulará a miséria da natureza circunstante".

Entretanto, isso não significa que devamos nos render aos fatos, como, por exemplo, ao fato de que nossa sociedade torna-se sempre mais sufocante. Nós, diz Horkheimer, "ainda não vivemos em uma sociedade automatizada [...]. Ainda podemos fazer muitas coisas, mesmo que mais tarde essa possibilidade venha a ser-nos tirada".

E o que o filósofo deve fazer é criticar "a ordem constituída" para "impedir que os homens se percam naquelas idéias e naqueles modos de comportamento que a sociedade lhes propicia em sua organização".

Texto 2

IV. Herbert Marcuse e a "grande recusa"

• Para Freud a história do homem é história de sua repressão; isso no sentido preciso de que a *cultura* e a *civilização* foram possíveis e sobrevivem apenas graças a constrições sociais e biológicas suportadas pelos indivíduos particulares.

A repressão dos instintos e a transformação do *princípio do prazer* em *princípio da realidade* são os pressupostos necessários da civilização; e o progresso é fruto de duro trabalho.

Escreve Marcuse (1898-1979) a propósito dessa perspectiva de Freud: "A convicção de que uma civilização não-repressiva seja impossível é uma pedra angular da construção teórica freudiana". Mas – pergunta-se Marcuse em *Eros e civilização* (1955) – é de fato verdade que não é possível uma civilização sem repressão? É de fato verdade que a repressão dos instintos em função da civilização deve ser eterna?

> Uma dúvida sobre Freud: a civilização deve ser necessariamente "repressiva"?
> → § 1

• A tal interrogação Marcuse responde negativamente; e fundamenta a resposta dele sobre o fato de que o progresso tecnológico gerou as premissas para a libertação da sociedade da obrigação do trabalho, para uma dilatação do tempo livre: "O reino da liberdade, expandindo-se sempre mais, torna-se verdadeiramente o reino do jogo, do livre jogo das faculdades individuais".

Apesar de tudo, a utopia, doravante tecnicamente possível, permanece inatingível. E isso pelo motivo de que – é o que Marcuse sustenta em *O homem de uma dimensão* (1964) – uma filosofia de uma dimensão (negação do pensamento crítico) é posta a serviço de uma sociedade de uma dimensão (sem oposição e entregue ao exercício do poder total), na qual vivem homens de uma dimensão, cujas ocupações, necessidades e aspirações são determinantes do universo tecnológico-político da sociedade industrial avançada. Uma sociedade, esta, que poderá ser questionada apenas a partir do exterior, pela grande massa dos rejeitados e dos estrangeiros, dos explorados e dos perseguidos de outras raças e outras cores, pelos desocupados e pelos inaptos.

> Crítica da "sociedade de uma dimensão"
> → § 2-3

1. É impossível uma "civilização não-repressiva"?

Eros e civilização (1955) desenvolve um dos temas mais importantes do pensamento de Freud, ou seja, a teoria freudiana de que a civilização baseia-se na repressão permanente dos instintos humanos. Como escrevia Freud, "a felicidade não é um valor cultural". E, comenta Marcuse (1898-1979), isso no sentido de que "a felicidade está subordinada a um trabalho que ocupa toda a jornada, à disciplina da reprodução monogâmica, ao sistema constituído das leis e da ordem. O sacrifício metódico da *libido* e seu desvio imposto inexoravelmente, para atividades e expressões socialmente úteis, *são* a cultura". Na opinião de Freud, a história do homem é a história de sua repressão. A *cultura* ou civilização impõe constrições sociais e biológicas ao indivíduo, mas essas constrições são a condição preliminar do progresso. Deixados livres para seguir seus objetivos naturais, os instintos fundamentais do homem seriam incompatíveis com toda forma duradoura de associação: "Os instintos, portanto, devem ser desviados de sua meta, e inibidos em seu objetivo. A civilização começa quando se renuncia eficazmente ao objetivo primário: a satisfação integral das necessidades". Essa renúncia ocorre na forma de deslocamento:

de:	→	para:
satisfação imediata	→	satisfação adiada
prazer	→	limitação do prazer
alegria (jogo)	→	fadiga (trabalho)
receptividade	→	produtividade
ausência de repressão	→	segurança

Marcuse diz que "Freud descreveu essa mudança como a transformação do *princípio do prazer* em *princípio de realidade*, e as vicissitudes dos instintos são as vicissitudes da estrutura psíquica na civilização. E "com a instituição do princípio de realidade, o ser humano — que, sob o princípio do prazer, fora pouco mais do que mistura de tendências animais, tornou-se Eu organizado". Para Freud, a modificação repressiva dos instintos é conseqüência "da eterna luta primordial pela existência [...] que continua até nossos dias". Sem a modificação, ou melhor, o desvio dos instintos, não se vence a luta pela existência e não seria possível nenhuma sociedade humana duradoura. Entretanto, diz Marcuse, Freud "considera 'eterna' a luta primordial pela existência", acreditando, com isso, num antagonismo eterno "entre o princípio do prazer e o princípio de realidade [...] A convicção de que é impossível uma civilização não repressiva representa uma pedra angular da construção teórica freudiana". Precisamente contra essa eternização e absolutização do contraste entre o princípio do prazer e o princípio de realidade é que se voltam os golpes críticos de Marcuse, no sentido de que, em sua opinião, esse contraste não é metafísico ou eterno, devido a certa misteriosa natureza humana considerada em termos essencialistas. Esse contraste é muito mais produto de uma organização histórico-social específica. Freud mostrou que a falta de liberdade e a constrição foram o preço pago por aquilo que se fez, pela "civilização" que se construiu. Mas disso não deriva necessariamente que o preço a ser pago seja eterno.

Herbert Marcuse (1898-1979).
Sua filosofia "quer se manter fiel àqueles que, sem esperança, deram
e dão a vida por causa da grande recusa".

2. "Eros" libertado

O progresso tecnológico gerou as premissas para a libertação da sociedade em relação à obrigação do trabalho, pela ampliação do tempo livre, pela mudança da relação entre tempo livre e tempo absorvido pelo trabalho socialmente necessário (de modo que este se torne apenas meio para a libertação de potencialidades hoje reprimidas): "Expandindo-se sempre mais, o reino da liberdade torna-se verdadeiramente o reino do jogo, do livre jogo das faculdades individuais. Assim libertadas, elas geram formas novas de realização e de descoberta do mundo, que, por seu turno, darão nova forma ao reino da necessidade e à luta pela existência". O reino da necessidade (centrado no princípio do desempenho e da eficiência, que suga toda a energia humana) será então substituído por uma sociedade não repressiva, que reconcilia natureza e civilização, na qual se afirma a felicidade do *Eros* libertado.

No progresso tecnológico, portanto, estão as condições objetivas para a transformação radical da sociedade. No entanto, o progresso tecnológico não fica abandonado a si mesmo: é controlado e guiado; consciente das possibilidades da derrocada do sistema, o poder sufoca as potencialidades libertadoras e perpetua um estado de necessidade doravante não mais necessário. E assim, já tecnicamente possível, a utopia permanece inalcançável. Daí a importância da filosofia, que, embora sem dizer como será o reino da utopia, no entanto o anuncia, ao mesmo tempo em que denuncia os obstáculos em seu caminho. Texto 4

3. O homem de uma dimensão

O escrito mais conhecido de Marcuse é *O homem de uma dimensão*, de 1964.

O homem de uma dimensão é o homem que vive em uma *sociedade de uma dimensão*, sociedade justificada e coberta pela *filosofia de uma dimensão*. A sociedade de uma dimensão é sociedade sem oposição, ou seja, sociedade que paralisou a crítica através da criação de um controle total. A filosofia de uma dimensão é a filosofia da racionalidade tecnológica e da lógica do domínio; é a negação do pensamento crítico, da "lógica do protesto"; é a filosofia "positivista" que justifica "a racionalidade tecnológica".

Na sociedade tecnológica avançada, "a máquina produtiva tende a se tornar totalitária enquanto determina não somente as ocupações, as habilidades e os comportamentos socialmente requeridos, mas também as necessidades e as aspirações individuais". E, como *universo tecnológico,* a sociedade industrial avançada "é um universo *político*, o último estágio da realização de um projeto histórico específico, ou seja, a experiência, a transformação e a organização da natureza como mero objeto de domínio".

Ela alcança a mais alta produtividade e a utiliza para perpetuar o trabalho e o esforço; nela, a industrialização mais eficiente pode servir para limitar e manipular as necessidades. Escreve Marcuse: "Quando se alcança esse ponto, a dominação, sob a forma de opulência e liberdade, estende-se a todas as esferas da vida privada e pública, integra toda oposição genuína e absorve em si toda alternativa". Em suma, a sociedade tecnológica avançada cria um verdadeiro universo totalitário; "em uma sociedade madura, mente e corpo são mantidos em um estado de mobilização permanente para a defesa desse mesmo universo".

Por tudo isso, a luta pela mudança deve tomar outros caminhos, não mais os indicados por Marx: "As tendências totalitárias da sociedade unidimensional tornam ineficazes os caminhos e meios tradicionais de protesto". Seja como for, a questão, porém, não se apresenta como desesperadora, pois, "abaixo da base popular conservadora, existe a camada dos marginalizados e dos estrangeiros, dos explorados e perseguidos de outras raças e de outras cores, dos desempregados e dos deficientes. Eles ficam fora do processo democrático. Sua presença, mais do que nunca, prova quanto é imediata e real a necessidade de pôr fim a condições e instituições intoleráveis. Daí por que sua oposição é revolucionária, ainda que sua consciência não o seja. Sua oposição golpeia o sistema de fora dele e, por isso, não é desviada pelo sistema; é uma força elementar que infringe as regras do jogo e, assim fazendo, mostra tratar-se de um jogo com cartas marcadas. Quando eles se reúnem e andam pelos caminhos, sem armas e sem proteção, para reivindicar os mais elementares direitos civis, sabem que têm de enfrentar cães, pedras e bombas, prisão, campos de concentração e até a morte [...]. O fato de que eles começam a se recusar a tomar parte no jogo pode ser o fato que marca o início do fim de um período".

Isso não quer dizer, em absoluto, que as coisas serão assim. O que se diz é que "o fantasma está novamente presente, dentro e fora das fronteiras das sociedades avançadas". E o que a teoria crítica da sociedade pode fazer é o seguinte: ela "não possui conceitos que possam preencher a lacuna entre o presente e seu futuro; não tendo promessas a fazer nem resultados a mostrar, ela permanece negativa. Desse modo, ela quer manter-se fiel àqueles que, sem esperança, deram e dão a vida pela grande recusa". Texto 5

V. Erich Fromm e a "cidade do ser"

• Em *Fuga da liberdade* (1941) Erich Fromm (1900-1980) mostra como, sob o peso da liberdde e da responsabilidade, o homem não raramente ceda ao "conformismo gregário", não encontrando assim sua identidade e perdendo sua *saúde mental*. Olhando, porém, o caminho histórico do homem, Fromm relembra – em *A desobediência como problema psicológico e moral* (1963) – que "não só o desenvolvimento espiritual (do homem) tornou-se possível a partir do fato de que nossos semelhantes ousaram dizer não aos poderes em ato em nome da própria consciência ou da própria fé, mas que também seu desenvolvimento intelectual depende da capacidade de desobedecer: desobedecer às autoridades que tentassem reprimir novas idéias e à autoridade de crenças há muito tempo existentes, e segundo as quais toda mudança era carente de sentido".

A liberdade é capacidade de desobedecer → § 1

• Um dos livros mais conhecidos de Fromm é *Ter ou ser?* (1976), onde ele examina "as duas modalidades basilares de existência: a *modalidade do ter* e a *modalidade do ser*".

Para a primeira modalidade o verdadeiro ser do homem é o ter, razão pela qual "se alguém *não tem* nada, *não é* nada".

Buda, Jesus, Mestre Eckhart, o Marx humanista radical (e não aquele contrabandeado pelo comunismo soviético), ao contrário, nos indicam, em contextos diferentes, as características da modalidade do ser: "a independência, a liberdade e a presença da razão crítica". *Ser* significa principalmente ser ativos, isto é, dar expressão aos próprios talentos, renovar-se, crescer, amar, sair da prisão do próprio eu isolado, "prestar atenção, dar". E o *homem que é* é o *homem novo*, o cidadão da *Cidade do Ser*, de uma cidade onde – assim lemos em *A arte de amar* (1956) – "a natureza social e amante do homem não seja separada de sua existência social, mas torne-se uma só coisa com ela".

O homem novo da Cidade do Ser → § 2

1 A desobediência é de fato um vício?

Na opinião de Fromm (1900-1980), o homem nasce quando "é arrancado à união originária com a natureza que caracteriza a existência animal". Todavia, quando esse evento se realiza, o homem permanece fundamentalmente só. A realidade, como evidenciou Fromm em *Fuga da liberdade* (1941), é que o homem que se afasta do mundo físico e social, ou seja, o homem que se torna livre e responsável por seus próprios atos, por sua própria opção e por seus próprios pensamentos, nem sempre consegue aceitar o peso da liberdade, e então cede ao "conformismo gregário", obedecendo cegamente a normas estabelecidas e agregando-se a um grupo (e considerando como inimigos os outros homens e os outros grupos). Desse modo, o homem que vai em busca de sua identidade só encontra sucedâneos e então se perde, perdendo sua *saúde mental*.

Em *A desobediência como problema psicológico e moral* (1963), Fromm afirma que durante séculos reis, sacerdotes, senhores feudais, magnatas da indústria e genitores proclamaram que *a obediência é virtude* e *a desobediência é vício*. Mas, a essa posição, Fromm contrapõe a perspectiva de que "*a história do homem começou por um ato de desobediência, e é muito improvável que se conclua com um ato de obediência*". Adão e Eva "estavam dentro da natureza assim como o feto está dentro do útero da mãe". Todavia, seu ato de desobediência rompeu o laço original com a natureza e os tornou indivíduos: "Longe de corromper o homem, o 'pecado original' tornou-o livre; foi o início de sua própria história. O homem teve de abandonar o paraíso terrestre para aprender a depender de suas próprias forças e tornar-se plenamente humano". E como nos ensina o messianismo dos profetas, como nos ensina o "delito" de Prometeu (que rouba o fogo dos deuses e "constrói os alicerces da evolução humana"), como nos ensina a caminhada histórica do homem, "o homem continuou a se desenvolver mediante atos de desobediência. Não apenas seu desenvolvimento espiritual tornou-se possível pelo fato de nossos semelhantes terem ousado dizer 'não' aos poderes vigentes, em nome de sua própria consciência ou de sua própria fé, mas também seu desenvolvimento intelectual dependeu da capacidade de desobedecer: desobedecer às autoridades que tentassem reprimir novas idéias e à autoridade de crenças existentes há longo tempo, segundo as quais toda mudança era desprovida de sentido".

Uma pessoa torna-se livre e cresce por meio de atos de desobediência. A capacidade de desobedecer, portanto, é a condição da liberdade, que representa a capacidade de desobedecer: "Se tenho medo da liberdade, não posso ousar dizer 'não', não posso ter a coragem de ser desobediente. Com efeito, a liberdade e a capacidade de desobedecer são inseparáveis". E são elas que estão na base do nascimento e do crescimento do homem enquanto tal. Pois bem, diz Fromm, "na fase histórica atual, a capacidade de duvidar, de criticar e de desobedecer pode ser tudo o que se interpõe entre um futuro para a humanidade e o fim da civilização".

2 Ter ou ser?

Foi precisamente à análise da crise da sociedade contemporânea e à possibilidade de resolvê-la que Fromm dedicou um de seus livros mais lidos: *Ter ou ser?* (1976), onde examina os "dois modos basilares de existência: o *modo do ter* e o *modo do ser*". Quanto ao primeiro modo, diz-se que a verdadeira essência do ser é o ter, razão por que "se alguém *não tem* nada, *não é* nada". É é com base nessa idéia que os consumidores modernos se etiquetam a si mesmos com a seguinte expressão: *eu sou = aquilo que tenho e aquilo que consumo*. Diante desse modo de existência individual e social, Fromm recorda Buda, que ensinou que não devemos aspirar às posses; Jesus, para quem de nada adianta ao homem ganhar o mundo, mas perder-se a si mesmo; mestre Eckhart, que ensinava a não ter nada; Marx, que afirmava que "o luxo é vício, exatamente como a pobreza", e que devemos nos propor como meta o *ser* muito, não o *ter* muito. Refiro-me aqui — precisa Fromm — ao verdadeiro Marx, ao humanista radical, e não à sua contrafação vulgar constituída pelo 'comunismo' soviético".

Assim, se no modo do ter um homem é o que tem e o que consome, os pré-requisitos do *modo do ser* são "a independência, a liberdade e a presença da razão crítica". A característica fundamental do modo do ser consiste "em *ser ativo*", o que não deve ser entendido no sentido de atividade externa, de estar atarefado, e sim de atividade interna, do uso produtivo de nossos poderes humanos. Ser ativo significa dar expressão às suas faculdades e talentos próprios, à multiplicidade de dotes que todo ser humano possui, embora em graus diversos. Significa renovar-se, crescer, expandir-se, amar, transcender a prisão do próprio eu isolado, interessar-se, "prestar atenção, dar".

Delineados esses dois modos de existência, Fromm afirma: "A cultura tardio-medieval tinha por centro motor a visão da *Cidade de Deus*. A sociedade moderna se constituiu porque as pessoas partiram da visão do desenvolvimento da *Cidade terrena do progresso*. Em nosso século, porém, essa visão foi se deteriorando até se reduzir à da *Torre de Babel,* que já começa a ruir e arrisca envolver a todos em sua derrocada. Se a Cidade de Deus e a Cidade Terrena constituem a tese e a antítese, uma nova síntese representa a única alternativa ao caos: a síntese entre o núcleo espiritual do mundo tardio-medieval e o desenvolvimento, ocorrido a partir da Renascença, do pensamento racional e da ciência. Essa síntese constitui a *Cidade do Ser*". Essa *Cidade do Ser* será a cidade do *homem novo,* ou seja, será a sociedade "organizada de modo tal — escrevia Fromm em *A arte de amar* (1956) — que a natureza social e amante do homem não seja separada de sua existência social, mas se torne uma coisa única com ela".

ADORNO

1. A filosofia não pode se reduzir a ciência

> Há tendências no pensamento contemporâneo de reduzir todo o conhecimento a ciência – basta pensar no neopositivismo. Todavia, diz Adorno, "o pensamento cientificizado está submetido à divisão do trabalho"; e, cego em relação aos fins, proíbe-se a compreensão de seus pressupostos sociais. O ideal da ciência, portanto, se transformou em "uma escravidão que proíbe o pensamento de pensar" e de dirigir o olhar sobre a "totalidade", sobre a qual apenas a filosofia pode sensatamente falar.

O trabalho da ciência sempre interferiu no campo da metafísica tradicional. Desde a especulação cosmológica, a ciência subtraiu à metafísica uma parte sempre maior daquilo que ela considerava sua propriedade estrita, e ao mesmo tempo esboçou um ideal de certeza indubitável diante da qual a metafísica, onde não se servisse de uma disciplina científica, parecia vã e dogmática. Como é possível uma metafísica como ciência: esta formulação não parafraseia apenas o tema da crítica kantiana da razão enquanto teoria do conhecimento, mas exprime também o impulso motor de toda a filosofia moderna. Todavia, desde o início isso não sustenta apenas um "problema" a ser resolvido em tranqüilo progresso, por exemplo, a purificação da filosofia em relação a seus conceitos pré-científicos por meio da reflexão sobre si mesma. A transformação da filosofia em ciência, e que também fosse, como freqüentemente se aduziu como escapatória com intenção apologética, em ciência primeira e fundante das ciências particulares ou então suprema e coroante, não é uma feliz maturação na qual o pensamento se despoje de seus rudimentos pueris, de desejos e de projeções subjetivas; mas desestabiliza ao mesmo tempo também o próprio conceito da filosofia. Até que ela se esgota no culto daquilo que "é o caso" (conforme a formulação de Wittgenstein), entra em competição com as ciências às quais, em sua cegueira, se assimila, embora permanecendo sempre na retaguarda; todavia, se rompe com elas e se põe a pensar, fresca e alegre, a torto e a direito, torna-se uma prerrogativa impotente, a sombra da religião dominical, cheia de sombras. Portanto, se a filosofia perdeu toda reputação junto à ciência especializada, isso não deve ser atribuído à limitação desta última, e sim a uma inevitabilidade objetiva.

A partir do movimento do próprio pensamento filosófico pode-se entrever o que lhe ocorre com o progresso intransigente de seu controle e autocontrole científico. Com o tornar-se mais verdadeiro, o pensamento renuncia à verdade. Quem reflete com plena liberdade sobre objetos requeridos pela ciência organizada pode talvez fugir às vezes ao *taedium scientiae*; em troca, porém, não só é pago com o ultrajante elogio às suas capacidades intuitivas ou ao seu ter fornecido sugestões, mas deve ainda tolerar que lhe seja demonstrada tanto a falta de competência, como a inferioridade daquilo que é logo torcido em hipóteses e triturado entre as duas mós de moinho do "Onde está a prova?" e "Onde está a novidade?". Se, ao contrário, a filosofia, para fugir desse perigo, se retira em si mesma, cai no jogo conceitual vazio ou então no escolástico não-vinculante, mesmo que o esconda por trás de patéticos neologismos do tipo daqueles que, segundo De Maistre, são temidos pelos grandes escritores. O pensamento que procura às apalpadelas entender – e sobre o próprio entender se estende, entretanto, o tabu da não cientificidade – encontra já tudo ocupado. Não apenas é posto de sobreaviso contra o diletantismo, o complemento do esperto, mas até paralisado sem sequer poder-se limitar ao menos a confessar a ligação espiritual entre tudo aquilo que constatou, de que Fausto lamenta a falta. Com efeito, a "síntese", que se contenta com descobertas científicas já disponíveis, permanece exterior à referência espontânea do pensamento ao objeto e é ela própria um ato parcial daquela organização que se ilude de revogar. O ideal da ciência que a um tempo havia ajudado a filosofia a libertar-se dos laços ideológicos, posto em conserva, tornou-se entrementes também ele uma escravidão que proíbe ao pensamento de pensar. Isso, porém, não é simples desenvolvimento falso como não o é aquele, de análogos entendimentos, da sociedade à qual é intrínseca a filosofia, e por isso não se deixa corrigir à vontade por meio da compreensão e da decisão. O pensamento cientificizado está submetido à divisão do trabalho. Ou procede segundo os esquemas pré-indicados, e poupando esforços supérfluos, das disciplinas particulares estabelecidas, ou então se estabelece como disciplina particular suplementar que se afirma sobre o mercado porque diferente das outras. O pensar que se opõe à divisão do trabalho regride em relação ao desenvolvimento das forças, e se comporta como "arcaico"; porém, caso se enquadre como ciência entre as ciências, renuncia a seu próprio impulso motor justamente onde dele teria maior necessidade. Ele permanece estático, permanece mera reconstrução de algo já préformado pelas categorias sociais e, por fim, pelas relações da produção mesmo quando presume julgar sobre assim chamadas questões de princípio, como a relação entre sujeito e objeto. A ciência coisifica enquanto declara que o trabalho espiritual incorporado, o saber inconsciente de suas mediações sociais, é o saber *ut sic*. Isso é expresso por todas as suas exigências e todas as suas proibições.

T. W. Adorno,
Sobre a metacrítica da gnosiologia.

HORKHEIMER

2 A nostalgia do "totalmente Outro"

> A teologia é "expressão de uma nostalgia, segundo a qual o assassino não pode triunfar sobre sua vítima inocente".

GUMNIOR — *O senhor fala de hebraísmo. Onde está a ligação com a teoria crítica?*

HORKHEIMER — O hebreu religioso hesita, por exemplo, se deve escrever a palavra Deus. Em seu lugar faz um apóstrofo, porque para ele Deus é o "inominável", porque Deus não se deixa representar sequer por uma palavra.

GUMNIOR — *Mas essa relutância em representar Deus remonta ao mandamento divino, que, segundo a Bíblia, foi dado a Moisés sobre o monte Sinai: não faças para ti nenhuma imagem de Deus.*

HORKHEIMER — Naturalmente. Mas não nos devemos perguntar o porquê desse mandamento? Nenhuma outra religião, fora do hebraísmo, conhece essa prescrição. Eu creio que este mandamento existe, porque no hebraísmo aquilo que importa não é como Deus é, mas como o homem é.

Penso na correspondência entre Paul Claudel e André Gide, na qual Claudel procura levar Gide ao cristianismo. Gide escreve que lhe é impossível crer nos dogmas do cristianismo, e Claudel lhe responde mais ou menos assim: "Então não creia, mas vá à igreja e faça aquilo que é prescrito; o resto virá".

É uma atitude semelhante à dos hebreus, que por séculos observaram suas prescrições. Um rabino talvez possa dizer: deixe em paz a fé, mas faça aquilo que está prescrito.

Por isso o catolicismo está mais próximo do hebraísmo do que o protestantismo, porque no catolicismo a ação tem um papel muito mais decisivo do que a fé. O conceito da fé é propriamente uma invenção do protestantismo, para evitar a alternativa entre ciência e superstição. Para salvar a religião encontrou-se para a alternativa um terceiro ângulo, a fé.

Este problema não existe para o hebraísmo. As prescrições determinam toda a vida do hebreu praticante. Este fato manteve unido o hebraísmo, porque, onde quer que estivesse um hebreu, seus companheiros de fé viviam segundo os mesmos mandamentos.

GUMNIOR — *Em poucas palavras, o que é decisivo é a ação, o fazer: não é importante, ao contrário, que Deus exista, que se creia ou não se creia nele.*

HORKHEIMER — Do ponto de vista dialético é importante e ao mesmo tempo não importante. Não é importante, porque, conforme já disse, nós não podemos dizer nada sobre Deus, e não é crível a doutrina cristã de que exista um Deus onipotente e infinitamente bom, haja vista a dor que há milênios domina a terra. É importante, porque por trás de toda ação humana está a teologia. Pense em tudo o que nós, Adorno e eu, escrevemos na *Dialética do Iluminismo*. Lá se diz: uma política que não conserve em si, ainda que em forma extremamente não-reflexa, uma teologia, em última análise, por mais hábil que possa ser, permanece especulação.

GUMNIOR — *O que significa aqui teologia?*

HORKHEIMER — Procurarei explicar. Do ponto de vista do positivismo não é possível deduzir nenhuma política moral. Se olharmos as coisas do ponto de vista estritamente científico, o ódio, apesar de todas as diferenças de função social, não é pior do que o amor. Não há nenhuma motivação lógica premente, se para mim não há nenhuma vantagem na vida social.

GUMNIOR — *O positivismo pode, portanto, se bem entendi, dizer como no sentido de George Orwell: a guerra é boa ou má como a paz; a liberdade é boa ou má como a escravidão e a opressão.*

HORKHEIMER — Exatamente. Com efeito, como é possível fundar exatamente que não devo odiar, quando isso me deixa cômodo?

O positivismo não encontra nenhuma instância que transcenda o homem, que ponha uma clara distinção entre prontidão em socorrer e anseio por lucro, entre bondade e crueldade, entre cupidez e doação de si. Também a lógica permanece muda; ela não reconhece nenhum primado para a atitude moral. Todas as tentativas de fundação da moral sobre uma sabedoria deste mundo em vez de sobre a referência a um além – mesmo Kant nem sempre contradisse esta inclinação – repousam sobre ilusões de concordâncias impossíveis. Tudo aquilo que tem relação estreita com a moral, remete em última análise à teologia. Toda moral, pelo menos nos países ocidentais, funda-se sobre a teologia, com boa paz de todos os esforços para tomar as devidas distâncias em relação à teologia.

GUMNIOR – *Ainda a mesma pergunta, senhor Horkheimer: o que significa aqui teologia?*

HORKHEIMER – De nenhum modo aqui teologia significa ciência do divino ou, talvez, ciência de Deus.

Teologia significa aqui a consciência de que o mundo é fenômeno, que não é a verdade absoluta, a qual apenas é a realidade última. A teologia é – devo me exprimir com muita cautela – a esperança de que, apesar dessa injustiça que caracteriza o mundo, não possa ocorrer que a injustiça possa ser a última palavra.

GUMNIOR – *Teologia como expressão de uma esperança?*

HORKHEIMER – Eu preferiria dizer: expressão de uma nostalgia; de uma nostalgia, segundo a qual o assassino não possa triunfar sobre sua vítima inocente.

M. Horkheimer,
A nostalgia do totalmente Outro.

HORKHEIMER - ADORNO

3 É necessário frear a corrida para o mundo da organização

> *"O Iluminismo volta a converter-se em mitologia": o Iluminismo se transformou em pensamento especializado, resolve-se na economia de mercado, é uma rendição aos fatos. Está "paralisado pelo medo da verdade". É sobre a autodestruição do Iluminismo que Horkheimer e Adorno dirigem sua atenção. "Não temos a mínima dúvida [...] de que a liberdade na sociedade é inseparável do pensamento iluminista. Mas consideramos ter compreendido, com igual clareza, que o próprio conceito deste pensamento, não menos que as formas históricas concretas, das instituições sociais às quais está estreitamente ligado, implicam já o germe da regressão que hoje se verifica em todo lugar. Se o Iluminismo não acolhe em si a consciência deste momento regressivo ele assina sua própria condenação". A realidade, com efeito, é que "o aumento da produtividade econômica, que gera, de um lado, as condições de um mundo mais justo, propicia, do outro lado, para o aparato técnico e para os grupos sociais que dele dispõem, uma imensa superioridade sobre o resto da população. O indivíduo, diante das potências econômicas, é reduzido a zero". Eis, então, que é urgente reafirmar a idéia de que "hoje se trata de conservar, estender, desdobrar a liberdade, em vez de acelerar, mesmo que medianamente, a corrida para o mundo da organização".*

Que a fábrica higiênica e tudo aquilo que a ela se liga, utilidades e palácio do esporte, liquidem obtusamente a metafísica, seria ainda indiferente; mas que eles, na totalidade social, se tornem por sua vez metafísica, uma cortina ideológica por trás da qual se adensa a desgraça real, isso não é indiferente. É daqui que se movem nossos fragmentos. [...]

A condenação da superstição sempre significou, junto com o processo do domínio, também o desmascaramento do mesmo. O Iluminismo é mais que Iluminismo; natureza que se faz ouvir em seu estranhamento.

Mas reconhecer o domínio, até dentro do pensamento, como natureza não-conciliada, poderia deslocar tal necessidade, de que o próprio socialismo admitiu demasiadamente depressa a eternidade, em homenagem ao *common sense* reacionário. Elevando a necessidade como "base" para todos os tempos futuros, e degradando o espírito – conforme o modo idealista – como vértice supremo, ele conservou demasiado rigidamente a herança da filosofia burguesa. Assim, a relação da necessidade para com o reino da liberdade continuaria puramente quantitativa, mecânica, e a natureza, posta de fato como estranha, como na primeira mitologia, tornar-se-ia totalitária e acabaria por absorver a liberdade junto com o socialismo. Renunciando ao pensamento, que se vinga, em sua forma coisificada – como matemática, máquina, organização – do homem esquecido dele, o Iluminismo renunciou à sua própria realização. Disciplinando tudo aquilo que é individual, ele deixou não compreendida a liberdade de se retorcer – a partir do domínio sobre as coisas – sobre o ser e sobre a consciência dos homens. Mas a práxis que inverte depende da intransigência da teoria para a inconsciência com que a sociedade deixa o pensamento se endurecer. O que torna difícil a realização não são seus pressupostos materiais, a técnica desencadeada como tal. Esta é a tese dos sociólogos, que procuram agora um novo antídoto, talvez de marca coletivista, para descobrir o antídoto. Responsável é um complexo social de cegueira. O mítico respeito científico dos povos pelo dado que eles produzem continuamente acaba por se tornar, por sua vez, um dado de fato, a fortaleza diante da qual também a fantasia revolucionária se envergonha de si mesma como utopismo e degenera em passiva crença na tendência objetiva da história. Como órgão desta adaptação, como pura construção de meios, o Iluminismo é tão destrutivo como afirmam seus inimigos românticos. Ele chega a si próprio apenas denunciando o último acordo com eles e ousando abolir o falso absoluto, o princípio do domínio cego. O espírito desta teoria intransigente poderia inverter, justamente para seu objetivo, o inexorável do progresso. Seu arauto, Bacon, sonhou mil coisas "que os reis com todos os seus tesouros não podem adquirir, sobre as quais sua autoridade não comanda, das quais seus emissários e informantes não dão notícias". Conforme augurava, elas cabem aos burgueses, aos herdeiros iluminados dos reis. Multiplicando a violência por meio da mediação do mercado, a economia burguesa multiplicou também seus próprios bens e suas próprias forças a ponto de não haver mais necessidade, para administrá-los, não só dos reis, mas sequer dos burgueses: simplesmente de todos. Eles aprendem, finalmente, a partir do poder das coisas, a passar sem o poder. O Iluminismo se realiza e se tolhe quando os objetivos práticos mais próximos revelam-se como a distância alcançada, e as terras "de quem seus emissários e informantes não dão notícias", isto é, a natureza desprezada da ciência patronal, são recordadas como as da origem. Hoje que a utopia de Bacon – "comandar a natureza por meio da práxis" – se realizou em escala telúrica, torna-se óbvia a essência da obrigação que ele imputava à natureza não dominada. Era o próprio domínio. Em cuja dissolução pode, portanto, ultrapassar o saber, em que indubitavelmente consistia, conforme Bacon, a "superioridade do homem". Todavia, diante desta impossibilidade, o Iluminismo, a serviço do presente, transforma-se no engano total das massas.

M. Horkheimer – Th.W. Adorno, *Dialética do Iluminismo*.

MARCUSE

4 Para "outra" e "mais humana" sociedade

> A alternativa "é uma sociedade sem guerra, sem desfrute, sem opressão, sem pobreza e sem desperdícios".

ENTREVISTADOR – Qual é então o modelo alternativo de sociedade?

MARCUSE – A questão da alternativa sempre me pareceu e até agora me parece bastante fácil. Aquilo que os jovens hoje querem é uma sociedade sem guerra, sem desfrute, sem opressão, sem pobreza e sem desperdícios. A sociedade industrial avançada possui atualmente os recursos técnicos, científicos e naturais que são necessários para satisfazer e pôr na realidade tais aspirações. O que impede tal libertação são simplesmente o sistema existente e os interesses que operam sem cessar em defesa dele, empregando para tal objetivo meios sempre mais poderosos. Parece-me, assim, que o modelo alternativo não seja demasiado difícil de se determinar. Quanto à sua fisionomia concreta, é outra questão. Mas creio que sobre a base de uma eliminação da pobreza e do desperdício de recursos se possa encontrar uma forma de vida em que os homens consigam determinar sua própria existência.

ENTREVISTADOR – E qual é o caminho para chegar a tal sociedade?

MARCUSE – O caminho para chegar a isso é naturalmente alguma coisa que se pode concretizar apenas no processo da luta necessária para trazer tal sociedade ao ser. Devemos, porém, logo precisar uma coisa: tal caminho será bastante diferente nos diversos países, conforme seu grau de desenvolvimento, da evolução de suas forças produtivas, de sua consciência, de suas tradições políticas etc. Gostaria, em todo caso, de limitar minhas indicações aos Estados Unidos, porque é o país que melhor conheço. [...] Existe, obviamente, o problema do sujeito da transformação, isto é, a pergunta: quem é o sujeito revolucionário? Para mim este é um problema sem sentido, pois o sujeito revolucionário pode se desenvolver apenas no próprio processo da transformação. Não é algo preexistente e que se deva apenas rastrear neste e naquele lugar.

H. Marcuse,
Revolução ou reformas?

5 A categoria das "falsas necessidades"

> As falsas necessidades são "os produtos de uma sociedade cujos interesses dominantes requerem formas de expressão".

É possível distinguir entre necessidades verdadeiras e necessidades falsas. As necessidades "falsas" são as que se impõem sobre o indivíduo por parte de interesses sociais particulares que premem sua repressão: são as necessidades que perpetuam a fadiga, a agressividade, a miséria e a injustiça. Pode ser que o indivíduo encontre extremo prazer em satisfazê-las, mas essa felicidade não é uma condição que deva ser conservada e protegida, caso sirva para frear o desenvolvimento da capacidade (sua e de outros) de reconhecer a doença do conjunto e de agarrar as possibilidades que se oferecem para curá-la. O resultado é, portanto, uma euforia no meio da infelicidade. A maior parte das necessidades que hoje prevalecem, a necessidade de se relaxar, de se divertir, de se comportar e de consumir de acordo com os anúncios publicitários, de amar e de odiar aquilo que outros amam e odeiam, pertencem a esta categoria de falsas necessidades.

Tais necessidades têm um conteúdo e uma função sociais que são determinados por poderes externos, sobre os quais o indivíduo não tem nenhum controle; o desenvolvimento e a satisfação deles têm caráter heterônomo. Não importa em que medida tais necessidades possam ter-se tornado as próprias do indivíduo, reproduzidas e reforçadas pelas suas condições de existência; não importa até que ponto ele se identifica com elas, e se encontra no ato de satisfazê-las. Elas continuam a ser aquilo que eram desde o início, os produtos de uma sociedade cujos interesses dominantes pedem formas de repressão. [...] A cultura industrial avançada é, em sentido específico, *mais* ideológica do que a precedente, enquanto no presente a ideologia é inserida no próprio processo de produção. De forma provocatória, esta proposição revela os aspectos políticos da racionalidade tecnológica que hoje predomina. O aparato produtivo, os bens e os serviços que ele produz, "vendem" ou impõem o sistema social como um todo. Os meios de transporte e de comunicação de massa, as mercadorias que se usam para habitar, alimentar-se e vestir-se, o fluxo irresistível da indústria do divertimento e da informação, trazem consigo atitudes e hábitos prescritos, determinadas reações intelectuais e emotivas que ligam os consumidores, mais ou menos agradavelmente, aos produtores, e, por meio destes, ao conjunto. Os produtos doutrinam e manipulam, promovem uma falsa consciência que é imune pela própria falsidade. E à medida que estes produtos benéficos são postos ao alcance de um número de classes sociais, a doutrinação de que são veículo deixa de ser publicidade: torna-se um modo de viver. É um bom modo de viver – bastante melhor do que um tempo –, e como tal milita contra a mudança qualitativa. Por tal caminho emergem *formas de pensamento e de comportamento em uma dimensão* em que idéias, aspirações e objetivos que transcendem, como conteúdo, o universo constituído do discurso e da ação são rejeitados ou reduzidos aos termos de tal universo. Eles são definidos de modo novo por obra da racionalidade do sistema em ato e de sua extensão quantitativa.

H. Marcuse,
O homem de uma dimensão.

Bibliografia do volume VI*

Cap. 1. Nietzsche

Textos

Nietzsche: *Cosi parlò Zaratustra*. Bocca, Milão, 1935; *Ecce homo*. Bocca, Milão, 1943; *La nascita della tragedia*. Laterza, Bari, 1967; *La mia vita. Scritti autobiografici 1856-1869*. Adelphi, Milão, 1977; *Il caso Wagner; Crepuscolo degli idoli; L'Anticristo*. Mondadori, Milão, 1981; *Schopenhauer come educatore*. Newton Compton, Roma, 1982.

Literatura

G. Colli, *Scritti su Nietzsche*. Adelphi, Milão, 1980; C. P. Janz, *Vita di Nietzsche*, 3 vols. Laterza, Roma-Bari, 1980-1982; K. Löwith, *Nietzsche e l'eterno ritorno*. Laterza, Roma-Bari, 1982; G. Dalmasso, *Il ritorno della tragedia. Essere e inconscio in Nietzsche e Freud*. F. Angeli, Milão, 1983; G. Vattimo, *Introduzione a Nietzsche*. Laterza, Roma-Bari, 1985; G. Penzo, *Invito al pensiero di Nietzsche*. Mursia, Milão, 1990.

Cap. 2. Neocriticismo, Escola de Marburgo, Escola de Baden

Textos

Cassirer: *Filosofia delle forme simboliche*, 4 vols., E. Arnoud (org.). La Nuova Italia, Florença, 1961-1966; *Saggio sull'uomo*, L. Lugarini (org.). Armando, Roma, 1968.

Literatura

Para **Cassirer**: M. Lancellotti, *Funzione, simbolo e struttura. Saggio su E. Cassirer*. Studium, Roma, 1974; G. Raio, *Introduzione a Cassirer*. Laterza, Roma-Bari, 1991.

---

*Para a presente bibliografia não nos propusemos, obviamente, nenhuma pretensão de ser completos, mas procuramos fornecer uma plataforma de partida suficientemente ampla para qualquer aprofundamento posterior sério.
Foram excluídas, de propósito, citações de revistas. Os volumes elencados estão todos exclusivamente em língua italiana: é por isso que nunca indicamos, para os autores estrangeiros, que se trata de traduções.

Para **Windelband** e **Rickert**: C. Rosso, *Figure e dottrine della filosofia dei valori*. Guida, Nápoles, 1973.

Cap. 3. O historicismo alemão

Textos

Windelband, Rickert, Simmel, Troeltsch: *Lo Storicismo tedesco*, P. Rossi (org.). Utet, Turim, 1977.
Dilthey: *Critica della ragione storica*, Pietro Rossi (org.). Einaudi, Turim, 1954.
Spengler: *Urfragen*. Longanesi, Milão, 1971; *Il tramonto dell'Occidente*, trad. de P. Rossi, na antologia *Lo Storicismo contemporaneo*. Loescher, Turim, 1972.
Meinecke: *Le origini dello Storicismo*, M. Biscione, C. Gundolf e G. Zamboni (orgs.). Sansoni, Florença, 1954; *L'idea di ragion di Stato nella storia moderna*. Sansoni, Florença, 1970.

Literatura

Para o **Historicismo alemão** em geral: P. Rossi, *Lo Storicismo tedesco contemporaneo*. Einaudi, Turim, 1971; D. Antiseri, *La metodologia della storiografia nello Storicismo tedesco contemporaneo*. Bottega di Erasmo, Turim, 1972; G. Brescia, *Questioni dello storicismo*, 2 vols. Galatina, 1980-1981; F. Tessitore, *Introduzione allo storicismo*. Laterza, Roma-Bari, 1991.

Para **Dilthey**: C. Vicentini, *Studio su Dilthey*. Mursia, Milão, 1974; G. Cacciatore, *Scienza e filosofia in Dilthey*, 2 vols. Guida, Nápoles, 1976; G. Cacciatore – G. Cantillo, *W. Dilthey. Critica della metafisica e ragione storica*. Il Mulino, Bolonha, 1985; M. A. Pranteda, *Individualità e autobiografia in Dilthey*. Guerini e Associati, Milão, 1991.

Cap. 4. Weber

Textos

Weber: *Il metodo delle scienze storico-sociali*, P. Rossi (org.). Einaudi, Turim, 1958; *L'etica protestante e lo spirito del capitalismo*. Sansoni, Florença, 1965; *Economia e società*, P. Rossi (org.). Comunità, Milão, 1968; *Il lavoro intellettuale come professione*, G. Cantimori e A. Giolitti. Einaudi, Turim, 1973.

Literatura

VV.AA., *Max Weber e la sociologia oggi*. Jaca Book, Milão, 1967; P. Rossi (org.), *Max Weber e l'analisi del mondo moderno*. Einaudi, Turim, 1981; F. Ferrarotti, *L'orfano di Bismarck. Max Weber e il suo tempo*. Editori Riuniti, Roma, 1982; P. Rossi, *Max Weber. Razionalità e razionalizzazione*, Il Saggiotore, Milão, 1982; S. Segre, *Max Weber e il capitalismo*. Ecig, Gênova, 1983.

Cap. 5. O pragmatismo

Textos

Peirce: *Caso, amore e logica*. Taylor, Turim, 1956; *Come rendere chiare le nostre idee*, D. Antiseri (org.). Minerva Italica, Bérgamo, 1972.

W. James: *Principi di psicologia*, G. Preti (org.). Principato, Milão, 1950; os trechos de James são tirados da antologia *Il pensiero di William James*, A. Santucci (org.). Loescher, Turim, 1969.

Vailati: *Il metodo della filosofia*, F. Rossi Landi (org.). Laterza, Bari, 1957.

Calderoni: *Scritti*, 2 vols. La Voce, Florença, 1924.

Literatura

Para **Peirce:** A. Guccione Monroy, *Peirce e il Pragmatismo americano*. Palumbo, Palermo, 1957; N. Bosco, *La filosofia pragmatica di Charles S. Peirce*. Edizioni di Filosofia, Turim, 1959.

Para **James:** G. Riconda, *La filosofia di W. James*. Edizioni di Filosofia, Turim, 1962; L. Bellatalla, *Uomo e ragione in William James*. Edizioni di Filosofia, Turim, 1979; P. Guarnieri, *Introduzione a James*. Laterza, Roma-Bari, 1985.

Para **Vailati:** L. Binanti, *G. Vailati. Filosofia e scienza*. Japadre, L'Aquila, 1979.

Cap. 6. Dewey

Textos

Dewey: *Esperienza e natura*. Paravia, Turim, 1948; *Logica, teoria dell'indagine*. Einaudi, Turim, 1974.

Literatura

A. Bausola, *L'etica di J. Dewey*. Vita e Pensiero, Milão, 1960; A. Granese, *Introduzione a Dewey*. Laterza, Bari, 1973; V. Milanesi, *Logica della valutazione ed etica naturalistica in Dewey*. Liviana, Pádua, 1977; A. Gallitto, *Etica e pedagogia nel pensiero di John Dewey*. Edas, Messina, 1981; M. Alcaro – R. Bufalo (orgs.), *John Dewey oggi*. Abramo, Catanzaro, 1996.

Cap. 7. Neo-idealismo italiano, Croce, Gentile, Idealismo anglo-americano

Textos

Para o **neo-idealismo:** *Gli Hegeliani d'Italia* (Vera, Spaventa, Jaja, Maturi, Gentile), antologia, A. Guzzo e A. Plebe (orgs.). Sei, Turim, 1964. Para as obras de De Sanctis veja-se alguma boa história da literatura italiana.

Croce: As *Opere complete* (em uma série de volumes verdadeiramente imponente) são editadas por Laterza, Roma-Bari, e muitos escritos são do fim da década de 1980, em curso de publicação por Adelphi, Milão; o *Epistolario* foi editado pelo Istituto Italiano per gli Studi Storici de Nápoles.

Gentile: A edição completa dos *Scritti*, pela Fondazione Gentile, foi iniciada em 1957 por Sansoni, Florença.

Bradley: *Apparenza e realtà*, D. Sacchi (org.). Rusconi, Milão, 1984.

Literatura

Para o **neo-idealismo:** U. Spirito, *L'Idealismo italiano e i suoi critici*. Le Monnier, Florença, 1930; A. Guzzo, *S. Maturi*. La Scuola, Bréscia, 1946; A. Plebe, *Spaventa e Vera*. Edizioni di "Filosofia", Turim, 1954; E. Cione, *F. De Sanctis e i suoi tempi*. Montanino, Nápoles, 1960; I. Cubeddu, *B. Spaventa*. Sansoni, Florença, 1964; G. Oldrini, *La cultura filosofica napoletana dell'Ottocento*. Laterza, Roma-Bari, 1973; L. Piccioni, *Ideologia e filosofia del neoidealismo italiano*. Università di Urbino, Urbino, 1983; VV.AA., *Il neoidealismo italiano*, Atti del Convegno della Società filosofica a Palermo, realizado em abril de 1987. Laterza, Roma-Bari, 1988.

Para **Croce:** E. Agazzi, *Il giovane Croce e il marxismo*. Einaudi, Turim, 1962; F. Nicolini, *B. Croce*. Utet, Turim, 1962; R. Franchini, *Croce interprete di Hegel*. Giannini, Nápoles, 1964; M. Puppo, *Il metodo e la critica di B. Croce*. Mursia, Milão, 1964; A. Bausola, *Filosofia e storia nel pensiero crociano*. Vita e Pensiero, Milão, 1965; R. Franchini, *La teoria della storia di B. Croce*. Morano, Nápoles, 1966; E. P. Lamanna, *Introduzione alla lettura di Croce*. Le Monnier, Florença, 1969; G. Sasso, *B. Croce. La ricerca della dialettica*. Morano, Nápoles, 1975; N. Badaloni e C. Muscetta, *Labriola, Croce e Gentile*. Laterza, Roma-Bari, 1977; P. D'Angelo, *L'estetica di Benedetto Croce*. Laterza, Roma-Bari, 1982; G. Brescia, *Croce inedito*. Società Editrice Napoletana, Nápoles, 1984; G. Gembillo, *Filosofia e scienza nel pensiero di Croce*. Giannini, Messina, 1984; M. Salucci, *Segno ed espressione in Benedetto Croce*. Arnaud, Città di Castello, 1987; M. Lancellotti, *Croce e Gentile. La distinzione e l'unità dello spirito*. Studium, Roma, 1988; P. Bonetti, *Introduzione a Croce*. Laterza, Roma-Bari, 1989; G. Contini, *La parte di Benedetto Croce nella cultura italiana*. Einaudi, Turim, 1989; J. Jacobelli, *Croce e Gentile*. Rizzoli, Milão, 1989; G. Galasso, *Croce e il suo tempo storico*. Il Saggiatore, Milão, 1990. Bibliografia posterior e história da crítica: V. Stella, *Croce*, em *Questioni*, cit., vol. IV, pp. 435-485.

Para **Gentile:** À ampla bibliografia de A. Lo Schiavo, *Introduzione a Gentile*. Laterza, Roma-Bari, 1974, acrescentem-se: N. Badaloni e C. Muscetta, *Labriola, Croce e Gentile*, cit.; M. di Lalla, *Vita di*

G. Gentile. Sansoni, Florença, 1975; A. Negri, *G. Gentile. Costruzione e senso dell'attualismo* e *G. Gentile. Sviluppi e incidenza dell'attualismo*. La Nuova Italia, Florença, 1975; VV.AA., *Il pensiero di G. Gentile*, 2 vols. Istituto della Enciclopedia Italiana, Roma, 1977; M. Lancellotti, *Croce e Gentile. La distinzione e l'unità dello spirito*, cit.; J. Jacobelli, *Croce e Gentile*, cit.; S. Natoli, *Giovanni Gentile filosofo europeo*. Boringhieri, Turim, 1989; A. Del Noce, *Giovanni Gentile. Per una intepretazione filosofica della storia contemporanea*. Il Mulino, Bolonha, 1990; G. Brianese, *Invito al pensiero di Gentile*. Mursia, Milão, 1996. Ampla bibliografia posterior e história da crítica: A. Negri, *Gentile e gli sviluppi dell'attualismo*, em *Questioni*, cit., vol. IV, pp. 487-567.

Para **Bradley**: C. Arata, *Bradley* (com antologia). Garzanti, Milão, 1951; M. T. Antonelli, *La metafisica di F. H. Bradley*. Bocca, Milão, 1952.

Cap. 8. Unamuno

Textos

Unamuno: *Del sentimento tragico della vita*. Libreria Editrice Milanese, Milão, 1914; La Voce, Florença, 1924, em dois volumes. *L'agonia del Cristianesimo*. Monanni, Milão, 1926, 1946; *Essenza della Spagna*. Antonioli, Milão, 1945; *La mia religione e altri saggi*. Sei, Turim, 1953; *Vita di don Chisciotte e di Sancio*. Rizzoli, Milão, 1961.

Literatura

B. Calvetti, *La fenomenologia della credenza in Miguel de Unamuno*. Milão, 1953; A. Savignano, *Unamuno, Ortega, Zubiri. Tre voci della filosofia del Novecento*. Guida, Nápoles, 1987, pp. 1-79.

Cap. 9. Ortega y Gasset

Textos

Ortega y Gasset: *Scritti politici*. Utet, Turim, 1978; *La ribellione delle masse*. Il Mulino, Bolonha, 1984; *Scienza e filosofia*. Armando, Roma, 1984; *Il tema del nostro tempo*. Sugarco, Milão, 1985.

Literatura

A. Savignano, *Ortega y Gasset: la ragione vitale e storica*. Sansoni, Florença, 1984; L. Pellicani, *La sociologia storica di Ortega y Gasset*. Sugarco, Milão, 1986; L. Infantino, *Ortega y Gasset. Una introduzione*. Armando, Roma, 1990.

Cap. 10. Husserl e o movimento fenomenológico

Textos

Husserl: *Logica formale e trascendentale*, G. D. Neri (org.). Laterza, Bari, 1966; *La crisi delle scienze europee e la fenomenologia trascendentale*, W. Biemel (org.). Il Saggiatore, Milão, 1968; *Ricerche logiche*, 2 vols. G. Piana (org.). Il Saggiatore, Milão, 1968; *Idee per una fenomenologia pura e per una filosofia fenomenologica*, E. Filippini (org.). Einaudi, Turim, 1970.
Scheler: *Sociologia del sapere*. Abete, Roma, 1967; *La posizione dell'uomo nel cosmo*, R. Padellaro (org.). Fabbri, Milão, 1970; *L'eterno nell'uomo*, U. Pellegrino (org.). Fabbri, Milão, 1972.
Hartmann: *La fondazione dell'ontologia*, F. Barone (org.). Fabbri, Milão, 1963; *Etica*, 3 vols., V. Filippone Thaulero (org.). Guida, Nápoles, 1969-1972.
Otto: *Il sacro. L'irrazionale nell'idea del divino e la sua relazione al razionale*, E. Buonaiuti (org.). Feltrinelli, Milão, 1966.
E. Stein: *Scientia crucis*. Ancora, Milão, 1960; *La donna. Il suo compito secondo la natura e la grazia*. Città Nuova, Roma, 1968; *Il problema dell'empatia*, Elio Costantini (org.). Studium, Roma, 1985; *Essere finito e essere eterno. Per uma elevazione al senso dell'essere*. Città Nuova, Roma, 1988; *Uma ricerca sullo Stato*, A. Ales Bello (org.). Città Nuova, Roma, 1993.

Literatura

Para **Husserl**: S. Vanni Rovighi, *Husserl*. La Scuola, Bréscia, 1950; E. Paci, *Tempo e verità nella fenomenologia di Husserl*. Laterza, Bari, 1961; S. Vanni Rovighi, *Gnosiologia*. Morcelliana, Bréscia, 1963 (de onde foram tirados alguns trechos de Husserl). R. Raggiunti, *Introduzione a Husserl*. Laterza, Roma-Bari, 1981; X. Tilliette, *Breve introduzione alla fenomenologia husserliana*, E. Garulli (org.). Itinerari, Lanciano, 1983. Confronte-se também a obra: E. Paci, *La filosofia contemporanea*. Garzanti, Milão, 1961, citada no texto.

Para **Scheler**: A. Lambertino, *Max Scheler. Fondazione fenomenologica dell'etica dei valori*. La Nuova Italia, Florença, 1977; K. Vojtyla, *Max Scheler*. Edizioni Logos, Roma, 1980; G. Morra, *Scheler. Una introduzione*. Armando, Roma, 1987; F. Bosio, *Invito al pensiero di Scheler*. Mursia, Milão, 1995.

Para **Hartmann**: F. Barone, *N. Hartmann nella filosofia del Novecento*. Edizioni di filosofia, Turim; F. Sirchia, *N. Hartmann dal Neokantismo all'ontologia*. Vita e Pensiero, Milão, 1969; R. Cantoni, *Che cosa ha veramente detto Hartmann*. Ubaldini, Roma, 1972.

Para **Stein**: Theresia Renata dello Spirito Santo, *Edith Stein*. Morcelliana, Bréscia, 1959; C. Bettinelli, *Il pensiero di Edith Stein. Dalla fenomenologia alla scienza della croce*. Vita e Pensiero, Milão, 1976; A. Lamacchia, *Edith Stein. Filosofia e senso dell'essere*. Ecumenica Editrice, Bari, 1989; E. de Miribel, *Edith Stein: dall'Università al lager di Auschwitz*. Edizioni Paoline, Milão, 1990[3].

Cap. 11. Heidegger

Textos

Heidegger: *Essere e tempo*. Bocca, Milão, 1953; *Sentieri interrotti*, P. Chiodi (org.). La Nuova Italia,

Florença, 1973; *Sull'essenza della verità*, U. Galimberti (org.). La Scuola, Bréscia, 1973; *Che cos'è la metafisica*, A. Carlini (org.). La Nuova Italia, Florença, 1979.

Literatura

B. Antoni, *L'esistenzialismo di M. Heidegger*. Giuda, Nápoles, 1972; U. M. Ugazio, *Il problema della morte nella filosofia di Heidegger*. Mursia, Milão, 1976; E. Garulli, *Heidegger e la storia dell'ontologia*. Argalia, Urbino, 1980; G. Vattimo, *Introduzione a Heidegger*. Laterza, Roma-Bari, 1980.

Cap. 12. O existencialismo

Textos

Jaspers: *La filosofia dell'esistenza*. Bompiani, Milão, 1940; *Ragione ed esistenza*. Bocca, Milão, 1942; *La mia filosofia*. Einaudi, Turim, 1948.

Arendt: *Hebraismo e modernità*. Unicopli, Milão, 1986; *La vita della mente*. Il Mulino, Bolonha, 1987; *Vita activa*. Bompiani, Milão, 1989; *Che cos'è la politica*. Comunità, Milão, 1995; *Verità e politica*, Bollati Boringhieri, Turim, 1995.

Sartre: *La nausea*. Mondadori, Milão, 1958; *L'esistenzialismo è un umanismo*, P. Caruso (org.). Mursia, Milão, 1963; *Critica della ragion dialettica*, 2 vols., P. Caruso (org.). Il Saggiatore, Milão, 1963; *L'essere e il nulla*, G. Del Bo (org.). Mondadori, Milão, 1965; *La trascendenza dell'Ego*, N. Pirillo (org.). Berisio, Nápoles, 1971.

Merleau-Ponty: *Elogio della filosofia*. Paravia, Turim, 1958; *Le avventure della dialettica*. Sugar, Milão, 1965; *Umanismo e terrore*. Sugar, Milão, 1965.

Marcel: *Diario e scritti religiosi*, F. Tartaglia (org.). Guanda, Módena, 1943; *L'uomo problematico*. Borla, Turim, 1964; *Giornale metafisico*, F. Spirito e P. Prini (orgs.). Abete, Roma, 1966.

Literatura

Para **Jaspers:** G. Penzo, *Essere e Dio in K. Jaspers*. Sansoni, Florença, 1972; P. Ricci Sindona, *I confini del conoscere. Jaspers, dalla psichiatria alla filosofia*. Giannini, Nápoles, 1980.

Para **Arendt:** P. Flores d'Arcais, *Hannah Arendt. Esistenza e libertà*. Donzelli Editore, Roma, 1995.

Para **Sartre:** S. Moravia, *Introduzione a Sartre*. Laterza, Bari, 1973; M. Barale, *Filosofia come esperienza trascendentale. Sartre*. Le Monnier, Florença, 1977.

Para **Merleau-Ponty:** A. Robinet, *Che cosa ha veramente detto Merleau-Ponty*. Ubaldini, Roma, 1973; A. Delogu, *Né rivolta né rassegnazione. Saggio su Merleau-Ponty*. Ets, Pisa, 1980.

Para **Marcel:** P. Prini, *Gabriel Marcel e la metodologia dell'inverificabile*. Studium, Roma, 1950; A. M. A. Ariotti, *L'"homo viator" nel pensiero di G. Marcel*. Edizioni di Filosofia, Turim, 1966.

Cap. 13. Gadamer e a hermenêutica

Textos

Gadamer: *Il problema della coscienza storica*, G. Bartolomei e V. Verra (orgs.). Guida, Nápoles, 1969; *Ermeneutica e metodica universale*, U. Margiotta (org.). Marietti, Turim, 1973; *Verità e metodo*, G. Vattimo (org.). Bompiani, Milão, 1983; *L'inizio della filosofia occidentale*, V. De Cesare (org.). Guerini e Associati, Milão, 1993; *Il movimento fenomenologico*. Laterza, Roma-Bari, 1994; *Verità e metodo 2*, R. Dottori (org.). Bompiani, Milão, 1995.

Literatura

G. Ripanti, *Gadamer*. Cittadella Editrice, Assis, 1978; D. Antiseri, *Teoria unificata del metodo*. Liviana, Pádua, 1981; F. Bellino, *La praticità della ragione ermeneutica. Ragione e morale e Gadamer*. Edizioni Levante, Bari, 1984; V. Grasso, *Interpretazione ed esperienza in Gadamer*. Piovan Editore, Abano, 1985; M. Ferraris, *Storia dell'ermeneutica*. Bompiani, Milão, 1988, pp. 265-284; G. Sansonetti, *Il pensiero di Gadamer*. Morcelliana, Bréscia, 1988; G. Mura, *Ermeneutica e verità*. Città Nuova, Roma, 1990, pp. 267ss.

Cap. 14. Desenvolvimentos da hermenêutica

Textos

Betti: *Teoria generale della interpretazione*, 2 vols. Giuffrè, Milão, 1955; *L'ermeneutica come metodica generale della scienza dello spirito*, antologia, G. Mura (org.). Città Nuova, Roma, 1987.

Ricoeur: *Dell'interpretazione. Saggio su Freud*. Il Saggiatore, Milão, 1967; *Finitudine e colpa*. Il Mulino, Bolonha, 1970; *Il conflitto delle interpretazioni*. Jaca Book, Milão, 1977; *La metafora viva*. Jaca Book, Milão, 1981.

Pareyson: *La filosofia dell'esistenza e Carlo Jaspers*. Loffredo, Nápoles, 1940; *Studi sull'esistenzialismo*. Sansoni, Florença, 1943; *Esistenza e persona*. Taylor, Turim, 1950; nova ed. Il Melangolo, Gênova, 1985; *Verità e interpretazione*. Mursia, Milão, 1971; *Filosofia dell'interpretazione*, antologia, M. Ravera (org.). Rosenberg & Sellier, Turim, 1988.

Vattimo: *Il soggetto e la maschera*. Bompiani, Milão, 1974; *Le avventure della differenza*. Garzanti, Milão, 1980; *La fine della modernità*. Garzanti, Milão, 1985.

Literatura

Para **Betti:** VV.AA., *Studi in onore di E. Betti*. Giuffrè, Milão, 1962; T. Griffero, *Interpretare. L'ermeneutica di Emilio Betti*. Rosenberg & Sellier, Turim, 1988; G. Zaccaria, *Questioni di interpretazione*. Cedam, Pádua, 1996, pp. 157-176.

Para **Ricoeur:** F. Guerrera Brezzi, *Filosofia e interpretazione. Saggio sull'ermeneutica restauratrice di Paul Ricoeur*. Il Mulino, Bolonha, 1969; O. Rossi,

Introduzione alla filosofia di Paul Ricoeur (com duas entrevistas de O. Rossi com Paul Ricoeur). Edizioni Levante, Bari, 1984; D. Jervolino, *Il cogito e l'ermeneutica. La questione del soggetto in Ricoeur*. Procaccini, Nápoles, 1984; J. Bleicher, *L'ermeneutica contemporanea*. Il Mulino, Bolonha, 1986, pp. 265ss; P. Buzzoni, *Paul Ricoeur. Persona e ontologia*. Studium, Roma, 1988; VV.AA., *L'io dell'altro. Confronto con Paul Ricoeur*, A. Danese (org.). Marietti, Gênova, 1993.

Para **Pareyson**: E. Pera Genzone, *L'etica di Luigi Pareyson*. Edizioni di Filosofia, Turim, 1963.

Para **Vattimo**: D. Antiseri, *Le ragioni del pensiero debole*. Borla, Roma, 1993.

Cap. 15. Russell e Whitehead

Textos

Russell: *Logica e conoscenza*. Longanesi, Milão, 1961; *Introduzione alla filosofia matematica*, L. Pavolini (org.). Longanesi, Milão, 1962; *La conoscenza umana. Le sue possibilità e i suoi limiti*, C. Pellizzi (org.). Longanesi, Milão, 1963; *Significato e verità*. Longanesi, Milão, 1963; *Storia della filosofia occidentale*, 4 vols. Longanesi, Milão, 1966.

Whitehead: *La scienza e il mondo moderno*, A. Banfi e E. Paci (orgs.). Bompiani, Milão, 1959; *Avventure di idee*. Bompiani, Milão, 1961; *Processo e realtà*, N. Bosco (org.). Bompiani, Milão, 1965.

Literatura

Para **Russell**: A. Granese, *Che cosa ha veramente detto Russell*. Ubaldini, Roma, 1971; R. Pujia, *B. Russell e l'eredità idealista inglese*. La Libra, Messina, 1977.

Para **Whitehead**: M. A. Bonfantini, *Introduzione a Whitehead*. Laterza, Bari, 1972; G. Riconda, *La metafisica dell'esperienza. Introduzione alla lettura di "Process and Reality"*. Giappichelli, Turim, 1975.

Cap. 16. Wittgenstein

Textos

Wittgenstein: *Tractatus logico-philosophicus*. Bocca, Roma-Milão, 1954; *Ricerche filosofiche*, M. Trinchero (org.). Einaudi, Turim, 1974; *Lettere a Ludwig von Ficker*, D. Antiseri (org.). Armando, Roma, 1974; *Della certezza*. Einaudi, Turim, 1978; *Osservazioni sopra i fondamenti della matematica*, M. Trinchero (org.). Einaudi, Turim, 1979; *Tractatus logico-philosophicus e Quaderni 1914-1916*, A. G. Conte (org.). Einaudi, Turim, 1979.

Literatura

M. Malcolm, *Ludwig Wittgenstein*. Bompiani, Milão, 1960 (de onde foram tirados alguns trechos de Wittgenstein citados no texto). P. Engelmann, *Lettere a Ludwig Wittgenstein*. La Nuova Italia, Florença, 1970; A. Janik – S. E. Toulmin, *La grande Vienna. La formazione di Wittgenstein*. Garzanti, Milão, 1975; A. Gargani, *Introduzione a Wittgenstein*. Laterza, Roma-Bari, 1980; G. Frongia, *Wittgenstein. Regole e sistema*. F. Angeli, Milão, 1983.

Cap. 17. Filosofia da linguagem. Movimento analítico de Cambridge e Oxford

Textos

Moore: *Principia ethica*, G. Vattimo e N. Abbagnano (orgs.). Bompiani, Milão, 1964; *Saggi filosofici*, M. A. Bonfantini (org.). Lampugnani Nigri, Milão, 1970; *Etica*, M. V. Predaval Magrini (org.). F. Angeli, Milão, 1982.

Wisdom: *Filosofia analitica e psicoanalisi*. Armando, Roma, 1979.

Austin e **Hampshire**: VV.AA., *Filosofia analitica. L'analisi del linguaggio nella Cambridge-Oxford Philosophy*, D. Antiseri (org.). Città Nuova Editrice, Roma, 1975.

Strawson: *Introduzione alla teoria logica*. Einaudi, Turim, 1961; *Individui*. Feltrinelli, Milão, 1974.

Ayer: *Linguaggio, verità e logica*. Feltrinelli, Milão, 1961; *Il concetto di persona*. Il Saggiatore, Milão, 1966.

Waismann: *I princìpi della filosofia linguistica*. Ubaldini, Roma, 1969; *Analisi linguistica e filosofia*. Ubaldini, Roma, 1970; *Introduzione al pensiero matematico: la formazione dei concetti nella matematica moderna*. Boringhieri, Turim, 1971.

Literatura

Para a **filosofia analítica** em geral: D. Antiseri, *Dal Neopositivismo alla filosofia analitica*. Abete, Roma, 1966; E. Riverso, *La filosofia analitica in Inghilterra*. Armando, Roma, 1969; D. Antiseri, *La filosofia del linguaggio: metodi, problemi e teorie*. Morcelliana, Bréscia, 1972.

Para **Moore**: E. Lecaldano, *Introduzione a Moore*. Laterza, Bari, 1972.

Para **Waismann**: J. O. Vemson, *L'analisi filosofica*. Mursia, Milão, 1966.

Cap. 18. O espiritualismo

Textos

Martinetti: *Introduzione alla Metafisica*. Libreria Ed. Lombarda, Milão, 1929; *Saggi filosofici e religiosi*, L. Pareyson (org.). Bottega d'Erasmo, Turim, 1950.

Boutroux: *Della contingenza delle leggi di natura*, S. Caramella (org.). Laterza, Bari, 1949.

Blondel: *L'azione*, E. Codignola (org.). Vallecchi, Florença, 1921.

Loisy: *Le origini del Cristianesimo*. Il Saggiatore, Milão, 1964.

Literatura

Para **Martinetti**: F. Alessio, *L'idealismo religioso di P. Martinetti*. Morcelliana, Bréscia, 1950.

Para **Boutroux**: G. Invitto, *È. Boutroux: dall'esigenzialismo al pragmatismo mistico*. Glaux, Nápoles, 1970.

Para **Blondel**: R. Crippa, *Il realismo integrale di M. Blondel*. Bocca, Milão, 1954; A. Fabriziani, *Blondel interprete di Tommaso*. Antenore, Pádua, 1984.

Cap. 19. Bergson

Textos

Bergson: *Le due fonti della morale e della religione*, M. Vinciguerra (org.). Edizioni di Comunità, Milão, 1962; *Saggio sui dati immediati della coscienza*, V. Mathieu (org.). Paravia, Turim, 1963; *L'evoluzione creatrice*, V. Mathieu (org.). Laterza, Bari, 1967.

Literatura

V. Mathieu, *Bergson. Il profondo e la sua espressione*. Guida, Nápoles, 1971; C. Pèguy, *Cartesio e Bergson*. Milella, Lecce, 1977; M. Manganelli, *Il linguaggio nel pensiero di Bergson*. Marzorati, Milão, 1981.

Cap. 20. O pensamento teológico no século XX

Textos

Barth: *Dogmatica ecclesiale*, L. Gollwitzer (org.). Il Mulino, Bolonha, 1968; *L'epistola ai Romani*, G. Miegge (org.). Feltrinelli, Milão, 1978.

Bultmann: *Nuovo Testamento e mitologia*. Queriniana, Bréscia, 1973[4].

Bonhoeffer: *Etica*. Bompiani, Milão, 1969, 1970[2]; *Resistenza e resa*, I. Mancini (org.). Bompiani, Milão, 1970[2].

Rahner: *Uditori della parola*. Borla, Turim, 1967.

Cox: *La città secolare*. Vallecchi, Florença, 1968.

van Buren: *Il significato secolare dell'Evangelo*. Marietti, Turim, 1969; *Alle frontiere del linguaggio*. Armando, Roma, 1977.

Moltmann: *Teologia della speranza. Ricerche sui fondamenti e sulle implicazioni di una escatologia cristiana*. Queriniana, Bréscia, 1970, 1972[4].

Pannenberg: *Il Dio della speranza*. Dehoniane, Bolonha, 1969.

Metz: *Sulla teologia del mondo*. Queriniana, Bréscia, 1969, 1971[2].

Schillebeeckx: *Dio, il futuro dell'uomo*. Edizioni Paoline, Roma, 1970.

Literatura

Para a **teologia do século XX** em geral: B. Mondin, *I grandi teologi del secolo ventesimo. I teologi cattolici*. Borla, Turim, 1972 (de onde foram tirados alguns trechos citados de von Balthasar); VV.AA., *Bilancio della teologia del XX secolo*, 4 vols. Città Nuova, Roma, 1972; I. Mancini, *Novecento teologico*. Vallecchi, Florença, 1977; P. Vanzan- H. J. Schultz (org.), *Lessico dei teologi del XX secolo*. Queriniana, Bréscia, 1978; VV.AA., *La teologia contemporanea*. Marietti, Casale Monferrato, 1980.

Para **Barth**: A. Moda, *La dottrina della elezione divina in K. Barth*. Pàtron, Bolonha, 1972; J. Moltmann, *Le origini della teologia dialettica*. Queriniana, Bréscia, 1976; E. Burch, *K. Barth. Biografia*. Queriniana, Bréscia, 1977.

Para **Bultmann**: F. Costa, *Tra mito e filosofia. Bultmann e la teologia contemporanea*. D'Anna, Messina-Florença, 1978.

Para **Bonhoeffer**: I. Mancini, *Ciò che è vivo e ciò che è morto nell'etica di Bonhoeffer, Introduzione* a D. Bonhoeffer, *Etica*. Bompiani, Milão, 1983; I. Mancini, *Bonhoeffer*. Morcelliana, Bréscia, 1996.

Para **Rahner**: C. Fabro, *La svolta antropologica di K. Rahner*. Rusconi, Milão, 1974.

Para **von Balthasar**: A. Moda, *Hans Urs von Balthasar. Un'esposizione critica del suo pensiero*. Ecumenica Editrice, Cossano Murge, 1978.

Para **van Buren**: D. Antiseri, *Dal non-senso all'invocazione. L'itinerario speculativo di Paul M. van Buren*. Queriniana, Bréscia, 1976.

Para **Moltmann**: R. Gibellini, *La teologia di J. Moltmann*. Queriniana, Bréscia, 1975.

Para **Pannenberg**: R. Gibellini, *Teologia e storia: itinerario e opera di W. Pannenberg*. Queriniana, Bréscia, 1980.

Para **Metz**: F. P. Fiorenza, *Il pensiero di J. B. Metz: origine, posizione e sviluppi*, Appendice a J. B. Metz, *Sulla teologia del mondo*, cit.

Para **Mercier**: confronte-se a obra de S. Vanni Rovighi, *Gnoseologia*. Morcelliana, Bréscia, 1963, de onde foram tirados alguns trechos de Mercier citados no texto.

Cap. 21. A neo-escolástica. Maritain

Textos

As obras principais de **Maritain** foram traduzidas ou estão em curso de tradução pela editora Morcelliana de Bréscia, a partir de 1964. Algumas obras foram também editadas por Vita e Pensiero de Milão e pela Editrice Studium de Roma.

Gilson: *La filosofia nel Medioevo, dalle origini patristiche alla filosofia del XIV secolo*. La Nuova Italia, Florença, 1986.

Literatura

Para **Maritain**: VV.AA., *Storia e Cristianesimo in Jacques Maritain*. Massimo, Milão, 1979; A. Scola, *L'alba della dignità umana. La fondazione dei diritti umani nella dottrina di J. Maritain*. Jaca Book, Milão, 1982.

Cap. 22. Mounier e Simone Weil

Textos

Mounier: *Rivoluzione personalista e comunitaria*. Comunità, Milão, 1949; *Il personalismo*. Ave, Roma, 1964. Alguns trechos de Mounier citados no texto foram tirados de VV.AA., *Il personalismo*, A. Rigobello (org.). Città Nuova, Roma, 1975; *Cristianesimo e rivoluzione*, M. Vannini (org.). La Nuova Italia, Florença, 1981.

Weil: *La condizione operaia*. Comunità, Milão, 1952, 1974; *Lettera a un religioso*. Borla, Turim, 1970; *L'attesa di Dio*. Rusconi, Milão, 1972.

Literatura

Para **Mounier**: VV.AA., *Mounier trent'anni dopo*. Vita e Pensiero, Milão, 1980; VV.AA., *Persona e norma nell'esperienza morale*, A. Rigobello (org.). Japadre, L'Aquila, 1982.

Para **Weil**: F. Castellana, *Simone Weil. La discesa di Dio*. Dehoniane, Nápoles, 1985; N. Fabbretti, *Simone Weil: sorella degli schiavi*. Messaggero, Pádua, 1987; M. Corbascio Contento, *Scienza, etica e religione nel pensiero di Simone Weil*. Levante, Bari, 1992; G. Hourdin, *Simone Weil*. Borla, Roma, 1992.

Cap. 23. Buber

Textos

Buber: *Il principio dialogico*. Comunità, Milão, 1958; *I racconti dei Chassidim*. Garzanti, Milão, 1979; *Immagini del bene e del male*. Comunità, Milão, 1981; *L'eclisse di Dio. Considerazioni sul rapporto tra religione e filosofia*. Bompiani, Milão, 1983; *Sion. La storia di un'idea*. Marietti, Gênova, 1987; *Discorsi sull'ebraismo*. Gribaudi, Turim, 1996.

Literatura

A. Poma, *La filosofia di M. Buber*. Rosenberg & Sellier, Turim, 1974; C. Levi Coen, *Martin Buber*. Cultura della Pace, Florença, 1991.

Cap. 24. Lévinas

Textos

Lévinas: *Quattro lezioni talmudiche*. Il Melangolo, Gênova, 1962; *Totalità e infinito*. Jaca Book, Milão, 1980; *Altrimenti che essere o al di là dell'essenza*. Jaca Book, Milão, 1983; *Nomi propri*. Marietti, Casale Monferrato, 1984.

Literatura

E. Baccarini, *Lévinas. Soggettività e Infinito*. Studium, Roma, 1985; S. Malka, *Leggere Lévinas*. Queriniana, Bréscia, 1986; G. Ferretti, *La filosofia di Lévinas: alterità e trascendenza*. Rosenberg & Sellier, Turim, 1995.

Cap. 25. O marxismo depois de Marx

Textos

Bernstein: *I presupposti del socialismo e i compiti della Social-democrazia*. Laterza, Bari, 1968.

Kautsky: páginas importantes de Kautsky em I. Fetscher, *Il Marxismo. Storia documentaria*, vol. I. Feltrinelli, Milão, 1969.

Luxemburgo: *Scritti politici*, L. Basso (org.). Editori Riuniti, Roma, 1967.

Plechanov: *Le questioni fondamentali del Marxismo*. Istituto Editoriale Italiano, Milão, 1947.

Lenin: *Opere complete*, 45 vols. Editori Riuniti, Roma, 1955-1971.

Lukács: *Saggi sul Realismo*. Einaudi, Turim, 1950; *Storia e coscienza di classe. Studi sulla dialettica marxista*, G. Piana (org.). Sugarco, Milão, 1967; *Estetica*, 2 vols., A. Marietti Solmi e F. Codino (orgs.). Einaudi, Turim, 1975.

Korsch: *Marxismo e filosofia*, M. Spinella e G. Backhaus (orgs.). Sugar, Milão, 1970; *Karl Marx*, A. Illuminati e G. Bedeschi (orgs.). Laterza, Bari, 1977.

Bloch: *Ateismo nel Cristianesimo. Per la religione dell'Esodo e del Regno*. Feltrinelli, Milão, 1972.

Garaudy: *Tutta la verità*. Mondadori, Milão, 1970; *Riconquista della speranza*. Sei, Turim, 1971; *Prospettive dell'uomo*, F. Bertino e S. Stra (orgs.). Borla, Turim, 1972.

Althusser: *Leggere il Capitale*. Feltrinelli, Milão, 1968; *Per Marx*, C. Luporini e F. Madonia (orgs.). Editori Riuniti, Roma, 1972.

Labriola: *La concezione materialistica della storia*. Laterza, Bari, 1969.

Gramsci: *Quaderni del carcere*, 4 vols., F. Gerratana (org.). Einaudi, Turim, 1975.

Literatura

Para o **neomarxismo** em geral: E. Botto, *Il Neomarxismo*, 2 vols. Studium, Roma, 1976; H. Chambre, *Da Marx a Lenin e Mao Tse Tung*. Città Nuova, Roma, 1980.

Para **Luxemburgo**: P. Nettl, *Rosa Luxemburg*. Il Saggiatore, Milão, 1970.

Para o **austromarxismo**: G. Marramao, *Austromarxismo e socialismo di sinistra tra le due guerre*. La Pietra, Milão, 1974 (de onde foram tirados os trechos de Bauer citados no texto).

Para **Lenin**: G. Mura, *V. I. Lenin: teoria e prassi*. Studium, Roma, 1971.

Para **Lukács**: G. Lichtheim, *Guida a Lukács*. Rizzoli, Milão, 1978; G. Bedeschi, *Introduzione a Lukács*. Laterza, Roma-Bari, 1982; C. Cases, *Su Lukács*. Einaudi, Turim, 1985.

Para **Korsch**: G. Vacca, *Critica e trasformazione. Korsch teorico e politico*. Dedalo, Bari, 1978.

Para **Bloch**: R. Pirola, *Religione e utopia concreta in E. Bloch*. Dedalo, Bari, 1978; R. Bodei, *Multi-*

versum. Tempo e storia in E. Bloch. Bibliopolis, Nápoles, 1979; confronte-se também B. Mondin, *I teologi della speranza*. Borla, Turim, 1970, de onde foram tirados alguns trechos de Bloch citados no texto.

Para **Garaudy**: S. Perottino, *Garaudy e il Marxismo del XX secolo*. Academia-Sansoni, Florença, 1970.

Para **Althusser**: F. Botturi, *Struttura e soggettività. Saggio su Bachelard e Althusser*. Vita e Pensiero, Milão, 1976; P. D'Alessandro, *Darstellung e soggettività. Saggio su Althusser*. La Nuova Italia, Florença, 1980.

Para **Labriola**: S. Poggi, *Introduzione a Labriola*. Laterza, Roma-Bari, 1982.

Para **Gramsci**: VV.AA., *Attualità di Gramsci*. Il Saggiatore, Milão, 1977; *Le strategie del potere in Gramsci*. Editori Riuniti, Roma, 1984.

Cap. 26. A Escola de Frankfurt

Textos

Adorno: *Tre studi su Hegel*. Il Mulino, Bolonha, 1971; *Dialettica dell'Illuminismo* (em colaboração com M. Horkheimer), L. Vinci (org.). Einaudi, Turim, 1976; *Dialettica negativa*, C. A. Donolo (org.). Einaudi, Turim, 1980.

Horkheimer: *La nostalgia del Totalmente Altro*. Queriniana, Bréscia, 1972; *Dialettica dell'Illuminismo* (em colaboração com T. W. Adorno), cit.; *Eclisse della ragione. Critica della ragione strumentale*, E. Vaccari Spagnol (org.). Einaudi, Turim, 1979.

Marcuse: *Eros e civiltà*. Einaudi, Turim, 1964; *L'uomo a una dimensione. L'ideologia della società industriale avanzata*. Einaudi, Turim, 1979.

Fromm: *Fuga dalla libertà*. Edizioni di Comunità, Milão, 1970; *Psicoanalisi della società contemporanea*. Edizioni di Comunità, Milão, 1970; *L'arte di amare*. Il Saggiatore, Milão, 1974[5]; *Avere o essere?* Mondadori, Milão, 1982; *La disobbedienza e altri saggi*. Mondadori, Milão, 1982.

Literatura

Para a **Escola de Frankfurt**: G. Bedeschi, *Introduzione alla Scuola di Francoforte*. Laterza, Roma-Bari, 1987.

Para **Adorno**: T. Perlini, *Che cosa ha veramente detto Adorno*. Ubaldini, Roma, 1971; R. Nebuloni, *Dialettica e storia in T. W. Adorno*. Vita e Pensiero, Milão, 1978.

Para **Horkheimer**: A. Ponsetto, *M. Horkheimer*. Il Mulino, Bolonha, 1981.

Para **Marcuse**: T. Perlini, *Che cosa ha veramente detto Marcuse*. Ubaldini, Roma, 1968; F. Perroux, *Marcuse. Filosofia e teoria critica della società*. Città Nuova, Roma, 1970.

Para **Fromm**: M. Librizzi, *Condizione umana e problematica religiosa in Fromm*. Cedam, Pádua, 1979; VV.AA., *Saggi sull'opera di E. Fromm*, L. Eletti (org.). Edizioni Le Lettere, Florença, 1983.